· 2015 ·

中国政法大学年鉴

中国政法大学出版社

2018·北京

声　　明　　1. 版权所有，侵权必究。
　　　　　　2. 如有缺页、倒装问题，由出版社负责退换。

图书在版编目（CIP）数据

中国政法大学年鉴.2015/《中国政法大学年鉴》编写组编.—北京：中国政法大学出版社，2018.3
ISBN 978-7-5620-7696-4

Ⅰ.①中… Ⅱ.①中… Ⅲ.①中国政法大学－2015－年鉴 Ⅳ.①G649.281-54

中国版本图书馆CIP数据核字(2017)第199914号

出 版 者	中国政法大学出版社	
地　　址	北京市海淀区西土城路 25 号	
邮寄地址	北京 100088 信箱 8034 分箱　邮编 100088	
网　　址	http://www.cuplpress.com（网络实名：中国政法大学出版社）	
电　　话	010-58908285（总编室）　58908334（邮购部）	
承　　印	固安华明印业有限公司	
开　　本	787mm×1092mm　1/16	
印　　张	36.625	
字　　数	846 千字	
版　　次	2018 年 3 月第 1 版	
印　　次	2018 年 3 月第 1 次印刷	
定　　价	110.00 元	

3月5日，召开群众路线总结大会。

5月27日，召开学习习近平总书记系列讲话精神集中轮训专题报告会。

5月15日，召开第六届教职工代表大会。

9月19日，教育部鲁昕副部长莅临证据科学研究院指导工作。

4月29日,与光明日报社合作共建"光明新闻传播学院"揭牌。

10月26日,与光明日报社共建的"明政智库"正式成立。

9月9日,张桂林教授作为第七届国际级教学成果奖一等奖获奖代表参加"庆祝第三十个教师节暨全国教育系统先进集体和先进个人表彰大会"。

9月22日,加入"中国—中东欧国家高校联合会",成为首批加入的14所国内高校之一。

10月21日,校长黄进与奥地利格拉茨大学校长克里丝塔·诺伊佩尔(Christa Neuper)签署合作协议。

7月9日,举行英国班戈大学孔子学院来华暑期班开班典礼。

4月5日,举办第一届中法宪法论坛。

6月10日,举行张晋藩新书《中国法律的传统与近代转型(英文)》版首发式。

4月3日,召开校部机关处级干部届末考核述职大会。

9月17日,召开高校综合改革方案起草动员会。

12月16日,举行政法大学与前锋学校签约仪式。

10月24日,法大组织召开"依法治国与青年使命"全国法学院校学生研讨会。

3月7至9日，举办2014年国际刑事法院审判竞赛国内选拔赛。

9月15日,举办"百位共产党人百篇小传"专场朗诵活动。

5月25日,开展学生党支部素质拓展活动。

12月13日，举办第五届首都大学生记者基本功大赛暨高校传媒文化节。

4月27日，举行自主选拔录取农村学子招生测试，此图为考生。

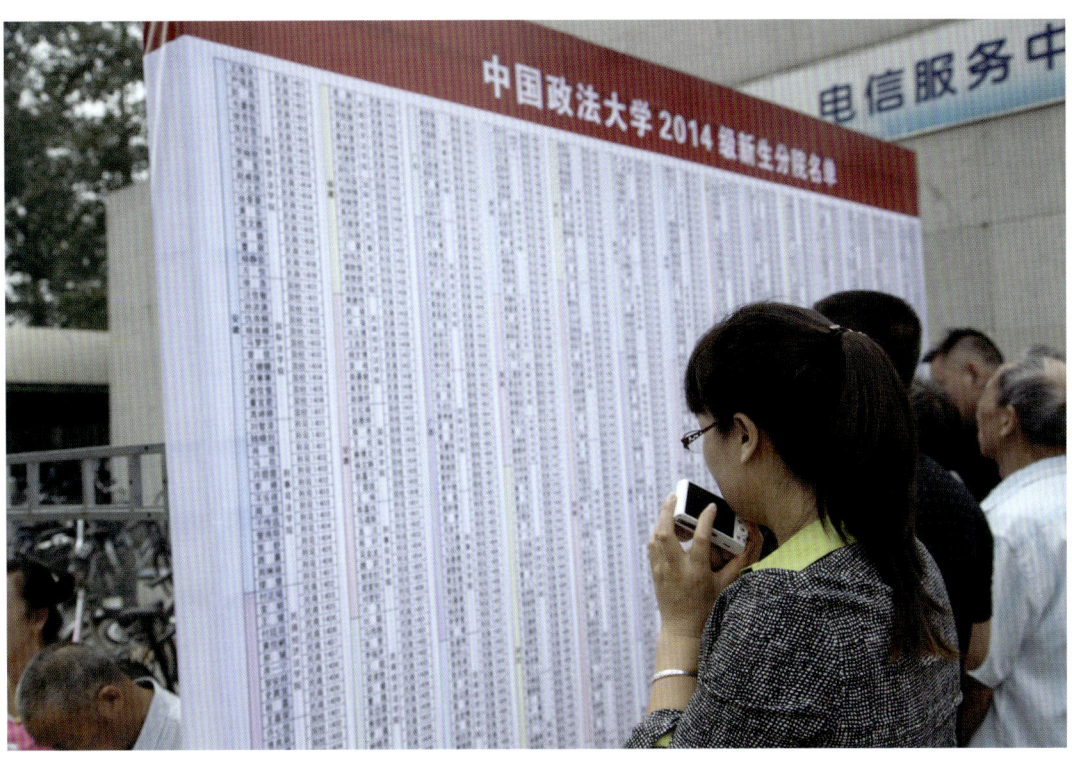

8月,2014级新生。

5月4日,艺术团组织编排的语言创意类节目《从我做起》参演中央电视台一套综合频道"五月的鲜花——我们的中国梦"2014全国大学生校园文艺活动专题节目。

8月,"CUPLER合唱团"获得中央电视台《歌声与微笑-合唱先锋第二季》总决赛冠军。

3月25日,俄罗斯青少年艺术团在我校举办专场演出。

4月20日,召开教职工运动会。

10月17日,举行文化艺术展厅落成仪式。

12月4日,在首个国家宪法日组织开展宪法课活动。

年内,法大首次开设老年大学,此图为老同志们在电脑班参加学习。

中国政法大学年鉴编辑委员会

主　任：

　　石亚军　黄　进

副主任：

　　冯世勇　朱　勇　张桂林　张保生　马怀德　高浣月
　　胡　明　李树忠　徐　扬

委　员（以姓氏笔画为序）：

　　于志刚　卫跃宁　马怀德　王人博　王立艳　王称心
　　卞建林　文　兵　尹志强　尹树东　孔庆江　石亚军
　　卢少华　冯世勇　曲新久　朱　勇　刘　飞　刘守仁
　　刘琳琳　许　兰　杜　飞　李　净　李　立　李秀云
　　李国强　李树忠　李曙光　杨　阳　杨　杰　杨学志
　　时建中　吴　平　吴景明　吴　飚　应　星　张中秋
　　张　伟　张丽英　张保生　张桂林　张翼志　陆小华
　　陈明生　邰丽华　林发军　罗晓季　项　云　胡　明
　　俞学明　施正文　费安玲　贾海翔　徐世虹　徐　扬
　　高浣月　高　祥　席　涛　黄　进　黄瑞宇　曹义孙
　　曹明德　常　林　常保国　彭祥林　董　秋　韩永宁
　　蔡　拓　薛刚凌

中国政法大学年鉴（2015）编辑部

主　编：李树忠

副主编：李秀云

中国政法大学年鉴（2015）组稿人名单

（以姓氏笔画为序）

丁　宁	丁　卓	于华溢	于　丽	马素芝	王　翔
王书丰	王有为	王贞会	王　旭	王红艳	王建敏
王　培	王富春	王婷婷	王　瑶	牛　伟	方　娟
朱　帅	朱　林	乔　鑫	任晓娟	刘小玲	刘贞晔
刘　英	许玺铮	杜冰子	李仁燕	李文龙	李　勇
李　疆	杨丹东	吴文影	吴培培	何　欣	何　苗
何　欣	邸维绞	邰利琪	欧阳晨红	金　璐	周佳磊
郎燕峰	赵一鸣	胡小进	胡升超	侯月娟	徐长宝
徐国文	郭芳芳	郭嘉强	黄庆峰	黄　婕	梁玉玲
董全堂	程丽萍	雷　珉	颜晶晶	霍梦晴	

中国政法大学年鉴（2015）编写组名单

李秀云	王　敏	刘耀辉	王　巍	杨学伟	李健百
喻清泉	张　霞	赵鹏程	苏　宇	许玺铮	陈泉廷
张红哲	王改娇	李克非	靳向丽	张　蕾	陈明元

编写说明

一、《中国政法大学年鉴》是一部专业性资料工具书。在学校党政领导下，由中国政法大学年鉴编辑委员会主持编纂。

二、本年鉴以文章和条目为基本体裁，使用规范的语体文、记述体，直陈其事，文字力求言简意赅，文前配有彩色图片。

三、本年鉴从2003年开始逐年编纂。当年出版的年鉴，记述上一年学校各项事业发展的新情况，为学校决策提供依据，为学校规划提供资料，为社会各界人士了解学校情况提供最新的信息。

四、2015卷年鉴设置二十二章，包括学校概况、机构设置、特载、重要文件、校内文件索引、教育教学与人才培养、学科建设、科研工作、党建与思想政治工作、行政管理工作、国际及港澳台地区交流与合作、国内合作与社会服务、图书建设、后勤服务工作、校办产业、教学科研单位、学术刊物、奖励与表彰、综合统计表、毕业生名册、大事记、媒体索引。各章下的条目以事件发生时间为序排列。

五、"机构设置"收录学校领导和各机构名称及负责人名单，所列人员职务均以2014年内任职为限，其中任免情况分别予以注明。

六、"特载"收录学校重大活动、重要会议报道。

七、"重要文件"收录学校2014年发布的重要文件，以列表形式收录28个重要文件的目录并全文收录《中国政法大学2014年度党政工作要点》。

八、本年鉴收录的文章、条目、附件均由各处级单位专人提供，并经部门和单位主要负责人审核。综合统计表由发展规划与学科建设处提供；毕业生名册由教务处、研究生院、继续教育学院和国际教育学院提供；媒体索引由宣传部（新闻中心）提供。

九、本年鉴记述货币名称中，人民币直书"元"，其他货币采用通用名称。

十、除综合统计表之外，2015卷年鉴涉及各项年度数据以2014年12月31日为统计口径。综合统计表中的数据以高基报表为准，统计口径为2014年8月31日。

十一、2015卷年鉴反映2014年1月1日至12月31日期间情况（部分内容依据实际情况时限向前略有延伸）。

目　录

1	第一章　学校概况
3	第二章　机构设置
3	一、现任党政领导名单：
3	二、党委常委、党委委员名单
4	三、中共中国政法大学第七届纪律委员会名单（按姓氏笔画为序）
4	四、第九届中国政法大学学术委员会名单
4	五、第四届中国政法大学学位评定委员会名单
4	六、校部机关部门负责人名单
7	七、教学科研及教辅单位负责人名单
11	八、基层党组织负责人名单
12	九、中国政法大学第六届教职工代表大会暨第十一届工会会员代表大会主席团成员名单
12	十、委员会、领导小组及其成员名单
12	（一）中国政法大学第二届研究生教学指导委员会
12	（二）中国政法大学通识教育委员会
13	（三）中国政法大学社会科学繁荣计划领导小组
13	（四）中国政法大学"2011 计划"工作领导小组
13	（五）中国政法大学专业学位研究生教育综合改革试点工作领导小组
13	（六）中国政法大学博士后工作领导小组
13	（七）中国政法大学深入开展创先争优活动领导小组
14	（八）中国政法大学党风廉政建设领导小组
14	（九）中国政法大学学风建设工作领导小组
14	（十）中国政法大学岗位设置与岗位聘任工作领导小组
14	（十一）中国政法大学专业技术岗位设置委员会
15	（十二）中国政法大学管理岗位设置委员会
15	（十三）中国政法大学工勤技能岗位设置委员会
15	（十四）中国政法大学教学科研岗位聘任委员会（25 人）
15	（十五）中国政法大学专职学生辅导员岗位聘任委员会（13 人）
16	（十六）中国政法大学其他专业技术岗位聘任委员会（16 人）

16	（十七）中国政法大学高级管理岗位聘任委员会（4人）
16	（十八）中国政法大学中级及中级以下管理岗位聘任委员会（10人）
16	（十九）中国政法大学工勤技能岗位聘任委员会（9人）
17	（二十）中国政法大学收入分配制度改革领导小组
17	（二十一）中国政法大学财经工作领导小组
17	（二十二）中国政法大学教师资格认定工作领导小组
17	（二十三）中国政法大学教师资格专家审查委员会
17	（二十四）中国政法大学教职工行政奖惩委员会
18	（二十五）中国政法大学人才引进工作领导小组
18	（二十六）中国政法大学专项资金管理领导小组
18	（二十七）中国政法大学中欧法学院工作领导小组
18	（二十八）中国政法大学信息化建设领导小组
18	（二十九）中国政法大学第二届体育运动委员会
19	（三十）中国政法大学国家安全领导小组
19	（三十一）中国政法大学教学指导委员会
19	（三十二）中国政法大学招生委员会
20	（三十三）中国政法大学第三届教学督导组
21	**第三章 特载**
21	（一）我校和英国诺丁汉特伦特大学签署"3+1+1"本科生培养协议 本科生将同时获得中英两个学位
21	（二）我校首次参加2014年美国大学生数学建模竞赛喜获一等奖
23	（三）美国圣路易斯华盛顿大学与我校签署合作协议
24	（四）第一届中法宪法论坛在京开幕
25	（五）众专家各抒己见助推法大智库建设
25	（六）法大与《光明日报》社首开国内先河 携手共建"光明新闻传播学院"
26	（七）评选出第一届杰出校友
26	（八）最高人民检察院检察长曹建明对"司法改革与司法文明建设智库研究团队"调研报告作出重要批示
27	（九）司法文明协同创新中心与美国印第安纳大学签署共建"中国法律及比较司法制度研究所"合作协议
28	（十）2014"拉赫斯"国际空间法模拟法庭竞赛（亚太赛）在我校举行
29	（十一）我校成立国内首个互联网金融法制研究中心
30	（十二）中国政法大学·班戈大学政府采购法律研究中心在我校成立
31	（十三）召开学习习近平总书记重要讲话精神轮训专题报告会
32	（十四）我校主办首届法院微博学院奖颁奖典礼暨法院微博工作研讨会
33	（十五）黄进校长率团参加全国政法大学"立格联盟"第五届高峰论坛

33	（十六）中国政法大学 Cupler 合唱团在 CCTV《歌声与微笑—合唱先锋》第二季总决赛中夺冠
34	（十七）我校两学生创办企业获得"北京地区高校大学生创业优秀团队"专项支持
34	（十八）我校首次获得国家级教学成果奖一等奖
35	（十九）国家文物局向我校发来感谢信 高度评价我校为《敦煌宣言》所做贡献
35	（二十）我校昌平校区首次承办国家司法考试
36	（二十一）我校成为"中国—中东欧国家高校联合会"首批成员
36	（二十二）最高人民法院常务副院长沈德咏大法官会见 2014 年度中国政府"友谊奖"获得者罗纳德·艾伦教授
37	（二十三）我校李雪梅、蔡拓教授的成果入选《国家哲学社会科学成果文库》
37	（二十四）我校与巴巴多斯西印度大学凯夫希尔分校签署孔子学院执行协议
38	（二十五）我校参加申报的"国家领土主权与海洋权益协同创新中心"入选第二批国家"2011 计划"
38	（二十六）《20 世纪中国知名科学家学术成就概览·法学卷》正式出版
38	（二十七）司法文明协同创新中心海外合作研究机构"中国法律与比较司法制度研究所"挂牌仪式暨首届"中国法律论坛"在美国印第安纳大学举行
39	（二十八）中美法庭证据科学研究中心在美揭牌
39	（二十九）我校王金鑫同学成为中华骨髓库北京分库第 200 例捐献者
40	（三十）我校与昌平区前锋学校签约共建中国政法大学附属学校
40	（三十一）法治与梦想同行——我校 2013～2014 学年度"沙驰·榜样法大"暨奖学金评优颁奖典礼圆满举行
42	（三十二）第五届钱端升法学研究成果奖颁奖大会暨第五届中国法治论坛隆重举行
43	（三十三）我校召开第二届董事会第一次会议
44	**第四章 重要文件**
44	重要文件一览表
45	中国政法大学 2014 年党政工作要点
45	一、深入学习贯彻十八届三中全会精神，落实群众路线教育实践活动成果
46	二、确立 2014 年为"教学质量提升年"，加大投入，全力推进教育教学改革创新
46	（一）以提升人才培养质量为目标，全面推进本科教育教学改革（张桂林

48	副校长牵头，教务处负责）
48	（二）推进体制机制改革，促进研究生教育教学多元创新（朱勇副校长牵头，研究生院负责）
48	三、积极整合资源，稳步推进学科建设工作
48	四、积极开展协同创新，全面推进科研工作
49	五、深入落实人才强校战略，切实加强师资队伍建设（李树忠副校长牵头，人事处负责）
49	六、坚持立德树人，服务学生健康成长
50	七、搭建工作平台，服务国家战略，增强社会服务能力
50	八、密切交流合作，继续深入推进国际化发展战略
51	九、完善制度体系，改进工作作风，提升行政管理服务效能
51	十、坚持依法治校，积极先行先试，大力构建现代大学制度
52	十一、务实有为，积极拓展，不断改善办学条件
53	十二、抓好党建基础工作，落实民主办学，构建和谐校园
55	**第五章　校内文件索引**
55	一、中共中国政法大学委员会文件
56	二、中国政法大学文件
59	三、中国政法大学学校办公室文件
61	**第六章　教育教学与人才培养**
61	一、本科教育教学
61	概况
63	建立"3+1+1"联合培养模式
63	完成全校基层教学组织换届工作
63	举办第二届大学生公益法国际学术研讨会
63	我校首获国家级教学成果一等奖
63	昌平校区首次承办国家司法考试
64	举办第六届北京市大学生模拟法庭竞赛并斩获一等奖
64	三种四部教材入选国家级规划教材
64	附件
64	（一）北京市市级精品课程目录
64	（二）国家精品课程目录
65	（三）北京市市级、国家级教学团队目录
65	（四）国家级法学人才培养模式创新实验区
65	（五）高等学校特色专业建设点
66	（六）法学专业学校获评教育部"高等学校本科教学质量与教学改革工程"法学实践教学基地

66	（七）学校本科专业设置情况
67	（八）2014年度国家级大学生创新创业训练计划项目信息表
81	（九）国内名校交流交换培养模式合作学校一览表
81	（十）中国政法大学法学教育实践基地名单
83	（十一）实验室常用信息一览
90	二、研究生教育教学
90	概况
91	与江西省吉安市委政法委签订合作共建协议
91	79名研究生获2014年"国家建设高水平大学公派研究生项目"等项目录取资格
91	举行2014届博士研究生毕业主题活动
91	完成第一批研究生课程大纲编撰工作
91	召开校研究生教学指导委员会2014年第一次会议
92	新增翻译硕士和社会工作硕士专业学位授权点
92	扩大研究生招生专业及小语种研究生的语种范围
92	开展2014年国内访问学者接收工作
92	合作开展国家司法考试题库征题工作
92	举办《光明讲坛》
92	启动2015年国家建设高水平大学公派研究生项目
93	完成"一年两次"硕士招生考试组织工作
93	完成2014年研究生创新基金评审工作
93	开展2014年研究生赴国外院校交流选拔工作
93	遴选2015~2016年度博士研究生导师及2014~2015年度硕士研究生导师
93	设立专业学位研究生教育建设项目
93	完成联合招收博士后计划
93	继续扩大"审核录取制"博士研究生招生试点范围
93	深入推进应用型法学博士招生工作
93	完成"2011计划"司法文明协同创新中心招生工作
94	评选2014年研究生精品课程
94	研究生教改立项工作顺利进行
94	附件
94	（一）中国政法大学2014年研究生教学改革项目立项名单
95	（二）中国政法大学2014年研究生精品课程名单
96	（三）中国政法大学2015~2016年度博士生指导教师名单（192人）
98	（四）中国政法大学2014~2015年度硕士生指导教师名单（共623人）
104	（五）2013~2014学年中国政法大学研究生蒋震奖学金获奖名单
105	（六）2013~2014学年中国政法大学研究生长安公证奖学金获奖名单

106	（七）研究生实习实践基地
106	（八）博士后流动站
107	三、外国留学生及港澳台学生教育教学
107	概况
107	附件
107	四、继续教育
107	概况
107	附件
108	**第七章　学科建设**
108	概况
108	新增硕士专业学位授权点获批
108	完成第一批交叉学科建设项目终期检查和第二批交叉学科建设项目中期检查工作
108	完成2014年度二级学科的自主设置工作
109	完成2014年度学科基本情况报表的填报工作
109	完成北京市重点学科2015年度项目申报书编制工作
109	附件
109	（一）国家级重点学科（1个）
109	（二）北京市重点学科（6个）
109	（三）校级重点学科（14个）
109	（四）校级交叉学科建设项目（12个）
110	（五）博士学位授权一级学科（3个）
110	（六）硕士学位授权一级学科（13个）
110	（七）博士学位授权学科、专业（31个）
110	（八）硕士学位授权学科、专业（75个）
111	（九）专业硕士学位授权点（5个）
112	**第八章　科研工作**
112	概况
113	成立中国政法大学县域法治研究中心
113	成立中国政法大学国家预防灾害法治保障研究中心
113	成立中国政法大学现代新精英研究中心
113	成立中国政法大学公法与治理研究中心
113	成立中国政法大学朝鲜半岛研究中心
113	1名教师获霍英东教育基金会第十四届高校青年教师一等奖
113	遴选首批法大"智库"研究团队
114	成立中国政法大学金融创新与互联网金融法制研究中心

114	遴选第三批（2014年）青年教师学术创新团队
114	公布2013年校级人文社会科学研究项目资助名单
114	召开"司法文明指数"研讨会
114	设立《教育部简报》（高校智库专刊）"政治法律编辑室"
114	获得6项北京市第十三届哲学社会科学优秀成果奖
114	成立中国政法大学欧洲研究中心
115	成立中国政法大学历史社会学与中共党史研究中心
115	评选第三届中国政法大学青年教师优秀科研成果奖
115	举行第五届钱端升法学成果研究奖颁奖大会暨第五届中国法治论坛
115	"国家领土主权与海洋权益协同创新中心"获得认定
115	附件
115	（一）重点研究基地、培训基地与重点实验室
116	（二）在编科研机构一览表
116	（三）非在编科研机构一览表
122	（四）2014年纵向科研项目立项和经费情况一览表
128	（五）2014年横向科研项目立项和经费一览表
146	（六）北京市共建项目一览表（1项）
146	（七）中国政法大学校级人文社会科学项目一览表（30项）
148	（八）科研获奖情况
151	（九）2014年科研奖励一览表
186	（十）2014年举办名家论坛一览表
187	（十一）2014年举办学术研讨会一览表
191	（十二）2014年举办学术讲座一览表
210	（十三）"2011计划"协同创新中心及参与单位一览表
212	**第九章　党建与思想政治工作**
212	一、组织工作
212	概况
212	召开分党委书记会议
212	召开2014年第一期处级领导干部培训班
212	召开党的群众路线教育实践活动总结大会
213	完成处级干部届末考核工作
213	举办第49期入党积极分子培训班
213	举办2014年度学生党员先锋工程学生党支部书记第一轮培训班
213	启动全校处级干部公开竞聘工作
213	召开深化群众路线教育实践活动整改工作推进会
213	举行学习习近平总书记系列讲话精神集中轮训第二轮专题报告会

214	召开学习习近平总书记重要讲话精神轮训第三轮专题报告会
214	完成处级干部公开竞聘工作
214	召开初任处级干部集体谈话会
214	举办学习贯彻《中国共产党发展党员工作细则》培训班
214	举办2014年新任处级干部培训班
214	召开分党委书记会
215	举办在职党员到社区报到为群众服务专题讲座
215	教育部督查组莅临我校检查领导干部参加社会化培训工作
215	召开2014年度学生党员先锋工程校部机关推进会
215	召开群众路线教育实践活动整改推进工作会
215	召开2014年度学生党员先锋工程分党委推进会
216	附件
216	二、党风廉政建设
216	概况
217	召开党政工作部署会
217	召开教育系统党风廉政建设工作视频会议
218	召开党风廉政建设工作大会
218	召开北京教育纪检监察工作研究会年会
218	开展2014年春季教育收费检查工作
218	举行合作共建签约仪式
218	召开党风廉政建设专题辅导报告会
218	举办党风廉政建设专题沙龙
219	召开中国共产党中国政法大学第七届纪律检查委员会第八次全体会议
219	举行大学生廉洁教育系列讲座
219	召开北京教育纪检监察工作研究会
219	三、宣传、新闻工作
219	概况
220	举办俄罗斯伊尔库茨克市青少年艺术团专场演出
220	制作5部专题片
220	召开"建言依法治国，献策法治中国"中国政法大学学习四中全会精神座谈会
221	推出"图说'依法治国'"系列作品
221	完成《北京高校官方微博建设和运维机制研究》课题
221	举行炜衡律师杯第十六届校园广播歌手大赛决赛
221	组织2014中国十大法学教育新闻评选
221	举办第五届首都大学生记者基本功大赛暨高校传媒文化节
221	完成北京市哲学社会科学教学科研骨干研修班5年计划组织工作

222	**四、统战工作**
222	概况
223	联合举办首都高校"两岸情·中国梦"中国政法大学站——"新形势下的台湾政局和两岸关系"讲座
223	完成民建支部换届工作
223	荣获"北京市侨联工作先进集体"等荣誉称号
224	开展社会主义核心价值观教育培训与学习实践活动
224	海淀区民族宗教侨务办公室主任田桂茹一行来我校调研
224	昌平区政协领导及部分委员来我校参观座谈
224	开展九三学社昌平区工委中国政法大学支社换届工作
224	附件
224	（一）中国政法大学党外人士担任各级人大代表、政协委员人员一览表
226	（二）中国政法大学各民主党派负责人名单
228	**五、离退休工作**
228	概况
229	举行离退休新春联欢会
229	老年大学正式开班
229	召开重阳节表彰大会
229	举办重阳节"老有所为"成果展
229	农工民主党北京市委、台盟北京市委医学专家来校开展义诊咨询活动
229	举行十八届四中全会精神宣讲会
229	黄道秀被评为开拓进取为人师表先进个人
230	建立离退休信息平台
230	**六、安全保卫工作**
230	概况
230	8名本科生获批应征入伍
230	**七、学生工作**
230	概况
232	举行"苏宁送500名大学生回家过年捐助仪式暨'阳光1+1'苏宁社工志愿者"行动
232	举办5·25大学生心理健康节
232	召开2014年毕业生就业工作推进会
232	举行"圆核资本助学基金"2014年"自强之星"暨"感动法大人物"颁奖典礼
232	举行2014届本科生毕业典礼暨学士学位授予仪式
232	修改研究生系列奖助学金制度
232	发放"彩虹助学金"

232	举行2014级本科生开学典礼
233	组织2014年普通话等级考试工作
233	举办第五届学生工作理论研讨会暨第二届辅导员职业技能大赛
233	获得"北京地区高校示范性创业中心建设校"称号
233	举行2014年"88级校友助学金"发放仪式
233	举行2013~2014学年度"沙驰·榜样法大"暨奖学金评优颁奖典礼
233	举办第二届大学生职业教练计划
233	举行2014年民建海淀同心基金发放仪式
234	召开2015年毕业生就业创业工作会
234	发布毕业生就业质量年度报告
234	北京地区高校就业特色工作项目取得新成果
234	附件
234	（一）奖学金设立情况
234	国家奖学金
234	国家励志奖学金
234	校长奖学金
234	优秀学生奖学金
235	学生科研创新奖学金
235	竞赛优胜奖学金
235	志愿服务奖学金
235	研究生国家奖学金
235	研究生优秀奖学金
235	宝钢优秀学生奖学金
235	新疆、西藏籍少数民族优秀学生奖学金
236	义务兵退役复学奖学金
236	三星奖学金
236	英才奖学金
236	黄乾亨奖学金
236	87级研究生校友奖学金
236	（二）助学金设立情况
236	86级校友新生助学金
236	88级校友助学金
236	黄乾亨助学金
236	北京天驰洪范律师事务所助学金
236	"民建海淀同心基金"助学金
236	寇立国助学金
237	八、工会及教代会工作

237	概况
237	召开第六届教代会暨第十二届工代会
237	组织教职工春季运动会
237	举行2014年"岗位练兵"先进集体和个人表彰暨事迹报告会
238	举办政法、石油教职工友谊杯足球赛
238	参加"海淀驾校杯"学院路地区高校羽毛球团体赛
238	参加第八届法学教授杯羽毛球邀请赛
238	九、共青团工作
238	概况
239	举办首都红十字组织"献血捐髓"高校行启动仪式
240	央视报道"感动中国人物进法大"活动
240	获得第四届世界华语辩论锦标赛季军
240	首次参演央视"五月的鲜花"2014全国大学生校园文艺活动
240	举办第一届"论衡"辩论赛辩才赛决赛暨辩论文化节闭幕式
240	发起"友思（Youth）"学习圈活动
240	在2014年"创青春"首都大学生创业大赛中获得两金两铜
240	召开第十五次学生代表大会
241	举行第十二届"学术十星"论文大赛颁奖典礼
241	举办"依依法大"2014届毕业舞台剧
241	合唱团在央视《歌声与微笑—合唱先锋》总决赛中夺冠
241	举办"百位共产党人百篇小传"首场专场朗诵会
241	参加全国共青团网络宣传引导工作推进会
241	我校荣获第十二届"理律杯"全国高校模拟法庭竞赛冠军
241	举办2015年"欢乐法大"元旦系列活动
241	附件
241	（一）2014年学生组织
242	（二）2014年社团一览表
244	**第十章　行政管理工作**
244	一、学校办公室工作
244	概况
245	与石狮市人民政府举行座谈会
245	举行图书捐赠仪式
246	举行"光明新闻传播学院"签约暨揭牌仪式
246	与北京交通大学举行座谈会
246	哈尔滨广播电视台一行来我校参观采访
246	成立"明政智库"

246	举行校长助理挂职欢迎会
246	举行首届"法治中国论坛"
246	新疆师范大学来我校交流
246	中国法学会来我校调研
247	二、人事和队伍建设工作
247	概况
248	一位教师荣获第七届"全国十大杰出青年法学家"称号
248	提高离休干部和退休人员"预发补贴"及离休干部护理费标准
248	提高校内岗位津贴
249	一项创新案例入选教育部系统干部人事人才工作创新案例
249	开展"中青年教师海外提升项目"归国讲堂讲座计划
249	完成"全国教育系统先进集体"和"全国优秀教师"申报工作
249	完成优秀教师评选工作
249	举办新教师岗前培训
249	完成全校教职工2014年度考核工作
249	开展"加强师德修养，做党和人民满意的好老师"专题网络培训工作
249	调整校内部分机构与人员编制
250	完成事业编制人员招聘工作
250	完成全校2014年岗位聘任工作
250	完成处级以下非教学科研岗位换届聘任工作
250	完成全校教学科研岗位2010~2013年届终考核工作
250	一位教师入选2013~2014年度"长江学者奖励计划"
250	完成"管理与服务优秀集体奖"和"优秀教育工作者奖"评选工作
251	附件
251	（一）2014年教育部新世纪优秀人才支持计划入选者名单
251	（二）中国政法大学2014年教授名单
252	（三）中国政法大学2014年聘任兼职教授（92人）、名誉教授（11人）、客座教授（9人）
255	（四）2014年引进人才名单（86人）
256	三、发展规划工作
256	概况
256	完成专项统计《2013年服务业统计年报》
256	完成《中国政法大学"十二五"发展规划中期实施情况分析报告》
256	上报教育事业统计分析报告
256	完成"全球研究型大学概况"数据调查
256	在北京市教委教育事业统计评估工作中荣获佳绩
256	组织学校统计人员进行专业培训

257	完成综合统计《2014~2015学年初高等教育基层统计报表》
257	完成《中国政法大学贯彻十八届四中全会精神实施方案》
257	完成《中国政法大学2014年教育改革进展情况》总结报告
257	参加北京市教委举办的高基报表核查汇总会
257	完成《中国政法大学提升育人治学质效综合改革方案（草案）》
257	完成《中国政法大学2014年统计分析手册》
257	四、财务管理
257	概况
258	召开2014年预算工作会议
258	召开教育部修购专项资金项目申报布置会
258	开展2015年修购专项评审以及2014年修购专项执行检查
258	财务处新任处长上任
258	全处人员参加教育部会计制度专题培训
258	进一步规范差旅费和出国经费报销
259	增设专项资金管理科
259	印制汇款及税务查询信息提示卡
259	启动劳务费申报系统
259	集中办理公务卡
259	五、审计工作
259	概况
259	开展财务收支审计
259	开展财务预算执行结果审计
259	开展经济责任审计
259	开展基建、修缮工程审计
259	六、信息化建设
259	概况
261	完善校园一卡通系统应用功能
261	加强"数字化校园"建设
261	建设数字迎新一站式服务平台
261	升级校园骨干网络
261	完成无线网络升级改造
261	完成网络缓存加速系统建设项目
261	完成虚拟数据中心的推广与应用
261	七、资产管理
261	概况
262	国管局房改办副主任张国威一行到学校调研房改情况
262	实施《中国政法大学周转房管理办法》

262	人户分离房产证注销申请获得国管局批复
262	加强和规范仪器设备采购和管理
262	发放2013年前来校无房教职工按月住房补贴
262	**八、董事会工作**
262	概况
262	召开第二届董事会第一次会议
263	附件
264	**九、基金会工作**
264	概况
265	举办首届法大诗歌赛
265	召开理事会会议
265	**十、校友工作**
265	概况
265	成立中国政法大学澳新校友会
265	召开第三届校友分会会长、秘书长联席会议暨广东校友会2014年年会
266	评选第一届杰出校友
266	北京校友会召开第三届会员代表大会
266	举行青海校友会成立大会暨"法治青海"研讨会
266	举行80级校友毕业30周年聚会
266	**十一、基建工作**
266	概况
267	重新办理学院路校区1号学生公寓规划许可证
267	基本完成学院路校区教学图书综合楼项主体结构施工工作
267	开展昌平校区办公楼改造工程
268	**第十一章 国际及港澳台地区交流与合作**
268	概况
269	德国联邦司法部来访我校
269	英国斯克莱德大学校长来访我校
269	瑞典企业社会责任大使来访我校
270	英国诺丁汉特伦特大学校长来访我校
270	美国国会议员助手代表团来访我校
270	加拿大蒙特利尔大学副校长来访我校
270	联合国环境规划署法律与条约司代理司长来访我校
270	联合国贸易法委员会亚洲及太平洋区域中心主任来访我校
270	老挝国家人权指导委员会主席来访我校
270	英国班戈大学校长来访我校

270	罗纳德·艾伦教授获中国政府友谊奖
270	诺贝尔经济奖评委会非常任委员来访我校
271	我校举办郑善太兼职教授聘任仪式
271	波兰共和国驻华特命全权大使来访我校
271	荷兰莱顿大学校长来访我校
271	美国俄亥俄州立大学副校长来访我校
271	校长黄进应邀出席"一国两制"高端论坛
271	附件
271	（一）2014年签订校际交流合作协议一览表
273	（二）校际交流院校一览表

279　第十二章　国内合作与社会服务

279	一、开放办学工作
279	概况
279	完成学校2013年继续教育年度报告及数据统计
279	联合研究生院出台《中国政法大学研究生同等学力人员课程学习及水平认定考试办法（试行）》
280	组织开放教育办学2014年度调查工作暨原有博士生课程班、研究生课程班项目合同重新备案工作
280	二、国内合作工作
280	概况
280	姚安县人民政府来校交流
280	新疆师范大学来校交流
280	举行共建中国政法大学附属学校签约仪式
280	附件
281	三、国内校际合作
281	概况

282　第十三章　图书建设

282	概况
282	开通图书馆公众微信、微博
282	举办数据库宣传月活动
282	新增阅览室座位管理系统
282	更新校外远程访问系统
282	开设文献检索课
283	建设"法大图书馆记忆"系统

284　第十四章　后勤服务工作

284	一、后勤保障工作

284	概况
285	举办2014年节水宣传周活动
285	召开北京高校伙专会例会
285	组织开展义务植树活动
285	国务院机关事务管理局来学校调研
285	通过ISO9000质量管理体系再认证
285	举办"唱响法大"职工歌咏比赛
286	通过昌平区示范园评审
286	开展第十届"优质服务月"活动
286	主办首届学生公寓三校联盟才艺大赛
286	举办消防安全系列活动
286	通过"健康食堂"验收
286	二、医疗服务工作
286	概况
287	开展无偿献血活动
287	开展岗位练兵活动
287	首次开展教职工和家属的结核病感染普查工作
287	开展执业医师培训考核工作
287	开展毕业生体检工作
287	开展教职工体检工作
287	完成新生入学体检工作
288	开展新生结核病筛查工作
289	**第十五章 校办产业**
289	一、出版社
289	概况
289	开展出版社负责人换届工作
289	获得"2013中国图书世界影响力出版100强"证书
290	《美利坚共和国的衰落》入选推荐书目
290	《走向权利的时代》图书获奖
290	二、法大科技园
290	概况
290	开展园区科技周展览活动
290	签订1项合作协议
291	召开法律政策咨询会
291	建设"法律服务专家库"
291	支持海归教师科技创新项目

291	三、国际交流中心
291	概况
291	更新改造各类设备设施
292	组织 11.9 消防演习
292	成立工会组织
293	**第十六章　教学科研单位**
293	一、法学院
293	概况
294	2010 级法学实验班学生正式开始专业实习
294	举行第一届中法宪法论坛
294	举办"多学科背景下的法学及其方法"学术研讨会
295	举办"国家治理与行政诉讼法修改"研讨会
295	承办"成就与挑战：中国法律诊所教育与法律伦理"国际学术研讨会暨师资培训
295	举行合作共建签约仪式暨兼职教授和联合培养导师聘任仪式
295	召开"华沙－北京大学生论坛——隆安北京会议"
295	牛津大学 Keith Hawkins 教授来我校进行学术访问
296	举办中瑞行政诉讼法研讨会
296	举办中意环境行政法国际研讨会
296	举行"司法制度的传统与变革"学术研讨会
296	举办十八届四中全会精神学习报告会
296	举行"法律人成长引航"系列活动之名师学术生涯导航讲座
297	法学院 2011 级实验班国家司法考试通过率再创新高
297	2008 级首届卓越法律人才培养计划实验班实现全员就业
297	我校代表队在国际环境法模拟法庭东亚地区竞赛中获得冠军
297	召开第八届中国军事法治前沿论坛
297	举行法学院－朝阳区人民政府法学专业研修班开班典礼
298	二、民商经济法学院
298	概况
298	参加第二届中德农业法论坛
298	参与主办北京市经济法学会 2014 年年会
299	主办第三届公司法司法适用高端论坛
299	成立国内首个互联网金融法制研究中心
299	参加海峡两岸强制执行研讨会
299	参加第五届韩中民事诉讼法国际学术大会
299	在第三届全国大学生金融法知识竞赛中获得团体三等奖

300	召开学院秋季论坛
300	刘少军参加中国东南亚南亚法律合作磋商会
300	举行第十五届江平民商法奖学金颁奖典礼
300	获批智库团队
300	入选青年教师学术创新团队
301	易军在《中国社会科学》发表文章
301	举办"十八届四中全会精神解读"系列论坛活动
301	获批国家社科基金项目3项
301	三、国际法学院
301	概况
302	举行"上海自贸区——蓝图与机遇研讨会"
302	举行2014第三届国际刑事法院审判竞赛
303	举办2014"拉赫斯"国际空间法模拟法庭竞赛（亚太赛）
303	召开"空间安全与空间活动的长期与可持续性问题"研讨会
303	举行"WTO法与中国论坛"暨中国法学会世界贸易组织研究会2014年年会
303	举行"国际公法与个人权利保护"学术圆桌会议
303	举行2014第三届中国"WTO模拟法庭竞赛"
304	举行纪念仲裁法颁布20周年高端论坛暨中国政法大学仲裁研究院共建签约仪式
304	四、刑事司法学院
304	概况
305	走访慰问退休老同志
305	举办第二十二期刑事法论坛
305	举办第二届"京都杯"模拟法庭大赛决赛
305	召开刑事司法学院第三次学生代表大会
306	刑天辩论队在"华泰杯"首都八校友谊辩论赛决赛中夺冠
306	王顺安教授当选中国法学会律师法学研究会副会长
306	举行海峡两岸犯罪与司法研究高峰论坛
306	五、政治与公共管理学院
306	概况
307	举办"性别平等与发展"学术研讨会
307	举办"2014ICMA国际区域峰会暨绿色城镇化：机遇与挑战"国际论坛
307	启动"政治文化与政治文明建设"智库团队
307	举办第五届西方政治思想史高级研讨班"英国政治思想研究"
307	举办"经济转型与公共管理模式之变迁"学术研讨会
308	举办"第三届中国政治思想史论坛：中国传统治理观念与当代中国政府

	治理创新"研讨会
308	举办第三届公共政策年会
308	举办第四届"公共管理理论与实践前沿论坛"
308	举办"国际体系转换背景下的朝鲜半岛与东北亚"学术研讨会
308	续聘台湾著名学者吴琼恩教授担任我校特聘教授
309	9位教师在全国学术组织中新任（连任）重要学术职务
309	完成基层教学单位换届工作和职称评审工作
309	举办了第二届国际暑期学校项目
309	接待新西兰惠灵顿维多利亚大学师生交流团
309	获得第三届中国政法大学青年教师优秀科研成果奖二等奖一项
309	**六、商学院**
309	概况
311	举办"职业·创新与发展"新年论坛
311	开展为期10天的美国访学活动
311	举办"法商校友活动日"
312	3项教育管理创新项目获得立项
312	举办2014年度颁奖典礼暨2015年新年晚会
312	举行第五届行政工作理论研讨会
312	校青年教师创新团队建设获得新突破
312	入选智库培育团队
313	**七、人文学院**
313	概况
313	召开全体教职工大会
313	举办中国问题论衡
314	展演话剧《罗密欧与朱丽叶》
314	召开学位评定委员会分委员会会议
314	举办学院第二次学生代表大会
314	参加第三届北京市大学生书法大赛
314	举办法治中国与法治文化研讨会
314	举办"卫所体制与明清帝国"国际学术研讨会
315	举办民族精神与文化发展研讨会
315	在第五届中国政法大学人文知识竞赛暨北京市人文知识竞赛中获得二等奖
315	举办第十一届中国灾害史年会暨"灾害史的理论与方法"学术研讨会
315	《求是》刊登李德顺教授文章
315	举办第四届中华文明月活动
315	举办教学基本功大赛与教学观摩研讨
316	举办全国首届"语言、证据与司法文明"高端论坛

八、外国语学院

- 316 概况
- 318 在北京市青年教师教学基本功大赛中获得特等奖
- 318 学院教师评为法律语言学博士生导师
- 318 开展学院成立20周年纪念活动
- 318 成立中国政法大学MTI教育中心
- 318 完成2014年度岗位聘任工作

九、继续教育学院（网络教育学院）

- 319 概况
- 320 承办首届中国律师业战略发展论坛
- 320 与黑龙江省政法管理干部学院和海南政法职业学院签订合作协议
- 321 高级政法管理干部进修中心并入继续教育学院
- 321 调整学院内部机构
- 321 1人被聘为北京高校继续教育（网络教育）专家

十、国际教育学院（港澳台教育中心）

- 321 概况
- 322 举办2014年中国政法大学中外文化节
- 322 举办"拾·悟"纪念澳门回归十五周年澳门画家作品高校巡回展
- 322 开设外国语言文化开放课
- 322 参加港澳台侨学生摄影比赛
- 322 参加校运动会
- 322 举办第五届北京市外国留学生汉语之星初赛
- 322 继续举办中国法律暑期学校

十一、马克思主义学院

- 323 概况
- 324 选举新一届校教代会代表和院工会委员
- 324 举行"思想政治理论课教学现状与实效性提升"系列座谈活动
- 324 参加世界政治经济学学会第九届论坛
- 325 参加2014年全国思想政治教育学术研讨会
- 325 参加生物宇宙论与文明问题的国际会议
- 325 学院分党委荣获"北京高校先进基层党组织"荣誉称号
- 325 举办教育部重大课题攻关项目"大学生村官成长成才机制研讨会"
- 325 召开马克思主义学院新一任领导班子宣布会
- 325 参加2014年中国人才研究会人才学专业委员会年会
- 325 参加系列北京高校思想政治理论课暑期备课会
- 326 参加第七届"国际儒学大会"
- 326 召开本科教学指导委员会新学期会议

326	参加当代世界社会主义专业委员会2014年年会
326	组织学院教学基本功大赛
326	召开思想政治理论课教学指导委员会会议
327	赴武汉大学调研考察
327	赴德国、奥地利高校做学术访问
327	召开中国和平发展论坛——党的十八届四中全会理论研讨会
327	**十二、社会学院**
327	概况
328	新增社会工作硕士专业学位授权点
328	召开"循证矫正与再犯风险评估"研讨会
328	学院一名本科生捐献造血干细胞
328	获得学校第39届春季田径运动会乙组冠军
329	获得首届首都大学生心理学知识邀请赛冠军
329	举行学院分党委党支部书记培训会
329	主办第八届东亚法律心理学会议
329	举办与北京市未成年犯管教所合作共建协议签订仪式
329	**十三、法律硕士学院**
329	概况
330	召开2013～2014学年第一学期教学研讨会
330	邀请北京市石景山区人民法院来校交流
331	举行"骐骥容之"奖助学金颁发仪式
331	举行"黄晓法硕育英助学金"颁发仪式
331	与昌平区司法局共建区"模拟法庭"普法志愿者服务队
331	举行2013级在职法律硕士沭阳班开学典礼
331	举行"四川省经济法律研究会未来工程"法硕育英奖学金捐赠仪式
331	意大利罗马第一大学法学院师生访问团来我校访问
331	开展招生宣传活动
331	召开2013～2014学年第二学期教学研讨会
332	召开第三届兼职教授论坛
332	举办第二届赴意大利暑期交流项目
332	举办第五届"罗马法·中国法与民法法典化"国际研讨会
332	费安玲院长赴甘肃政法学院进行学术交流
332	李建红老师赴西南政法大学交流学习
332	举办第三届"十大最受欢迎教师"评选活动
333	与北京市海淀区人民法院举行兼职教授聘任仪式
333	召开第五届法律硕士成长论坛
333	费安玲赴深圳参加法律硕士新增培养单位培训会

333	**十四、光明新闻传播学院**
333	概况
335	我校代表队获第七届普莱斯传媒法模拟法庭比赛前八强
335	《光明日报》社与我校共建"光明新闻传播学院"
335	推进新闻学专业"现场教学"教改工作
335	举行"传播热点论谈"系列研讨会
335	举办第四届北京高校联合电影节闭幕式暨颁奖典礼
335	举办"新闻实习生"账号开通一周年暨"优秀实习日志"颁奖典礼
336	举办学校部门工会主席现场观摩会暨光明新闻传播学院第六届青年教师教学基本功大赛
336	举办首届"法院微博学院奖"颁奖典礼暨法院微博研讨会
336	学院学生获首届中国大学生"方正·飞翔奖"PAD版面创意大赛全国总决赛一等奖
336	举行首届"法治中国论坛"暨明政智库揭牌仪式
336	学院教师论文获评2013年度全国新闻传播学优秀论文
336	举行第七届模拟新闻发布会大赛决赛
336	**十五、比较法学研究院**
336	概况
338	深化与美国威廉·米切尔法学院的合作
338	颁发昊博励志奖学金
338	举办第五届中德宪法论坛
338	举办第五届"罗马法、中国法与民法法典化国际研讨会"
338	与德国7所高校续签合作协议
339	澳大利亚邦德大学法学院来访
339	德国青年外交官代表团访问中德法学研究所
339	研究院教师当选中国法学会比较法学研究会副会长、秘书长、常务理事和理事
339	中德法学研究所硕士生应邀赴柏林参观访问
339	研究院成为我校与最高人民法院民事审判第四庭共建的外国法查明研究中心挂靠单位
340	开展数据库资源引进合作
340	研究院新生辩论队获得研究生辩论赛冠军
340	开展与美国哥伦比亚大学的合作
340	**十六、国际儒学院**
340	概况
341	举办2014届研究生毕业典礼暨第六届"纳通奖学金"颁奖仪式
341	参加"纪念孔子诞辰2565周年国际学术研讨会暨国际儒学联合会第五

	届会员大会"
341	参加"全国高校国学院院长高层论坛"
341	筹备出版《闻道思齐——儒学讲坛系列讲演录（第三辑）》
342	**十七、中欧法学院**
342	概况
343	欧方联席院长履新
343	参加欧洲－国际法学硕士项目选修课
343	欧盟委派审计师来院审计
343	受邀参加中欧高级别人文交流对话机制第二次会议
344	召开2014年中欧学术研讨会
344	**十八、科学技术教学部**
344	概况
344	组织参加美国大学生数学建模竞赛
344	组织参加文科高等院校计算机设计大赛
344	组织参加全国及北京市大学生数学建模竞赛
345	组织参加中国大学生服务外包创新创业大赛
345	组织参加北京市大学生物理实验竞赛
345	**十九、体育教学部**
345	概况
346	举办第39届田径运动会
346	组织参加北京市大学生足球联赛
346	组织参加2014年首都高校羽毛球锦标赛
346	组织参加2014年首都高校乒乓球锦标赛
346	组织参加2014年首都高校武术锦标赛
346	组织参加2014年首都高校大学生篮球联赛
346	举办《北京市体育竞赛管理办法》修改的研讨会
346	组织参加北京市高校第52届田径运动会
346	组织参加2014年北京市高校跆拳道精英赛
346	组织参加首都高校第三届校园铁人三项赛
347	组织参加北京市高校沙滩排球联赛
347	组织参加2014年全国大学生乒乓球锦标赛
347	完成体质健康测试工作
347	组织参加2014年首都高等学校第六届秋季田径运动会
347	组织参加北京市女子大学生足球联赛
347	组织参加2014年北京市高校藤球比赛
347	**二十、诉讼法学研究院**
347	概况

348	举办新《刑事诉讼法》贯彻实施中的问题与对策研讨会
349	举办中美司法制度比较学术研讨会
349	举办"5·9错案"警示日座谈会
349	举办《中国诉讼法治发展报告（2012~2013）》首发式
349	召开教育部社会科学委员会法学学部工作会议
350	召开刑事法律援助实施情况总结研讨会
350	举办刑事错判及其防范专题讲座
350	举办聚焦《中华人民共和国行政诉讼法》修改系列讲座
350	举办《民事诉讼法研究》系列讲座
350	举办美国刑事诉讼对抗制的新发展讲座
350	二十一、法律史学研究院
350	概况
351	举行《中国法律的传统与近代转型》首发式
352	举办"法治中国与中华法系"智库工作会议
352	举办"中华民族优秀法律传统与当代中国法制建设研讨会"
352	举行第五届张晋藩法律史学基金会征文大赛获奖论文颁奖仪式
352	二十二、法治政府研究院
352	概况
353	举办"青少年法制教育报告发布会"
353	举办中国行政法学研究会2014年年会
354	举办"中国法治政府奖"评选暨颁奖会
354	举办两次发布会
354	二十三、证据科学研究院
354	概况
356	"111计划–证据科学创新引智基地"立项
356	1名教授获得"中国政府友谊奖"
356	举行《艾伦教授论证据法（上）》首发式
357	举行"中国法律与比较司法制度研究所"挂牌仪式暨首届"中国法律论坛"
357	中美法庭证据科学研究中心在美揭牌
357	举办第二届"证据科学"暑期国际学校
357	二十四、法律古籍整理研究所
357	概况
358	引进优秀人才1名
358	举办"法律·历史·文献"青年学者工作坊
359	召开"中国古代法律文献整理研究"学术研讨会
359	出版《中国古代法律文献研究》第八辑

359	二十五、人权研究院
359	概况
360	举办人权建设与宪法秩序暨"人权入宪"10周年学术研讨会
360	老挝人权代表团一行访问学校
360	举办学科建设座谈会
360	举办第六届人权法暑期课程班
361	教授古德蒙德·阿尔弗雷德松荣获第二届"李步云法学奖"
361	举办中国高校教师人权法教学研讨会
361	举办国际人道法暑期教师高级研讨班
361	副教授张伟3次做客CCTV-NEWS"对话"节目
361	汤姆·兹瓦特教授到访本院
361	安德鲁·吉尔默先生做客我院
361	Vincent Cassard先生做客我院
362	Asbjorn Eide教授到我院访问
362	张耀良律师到访我院
362	举办人权日纪念活动
362	二十六、法学教育研究与评估中心
362	概况
363	1名教授在全国政协会议上建言
363	举办"教指委"年度全体委员会议
363	1名教授就任常州大学史良法学院院长
363	承办"首届国家预防灾害培训体验和法治保障（国际）高峰论坛"
363	二十七、法和经济学研究中心
363	概况
364	2篇论文获校级优秀毕业论文
364	举办"市场一体化"学术研讨会
365	首次执行欧洲法和经济学博士生交换项目
365	2名教授赴海外进行学术交流
365	1名教授赴海外进行学术交流
365	举办2012届毕业生就业经验交流会
365	3篇论文被人大报刊转载
365	二十八、全球化与全球问题研究所
365	概况
366	举办"极地软实力问题研究"研讨会
366	参加国际全球学大会
366	国家社科基金重点项目结项
366	举办"全球学与全球治理论坛"

366	出版《全球治理变革与国际法治创新》
367	举办"全球治理与国家治理"学术研讨会
367	通过学校"全球学"学科重点建设项目验收
367	开展两次主题系列读书会
367	《全球学导论》入选年度《国家哲学社会科学成果文库》
367	《新华文摘》全文转载研究所教授论文
368	**第十七章　学术刊物**
368	一、《政法论坛》
368	概况
368	二、《中国政法大学学报》
368	概况
369	完成领导班子换届
369	完成学术期刊认定和信息采集工作
369	举办首届"语言、证据与司法文明"高端论坛
369	三、《比较法研究》
369	概况
370	四、《行政法学研究》
370	概况
370	完成期刊年检工作
370	五、《学术法大》
370	概况
370	六、《研究生法学》
370	概况
371	七、《证据科学》
372	**第十八章　奖励与表彰**
372	一、先进集体（教职工）
374	二、先进个人（教职工）
376	三、先进集体（学生）
377	四、先进个人（学生）
386	五、学年度获各类奖学金名单
386	（一）2013~2014学年度本科生国家奖学金获得者
387	（二）2013~2014学年度国家励志奖学金获得者
389	（三）2014年研究生国家奖学金获奖名单
391	（四）2013~2014学年研究生学业奖学金获奖名单
407	（五）2013~2014学年校长奖学金获奖名单
408	（六）2013~2014学年优秀学生奖学金获奖名单

421	（七）2013~2014学年科研创新奖学金获奖名单
425	（八）2013~2014学年竞赛优胜奖学金获奖名单
427	（九）团体获奖名单（共63项，482人次）
432	（十）2013~2014学年志愿服务奖学金获奖名单
433	（十一）2013~2014学年"新疆、西藏籍少数民族优秀学生奖学金"获奖学生名单
436	（十二）2013~2014学年退伍优抚奖学金获奖名单
437	（十三）2013~2014学年校级三好学生获奖名单
440	（十四）2013~2014学年校级优秀学生干部获奖名单
445	（十五）2013~2014学年校级先进班集体获奖名单
447	六、科研奖励
447	（一）第五届钱端升法学研究成果奖（5项）
447	（二）北京市第十三届哲学社会科学优秀成果奖（6项）
447	（三）中国政法大学第三届青年教师优秀科研成果奖（16项）
448	七、体育竞赛获奖
451	**第十九章 综合统计表**
507	**第二十章 毕业生名册**
507	一、中国政法大学2014届春季博士研究生毕业名单
507	二、中国政法大学2014届春季硕士研究生毕业名单
508	三、中国政法大学2014届夏季博士研究生毕业名单
510	四、中国政法大学2014届夏季硕士研究生毕业名单
520	五、2014届本科毕业生名单
531	六、国际教育学院2014届毕业生名单
531	（一）留学生
531	（二）港澳台侨学生
532	七、2014届夜大学毕业生名单（590人）
535	八、2014届函授毕业生名单（533人）
538	**第二十一章 大事记**
547	**第二十二章 媒体索引**
547	一、电视媒体
547	二、网络媒体
549	三、平面媒体

第一章 学校概况

中国政法大学是一所以法学为特色和优势,兼有文学、历史学、哲学、经济学、管理学、教育学、理学等多学科的"211工程"重点建设大学,"'985工程'优势学科创新平台"和"2011计划"项目重点建设高校,直属于国家教育部。学校现有海淀区学院路和昌平区府学路两个校区。

学校的前身是1952年由北京大学、清华大学、燕京大学、辅仁大学四校的法学、政治学、社会学等学科组合而成的北京政法学院,毛泽东同志亲笔题写了校名。1954年,学校迁址至学院路。1960年成为国家确定的全国重点高校。"文革"中学校停办,1978年复办。1983年,北京政法学院与中央政法干校合并,组建为中国政法大学,邓小平同志亲笔题写了校名。学校形成一校及本科生院、进修生院、研究生院三院办学格局。1985年,学校开辟昌平校区。进修生院后更名为中央政法管理干部学院单独办学,2000年复又合并于中国政法大学。

学校在60多年的办学历程中,为国家培养了各类优秀人才20多万人,参与了自建校以来几乎国家的所有立法活动,引领着国家法学理论的变革和法律思想的更新,代表着国家对外进行法学等领域的学术交流。

学校现有全日制在校生15 625人,其中本科生8529人,研究生6058人,留学生1038人;教师928人,其中教学科研岗位教师845人,辅导员83人;教学科研岗位教师中博士生导师167人、硕士生导师602人,教授285人,有博士或硕士学位的比例达88.29%。

学校现有法学院、民商经济法学院、国际法学院、刑事司法学院、政治与公共管理学院、商学院、人文学院、外国语学院、马克思主义学院、社会学院、光明新闻传播学院、中欧法学院、法律硕士学院、国际儒学院、国际教育学院/港澳台教育中心、继续教育学院/网络教育学院、科学技术教学部、体育教学部共18个教学单位;设有诉讼法学研究院(教育部人文社会科学重点研究基地)、法律史学研究院(教育部人文社会科学重点研究基地)、证据科学研究院(教育部重点实验室)、法治政府研究院/青少年法制教育研究中心(北京市哲学社会科学研究基地)、人权研究院(国家人权教育与培训基地)、比较法学研究院、法律古籍整理研究所、法学教育研究与评估中心/高等教育研究所、法和经济学研究中心、全球化与全球问题研究所、司法文明协同创新中心、全球治理与国际法治协同创新中心、知识经济与法治发展协同创新中心、人权建设协同创新中心、法治政府协同创新中心15个校级科研机构。其中,由中国政法大学牵头组建的司法文明协同创新中心是首批经教育部、财政部认定的14个国家"2011计划"协同创新中心之一。2014年,学校参与组建的"国家领土主权与海洋权益协同创新中心"成为第二批获得认定的24个国家"2011计划"协同创新中心之一。学校积极推进新型"智库"建设,聚焦重大问题,服务国家战略,打造"法大智库",为经济社会发展提供高质量的智力支持,目前已完成首批15个"智库"研究团队的遴选工作。

学校设有法学、侦查学、政治学与行政学、行政管理、国际政治、公共事业管理、工商管理、经济学、国际商务、哲学、汉语言文学、思想政治教育、社会学、社会工作、应用心理学、英语、德语、新闻学、数学与应用数学共19个本科专业,其中法学、政治学与行政学、社会学为国家级特色专业。拥有75个硕士学位授权点、5个专业硕士学位授权点、31个博士学位授权点和3个博士后科研流动站。法学、政治学、马克思主义理论为博士学位授权一级学科,哲学、理论经济学、应用经济学、社会学、心理学、外国语言文学、新闻传播学、中国史、工商管理、公共管理为硕士学位授权一级学科,其中,政治学为一级学科北京市重点学科,法学为一级学科国家重点学科。

学校先后与44个国家和地区的173所知名大学和机构建立了合作关系,每年通过各类合作交流项目派出近千名师生赴境外交流学习,聘请三百余名长短期外国专家来校讲学。2008年建立的中国政法大学中欧法学院是中国政府和欧盟在法学教育领域最大的合作项目。随着该项目的实施,学校培养国际型法律人才的格局、规模已经初步形成。学校从2009年开始全面实施国际化发展战略,不断提升国际化办学水平。2012年以来,学校已分别与英国班戈大学、罗马尼亚布加勒斯特大学合作建成2所孔子学院。目前经学校积极筹备,第3所孔子学院——巴巴多斯西印度大学凯夫希尔分校孔子学院即将建成。

学校的校训是:厚德、明法、格物、致公。

学校的办学目标是:用20年左右的时间,把学校建设成为开放式、国际化、多科性、创新型的世界知名法科强校。

第二章 机构设置

一、现任党政领导名单：

1. 党委常委：石亚军　　黄　进　　冯世勇　　朱　勇　　张桂林
   张柳华（截至2014年1月）　　张保生　　马怀德
   高浣月　　胡　明　　李树忠
   徐　扬（自2014年1月起任）
2. 党委书记：石亚军
3. 校　　长：黄　进
4. 副 校 长：冯世勇（兼）朱　勇　　张桂林
   张柳华（截至2014年1月）　　张保生　　马怀德
   李树忠　　徐　扬（自2014年1月起任）
5. 党委副书记：冯世勇　　高浣月　　胡　明
6. 纪委书记：胡　明

二、党委常委、党委委员名单

1. 中共中国政法大学第七届委员会常务委员名单

石亚军　　黄　进　　冯世勇　　朱　勇
张桂林　　张柳华（截至2014年1月）　　张保生　　马怀德
高浣月　　胡　明　　李树忠　　徐　扬（自2014年1月起任）

2. 中共中国政法大学第七届委员会名单（按姓氏笔画为序）

马抗美（女）　　马怀德　　　王立艳（女）　　卞建林
石亚军　　　　冯世勇　　　曲新久　　　　朱　勇
刘长敏（女）　　刘秀华（女）　杜新丽（女）　　李秀云（女）
李树忠　　　　李曙光　　　吴　平（女）　　张柳华
张保生　　　　张桂林（女）　胡　明　　　　徐　扬
高浣月（女）　　黄　进　　　薛刚凌（女）

注：其中王明宇同志于2014年10月调出。

三、中共中国政法大学第七届纪律委员会名单（按姓氏笔画为序）

王小平　　　阮齐林　　　李　晓　　　李玺文　　　杨　军（女）
范分社　　　胡　明　　　宣增益　　　彭祥林

四、第九届中国政法大学学术委员会名单

顾　问：江平　　陈光中　　张晋藩　　应松年
主　席：黄进
副主席：张保生（常务）　石亚军　　马怀德　　方流芳
　　　　乐国安　　　　　李德顺
委　员（以姓氏笔画为序）：
　　　　马怀德　　卞建林　　方流芳　　石亚军　　丛日云　　乐国安
　　　　朱　勇　　曲新久　　米　健　　张桂林　　张保生　　张丽英
　　　　李　立　　李　晓　　李德顺　　郑永流　　柳经纬　　赵旭东
　　　　黄　进　　常　林　　舒国滢

五、第四届中国政法大学学位评定委员会名单

顾　问：江平　　陈光中　　张晋藩　　李德顺　　应松年
主　席：黄进
副主席：石亚军　　朱勇（常务）　　王卫国　　李曙光
委　员（按姓氏笔画排序）：
　　　　马抗美　　马怀德　　于志刚　　孔庆江　　王卫国　　文　兵
　　　　石亚军　　刘　飞　　刘　斌　　曲新久　　朱　勇　　孙选中
　　　　李　立　　李曙光　　应　星　　张保生　　张桂林　　费安玲
　　　　黄　进　　常保国　　薛刚凌

六、校部机关部门负责人名单

学校办公室　　　　　　　　主　任　李秀云
　　　　　　　　　　　　　副主任　赵　威（截至2014年6月）
　　　　　　　　　　　　　副主任　王　敏
　　　　　　　　　　　　　副主任　刘耀辉
　　　　　　　　　　　　　副主任兼法律事务办公室主任　王　巍
　　　　　　　　　　　　　副主任　杨学伟
档案馆　　　　　　　　　　馆　长　李健百（2014年6月起任）
党委组织部　　　　　　　　部　长　王立艳
　　　　　　　　　　　　　副部长　袁　林
统战部　　　　　　　　　　副部长　王称心

纪律检查委员会	副书记	范分社
纪委办公室	主　任	韩长胜（截至 2014 年 6 月）
	主　任	彭祥林（2014 年 6 月起任）
	副主任	彭祥林（截至 2014 年 6 月）
	副主任	王有为（2014 年 6 月起任）
监察处	处　长	范分社（兼）
	副处长	甄建立
	副处长	叶建华（2014 年 6 月起任）
宣传部（新闻中心）	部　长（主任）	刘长敏（截至 2014 年 6 月）
	部　长（主任）	刘琳琳（2014 年 6 月起任）
	副部长（副主任）	武晓红
	副部长（副主任）	刘　杰（2014 年 6 月起任）
离退休干部管理处	处　长	董　秋（截至 2014 年 6 月）
	副处长	贾桂琴（截至 2014 年 6 月）
	副处长	贾　彤
	副处长	牛晓飞（2014 年 6 月起任）
教务处	处　长	于志刚
	副处长	田士永
	副处长	魏冬梅（截至 2014 年 6 月）
	副处长	吉家伍
	副处长	刘琳琳（截至 2014 年 6 月）
	副处长	孙园植
	副处长	王　为（2014 年 6 月起任）
	副处长	邵文郁（2014 年 6 月起任）
科研处	处　长	柳经纬（截至 2014 年 6 月）
	副处长（主持工作）	施正文（2014 年 6 月起任）
	副处长	杜学亮
	副处长	张　卿（截至 2014 年 6 月）
	副处长	于　飞（2014 年 6 月起任）
2011 计划办公室主任	杜彩云（2014 年 6 月起任）	
研究生院	常务副院长	李曙光
	副院长	王振峰
	副院长	刘　斌（截至 2014 年 6 月）
	副院长	王明宇（兼）（2014 年 6 月~10 月）
	副院长	解志勇
	副院长	何　欣（2014 年 6 月起任）
发展规划与学科建设处	处　长	杨　阳

	副处长	黄 利
	副处长	刘 建（截至2014年6月）
	副处长	江水长（2014年6月起任）
人事处	处 长	吴 平
	副处长	黎 军
	副处长	王林怀
人才引进办公室	主 任	吴 平（兼）
	常务副主任	刘惠敏
国际合作与交流处	处 长	许 兰
	副处长	李国强（截至2014年6月）
	副处长	王福平
学生工作部（处）	处 长	卢少华
	副处长兼学生就业指导与服务中心主任	解廷民
	副处长	王明宇（兼）（2014年6月~10月）
	副处长	张永然
	副处长兼学生资助管理中心主任	卜路军（2014年6月起任）
研究生工作管理办公室	主 任	王明宇（2014年6月~10月）
财务处	处 长	徐 扬（截至2014年6月）
	处 长	李国强（2014年6月起任）
	副处长	梁 璐
	副处长	张 红
审计处	处 长	周淑华（截至2014年6月）
	副处长	张翼志
保卫部（处）	处 长	林发军
	副处长	梁安琪
	副处长	田兆军
	副处长	韩伯君（兼）
610办公室	主 任	韩伯君
武装部（并入学生处）	部 长	卢少华（兼）（2014年6月起任）
资产管理处	处 长	金龙河（截至2014年6月）
	副处长	罗晓季
后勤工作委员会办公室	主 任	项 云
	副主任	马登峰
	副主任	卢 东
基建处	处 长	杨学志
	副处长	赵广成

学院路拆迁建设办公室	主　任	宋　弘
校工会	常务副主席	尹志强
	副主席	李玺文
	副主席	恽鹏远
校团委	书　记（副处级）	黄瑞宇（截至2014年10月）
	书　记（正处级）	黄瑞宇（2014年10月起任）
	副书记（副处级）	孙璐（2014年10月起任）
开放教育管理办公室	主　任	吴景明
	副主任	刘　英（2014年6月起任）
现代教育技术中心	主　任	韩永宁（截至2014年6月）
	副主任	吕淑艳
	副主任	李庆珍（2014年6月起任）
校友工作办公室	主　任	杨　杰
中国法律信息中心	副主任	姜振宇（截至2014年6月，机构撤销）
高级政法管理干部进修中心（机构撤销）		
	主　任	马怀德（兼）（截至2014年6月）
	常务副主任	吴　飚（截至2014年6月）
	副主任	黄　娟（截至2014年6月）
国内合作处	处　长	吴　飙（2014年6月起任）
	副处长	刘　建（2014年6月起任）

七、教学科研及教辅单位负责人名单

法学院	院　长	薛刚凌
	副院长	刘大炜（兼）
	副院长	焦洪昌
	副院长	何　兵
	副院长	许身健
	副院长	王文英（兼）
民商经济法学院	院　长	王卫国
	院　长	李树忠（兼）（2014年6月起任）
	副院长	王光进（兼）
	副院长	赵旭东
	副院长	卢　跃
	副院长	李永军
	副院长	杨秀清
	副院长	王洪松（兼）
国际法学院	院　长	孔庆江

	副院长　杜新丽（兼）
	副院长　马呈元（截至 2014 年 6 月）
	副院长　李居迁
	副院长　霍政欣（2014 年 6 月起任）
	副院长　顾永强（兼）
刑事司法学院	院　　长　曲新久
	副院长　周志荣（兼）
	副院长　王　平（截至 2014 年 6 月）
	副院长　郭金霞（2014 年 6 月起任）
	副院长　汪海燕（2014 年 6 月起任）
	副院长　王敬川（兼）
政治与公共管理学院	院　　长　常保国
	副院长　李程伟（兼）
	副院长　贾文华
	副院长　卢春龙
	副院长　杨怀军（兼）（截至 2014 年 11 月）
	副院长　张艳萍（兼）
MPA 教育中心	主　　任　常保国（兼）
	常务副主任　布仁巴图
商学院	院　　长　孙选中（截至 2014 年 6 月）
	副院长　李　晓（兼）
	副院长　马丽娜（截至 2014 年 6 月）
	副院长　陈明生（2014 年 6 月起任）
	副院长　朱晓武（2014 年 6 月起任）
	副院长　李欣宇（兼）
MBA 教育中心	主　　任　孙选中（兼）（截至 2014 年 6 月）
人文学院	院　　长　文兵
	副院长　杨　军（兼）
	副院长　赵文彤
	副院长　俞学明
	副院长　赵晓华
	副院长　尹晓华（兼）
新闻与传播学院	院　　长　陆小华
	副院长　姚广宜（兼）
	副院长　刘徐州
	副院长　姚泽金
	副院长　尚　武（兼）

外国语学院	院　　长	李　立
	副院长	赵云鹏（兼）
	副院长	沙丽金
	副院长	张　清
继续教育学院	院　　长	刘守仁
	副院长	张晓琴
	副院长	张荣京（截至2014年6月）
	副院长	黄　娟
	副院长	孙　智（2014年6月起任）
	副院长	刘玉娥（兼）
社会学院	院　　长	应　星
	副院长	王英伟（兼）
	副院长	马　皑
	副院长	赵丙祥
	副院长	刘邦惠（兼）
马克思主义学院	院　　长	马抗美（截至2014年6月）
	副院长	卫　灵（兼）
	副院长	邰丽华（截至2014年6月）
	副院长（主持工作）	邰丽华（2014年6月起任）
	副院长	阮广宇（兼）
	副院长	宋朝龙
法律硕士学院	院　　长	费安玲
	副院长	韩文生（兼）
	副院长	辛崇阳
	副院长	杜　娟
中欧法学院	院　　长	刘　飞
国际教育学院	院　　长	宣增益（截至2014年6月）
	院　　长	张丽英（2014年10月起任）
	副院长	杜　鹃
	副院长	曾　涛（截至2014年6月）
	副院长	吴宏耀（2014年6月起任）
科学技术教学部	主　任	李　净
	副主任	王　云（2014年6月起任）
体育教学部	主　任	张笑世（截至2014年6月）
	副主任	贾海翔
	副主任	黎　晨（2014年6月起任）
出版社	社　　长	李传敢（截至2014年6月）

	社　　长　尹树东（2014年6月起任）
	副社长　尹树东（截至2014年6月）
图书馆	馆　　长　时建中（兼）
	副馆长　欧阳晨红
	副馆长　乔占学
政法论坛	主　　编　王人博
	副主编　陆　敏
中国政法大学学报	主　　编　李德顺（截至2014年6月）
	主　　编　曹明德（2014年6月起任）
	常务副主编　曹明德（截至2014年6月）
	副主编　陈景善（2014年6月起任）
校医院	院　　长　李　泰（截至2014年6月）
	副院长　陆晓英（截至2014年6月）
	副院长　杜　飞
	副院长　蓝　红（2014年6月起任）
中国政法大学科技园管理办公室	主　　任　卫跃宁
比较法学研究院	院　　长　高　祥
	副院长　王　芳（兼）
	副院长　鲍增华
	副院长　林　林
	副院长　谢立斌
诉讼法学研究院	院　　长　卞建林
	副院长　杨宇冠
	副院长　顾永忠
法律史学研究院	院　　长　朱　勇（兼）
	常务副院长　张中秋
	副院长　林　乾
法律古籍整理研究所	所　　长　徐世虹
人权研究院	常务副院长（正处级）　张　伟
	副院长　班文战
证据科学研究院	院　　长　常　林
	副院长　王　旭
	副院长　张　中
法学教育研究与评估中心	主　　任　曹义孙
法和经济学研究中心	主　　任　席　涛
班戈大学孔子研究院	中方院长　张丽英（截至2014年9月）
	中方院长　曾　涛（2014年9月起任）

罗马尼亚布加勒斯特大学孔子学院　中方院长　薛小建

八、基层党组织负责人名单

校部机关分党委	书　记	胡　明（兼）
离退休干部分党委	书　记	董　秋
	副书记	马华山
法学院分党委	书　记	刘大炜
	副书记	王文英
民商经济法学院分党委	书　记	王光进
	副书记	王洪松
国际法学院分党委	书　记	杜新丽
	副书记	顾永强
刑事司法学院分党委	书　记	周志荣
	副书记	王敬川
政治与公共管理学院分党委	书　记	李程伟
	副书记	杨怀军（截至 2014 年 11 月）
	副书记	张艳萍
商学院分党委	书　记	李　晓
	副书记	李欣宇
人文学院分党委	书　记	杨　军
	副书记	尹晓华
新闻与传播学院分党委	书　记	姚广宜
	副书记	尚　武
外国语学院分党委	书　记	赵云鹏
继续教育学院分党委	书　记	刘守仁（兼）
	副书记	刘玉娥
社会学院分党委	书　记	王英伟
	副书记	刘邦惠
马克思主义学院分党委	书　记	卫　灵
	副书记	阮广宇
法硕学院分党委	书　记	韩文生
国际教育学院直属党支部	书　记	宣增益
科研单位党总支	书　记	陆　敏
	副书记	杜学亮（兼）
比较法学研究院分党委	书　记	王　芳
图书馆党总支	书　记	何　征
后勤党总支	书　记	项　云（兼）

	副书记　韩荣贵（截至 2014 年 10 月）
	副书记　杨怀军（2014 年 11 月起任）
体育部直属党支部	书　记　王小平
科技部直属党支部	书　记　马新敏（截至 2014 年 9 月）
现代教育技术中心直属党支部	书　记　韩永宁
出版社直属党支部	书　记　尹树东

九、中国政法大学第六届教职工代表大会暨第十一届工会会员代表大会主席团成员名单

于向荣	王　萍	王冬方	王国芳	王顺安	王晋萍
尹志强	冯世勇	刘志雄	刘艳萍	祁　欢	杜学亮
李　净	李树忠	李玺文	欧阳晨虹	周军英	周爱华
郑　楠	胡　明	恽鹏远	黄瑞宇	焦洪昌

十、委员会、领导小组及其成员名单

（一）中国政法大学第二届研究生教学指导委员会

主　席：朱　勇
副主席：李曙光
委　员（以姓氏笔画为序）：

卫　灵	于志刚	方流芳	刘廷吉
孙选中	朱　勇	曲新久	张　生
李永军	何　兵	沙丽金	辛崇阳
李曙光	赵丙祥	柳经纬	俞学明
贾文华	莫世健	舒国滢	解廷民
鞠宏磊

（二）中国政法大学通识教育委员会

顾　问：李德顺
主　任：张桂林
副主任：于志刚　丛日云　徐世虹
委　员（以姓氏笔画为序）：

于志刚	文　兵	方尔加	方流芳
王人博	丛日云	应　星	张中秋
张桂林	李　晓	杨　阳	郑永流
俞学明	徐世虹	高　祥	舒国滢

办公室主任：于志刚
办公室常务副主任：应　星　文　兵

办公室副主任：田士永

（三）中国政法大学社会科学繁荣计划领导小组

组　长：石亚军　　黄　进
副组长：张保生　　冯世勇　　朱　勇　　张桂林　　张柳华
　　　　马怀德　　高浣月　　胡　明　　李树忠　　徐　扬
成　员：时建中　　李秀云　　王立艳　　柳经纬　　李曙光
　　　　于志刚　　杨　阳　　吴　平　　许　兰　　金龙河
　　　　卢少华

（四）中国政法大学"2011计划"工作领导小组

组　长：石亚军　　黄　进
副组长：张保生　　朱　勇　　张桂林　　马怀德
　　　　李树忠　　张柳华　　徐　扬
成　员：李秀云　　柳经纬　　李曙光　　杨　阳
　　　　吴　平　　许　兰　　金龙河　　于志刚

（五）中国政法大学专业学位研究生教育综合改革试点工作领导小组

组　长：黄　进
副组长：朱　勇
成　员：李曙光　　费安玲　　刘　飞　　常　林　　孙选中
　　　　常保国　　王振峰

（六）中国政法大学博士后工作领导小组

组　长：朱　勇
副组长：李曙光　　吴　平
成　员（以姓氏笔画为序）：
　　　　马抗美　　王卫国　　曲新久　　刘　斌　　孔庆江
　　　　高　祥　　常保国　　薛刚凌

（七）中国政法大学深入开展创先争优活动领导小组

组　长：石亚军
副组长：冯世勇　　高浣月　　胡　明
成　员：王立勇　　王立艳　　范分社　　刘长敏　　董　秋　　李秀云
　　　　林发军　　李淑荣　　王明宇

领导小组下设办公室。

(八)中国政法大学党风廉政建设领导小组

组　　　长：党委书记　石亚军
　　　　　　党委副书记、校　长　黄　进
副 组 长：纪委书记　胡　明
成　　　员：学校办公室主任、组织部部长、统战部部长、纪委副书记、纪委办公室主任、宣传部部长、学生工作部（处）长、财务处处长、人事处处长、后勤党总支书记、工会常务副主席、团委书记党风廉政建设领导小组下设办公室，办公室设在纪委办公室。
办公室主任：纪委副书记（兼）

(九)中国政法大学学风建设工作领导小组

组　长：黄　进
副组长：张保生　朱　勇　张桂林　李树忠
成　员：柳经纬　吴　平　李曙光　于志刚　卢少华
　　　　王立艳　范分社
领导小组下设办公室。
办公室主任：柳经纬（兼）

(十)中国政法大学岗位设置与岗位聘任工作领导小组

组　长：石亚军　黄　进
成　员（以姓氏笔画为序）：
　　　　马怀德　马抗美　冯世勇　朱　勇　张保生　张柳华
　　　　张桂林　胡　明　高浣月
领导小组下设办公室，办公室设在人事处。
主　任：主管人事工作的副校长
副主任：人事处长
成　员：人事处相关工作人员

(十一)中国政法大学专业技术岗位设置委员会

主　任：黄　进
副主任：主管人事工作的副校长
成　员：主管本科教学、研究生教学、科研、学生辅导员、图书资料、出版编辑、财务会计、实验工程、基建、医疗卫生和后勤工作的校领导，校工会主席，纪委书记，人事处、教务处、科研处处长，学科建设办公室主任
委员会下设"专业技术岗位设置专家组"。
成　员：各学科（法学各二级学科；政治学、社会学一级学科以及经济学、管理学、

历史学、教育学、哲学各门类，理工类）带头人，各院部负责人，校直属研究机构负责人

（十二）中国政法大学管理岗位设置委员会

主　任：主管人事工作的副校长
成　员：主管人事工作的副校长，人事处、组织部、学校办公室、纪检监察、校工会等部门负责人

（十三）中国政法大学工勤技能岗位设置委员会

主　任：主管后勤工作的副校长
成　员：人事处、学校办公室、后勤办、纪检监察、校工会等部门负责人

（十四）中国政法大学教学科研岗位聘任委员会（25人）

主　任：石亚军　　黄进
常务副主任：马抗美
副主任（以姓氏笔画为序）：
　　　　马怀德　　朱勇　　　张保生　　张桂林
委　员（以姓氏笔画为序）：
　　　　王卫国　　王小平　　乐国安　　孙选中
　　　　曲新久　　邬宝顺　　吴平　　　张楚
　　　　李立　　　李凯林　　李树忠　　李德顺
　　　　李曙光　　杨阳　　　范分社　　柳经纬
　　　　莫世健　　薛刚凌
办公室主任：马抗美
办公室副主任：吴平
办公室成员：人事处相关人员

（十五）中国政法大学专职学生辅导员岗位聘任委员会（13人）

主　任：冯世勇
副主任：李秀云
委　员（以姓氏笔画为序）：
　　　　王光进　　刘大炜　　孙选中　　吴平
　　　　吴飚　　　李方晓　　李程伟　　宣增益
　　　　胡明　　　项云　　　甄建立
办公室主任：李秀云
办公室成员：学工部相关人员

（十六）中国政法大学其他专业技术岗位聘任委员会（16人）

主　任：张保生
副主任：吴　平
委　员（以姓氏笔画为序）：
　　　　尹志强　　王人博　　王　芳　　刘长敏
　　　　李传敢　　李树忠　　李　泰　　李德顺
　　　　周淑华　　姜言发　　徐　扬　　曾尔恕
　　　　韩长胜　　韩永宁
办公室主任：吴　平
办公室成员：人事处相关人员

（十七）中国政法大学高级管理岗位聘任委员会（4人）

主　任：胡　明
委　员（以姓氏笔画为序）：
　　　　王立艳　　李树忠　　吴　平　　胡　明
办公室主任：王立艳
办公室成员：组织部相关人员

（十八）中国政法大学中级及中级以下管理岗位聘任委员会（10人）

主　任：李树忠
委　员（以姓氏笔画为序）：
　　　　王立艳　　尹志强　　项　云　　于志刚
　　　　李秀云　　李树忠　　李曙光　　吴　平
　　　　范分社　　施正文
办公室主任：吴　平
办公室成员：人事处相关人员

（十九）中国政法大学工勤技能岗位聘任委员会（9人）

主　任：徐　扬
委　员（以姓氏笔画为序）：
　　　　尹志强　　项　云　　于志刚　　刘琳琳
　　　　李秀云　　吴　平　　范分社　　林发军
　　　　徐　扬
办公室主任：吴　平
办公室成员：人事处相关人员

(二十) 中国政法大学收入分配制度改革领导小组

组　长：石亚军　　黄　进
成　员：马抗美　　冯世勇　　朱　勇　　张桂林　　张柳华
　　　　张保生　　马怀德　　高浣月　　胡　明

(二十一) 中国政法大学财经工作领导小组

组　　长：黄　进
副组长：张桂林　　张柳华　　胡　明
成　员（以姓氏笔画为序）：
　　　　胡　明　　李秀云　　范分社　　张桂林
　　　　张柳华　　周淑华　　徐　扬　　黄　进
财经工作领导小组办公室设在财务处。
办公室主任：徐　扬（兼）

(二十二) 中国政法大学教师资格认定工作领导小组

组　长：黄　进
副组长：马抗美
成　员（以姓氏笔画为序）：
　　　　朱　勇　　吴　平　　张保生　　张桂林
　　　　李树忠　　柳经纬

(二十三) 中国政法大学教师资格专家审查委员会

主　任：黄　进
副主任：马抗美　　朱　勇　　张桂林　　张保生
委　员（以姓氏笔画为序）：
　　　　王卫国　　王小平　　乐国安　　孙选中
　　　　曲新久　　米　健　　吴　平　　宋建武
　　　　张　楚　　李　立　　李树忠　　李德顺
　　　　柳经纬　　莫世健　　薛刚凌

(二十四) 中国政法大学教职工行政奖惩委员会

主　任：分管组织、人事的校领导
成　员：学校办公室、组织部、人事处、纪委（监察处）、教务处、科研处和工会负责人，行政法、劳动法方面的专家及1～2名教职工代表

(二十五）中国政法大学人才引进工作领导小组

组　长：马抗美
副组长：胡　明　　朱　勇　　张桂林
成　员：吴　平　　王立艳　　刘经纬　　李树忠　　李曙光　　金龙河

(二十六）中国政法大学专项资金管理领导小组

组　长：张桂林
副组长：张柳华
成　员（以姓氏笔画为序）：
　　　　刘　庆　　李树忠　　汪家良　　金龙河
　　　　周淑华　　徐　扬　　曾尔恕　　韩永宁

(二十七）中国政法大学中欧法学院工作领导小组

组　长：朱　勇
成　员：方流芳　　许　兰　　李秀云　　李曙光　　柳经纬
　　　　吴　平　　卢少华　　徐　扬　　金龙河　　项　云
领导小组下设办公室，办公室设在国际合作与交流处。
办公室主任：许　兰（兼）

(二十八）中国政法大学信息化建设领导小组

组　长：黄　进
副组长：张保生　　冯世勇　　张桂林　　张柳华　　高浣月
成　员（以姓氏笔画为序）：
　　　　王立勇　　刘长敏　　李秀云　　李树忠
　　　　李曙光　　吴　平　　杨　阳　　金龙河
　　　　柳经纬　　恽鹏远　　徐　扬　　韩永宁

(二十九）中国政法大学第二届体育运动委员会

主　任：冯世勇
常务副主任：张笑世
副主任：卢少华　　于志刚　　尹志强
委　员（以姓氏笔画为序）：
　　　　于志刚　　尹志强　　王　芳　　王小平
　　　　王洪松　　王敬川　　冯世勇　　卢少华
　　　　刘大炜　　刘长敏　　阮广宇　　应　星
　　　　张笑世　　李　泰　　李秀云　　李欣宇

李玺文	杨　军	杨怀军	尚　武
林发军	赵云鹏	项　云	徐　扬
贾海翔	顾永强	黄瑞宇	曾　涛
韩文生	韩永宁	鲁　涤	

（三十）中国政法大学国家安全领导小组

组　长：石亚军
副组长：胡　明　冯世勇
成　员（以姓氏笔画为序）：
　　　　于志刚　尹志强　卢少华　刘长敏
　　　　刘秀华　许　兰　李秀云　李曙光
　　　　吴　平　林发军　柳经纬　宣增益
　　　　黄瑞宇　韩伯君

领导小组下设办公室，办公室设在保卫处。
办公室主任：林发军
办公室副主任：李秀云　韩伯君

（三十一）中国政法大学教学指导委员会

主　任：张桂林
副主任：于志刚　郑永流　孙选中
委　员（以姓氏笔画为序）：
　　　　于志刚　孔庆江　文　兵　卢春龙
　　　　孙选中　曲新久　宋建武　应　星
　　　　张桂林　张　清　李永军　李居迁
　　　　杨　阳　邰丽华　郑永流　费安玲
　　　　焦洪昌

（三十二）中国政法大学招生委员会

主　任：黄　进
副主任：朱　勇　张桂林　冯世勇　胡　明
委　员（以姓氏笔画为序）：
　　　　于志刚　王天华　卢少华　冯世勇
　　　　朱　勇　李秀云　佟丽华　张桂林
　　　　李曙光　范分社　胡　明　修青华
　　　　宣增益　徐　扬　黄　进

(三十三) 中国政法大学第三届教学督导组

组　长：皮艺军
组　员：沈国锋　　常绍舜　　黄勤南　　戴守义
　　　　陈向荣　　侯廷智
秘　书：朱亚峰（兼）
教务处教学质量监控科为教学督导组兼职秘书处。

第三章 特载

（一）我校和英国诺丁汉特伦特大学签署"3+1+1"本科生培养协议 本科生将同时获得中英两个学位

北京时间2014年1月20日（伦敦时间2014年1月19日），我校与英国诺丁汉特伦特大学（Nottingham Trent University）正式签署了《中国政法大学和诺丁汉特伦特大学免修学分协议》，两校历史性地开创了按照"3+1+1"模式联合培养本科生的合作模式。

根据协议，双方大学合作实施本科生"3+1"式联合培养：我校和诺丁汉特伦特大学相互承认对方学校相关课程的学分，我校学生在完成我校前三学年的学习后，符合英语成绩要求的，可以利用我校大四全学年无课的时间，赴英国诺丁汉特伦特大学修读英方培养方案要求的课程（此前在我校修读的所有课程和学分、成绩，可以冲抵英方培养方案中的相关课程），在毕业时，同时获得我校的学士学位、诺丁汉特伦特大学的学士学位。

根据协议，同时获得双方两个学士学位的学生，可以直接被英国诺丁汉特伦特大学录取为硕士研究生，从而实现"3+1+1"式的中外联合培养。

近年来，学校一直大力推进国际化人才培养，着力建立国际化人才培养的固定渠道和平台。教务处全面落实和贯彻学校"国际化"的办学目标，致力建立本科生批量化、常态化的国际化培养模式和平台。经过教务处和诺丁汉特伦特大学历经1年多的谈判，合同文本经历多达30余次的反复磨合和修订，创造出"3+1+1"的合作模式，为中外大学在本科生的合作培养领域开创了一个新的模式。

在与诺丁汉特伦特大学的合作中，学校探索建立的核心合作模式是"3+1"的本科生国际化培养新模式。学生在我校学习三年，然后在诺丁汉特伦特大学学习一年，符合规定条件的可以同时获得我校学士学位和诺丁汉特伦特大学学士学位，这是我校国际化人才培养中第一次真正实现学分相互承认，第一次使我校学生有机会同时获得我校和国外高校两个学士学位，标志着我校的人才培养国际化工作走出了关键一步，本科生批量化、常态化的国际联合培养局面完全打开，学校四个办学目标中的"国际化"目标开始进入实施的快车道。

（二）我校首次参加2014年美国大学生数学建模竞赛喜获一等奖

2014年美国大学生数学建模竞赛成绩日前揭晓。来自我校商学院的30名同学组成的10支参赛队伍，经过4天4夜连续96小时的紧张奋战，最终获得了一等奖（Meritorious）1项、二等奖（Honorable Mention）4项、成功参赛奖（Successful Participant）5项的优异成绩。本次比赛由科学技术教学部组织我校学生参加，教务处提供竞赛全部资助，科学技术教学部数学教研室刘淑环担任指导老师。

美国大学生数学建模竞赛（MCM，The Mathematical Contest in Modeling）是数学建模领域的国际性权威赛事，由美国自然基金协会和美国数学应用协会共同主办，美国数学学会、运筹学学会、工业与应用数学学会等多家机构协办。竞赛采取通讯方式进行。自1985年以来，美国大学生数学建模竞赛已经成功举办30届，每年包括哈佛大学、麻省理工学院、北京大学、清华大学等国内外顶级高校的学生都会参加各奖项的角逐。据主办方公布，2014年美国大学生数学建模竞赛吸引了来自全球19个国家和地区的7783支队伍参赛。

今年的竞赛于北京时间2月7日上午9时～2月11日上午9时进行，历时96个小时。竞赛题目为：A题《The Keep-Right-Except-To-Pass Rule》、B题《College Coaching Legends》和C题《Using Networks to Measure Influence and Impact》。参赛学生最多3人组成一队，每组成员利用自身优势可任选其中一题。通过对实际问题的抽象、简化、假设、引进变量等处理，将实际问题转化为数学模型，然后运用各种数学方法及计算机技术进行求解，验证模型的合理性，并利用所建立的数学模型的解答来给相关部门提出合理化建议，最终提交一篇结构清晰、结论明确的英文论文，并邮寄给美国主办机构，由主办机构组织专家对论文进行统一评审。该赛事不仅要求参赛选手具备扎实的数学、计算机和论文写作功底，同时对其学术英文表达水平等也提出了相当高的要求。

这是我校首次参加美国大学生数学建模竞赛，同时也是我校数学建模工作的一个里程碑，它将有效地巩固我校的数学建模成果，有力地提升我校的国际知名度，同时也为我校学生提供了一个对外交流、学习经验、展示自我的舞台。

序号	控制号/题号	队员	专业	获奖等级	指导老师
1	Team 29176 A	伊志豪 Zhihao Yi 袁宇晨 Yuchen Yuan 梅思思 Sisi Mei	11成班 11成班 11成班	一等奖 (Meritorious Winner)	刘淑环
2	Team 25270 A	丘弘灏 Honghao Qiu 鲁嘉琪 Jiaqi Lu 刘业鸿 Yehong Liu	11成班 11成班 11成班	二等奖 (Honorbale Mention)	刘淑环
3	Team 25870 B	黎俊志 Junzhi Li 王安琪 Anqi Wang 郑一妹 Yimei Zheng	11工管 11工管 11工管	二等奖 (Honorbale Mention)	刘淑环
4	Team 26014 B	蔡曜羽 Yaoyu Cai 李诗云 Shiyun Li 吴宇恒 Yuheng Wu	12成班 12成班 12国高	二等奖 (Honorbale Mention)	刘淑环
5	Team 28005 A	张　立 Li Zhang 徐励楠 Linan Xu 薛沛明 Peiming Xue	11成班 11工管 11国商	二等奖 (Honorbale Mention)	刘淑环

续表

序号	控制号/题号	队员	专业	获奖等级	指导老师
6	Team 25269 B	季舒珣 Shuxun Ji 黄颖婕 Yingjie Huang 鲁婧涵 Jinhan Lu	13 成班 10 工管 11 工管	成功参赛奖 (Successful Participant)	刘淑环
7	team 25624 A	贾衍宇 Yanyu Jia 袁丹丹 Dandan Yuan 赵晨晓 Chenxiao Zhao	12 成班 12 国商 12 工管	成功参赛奖 (Successful Participant)	刘淑环
8	team 27858 A	张阔成 Kuocheng zhang 宋林秋 Linqiu Song 刘雅雯 Yawen Liu	11 成班 11 成班 11 成班	成功参赛奖 (Successful Participant)	刘淑环
9	team 25378 A	宋赟 Yun Song 张峁 Mao Zhang 杜文奎 Wenkui Du	12 成班 12 成班 11 经济	成功参赛奖 (Successful Participant)	刘淑环
10	team 25912 A	李佩雨 Peiyu Li 张婧 Jing Zhang 张聪 Cong Zhang	10 国商 11 国商 12 成班	成功参赛奖 (Successful Participant)	刘淑环

(三) 美国圣路易斯华盛顿大学与我校签署合作协议

2月，经协商，我校与美国圣路易斯华盛顿大学（Washington University in St. Louis）就开展法学教育合作达成一致并签署《合作协议》。协议规定从2015年秋季学期开始，圣路易斯华盛顿大学将以奖学金的方式资助法大学生攻读其 LL. M 项目。此外，双方还将开展师生交换、合作研究等事宜。

圣路易斯华盛顿大学（Washington University in St. Louis）以美国国父乔治·华盛顿命名，始建于1853年。学校位于美国密苏里州圣路易斯市，是美国乃至全世界最负盛名的私立大学之一。

圣路易斯华盛顿大学设有法学院等7个学院，涵盖大部分学科，其医学院闻名于世，是美国最好的前5所医学院之一，与哈佛大学和约翰·霍普金斯大学齐名；其理工商法文等各科实力也十分杰出。

1992年、2000年、2004年和2008年，该校多次被选定为总统辩论和副总统辩论的主持学校。此外，与学校有关的诺贝尔奖得主有23人之多，还有普利策奖3人、国家图书奖2人、国家书评奖4人、美国国家科学奖12人、国家艺术奖2人、国家科学院院士34人、国家艺术与科学院院士39人、医学研究所院士36人、国家工程院院士4人、美国哲学学会3人。

其他排名：
2014年《美国新闻与世界报道》美国大学综合排名第14位
2013~2014学年《泰晤士报》世界大学综合排名第42位

(四) 第一届中法宪法论坛在京开幕

4月5日，由我校法学院宪法研究所和法国巴黎一大宪法学研究所共同主办的第一届中法宪法论坛在京开幕，本次研讨会的主题是"中央与地方关系的法治化"。法国巴黎一大宪法研究所主任米歇尔·维尔伯，法国巴黎一大教授、欧洲地方行政制度研究中心主任耶海尔·马古，法国埃克斯马赛大学教授、欧亚研究所主任金邦贵，法国埃克斯政治学院教授、法国里尔大学法学院荣誉院长伊夫·卢歇尔，全国人大常委会法工委国家法室主任武增，民政部政策法规司司长李健，最高人民法院行政庭审判长梁凤云，我校副校长李树忠教授，法学院院长薛刚凌教授以及来自我校和清华大学、中国人民大学、北京师范大学、首都师范大学、郑州大学、华南理工大学、苏州大学等国内各大高校和实务部门的80余名法学专家、学者出席了开幕式和当天论坛。开幕式由我校宪法学研究所教授田瑶主持。

李树忠致开幕词。他指出，此次研讨会是在中法建交50周年的基础上召开的，旨在通过充分的学术交流推动两国法治发展。他回顾了中法法学教育开展合作的历史，通过长期的交流合作，我国法学教育的发展受益良多。他表示，中法两国都是单一制国家，在中央与地方关系法治化的发展中，宪法与法律都扮演了核心角色。法国的经验展现出具有中央集权传统的单一制国家实行地方自治的可能路径和模式，对我们具有一定的启发和借鉴意义。他希望借此契机中法两国公法领域专家、学者及实务工作者围绕论坛主题"中央与地方关系法治化"，加强对中法两国央地关系法治化理论与实践问题的探讨，着重比较中法两国的央地关系法治化进程中的异同，从而加强相互了解，寻求两国改革的智力资源。

米歇尔·维尔伯在发言中表示，第一届中法宪法论坛是一个良好的开端，是一个巨大的机会，希望中法双方通过这种有意义的学术交流活动增进相互的了解，促进更多合作项目的开展，共同推进双方宪法制度的进步。

薛刚凌介绍了法学院的发展情况，她说，卓越法律人才教育培养计划的启动，使法学院正处在一个新的、重要的历史发展时期。法学院依托法科优势，注重特色教学，为中国法学教育的发展，以及培养复合型、技能型和应用型的法律人才，摸索出了一定的经验。她认为，中央与地方关系是一个重要的法治问题，探讨中央与地方关系就是探讨如何适当配置权力与资源，如何实现中央权威与地方自主的最佳平衡，以及国家如何在激励地方创新的同时确保适度统一等复杂问题。她希望中法双方能够深化了解，加强互动，为促进两国宪法制度的发展贡献智慧。

今年适逢中法建交50周年，两国政府和民间都举办了众多纪念活动。本次中法宪法论坛也被法国"中法建交50周年纪念委员会"及法国文化部列为中法建交纪念的系列文化活动之一，受到了法国驻华大使馆的支持和赞助。

开幕式后，中法两国专家、学者围绕主题"中央与地方关系法治化"，就中央与地方关系的宪法理论、中央与地方关系的类型化及法治保障、中央与地方关系中的公民权利保障等问题进行了讨论与交流。

（五）众专家各抒己见助推法大智库建设

4月10日上午，"法大智库"团队建设工作会议在我校学院路校区召开，中国法学会副会长、学术委员会主任张文显，中国社会科学院法学所所长李林，我校党委书记石亚军，副校长张保生、马怀德，我校终身教授陈光中、张晋藩、李德顺、应松年，以及智库研究团队首席专家及成员出席了会议。会议由科研处处长柳经纬主持。

会上，石亚军指出，本次会议的召开对我校的发展具有重要的意义，并将载入学校发展史册。教育部推出的《中国特色新型高校智库建设推进计划》是深化教育领域综合改革的重要举措，是继"2011计划"之后又一个重要的战略部署，也是我校又一个非常难得的发展机遇，学校将全力推进法大智库建设。他要求相关部门要考虑形成一套中国政法大学智库建设的标准体系，将咨询建议纳入评价体系，推动研究成果向为党和国家提供咨询建议的转化。他希望各个智库研究团队进一步凝练研究方向，汇聚队伍，打造品牌，拓展资源。同时，各个智库研究团队要在建设中抓好"五实"：贴实情、发实问、务实理、出实招、求实效，不仅要把智库作为学校内的重要平台加强建设，而且要立足国家的需要，为把"法大智库"建设成国家级智库而努力。

张保生宣读了学校关于智库研究团队遴选结果公告，"司法改革与司法文明建设研究团队"等10支研究团队入选"智库"研究团队资助计划，建设期限4年；"经济体制改革与金融市场体系建设研究团队"等5支研究团队入选"智库"研究团队培育计划，培育期限为2年。

与会专家各抒己见，结合自身的经验，提出了宝贵的建议和意见，这些建议和意见对我校新型智库建设无疑具有重要的指导意义。

（六）法大与《光明日报》社首开国内先河　携手共建"光明新闻传播学院"

4月29日，《光明日报》社与中国政法大学共建"光明新闻传播学院"签约揭牌仪式在学院路校区举行，这是我国中央媒体与高校共建新闻传播学院的首例。揭牌仪式的成功举办，标志着我校在高等新闻传播人才培养机制改革创新方面，迈出了里程碑式的步伐。《光明日报》社总编辑何东平，副总编辑沈卫星，我校党委书记石亚军，校长黄进，以及相关院部负责人出席了签约揭牌仪式。部分教师代表、学生代表和多家社会媒体参加了签约揭牌仪式。

仪式上，黄进与何东平分别代表中国政法大学与《光明日报》社签署《光明日报社、中国政法大学共建新闻传播学院框架协议》，并为"光明新闻传播学院"揭牌。双方将在共建管理机构、精品课程、骨干队伍、实践基地、研究智库等方面展开深度合作。在此基础上，10月27日，我校与《光明日报》社共同建设的"明政智库"正式成立，按照共建协议内容，合作双方将组合、集成双方的研究、传播力量和资源，在中国政法大学共同建设一个为党和政府科学决策提供高水平智力支持的综合型研究智库。

(七)评选出第一届杰出校友

5月7日,我校召开第一届杰出校友评审委员会会议,评选出10名杰出校友,他们分别是(以姓氏笔画为序):王广发、李玉臻、李伟斌、刘华、沈德咏、陈乐田、郑增茂、彭雪峰、董皞、熊红文。

此次杰出校友评选活动于2013年9月正式启动,截至2014年4月,共收到海内外30多个校友会推荐的38份材料。其中,各省校友会推荐37人、校友自荐1人。2014年5月7日召开中国政法大学第一届杰出校友评审委员会会议,会议严格按照《中国政法大学杰出校友评选办法》规定,采取无记名投票方式,评选出以上10名杰出校友,2014年5月14日评审结果提交校长办公会最终审议通过。

杰出校友评选是彰显学校人才培养质量,表彰校友业绩,是母校与海内外校友密切联系的重要渠道,同时也是增强校友凝聚力,激励更多的校友投身国家建设、关心和支持母校建设与发展的重要渠道。

(八)最高人民检察院检察长曹建明对"司法改革与司法文明建设智库研究团队"调研报告作出重要批示

为了推动中国法治建设和法学研究的发展,发挥法大智库研究团队在推进国家法治中的建言献策功能,根据"2011计划"司法文明协同创新中心的任务要求,中国政法大学诉讼法学研究院院长、"2011计划"司法文明协同创新中心副主任、司法改革与司法文明建设智库研究团队首席专家卞建林教授,率领和组织司法文明协同创新中心数十名知名学者专家,形成七大调研团队,对北京市、上海市、浙江省、黑龙江省、吉林省、辽宁省、江苏省、河南省、湖北省等多个省市地区开展了新《刑事诉讼法》贯彻落实情况的深入调研,全面深入地总结分析了我国贯彻实施新刑诉法的整体情况、存在问题和解决对策,形成了数十万字具有最新一手数据和较高学术分量的调研系列报告。2014年3月28日~29日,由"2011计划"司法文明协同创新中心、中国政法大学诉讼法学研究院主办、湖南省常德市人民检察院承办的"新《刑事诉讼法》贯彻实施中的问题与对策"研讨会在湖南常德召开。来自全国高等院校和司法实务部门的专家学者100余人参加了会议。会议以调研报告为基础,围绕我国刑诉法实施和司法改革展开了充分对话与深度讨论,总结经验,查找问题,研讨对策。

2014年5月13日,最高人民检察院检察长曹建明同志审阅了全部调研成果要报,做出了重要批示,对调研成果给予了充分肯定与高度评价。他指出,以卞建林教授为首席专家的诉讼制度研究创新团队,就贯彻落实修改后的刑诉法深入各地检察机关开展调研,形成了很有分量的系列调研报告,很好总结了检察机关贯彻落实修改后刑诉法的做法和经验,系统分析了存在的不足和问题,并就如何更好落实非法证据排除、羁押必要性审查、法律援助等一系列制度机制,明确提出了加强和改进工作的对策建议,对检察机关深入贯彻落实修改后刑诉法具有重要的启示和参考价值。他要求检察系统相关部门对调研报告反映的问题,要高度重视,认真研究,采取有针对性的措施加以解决,深入推进司法规范化建设，确保修改后的《刑事诉讼法》的各项规定在检察机关得到严格执行。

这是中国政法大学推进"法大智库"团队建设工作全面展开以来，首次获得党和国家领导人的高度评价，也是法大推进教育部《中国特色新型高校智库建设推进计划》、深化教育领域综合改革所取得的优异成绩。以卞建林教授为首席专家的司法改革与司法文明建设智库研究团队将立足于"2011计划"的良好发展平台，广泛汇聚人才，精心打造品牌，积极拓展资源，为把"法大智库"建设成为国家级的智囊团队而继续努力。

（九）司法文明协同创新中心与美国印第安纳大学签署共建"中国法律及比较司法制度研究所"合作协议

5月22日下午，校长黄进、副校长张保生出席了司法文明协同创新中心与美国印第安纳大学共建"中国法律及比较司法制度研究所"合作协议签字仪式。美国印第安纳大学校长麦维翰先生、国际事务副校长萨雷特先生、国际合作助理副校长雷绍安先生等一行五人，司法文明协同创新中心副主任兼诉讼法学研究院院长卞建林、国际交流处副处长王福平、司法文明协同创新中心与印大合作项目负责人满运龙教授等出席了签字仪式。

黄进首先致辞向来宾表示欢迎，并介绍了法大办学情况。他表示，今天签署的协议将成为两校合作的一个新开端。双方将在印大设立的"中国法律及比较司法制度研究所"，是司法文明协同创新中心在与瑞士洛桑大学共设"中瑞证据科学联合研究中心"、与德国马普刑法和国际法研究所共设"中国法律研究中心"之后，该中心与国外大学共同设立的第三个研究机构。麦维翰介绍了印大办学的基本情况。他表示，印大对与司法文明协同创新中心缔结紧密合作关系非常满意，"中国法律及比较司法制度研究所"是印大与国外著名大学共建的第二个合作研究机构。

司法文明协同创新中心联席主任、副校长张保生与麦维翰共同签署了《法大司法文明协同创新中心与印大法学院关于中国法律和比较司法制度研究项目合作协议》。

根据该协议，司法文明协同创新中心与美国印第安纳大学在布鲁明顿校区共建的"中国法律及比较司法制度研究所"，将由双方共同资助。主要职能是，负责印大及美国其他大学法学院教授、法大及司法文明协同创新中心协同高校教授的互聘、讲学和访学，开展合作研究，组织中国研究生交流项目和美国法学院学生暑期班项目，建设研究所网站等。

印第安纳大学（Indiana University，简称IU）是美国最早成立的综合公立研究型大学之一，旗舰校区布鲁明顿（Bloomington）建于1820年。印第安纳大学现有8个校区，其他7个校区包括印第安纳波利斯（Indianapolis）、东校区、韦恩堡校区（Fort Wayne）、科可莫校区（Kokomo）、西北校区、南岸校区（South Bend）和东南校区。2013年，印大有11.5万名学生，其中本科生9.5万、研究生1.2万、学术型博士生4370人、专业型博士生3742人。学校有8862名教师、700名行政人员、约1万名后勤人员，以及200多个研究机构。

布鲁明顿校区有15个学院：法学院、文理学院、凯利商学院、教育学院、全球和国际研究学院、信息和计算机学院、新闻学院、医学院、护理学院、公共与健康事务学院、社会工作学院、音乐学院和研究生院等。2013年，在校生4.7万人，其中本科生3.7万人、硕士研究生5398人、学术型博士生3604人、专业型博士生953人；教师3012人、行政人员374人、后勤人员5180人。

根据2014年《美国新闻和世界报道》美国高校排名，印大（布鲁明顿）位列89；在全美法学院排名中，印大（布鲁明顿）法学院位列26；在全美公共管理学本科专业排名中，位列第2。

（十）2014"拉赫斯"国际空间法模拟法庭竞赛（亚太赛）在我校举行

5月23日~24日，"拉赫斯"国际空间法模拟法庭亚太地区赛在我校举行。这是中国内地大学首次承办"拉赫斯"洲际地区赛，也是我校举办的最大规模的国际性模拟法庭赛事。本次大赛共有包括我校在内的26支队伍参加，分别来自澳大利亚、新加坡、印度、尼泊尔和中国香港等国家和地区，是参赛队伍最多的一次，并且由来自世界各地的近50位知名法律职业人士担当法官。

比赛持续两天，23日进行了7轮26场初赛，24日举行了两场半决赛以及一场总决赛。初赛、半决赛期间，记者采访了中国政法大学代表队的指导老师李居迁和参赛选手漆崇浩。他们表示模拟法庭比赛十分看重选手的法律素养、表达能力以及查找、研究资料的能力。选手漆崇浩说通过比赛，从对方赛队引用的翔实的资料中感受到了对方充实的准备和极强的专业素质。

决赛于24日在刘皇发学术报告厅举行。进入决赛的两支队伍均为印度队伍。两队之间进行了激烈交锋，队员们面对法官犀利的提问做出了机智、巧妙的回答。两队队员表情充满自信、语言激情洋溢，现场气氛热烈。

在最终的颁奖典礼上，我校校长黄进高度赞扬了赛队高水平的、令人印象深刻的精彩表现和他们身上体现出来的永不言弃的精神，并对郭红岩老师和同学们的努力，以及志愿者和工作人员的付出表示感谢。随后，张振军博士宣布冠军是第12队Nation Law University, Delhi，黄进为冠军颁奖，张振军为荣获亚军的第18队颁奖，孔庆江为15队的季军颁奖，Fabio Tronchetti为第18队颁发最佳印象奖，杜新丽为第27队颁发最佳团队精神奖，Martha博士为第11队、第18队分别颁发了预赛和决赛的最佳口头表达奖。

颁奖结束后，黄进向国际空间法学会赠送了一幅书写着"道法通天"的中国书法作为礼物，其寓意是：遵循自然规律、遵守并有效推行法律，就可以化解所遇到的困难，达到和谐的状态。

据悉，"拉赫斯"（Manfed Lachs）国际空间法模拟法庭竞赛是国际空间法学会（IISL）举办的世界级模拟法庭比赛。比赛以著名国际法学家，国际法院任期最长的前大法官曼菲尔德·拉赫斯命名，通过模拟两个主权国家在国际法院进行诉讼，锻炼法学学生的法律分析、检索、阅读、写作、口头辩论等综合能力。大赛自1992年创办以来，已经连续举办了22届，因其每年总决赛均由国际法院3位大法官亲自出庭审理而成为当今世界最高级别的3个模拟法庭比赛之一。

大赛由亚太、北美、欧洲以及非洲四大赛区组成，每个地区的冠军队将代表本地区参加世界总决赛。亚太地区赛开始于 2000 年，相对于北美、欧洲赛区，是当今世界最活跃的赛区，走在空间法研究前沿的亚洲和太平洋地区各大高校纷纷组队参加。

我校自从 2003 年参加该竞赛以来，在国内外的赛事中都发挥了较高水平，取得了优异的成绩。在国内的比赛中，我校曾于 2005、2011、2012、2013 年 4 次卫冕冠军，并获得过季军、最佳书状、最佳辩手、优秀辩手、最佳指导等多项大奖。在亚太地区比赛和总决赛中，我校表现一贯优异，曾获得非英语国家总分第一、最佳书状奖等。同时，法大学子也凭着出色的综合素质、极佳的风度气质和优秀的团队精神，赢得了大赛法官的一贯好评。

拉赫斯法官简介："拉赫斯"国际空间法模拟法庭竞赛以著名国际法学家、国际法院前大法官曼弗里德·拉赫斯（Manfred Lachs，1914～1993）命名。拉赫斯是波兰籍的外交官和法学家，1937 年在波兰 Cracow Jagiellonian University 获得法学博士学位。随后，他先后在维也纳领事协会和伦敦经济学院工作，不久，他应征入伍，任波兰政府顾问。

1946 年，拉赫斯作为波兰政府的代表，出席为解决战后纳粹德国附庸国问题的巴黎会议。1947～1960 年，他出任波兰条约和法律事务部外事司司长，1960～1967 年任波兰首相特别顾问。

1967 年，拉赫斯当选海牙国际法院法官，并于 1973～1976 年出任国际法院院长。拉赫斯法官是国际法院史上任期最长的一位法官，直到他于 1993 年去世。

在他去世之后，国际空间法协会（International Institute of Space Law）创办了以他的名字命名的"曼弗里德·拉赫斯"空间法模拟法庭竞赛（Manfred Lachs Moot Court Competition），以纪念他在国际法和空间法领域所做出的卓越贡献。

（十一）我校成立国内首个互联网金融法制研究中心

日前，国内首个互联网金融法制研究中心，即中国政法大学金融创新与互联网金融法制研究中心成立。中国政法大学校长黄进、中国人民银行支付结算司副司长樊爽文、最高人民检察院公诉厅副厅长聂建华、中国政法大学民商法学院副院长赵旭东参加了揭牌仪式。

6 月 14 日，互联网金融风险法律防范闭门研讨会暨中国政法大学金融创新与互联网金融法制研究中心成立仪式在京举行。来自监管机构、司法系统、学术界和业界等方面的领导、专家学者及从业者参加了本次会议。

黄进首先代表中国政法大学对这次会议的召开表示祝贺，对中国政法大学民商经济法学院成立金融创新与互联网金融法制研究中心及研讨会的召开表示祝贺，他在致辞中表示，互联网金融要处理好三个关系：一是要处理好金融创新与实体经济发展的关系；二是要处理好传统金融和互联网金融的关系；三是要处理好互联网金融发展与法制的关系，互联网金融的发展要在法制的框架下进行，应该具备法制的思维方式。

赵旭东认为，当前互联网金融在快速发展的同时面临几个方面的问题与挑战，一是原有的法律法规和监管体系难以适应，带来新的金融风险；二是互联网金融网站安全防护等相关的网络与信息安全管理体系亟待健全。因此，规范互联网金融业务，建立健康有序的法律发展环境具有重要意义，介于此，互联网金融企业该如何规避法律风险，合规化合法发展，如何符合即将到来的监管要求，对这方面的研究和探讨十分重要。

李爱君表示，在 2012～2013 年中国掀起了互联网金融高潮，随着其快速发展也出现了很多问题，对原有的监管理念和法律架构提出了挑战，法律学人面临这种现实，应该有使命感，在这种背景下，在中国政法大学以及民商经济法学院大力支持倡导下成立了此中心，这个中心的特点是搭建了一个监管机构、司法系统、专家学者以及企业共通交叉的一个平台，发挥各自优势和智慧，为中国的金融法制建设提供立法的参考以及在司法实践当中，提供可操作性的立法的制度，同时也希望使科研成果能及时地深入到企业，达到落地的路径效果。

据了解，4 月 8 日，中国政法大学批复成立"中国政法大学金融创新与互联网金融法制研究中心"，由国内最早的互联网金融法律研究专家、中国政法大学民商法学院教授李爱君担任主任。研究中心共包括 10 余名学术委员和 40 余名专兼职研究员。研究人员既有来自高校和科研机构的学者，也有来自"一行三会""两高"等相关监管部门及实务部门的领导，有利于实现交叉学科研究，这种结构有利于推动产学研结合，将中心的研究成果顺利地转化为应用型成果和我国的相关部门的立法意见。中心的使命是对互联网技术与金融结合的金融创新过程中出现的金融风险的防范与控制的法律问题进行研究，为国家提出应对金融创新与互联网金融的风险提出对策和建议。

（十二）中国政法大学·班戈大学政府采购法律研究中心在我校成立

7 月 1 日，中国政法大学·班戈大学政府采购法律研究中心成立仪式在中国政法大学举行。中国政法大学校长黄进、班戈大学校长约翰·休斯、财政部政府采购管理办公室主任王瑛、外交部条约法律司副司长陈佩洁等出席了成立仪式。仪式由国际教育学院副院长曾涛主持。

在成立仪式上，黄进和约翰·休斯代表两校签署了联合建立政府采购法律研究中心的备忘录，并共同为政府采购法律研究中心揭牌。两校聘请国际教育学院副院长曾涛为中心中方主任、班戈大学法学院院长 Dermot Cahill 为中心外方主任，并聘请班戈大学孔子学院中方院长张丽英为中心中方秘书长、班戈大学法学院 Rebecca Hughes 为中心外方秘书长。

财政部政府采购管理办公室主任王瑛和外交部条约法律司副司长陈佩洁先后致辞，对政府采购法律研究中心的成立予以祝贺，认为中心成立正值我国加入 WTO《政府采购协议》谈判不断提速、政府采购制度改革不断突破的新时期，中国政法大学·班戈大学政府采购法律研究中心的成立探索出我国高校政府采购国际合作研究的新模式，并对中心未来的发展给予厚望。

以法学为特色和优势的中国政法大学拥有一支国际政府采购法研究创新团队，长期致力于国际政府采购法研究，并配合财政部及其外交部等开展相关协议谈判研究。班戈大学成立于 1884 年，是英国授予学位历史最悠久且极具威望的机构之一。其法学教育一直注重法律与商业的交叉互动，政府采购法研究为该校法学院的强势研究领域，并且具有国际影响力。两校联合建立研究中心，旨在发挥各自优势，强化合作研究，达到如下目标：

一是推进中国加深对欧盟及其成员国政府采购法律体系的了解；

二是推进欧盟及其成员国加深对中国政府采购法律体系，特别是当前中国政府采购法律制度改革的了解；

三是推进中国与欧盟在政府采购法律发展和法治建设方面经验和成果的交流；

四是针对中国与欧盟及其成员国在政府采购中的法律问题提供专业咨询或解决方案；

五是推动中国与欧盟及其成员国，特别是与英国在政府采购领域的合作；

六是共同开展政府采购法律比较研究。

中国政法大学国际政府采购法青年教师学术创新团队在成立仪式前与来访的班戈大学法学院院长 Dermot Cahill 等举行了"政府采购法律问题圆桌会议"，双方研讨了中欧政府采购法律问题，并商议了合作事项。

（十三）召开学习习近平总书记重要讲话精神轮训专题报告会

7月8日，我校在昌平校区召开学习习近平总书记重要讲话精神轮训专题报告会，全校处级以上领导干部、党支部书记和校部机关全体党员参加了报告会。中央纪委法规室主任侯觉非以"认真学习习近平总书记系列讲话精神，推动党风廉政建设深入开展"为主题为与会人员作了辅导培训。报告会由我校党委书记石亚军主持。

侯觉非紧紧围绕习近平总书记关于党风廉政建设和反腐败工作的一系列论述，深入阐释了党风廉政建设和反腐败工作在全党全局工作中的地位、重大意义和目标，指出了"党要管党、从严治党"的路径，强调了作风问题是反腐败治本的问题，提出了解决领导干部"不敢腐""不能腐""不想腐"的重大课题，并解读了"反腐倡廉必须常抓不懈、拒腐防变必须警钟长鸣"的深刻内涵。

石亚军在报告会上作了重要讲话，他指出侯觉非同志的报告深入浅出、思想深刻，展示了我国反腐倡廉工作面临的严峻的形势、严肃的态势，这将唤起我们所有各级领导干部自觉响应中央号召、主动承担作为领导干部的责任意识。他对新任处级领导干部寄予厚望，并强调指出，新任处级领导干部的任期为四年，而这四年是学校发展非常关键的四年，是学校进行综合改革的重要时期。中层干部是学校管理和生产力的第一线，是学校进行综合改革的重要力量，必须要承担起学校改革发展的重大责任，提高自身的能力、作风和道德修养。为此，石亚军提出了四点要求：一是要深入学习习近平总书记一系列讲话精神，加强理论学习，提高理论素养；二是要注重提高自身正确判断形势的能力、驾驭全局的能力、推动本单位改革发展的能力、化解矛盾的能力和保持稳定的能力；三是要加强作风建设，严格科研、行政经费的管理，深入一线查找问题；四是要做好反腐倡廉工作，做到不求非利、不求非欲、不求非得这"三个不求"和远离反腐高压线、远离权利交易场、远离诱惑深陷阱这"三个远离"。石亚军希望，全体中层干部能够严格遵守党的政治纪律，同党中央保持高度一致，廉洁从政，秉公用权，清白做人做事，深刻意识到自身肩上责任的分量，洞悉高等教育发展的形势，勇于承担责任，搞好班子团结，按照学校确立的改革发展的目标一步一个脚印地把工作做好，抓住综合改革的新机遇，争取我校更加美好的发展前景。

(十四）我校主办首届法院微博学院奖颁奖典礼暨法院微博工作研讨会

7月11日，首届"法院微博学院奖"颁奖典礼暨法院微博研讨会在中国政法大学成功召开。中国政法大学黄进校长、中国政法大学光明新闻传播学院院长陆小华、中国人民大学法学院副院长杨东、10家获奖法院代表和我校部分教师出席了此次活动。活动由中国政法大学法治传播研究中心、中国政法大学新闻传播学青年教师学术创新团队、中国政法大学信息安全与网络犯罪"智库"研究团队联合主办。

黄进校长以"三大精神"总结了本次活动的意义：他认为法院微博学院奖的设立体现了不同学科间的团队合作精神、体现了创新开拓精神、体现了民主开放精神。黄进校长提到法院微博是司法公开的体现，有利于促进司法公正、司法公平、司法权威的建立。发言的最后，黄进校长对活动的推进提出了期许。

中国人民大学法学院副院长杨东评价本次评选活动是具有开创性的，是一次具有重大意义的成功活动。总结活动成功的原因，杨东教授提到五点理由：其一，评选是建立在大量定量分析的基础上；其二，评估指标体系科学且有规划性；其三，评选活动有助于推广法院微博工作优秀经验，这与司法公正、公平公正相契合，活动的后续社会价值很高；其四，评选活动鼓励跨学科的学术创新，这是高等教育发展的新方向；其五，活动的成功得益于活动优秀的组织协调工作。

我校教务处处长、信息安全与网络犯罪"智库"研究团队负责人于志刚教授代表主办方阐述了举办此次评选活动的初衷，并对参与本次活动评选的专家、参选法院和与会媒体表达了感谢，希望各界能为法治建设共同出力。我校光明新闻传播学院院长助理、新闻传播学青年教师学术创新团队负责人王天铮详细介绍了评估指标体系和评选过程。

随后光明新闻传播学院院长陆小华致辞，并宣布了获奖名单。黄进校长为获奖单位颁奖。10家获奖法院分别是（按获奖单位拼音首字母排序）：北京市高级人民法院、北京市第一中级人民法院、广东省高级人民法院、广西壮族自治区高级人民法院、河南省高级人民法院、菏泽市中级人民法院、黑龙江省高级人民法院、济南市中级人民法院、南京市中级人民法院和天津市高级人民法院。

颁奖礼结束后，中国政法大学光明新闻传播学院副院长姚泽金、副院长刘徐州分别主持两场交流研讨会。会上10家获奖法院的代表与知名的专家学者、优秀媒体代表一起交流法院微博的运营和管理经验。

本次活动受到媒体和社会群众的广泛关注。《光明网》《法制网》《正义网》等多家新媒体在活动当天对活动进行了报道。主办方官方新浪微博对活动进行直播，活动当天的阅读量达20万，受到网友的广泛肯定，几乎没有负面评价。

"法院微博学院奖"的评选活动旨在通过系统的评选活动为各级法院的官方微博宣传工作提供建设性的意见和建议，分享成功的微博运营经验，共同探索法院微博发展之路。本次评比创新性地构建了针对法院微博的评估指标体系，设定了6大类36项指标，邀请国内具有影响力的十大法学院长和法学、新闻传播学知名专家对参选法院微博内容、形式、品牌、管理机制等多个方面进行全面而系统的评估。

(十五)黄进校长率团参加全国政法大学"立格联盟"第五届高峰论坛

7月12日,全国政法大学"立格联盟"第五届高峰论坛在甘肃兰州举行。甘肃省委政法委副书记牛纪南、省教育厅厅长王嘉毅,我校校长黄进,副校长朱勇、张桂林,中南财经政法大学、西南政法大学、华东政法大学、西北政法大学和甘肃政法学院校领导及学校相关部门负责人近百人出席论坛。本次论坛活动由甘肃政法学院主办。

牛纪南、王嘉毅在开幕式上分别作了讲话。牛纪南希望甘肃政法学院能够充分利用与全国高水平政法院校合作的机制和机会,提高办学水平,为中国法治建设和甘肃经济社会与法治建设做出更大的贡献。王嘉毅向对长期以来给予甘肃政法学院的改革发展倾心关注和大力支持的各级领导、部门以及兄弟院校表示敬意和感谢。

在论坛交流中,与会人员围绕教育综合改革与法学教育发展问题进行了共同探讨。黄进代表中国政法大学作了题为"创建'即时共享、协同融合、学训一体'同步实践教学模式,培养卓越法律人才"的论坛主题发言,介绍了近年来我校在推进教育领域综合改革和法学教育发展,特别是在探索法学人才培养模式改革,培养卓越法律人才方面的先进理念、成功经验和实践成果,彰显了学校在法学教育创新领域的引领和示范作用。

学校办公室主任李秀云、发展规划处处长杨阳、教务处处长于志刚、研究生院常务副院长李曙光、人事处处长吴平、学校办公室副主任杨学伟一同参加本次论坛活动。

(十六)中国政法大学 Cupler 合唱团在 CCTV《歌声与微笑—合唱先锋》第二季总决赛中夺冠

2014年8月31日晚,在CCTV音乐频道播出的《歌声与微笑—合唱先锋》第二季总决赛中,法大 Cupler 合唱团在与北京工业大学微笑合唱团、河北工业大学学生合唱团的角逐中精彩发挥,演绎的《Let it go》《Baby》两首作品风格多样、青春洋溢,获得专家评委及大众评委的一致好评,"踏歌而来的律政先锋"历经8场比赛最终夺得冠军。

法大 Cupler 合唱团由校艺术团和"玩泥巴"清唱团的团员组成,一方面致力于歌舞剧形式的混声合唱,以动感的舞蹈、优美的和声,展现朝气蓬勃的姿态;另一方面以"阿卡贝拉"(无伴奏纯人声合唱)为表演形式,以人声模仿乐器合奏,并演唱多个声部,深受全校师生的喜爱和欢迎。此次参与"合唱先锋"第二季,近两个月的奋力拼搏,8期节目的录制,艺术团指导老师倾力付出,合唱团全体成员加紧排练,显示出较高的专业素养和可贵的团队精神。参赛曲目均融合法大特色,编曲编舞更显不凡气质,淋漓尽致得表达了独特的青春活力。尤为值得一提的是,改编而成的《万物生》空灵跃动,又不乏时尚气息,获评委导师的一致好评,法大 Cupler 合唱团网络人气迅速高涨。

据悉,《歌声与微笑—合唱先锋》是中央电视台音乐频道推出的一档大型群众音乐互动节目,众多合唱团在此脱颖而出,第二季《歌声与微笑—合唱先锋》由全国各地海选出6支合唱团参与录制,历经循环赛、淘汰赛等8场比赛,法大 Cupler 合唱团留下了太多感动和震撼,汗水终究浇筑出完美结局。律政先锋,踏歌而来;凝聚风采,荣耀法大。

参赛曲目：
《You can't stop the beat》
《月亮代表我的心》
《万物生》
《Halo》
《我要我们在一起》
《我要你的爱》
《我像雪花天上来》
《Let it go》
《Baby》

（十七）我校两学生创办企业获得"北京地区高校大学生创业优秀团队"专项支持

为贯彻落实中央十八大和十八届三中全会关于实施激励高校毕业生自主创业政策的精神，实施"大学生创业引领计划"，9月初，北京市教委决定实施北京高等学校高质量就业创业计划，评选"北京地区高校大学生创业优秀团队"，加大资金投入和场地保障，给予大学生创业优秀团队支持。

北京地区共有42所高校170个创业项目提交了申报材料，最终34所高校的103个创业项目获评"北京地区高校大学生创业优秀团队"。这些获评的优秀创业团队不仅将获得一笔建设经费支持，还将有机会免费入驻北京地区高校大学生创业园（良乡园），获得40~80平方米的免费办公场地。

为做好本次评选工作，学生就业创业指导服务中心于9月5日在校主页发布"关于遴选北京地区高校大学生创业优秀团队的通知"。截止申报日期，我校共有4个学生创办的企业提交了申报材料，最终两个创业项目获评"北京地区高校大学生创业优秀团队"，分别是2012届本科毕业生毕然创办的北京同心同行教育咨询有限公司和2011级经济学专业本科生黄晓鸾创办的北京华芙科技有限责任公司。这两家企业将分别获得20万元和10万元的专项建设经费支持，并将免费入驻北京地区高校大学生创业园（良乡园）。

本次优秀创业项目申报对象为我校在校生或2012届、2013届、2014届毕业生，创业企业应符合首都功能定位和发展战略，符合国家产业、技术政策，具有一定的创新性，市场前景好，且项目无知识产权纠纷，创业企业运行状况较为良好，有较好的市场前景，其申请人应为该企业的法定代表人，创业企业团队的创新意识、市场开拓能力、团队合作能力较强。据悉，北京市明年还将组织优秀大学生创业团队评选并予以相应支持。

（十八）我校首次获得国家级教学成果奖一等奖

9月9日，庆祝第30个教师节暨全国教育系统先进集体和先进个人表彰大会在京举行。我校副校长张桂林教授作为第七届国家级教学成果奖一等奖的获奖代表参加表彰大会，受到了党和国家领导人的亲切接见，代表学校领奖。这是学校建校62年以来，首次获得国家级教学成果奖一等奖。我校获奖成果《创建"即时共享　协同融合　学训一体"

同步实践教学模式，培养卓越法律人才》是学校为了适应培养"应用型、复合型、创新型、国际化"卓越法律人才的需要而创立的人才模式改革与实践的高度总结与凝练。

（十九）国家文物局向我校发来感谢信　高度评价我校为《敦煌宣言》所做贡献

9月9日~11日，我校参加第四届文物返还国际专家会议。这是文物返还国际专家会议首次在中国举办。

我校是此次国际会议的唯一学术支持单位，我校国际法学者担任此次《敦煌宣言》的主要起草者，我校国际法研究生承担了会议筹备工作，对此次会议贡献了智力与学术支持，获得了我国政府与国际组织的高度评价。

近日，国家文物局向我校发来感谢信，信中说道：中国政法大学作为本次会议的学术支持单位，在黄进校长的直接指导和关心下，由杜新丽教授牵头，霍政欣教授负责具体实施，郭非凡同学直接参与的国际法学院工作团队，在会议筹备与组织工作中，展现了昂扬饱满的工作热情、精诚合作的团队精神、务实高效的工作作风和扎实创新的学术风格，为《敦煌宣言》的起草和顺利通过，为会议的成功举办提供了有力的学术支持，做出了重要贡献。为此，国家文物局特向中国政法大学对本次会议的支持表示感谢，并向中国政法大学国际法学院为本次会议的成功举办付出努力的全体教职员工致以诚挚谢意。

《敦煌宣言》是中国首次在文物返还领域主导制订的国际性法律文件，由我国政府与联合国教科文组织联合发布，将对本领域国际法的发展产生重要引导作用，并将有力推动我国的文物追索工作。

（二十）我校昌平校区首次承办国家司法考试

9月20日~21日，2014年国家司法考试顺利举行，我校昌平校区首次开设考点，考点共设40个考场，1200名考生在我校参加了国家司法考试。

国家司法考试是我校学生参加的重要资格考试，参考学生数量大、通过率高。以往由于国家司法考试的考点均设在北京市城区内，我校本科生参加司法考试需要负担极大的交通、住宿成本。为将学校的教学资源最大限度服务于学生的成长成才，切实减轻我校本科生参加司法考试的负担与成本，教务处与北京市司法局多次沟通、积极合作，今年首次在我校昌平校区开设国家司法考试考点。

为确保考试安全、顺利进行，我校教务处进行了严密细致的考试组织工作。本次教务处通过监考员报名平台在我校教职工中组织了包括监考员、巡考员以及医疗、安保等在内的112位教职工参与组考工作，启动了包括视频监控、无线网络隔离、通讯讯号屏蔽等多项技术防控措施。同时，按照司法部的统一部署要求，明确责任，落实管理，强化安全保密，完善考试各项预案，确保了首次组考工作顺利进行。

在我校考点参考的1200名考生中，有968名是我校的本科生。学校在严格、细致组考的同时，还努力为考生营造了便捷、舒适、人性化的考试环境。考试中出现的我校考生忘记携带证件、突发疾病等状况在教务处、保卫处、校医院等部门的快速协助下都得到顺利解决。

在北京市司法局的直接指导下与全体组考人员的共同努力下，昌平校区首次承办的国家司法考试全程平稳顺利运行，我校的考试组织工作也得到了北京市司法局领导的充分肯定。国家司法考试在我校昌平校区的首次开展，极大方便了我校本科生参加考试。教务处也将继续提升司法考试的考试组织水平，同时积极与上级考试组织部门的沟通，争取进一步扩大考场数量，实现所有的法大本科生能够在昌平校区考点参加司法考试。

（二十一）我校成为"中国—中东欧国家高校联合会"首批成员

2014年9月22日~24日，由教育部主办，中国教育国际交流协会和天津市教委承办的"第二届中国—中东欧国家教育政策对话"在天津召开。我校副校长朱勇和国际合作与交流处相关负责人应邀参加。期间，朱勇代表法大签署《中国—中东欧国家高校联合会成立宣言》，成为首批加入"中国—中东欧国家高校联合会"的14所国内高校之一。"联合会"旨在通过搭建中国与中东欧高校间的合作平台，整合与共享资源，深化彼此的教育交流与合作。这将成为我校国际化办学战略的又一重要平台。

（二十二）最高人民法院常务副院长沈德咏大法官会见2014年度中国政府"友谊奖"获得者罗纳德·艾伦教授

9月30日上午，最高人民法院常务副院长、一级大法官沈德咏在京会见了荣获2014年度中国政府"友谊奖"获得者罗纳德·艾伦教授。沈德咏代表中国最高人民法院并以个人名义对艾伦教授获得中国政府"友谊奖"的殊荣表示热烈的祝贺。

沈德咏说，10年来，艾伦教授积极参与中国司法文明和证据制度建设，为中国法治建设积极建言献策，做出了突出贡献，得到中国政府高度肯定。艾伦教授是国家社科基金重大项目《诉讼证据规定研究》的外国顾问，全程参与课题研究工作，提出了许多具有较高价值的意见和建议。

沈德咏指出，中国历来高度重视法治建设。目前，中国正在积极稳妥推进新一轮司法体制改革，致力于建设公正、高效、权威的社会主义司法制度。证据乃正义之基础、诉讼之核心，这就决定了在推进法治建设中，无论将证据制度建设摆在何等重要位置都不为过。中国是成文法国家，证据法规范主要规定在三大诉讼法典及相关司法解释之中。改革开放35年来，特别是近些年来，中国立法、司法机关为完善证据制度、促进司法文明、保障司法公正做出了不懈努力。

沈德咏表示，当前，经济全球化深入发展，国际交流不断深化，各国法律和司法制度在保持自身特色的同时，也在相互借鉴融合。中国法院在推进改革发展过程中，既要始终立足本国国情，又需要积极借鉴包括英美法系国家在内世界各国的有益经验和做法。艾伦教授是国际证据科学协会主席，是著名的证据法和诉讼法专家。希望艾伦教授一如既往为中国证据制度创新特别是《诉讼证据规定研究》项目研究献计出力。

艾伦教授感谢沈德咏会见，表示将积极参与诉讼证据项目研究工作，同时愿意继续深化与中国法学理论与实务界的交流合作。

中国政府"友谊奖"是为表彰在中国现代化建设中做出突出贡献的外国专家而设立

的最高荣誉奖项。美国西北大学威格摩尔特座教授罗纳德·艾伦（Ronald J. Allen）受聘于中国政法大学，担任国家社科基金重大项目《诉讼证据规定研究》的外国顾问。在2014年度中国政府"友谊奖"中，罗纳德·艾伦是法学类唯一获奖者。

最高人民法院审判委员会专职委员、二级大法官胡云腾，国家司法文明协同创新中心联席主任、中国政法大学副校长张保生教授，最高人民法院外事局局长刘合华、中国应用法学研究所所长孙佑海等参加会见。

（二十三）我校李雪梅、蔡拓教授的成果入选《国家哲学社会科学成果文库》

9月份，全国哲学社会科学规划办公室公布了2014年度《国家哲学社会科学成果文库》入选名单，我校李雪梅教授申报的《法制"镂之金石"传统与明清碑禁体系》、蔡拓教授申报的《全球学导论》两项成果入选。

《国家哲学社会科学成果文库》设立于2005年（原为《国家社科基金成果文库》，2010年拓展为《国家哲学社会科学成果文库》）。入选成果一般具有较强的创新性和开拓性，体现了相关研究领域的前沿水平。今年《成果文库》共申报475项，有59项成果入选。全国哲学社会科学规划办公室将按照"统一标识、统一封面、统一版式、统一标准"的方式组织出版入选成果，并对入选作者进行表彰。

（二十四）我校与巴巴多斯西印度大学凯夫希尔分校签署孔子学院执行协议

10月9日，校长黄进应邀于孔子学院总部会见巴巴多斯教育、科学、技术与创新部部长罗纳德·琼斯（Ronald Jones）代表团一行，并与巴巴多斯西印度大学凯夫希尔分校副校长佩德罗·威尔奇（Pedro Welch）签署孔子学院执行协议。

国家汉办党委书记、孔子学院总部副总干事、国家汉办副主任马箭飞与琼斯首先就两国友好关系发展，特别是在教育领域的发展相互交换了意见，并对这所孔子学院的落成表示期待。

黄进表示中国政法大学非常高兴与凯夫希尔分校共同建立孔子学院。两校的友好合作是建立在两国的良好关系之下，双方已建立起相互信任，并不断沟通、共同努力、多次互访，就建立孔子学院问题进行深入探讨。我方将做好一切准备，期盼新大楼的竣工和孔子学院的落成，也希望进一步促进两校更深层次的合作，推进两国友好交流。

威尔奇对黄进校长的欢迎表示感谢。他表示中国与巴巴多斯的友谊可以追溯到几个世纪以前，现在也有许多移民生活在巴巴多斯以及加勒比海地区。孔子学院的建立，将进一步加深双方了解、推动发展。

随后，在巴巴多斯教育部长琼斯、国家汉办党委书记马箭飞等见证下，黄进与威尔奇签署孔子学院执行协议。

巴巴多斯代表团成员还包括巴巴多斯驻华大使切尔斯顿 W. D. 布拉斯怀特（Chelston W. D. Brathwaite）、巴巴多斯教育部常秘塞西尔·汉弗莱（CecileHumphrey）、副首席教育专员凯伦·贝斯特（Karen Best）、高级官员罗德克里克·鲁德尔（Rodcrick Rudder）、巴巴多斯驻华参赞弗朗斯瓦·杰克曼（Francois Jackman）。国家汉办发展规划处、师资处、志愿者中心等部门领导、中国政法大学与凯夫希尔分校孔子学院中方院长张秀琴、中国政法大学国际合作与交流处处长许兰等陪同参加了仪式。

（二十五）我校参加申报的"国家领土主权与海洋权益协同创新中心"入选第二批国家"2011 计划"

10 月 11 日，教育部、财政部联合发布了《关于公布 2014 年度"2011 协同创新中心"认定结果的通知》，由武汉大学牵头，我校作为核心协同单位之一参加申报的"国家领土主权与海洋权益协同创新中心"成功获得认定。这是继我校牵头的"司法文明协同创新中心"获得首批认定后，我校落实"2011 计划"、协同创新中心培育工作取得的又一重大进展。

"国家领土主权与海洋权益协同创新中心"成立于 2012 年 9 月，由武汉大学牵头，联合复旦大学、中国政法大学、外交学院、郑州大学、中国社会科学院中国边疆研究所、水利部国际经济技术合作交流中心共同组建。针对国家领土主权与海洋权益的重大现实问题和国家战略需求，中心确立了九大研究领域：国家领土海洋政策、海洋争端解决与国际法、海洋权益的保障与拓展、民国时期钓鱼岛与南海诸岛档案资料整理与研究、中国极地政策与极地权益、中国疆域历史与文化、陆地边界争端与跨境合作、河流边界管理与跨境水资源争端、数字边海与空间信息技术应用。其目的是致力于打造世界一流的领土主权与海洋权益国家智库、学术创新基地、拔尖人才培育摇篮。

（二十六）《20 世纪中国知名科学家学术成就概览·法学卷》正式出版

10 月份，由我校终身教授江平主编《20 世纪中国知名科学家学术成就概览·法学卷》正式与读者见面。

《20 世纪中国知名科学家学术成就概览》是"十一五"国家级重大出版工程，是国家重点图书出版规划项目，以传记以纪传文体记述中国 20 世纪在各学术专业领域取得突出成就的数千位华人科学技术和人文社会科学专家学者。

其中，法学卷由我校终身教授江平担任主编，我校校长黄进、终身教授应松年、教授卞建林担任编委，其按传主生年先后结集卷册，卷首简要回顾了 20 世纪中国法学的发展概况，卷尾附有 20 世纪中国法学大事记。这与传文两相映照，反映出中国法学的百年发展脉络。法学卷总共对 156 位法学家研究径路和学术生涯进行了记述，分三册出版，着力勾画了这些知名法学家的研究路径和学术生涯，力求对学界同行的学术探索有所镜鉴，对青年学生的学术成长有所启迪。包括我校前身北京政法学院首任院长钱端升先生在内的 20 余位法学家也名列其中，这些记述展现了我校法学家对中国法学的卓越贡献。

（二十七）司法文明协同创新中心海外合作研究机构"中国法律与比较司法制度研究所"挂牌仪式暨首届"中国法律论坛"在美国印第安纳大学举行

2014 年 11 月 4 日，司法文明协同创新中心海外合作研究机构"中国法律与比较司法制度研究所"挂牌仪式暨首届"中国法律论坛"在美国印第安纳大学摩尔法学院（布鲁明顿）举行。司法文明协同创新中心赴美代表团成员由司法文明协同创新中心联席主任、中国政法大学副校长张保生教授，中国政法大学诉讼法学研究院院长卞建林教授，中国政法大学证据科学研究院院长常林教授，中国政法大学兼职教授、北京大学国际法学院满运龙教授一行四人组成。

印第安纳大学副校长、法律总顾问杰奎琳·摩尔法学院西蒙斯（Jacqueline Simmons）女士、印第安纳大学摩尔法学院院长奥斯丁·帕瑞士（Austin Parrish）教授等出席会议并发表致辞。包括印第安纳大学摩尔法学院、政治系、社会学系的教授、访问学者、研究人员、学生等在内的40余人出席了挂牌仪式和首届中国法律论坛。

按照我校与摩尔法学院的协议，中国法律论坛每年举办一次，将成为两所院校之间的定期交流活动。首届中国法律论坛的主题是中国司法、证据制度及其改革。张保生教授、卞建林教授、常林教授和满运龙教授分别给与会人员作了题为"中国刑事证据体系改革""中国刑诉法的修改、实施与人权保障""中国鉴定服务体系"和"中国司法鉴定的转型"的讲座。

（二十八）中美法庭证据科学研究中心在美揭牌

11月5日，由中国司法文明协同创新中心和美国马里兰州法医局联合建立的中美法庭证据科学研究中心在马里兰州法医局正式揭牌，这是中美两国在司法鉴定和法庭科学领域的首个合作项目。在此次仪式上，中国政法大学与马里兰大学签署了联合培养双学位硕士的合作协议。根据该协议，中国政法大学研究生在中国学完两年后，可申请再到马里兰大学学习一年，之后由马里兰大学授予法医学方向理学硕士学位、由中国政法大学授予法庭科学方向法律硕士学位。

（二十九）我校王金鑫同学成为中华骨髓库北京分库第200例捐献者

11月19日，海军总医院血液科病房里，23岁的我校民商经济法学院研一学生王金鑫躺在病床上，经过4小时的血液体外循环后，完成了造血干细胞悬液的采集，并在第一时间移入患者体内。据悉，这是中华骨髓库北京分库第200例造血干细胞捐献者。王金鑫在3年前加入中华骨髓库。今年9月12日收到一条微信，通知配型成功，得知这一消息后，刚到北京上研究生的王金鑫感觉这是一种注定的缘分，于是欣然同意捐献。

19日中午，校党委副书记、副校长冯世勇，学生处处长卢少华、校团委书记黄瑞宇、民商经济法学院分党委副书记王洪松，代表学校和学院表达了对他的关心慰问。

冯世勇表扬了他勇于奉献、助人为乐的精神，他希望王金鑫能够鼓励更多的同学加入到捐献造血干细胞的队伍中来，真正践行雷锋精神，弘扬社会主义核心价值观。

冯世勇特别表达了对王金鑫父母的感谢，感谢他们能支持并陪伴其完成这次捐献义举。他说，王金鑫是第5位配型成功的法大学子；法大一直致力于公益教育，学生们在一次又一次的爱心活动中绽放着自己的光彩。学校不仅关注学生知识传授，更注重学生心灵的感化、品格的培养和灵魂的塑造。在王金鑫之前，商学院2007级钱丽、法学院2007级张骥、社会学院2004级向煜暄和社会学院2012级文敏霏等4位同学也参与了造血干细胞的捐赠,他们与王金鑫一样,都有着一颗热忱的心、一份真挚的情,不仅自强自立,而且热心于公益事业,用自己的点滴行动诠释着"厚德、明法、格物、致公"的校训精神,展示着新时代大学生的新面貌。

(三十)我校与昌平区前锋学校签约共建中国政法大学附属学校

12月16日上午,我校与昌平区前锋学校共建中国政法大学附属学校签约仪式在昌平校区逸夫楼会议室举行。我校校长黄进、昌平区前锋学校校长李小奇及两校相关部门负责人共同出席了签约仪式。

黄进首先对李小奇一行的到来表示欢迎,并简要介绍了学校的整体情况。他指出,中国政法大学支持昌平区前锋学校发展,合作共建中国政法大学附属学校更是北京市教委"高校创办附中附小"项目的重要组成部分,希望两校在将来的合作中取得预期的成果。

李小奇对中国政法大学多年来提供给昌平区前锋学校的帮助表示感谢,同时介绍了学校的大致情况。他希望两校在新的契机中不断增进交流,并在合作中将昌平区前锋学校建设为昌平区最好的学校之一。

会上,黄进与李小奇共同签署了合作共建协议。

根据协议,在未来的几年内,我校将利用自身的影响力和优势教育资源,创新合作模式,加强附属学校品牌建设,提升附属学校品牌知名度;借力我校先进办学理念和依法治校成果,统筹规划附属学校的整体发展,健全内部管理机制,不断提高附属学校内部治理水平;借助我校的学科优势和科研力量,推进附属学校学科建设,重点开发特色课程,通过将法治教育纳入中小学教育体系,深化教学研究,提高附属学校的研究能力和教学水平;发挥我校的师资优势,加强对附属学校师资的专业培训、专题研修,提升附属学校的整体师资水平;建立适应双方学生发展的实习、实训基地,开展丰富多样的学生互动交流活动,提高附属学校学生的综合素质,助力学生成长成才。

(三十一)法治与梦想同行——我校2013~2014学年度"沙驰·榜样法大"暨奖学金评优颁奖典礼圆满举行

12月19日晚,中国政法大学2013~2014学年度"沙驰·榜样法大"暨奖学金评优颁奖典礼在昌平校区礼堂圆满举行。校长黄进、武警驻中国政法大学选培办主任马海伟,校党委副书记、副校长冯世勇,我校优秀校友、党的十八大代表、昌平区人民检察院公诉二处兼未成年人案件检察处处长彭燕及各校部机关、学院相关负责人、辅导员参加了典礼。全校1500余名师生现场观看了典礼,本年度榜样法大活动主题为"法治与梦想同行"。

典礼上,冯世勇宣读了表彰决定。此次评优颁奖礼旨在表彰2013~2014学年度在学习、科研创新、志愿服务等诸多方面表现突出的优秀个人和集体,促进优良校风、学风的形成。今年共有5591人次获得各类奖学金和44个班集体荣获校级先进班集体称号,他们构建法大良好的学风,成为法大人身边的榜样。他希望获奖集体和个人戒骄戒躁,再创佳绩。同时号召全校广大同学学习先进,争创先进,全面发展,不断增强才干,提升自我,为实现中华民族伟大复兴的中国梦贡献新的力量。

博士生导师、国际法学院院长孔庆江教授宣读了国家奖学金、国家励志奖学金、研究生学业奖学金及优秀学生奖学金颁奖辞，孔庆江、沙丽金教授、刘艳敏副教授分别为获奖代表颁奖。

"最受本科生欢迎十大教师"刘艳敏副教授作为教师代表发言，她回顾以往榜样法大主题，从有梦想到与梦想同行，是一个筑梦到追梦的过程。追梦需要脚踏实地，靠的是行动和坚持。她认为法大作为一所追求卓越的大学，希望每一个走出法大的学子都能有自己的梦想，做自己的榜样。

国际法学院2011级本科生丰硕同学作为学生代表和同学们分享了她的获奖感受。她认为学习不仅局限于课堂与考试，法大丰富的社团、竞赛、讲座也是帮助我们成长为一个全面发展的人的重要平台。

博士生导师、刑事司法学院院长曲新久教授宣读了科研创新奖学金、竞赛优胜奖学金颁奖辞，曲新久教授、刘淑环教授、贾海翔副教授分别为获奖代表颁奖。科研创新奖学金代表民商经济法学院博士研究生李红娟结合自己的学术生活用"三心一毅"即"静心、用心、耐心"和"坚持不懈的毅力"的理念诠释了她学术的成绩由来，勉励师弟师妹们要保持积极勇敢的心，踏踏实实地学习。随后，法大运动队表演的《法大武魂》用武术和跆拳道表演更好地诠释了拼搏、进取的法大人形象。

博士生导师、政治与公共管理学院院长常保国教授宣读了少数民族优秀学生奖学金颁奖辞，常保国教授、王帆副教授、彭燕检察官分别为获奖者颁奖。

彭燕作为我校优秀校友代表进行了发言，她首先感谢母校的邀请，让她重温求学的时光。17年来，她坚守对法治的信仰，在公诉人的舞台上一步步成长，见证了中国特色社会主义法律体系的形成，见证了十八届四中全会上《中共中央关于全面推进依法治国若干重大问题的决定》的诞生，经历过困苦，迎接过生活的挑战。她认为坚定的信念、乐观的心态、坚强的意志是勇气的来源，以建设法治中国为己任是法大赋予每一个学子的信仰。作为法律人要坚定法治信仰，不断提升法律技能，职业品格。她希望师弟师妹们能够珍惜在法大求学的日子，在建设法治中国的鸿篇巨制中，抒写属于自己的华丽篇章。

光明新闻传播学院分党委书记兼副院长姚广宜教授宣读了三好学生、优秀学生干部和先进班集体颁奖辞，姚广宜教授、张劲副教授、钟鑫女士分别为获奖代表颁奖。先进班集体代表外国语2012级德语班裘羽霞同学发言，她回忆两年多的班级生活，认为班级荣誉离不开坚持"班级特色小组"的发展模式，让同学们以团队形式发挥自身特长，在集体建设中实现自身价值，营建了"和谐友爱，追求进步"的班级氛围。紧接着，刑事司法学院2014级新生带来的外语配音表演《怪兽大学》片段，深动流利的表演，赢得了阵阵的掌声，同时勾起了大家对法大校园热烈温馨的迎新场景的美好回忆。

马克思主义学院副院长邰丽华教授宣读了志愿服务奖学金颁奖辞，邰丽华教授、刘震副教授分别为获奖同学代表颁奖。获奖代表2011级国防生韩瑞泽与大家分享了志愿心得，他认为国防生的身份就代表了一种责任和担当。他的成长离不开部队与学校的关心培养，并希望通过志愿服务这种形式，尽自己的一份绵薄之力，去回报社会。

马海伟宣读了退伍优抚奖学金颁奖辞，马海伟大校、林发军老师分别为获奖代表颁奖。

获奖代表们共同带来了一首诗朗诵《梦想与担当》，他们激昂有力的朗诵向全体法大人发出号召："我们有一个共同的名字——法大人；我们有一个共同的梦想——法治中国。经国纬政、法治天下，我们用青春与梦想诠释法大人的信仰。经世济民、福泽万邦，我们用执着与坚毅扛起法大人的担当。青年兴则法治兴，法治兴则国家兴。法治先锋，舍我其谁！法大人当挺起民主法治的脊梁，让法治中国屹立于世界的东方！"表达了法大学子对法治中国梦想的坚定追求和勇敢担当。

接着进入典礼的第二环节，校长黄进教授为2013－2014学年度"校长奖学金"获得者颁奖。国际法学院2011级本科生杜希，政治与公共管理学院2011级本科生李晓伟，2012级本科生蔡晓昕、俞柳婷，商学院2011级成思危现代金融菁英班本科生丘弘灏，2012级本科生李论，社会学院2011级本科生湛子明，外国语学院2012级本科生陈玮，法学院法律与经济专业2012级硕士生，比较法学院比较法专业2012级硕士生尹子文，光明新闻传播学院法学理论专业2012级硕士生李汶龙获此殊荣。

黄进向所有获奖的同学表示祝贺，赞扬他们以严谨的态度，刻苦的精神，优异的成绩展现了法大学子的风采，他也向全体教师职工的辛勤付出表示衷心的感谢。他说，习近平总书记曾说过"共同享有人生出彩，共同享有梦想成真的机会，共同享有同祖国和时代一起成长、一起进步的机会。"他认为"法大梦"就是通过卓越的人才培养、科学研究和社会服务来推动国家的法治昌明、政治民主经济发展、文化繁荣、社会和谐及生态文明，实现经国纬政、法治天下、经世济民、福泽万邦的强国梦。

黄进指出，对每一个法大人而言，法治都是我们共同的信仰，这也是法大所赋予的最特别的烙印。以首任校长钱端升先生为代表的一代代法大人以法治天下的胸襟和气魄、以大智、大学识在中国民主法治进程中留下最为浓墨重彩的一笔。公益律师佟丽华、援藏干部马新明、"铁燕子"彭燕检察官等一大批优秀法大毕业生以"铁肩担道义"的责任感和使命感，以大义、大勇气积极投身于社会主义民主法治建设。还有连续20年向公众提供公益法律服务的准律师协会，传递人间真情的捐献造血干细胞感人事迹，法大学子积极投身社会实践，以大爱、大志向勾勒出法治中国的美好蓝图。他希望法大人作为法治天下的缔造者和守护者，始终铭记"厚德、明法、格物、致公"的校训，传承法大精神、追求公平正义、践行法治理想，为国家的富强，民族的振兴，人民的幸福做出贡献，在实现中华民族的伟大复兴的中国梦的征程中实现自己的人生价值。

至此，2013～2014学年度"沙驰·榜样法大"暨奖学金评优颁奖典礼圆满结束。

（三十二）第五届钱端升法学研究成果奖颁奖大会暨第五届中国法治论坛隆重举行

2014年12月20日，第五届钱端升法学研究成果奖颁奖大会暨第五届中国法治论坛在我校学院路校区隆重举行。教育部社科司司长张东刚，国家行政学院法学部主任胡建淼，中南财经政法大学副校长陈小君，教育部社科司处长何健，教育部高校社科评价中心主任李建平，中国人民大学法学院院长韩大元，北京大学法学院教授刘剑文，清华大学法学院教授施天涛，我校党委书记石亚军，校长黄进，终身教授陈光中，副校长张保生等出席大会。荣获第五届钱端升法学研究成果奖的获奖人代表，荣获第五届中国法治论坛征文奖的获奖人代表，《光明日报》《法制日报》《中国教育报》《人民网》《新华网》等媒体代表参加了大会。大会由石亚军书记主持。

钱端升法学研究成果奖自2006年成立以来，已经成功举办了5届，得到了社会各界的广泛支持，也得到了法学界的高度认同，现已成为我国法学界最具权威性的奖项之一，成为具有重要影响的成熟的部级奖项。与钱端升法学研究成果奖同时举行的中国法治论坛，也成为我国重要的法学学术交流平台。本届评奖共评出一等奖2项，二等奖6项，三等奖20项，提名奖17项，与会领导和嘉宾为获奖者颁发了证书。

钱端升法学研究成果奖颁奖大会结束后，第五届中国法治论坛正式拉开帷幕，我校副校长张保生和科研处处长施正文主持了论坛。施正文宣读了第五届中国法治论坛征文优秀论文名单，与会领导和嘉宾为4个优秀组织奖获得者和40位优秀论文获得者颁发了证书。

（三十三）我校召开第二届董事会第一次会议

2014年12月27日，中国政法大学第二届董事会第一次会议在我校学院路校区召开。全国政协社会和法制委员会原主任张福森，全国政协教科文卫体委员会原副主任张耕，全国人大法律委员会原副主任委员洪虎，最高人民法院副院长贺荣，中华慈善总会荣誉副会长、国际永益慈善基金主席禹云益，中共海淀区委书记隋振江，北京市律师协会会长、北京中伦律师事务所主任张学兵，纳通医疗集团董事长兼总裁赵毅武，北汽福田汽车股份有限公司总经理王金玉，中国人民大学法学院教授陈卫东，好想你枣业股份有限公司董事长石聚彬，力行中天投资有限公司总经理张子洪，我校党委书记石亚军，校长黄进，终身教授江平等出席大会。学校相关部门负责人参加了会议。大会由我校副校长兼董事会秘书长马怀德主持。

新一届校董会正式成立，石亚军代表学校为张福森颁发聘书，聘任其为中国政法大学第二届董事会主席。会上，根据《普通高等学校理事会规程（试行）》的规定，第二届校董会审议并一致通过了《关于修改〈中国政法大学董事会章程〉的决定（草案）》。张福森指出，第一届董事会的工作重点是夯实基础、出谋划策、鼎力相助、争做示范。现在第一届校董会的任务与使命已初步完成，但仍需更进一步的努力。与此同时，他也对第二届校董会的工作进行了重点安排：明确董事会定位，进一步加强董事会的作用；优化董事会内部运行机制，进一步加强对董事的服务与交流；进一步拓展社会筹资平台，为学校发展争取更多的资源。随后，洪虎、隋振江、张学兵、赵毅武、王金玉、陈卫东、禹云益、石聚彬、张子洪、张耕等相继发言，为推动我校各项事业的发展进言献策。

会上，石亚军代表学校接受张子洪总经理代表力行中天投资有限公司捐款1000万元；黄进代表学校接受尹海副董事长代表大连万达集团公司捐款200万元。张福森、石亚军、黄进、江平共同为特殊贡献者名录揭牌。

第四章 重要文件

重要文件一览表

标 题
中共中国政法大学委员会关于转发《2014年上半年高校"形势与政策"教育教学要点》的通知
关于印发《中共中国政法大学委员会2014年党风廉政建设和反腐败工作主要任务分工》的通知
中共中国政法大学委员会关于印发《中国政法大学2014年度学生党员先锋工程实施计划》的通知
中共中国政法大学委员会关于印发《中国政法大学2014年度学生党支部书记轮训方案》的通知
中共中国政法大学委员会关于印发《中国政法大学2014年度学生党员"服务先锋"行动计划活动方案》的通知
中共中国政法大学委员会关于印发《中国政法大学处级领导干部选拔任用工作规定》的通知
中共中国政法大学委员会关于印发《中国政法大学处级领导干部公开竞聘工作方案》的通知
中共中国政法大学委员会关于认真学习贯彻习近平总书记在党的群众路线教育实践活动总结大会上重要讲话精神的通知
中共中国政法大学委员会关于培育和践行社会主义核心价值观的实施意见
关于印发《中共中国政法大学委员会关于开好2014年度校级领导班子专题民主生活会工作方案》的通知
中共中国政法大学委员会关于学习贯彻落实党的十八届四中全会精神的意见
关于印发《中国政法大学周转房管理办法》的通知
关于印发《中国政法大学2013年校内岗位津贴调整方案》的通知
关于印发《中国政法大学本科生国际交流交换培养资助办法》的通知
关于印发《中国政法大学研究生同等学力人员课程学习及水平认定考试办法（试行）》的通知
关于印发《中国政法大学研究生出国修读办法》的通知
关于印发《中国政法大学"法大智库"研究团队支持办法》的通知
关于印发《中国政法大学科研成果奖励办法修正案》的通知
关于印发《中国政法大学交叉学科培育建设管理办法》的通知
关于印发《中国政法大学学科建设专项经费管理办法》的通知
关于印发《中国政法大学基层教学组织规程》的通知

续表

标　　题
中国政法大学关于废止部分规范性文件的通知
关于印发《中国政法大学研究生国家奖学金评审暂行办法》的通知
关于印发《中国政法大学学生离校请假管理办法》的通知
关于印发《中国政法大学学生违纪处分条例》的通知
关于印发《中国政法大学学生听证及申诉办法》的通知
中国政法大学关于印发《中国政法大学双专业双学位人才培养模式实施办法》的通知
中国政法大学学校办公室关于印发《中国政法大学2014年党政工作要点》的通知

中国政法大学 2014 年党政工作要点

2014年学校党政工作的总体思路是：深入学习贯彻党的十八大及十八届三中全会精神，深入学习贯彻习近平总书记系列讲话精神，认真落实党的群众路线教育实践活动成果，深入转变作风，全面深化改革，突出内涵发展，拓展协同创新，推进现代治理，切实提高质量，团结好、凝聚好、发挥好学校各个方面的力量，扎实工作，推进学校在人才培养、科学研究、社会服务和文化传承创新等方面取得新的成绩和进步，实现学校各项事业的科学发展。

一、深入学习贯彻十八届三中全会精神，落实群众路线教育实践活动成果

1. 深入开展中国特色社会主义理论体系学习教育。积极创新学习手段和学习平台，将党的十八大、十八届三中全会精神和习近平总书记系列讲话精神融入学校思想政治教育和党课团课，把各级党组织、广大党员的思想和行动统一到党的路线、方针、政策上来，为推进学校各项事业科学发展奠定坚实的思想基础。继续将学校群众路线教育实践活动的整改提高、建章立制和活动的总结工作作为宣传重点，利用各媒体平台进行立体化宣传，大力报道群众路线教育实践活动所取得的成果，形成强大的舆论氛围，以改进作风的实际行动把学校改革发展的各项工作推向前进。（高浣月副书记、胡明副书记牵头，组织部、宣传部负责）

2. 广泛开展中国特色社会主义核心价值观学习教育。把"三个倡导"融入大学生学习、生活各个方面，在全校范围内开展主题活动，形成爱学习、爱劳动、爱祖国活动的有效形式和长效机制。加强中国梦教育、中国传统文化教育、形势政策教育，引导师生把国家梦、民族梦与大学梦、个人梦有机结合；加强对改革开放的正面宣传和舆论引导，及时回答广大师生关心的重大思想认识问题，进一步统一思想。（高浣月副书记牵头，宣传部负责）

3. 做好群众路线教育实践活动总结和整改落实工作。根据中央、教育部党组的统一部署，认真做好群众路线教育实践活动的总结工作。根据学校整改落实方案、专项整治方案、制度建设计划提出的目标任务、时间进度，对各单位整改落实工作进行全面检查，对尚未解决的问题，采取分解立项、落实责任、整合力量、明确时限等方式，督促各单位完成整改落实的各项任务。（胡明副书记牵头，组织部负责）

4. 强化领导班子和干部队伍建设。抓好组织建设，建立健全各级党政班子民主集中制；完善干部选拔任用机制，继续加大竞争性选拔干部力度，全力做好处级领导干部换届工作，提高选人用人的公信度和满意度；了解师生需求，倾听基层意见，帮助师生解决实际困难，建立不断改进自身工作的长效机制。抓好理论建设，将习近平总书记系列重要讲话、社会主义核心价值观、《世界社会主义五百年党员干部读本》、"中国梦"等内容作为干部理论学习的重点；进一步完善党员干部日常学习、脱产学习、短期集训等学习制度，创新理论学习的方式方法，拓宽学习渠道，提高学习效果；做好处级干部学习党的十八届三中全会精神轮训工作。加强干部日常管理和考核，建立更加全面、科学的考核标准与考核体系。（胡明副书记牵头，组织部负责）

5. 加强基层党组织建设和党员队伍建设。建立健全基层党组织和党员践行群众路线的长效机制，根据《中国共产党普通高等学校基层组织工作条例》等文件，开展学校党建制度清查修订工作。实施党员先锋工程，深入开展学习型、服务型、创新型党支部建设，重点推进党员志愿服务工作，广泛开展党员"一帮一""结对子"等活动。强化党员发展工作，提高党员发展质量，着力加强青年教师和高知识群体的培养力度。（胡明副书记牵头，组织部负责）

6. 扎实推进纪检监察工作，确保党风廉政建设和反腐败工作成效。积极督促并监督校、处级领导班子和领导干部履行党风廉政建设责任制；加强对领导干部的日常管理和监督，重点监督领导干部认真执行《中国共产党党员领导干部廉洁从政若干准则》和《关于密切联系群众改进工作作风八项规定》的情况。加强正风肃纪检查，严把工程建设操作程序和重点关口；认真落实"阳光招生"政策，规范开放办学项目审批程序；强化对干部选拔任用和人才引进等工作的监督；完善科研经费监督制度，深化财务和审计监督，切实抓好整顿治理教育乱收费工作；严肃招投标工作纪律，规范招投标工作程序，积极探索建立"招管分离"的招投标工作管理机制，切实防控廉政风险。（胡明副书记牵头，纪委办公室、监察处负责）

二、确立 2014 年为"教学质量提升年"，加大投入，全力推进教育教学改革创新

（一）以提升人才培养质量为目标，全面推进本科教育教学改革（张桂林副校长牵头，教务处负责）

7. 加强专业特色化改造。以修订培养方案为抓手推动法学专业的品牌化建设，创立具有法大特色和亮点的实践教学模式和国际化培养模式；以"协同创新"为基本思路和抓手，优化校内教育教学资源配置，聚拢、吸引校外教育教学资源进入学校；进一步推动跨学科、跨专业人才培养，扩大双专业双学位人才培养范围，着力将英语专业改造成为"专业英语（法律英语）"，同步开展"翻译专业（法律翻译）"等新型专业建设，启动社会工作专业（司法社工）和心理学专业的特色化改造；做好工商管理专业第二学士学位、数学与应用数学专业的新专业建设。

8. 积极推进人才培养模式改革。探索开展学分制基础上的学期制改革，确立一实（暑期国际小学期）一虚（虚拟第三学期）两个第三学期；以系列"卓越计划"为抓手，深化人才培养机制改革，加强三个卓越法律人才教育培养基地建设，积极开展国家"卓越新闻传播人才教育培养基地"项目申报工作；继续做好法学专业国家专业综合改革试点项目工作，实施"实验班"专项工作计划，推动法学六年制实验班、法学涉外人才班、现代金融菁英班的教育教学资源优化配置；强化教授为本科一年级学生授课制度，探索激励本科生参与科研的有效机制。

9. 继续扩大本科生国际化联合培养。落实与英国诺丁汉特伦特大学"3+1+1"联合培养本科生协议，力争将该模式复制推广，探索与美国高校的常态化、固定化联合培养模式；做好"优秀本科生国际交流资助项目"学生的选派工作，资助100名左右本科生公派出国进行交流交换培养；继续扩大本科生海外实习规模；建设好在国内进行的国际暑期联合实习项目；建设10个具有法大特色的暑期学校项目，聘请50名海外知名学者讲授50门国际课程。

10. 深化通识教育改革。强化本科生一年级教学阶段的通识教育；完成计算机、体育、外语等通识必修课程改革，配合全部本科专业培养方案的整体优化；强化通识课程的体系化建设，完成"自然科学通论""艺术与审美通论"课程试运行并进行经验总结，使其进入核心课程体系；增开通识主干课程，组织编写通识主干课教材；利用虚拟第三学期平台，建设一批高质量的特色通识课程。

11. 深化实践和实验教学改革。系统总结"同步实践教学模式"经验，做好国家级教学成果奖的组织申报工作；全面深化实践教学改革，开设角色体验式法庭教学课程、"庭审实况录像"视频课程等系列化的"同步实践教学课程"，使"同步实践教学模式"成为学校人才培养的特色和亮点；强化实践教学，加强实验室建设，完善校内实践基地；充分发挥学校实验教学中心职能，理顺管理机制，建设好法学实验示范中心。

12. 强化教育教学基础工作建设。探索综合教务系统与学籍管理平台等信息系统的有机融合；建立课堂教学中调用电子图书资料的支持系统；拓展触摸式教学自助查询系统与APP手机应用系统的功能；完成优化师生网络互动平台、优化选课环节流程等工作；完成法学专业案例教材建设工作及新一轮的教学大纲修订工作，探索其他专业案例教材建设工作；建设一批有学校特点的精品视频公开课、视频资源共享课，建设第三批虚拟第三学期课程资源，完成首批5门次"法大公开课"的录制工作。

13. 进一步改进教务管理质量。健全基层教学组织管理制度，修订教师教学工作考核办法和超工作量奖励办法；加强质量保障体系建设，修订《本科教学质量保障典》；修订《本科教学管理典》；继续开展教改立项改革，建立教改成果公示平台和推广机制；完善质量年报和教学质量数据库的建设，启动迎接教育部普通高校本科教学工作审核评估准备工作。

（二）推进体制机制改革，促进研究生教育教学多元创新（朱勇副校长牵头，研究生院负责）

14. 加强研究生培养质量监控，制定研究生质量指标体系，2014~2015学年第一学期开始对各培养单位进行研究生质量评估；推动建立支持研究生开展科研活动的长效机制；推进接收免试攻读硕士研究生制度改革，加大优秀生源选拔、接收力度；完善应用型法学博士生培养体制机制。

15. 推进研究生导师管理体制改革，探索博士生导师岗位制，完善研究生导师考核、惩戒、退出机制。

16. 推进博士生招生制度改革，调整考试成绩与综合考核权重，完善考核、录取程序；完善博士生招生"申请审核制"并确定2015年扩大"申请审核制"试点专业；进一步规范、提升导师在博士生录取过程中的自主权。

17. 加强协同创新，推进研究生协同培养，扩大建立与科研院所、行业、企业联合培养人才的机制；积极探索跨学科研究生人才培养；结合政治、经济、社会管理和司法改革等相关领域人才需求，实施研究生专项人才培养项目，构建多元化研究生培养模式。

三、积极整合资源，稳步推进学科建设工作

18. 做好硕士专业学位授权点申报材料的编制和上报工作。继续做好目录内二级学科、目录外二级学科和交叉学科的自主设置和调整工作；做好北京市重点学科年度项目申报书的编制工作。（朱勇副校长、马怀德副校长牵头，发展规划与学科建设处、研究生院负责）

19. 进一步完善学校学科建设管理制度，做好校级重点学科的年度检查考核工作和重点学科建设经费的划拨工作。做好第一批校级交叉学科建设项目的终期检查和第二批校级交叉学科建设项目的中期检查工作。（马怀德副校长牵头，发展规划与学科建设处负责）

20. 大力开展法学二级学科资源整合工作，制定工作方案，探索建立法学学科建设机构，促进法学学科深层次融合，彰显法学学科的优势和特色；优化配置学校学科资源，加强各学科的均衡协调发展。（马怀德副校长牵头，发展规划与学科建设处负责）

21. 做好"211工程"四期项目申报和"优势学科创新平台"项目申报准备工作。（马怀德副校长牵头，发展规划与学科建设处负责）

四、积极开展协同创新，全面推进科研工作

22. 继续推动"2011计划"司法文明协同创新中心建设和其他协同创新中心的培育申报工作。（张保生副校长牵头，科研处负责，相关单位配合）

23. 组织第五届钱端升法学研究成果奖评奖暨第五届中国法治高端论坛；组织第三届中国政法大学青年教师优秀科研成果奖申报工作。（张保生副校长牵头，科研处负责，相关职能部门配合）

24. 开展青年学术创新团队的考核与遴选工作；组织申报新一轮教育部重点研究基

地；做好国家级大学科技园申报论证工作；组织 2013 年度校级项目评审工作。（张保生副校长牵头，科研处负责，法大科技园配合）

25. 做好非在编科研机构的管理与申报工作，召开非在编科研机构会议。（张保生副校长牵头，科研处及相关单位负责）

五、深入落实人才强校战略，切实加强师资队伍建设（李树忠副校长牵头，人事处负责）

26. 召开全校教师工作会议。系统总结学校教师队伍建设的经验、成绩与不足，分析教师队伍的现状，强化危机感和紧迫感，明确教师队伍建设的目标任务，改革教师队伍建设的体制机制，完善教师队伍建设的途径措施，制定出台《关于加强教师队伍建设的若干意见》，作为学校教师队伍建设的指导性文件。

27. 加强教师队伍梯队建设和团队建设。以学科为中心，构建结构科学、搭配合理的教师梯队和团队，注重学术带头人和中青年学术骨干的培养和引进；认真实施"优秀中青年教师培养支持计划"，继续做好"青年教师海外提升计划"和"青年教师科研启动资助计划"。

28. 探索实行多种用人方式。设立讲座教授岗位；推动成立教师发展中心；积极发挥二级单位作用，大力引进高层次人才。

六、坚持立德树人，服务学生健康成长

29. 加强理论引导、组织引导、榜样引导、主题引导、宣传引导、大学生自我引导。鼓励学生针对理论前沿、社会热点、时政形势，开展形式多样的学习分享交流活动；依托团学组织开展主题团日，鼓励学生社团互动交流；继续深化"CUPL 正能量"人物访谈系列活动，探索完善"正能量矩阵"和"良性互动发展体系"；争取实现"感动中国"人物走进法大，创新形式与内容做好"感动法大""依依法大"等品牌活动，继续开展"我的梦、法大梦"主题征文活动、"法大人追梦故事"系列短片等活动，引导学生树立正确的价值追求。（冯世勇副书记兼副校长牵头，学生处、校团委负责）

30. 积极创新思想政治教育形式。做好"七个一"工程以及大使论坛、部长论坛、英模报告等活动；积极推进网络思想政治教育，在现有媒体基础上搭建新平台，将入学教育延伸到新生入学前；做好大学生思想政治教育测评体系的自评工作和后续的整改提升工作；做好学生思想动态调研工作，落实联系班制度。（冯世勇副书记兼副校长牵头，学生处负责）

31. 加强高素质学生工作队伍建设。落实教育部辅导员访学研修计划；落实教育部普通高等学校辅导员职业能力标准，制定并实施学校《辅导员考核办法》；加强班主任队伍建设，充分发挥导师、班主任在育人中的重要作用。（冯世勇副书记兼副校长牵头，学生处负责）

32. 拓宽资助渠道与加强家庭经济困难学生的思想教育工作并重，增强资助工作的育人效应，深入做好心理健康教育与咨询工作；倡导勤俭节约，开展"节粮、节水、节电"教

育活动；切实做好研究生的教育管理工作。（冯世勇副书记兼副校长牵头，学生处负责）

33. 落实2014届毕业生就业工作会议精神，进一步推进学校毕业生就业创业体制机制建设，提高毕业生就业的幸福感和满意度，提升就业创业指导和服务水平，保持就业率稳中有升。（冯世勇副书记兼副校长牵头，学生处负责）

34. 倡导优良学风，加强第二课堂和第三课堂建设。召开好第十五次学生代表大会；开展学生"学习圈"活动，推动建立学生自愿组合的读书会、学习小组、学习俱乐部、学习社团等社团组织，调动学生学习的积极性和主动性，激励学生刻苦学习，增强诚信意识，养成良好学风；全面开展社团活动、志愿服务、学术研究、就业创业等活动，培养大学生勇于探索的实践精神、利人利他的志愿精神和善于解决问题的实践能力；加强班级凝聚力建设和宿舍文化建设，组织辩论队参加国内知名高校辩论赛，适时举办名校辩论邀请赛，艺术团力争参加中央电视台《五月的鲜花》和《歌声与微笑》节目录制，争取社会资助，摸索"中华法制进程"文艺演出创作。（冯世勇副书记兼副校长牵头，校团委负责）

七、搭建工作平台，服务国家战略，增强社会服务能力

35. 打造"法大智库"，服务国家经济社会发展的新需要、新要求。充分利用多学科资源优势，针对国家战略发展急需解决的现实问题、尖端问题和理论前沿问题开展学术研究，提出有影响力的观点、理论、思想和决策建议，切实发挥法学教育最高学府的作用。（张保生副校长牵头，科研处负责）

36. 加强校地、校企等对外合作，主动与政府、企事业单位建立合作关系，拓展合作范围，实现对外合作的新突破。（马怀德副校长牵头，发展规划与学科建设处负责）

37. 搭建平台，拓展继续教育办学资源。启动同等学力申请硕士学位教育培训工作，鼓励开展各种形式的高端培训。巩固已有的合作项目，积极发展新的合作项目，实现培训工作的可持续发展。（朱勇副校长、马怀德副校长牵头，发展规划与学科建设处、研究生院、开放教育管理办公室负责）

八、密切交流合作，继续深入推进国际化发展战略

38. 全面落实中央有关规定，严格按照标准，规范因公出国出境活动。（朱勇副校长牵头，国际合作与交流处负责）

39. 继续实施国际化战略，以"教师国际能力""学生国际经历"为抓手，提升学校的国际化水平；以学生为重点，大力提升在校学生海外学习、实习的比例。（朱勇副校长、张桂林副校长牵头，教务处、研究生院、国际合作与交流处负责）

40. 继续推进中国政法大学中欧法学院健康发展，结合中欧法学院评估结果和延期规划，加强制度建设，理顺管理机制，拓展优势，弥补不足，使中欧法学院真正成为中外合作办学的品牌。（朱勇副校长牵头，中欧法学院负责）

41. 全力支持"司法文明协同创新中心"国际交流与合作工作，并以此为契机，推进人才培养、学术研究工作的国际协同。制定实施相关制度，大力推行人文社会科学"走出去"计划；组织力量编辑法大英文法学杂志。（朱勇副校长、张保生副校长牵头，科研

处、国际合作与交流处及其他相关单位负责）

42. 继续办好孔子学院，提高与英国班戈大学、罗马尼亚布加勒斯特大学共建孔子学院的办学质量和水平。（朱勇副校长牵头，国际合作与交流处负责）

九、完善制度体系，改进工作作风，提升行政管理服务效能

43. 健全制度，规范流程，提高行政工作效率。修订和完善党委全委会、常委会、校长办公会、书记办公会议事规则。严格执行学校《关于改进工作作风、密切联系群众的规定》《公务接待管理办法》《督办工作办法》等文件，优化简化办事程序，精简会议和文件数量，规范公务接待和公务用车，进一步加强督办工作；规范法律事务工作程序，修订《信访工作办法》，畅通倾听和解决群众意见建议的渠道，全面开展规章制度清理和建设工作，科学合理地进行制度的废、改、立，编印《中国政法大学规章制度汇编》。（李树忠副校长牵头，学校办公室负责）

44. 完成学校"十二五"发展规划中期检查工作，完善学校中长期发展规划评估体系，加强制度建设。（马怀德副校长牵头，发展规划与学科建设处负责）

45. 深化人事管理制度改革，完善体系化建设。完善各类岗位聘任办法，做好岗位管理与聘任工作；继续完善绩效考核和业绩评价机制；加强管理干部（职员）队伍建设能力建设，强化干部队伍职业化，推进行政管理的规范化、科学化、人性化和精细化；重视人员培训，出台学校《管理岗位培训办法》；完善管理人员评优制度，提高评选条件，增设管理与服务优秀个人奖项；制定《编制外用工人员管理规定》，逐步建立信息库，规范管理；全面梳理、修订、完善人事管理规章制度。（李树忠副校长牵头，人事处负责）

46. 加强财务管理，完善财务内控制度体系建设。全面梳理现行财务内控制度，补充完善制度缺失，制定学校《会计基础规范》《会计电算化信息管理与维护安全制度》《决算编制管理办法》《货币资金业务监督检查制度》《国库集中支付实施管理办法》《经营性收入财务管理办法》；进一步调动全校各方面争取资源和创收的积极性，努力扩大财源；加强日常财务管理，严格控制招待费、会议费、交通费、国内差旅费和出国经费的支出，完善预算管理机制，促进预算管理的科学化、精细化；加强对专项资金的管理力度，重点关注完善项目库建设和专项资金的使用效益。（张桂林副校长牵头，财务处负责）

47. 进一步做好审计工作。继续做好对财务预算执行和财务决算的审计；做好对学院路校区"教学图书综合楼"建设项目全过程跟踪审计的协调工作，提高建设资金的使用效益；加强修缮工程项目审计管理，提高审计质量，降低工程成本；加强经济责任审计，为干部考核管理提供科学合理的参考依据；继续做好对二级财务的监督审计工作；加强审计成果转化利用，提升审计效益。（胡明副书记牵头，审计处负责）

十、坚持依法治校，积极先行先试，大力构建现代大学制度

48. 推进国家教育体制改革试点项目"推进大学内部治理结构改革，完善大学章程建设"工作，完成学校章程修改工作并向教育部报送核准稿；依据教育部《高校学术委员会规程》修订学校学术委员会制度，重组学术委员会；推动校院二级管理方案的完善和落实，推进学院教授委员会建设，扩大试点范围；协调建立综合投诉中心。（张保生副校长、马怀德副校长、胡明副书记、李树忠副校长牵头，学校办公室、纪委办公室、发展规划与学科建设处、科研处负责）

49. 完善学校领导班子沟通机制，完善领导直接联系群众制度，提高决策的水平和质量；充分发挥教职工代表大会和工会的作用，密切联系群众，帮扶困难教职工。（冯世勇副书记兼副校长、李树忠副校长牵头，学校办公室、校工会负责）

十一、务实有为，积极拓展，不断改善办学条件

50. 加强多元筹融资体系的规范化建设。实施基金会筹融资工作信息化管理，制定项目手册，实现信息公开；加强基金会项目管理和财务管理制度建设；搭建校院二级多元筹融资体系，加快筹融资平台建设；创新校内公益活动形式，举办全校性公益活动，完成基金会功德墙建设工作；做好第二届董事会董事聘任工作，召开第二届董事会第一次会议；将校董论坛打造成具有影响力的校园活动；提高为董事服务的精细化和人性化水平，发挥董事参与学校事务的主动性和积极性；加快网络教育学院基础建设，力争产生经济效益；打造开放办学品牌项目，力争2014年实现纯利润1500万元以上。（马怀德副校长牵头，发展规划与学科建设处、开放教育管理办公室负责）

51. 校友工作。启动杰出校友评选活动，认真做好校友论坛、博闻论坛两大品牌活动；建立"法大校友微信公共平台"，组织校友主题旅游、主题沙龙等活动；继续举办"秘书长联席会议"，做好暑期"教职工赴港澳参观考察"组织工作；做好校友总会网站的升级完善和校友信息库建设工作，实现地方校友会网站的统一连接；加快在未成立分会的省份成立校友分会；加强学院校友分会建设；协助基金会做好筹融资工作。（马怀德副校长牵头，校友办负责）

52. 加强信息化建设，打造"数字校园"。健全工作机制，增强信息化建设统筹能力；在全校全方位、全领域推进信息化建设，各单位结合各自教学、科研、管理服务工作开展信息化建设；升级校园骨干网络，带宽增至2G；完成无线网络升级改造，真正实现校园无线网全覆盖；完善管理信息系统共享数据库建设，完善"中国政法大学信息化标准"；实现校园一卡通与数字化校园平台的对接与联动；为广大师生提供多功能综合网络教学与学习平台；为学生提供安全快捷的网络学习环境，实现机房及多媒体教室一键式管理；完成信息系统的有效对接，实现资源共享；建设数字迎新与离校一站式服务平台；完成两校区数据容灾项目建设；加强信息系统等级安全保护。（副校级干部时建中牵头，信息化建设办公室、法律信息中心负责）

53. 图书馆工作。合理配置文献建设经费，提高电子资源采购比例，进一步满足教学科研需求；优化文献信息教育方式，将咨询服务前移到借阅环节；进一步改善馆舍基础条件，完成历史遗留的书目数据回溯，局部改造、优化法渊阁书库布局；妥善保存珍贵图书文献资源；更新远程访问系统，引进自助设备，拓展服务内容；进一步改善学院路校区图书馆借阅环境。（副校级干部时建中牵头，图书馆负责）

54. 基建、资产与后勤保障工作。编制学院路校区学生食堂项目可行性研究报告和昌平校区北区总体规划，完成学院路校区 1 号学生公寓项目重新报批等手续；完成学院路校区教学图书综合楼工程和昌平校区部分建筑节能改造工程；妥善解决历史遗留问题，清理、整顿学院路校区 6 号楼、2 号楼；多渠道寻找房源，努力帮助解决青年和低收入教职工住房困难；加大力度推进校园内已售住房的回购工作，推进昌平家属院的置换进程；建设资产管理信息化平台，开展第四次全校性资产清查工作；建立健全资产管理内控体系；后勤服务工作做好滚动内审和迎接外审工作，大力构建后勤服务绩效评估管理机制，完善后勤实体付费预算制度；加快节能减排技术改造，继续做好两校区维修改造工程，优化校园环境。（徐扬副校长牵头，资产管理处、后勤工作委员会办公室、基建处负责）

55. 出版社工作。进一步深化出版社的内部改革和出版工作的创新，细化各项规章制度，严格落实；开辟新的选题方向、推出精品图书；加大图书宣传力度，抓好发行工作。（副校级干部时建中牵头，出版社负责）

十二、抓好党建基础工作，落实民主办学，构建和谐校园

56. 加强学校思想政治工作和意识形态建设。建设高素质的教师队伍，统筹规划学校教师思想政治工作，组织推动学校教师思想政治工作调研及工作机制、工作项目的设立落实；加强阵地建设和管理，重点抓好各类讲座论坛的审批和网络阵地的建设和管理；创新意识形态工作话语和思想政治工作方式。（高浣月副书记牵头，宣传部负责）

57. 强化文化管理，加大宣传力度。继续推动校园文化景观建设，努力建成"美丽法大"，办好传统文化节和科技文化节，打造新的文化艺术展厅，做好《中国政法大学史话》编撰；拓宽对外宣传渠道，强化策划意识，完善新闻发布和新闻发言人制度，紧紧围绕学校中心工作和重大活动，开展战役性宣传，多渠道、多手段、多形式，及时全面准确地向社会推介学校改革发展取得的新成果、新经验，打造良好的法大公共形象，凝结师生团结奋斗的精神力量。（高浣月副书记牵头，宣传部负责）

58. 继续做好统战工作。深化对党外人士的政治引导，增进政治共识，增强"三个自信"，进一步巩固政治基础；加强党外代表人士队伍建设，加大对党外代表人士的培养力度，加大对党外干部的校内外实践锻炼力度，做好党外干部的培养、选拔、使用和考察工作；大力支持和协助民主党派搞好基层组织建设；继续开展"心桥工程"，积极搭建党外人士参政议政、建言献策和参与建设的平台；做好民族宗教工作和港、澳、台、侨、归国留学人员工作。（高浣月副书记牵头，统战部负责）

59. 加强离退休教职工工作。重视离退休工作骨干队伍的培养，做好新任离退休党支部书记队伍建设和离退休教职工社会主义核心价值观建设；严格保障老同志各项政治待遇并稳步推进各项生活待遇；倡导"老有所为""老有所学""老有所乐"，充分满足并发挥老教授、老学者、老教育行政工作者在教学、科研和学生成长方面贡献余热的愿望和智力优势，面向全体离退休和在职教职工开放老年大学。（高浣月副书记牵头，离退休工作处负责）

60. 坚持民主办学，做好工会、教代会工作。推进落实《学校教职工代表大会规定》，修订《中国政法大学二级单位教职工代表大会暂行办法》等制度，清理完善其他相关制度;全面加强学院二级教(职)代会建设,推行校(院)务公开;筹备召开好第六届教职工代表大会暨第十二届工会会员代表大会第一次全体会议,做好部门工会换届选举工作;多形式、多渠道解决好、解释好青年教职工子女入学等问题;举办好第十二届青年教师教学基本功大赛;依法维护教职员工的合法权益。(冯世勇副书记兼副校长牵头,校工会负责)

61. 保持校园安全稳定,打造"平安校园"。加强校园综合防控,确保学校政治稳定;加强校园巡逻,完善校园网格化管理,完善"人防、物防、技防"体系建设,营造"人人关心、全员参与"的安全文化氛围;建立健全责任制和责任追究制,将安全工作的具体措施落实到岗位、人员,形成维护安全稳定的合力;加强安全教育和培训,开展学生宿舍、校园公共场所安全创建工程,加强重点要害部位的安全防范,消除消防安全隐患,确保校园秩序良好。(胡明副书记牵头,保卫处负责)

第五章 校内文件索引

一、中共中国政法大学委员会文件

标题
中共中国政法大学委员会关于组织开展处级以上领导干部学习贯彻习近平总书记系列讲话精神集中轮训工作的通知
中共中国政法大学委员会关于倪菁等同志任职的通知
中共中国政法大学委员会关于转发《2014年上半年高校"形势与政策"教育教学要点》的通知
中共中国政法大学委员会关于第六届教职工代表大会暨第十二届工会会员代表大会代表选举工作的通知
中共中国政法大学委员会关于部门工会委员会换届选举的通知
中共中国政法大学委员会关于做好处级领导干部届末考核工作的通知
关于印发《中共中国政法大学委员会2014年党风廉政建设和反腐败工作主要任务分工》的通知
中共中国政法大学委员会关于印发《中国政法大学2014年度学生党员先锋工程实施计划》的通知
中共中国政法大学委员会关于印发《中国政法大学2014年度学生党支部书记轮训方案》的通知
中共中国政法大学委员会关于印发《中国政法大学2014年度学生党员"服务先锋"行动计划活动方案》的通知
中共中国政法大学委员会关于推荐参评北京高校先进基层党组织优秀共产党员优秀党务工作者的通知
中共中国政法大学委员会关于印发《中国政法大学处级领导干部选拔任用工作规定》的通知
中共中国政法大学委员会关于印发《中国政法大学处级领导干部公开竞聘工作方案》的通知
中共中国政法大学委员会关于表彰2012－2013年度德育工作创新奖获奖集体及个人的决定
中共中国政法大学委员会关于开展纪念中国共产党成立93周年系列活动的通知
中共中国政法大学委员会关于开展纪念建党93周年主题党日活动的通知
中共中国政法大学委员会关于开展"中国梦与中国共产党——学习习近平总书记系列重要讲话"主题征文活动的通知
中共中国政法大学委员会关于王立艳等同志任免职的通知
中共中国政法大学委员会中国政法大学关于李秀云等同志任免职的通知
中共中国政法大学委员会关于周淑华等同志任职的通知
中共中国政法大学委员会关于开展2014年重阳节评优表彰工作及尊老敬老活动的通知

续表

标题
中共中国政法大学委员会关于表彰纪念建党 93 周年主题党日活动最佳活动方案的通知
中共中国政法大学委员会关于表彰 2014 年度尊老敬老先进集体、老有所为先进个人、尊老敬老好家庭、和谐好邻居、优秀社团活动小组的通知
中共中国政法大学委员会关于做好党务秘书集中聘任工作的通知
中共中国政法大学委员会关于黄瑞宇等同志任免职的通知
中共中国政法大学委员会关于认真学习贯彻习近平总书记在党的群众路线教育实践活动总结大会上重要讲话精神的通知
中共中国政法大学委员会关于杨怀军等同志任免职的通知
中共中国政法大学委员会关于韩荣贵同志任职的通知
中共中国政法大学委员会关于培育和践行社会主义核心价值观的实施意见
中共中国政法大学委员会关于开好 2014 年度处级党员领导干部专题民主生活会的通知
关于印发《中共中国政法大学委员会关于开好 2014 年度校级领导班子专题民主生活会工作方案》的通知
中共中国政法大学委员会关于 2015 年元旦春节期间开展走访慰问离退休教职工活动的通知
中共中国政法大学委员会关于学习贯彻落实党的十八届四中全会精神的意见

二、中国政法大学文件

标题
关于成立中国政法大学县域法治研究中心等两个非在编科研机构的通知
中国政法大学关于调整校内部分机构及人员编制的通知
中国政法大学关于 2013 年度高级管理（职员）岗位聘任结果的通知
关于成立中国政法大学实验教学中心的通知
关于成立中国政法大学人权建设协同创新中心、中国政法大学法治政府协同创新中心的通知
关于成立中国政法大学现代新精英研究中心的通知
中国政法大学关于陆小华等同志任免职的通知
中国政法大学关于做好 2014 年毕业生就业工作的意见
关于成立中国政法大学公法与治理研究中心等两个非在编科研机构的通知
中国政法大学关于公布 2013 届校级优秀学位论文评选结果的通知
中国政法大学关于开展 2014 年度博士生导师遴选工作的通知
中国政法大学关于聘任孔庆江等二位同志专业技术职务的通知

续表

标题
中国政法大学关于聘任傅广宛等七位同志专业技术职务的通知
中共中国政法大学委员会、中国政法大学关于 2013 年度科级领导岗位（含专业技术部门负责人）（调整）聘任结果的通知
中国政法大学关于 2013 年度中级及中级以下管理（职员）岗位聘任结果的通知
中国政法大学关于 2013 年度专业技术岗位聘任结果的通知
中国政法大学关于 2013 年度工勤技能岗位聘任结果的通知
关于"中国政法大学'两岸四地'法律与政策研究中心"更名的通知
关于印发《中国政法大学周转房管理办法》的通知
中国政法大学关于 2013 年教学科研岗位届终考核及换届聘任结果的通知
关于印发《中国政法大学 2013 年校内岗位津贴调整方案》的通知
关于印发《中国政法大学本科生国际交流交换培养资助办法》的通知
关于成立中国政法大学金融创新与互联网金融法制研究中心的通知
关于印发《中国政法大学研究生同等学力人员课程学习及水平认定考试办法（试行）》的通知
中国政法大学关于公布 2013 年校级人文社会科学研究项目资助名单的通知
中国政法大学关于公布第三批（2014 年）青年教师学术创新团队名单的通知
关于调整中国政法大学招生委员会成员的通知
关于印发《中国政法大学研究生出国修读办法》的通知
关于印发《中国政法大学 2014－2015 学年校历》的通知
关于变更中国政法大学法制新闻研究中心和传播法研究中心负责人的通知
关于印发《中国政法大学"法大智库"研究团队支持办法》的通知
关于印发《中国政法大学科研成果奖励办法修正案》的通知
关于成立中国政法大学国内合作处和中国政法大学投诉中心的通知
中国政法大学关于调整、变更校内部分机构的通知
关于印发《中国政法大学交叉学科培育建设管理办法》的通知
关于印发《中国政法大学学科建设专项经费管理办法》的通知
关于印发《中国政法大学基层教学组织规程》的通知
中国政法大学关于表彰第一届杰出校友的决定
中国政法大学关于准予米瑞等 1799 名 2014 届普通本科及第二学士学位学生毕业的决定
中国政法大学关于授予米瑞等 1792 名 2014 届普通本科及第二学士学位毕业生学士学位的决定
中国政法大学关于准予刘芳芳等 1982 名研究生毕业的决定
中国政法大学关于表彰 2014 届优秀毕业生的决定

续表

标题
中国政法大学关于表彰 2014 届志愿到西部地区基层单位就业及参加"大学生志愿服务西部计划"毕业生的决定
中国政法大学关于公布 2015～2016 年度博士生指导教师名单的通知
关于成立中国政法大学国土资源法治研究院的通知
中国政法大学关于表彰 2014 年度"自强之星"暨"感动法大人物"的决定
中国政法大学关于薛刚凌等同志任免职的通知
中国政法大学关于范分社等同志任免职的通知
中国政法大学关于废止部分规范性文件的通知
关于印发《中国政法大学研究生国家奖学金评审暂行办法》的通知
关于印发《中国政法大学学生离校请假管理办法》的通知
关于印发《中国政法大学学生违纪处分条例》的通知
关于印发《中国政法大学学生听证及申诉办法》的通知
中国政法大学关于表彰 2014 年校级教学成果奖的决定
中国政法大学关于表彰 2013～2014 学年优秀教学奖获奖个人和集体的决定
中国政法大学关于表彰 2013～2014 学年优秀辅导员的决定
中国政法大学关于表彰 2013～2014 学年优秀班主任的决定
中国政法大学关于尹树东等同志任免职的通知
中国政法大学关于曾涛同志任职的通知
中国政法大学关于表彰于鲁民等 49 位同志从事教育工作满 30 年的决定
中国政法大学关于表彰 2013～2014 学年管理与服务优秀集体及优秀教育工作者的决定
中国政法大学关于表彰 2013～2014 学年优秀教师的决定
中国政法大学关于开展基层教学组织换届工作的通知
中国政法大学关于 2014 年度岗位聘任工作的意见
中国政法大学关于做好 2014 年处级以下非教学科研岗位换届聘任工作的通知
中国政法大学关于对校内部分机构及编制进行调整的通知
中国政法大学关于成立翻译硕士专业学位（MTI）教育中心的通知
中国政法大学关于成立社会工作硕士专业学位（MSW）教育中心的通知
中国政法大学关于公布 2014～2015 年度硕士生指导教师名单的通知
中国政法大学关于张丽英等同志任免职的通知
中国政法大学关于王丰年等同志任职的通知

续表

标题
中国政法大学关于表彰2014年毕业生就业工作先进集体和先进个人的决定
中国政法大学关于聘任柳经纬教授为司法文明协同创新中心副主任的通知
中国政法大学关于表彰2013~2014学年研究生学业奖学金获得者的通知
中国政法大学关于变更光明新闻传播学院管理体制的决定
中国政法大学关于表彰2013~2014学年专业实习先进集体和先进个人的通知
关于成立中国政法大学欧洲研究中心等两个非在编科研机构的通知
中国政法大学关于评选2014年度"安全工作标兵单位"和"安全标兵"的通知
中国政法大学关于表彰2013~2014学年奖学金获得者、三好学生、优秀学生干部、先进班集体的决定
中国政法大学关于印发《中国政法大学双专业双学位人才培养模式实施办法》的通知
中国政法大学关于公布第三届中国政法大学青年教师优秀科研成果奖获奖成果名单的通知

三、中国政法大学学校办公室文件

标题
中国政法大学学校办公室关于印发《中国政法大学2014年党政工作要点》的通知
中国政法大学学校办公室关于2014年1~2月份督办事项办理情况的通报
中国政法大学学校办公室关于启用"中国政法大学"及"中国政法大学人事处"两枚印章的通知
中国政法大学学校办公室关于2014年3月份督办事项办理情况的通报
中国政法大学学校办公室关于2014年4月份督办事项办理情况的通报
中国政法大学学校办公室关于启用"中国政法大学法学院研究生工作办公室"一枚印章的通知
中国政法大学学校办公室关于2014年5月份督办事项办理情况的通报
中国政法大学学校办公室关于2014年6月份督办事项办理情况的通报
中国政法大学学校办公室关于启用"中国政法大学光明新闻传播学院"一枚印章的通知
中国政法大学学校办公室关于2014年7~8月份督办事项办理情况的通报
中国政法大学学校办公室关于启用"中国政法大学国内合作处"和"中国政法大学财务处"两枚印章的通知
中国政法大学学校办公室关于2014年9月份督办事项办理情况的通报
中国政法大学学校办公室关于启用"中国政法大学教务处成绩审核专用章"一枚印章的通知
中国政法大学学校办公室关于启用"中国政法大学民商经济法学院学生工作办公室"和"中国共产主义青年团中国政法大学民商经济法学院分团委"两枚印章的通知

续表

标题
中国政法大学学校办公室关于2014年10月份督办事项办理情况的通报
中国政法大学学校办公室关于启用"中国政法大学民商经济法学院"印章的通知
中国政法大学学校办公室关于2014年11月份督办事项办理情况的通报
中国政法大学学校办公室关于启用"中国政法大学研究生工作办公室"印章的通知
中国政法大学学校办公室关于启用"中国政法大学资产管理处"印章的通知
中国政法大学学校办公室关于启用"中国政法大学财务专用章（2）"等两枚印章的通知

第六章　教育教学与人才培养

一、本科教育教学

【概况】2014年，我校进一步在突出专业特色化建设、创新人才培养模式、强化人才培养的国际化、强化同步实践教学模式、规范化教学运行措施、规范学籍管理和招生程序等方面进行积极探索，实现人才培养工作的内涵式发展，使学校人才培养质量得到显著提高。

我校教学成果《创建"即时共享　协同融合　学训一体"同步实践教学模式，培养卓越法律人才》喜获2014年国家级教学成果奖一等奖（完成人为黄进教授、张桂林教授、李树忠教授、于志刚教授）。这一成果是学校为了适应培养"应用型、复合型、创新型、国际化"卓越法律人才的需要而创立的人才模式改革与实践的高度总结与凝练。

组织开展了翻译专业的申报备案工作；开展了工商管理专业第二学士学位、数学与应用数学专业两个新专业建设工作；侦查学（网络犯罪侦查）培养方案进一步完善，专业特色化逐渐明显；外语、社会工作等专业的特色化建设得到推进。法学专业建设进一步得到加强。继续"卓越法律人才教育培养计划"中应用型、复合型法律职业人才教育培养基地、涉外法律人才教育培养基地与西部基层法律人才教育培养基地的建设工作。以基地建设为依托，探索法学专业特色化建设。组织完成了法学专业本科培养计划修订调研工作，为下一步修订本科培养方案奠定了基础，优化了法学人才培养模式改革实验班培养方案。

我校承担了北京市学分制改革试点工作，完成《中国政法大学全面实施学分制改革试点工作方案》。修订双专业双学位人才培养模式改革管理制度，双专业双学位提前毕业制度得以建立。法学人才培养模式改革实验班工作机制进一步理顺，第一届毕业生100%走上法律业务工作岗位。涉外法律人才培养模式实验班、成思危现代金融菁英班工作进展顺利。我校在基本完成公共外语改革的基础上，完成思想政治理论课、体育课、计算机课等公共课领域改革，课程体系和授课手段得到进一步创新。思想政治理论课依靠"循环开课、灵活修读"的模式，在学生选课方面改变固定专业和学期选课的方式，让学生打通学期进行选修课程。计算机课程根据不同专业的培养要求、不同学生的基础水平，将计算机课程改为三个层次的教学梯度，满足了各个水平层面的学生需求。体育课改革中，重新制定新的体育课程教学大纲，采取"三个自主的原则"（即自主选择课程内容，自主选择任课教师，自主选择上课时间）进行选课，同时也强化开放式、探究式教学，讲求个性化和多样化教学方式。

我校与英国诺丁汉特伦特大学正式签署"3+1+1"模式，开创了按照"3+1+1"

模式联合培养本科生的合作模式。2014年"暑期国际小学期"顺利实施，内容包括10个校内暑期学校、12个暑期国际游学项目、2个暑期国际实习实践项目，五百余人次学生参与学习。继续开展国内名校交流培养。年内，我校共向山东大学、中山大学、武汉大学、浙江大学、华东师范大学、厦门大学、吉林大学、南开大学派出交流生211名，培养国内高校来访交流生267名。同年秋季，首都经贸大学、北京工商大学首次派出20名学生来我校学习。

开展新增通识主干课程遴选工作，保留327门一般通识课程。组织校内专家开展了《中国政法大学校长推荐阅读书目》的推荐工作，确定了首批40种书目，提出了书目阅读工作课堂内的导读课程与课堂外的学习圈、读书会活动并行的双轨制实施思路和方案，遴选出25门书目导读类课程，拓展了通识教育的新领域。共有3种4部教材入选"第二批'十二五'普通高等教育本科国家级规划教材书目"，实现10种11部教材入选"'十二五'普通高等教育本科国家级规划教材书目"。建成视频教材（即庭审直播视频教材）100部，完成法学案例研习教科书14部的编辑出版工作。

立足于虚拟第三学期的网络平台加入了新的元素：三门法大公开课上线；暑期国际小学期视频加入到辅学资源；庭审点评课题库准备；微课概念的引入以及制作。现微课建设已立项72组课程，共录制1025个微课；法大公开课3门课程正式上线；国际暑期学校6门课程录像上线；庭审录像课程6组，共94个案件庭审录像。

本科招生工作严格贯彻教育部"阳光高招"要求，生源质量较之往年进一步提高，生源结构更加优化。2014年我校在全国（除西藏外）的29个省、市、自治区实行文理兼收，分为本科"提前批"、"扶贫地区专项计划"和"一批"三个批次录取，共实际录取新生2117人。我校共有推免生432名，达到本科生的22%（含法学实验班），420名最终获得录取，其中344名（含191名6年制实验班学生）由本校研究生院录取，76名被北京大学等外校录取，其中法学占1/3，其余的由多个专业获得，显示法学以外专业的教学改革获得国内顶尖院校的高度认可。

本科教学督导组校级教改立项课题《对我校本科基础课程设置的调查研究》结项。通过该项课题研究，督导组提出了重新构建学校基础课程设置格局和教学内容、全面调整学生知识结构的教学改革新思路。进一步扩展同步实践教学共建范围，增加了开展庭审同步直播和提供庭审实况录像的法院数量以及提供案卷的法院、检察院的数量，陆续与大庆中院、青岛中院、巴彦淖尔中院签署协议，扩大了共建合作单位范围。同时与北京市未成年人管教所、中粮集团等单位建立共建关系，就法学以外专业的人才培养展开共建合作。建立中国政法大学实验教学中心。实验教学中心的建立对我校开展实验教学交流工作，组织参加、承办北京市和全国大学生学科竞赛工作，组织开展全国性比赛，组织参与实验教学共享工作等意义巨大。同时我校全面推进同步实践教学模式有了独立牵头单位。

制定综合教务系统硬件升级方案。引入最新虚拟化技术，将我校选课时段网络在线人数由过去的2100提高到6000，最终将本次并发在线人数控制在最优的7500，提升选课体验。综合教务系统移动APP（安卓版）的"学业预警"功能在毕业审核中起到了很好的辅助作用，并加入到web端方案完成情况中更好的提醒学生学业修读进度。

【建立"3+1+1"联合培养模式】1月20日，我校与英国诺丁汉特伦特大学（Nottingham Trent University）正式签署了《中国政法大学和诺丁汉特伦特大学免修学分协议》，两校历史性地开创了按照"3+1+1"模式联合培养本科生的合作模式。根据协议，双方大学合作实施本科生"3+1"式联合培养：我校和诺丁汉特伦特大学相互承认对方学校相关课程的学分，我校学生在完成我校前三学年的学习后，符合英语成绩要求的，可以利用我校大四全学年无课的时间，赴英国诺丁汉特伦特大学修读英方培养方案要求的课程（此前在我校修读的所有课程和学分、成绩，可以冲抵英方培养方案中的相关课程），在毕业时，同时获得我校的学士学位、诺丁汉特伦特大学的学士学位。根据协议，同时获得双方两个学士学位的学生，可以直接被英国诺丁汉特伦特大学录取为硕士研究生，从而实现"3+1+1"式的中外联合培养。

【完成全校基层教学组织换届工作】6月，我校颁布《中国政法大学基层教学组织规程》；同年9月~10月，我校根据工作安排，顺利组织完成了全校51个研究所、14个教研室的基层教学组织换届工作，148名教师担任了基层教学组织负责人，将直接推进学校本科生和研究生教学任务、与本学科专业相关的科学研究、学科专业建设等重要工作，直接决定着学校教学科研工作水平和人才培养质量。

【举办第二届大学生公益法国际学术研讨会】7月22日，以本科生为会议主体的年度化的国际学术研讨会"2014年第二届大学生公益法国际学术研讨会"在我校昌平校区举行。来自哈佛大学、哥伦比亚大学、纽约大学、威廉和玛丽学院、杜克大学、莱斯大学、悉尼科技大学、巴黎政治学院等国际著名大学法学院的国外学生，以及来自北京大学、中国人民大学、北京外国语大学、首都经济贸易大学和我校的法学本科生共50余人参加了研讨会。会议工作语言为英语。整个国际学术研讨会分为四个单元，主题分别为："未成年人、妇女权利保障与公益法律援助""农民工的权利保障：防止犯罪侵害与就业歧视""公益组织立法的比较研究"和"跨国人口买卖与国际公益法律援助"。参加国际学术研讨会的国内外大学生全程用英文分别就各个议题进行了大会发言和激烈的交锋、讨论，美国康奈尔大学的 Bruce Bryan 教授、凯斯西储大学 Kathryn s. Mercer 教授、威廉和玛丽学院 Linda Malone 教授、任职于美国联邦司法部并执教乔治城大学的 Jonathan Rusch 教授分别对于四个单元的发言和讨论进行了点评。

【我校首获国家级教学成果一等奖】9月9日，庆祝第三十个教师节暨全国教育系统先进集体和先进个人表彰大会在京举行。我校副校长张桂林教授作为第七届国家级教学成果奖一等奖的获奖代表参加表彰大会，受到了党和国家领导人的亲切接见，代表学校领奖。这是学校建校62年以来，首次获得国家级教学成果奖一等奖。我校获奖成果《创建"即时共享 协同融合 学训一体"同步实践教学模式，培养卓越法律人才》是学校为了适应培养"应用型、复合型、创新型、国际化"卓越法律人才的需要而创立的人才模式改革与实践的高度总结与凝练。

【昌平校区首次承办国家司法考试】9月20日~21日，2014年国家司法考试在我校昌平校区首次开设考点，考点共设40个考场，1200名考生（含我校考生968名）在我校参加了国家司法考试。为确保考试安全、顺利进行，我校教务处进行了严密细致的考试组织工作,全程平稳顺利运行,我校的考试组织工作也得到了北京市司法局领导的充分肯定。

【举办第六届北京市大学生模拟法庭竞赛并斩获一等奖】11月7日~29日,由北京市教育委员会主办、中国政法大学承办的第六届北京市大学生模拟法庭竞赛圆满落幕。此次竞赛共有北京市32所高校积极参与,经过三轮比赛的激烈角逐,在11月29日的决赛中,我校学生代表队成功斩获一等奖。

【三种四部教材入选国家级规划教材】年内,由我校张楚主编的《电子商务法(第三版)》、郑永流主编的《法律方法阶梯(第二版)》、李立、张清主编的《法学英语(Ⅰ)》、李立主编的《法学英语(Ⅱ)》3种4部教材入选"'十二五'普通高等教育本科国家级规划教材书目"。至此,我校累计共有10种11部教材入选。

【附件】

(一) 北京市市级精品课程目录

课程名称	获奖年份	课程负责人
海商法	2003	张丽英
中国法制史	2004	马志冰
民法	2005	王卫国
国家赔偿法学	2006	马怀德
商法学	2006	赵旭东
经济法总论	2007	徐晓松
国际法	2007	周忠海
宪法学	2009	焦洪昌
国际私法	2009	杜新丽
刑法案例研习	2010	于志刚
中国社会	2010	应星

(二) 国家精品课程目录

课程名称	获奖年份	课程负责人
西方政治思想史	2006	张桂林
中国法制史	2006	张晋藩
行政法与行政诉讼法	2007	马怀德
商法学	2007	赵旭东
民法学	2008	王卫国

续表

课程名称	获奖年份	课程负责人
刑事诉讼法学	2009	卞建林
宪法学	2009	焦洪昌

(三)北京市市级、国家级教学团队目录

团队名称	级别	获奖年份	团队带头人
西方政治学基础课程教学团队	国家级	2008	张桂林
法制史	国家级	2010	朱勇
中国法制史教学团队	市级	2007	朱勇
西方政治思想史教学团队	市级	2007	丛日云
西方政治学基础课程教学团队	市级	2008	张桂林
行政法学教学团队	市级	2008	马怀德
商法学教学团队	市级	2008	赵旭东
民法学教学团队	市级	2009	王卫国
国际法双语教学团队	市级	2009	莫世建
西方文明通论教学团队	市级	2009	丛日云
刑法学教学团队	市级	2010	曲新久

(四)国家级法学人才培养模式创新实验区

实验区名称	获评时间	负责人
中国政法大学法学精英人才培养模式创新实验区	2007	徐显明
法商型人才培养模式创新实验区	2007	孙选中
法学人才培养模式改革实验班	2008	李树忠

(五)高等学校特色专业建设点

专业名称	获奖年份	级别	专业负责人
法学	2007	国家级	李树忠
政治学与行政学	2008	国家级	常保国

续表

专业名称	获奖年份	级别	专业负责人
法学	2008	市级	李树忠
政治学与行政学	2008	市级	常保国
社会学	2009	国家级	应星

（六）法学专业学校获评教育部"高等学校本科教学质量与教学改革工程"法学实践教学基地

基地名称	级别	获评时间
北京市海淀区人民法院校外人才培养基地	市级	2008
北京市德恒律师事务所校外人才培养基地	市级	2010
法学教育实验基地	国家级	2011
应用型复合型卓越法律人才教育培养基地	国家级	2012
涉外型卓越法律人才教育培养基地	国家级	2012
西部基层型卓越人才教育培养基地	国家级	2012
北京市西城区人民检察院校外人才培养基地	市级	2012

（七）学校本科专业设置情况

1	法学	11	哲学
2	侦查学	12	汉语言文学
3	政治学与行政学	13	思想政治教育
4	行政管理	14	社会学
5	国际政治	15	社会工作
6	公共事业管理	16	应用心理学
7	工商管理	17	英语
8	经济学	18	德语
9	国际商务	19	数学与应用数学
10	新闻学		

(八) 2014年度国家级大学生创新创业训练计划项目信息表

项目编号	项目名称	项目类型	项目负责人姓名	项目负责人学号	参与学生人数	项目其他成员信息	指导教师姓名	指导教师职称
201410053001	《旅游法》实施后"零负团费"问题研究	创新训练项目	李莎慧	2011101193	4	王迪/2011101189，孔祥云/2011101192，杨杉/2012710018	薛克鹏	教授
201410053002	探究"双性化人格"对大学生人际交往能力的影响——以北京地区为例	创新训练项目	杜茵	2013101174	5	张学府/2013101156，张忠强/2013101162，王瑜箱/2013101186，田辰/2013907012	辛锋	副教授
201410053003	司法体制改革背景下民间法介入司法审判的规范化程序机制研究——以姜堰模式为	创新训练项目	张晓韵	2012201258	4	毕然/2012501178，徐一伦/2013501212，马天一/2013501259	舒国滢	教授
201410053004	新消法视域下消协公益诉讼调查探究——以北京山东河北为调研地点	创新训练项目	王康睿	2012201190	4	孙蕾蕾/2012201247，刘瑜/2012201107，贾如菌/2013201322	杜闻	副教授
201410053005	P.T.聚会承办有限责任公司的运营	创新训练项目	施为	2013201150	3	梁中/2013201113，林泓宇/2013201115	段志义	副教授
201410053006	治理北京地区PM2.5问题的立法修改建议	创新训练项目	李依哲	2012201103	5	郭启亮/2012201102，孙天阳/2012201100，范丁琳/2012201138，于祺/2012201292	胡静	副教授

续表

项目编号	项目名称	项目类型	项目负责人姓名	项目负责人学号	参与学生人数	项目其他成员信息	指导教师姓名	指导教师职称
201410053007	电视购物虚假信息法律规范方式探究	创新训练项目	牟宸	2012201113	5	张笑/2012201110，张雅丽/2012710008，刘东玉/2012812021，季凯韬/2013201377	赵红梅	副教授
201410053008	破解"信访不信法"现象的思考与对策——以山东省烟台地区涉法涉诉案件为例	创新训练项目	孙振宇	2013201154	5	任星瑞/2013201165，孙露/2013301257，陈捐捐/2013405082，王楚添/2013812017	张吕好	教授
201410053009	新刑诉法视角下未成年人社区矫正制度实证研究——以北京市海淀区与安徽省长丰县为例	创新训练项目	杨天齐	2012201270	4	邵艺/2012201273，代园园/2012201070，丛光锋/2013501205	元轶	副教授
201410053010	强制医疗程序实证考察——以广东省增城市、四川省成都市、云南省丽江市为调研对象	创新训练项目	陶紫凝	2012201083	3	蒋洁/2011201125，杨超凡/2012201192	元轶	副教授
201410053011	未成年人刑事案件诉讼程序中合适成年人参与制度的实证研究——以江苏苏州为例	创新训练项目	柯雨薇	2012201156	5	李博雅/2012812071，王琳琳/2012101183，李晓煜/2012101134，吴奕润/2012501183	刘玫	教授

续表

项目编号	项目名称	项目类型	项目负责人姓名	项目负责人学号	参与学生人数	项目其他成员信息	指导教师姓名	指导教师职称
201410053012	单独两孩政策下的女性生育权保护问题——以北京单独两孩政策实施情况为例	创新训练项目	李竣飞	2012201049	4	冯馨慧/2012713019,魏雨静/2013201398,朱子昊/2013917004	刘智慧	教授
201410053013	宁夏回族清真寺内部财产制度的伊斯兰宗教习惯法基础——以银川南关清真寺和西吉北大寺为例	创新训练项目	马杰	2012301240	5	杨成龙/2012405063,马远征/2012501128,田巽猎/2012301231,金飞龙/2012301272	田士永	教授
201410053014	政府对打车软件加价功能管制的必要性分析——在打车软件打破"乘客－司机"信息不对称格局之后	创新训练项目	马钰婷	2012301311	5	杨婷婷/2012301312,赵希豪/2012301054,朱志炜/2012101002,王悦/2012301079	王军	副教授
201410053015	从弃婴岛看我国弃婴救助制度的立法跟进——以深圳上海为例	创新训练项目	王露	2011301316	5	吴常德/2011301292,陈茜/2011301264,李伽宁/2012301002,宋柯颖/2013907023	金英杰	副教授

第六章　教育教学与人才培养　69

续表

项目编号	项目名称	项目类型	项目负责人姓名	项目负责人学号	参与学生人数	项目其他成员信息	指导教师姓名	指导教师职称
201410053016	新民诉法实施后公民代理制度的变化对少数民族诉讼的影响	创新训练项目	钟文强	2012301227	5	钟晨/2012201097，王佳韵/2012812065，李想/2013201242，任靖/2012301061	俞兆平	副教授
201410053017	我国农村宅基地退出机制的研究——以上海市、浙江嘉兴市和天津市大良县宅基地退出机制的试点为例	创新训练项目	刘建剑	2012301007	5	贾慧/2012301085，郭兰兰/2012301031，赖宁/2012101057，汤怀恩/2012301057	寇广萍	副教授
201410053018	我国非物质文化遗产商标法保护的模式构建——以湘桂地区为例	创新训练项目	彭渝	2012301245	5	黄娜/2011201228，祝戈辉/2012501054，匡迪/2012814027，冯运皓/2012814003	李玉香	教授
201410053019	律所实习期间职业伦理培养现状的研究	创新训练项目	陈泓成	2012301280	5	王泓之/2012301281，黄嘉怡/2012301115，陈晓琳/2012101091，廖慧琳/2012201164	刘晓兵	副教授
201410053020	关于徽州古村落保护的法律与政策研究——以绩溪龙川古村落为例	创新训练项目	倪婧	2012301025	4	樊宵远/2012501242，刘兆祥/2012501057，彭郁稀/2012608034	赵丙祥	教授

第六章 教育教学与人才培养 71

续表

项目编号	项目名称	项目类型	项目负责人姓名	项目负责人学号	参与学生人数	项目其他成员信息	指导教师姓名	指导教师职称
201410053021	当代中国农村大学生户口迁移引发的土地承包经营权问题研究——以人口地问题为例	创新训练项目	米晓磊	2012501232	5	张莹莹/2012501086，刘祎/2012501090，吴磊/2012405002，肖秋爽/2012616011	靳文静	副教授
201410053022	食品安全问题解决的新视野——风险交流法律制度研究	创新训练项目	陈思睿	2012501152	4	郑元昊/2011201200，安子豪/2013201255，刘晓辰/2013811085	刘智慧	教授
201410053023	对中国当前刑事案件辩护率现状调研——以北京昌平区、厦门思明区、内蒙古宁城县为例	创新训练项目	李佳笑	2012501075	5	林琬琳/2012501079，汪潇潇/2012501078，刘雯娟/2012501034，吴达菲/2013301110	洪道德	教授
201410053024	中缅边境地区司法协助探析	创新训练项目	段婷曦	2012501272	3	郑梦娟/2012506039，陈旖珏/2012201314	齐湘泉	教授
201410053025	以人民调解为视角探索医患纠纷高效解决机制——以湖北荆门医调委"及时调解"模式为例	创新训练项目	伍毅	2012506023	5	谢帅/2012811045，孙铭锴/2012506005，郭萌萌/2012710053，马子悦/2013405075	张天民	副教授

续表

项目编号	项目名称	项目类型	项目负责人姓名	项目负责人学号	参与学生人数	项目其他成员信息	指导教师姓名	指导教师职称
201410053026	北方萨满教教义对赫哲族习惯法历史与现状的影响——对黑龙江省佳木斯市、同江市、街津口赫哲族乡的个案研究	创新训练项目	孟遥	2012501068	5	何秉泽/2012501237，谢江东/2012501144，金陶钰/2012501257，董綵尧/2013907007	何珊君	副教授
201410053027	手机取证问题探析——以手机证据的适用为视角	创新训练项目	吕云川	2011506010	5	李端/2011506013，叶子瑜/2011506012，刘楚珊/2012506025，王天元/2013506006	杜春鹏	讲师
201410053028	静电压痕显示仪进行打印机同一认定的研究	创新训练项目	闫龙飞	2012506017	4	王周/2012506016，李少波/2012506019，鄂星冀/2012506037	郭金霞	教授
201410053029	探究信息关联诈骗的防控技术	创新训练项目	袁纪辉	2013506024	5	耿天谋/2013506025，娄此旸兵/2013506026，冯帅/2013506002，王振福/2013506008	肖承海	副教授
201410053030	高校人文环境调查——以北京市8所高校学生文学类社团为例	创新训练项目	鹿原	2011501214	5	陈岩/2011501216，刘思竹/2011301138，贾昊/2012201234，余超/2012917005	赵文彤	副教授

续表

项目编号	项目名称	项目类型	项目负责人姓名	项目负责人学号	参与学生人数	项目其他成员信息	指导教师姓名	指导教师职称
201410053031	指甲花酿在渗透性客体上指纹显现方法研究	创新训练项目	苏北	2012506024	4	廖小佳/2012506020,魏雯博/2012506026,陈凯迪/2012506013	郭金霞	教授
201410053032	关于失独老人生活现状及解决对策的研究——以北京市为例	创新训练项目	赵昕	2012501092	5	马悦/2012201082,晏矫/2012201084,何世伟/2012201012,周姝/2012201227	于飞	教授
201410053033	提升首都国际机场民族文化影响力新构想研究——以韩国仁川国际机场对比为例	创新训练项目	辛昕	2011402038	5	李丽贤/2011402035,陈慧珍/2011402031,沈多美/W11404005,金昭罗/W11201001	张天民	副教授
201410053034	清退补偿政策下农村代课教师权益保障缺失问题调研分析——以甘肃和云南两地为例	创新训练项目	贺畅	2011403026	5	谢义俊/2011402037,王晰璐/2011403003,李长亮/2011403007,杨亚柳/2011608083	张天民	副教授
201410053035	关于少数民族特色旅游业发展进程中其民族传统文化观念变迁的研究——以纳西族聚居地婚恋家庭观为例	创新训练项目	郭馨怡	2011402039	5	黄淼/2011405003,毛雨萌/2011811036,赵文陕/2011201141,陈静洁/2011015025	卢春龙	教授

续表

项目编号	项目名称	项目类型	项目负责人姓名	项目负责人学号	参与学生人数	项目其他成员信息	指导教师姓名	指导教师职称
201410053036	云南昆明环保警察制度运行实效研究	创新训练项目	董柯	2011811111	5	周晨/2011811112，邱锐/2011101174，李光妆/2011301168，黄子贤/2013201305	王湘军	副教授
201410053037	以停车场选址角度对北京市停车难问题的研究治理	创新训练项目	辛冠男	2013814019	3	何泽南/2013811025，郑雪霏/2013405019	张毅来	讲师
201410053038	"钱荒"背景下中国城市商业银行流动性风险管理实证研究——以北京银行、南京银行为例	创新训练项目	张彦洋	2012812038	4	宋颖/2012812075，范梦苑/2012812080，王绍兴/2012814007	宏结	教授
201410053039	社交平台下C2C模式对消费者购买意愿影响的实证研究——以微信微店行为例	创新训练项目	袁丹丹	2012811032	4	吴易/2012811035，田祥安/2012811004，李丹/2012907044	李维华	副教授
201410053040	连续雾霾极端天气下对户外劳动者的权益保障——以立法和福利为切入点	创新训练项目	史芝兰	2012812029	4	游宗源/2012812028，易茜/2012812028，王琪/2012917021	柴小青	教授

续表

项目编号	项目名称	项目类型	项目负责人姓名	项目负责人学号	参与学生人数	项目其他成员信息	指导教师姓名	指导教师职称
201410053041	我国互联网金融理财产品的现状风险影响及未来发展问题研究——以余额宝为例	创新训练项目	沈祎	2011811110	5	代颖杰/2011811113，冯金宇/2011015006，范煜/2012501111，童扬虹/2013501297	张弛	副教授
201410053042	"交通拥堵费"征收可行性调研——以北京市为例	创新训练项目	李论	2012811039	5	王雅馨/2012811023，史乃文/2012811037，李世家/2012301062，刘炜/2012709004	王玲	教授
201410053043	关于城市地铁换乘系统无障碍设施设置及使用状况的调研研究——以北上广三地六大换乘站为例	创新训练项目	宋洁	2011811031	4	许亦舟/2011811023，徐少云/2012501099，刘洋/2012710029	马建川	教授
201410053044	从政府与民间良性互动的角度探索临终关怀的本土化模式——以北京、天津、南京为样本	创新训练项目	谢博文	2012015017	5	施云帆/2012015024，尚志成/2012050155，叶佩/2012501087，蒲佳丹/2012015027	商磊	教授
201410053045	湘西沅陵巫傩文化现状调查研究	创新训练项目	单子洋	2012709013	5	程旭丹/2012709017，林苗苗/2012709016，杨然/2012101172，纪星/2012101176	钱雪松	讲师

续表

项目编号	项目名称	项目类型	项目负责人姓名	项目负责人学号	参与学生人数	项目其他成员信息	指导教师姓名	指导教师职称
201410053046	当代大学生校园社交称谓语认知与使用情况研究——基于对国内五所高校的田野调查和语料统计分析	创新训练项目	陈安然	2011713021	5	王海燕/2012907025，孙巧玲/2012709015，谷雨/2012713005，马振华/2012713001	杨凤仙	副教授
201410053047	当代宗族势力在村民自治中的影响——以徽州农村的实地研究为例	创新训练项目	梁倩文	2012713028	4	宋琬若/2012713032，陈健聪/2011501013，石尧/2011301209	李春颖	讲师
201410053048	当代中国内地儿童福利院运行中政府与民间组织合作模式探究——以对比广州市儿童福利院和香港圣工会基督道儿童院	创新训练项目	衡喜丽	2012608017	5	李俊/2012907001，严桂肇/2012301156，冼洋/2013501081，高鹏/2013201053	胡杰容	副教授
201410053049	"时间银行"互助模式在社区养老中的可持续发展探究——以广州郑州武汉为例	创新训练项目	王志芳	2011015021	4	秦倩/2011301225，杨斌/2012015004，张诗琪/2013917009	傅扬	副教授

续表

项目编号	项目名称	项目类型	项目负责人姓名	项目负责人学号	参与学生人数	项目其他成员信息	指导教师姓名	指导教师职称
201410053050	新生代农民工性压抑状态下外显和内隐攻击性的研究	创新训练项目	苗东旭	2012917002	4	吴凡志/2012917006,文敏霏/2012917019,周思雨/2012917013	张卓	讲师
201410053051	近乡闪婚——新生代农民工婚恋模式实践逻辑的个案研究	创新训练项目	王治邦	2012907015	3	杨泽云/2012907003,于雪/2012907006	郭伟和	教授
201410053052	我国法制类数据新闻数据库建设及新形态研发	创新训练项目	李天舒	2011710051	4	魏丹/2011710047,叶鹏程/2012710004,黄鸿丹/2012101126	王天铮	副教授
201410053053	多元文化视野下古风文化推广策略探究——以古风音乐为切入点	创新训练项目	魏娜	2012710010	3	周彬格/2012917017,刘平一/2012907020	王天铮	副教授
201410053054	余额宝的网络营销策略研究	创新训练项目	沈晨叶	2012710030	4	黄格格/2012917037,何奕/2012814005,吴思宇/2013917015	刘徐州	副教授
201410053055	恐怖事件的媒体报道对社会的影响及相关报道规范设计	创新训练项目	鲍韵秉	2012710042	4	何孟莲/2012710031,郑益群/2012402018,仇宇晴/2013917013	王天铮	副教授
201410053056	高校活动赞助网络信息平台	创业训练项目	邢昊	2012501186	5	陈樱娥/2012301072,伍艳/2012402050,李晓彤/2012101025,崔付钰/2013501137	于淼	教授

续表

项目编号	项目名称	项目类型	项目负责人姓名	项目负责人学号	参与学生人数	项目其他成员信息	指导教师姓名	指导教师职称
201410053057	HI COOK	创业训练项目	尤府城	2011814003	3	古烊垚/2011811104,魏萌/2011814027	李景华,李超	教授,副教授
201410053058	Mr. Free	创业训练项目	熊瑞雪	2013501076	5	马世钰/2011501180,朱勤思/2012814032,郭禹辰/2011501178,易李/2013501189	郑旭,李超	副教授,副教授
201410053059	易诉公益诉讼律师网	创业训练项目	赵琳萱	2012501120	5	汤昊/2012301151,包涵/2012501134,赵菡清/2012301069,王琪璘/2012811090	汪海燕	教授
201410053060	五元衣旧时尚	创业训练项目	肖瑶	2013501094	5	文騫/2011710035,陈瑞坤/2012811002,梁嘉伟/2013201257,李佳慧/2013501067	于淼,张宏伟	教授,副教授
201410053061	护肤品私人定制时代	创业训练项目	严麦嘉	2012811114	5	黄晓茑/2011812062,张阁成/2011812034,王铮/2012812068,张华宇/2012812056	柴小青	教授
201410053062	北京市新语途留学生教育辅导机构	创业训练项目	俞柳婷	2012403016	5	王新宇/2012403013,陈彦秋/2012403014,李司晨/2012403017,陈琼娜/2013201304	任洪生	副教授

续表

项目编号	项目名称	项目类型	项目负责人姓名	项目负责人学号	参与学生人数	项目其他成员信息	指导教师姓名	指导教师职称
201410053063	"玩转名校"文化创意产品	创业训练项目	张皓茹	2011710050	5	卢皓月/2012812067,王悦/2012812066,黄源源/2013608092,刘晓婧/2011201019	王玲	教授
201410053064	回音壁代理调研	创业训练项目	武陶	2012811047	5	张聪/2012812052,江心雨/2012907032,顾玥/2012710049,宣鹏程/2013501316	葛建华,游正林	副教授,教授
201410053065	菁远大学生兼职管理公司	创业训练项目	万欣	2012812011	5	寇至爽/2013811015,邱威娜/2013814037,陈叙伊/2013812018,马子悦/2013405075	黄立君,李韬	副教授,副教授
201410053066	创意纪念品	创业实践项目	季冬梅	2011201184	3	刘博雅/2012301019,季舒珣/2013812045,丁翔飞/2012101060	王玲,崔平	教授,讲师
201410053067	ihome青年公寓	创业实践项目	樊玉洁	2012101022	5	张雨珊/2012811071,肖瑶/2012301202,杜晓玉/2012501164,李锐锋/2012710032	管晓峰,王家启	教授,讲师
201410053068	幽居源	创业实践项目	张晓晔	2012907042	5	吴体炼/2012301096,桂斯好/2011201386,朱龙臻/2011101113	李维华	副教授

续表

项目编号	项目名称	项目类型	项目负责人姓名	项目负责人学号	参与学生人数	项目其他成员信息	指导教师姓名	指导教师职称
201410053069	膳食康	创业实践项目	张海莺	2011710053	5	徐鹏辉/2012501276,康淼/2012811085,魏娜/2012710010,唐若韵/2012201085	王玲	教授

（九）国内名校交流交换培养模式合作学校一览表

序号	合作学校	协议签署时间	交流名额	交流周期
1	山东大学	2005.10	20	学年
2	武汉大学	2006.1	20	学年
3	中山大学	2006.1	15	学期
4	吉林大学	2006.6	10	学年
5	厦门大学	2006.6	15	学期
6	华东师范大学	2007.1	20	学期
7	浙江大学	2007年春季首次互派	10	学年
8	南开大学	2013.4	20	学期

（十）中国政法大学法学教育实践基地名单

序号	共建基地	共建协议签署时间
1	洛阳市西工区人民检察院	2012年9月
2	河北省围场满族蒙古族自治县人民检察院	2012年9月
3	河南省汝南县人民检察院	2012年11月
4	山西省阳泉市人民检察院	2012年11月
5	西藏自治区芒康县人民检察院	2012年11月
6	河南省栾川县人民法院	2012年11月
7	太原市尖草坪区人民法院	2012年12月
8	鄂尔多斯市中级人民法院	2012年12月
9	河南省鹤壁市中级人民法院	2013年1月
10	吉林省辽源市东丰县人民法院	2013年1月
11	河南省濮阳市中级人民法院	2013年1月
12	海南省临高县人民法院	2013年1月
13	四川省遂宁市中级人民法院	2013年1月
14	四川省泸州市中级人民法院	2013年4月
15	河南省商丘市睢阳区法院	2013年4月
16	河南省南阳市西峡县法院	2013年4月
17	河南省鹤壁市淇滨区法院	2013年4月

续表

序号	共建基地	共建协议签署时间
18	河南省三门峡市中级人民法院	2013年4月
19	河南省开封市龙亭区人民法院	2013年5月
20	辽宁省新民市人民法院	2013年5月
21	内蒙古满洲里市人民检察院	2013年5月
22	四川省泸州市人民检察院	2013年5月
23	江苏宜兴市人民检察院	2013年6月
24	山东省莒南县人民检察院	2013年6月
25	河北省邢台市中级人民法院	2013年8月
26	北京市怀柔区人民法院	2013年9月
27	河南省高级人民法院	2013年11月
28	广州市天河区人民检察院	2013年11月
29	大庆市中级人民法院	2014年4月
30	青岛市中级人民法院	2014年6月

（十一）实验室常用信息一览

单位	实验室名称	房间号（或地址）	面积情况			专任实验员数目	电脑数量情况		贵重仪器情况	建立时间
			各房间面积	实验室面积小计	各单位实验室面积总计		各实验室电脑数量	各单位实验室电脑数量总计		
教务处	墙幕式多功能直播教室	明307	174	1258	1258	0	1	1	远程直播系统	2012.12
	案例卷宗副本阅览室	明206、明308(1)、明410	207			2	见各房间号括号内数量	1	——	2012—2013
	实况庭审录像资料库	厚310	73			0	29	29	——	2013.12
	法学实验教学系统实验室	——	——			0	1	1	——	2013.1
	司法案例卷宗电子阅览室	厚310	73			0	29	29	——	2014.1
	模拟法庭	明203(2)、明204(1)、明405(1)、明407(1)	804			0	见各房间号括号内数量	5	庭审录播系统（明203）、视频会议系统（明203、明407）	2006、2012

续表

单位	实验室名称	房间号（或地址）	面积情况			专任实验员数目	电脑数量情况		贵重仪器情况	建立时间
			各房间面积	实验室面积小计	各单位实验室面积总计		各实验室电脑数量	各单位实验室电脑数量总计		
社会学院	心理学实验室 认知神经实验室	格105	23.6	120.3	144.7	1	28台	28	脑电仪、眼动仪等	2006
	心理学多媒体实验室	格109	49.5							
	实验心理学实验室	格115	47.2							
	社会学多媒体实验室	格108	24.4	24.4						2006
	社会工作实验室	未定	—	—						2013
商学院	商务管理实验室	格106、格112	502	502	502	1	79	211	—	2006
	财会管理实验室	厚111					36		—	2007
	金融投资与监控	厚109、厚110					96		—	2007

续表

单位	实验室名称	房间号（或地址）	面积情况			专任实验员数目	电脑数量情况		贵重仪器情况	建立时间
			各房间面积	实验室面积小计	各单位实验室面积总计		各实验室电脑数量	各单位实验室电脑数量总计		
新闻学院	新闻传播实验教学中心									
	多媒体新闻信息综合处理平台	厚308					20			2007
	媒体基础技术教室	厚309	355	355	355	1	40	83	摄像一体机	2004
	数字图像与动画专业技术教室	厚311					23			2008
	媒体实验室办公室	格318					0			2008

续表

单位	实验室名称	房间号（或地址）	面积情况			专任实验员数目	电脑数量情况		贵重仪器情况	建立时间
			各房间面积	实验室面积小计	各单位实验室面积总计		各实验室电脑数量	各单位实验室电脑数量总计		
刑事司法学院	侦查学实验室	模拟现场勘查实验室	格物楼塔楼01	45.6	556.6	877.6	1	0	43	—	2003
		文书检验实验室	格物楼塔楼02	44.1				6		—	
		司法摄影实验室	格物楼201	49.5				6		—	
		痕迹检验实验室	格物楼202	49.5				6		比较显微镜	
		图像处理及电子证据实验室	格物楼203	49.5				16		—	
		资料档案室	格物楼204	49.5				1		—	
		全光谱CCD实验室	格物楼205	23.6				2		全光谱CCD	

第六章　教育教学与人才培养　87

续表

单位	实验室名称	房间号（或地址）	面积情况			专任实验员数目	电脑数量情况		贵重仪器情况	建立时间
			各房间面积	实验室面积小计	各单位实验室面积总计		各实验室电脑数量	各单位实验室电脑数量总计		
刑事司法学院	侦查学实验室	声纹鉴定实验室	格物楼206	24.4	556.6	877.6	1	4	43	声纹分析系统	2003
		痕迹显现提取实验一室	格物楼207	49.5				0		—	
		痕迹显现提取实验二室	格物楼208	48.8				0		—	
		扫描电子显微镜实验室	格物楼209	49.5				1		扫描电镜	
		心理测试及模拟讯问实验室	格物楼210	23.6				1		—	
		薄层色谱实验室	格物楼219	49.5				0		薄层色谱仪	

续表

单位	实验室名称	房间号（或地址）	面积情况			专任实验员数目	电脑数量情况		贵重仪器情况	建立时间
			各房间面积	实验室面积小计	各单位实验室面积总计		各实验室电脑数量	各单位实验室电脑数量总计		
刑事司法学院	法医学实验室 法医物证实验一室	格物楼213	47.2	147	877.6	1	0	0	——	2003
	法医学实验室 法医人体模型陈列实验室	格物楼217	49.5						——	
	法医学实验室 法医人体模型陈列实验室	格物楼218	50.3						——	
	网络犯罪侦查实验室	明法楼205	174			8	0	33	——	2013
证据科学研究院	法大法庭科学技术鉴定研究所						33		——	2006.5.20
现代教育技术中心	口译实验室	厚403（35）	141	141	3613	0	见各房间号括号内数量	35	——	2007

续表

单位	实验室名称	房间号（或地址）	面积情况			专任实验员数目	电脑数量情况			贵重仪器情况	建立时间
			各房间面积	实验室面积小计	各单位实验室面积总计		各实验室电脑数量	各房间号括号内数量	各单位实验室电脑数总计		
现代教育技术中心	语音实验室	厚101（30）、厚102（28）、厚103（60）、厚104（60）	423	423	3613	0	见各房间号括号内数量		178	——	1987
	大学英语公共实验室	厚203（54）、厚204（54）、厚205（24）、厚207（24）、厚208（54）、厚209（54）	913	913			见各房间号括号内数量		264	——	2004
	计算机公共实验室	厚201（20）、厚202（20）、厚301（20）、厚302（20）、厚304（60）、厚402（54）、厚404（54）、厚408（54）、厚409（54）、厚410（20）、厚411（20）、格409（46）、格410（36）、致404（60）、致406（72）、致407（72）	2136	2136			见各房间号括号内数量		682	——	1985

二、研究生教育教学

【概况】 研究生院成立于1983年，首任院长系著名法律史学家张晋藩先生，现任院长为朱勇教授。是一所以法学为特色和优势、兼有文学、史学、哲学、经济学、管理学等多学科门类的研究生院。2014年9月，全校共有研究生7320名，其中学历研究生6470人、学位研究生850人；学历研究生中有博士生1088人、硕士生5382人；全校法学（二级学科）研究生3249人、专业学位研究生3185人、其他专业研究生共886人，另有在站博士后109名，法学专业研究生教育规模居全国第一。

2014年，研究生院顺利完成了各类各层次研究生的招生、培养和学位授予工作。2014年度共招收各类研究生2410人，其中国内统考硕士研究生1801人，国内统考博士生234人，港澳台、外国留学生93人，在职人员攻读硕士学位生236人，政法干警招录体制改革试点班46人；2014年度共有2061名研究生毕业，其中192名博士研究生，1869名硕士研究生；2014年度共授予学位2630人，其中授予191人博士学位，授予2439人硕士学位。

在研究生招生上，加大接收推荐免试硕士研究生力度。我校接收2015年推荐免试生招生计划占总招生计划的比例提高到40%，最后共录取推荐免试生572名，录取人数创历史新高，较上一年度增长44%；探索多元化硕士研究生招生选拔机制。3月，2014年硕士研究生复试分数线确定，我校3个专业（法学院法律史专业、法与经济学专业、比较法学研究院比较法学专业）试点采用法学门类国家复试分数线（即：全国进入复试最低分数线要求）作为复试分数线，适度扩大复试比例，增加选拔优秀人才范围，探索多元化研究生招生选拔机制，为进一步推进招生改革积累了经验；大力推进招生信息公开工作，3月~4月，我校首次向社会公布统考硕士复试考生的初试成绩及排名、复试成绩及排名、录取名单；9月，首次公布推荐免试硕士生详细复试考生名单、复试成绩及排名、录取名单。

在研究生培养上，研究生院完成了研究生历届学位论文选题分析工作；为激励我校博士、硕士研究生在校期间努力学习，勇于创新，不断提高研究生培养质量，根据《中国政法大学研究生创新基金管理办法》相关规定，学校自2014年起对研究生发表优秀科研成果（论文）进行奖励，最终共59名学生合计78篇科研成果（论文）申报科研奖励。

年内，组织完成了2013~2014学年蒋震奖学金和2013~2014学年长安公证奖学金的评选工作，任洋等10名2013级研究生荣获2013~2014学年中国政法大学研究生蒋震奖学金，戎璐等10名2012级研究生继续获得蒋震奖学金资助，每名学生将获得1万元人民币奖学金。其中2012级研究生刘贺明同学因综合表现优异而获得为期三至六个月的海外学术交流资助，标准为1万美元。开展了2013~2014学年中国政法大学研究生长安公证奖学金评审工作，张钦昱等24名研究生荣获2013~2014学年中国政法大学研究生长安公证奖学金。其中：一等奖1名，奖金10 000元；二等奖6名，奖金各5000元；三等奖17名，奖金各2000元。

年内，我校共计12名博士后人员获得中国博士后科学基金资助，总资助金额达106

万元。其中，4人获特别资助（15万元），2人获面上资助一等资助（8万元），6人获二等资助（5万元）；有1名博士后人员获得中国博士后国际交流计划资助，资助金额3万元。

【与江西省吉安市委政法委签订合作共建协议】4月18日，研究生院常务副院长李曙光代表研究生院与江西省吉安市委政法委签订合作共建协议。协议约定吉安市政法系统（包括政法委、法院、检察院、公安局、司法局、安全局等）各单位均接收我校博士生挂职锻炼。6月11日，我校选派的首批4名赴吉安市挂职博士研究生到岗，挂职时间为2014年6月~2014年11月。11月20日~21日，研究生院常务副院长李曙光一行四人赴江西省吉安市，走访挂职接收单位，实地了解挂职博士生的工作表现，并在吉安市行政中心召开了博士生挂职工作座谈会。

【79名研究生获2014年"国家建设高水平大学公派研究生项目"等项目录取资格】5月，国家留学基金管理委员会公布了2014年度"国家建设高水平大学公派研究生项目""国家公派硕士研究生项目"录取名单。我校录取人数创历史新高，我校总计79名研究生获录取成为国家公派留学研究生。其中，国家建设高水平大学公派研究生项目录取65人，联合培养博士生38人（含与欧洲地区有关国家互换奖学金项目的联合培养博士生2人），攻读博士研究生27人（含日本文部科学省项目1人）；国家公派硕士研究生项目14人（其中联合培养硕士研究生6人，攻读硕士研究生的应届本科毕业生8人）。国家公派硕士研究生项目中，新增加的联合培养硕士研究生项目实现"0"的突破，有6人获得录取；应届本科毕业生攻读硕士研究生学位项目有8人获得录取，大大超过2013年的1人。另外，"中美富布赖特项目"联合培养博士生子项目录取人员1名，继2012以来第二次有博士生获得此项目录取资格。

【举行2014届博士研究生毕业主题活动】6月6日~16日，我校举行2014届博士研究生毕业主题活，活动内容为农村调查。调研小组分别前往云南、青海、江西等中西部经济不发达地区，实地走访调研当地农村，亲身感受农村的实际生产、生活情况；了解党的农村政策的落实执行情况；拍摄走访过程和农村实况照片，并撰写了调研报告。7月1日，2014届博士毕业生农村调查活动座谈会在学院路校区召开，副校长兼研究生院院长朱勇出席会议。各调研小组采用PPT、图片和报告的形式，向与会师生介绍了本次农村调研活动成果。在调研汇报中，各小组分析了我国新农村发展建设的优势与不足，涉及教育、经济、文化和环境资源保护等多方面内容，还谈及学校学习与农村现实的关联与差距，谈及对于农业、农民、农村现实状况的感受。

【完成第一批研究生课程大纲编撰工作】6月14日，历时6个多月的研究生教学大纲编纂工作基本完成。纳入本次课程大纲编写范围的有公共学位课程、学科方法论课程、学术型硕士研究生专业学位课程和专业限选课程，各二级培养单位共计提交研究生课程大纲291门。

【召开校研究生教学指导委员会2014年第一次会议】6月26日，校研究生教学指导委员会2014年第一次会议在学院路校区召开。校研究生教学指导委员会主任、副校长兼研究生院院长朱勇出席会议，校研究生教学指导委员会全体成员，第四届研究生教学督导组成员和研究生院各职能部门负责人参加会议。会议通报了本学期研究生教学督导情况及"应用型法学博士研究生"培养方案、《中国政法大学专业学位研究生联合培养基地建设与实施办法（试行）》等5个文件的实施进展情况、历届学位论文选题分析情况、2014年研究生精品课程、研究生教育教学改革项目建议立项名单等情况，讨论了外国留学生社会实践事宜，并听取了研究生院关于2014年国家公派研究生项目、博士生实习实践基地建设、2014年博士生国情教育、网络法二级交叉学科申报情况的汇报。与会代表就相关问题提出了宝贵的意见和建议。

【新增翻译硕士和社会工作硕士专业学位授权点】7月，我校翻译硕士和社会工作硕士2个专业学位授权点顺利通过国务院学位委员会的授权审核。我校的硕士专业学位授权点由原来的3个增加到5个。

【扩大研究生招生专业及小语种研究生的语种范围】9月～10月，2015年硕士、博士研究生招生专业目录相继公布。2015年硕士研究生新增4个招生专业：金融学、法治文化（交叉学科）、全球学（交叉学科）和翻译硕士（专业学位）；博士研究生新增2个招生专业：公共政策量化分析、法治文化（交叉学科）。光明新闻传播学院首次招收法律硕士（非法学）专业研究生，至此，我校有4个学院招收法律硕士（非法学）专业研究生。同时外语考试科目在原有英语、俄语、日语、德语、法语、西班牙语的基础上，增加了意大利语。

【开展2014年国内访问学者接收工作】10月，根据教育部《关于做好2014～2015学年度高等学校青年骨干教师国内访问学者录取工作的通知》文件精神，我校接收国内访问学者12人。访问学者来自山东、山西、河北、宁夏等地区的高校。我校在教学和生活方面尽学校所能为访问学者提供便利条件，解决访问学者的后顾之忧。

【合作开展国家司法考试题库征题工作】10月，我校与司法部国家司法考试中心签订协议，每年组织具有约定条件的教师为国家司法考试题库命制试题。11月，完成首次征题工作任务。

【举办《光明讲坛》】11月2日，《光明日报》旗下品牌栏目《光明讲坛》在我校学院路校区举办。《光明日报》副总编辑刘伟等出席讲座，我校研究生院常务副院长李曙光，副院长解志勇、何欣及多位教授和上百名研究生参加了讲座。我校校长黄进发表题为"依法治国首先是依宪治国"的主题演讲。

《光明讲坛》是《光明日报》下的讲坛类版面，是根据中央有关精神，适应文化体制改革的需要而创办的，双周一期，每周四出版。《光明讲坛》邀请权威专家来主讲，通过"讲文化之命题，演时代之故事，解大众之疑惑，觅济世之良方"，力争使《光明讲坛》成为传播知识的舞台，引导舆论的强势阵地。

【启动2015年国家建设高水平大学公派研究生项目】12月23日，我校召开国家建设高水平大学公派研究生项目工作部署会，对我校2015年国家公派研究生工作进行了总体部署。研究生院、国际合作与交流处、教务处、宣传部、学生处、保卫处、信息化建设办公室、图书馆负责同志、各学院主管研究生教学工作副院长、研究生工作办公室负责人参加会议。同日，研究生院组织2015年国家公派研究生项目宣讲会，邀请国家留学基金管理委员会规划发展部副主任袁君作"解读2015年国家公派项目"报告。

【完成"一年两次"硕士招生考试组织工作】12月27日，举行2015年全国硕士招生考试，这是教育部首次将考试时间提前到元旦前进行。加上1月4日举行的2014年全国硕士招生考试，首次在一年中出现两次硕士招生考试。

【完成2014年研究生创新基金评审工作】12月29日~30日，我校2014年研究生创新基金评审工作完成，最终确定43个"博士研究生创新实践项目"和22个"博士学位论文资助项目"予以立项资助，项目资助金额分别为每项8000/10 000元；确定288个"硕士研究生创新实践项目"和96个"硕士学位论文资助项目"予以立项资助，项目资助金额分别为每项4000/5000元。同时，完成2013年研究生创新基金评审抽查工作，确定《知识产权惩罚性赔偿的法律基础与规范设计》等10个项目的评审结果为优秀，《晚清教案司法研究——基于个案的考察》等47个项目的评审结果为合格。

【开展2014年研究生赴国外院校交流选拔工作】年内，我校根据与台湾地区及国外高校签署的交流项目协议，开展了选拔优秀研究生交流的相关工作。各项目提交申请共计200余人次。经公开报名、学院推荐与专家评审，共遴选75名研究生赴相关合作院校交流。

【遴选2015~2016年度博士研究生导师及2014~2015年度硕士研究生导师】年内，经校学位评定委员会2014年第一次会议审议，遴选郑永流等192人为2015~2016年度博士研究生导师。同时，经学院审核，研究生院审核备案，遴选马抗美等623人为2014~2015年度硕士研究生导师。

【设立专业学位研究生教育建设项目】年内，在我校专业学位研究生培养单位设立了专业学位研究生联合培养基地建设、导师组建设、核心课程建设、实践技能短课程建设、示范教学案例研发等5大类43项专业学位研究生教育建设项目，共资助105万元，用于推进我校专业学位研究生培养模式改革。

【完成联合招收博士后计划】年内，经与最高人民法院中国应用法学研究所对9名申请人进行联合考核，报全国博士后管委会办公室同意，联合招收法学博士后3名。

【继续扩大"审核录取制"博士研究生招生试点范围】年内，我校在招收2015年内地博士研究生中，继续扩大"审核录取制"招生试点范围，共8个学院的12个专业实行招生试点。此外，"2011计划"司法文明协同创新中心专项计划、少数民族高层次骨干人才计划实行"审核录取制"招生试点。"审核录取制"招生计划占总招生计划比例接近50%。

【深入推进应用型法学博士招生工作】年内，我校与最高人民检察院、最高人民法院继续合作招收应用型法学博士研究生。2014年共招收10名应用型法学博士研究生，较上一年度增加3名。

【完成"2011计划"司法文明协同创新中心招生工作】年内，教育部下达我校博士研究生专项招生计划30名，博士研究生招生规模大幅提升。截至2014年7月，共录取博士研究生30名。10月，"2011计划"司法文明协同创新中心专项计划纳入2015年博士研究生"审核录取制"招生试点范围，计划招生博士研究生30名。

【评选 2014 年研究生精品课程】 年内,根据《关于申报 2014 年研究生精品课程的通知》(法大研字〔2014〕24 号)的相关规定,经任课教师申报、所在二级培养单位推荐、专家评审等程序,按照择优立项的原则,共评选出 15 门课程为我校 2014 年研究生精品课程。

【研究生教改立项工作顺利进行】 年内,为深化研究生教学改革,提高研究生培养质量,研究生院于 2014 年开展了教改立项申报和评审工作,共有 35 个项目获得资助。

【附件】

(一) 中国政法大学 2014 年研究生教学改革项目立项名单

项目名称	项目负责人姓名	二级培养单位
研究生精品导读课程设置与完善课题研究	何 兵	法学院
法学硕士就业能力培养模式实证研究	陈维厚	法学院
混合读书会教育改革	管晓峰	民商经济法学院
研究生专题研讨课授课模式研究	陈景善	民商经济法学院
非法学型法律硕士课堂教学质量提升研究	郑佳宁	民商经济法学院
大数据时代研究生学术能力弱化问题及对策	刘继峰	民商经济法学院
研究生《国际环境法》的教材编写现状、问题与改革方案研究	侯佳儒	民商经济法学院
国际比较视野下我校法学专业研究生培养机制与教学模式改革研究	李 响	民商经济法学院
使用法律诊所教学方法,提高研究生处理法律实务技能技巧	王 殊	民商经济法学院
刑事诉讼法课程教学内容、课程体系、实施途径及改革方案	刘 玫	刑事司法学院
"方法主导式"研究生专业课程改革研究	李晓燕	政治与公共管理学院
证券专业课程体系及证券专业人才培养模式的设计与实践	王晓明	商学院
高校研究生公共艺术教育课程建设研究	康晨宇	人文学院
法律语言学课程建设	张 清	外国语学院
法律翻译专业硕士人才培养模式研究	刘艳萍	外国语学院
德语专业研究生德汉法律翻译课程	王 强	外国语学院
应用人口学课程体系改革方案	张 莉	社会学院
犯罪心理学的研讨型教学探索	刘建清	社会学院
高校培养国学教育专业人才的可行性探索	李春颖	国际儒学院

续表

项目名称	项目负责人姓名	二级培养单位
新闻实务课与业界共建的研究与实践（与《光明日报》共建课程）	姚广宜 孟 盈 黄 金	光明新闻与传播学院
2+2+3模式：新闻专业实践教学体系改革与实践	王永亮	光明新闻与传播学院
"融合新闻工作坊"实践教学改革研究	黄 金	光明新闻与传播学院
比较公法课程体系改革的研究与实践	赵 宏	比较法学研究院
比较法视野下的部门法教学新路径——以《比较财税法》研究生课程改革为例	徐 妍	比较法学研究院
研究生心理健康课程建设与实践	卢少华	学生处
完善教务考务工作，全面支持课程体系建设	曹 娜	外国语学院
研究生国际化培养模式探究	李 丹	外国语学院
硕士研究生英语应用型课程建设	苏桂梅	外国语学院
改革1993年《非英语专业研究生英语教学大纲》的探索	徐新燕	外国语学院
新形势下的研究生公共英语课程建设	张 清	外国语学院
马克思主义与社会科学方法论	张秀华	马克思主义学院
《中国马克思主义与当代》"专题研讨"教学模式研究	赵卯生	马克思主义学院
中国马克思主义与当代	卫 灵	马克思主义学院
中国特色社会主义理论与实践	王 嘎	马克思主义学院
中国特色社会主义理论与实践研究	周爱华 范爱新	马克思主义学院

（二）中国政法大学2014年研究生精品课程名单

课程名称	课程负责人	学科专业	二级培养单位
外国法制史	崔林林	法律史	法学院
法学方法论	舒国滢	法学理论	法学院
经济法理论	薛克鹏	经济法	民商经济法学院
知识产权法总论	来小鹏	知识产权	民商经济法学院
社会科学方法论	卢春龙	政治学理论	政治与公共管理学院
当代中国外交专题研究	李群英	国际政治系	政治与公共管理学院
高级宏观经济学	李 泳	世界经济	商学院
资本论与当代	马丽娜	政治经济学	商学院

续表

课程名称	课程负责人	学科专业	二级培养单位
法律翻译实践	沙丽金	英语语言文学	外国语学院
20世纪中国社会思潮与人物专题研究	孔祥宇	中国近现代史基本问题研究	马克思主义学院
法制新闻业务研究（法治新闻理论与实务研究）	姚广宜 刘斌	新闻学 法治新闻方向	光明新闻与传播学院
国外马克思主义专题研究	张秀琴	哲学	人文学院
欧盟法概论	张彤	比较法学	比较法学院
西方社会学古典理论	应星	社会学	社会学院
证据法学	张保生	证据法学	证据科学研究院

（三）中国政法大学2015～2016年度博士生指导教师名单（192人）

法学理论专业（8人）
郑永流　舒国滢　单　纯　刘　星　曹义孙　柯华庆
杨玉圣　葛洪义#

法律史专业（13人）
张晋藩　朱　勇　刘广安　徐世虹　崔永东　张中秋
林　乾　郑显文　曾尔恕*　郭成伟*　怀效锋#　张　生#
郭世佑#

宪法学与行政法学专业（20人）
应松年　马怀德　朱维究　王人博　张树义　薛刚凌
刘善春　刘　莘　高家伟　焦洪昌　王万华　李树忠
何　兵　王敬波　刘　飞　解志勇　王天华　江必新#
信春鹰#　甘藏春#

刑法学专业（19人）
王　牧　乐国安　曲新久　阮齐林　张　凌　王　平
于志刚　王顺安　杨　波　马　皑　徐久生　何秉松*
薛瑞麟*　孙　谦#　郎　胜#　朱孝清#　王恒勤#　王利民#
黄　风#

民商法学专业（15人）
江　平　方流芳　王卫国　赵旭东　李永军　费安玲
夏吟兰　李显冬　管晓峰　于　飞　王　涌　李建伟
巫昌祯*　张俊浩*　王胜明#

诉讼法学专业（15人）
陈光中　　樊崇义　　卞建林　　宋朝武　　杨宇冠　　肖建华
顾永忠　　刘　玫　　毕玉谦　　汪海燕　　李本森　　卫跃宁
杨秀清　　沈德咏#　　贺　荣#

经济法学专业（9人）
李曙光　　徐晓松　　时建中　　符启林　　刘少军　　施正文
刘继峰　　薛克鹏　　张　穹#

环境与资源保护法学专业（3人）
王灿发　　曹明德　　孙佑海#

国际法学专业（22人）
黄　进　　赵　威　　许浩明　　杜新丽　　林灿铃　　张丽英
宣增益　　高健军　　孔庆江　　齐湘泉　　霍政欣　　宋连斌
马呈元　　史晓丽　　吴焕宁*　　赵相林*　　王传丽*　　张玉卿#
莫世健#　　李成钢#　　刘贵祥#　　高之国#

军事法学专业（2人）
周　健#　　丛文胜#

人权法学专业（2人）
齐延平　　徐显明#

证据法学专业（6人）
张保生　　王进喜　　常　林　　刘　良　　罗大华*　　刘　耀#

比较法学专业（6人）
米　健　　柳经纬　　高　祥　　王志华　　刘承韪　　潘汉典*

知识产权法学专业（6人）
张　楚　　冯晓青　　来小鹏　　张　今　　徐家力#　　马维野#

法与经济学专业（3人）
席　涛　　刘纪鹏　　李铁映#

法治文化专业（8人）
李德顺　　刘　斌　　陆小华　　文　兵　　李凯林　　金　雁
王　洪　　张　清

政治学理论专业（7人）
张桂琳　　丛日云　　林存光　　卢春龙　　庞金友　　费多益
于建嵘#

中外政治制度专业（1人）
宋建武

国际政治专业（2人）
贾文华　　孙　承

国际关系专业（1人）

刘长敏

公共行政专业（5人）

石亚军　潘小娟　吕　芳　刘俊生　傅广宛

中国政治专业（2人）

杨　阳　应　星

纪检监察学专业（2人）

常保国　屈超立

全球学专业（2人）

蔡　拓　俞可平#

马克思主义基本原理专业（2人）

孙美堂　张秀华

马克思主义中国化研究专业（2人）

卫　灵　常绍舜*

国外马克思主义研究专业（1人）

张秀琴

思想政治教育专业（1人）

马抗美

世界经济专业（7人）

杨　帆　金仁淑　李　晓　李　泳　孙选中　柴小青
于　淼

注1：带*号者为我校特聘博士生导师；带#号者为我校兼职博士生导师。

注2：专职博士生导师148人；特聘博士生导师12人；兼职博士生导师32人。

（四）中国政法大学2014~2015年度硕士生指导教师名单（共623人）

马克思主义哲学专业（共8人）

马抗美　李凯林　李德顺　辛　锋　张丽清　张秀琴
胡　明　倪寿鹏

中国哲学专业（共6人）

王心竹　刘　震　李虎群　单　纯　俞学明　李春颖

外国哲学专业（共6人）

文　兵　张浩军　孟彦文　宫　睿　罗朝慧　费多益

逻辑学专业（共6人）

马抗美　王　洪　王建芳　孔　红　朱素梅　徐海燕

美学专业（共5人）

文　兵　孙　鹤　金莉莉　康晨宇　黄震云

宗教学专业（共3人）

李虎群　单　纯　俞学明

历史文献学专业（共4人）
张蓓蓓　赵　晶　李雪梅　孙　旭

政治经济学专业（共10人）
马丽娜　王一民　支小青　齐　勇　李　晓　杨　帆
陈明生　邰丽华　黄立君　张　弛

经济史专业（共3人）
李　晓　巫云仙　岳清唐

西方经济学专业（共4人）
邓　达　李　泳　岳清唐　胡　明

世界经济专业（共9人）
李　泳　李宗怡　宏　结　郭武文　杨　帆　杨丽花
张淑静　金仁淑　胡　明

区域经济学专业（共7人）
王燕祥　邓　达　刘志雄　李　超　陈明生　张　巍
郭　琳

产业经济学专业（共6人）
邓　达　田文昭　刘志雄　李　超　张　巍　郭　琳

国际贸易学专业（共5人）
于　淼　宏　结　张淑静　杨丽花　郭武文

法学理论专业（共44人）
王松苗　刘　斌　阴卫芝　姚广宜　姚泽金　徐　迅
朱　巍　王建芳　王　洪　孔　红　李德顺　宋庆宝
杨凤仙　邹玉华　张　灵　张　彦　张丽清　罗世琴
金莉莉　赵文彤　黄震云　崔玉珍　崔蕴华　董　燕
王夏昊　王称心　白　晟　刘红婴　侯淑雯　柯华庆
总雪钢　曹义孙　舒国滢　蒋立山　刘晓楠　刘　星
张保生　王宏哲　王新宇　陈景辉　姜登峰　范立波
张　莉　雷　磊

法律史专业（共26人）
刘广安　孙　旭　朱　勇　宇培锋　张小也　张德美
李　青　李建渝　李雪梅　杨玉圣　林　乾　南玉泉
郑显文　姜晓敏　顾　元　高浣月　崔永东　崔林林
李　超　李　鸣　仝宗锦　郭瑞卿　邵　方　李　倩
赵　晶　陈　煜

宪法学与行政法学专业（共52人）
马怀德　马宏俊　王人博　王小平　王万华　王天华
王成栋　王建芹　王敬波　田　瑶　刘　莘　刘　飞

刘 杨	刘善春	华 夏	吉雅杰	何 兵	吴 平
张 锋	张陆庆	张树义	李树忠	陈 宜	郎佩娟
赵 燕	高家伟	焦洪昌	程 滔	解志勇	薛小建
薛刚凌	许身健	张笑世	汪庆华	张吕好	谢立斌
张 莉	刘晓兵	姚国建	罗志敏	秦奥蕾	王青斌
袁 钢	赵 宏	郝 倩	卞修全	林鸿潮	郭晓飞
赵志华	周青风	邓建新	赵 鹏		

刑法学专业（共24人）

于志刚	于国旦	王 平	王 牧	王顺安	王桂萍
方 鹏	刘丽娜	刘艳敏	曲新久	邬明安	阮齐林
张 凌	张建荣	陆 敏	罗 翔	侯国云	赵天红
赵宝成	徐久生	董淑君	赖修桂	潘 勤	何秉松

民商法学专业（共47人）

马更新	于 飞	王 军	王 旸	王 涌	王 萍
王卫国	王玉梅	王光进	高 祥	尹志强	田士永
朱晓娟	刘心稳	刘亚天	刘家安	刘智慧	刘新熙
李永军	李建伟	李显冬	吴 飚	吴日焕	何俊萍
沈 净	陈 汉	陈景善	易 军	金 眉	周 昀
郑佳宁	柳经纬	胡安潮	胡利玲	姚新华	赵旭东
费安玲	夏吟兰	郭宏彬	梅慎实	寇广萍	隋彭生
谢华宁	鄢一美	靳文静	管晓峰	戴孟勇	

诉讼法学专业（共46人）

卫跃宁	元 轶	王 晶	王秋兰	王贞会	王 娣
卞建林	史 飚	刘 玫	刘芝祥	刘金华	毕玉谦
乔 欣	许兰亭	杨宇冠	肖建华	肖承海	吴宏耀
纪格非	李 响	李本森	汪海燕	孙邦清	杨秀清
邱星美	宋朝武	张 方	张 弘	张小宁	张鹏莉
陈 碧	罗海敏	岳礼玲	屈 新	郑 旭	俞兆平
洪 坚	洪道德	栗 峥	顾永忠	郭志媛	郭金霞
郭晓光	韩 波	鲁 杨	谭秋桂		

经济法学专业（共30人）

王广彬	刘 丹	刘少军	刘继峰	孙 颖	杨 萍
李 娟	李东方	李美云	李爱君	李曙光	时建中
吴景明	张苏彤	范世乾	金英杰	郑俊果	胡彩霄
赵红梅	赵廉慧	施正文	贺绍奇	徐晓松	符启林
梁文永	喜 佳	翟继光	薛克鹏	霍玉芬	魏敬淼

环境与资源保护法学专业（共9人）

于文轩　马　燕　王灿发　　庄敬华　　杨　源　　杨素娟
胡　静　侯佳儒　曹明德

国际法学专业（共43人）

马呈元　马灵霞　孔庆江　　史晓丽　　冯　霞　　兰　兰
兰　花　成晓霞　朱子勤　　朱利江　　朱建庚　　刘　力
齐湘泉　许浩明　祁　欢　　杜新丽　　杨　帆（女）
李　巍　李居迁　辛崇阳　　余　丽　　宋连斌（兵）
张　力　张　玲　张丽英　　林灿铃　　范晓波　　金　哲
周建海　赵　威　宣增益　　姜茹娇　　郭红岩　　高健军
黄　进　寇　丽　董京波　　焦　杰　　曾　涛　　廖敏文
覃华平　霍政欣　戴　龙

军事法学专业（共13人）

周　健　薛刚凌　曲新久　　丛文胜　　肖凤城　　张建田
荀恒栋　李居迁　谢　丹　　李卫海　　洪　虎　　胡彦林
姜　涛

人权法学专业（共4人）

孙　萌　张　伟　班文战　　徐　爽

证据法学专业（共26人）

马长锁　王　旭　王元凤　　王进喜　　石美森　　刘　良
百茹峰　刘革新　李训虎　　吴丹红　　张　中　　张　方
张小宁　张凤芹　张保生　　张海东　　房保国　　袁　丽
郭金霞　常　林　鲁　涤　　刘建伟　　吴洪淇　　杨天潼
褚富民　郝红霞

比较法学专业（共34人）

丁　玫　丁洁琳　丁　强　　元　铁　　王志华　　王　昶
车　虎　尤　金　克拉克　　冯　恺　　田士永　　刘承韪
华　夏　朱伟一　米　健　　许　兰　　张　彤　　张学哲
杨自然　迟　颖　岳礼玲　　林　林　　罗智敏　　罗　瑶
郑永流　柳经纬　胡霁光　　赵　宏　　郝维华　　原　洁
徐　妍　高　祥　舒国滢　　谢立斌　　薄燕娜

知识产权法学专业（共15人）

冯晓青　朱玲娣　刘　瑛　　杨利华　　李玉香　　李祖明
来小鹏　张　今　张　楚　　陈　健　　陈丽苹　　周长玲
郑璇玉　蔡吉祥　王　殊

法律与经济专业（共7人）

刘纪鹏　李曙光　席　涛　　张　卿　　胡继晔　　徐光东
武长海

政治学理论专业（共12人）
丛日云　卢春龙　张辰龙　张春林　张桂琳　杨　阳
陈忠云　庞金友　林存光　郑　红　聂　露　常保国

中外政治制度专业（共8人）
田为民　丛日云　杨　阳　张立鹏　张辰龙　陈忠云
屈超立　聂　露

纪检监察学专业（共5人）
王湘军　石亚军　张桂琳　屈超立　常保国

科学社会主义与国际共产主义运动专业（共2人）
李群英　曹　兴

国际政治专业（共3人）
任洪生　贾文华　韩献栋

国际关系专业（共5人）
刘　艳　刘贞晔　孙洁琬　李晓燕　曹　兴

外交学专业（共4人）
刘长敏　李群英　韩献栋　刘星

全球学专业（共3人）
蔡　拓　刘贞晔　杨军

社会学专业（共14人）
王　楠　方慧容　毕向阳　刘　娜　李慧敏　何江穗
何珊君　应　星　陈心洁　胡杰容　赵丙祥　郭伟和
游正林　张　莉

马克思主义基本原理专业（共4人）
孙美堂　吴宝珍　张秀华　傅扬

马克思主义发展史专业（共3人）
宋朝龙　林海虹　袁　方

马克思主义中国化研究专业（共3人）
卫　灵　刘媛媛　周爱华

国外马克思主义研究专业（共2人）
邰丽华　赵卯生

思想政治教育专业（共9人）
王今一　方尔加　赵庆杰　段志义　郭继承　谢　军
虞花荣　解廷民　解启扬

中共党史专业（共2人）
侯松涛　胡尚元

中国近现代史基本问题研究专业（共5人）
孔祥宇　王　强　白丽萍　张文灿　黄　东

应用心理学专业（共 10 人）

马　皑　　片成男　　王国芳　　乐国安　　刘邦惠　　刘兆敏
刘建清　　刘萃侠　　李　林　　张　卓

基础心理学专业（共 5 人）

王国芳　　刘兆敏　　刘萃侠　　杨　波　　张　卓

犯罪心理学专业（共 7 人）

马　皑　　片成男　　刘邦惠　　刘建清　　杨　波　　李　林
郑红丽

英语语言文学专业（共 14 人）

付　瑶　　刘阳阳　　孙平华　　刘艳萍　　齐　筠　　李　立
辛衍君　　沙丽金　　张　清　　张　磊　　张立新　　张和军
张法连　　张洪芹

俄语语言文学专业（共 2 人）

丛凤玲　　李国强

法语语言文学专业（共 1 人）

朱　琳

德语语言文学（1 人）

高　莉

外国语言学与外语教育专业（共 1 人）

高莲红

新闻学专业（共 15 人）

陆小华　　王松苗　　王佳航　　王永亮　　刘　斌　　刘徐州
阴卫芝　　宋建武　　张宏伟　　张艳红　　姚广宜　　姚泽金
徐　迅　　鞠宏磊　　朱　巍

传播学专业（共 11 人）

陆小华　　王天铮　　王佳航　　刘徐州　　毕秋灵　　宋建武
张宏伟　　张　森　　黄　金　　孟　盈　　鞠宏磊

中国近现代史专业（共 5 人）

邓庆平　　刘丹忱　　金　雁　　赵国辉　　赵晓华

会计学专业（共 5 人）

王燕祥　　田　明　　张美玲　　陈佳俊　　余宇莹

企业管理专业（共 15 人）

于　森　　王　玲　　王　霆　　王晓明　　马克态　　孙选中
孙忠群　　李景华　　李维华　　朱晓武　　张国钧　　陈　曦
柴小青　　葛建华　　慕凤丽

行政管理专业（共 17 人）

马建川　　王明杰　　石亚军　　刘　星（女）　　刘俊生

吕　芳　　李程伟　　胡叔宝　　商　磊　　梅燕京　　鲁照旺
詹承豫　　谭兰英　　翟校义　　潘小娟　　王丽莉　　王冬芳

社会保障专业（共5人）
孙晓冬　　李　环　　张天民　　张永理　　潘小娟

公共人力资源管理专业（共5人）
王明杰　　王湘军　　刘俊生　　李　环　　谭兰英

危机管理专业（共8人）
马建川　　吕　芳　　李程伟　　张永理　　詹承豫　　翟校义
王丽莉　　王冬芳

工商管理硕士专业（共49人）
于　淼　　马丽娜　　马克态　　王光进　　王　玲　　王　霆
王晓明　　王燕祥　　邓　达　　孙选中　　孙忠群　　田　明
田文昭　　李景华　　李　晓　　李　超　　李维华　　李东方
李爱君　　李欣宇　　齐　勇　　朱晓武　　陈明生　　陈佳俊
陈景善　　陈　曦　　刘志雄　　杨　帆　　巫云仙　　吴景明
杨丽花　　张国钧　　张美玲　　张淑静　　张　巍　　张　弛
宏　结　　余宇莹　　岳清唐　　范晓波　　胡　明　　郭　琳
柴小青　　黄立君　　符启林　　葛建华　　慕凤丽　　管晓峰
蔡吉祥

法律硕士专业（共13人）
马登民　　王　扬　　王传丽　　田　岚　　皮艺军　　刘新熙
孙　强　　杨　飞　　陈冬青　　范世乾　　原　洁　　翁武耀
翟远见

注：各专业导师同时具备相关专业的专业学位硕士生导师资格。

（五）2013～2014学年中国政法大学研究生蒋震奖学金获奖名单

姓名	学院	专业	年级
戎璐	比较法学研究院	比较法学	2012级
刘贺明	法学院	法律史	2012级
吕晓彤	法学院	法学理论	2012级
田洁	法学院	宪法学与行政法学	2012级
蔡元圆	中欧法学院	民商法学	2012级
朱江枫	比较法学研究院	比较法学	2012级
关苏晴	国际法学院	国际法学	2012级
吴雪卉	民商经济法学院	经济法学	2012级

续表

姓名	学院	专业	年级
王平	国际法学院	国际法学	2012级
李忆樊	民商经济法学院	诉讼法学	2012级
任洋	民商经济法学院	环境与资源保护法学	2013级
钱俊羽	民商经济法学院	诉讼法学	2013级
罗玲芬	民商经济法学院	民商法学	2013级
姚腾越	法学院	宪法学与行政法学	2013级
梅迪	国际法学院	国际法学	2013级
潘心瑜	刑事司法学院	刑法学	2013级
陈越	民商经济法学院	知识产权法学	2013级
乔宇	刑事司法学院	诉讼法学	2013级
钟伟媚	民商经济法学院	民商法学	2013级
彭先琦	国际法学院	国际法学	2013级

(六) 2013~2014学年中国政法大学研究生长安公证奖学金获奖名单

获奖等级	姓名	学院	年级	培养层次
一等奖	张钦昱	民商经济法学院	2011级	博士
二等奖	李红娟	民商经济法学院	2012级	博士
	唐飞	民商经济法学院	2011级	博士
	王丽美	民商经济法学院	2012级	博士
	杨狄	民商经济法学院	2012级	博士
	何磊	法学院	2011级	博士
	刘鹏飞	刑事司法学院	2011级	博士
三等奖	刘冰玉	中欧法学院	2011级	硕士
	陈范宏	民商经济法学院	2011级	硕士
	宋方明	刑事司法学院	2012级	博士
	彭华	法学院	2011级	硕士
	王潇潆	法学院	2011级	硕士
	韩武	民商经济法学院	2011级	博士
	张红娇	民商经济法学院	2011级	硕士

续表

获奖等级	姓名	学院	年级	培养层次
三等奖	梁瀚丹	民商经济法学院	2012级	硕士
	赵 艳	民商经济法学院	2011级	硕士
	周三妹	刑事司法学院	2012级	硕士
	王亚男	刑事司法学院	2011级	硕士
	赵培显	刑事司法学院	2012级	博士
	唐 栋	刑事司法学院	2011级	硕士
	李 飖	民商经济法学院	2011级	硕士
	彭倩倩	民商经济法学院	2011级	硕士
	刘 然	民商经济法学院	2011级	博士
	李小兵	民商经济法学院	2012级	硕士

（七）研究生实习实践基地

北京市平谷区人民检察院

北京市海淀区人民法院

北京市朝阳区人民检察院

泰安市委组织部

中共吉安市委政法委

河南省新安县人民检察院

山东省东营市人民检察院

山东省东营市中级人民法院

长安公证处

北京市律师协会

北京大成（厦门）律师事务所

北京市洪范广住律师事务所

北京市德恒律师事务所

北京市金杜律师事务所

北京集佳知识产权代理有限公司

司法部燕城监狱

（八）博士后流动站

有法学、政治学和马克思主义理论3个博士后流动站，博士后研究人员出站17人、进站37人（其中联合招收3人）、在站109人。

三、外国留学生及港澳台学生教育教学

【概况】2014 年,共接收 105 名校际交流生,分别来自意大利、德国、法国、阿根廷、西班牙、冰岛、瑞典、丹麦、荷兰、捷克、墨西哥、土耳其、日本、中国台湾等 27 个国家和地区。近 5 年,我校派出学生人数也呈迅猛增长趋势,2014 年派出学生共计 110 人。

2014 年,学院累计招收到校学生 1099 名,其中港澳台侨学生 503 人,外国留学生 596 人,截至 2014 年 12 月底,学校在籍外国留学生为 408 人,港澳台侨学生为 503 人,总计在籍外国留学生及港澳台侨学生合计 911 人,其中外国留学生来自 104 个国家或地区。

【附件】

国际教育学院 2014 年招生情况简表					
招生类别	本科	研究生	博士生	语言生	国际交流生
港澳台侨	293	210	179	—	—
外国留学生	134	274	128	83	105
合计	427	484	307	83	105

四、继续教育

【概况】2014 年,继续教育学院夜大学招生 591 人,函授招生 463 人,共计招生 1054 人;夜大毕业生 590 人,函授毕业生 533 人,共计毕业生为 1123 人。职业能力教育项目招生 120 人,在校学生 506 人。为校内司法考试培训 800 余人,社会司法考试培训 722 余人,网络全程班培训 300 余人。为各级党政机关、政法部门和企业行业系统开展各类短期培训班共计 26 期,培训 2986 人。海外留学项目按照学校要求,今年全面停止招生。

在成人学历教育方面,在云南司法警官学院建立函授站,共同开展法学函授教育,今年起正式招生;在司法考试培训工作方面,学院积极拓展并建立合作基地,扩大社会培训的力度与市场占有率;在政法干部培训工作方面,不断巩固已有培训项目,并与公检法部门建立了长期合作关系;在政企干部和行业培训方面,学院积极与各政府企业建立有效的沟通联络机制,不仅拓展了合作领域,而且也丰富了学院干部培训的内容;在网络教育工作方面,完成同等学力课程网络学习平台的建设,目前已具备宪法与行政法、刑法学、国际法学 3 个专业上线运行条件,完成律师培训平台的建设。

【附件】

成人教育专业设置:法学。

第七章 学科建设

【概况】 2014年，学校坚持学科建设"一特（法学为特色）、三级（国家级、省部级、校级）、多点（多个学位点）"的发展战略，有层次的推进学科建设，基本形成了以法学学科为优势，政治学、经济学、管理学、社会学、哲学、史学、文学等学科共同发展，具有强势渗透力的高梯级、多重点、宽覆盖、广适应的学科体系结构。我校现有博士学位授权一级学科3个，硕士学位授权一级学科13个，硕士学位授权点75个，专业硕士学位授权点5个，博士学位授权点31个。一级学科国家重点学科1个，一级学科北京市重点学科1个，二级学科北京市重点学科3个，交叉学科北京市重点学科2个，校级重点学科14个，校级交叉学科建设项目12个。

2014年，学校开展了法学学科资源整合工作，针对法学一级学科建设中出现的问题，编制了法学学科资源整合方案建议稿和征求意见稿，多次召开专家论证会和征求意见会，对资源整合方案进行修订和完善，并提交校长办公会审议。为了进一步实现学科建设管理工作的制度化、规范化，修订了《中国政法大学交叉学科培育建设管理办法》，制订了《中国政法大学二级学科设置和调整管理办法》和《中国政法大学学科建设专项经费管理办法》，进一步完善了二级学科的自主设置程序，规范了学科建设专项经费的管理和使用。

进一步加强我校重点学科建设，发挥重点学科的示范和带动效应，提升我校学科的整体实力和水平，保证重点学科建设目标的实现，学校根据不同级别、不同学科区别对待的原则，完成了国家重点学科、北京市重点学科、校级重点学科和校级交叉学科项目的建设经费下拨工作，有效促进了重点学科和交叉学科项目的建设和发展。

【新增硕士专业学位授权点获批】 5月，国务院学位委员会印发《关于下达2014年审核增列的硕士专业学位授权点及撤销的硕士学位授权点名单的通知》（学位〔2014〕14号），经国务院学位委员会批准，学校申报的翻译和社会工作2个硕士专业学位授权点顺利通过授权审核。

【完成第一批交叉学科建设项目终期检查和第二批交叉学科建设项目中期检查工作】 10月，根据《中国政法大学交叉学科培育建设管理办法》的要求，开展了第一批交叉学科建设项目终期检查和第二批交叉学科建设项目中期检查工作。在全面审核交叉学科建设项目提交的检查材料的基础上，依托学科专业与科研机构建设委员会对第一批和第二批交叉学科建设项目分别采取汇报答辩和通讯评议的检查方式，对交叉学科建设以来开展的各项工作和取得的成果进行了总结检查，对在检查评审中获评为优秀、成绩突出的交叉学科建设项目继续给予资金支持，鼓励其不断提升学科建设水平。

【完成2014年度二级学科的自主设置工作】 年内，根据国务院学位委员会办公室下发的《关于做好授予博士、硕士学位和培养研究生的二级学科自主设置工作的通知》（学位办〔2011〕12号）要求，积极部署开展二级学科自主设置工作，经过学院学科设置申报审核、教育部学位中心"二级学科自主设置信息平台"对外公示并经学位评定委员会审核通过，自主设置了统计学、财政学两个目录内二级学科，政治传播学、国际人才交流管理两个目录外二级学科。

【完成2014年度学科基本情况报表的填报工作】年内，根据国务院学位委员会《关于做好授予博士、硕士学位和培育研究生的二级学科自主设置工作的通知》（学位办〔2011〕12号）要求，学校组织所有二级学科填报2014年度学科基本情况报表，并认真汇总和核实各学科提交的数据信息，确保信息的真实、准确、完整、可靠，并于2014年底前上报国务院学位办。

【完成北京市重点学科2015年度项目申报书编制工作】年内，根据《北京市教育委员会关于组织北京市支持中央在京高校共建项目经费预算申报工作的通知》要求，学校对共建项目的评审要求进行了梳理和总结，对已更新的评审要求进行了着重强调，进一步明确了共建项目经费预算申报工作的具体要求，在政治与公共管理学院和政治学一级学科北京市重点学科的积极配合下，圆满完成了2015年度共建项目经费预申报书的编制工作。

【附件】

（一）国家级重点学科（1个）

一级学科国家重点学科：法学

（二）北京市重点学科（6个）

一级学科：政治学
二级学科：世界经济、马克思主义中国化研究、马克思主义基本原理
交叉学科：法与经济学、证据科学

（三）校级重点学科（14个）

马克思主义哲学、社会学、英语语言文学、新闻学、中国近现代史、企业管理、行政管理、政治经济学、外国哲学、应用心理学、国外马克思主义研究、思想政治教育、传播学、历史文献学

（四）校级交叉学科建设项目（12个）

体育法学、全球学、法治文化、法商管理、法制新闻与传播、犯罪与刑事司法心理学、比较法学与区域一体化、法律文献学、法律语言学、法律翻译、海洋法律与经济、市场经济的理论与实践

（五）博士学位授权一级学科（3个）

法学、政治学、马克思主义理论

（六）硕士学位授权一级学科（13个）

法学、政治学、马克思主义理论、哲学、理论经济学、应用经济学、社会学、心理学、外国语言文学、新闻传播学、中国史、工商管理、公共管理

（七）博士学位授权学科、专业（31个）

理论经济学：世界经济

法学：法学理论、法律史、宪法学与行政法学、刑法学、民商法学、诉讼法学、经济法学、环境与资源保护法学、国际法学、军事法学、比较法学、法律与经济、人权法学、证据法学、知识产权法学

政治学：政治学理论、中外政治制度、国际政治、国际关系、中国政治、公共行政、政治传播学

马克思主义理论：马克思主义中国化研究、国外马克思主义研究、思想政治教育、马克思主义基本原理

交叉学科：法治文化、全球学、纪检监察学、公共政策量化分析

（八）硕士学位授权学科、专业（75个）

哲学：马克思主义哲学、中国哲学、外国哲学、逻辑学、美学、宗教学

理论经济学：政治经济学、经济史、西方经济学、世界经济

应用经济学：区域经济学、金融学、财政学、产业经济学、国际贸易学、统计学

法学：法学理论、法律史、宪法学与行政法学、刑法学、民商法学、诉讼法学、经济法学、环境与资源保护法学、国际法学、军事法学、比较法学、法律与经济、人权法学、证据法学、知识产权法学

政治学：政治学理论、中外政治制度、科学社会主义与共产主义运动、中共党史、国际政治、国际关系、外交学、中国政治、公共行政、政治传播学

社会学：社会学

马克思主义理论：马克思主义基本原理、马克思主义发展史、马克思主义中国化研究、国外马克思主义研究、思想政治教育、中国近现代史基本问题研究

心理学：基础心理学、应用心理学

外国语言文学：英语语言文学、俄语语言文学、法语语言文学、德语语言文学、外国语言学及应用语言学

新闻传播学：新闻学、传播学

中国史：历史文献学、专门史、中国古代史、中国近现代史

工商管理：会计学、企业管理、法商管理

公共管理：行政管理、教育经济与管理、社会保障、公共人力资源管理、危机管理、国际人才交流管理

交叉学科：犯罪心理学、法治文化、全球学、纪检监察学、公共政策量化分析

(九) 专业硕士学位授权点（5 个）

法律硕士、公共管理硕士、工商管理硕士、翻译硕士、社会工作硕士

第八章　科研工作

【概况】2014 年，学校科研项目和经费继续稳步发展，全年共立项 356 项，立项批准总经费 5011.46 万元。纵向科研项目共立项 76 项，批准总经费 1159 万元，其中，国家社科基金项目 27 项，教育部项目 20 项，司法部项目 4 项，北京市社科项目 21 项，国家自然科学基金项目 2 项，北京市科技新星项目 1 项，北京市共建项目 1 项。横向科研项目共立项 280 项，到账总经费达 3852.46 万元，比 2013 年度增加 389.46 万元。

继续得到教育部专项资金支持，其中，"2011 计划"司法文明协同创新中心建设专项经费 1500 万元，教育部基本科研业务费 1150 万元。我校作为主要参与单位的"国家领土主权与海洋权益协同创新中心"成为第二个入选"2011 计划"的协同创新中心。

现有省部级以上重点研究基地 5 个；新成立非在编科研机构 8 个，总数已达到 155 个；遴选第三批青年教师学术创新团队 11 个，其中以法学学科为主的创新团队 5 个，其他学科的创新团队 6 个。至此，我校已有校级青年教师学术创新团队 31 个。

我校教师共有 731 项科研成果获得学校奖励，奖励金额 137.55 万元。其中，专著 164 部、权威期刊论文 51 篇、核心期刊论文 502 篇、咨询报告 7 项、立法建议 4 项。学校共为纵向科研项目配套奖励 401.486 万元（其中社科项目 199.71 万元、自科项目 201.776 万元）。

完成首批法大"智库"研究团队遴选工作，15 支团队入选"智库"研究团队资助计划，其研究成果已编辑成《法大智库建议》16 期，分别报送国家有关部门。编发以刊载司法文明协同创新中心研究成果的《成果要报》13 期、《研究报告》4 期。先后报送立法建议稿 8 部。11 项优秀成果获得省部级以上科研成果奖；2 项科研成果入选《国家哲学社会科学成果文库》；1 项咨询报告入选全国哲学社会科学规划项目《成果要报》；1 项咨询报告获评教育部 2013 年度优秀专家建议稿；3 项咨询报告被收入北京市社会科学规划项目《成果要报》；1 项咨询报告被收入《北京市社会科学基金项目优秀成果选编》（第四辑）。网站发布各类科研活动新闻 42 篇，编辑《科研通讯》3 期，《科研信息通报》1 期，《钱端升法学研究成果奖工作简报》2 期，编辑了《中国政法大学科研工作年鉴》（2014 年卷）。

全面修订《中国政法大学学术委员会章程》，根据新章程组建的学术委员会将在我校的学术评价中发挥更重要的作用。制定《中国政法大学"法大智库"团队建设支持办法》，明确对智库团队的支持措施；修订《中国政法大学科研成果奖励办法》，大幅度提高对社会服务成果的奖励力度；修订《中国政法大学科研经费使用办法》，进一步完善了各类科研经费的使用与管理；修订《中国政法大学科研工作考核办法》，更加注重了对教师科研成果质量的考核。

先后资助政治与公共管理学院、民商经济法学院、法律硕士学院等3个单位举办国际学术会议，资助30位教师参加在国（境）外举行的国际学术会议，资助总金额近80万元。举办名家论坛13场，由各院级单位举办的学术讲座216场，学术研讨会35场，境外学者参与人数达68人。

【成立中国政法大学县域法治研究中心】 1月2日，我校批准成立了中国政法大学县域法治研究中心。其为非在编科研机构，依托于法学院，中心主任为李树忠教授。中心首次把"县域法治"作为一个学术命题引入到法学界，将集合理论界和实务部门的研究力量，对县域治理领域有学术价值和现实意义的课题，展开深入系统的综合研究。

【成立中国政法大学国家预防灾害法治保障研究中心】 1月2日，我校批准成立了中国政法大学国家预防灾害法治保障研究中心。其为非在编科研机构，依托于法学研究与教育评估中心，中心主任为曹义孙教授。预防灾害的法治保障是国家治理体系的重要组成部分，用法治思维和法治方式预防灾害，以此推进国家治理体系的不断完善和提高治理能力的现代化水平，是本中心研究的核心战略使命。

【成立中国政法大学现代新精英研究中心】 1月17日，我校批准成立了中国政法大学现代新精英研究中心。其为非在编科研机构，依托于继续教育学院，中心主任为解廷民，执行主任为禹云益。中心的宗旨是：适应社会发展趋势，更新教育教学观念，探寻精英成就途径，激发行动引发学习，发挥潜能提升素养，推动实现职场梦想。

【成立中国政法大学公法与治理研究中心】 1月27日，我校批准成立了中国政法大学公法与治理研究中心。其为非在编科研机构，依托于法学院，中心主任为张树义教授。中心的宗旨是：成为中国政法大学在公法和治理问题方面的研究平台，成为我国有关各类治理问题的法学研究专家库和咨询服务机构。

【成立中国政法大学朝鲜半岛研究中心】 1月27日，我校批准成立了中国政法大学朝鲜半岛研究中心。其为非在编科研机构，依托于政治与公共管理学院，中心主任为戚保良教授。中心的宗旨是：成为中国政法大学在东北亚和朝鲜半岛地区研究的平台，成为我国在东北亚和朝鲜半岛问题上具有重要影响力的智库。

【1名教师获霍英东教育基金会第十四届高校青年教师一等奖】 3月12日，我校诉讼法学研究院栗峥副教授因在教学和科研等方面的优异成绩与突出贡献荣膺霍英东教育基金会第十四届高校青年教师一等奖。其在人文社会科学类排名第一而成为唯一一个人文社科类一等奖的获得者。该次评选共有代表103所高等院校的103人获得表彰奖励，其中，一等奖5人，二等奖15人，三等奖83人，一等奖涉及理科类2名、工科类1名、人文社科类1名和艺术类1名入选。

【遴选首批法大"智库"研究团队】 3月，首批法大"智库"研究团队遴选工作完成。按照《中国政法大学"智库"建设若干意见》规定，经认真组织，严格程序，校学术委员会（项目及成果评定委员会）评审认定，"司法改革与司法文明建设研究团队"等10支研究团队入选"智库"研究团队资助计划，建设期限4年。经学术委员会（项目及成果评定委员会）建议、校长办公会审议通过，"经济体制改革与金融市场体系建设研究团队"等5支研究团队入选"智库"研究团队培育计划，培育期限为2年。

【成立中国政法大学金融创新与互联网金融法制研究中心】4月8日，我校批准成立了中国政法大学金融创新与互联网金融法制研究中心。其为非在编科研机构，依托于民商经济法学院，中心主任为李爱君教授。中心的宗旨是：成为中国政法大学金融创新与互联网法制研究领域的多学科协同研究的平台，成为我国金融创新与互联网法制研究的权威的专家库和咨询服务机构，建设成国家金融创新与互联网法制研究基地。

【遴选第三批（2014年）青年教师学术创新团队】4月11日，第九届中国政法大学学术委员会项目及成果评定委员会在昌平校区召开了中国政法大学第三批（2014年）青年教师学术创新团队遴选答辩会，来自各个学院的19支青年教师学术创新团队参加了答辩。经过严格评审，遴选出11个团队，其中自然科学团队4个、人文社科团队7个，学科门类包括法学、管理学、经济学、新闻学与传播学、医学/法学、工学/理学/法学等。

【公布2013年校级人文社会科学研究项目资助名单】4月16日，我校公布了2013年校级人文社会科学研究项目资助名单。按照《中国政法大学校级人文社会科学研究项目管理办法（试行）》要求，经校外同行专家通讯评审、校学术委员会审议，毕玉谦等20名教师获校级人文社会科学研究规划项目资助，每项资助经费为4万元；毕秋灵等10名教师获校级人文社会科学研究青年项目资助，每项资助经费为2万元。

【召开"司法文明指数"研讨会】5月20日，由"2011计划"司法文明协同创新中心下属中国政法大学证据科学研究院主办的"司法文明指数"研讨会在北京举行。来自中国政法大学、最高人民检察院、中国社会科学院法学所、浙江大学、西南政法大学、中国人民公安大学、哈尔滨工业大学、北京交通大学、东南大学的40多位专家学者参会。本次研讨会分两个单元。第一单元是主题报告，第二单元为讨论评论。与会学者从司法文明指数的整体思路、研究方法、问卷设计、样本筛选等方面提出了富有建设性的意见。司法文明协同创新中心联席主任、中国政法大学证据科学研究院名誉院长张保生教授作了"世界法治指数及其对中国法治评估的借鉴意义"的主题报告。

【设立《教育部简报》（高校智库专刊）"政治法律编辑室"】7月7日，教育部社科司将《教育部简报》（高校智库专刊）"政治法律编辑室"设在我校，张保生教授担任负责人。该编辑室面向全国征集政法智库稿件。

【获得6项北京市第十三届哲学社会科学优秀成果奖】10月28日，北京市第十三届哲学社会科学优秀成果奖获奖成果公布，我校共有6项成果获奖，其中一等奖1项、二等奖5项。本次评奖经教育系统评审和北京市评奖委员会终评，共有206项成果获奖，其中特等奖4项、一等奖41项、二等奖161项。

【成立中国政法大学欧洲研究中心】11月25日，我校批准成立了中国政法大学欧洲研究中心。其为非在编科研机构，依托于比较法学研究院，中心主任为张彤教授。中心的宗旨是：以我校优势学科欧盟法为核心，整合我校欧洲研究的师资，形成一支能够对欧洲问题进行跨学科研究的学术团队，积极推动和实践"中欧之间法制国家对话"和"中欧高级别人文交流对话"，着重培养一批能够深入了解欧洲一体化发展以及欧盟法的专业人才，为深化和加强中欧战略合作伙伴关系建言献策。

【成立中国政法大学历史社会学与中共党史研究中心】11月25日，我校批准成立了中国政法大学历史社会学与中共党史研究中心。其为非在编科研机构，依托于社会学院，中心主任为应星教授。研究中心致力于以社会学和人类学等多学科的方法，利用地方社会史和中共党史的材料，推进对历史社会学和中共党史的研究，使其成为国内用新视野和新方法研究中共党史的前沿研究平台。

【评选第三届中国政法大学青年教师优秀科研成果奖】11月，第三届"中国政法大学青年教师优秀科研成果奖"评奖共评选出获奖成果16项，其中一等奖2项，二等奖5项，三等奖9项。汪海燕教授的《形式理性的误读、缺失与缺陷——以刑事诉讼为视角》、霍政欣教授的《追索海外流失文物的法律问题》获得一等奖。

【举行第五届钱端升法学成果研究奖颁奖大会暨第五届中国法治论坛】12月20日，第五届钱端升法学研究成果奖颁奖大会暨第五届中国法治论坛在学院路校区举行，教育部社科司司长张东刚等出席并为获奖代表颁奖。第五届钱端升法学成果研究奖暨第五届中国法治论坛于3月正式启动，经过严格的评奖程序，共评选出获奖成果45项，其中一等奖2项，二等奖6项，三等奖20项，提名奖17项。第五届中国法治论坛，以"法治与国家治理现代化"为主题，陈光中、胡建淼、韩大元、刘剑文、施天涛教授分别做了主题报告，与会代表进行了专题研讨，来自高校、法院、行政机关的代表围绕法学研究、审判实践等中的热点问题共话法治与国家治理现代化之路。

【"国家领土主权与海洋权益协同创新中心"获得认定】年内，教育部、财政部联合发布了《关于公布2014年度"2011协同创新中心"认定结果的通知》，由武汉大学牵头、我校作为主要参与单位的"国家领土主权与海洋权益协同创新中心"成功获得认定。4月至7月，教育部、财政部组织了2014年度"2011计划"的认定工作，共有182个协同创新中心申报，经过专家初审、会议答辩、现场考察、综合咨询、社会公示等环节的严格考评和认定，最终24个协同创新中心脱颖而出，成为"2011计划"第二批获得认定的协同创新中心。

【附件】

（一）重点研究基地、培训基地与重点实验室

序号	名称
1	教育部人文社会科学重点研究基地——中国政法大学诉讼法学研究院
2	教育部人文社会科学重点研究基地——中国政法大学法律史学研究院
3	国家人权教育与培训基地——中国政法大学人权研究院
4	证据科学教育部重点实验室——中国政法大学证据科学研究院
5	北京市哲学社会科学重点研究基地——中国政法大学法治政府研究院

(二）在编科研机构一览表

序号	名称
1	诉讼法学研究院
2	法律史学研究院
3	证据科学研究院
4	法治政府研究院
5	人权研究院
6	比较法学研究院
7	法律古籍整理研究所
8	法学教育研究与评估中心
9	法和经济学研究中心
10	全球化与全球问题研究所

（三）非在编科研机构一览表

序号	机构名称	负责人	管理单位
1	罗马法与意大利法研究中心	费安玲	民商经济法学院
2	公司法研究中心	江 平	民商经济法学院
3	监狱史学研究中心	马志冰	法学院
4	刑事司法研究中心	邵名正 王平	刑事司法学院
5	犯罪心理学研究中心	罗大华	社会学院
6	律师学研究中心	王进喜	法学院
7	刑事法律研究中心	陈光中	诉讼法学研究院
8	证券期货法律研究所	黄永庆 梅慎实	民商经济法学院
9	重大疑难案件研究中心	郭成伟	法学院
10	民事经济司法研究中心	杨荣馨 谭秋桂	诉讼法学研究院
11	澳门研究中心	米 健	比较法研究院
12	经济法研究中心	徐 杰	民商经济法学院
13	金融法研究中心	刘少军	民商经济法学院

续表

序号	机构名称	负责人	管理单位
14	国际法研究中心	周忠海	国际法学院
15	经济研究中心	马丽娜	商学院
16	近代法律研究中心	朱勇	法学院
17	环境资源法研究和服务中心	王灿发	民商经济法学院
18	国际经济法研究中心	王传丽	国际法学院
19	台湾法研究中心	朱维究	法学院
20	法律语言研究中心	王洁	法学院
21	中华法系研究中心	郑禄	法学院
22	青少年创造力研究中心	马抗美	马克思主义学院
23	破产法与企业重组研究中心	李曙光	民商经济法学院
24	WTO法律问题研究中心	史晓丽	国际法学院
25	英美法研究中心	方流芳	民商经济法学院
26	婚姻与家庭法学研究中心	巫昌祯	民商经济法学院
27	体育法研究中心	焦洪昌	体育教学部
28	欧盟法研究中心	许浩明	国际法学院
29	中国和平发展研究中心，原："三个代表"重要思想研究中心	卫灵	马克思主义学院
30	军事法研究中心	薛刚凌 李卫海	法学院
31	教育法研究中心	王敬波	法治政府研究院
32	俄罗斯法律研究中心	黄道秀	比较法学研究院
33	法制新闻研究中心	刘斌	人文学院
34	亚洲（东亚）法研究中心	张凌	比较法研究所
35	青少年犯罪与少年司法研究中心	皮艺军	刑事司法学院
36	宪政研究中心	刘小楠	法学院
37	特许经营研究中心	孙选中	商学院
38	恢复性司法研究中心	王平（执行主任）	刑事司法学院
39	老年人权益保障研究中心	赵旭东 高浣月	民商经济法学院
40	美国政治与法律研究中心	杨玉圣	法学院

续表

序号	机构名称	负责人	管理单位
41	国土资源法律研究中心	李显冬	民商经济法学院
42	贸易救济研究中心	莫世健	国际法学院
43	知识产权研究中心	张 楚	民商经济法学院
44	传媒与文化产业研究中心	鞠宏磊	光明新闻传播学院
45	海商法研究中心	张丽英	国际法学院
46	国际环境法研究中心	林灿铃	国际法学院
47	银行法研究中心	管晓峰	民商经济法学院
48	劳动与社会保障法研究中心	王广彬	继续教育学院
49	美国法研究中心	崔 威 朱伟一	中美法学院
50	法与可持续发展研究中心	王 蓉	民商经济法学院
51	生物技术法研究中心	来小鹏 周长玲	民商经济法学院
52	社会调查研究中心	应 星 赵丙祥	社会学院
53	北欧政治与法律研究中心	王卫国	民商经济法学院
54	旅游法与世界遗产法研究中心	刘红婴	法学院
55	公证法学研究中心	马宏俊	法学院
56	航空与空间法研究中心	宣增益	国际法学院
57	国际商事法律研究中心	杜新丽	国际法学院
58	法律应用研究中心	刘金友	继续教育学院
59	荷兰民法研究中心	王卫国	民商经济法学院
60	竞争法研究中心	时建中	民商经济法学院
61	现代企业组织研究中心	柴小青	商学院
62	德国研究中心	许 兰	外国语学院
63	大学英语研究中心	李 立	外国语学院
64	投资管理研究中心	王晓明	商学院
65	恐怖主义与有组织犯罪研究中心	何秉松 曲新久	刑事司法学院
66	国际刑法与国际人道法研究中心	凌 岩	国际法学院
67	危机管理研究中心	李程伟	政治与公共管理学院

续表

序号	机构名称	负责人	管理单位
68	房地产法律研究中心，原创业投资法律研究中心	符启林	民商经济法学院
69	法务会计研究中心	张苏彤	民商经济法学院
70	国际教育非政府组织研究中心	孙洁琬	政治与公共管理学院
71	沈家本研究中心	沈厚铎	法律古籍整理研究所
72	疑难证据问题研究中心	吴丹红	证据科学研究院
73	公共决策研究中心	何 兵	法学院
74	传播法研究中心	宋建武 姚泽金	光明新闻传播学院
75	资本研究中心	刘纪鹏	法与经济研究所
76	法庭科学仪器研究中心	刘 斌	证据科学研究院
77	司法理念与司法制度研究中心	崔永东	法学院
78	国际银行法律与实务研究中心	高 祥	民商经济法学院
79	国家能源法律与政策研究中心	黄 进	国际法学院
80	无形资产管理研究中心	冯晓青	民商经济法学院
81	法商管理研究中心	孙选中	商学院
82	卫生法研究中心	应松年	法治政府研究院
83	美国国会研究中心	卫跃宁	刑事司法学院
84	应急法研究中心	马怀德	法治政府研究院
85	法律翻译研究中心	沙丽金	外国语学院
86	全球化法律问题研究中心	赵威	校办
87	票据法研究中心	刘心稳	民商经济法学院
88	系统法学与系统科学和文化研究中心	熊继宁	比较法研究院
89	财税法研究中心	施正文	民商经济法学院
90	犯罪与司法研究中心	王顺安	刑事司法学院
91	法治传播研究中心	姚广宜	光明新闻传播学院
92	法治与廉政研究中心	刘长敏	政治与公共管理学院
93	科技法研究中心	李玉香	民商经济法学院
94	金融与衍生证券研究中心	杨 帆	商学院
95	人力资源开发与管理研究中心	王 霆	商学院

续表

序号	机构名称	负责人	管理单位
96	法律实证研究中心	樊崇义	诉讼法学研究院
97	中国政法大学——国际城市管理协会中国中心	常保国	政治与公共管理学院
98	法治与文化研究中心	文兵	人文学院
99	宗教与法律研究中心	俞学明	人文学院
100	法律英语教学与测试研究中心	张法连	外国语学院
101	企业发展战略研究中心	王玉梅	民商经济法学院
102	韩国法研究中心	吴日焕	民商经济法学院
103	行政改革与政府组织法研究中心	薛刚凌	法学院
104	残疾人权益法律研究中心	刘智慧	法律硕士学院
105	气候变化与自然资源法研究中心	曹明德	民商经济法学院
106	地理标志研究中心	李祖明	民商经济法学院
107	法律与精神医学研究中心	胡纪念	证据科学研究院
108	非洲法律研究中心	夏吟兰	民商经济法学院
109	中国粮食安全法律研究中心	范晓波	国际法学院
110	高尔夫规则与文化研究中心	王小平	继续教育学院、体育教学部
111	当代中国政治哲学研究中心	李凯林	人文学院
112	艺术与法律研究中心	唐建 屈新	人文学院
113	艺术经纪研究中心	孙鹤	人文学院
114	网络法研究中心	于志刚	刑事司法学院
115	西方马克思主义研究中心	张秀琴	人文学院
116	社会管理法治研究中心	刘飞	法学院
117	刑事法律援助研究中心	顾永忠	诉讼法学研究院
118	台湾研究中心	吴琼恩	政治与公共管理学院
119	中国国际反垄断和投资研究中心	孔庆江	国际法学院
120	文学与法律研究中心	陆昕	人文学院
121	法庭科学文化研究中心	常林	证据科学研究院
122	东方毅文化战略研究中心	孙美堂	马克思主义学院
123	伪劣商品犯罪预防与控制研究中心	何秉松	刑事司法学院

续表

序号	机构名称	负责人	管理单位
124	当代中国私法研究中心	柳经纬	科研处
125	邮政法研究中心	许身健	法学院
126	政法宣传与舆情研究中心	刘徐州	光明新闻传播学院
127	合同法研究中心	隋彭生	民商经济法学院
128	反对人口贩运国际合作与保护研究中心	姜茹娇	国际法学院
129	公共文化服务建设研究中心	张桂林	政治与公共管理学院
130	大学生思想教育研究中心	王光进	民商经济法学院
131	商法研究中心	赵旭东	民商经济法学院
132	知识产权维权援助研究与服务中心	来小鹏	民商经济法学院
133	预防职务犯罪研究中心	屈超立	法律硕士学院
134	司法改革研究中心	汪海燕	刑事司法学院
135	高等学校财务管理研究中心	张桂林	财务处
136	中国城镇化法律问题研究中心	蒋立山	法学院
137	自然法学研究中心	曹义孙 舒国滢	法学教育研究与评估中心
138	医药法律与伦理研究中心	刘鑫	证据科学研究院
139	中国政府改革和发展研究中心	石亚军	政治与公共管理学院
140	金融理论与创新研究中心	赵卯生	马克思主义学院
141	中加法律研究中心	外方 Guy Lefebvre 中方 焦杰	国际法学院
142	东亚国际问题研究中心	孙承	政治与公共管理学院
143	语言与证据研究中心	邹玉华	人文学院
144	法律思维与法律逻辑研究中心	王洪	人文学院
145	中国周边安全研究中心	刘长敏	政治与公共管理学院
146	中国诚信建设研究中心	胡明	政治与公共管理学院
147	反腐败与廉政建设研究中心	王牧	刑事司法学院
148	县域法治研究中心	李树忠	法学院
149	国家预防灾害法治保障研究中心	曹义孙	法学教育研究与评估中心
150	现代新精英研究中心	解廷民	继续教育学院

续表

序号	机构名称	负责人	管理单位
151	公法与治理研究中心	张树义	法学院
152	朝鲜半岛研究中心	戚保良	政治与公共管理学院
153	金融创新与互联网金融法制研究中心	李爱君	民商经济法学院
154	中国政法大学欧洲研究中心	张 彤	比较法学研究院
155	历史社会学与中共党史研究中心	应 星	社会学院

(四) 2014 年纵向科研项目立项和经费情况一览表

1. 国家社会科学基金项目 (21 项)

项目名称	负责人	所在单位	项目类别	批准经费（万元）
国家治理体系现代化与法治政府建设研究	王敬波	法治政府研究院	重大项目	80
中国古代司法文明及当代意义研究	张晋藩	法律史研究院	重点项目	35
涉外民事关系法律适用法实施研究	齐湘泉	国际法学院	重点项目	35
建立健全资源有偿使用制度和生态补偿制度研究	曹明德	民商经济法学院	重点项目	35
以媒介融合推动新型传播体系的构建研究	宋建武	新闻与传播学院	重点项目	35
《中华人民共和国精神卫生法》实施中的强制措施与权益保障研究	杨甫德	证据科学研究院	重点项目	35
当代西方政治思想中的国家理论跟踪研究	庞金友	政治与公共管理学院	一般项目	20
内涵式大部制改革中政府职能深度整合研究	王湘军	政治与公共管理学院	一般项目	20
构建合作型监管治理理论新范式研究	杨炳霖	政治与公共管理学院	一般项目	20
秦汉法律编纂研究	徐世虹	法律古籍整理研究所	一般项目	20
合作行政与行政民营化问题研究	赵宏	比较法学研究院	一般项目	20
转型时期民事诉讼架构下的司法公开研究	毕玉谦	民商经济法学院	一般项目	20
面向国际争端管控的南海资源共同开发的国际法问题研究	孔庆江	国际法学院	一般项目	20

续表

项目名称	负责人	所在单位	项目类别	批准经费（万元）
行政诉讼预防性保护制度研究	罗智敏	法学院	一般项目	20
俄罗斯社会转型期民法法典化研究	鄢一美	民商经济法学院	一般项目	20
新媒体环境下的传媒与司法关系问题研究	姚广宜	新闻与传播学院	一般项目	20
基于行为模拟实验的环境冲突风险治理中风险沟通作用机制研究	詹承豫	政治与公共管理学院	一般项目	20
基督教文学中疑难案件的法学问题研究	刘阳阳	外国语学院	青年项目	20
新出中、日藏敦煌吐鲁番法制文献与唐代律令秩序研究	赵晶	法律古籍整理研究所	青年项目	20
法国宪法监督的实效化路径研究	王蔚	法学院	青年项目	20
《公共文化服务保障法》立法研究及草案起草	马怀德	法治政府研究院	特别委托	10

2. 国家社会科学基金后期资助项目（3项）

项目名称	负责人	所在单位	项目类别	批准经费（万元）
回归工程的人文本性——现代工程批判	张秀华	马克思主义学院	马克思主义学院	20
中国古代石刻法律文献叙录	李雪梅	法律古籍整理研究所	法律古籍整理研究所	20
恢复性司法与儒家伦理	单纯	人文学院	人文学院	20

3. 国家社会科学基金中华学术外译项目（1项）

项目名称	负责人	所在单位	项目类别	批准经费（万元）
历史性共同标准的达成——张彭春与世界人权宣言（英文版）	孙平华	外国语学院	中华外译	50

4. 全国教育科学规划项目（2项）

项目名称	负责人	所在单位	项目类别	批准经费（万元）
中国传统手工艺文化中的美育价值研究	臧小戈	人文学院	国家青年	15
多元文化背景下的中国古代文学教育——中国汉族与少数民族教育互动研究的视角	罗世琴	人文学院	教育部重点	3

5. 国家自然科学基金项目（2项）

项目名称	负责人	所在单位	项目类别	批准经费（万元）
联合 mf–VEP、FVEP 及 RNFL 检测客观评定视野的法医学研究	王旭	证据科学研究院	主任基金	10
欧盟新能源战略中的科技政策体系研究	于淼	商学院	专项基金	10

6. 教育部重点研究基地重大项目（4项）

项目名称	负责人	所在单位	批准经费（万元）
刑事诉讼庭前会议制度研究	卞建林	诉讼法学研究院	20
刑事简易程序规范化改革实证研究	李本森	诉讼法学研究院	20
印度法系及其与中华法系的比较研究	高鸿钧	法律史学研究院	20
以保障儿童人权为导向建构国家监护制度研究	夏吟兰	人权研究院	20

7. 高等学校全国优秀博士学位论文作者专项资金资助项目（1项）

项目名称	负责人	所在单位	批准经费（万元）
司法证明过程的机理与规制	吴洪淇	证据科学研究院	50

8. 教育部哲学社会科学研究后期资助项目（1项）

项目名称	负责人	所在单位	批准经费（万元）
法律与文学：可能性及其研究视角	刘星	法学院	10

9. 教育部人文社科研究一般项目（7项）

项目名称	负责人	所在单位	项目类别	批准经费（万元）
革命政党与乡村社会：中国共产党的早期组织形态研究	应星	社会学院	规划项目	10
新中国婚姻家庭法的历史与理论研究	金眉	民商经济法学院	规划项目	10
司法鉴定服务合同研究	刘鑫	证据科学研究院	规划项目	10
大数据时代电视节目评估体系变革研究	黄金	新闻与传播学院	青年项目	8
文学叙事与儿童阅读研究	金莉莉	人文学院	自筹项目	0
人文社会科学成果评奖机制研究	柳经纬	比较法学研究院	专项任务项目	10
当代西方学者关于《资本论》研究的新特点与新趋势	郗丽华	马克思主义学院	专项任务项目	5

10. 教育部留学回国人员科研启动基金项目（3项）

项目名称	负责人	所在单位	批准经费（万元）
TCO认证和FSC认证治理机制的政治经济分析——以中国IT产业和森林工业为例	任洪生	政治与公共管理学院	2
我国网络用户原创视频传播监管创新研究	黄金	新闻与传播学院	2
中文版消极情绪调节期待量表的修订及其在中国人群中的应用	王国芳	社会学院	2

11. 国家语言文字工作委员会科研项目（1项）

项目名称	负责人	所在单位	批准经费（万元）
网络语言的创新与规范化研究	王云	科技部	10

12. 教育部特别委托项目（3项）

项目名称	负责人	所在单位	批准经费（万元）
全国性法律在特别行政区的适用问题研究	焦洪昌	法学院	6
特区法院违基审查与香港基本法的实施	姚国建	法学院	5
香港青年政治力量对政制发展和政府管治的影响评估与对策——定性定量分析	陈咏华	法学院（博士后）	6

13. 霍英东高等院校青年教师基金项目（1项）

项目名称	负责人	所在单位	资助金额（万元）
消费者合同法研究	刘承韪	比较法学研究院	1.7（美元）

14. 国家法治与法学理论研究项目（4项）

项目名称	负责人	所在单位	项目类别	批准经费（万元）
法观念现代化与女性权利保护——以反家暴法为中心	王新宇	法学院	一般课题	5
我国刑事涉案财产处置程序研究	洪道德	刑事司法学院	一般课题	5
羁押巡视制度在中国监狱司法实践中的适用	赵珊珊	刑事司法学院	中青年课题	3
依法治国背景下培养法治思维的法律修辞研究	张清	外国语学院	专项任务	0

15. 北京市哲学社会科学规划项目（21项）

项目名称	负责人	所在单位	项目类别	批准经费（万元）
"中国梦"视野下的文化"人民性"	卢燕娟	人文学院	预立项项目	2
互联网产业发展和依法治理的重要指引	朱巍	新闻与传播学院	预立项项目	2
科学认识和运用新闻媒体	鞠宏磊	新闻与传播学院	预立项项目	2

续表

项目名称	负责人	所在单位	项目类别	批准经费（万元）
司法改革问题研究	陈光中	诉讼法学研究院	重大项目	30
法学成长中的方法与知识谱系	舒国滢	法学院	重大项目	30
清代官民冲突研究	林乾	法律史学研究院	重点项目	12
国际环境立法的伦理基础研究	林灿铃	国际法学院	重点项目	0
严格控制特大城市人口规模背景下北京市农业转移人口的市民化研究	陈明生	商学院	一般项目	8
刑事证明模式视角下的冤假错案防治	褚福民	证据科学研究院	一般项目	8
我国小微企业知识产权战略研究	冯晓青	民商经济法学院	一般项目	8
青少年暴力犯风险评估工具与矫正项目开发	杨波	社会学院	一般项目	8
北京市重大突发事件心理援助体系建设研究	王丽莉	政治与公共管理学院	一般项目	8
人口疏解趋势下的北京市流动人口服务管理问题及应对策略	李程伟	政治与公共管理学院	一般项目	8
专家辅助人制度研究	房保国	证据科学研究院	青年项目	0
基于国际经验完善我国农业转基因生物安全立法研究	于文轩	民商经济法学院	青年项目	5
北京市涉罪未成年人司法处遇与权利保护研究	王贞会	诉讼法学研究院	青年项目	5
北京市城市空间开发利用法律问题研究	薄燕娜	比较法学研究院	青年项目	5
转型期社会冲突事件中的媒体角色与公众认知	邓力	新闻与传播学院	青年项目	5
张九成心学思想研究	李春颖	国际儒学院	青年项目	5
北京市环境风险治理行政决策中科学咨询活动的法律规范	赵鹏	法治政府研究院	一般项目	8
中法行政诉讼比较研究	张莉	法治政府研究院	一般项目	8

16. 北京市科技新星计划项目（1项）

项目名称	负责人	所在单位	资助金额（万元）
交通事故案件中油漆类证据的问题研究	王元凤	证据科学研究院	35

（五）2014年横向科研项目立项和经费一览表

序号	项目名称	负责人	承担部门	项目来源	进账额（万元）
1	机场、航空公司、旅客三者法律关系研究	费安玲	法律硕士学院	首都国际机场股份有限公司	15
2	基于双导向顾客价值的POS机生产厂商营销战略研究——"连迪商用"为例	孙忠群	商学院	北京闽鄂吉科技发展有限公司	1.5
3	食品药品安全稽查工作规程研究	谢立斌	比较法研究院	国家食品药品监督管理总局	5
4	我国药品价格监管法律法规汇编、重点条文解释及案例剖析	翟宏丽	医药法律与伦理研究中心	安斯泰来制药（中国）有限公司	10
5	文检学在司法精神病鉴定领域的应用	刘建伟	证据科学研究院	公安部重点实验室中国刑事警察学院	1
6	蓟门决策论坛：公共政策问题与对策	何兵	法学院	南方都市报	22
7	暴力犯循证矫正项目研发	杨波	社会学院	司法部预防犯罪研究所	20
8	以身边的力量陪伴成长——新时期大学生榜样教育的探索和实践	张永然	学生处	北京市教工委	0.5
9	十八届三中全会精神进课堂	胡尚元	马克思主义学院	北京市教工委	0.5
10	当代大学生国际观评估及塑造	林海虹	马克思主义学院	北京市教工委	0.5
11	监狱文化建设与监狱管理创新	马志冰	法学院	江西省赣州监狱	10
12	国外保障房建设及经验研究（二期）	潘小娟	政治与公共管理学院	国家行政学院经济学教研部	20

续表

序号	项目名称	负责人	承担部门	项目来源	进账额（万元）
13	高校思想政治工作话语中的历史发展研究	阮广宇	马克思主义学院	北京市教工委	1.5
14	研究型教学在《中国近代史纲要》教学中的应用	王强	马克思主义学院	北京市教工委	0.5
15	公法中的自治研究	张树义	法学院	乾木文辰律师事务所	20
16	合作学习中的移动课堂——《中国近代史纲要》"小组研讨型"教学方式研究	张文灿	马克思主义学院	北京市教工委	0.5
17	《基础》课中PBL教学法与LBL教学法的对比研究	赵庆杰	马克思主义学院	北京市教工委	0.5
18	《食品药品投诉举报管理办法》起草	马怀德	法治政府研究院	国家食品药品监督局投诉举报中心	20
19	涉及法律的文学名著在法制建设中的作用	赵文彤	人文学院	北京惠士德资讯中心	1
20	《民主的基础》作为原理在中国法制建设中的价值调研	赵文彤	人文学院	北京惠士德资讯中心	2
21	中关村企业知识产权法律风险报告2014	赵威	国际法学院	中关村居委会	20
22	西北航道海峡的通航制度	郭红岩	国际法学院	北京龙马精神文化传媒有限公司	2
23	新形势下的微政务研究	刘徐州	光明新闻传播学院	海宁市司法局	3
24	横琴地区多元化纠纷解决机制研究	柳经纬	比较法研究院	澳门特区政府	25
25	流域跨界纠纷调处机制研究	胡静	民商经济法学院	环境保护部环境与经济政策研究中心	6.61
26	市场化背景下的《铁路法》修改问题研究	王夏昊	法学院	国家铁路局	25
27	网络借贷自律监管机制研究	李爱君	民商经济法学院	上海盈灿投资管理咨询有限公司	5

续表

序号	项目名称	负责人	承担部门	项目来源	进账额（万元）
28	金融创新与监管问题研究	李爱君	民商经济法学院	海拓律师事务所	10
29	网络借贷的投资合法权益保护研究	李爱君	民商经济法学院	上海盈灿投资管理咨询有限公司	5
30	北京市行政程序立法研究	应松年	法治政府研究院	亚洲基金会	20.76
31	中央层面行政程序立法研究	应松年	法治政府研究院	亚洲基金会	4.99
32	中央烟控立法的促进	应松年	法治政府研究院	无烟少年运动基金会	56.28
33	北京市人口调控的法律应对	薛刚凌	法学院	北京市法学会	10
34	行政法律援助项目	袁钢	法学院	亚洲基金会	4.36
35	关于外大陆架界限划定研究	高健军	国际法学院	海洋局战略所	5
36	国际石油勘探开发公司境外投资法律保护机制研究	王卫国	民商经济法学院	中国石油化工股份有限公司胜利油田分公司	25
37	马工程行政管理重点教材编写项目	刘俊生	政治与公共管理学院	中国人民大学	1
38	"95世妇会"对中国妇女法律权利的影响	刘小楠	法学院	福特基金会	12.12
39	房地产合同法律条款的完善及争议解决	宋连兵	国际法学院	广东省韶关市始兴县田园房地产有限公司	8.5
40	欧盟法研究	赵静静	外国语学院	北京艺视野广告有限公司	1.1
41	法国小说诗学研究	赵静静	外国语学院	北京百鸿欣德工贸有限公司	1.1
42	网络名誉侵权案件法律分析	朱巍	光明新闻传播学院	中国石化国际事业有限公司	14
43	首都机场翻译项目	崔延花	外国语学院	北京首都国际机场股份有限公司	3
44	房地产工程建设疑难问题研究	符启林	民商经济法学院	河北建设集团有限公司	20
45	关于涉港澳台司法协助机制的调研	黄进	国际法学院	最高人民法院	6

续表

序号	项目名称	负责人	承担部门	项目来源	进账额（万元）
46	国外水资源保护刑法制度建设现状及启示的研究	王称心	法学院	水利部发展研究中心	13
47	国家公派留学生研究生选派与管理相关法律问题研究	于志刚	刑事司法学院	国际留学基金管理委员会	1.6
48	中国和平发展道路研究	卫灵	马克思主义学院	湖南八旗建设集团	10
49	2014年反就业歧视媒体培训研究项目	刘小楠	法学院	挪威奥斯陆大学人权中心	28.99
50	《新闻工作者职业手册》修订项目协议	阴卫芝	光明新闻传播学院	中华全国新闻工作者协会	6
51	关于联合展开"企业内部违规行为预防"的科研协议	皮艺军	刑事司法学院	上海津辉创业投资有限公司	8
52	中国反垄断法对直销行业影响问题研究	孙选中	商学院	安利（中国）日用品有限公司	40
53	《社会安全与应急管理法律应用》	王广彬	民商经济法学院	北京法拓律师事务所等	20
54	《北京市竞技体育竞赛管理办法》修改立法研究	王小平	体育法研究中心	北京市体育局	10
55	环境法律制度整合与完善	胡静	民商经济法学院	环境保护部	10
56	科技创新与我国知识产权法治研究	来小鹏	民商经济法学院	永信药品工业公司	10
57	加拿大自然资源与法制研究项目	焦杰	国际法学院	蒙特利尔大学法学院	8.47
58	中国仲裁司法监督的实证研究	宋连兵	国际法学院	北京仲裁委员会	3.5
59	民航行政执法自由裁量机制研究	何兵	法学院	中国民用航空中南地区管理局	6
60	海淀区农村集体资金、资产、资源管理研究	黄立君	商学院	中共海淀区委海淀区人民政府研究室	17
61	关于被盗掘考古类文化财产返还的法律问题	霍政欣	国际法学院	国家文物局	19.8

续表

序号	项目名称	负责人	承担部门	项目来源	进账额（万元）
62	欧韩自贸协定研究及其对中欧BIT谈判的借鉴	祁欢	国际法学院	博世（中国）投资有限公司、北京市天元律师事务所	5.4
63	ICSID投资仲裁制度研究——以ISDS案例为主线	祁欢	国际法学院	美国高通公司、美国科律律师事务所驻上海代表处、美国世达律师事务所、美国微软公司	16.16
64	信访工作与政府改革、司法文明研究	王湘军	政治与公共管理学院	北京市信访矛盾分析研究中心	40
65	北京市信访干部素质拓展研究	翟校义	政治与公共管理学院	北京市信访矛盾分析研究中心	40
66	地下水环境损害责任追究制度研究	郎佩娟	法学院	环境保护部环境与经济政策研究中心	8
67	跨域中等收入陷阱——平等竞争与民间主体	李晓	商学院	晋美工商管理专修学院	150
68	S-100、TH、NGF及其受体p75NTR在陈旧性心肌梗死法医学鉴定中的应用研究	于天水	证据科学研究院	上海市法医学重点实验室	2.5
69	《法律英语国际期刊》研究	李立	外国语学院	河南安智勇实业发展有限公司	5
70	北京市天安门地区管理地方立法研究	李程伟	政治与公共管理学院	北京市天安门地区管委会	10
71	我国药品价格监管法律体系研究	翟宏丽	证据科学研究院	北京诺华制药有限公司	40
72	法国公司法研究	赵静静	外国语学院	中通环宇（北京）会议服务有限公司	1.1
73	广告在法语教学中的运用	赵静静	外国语学院	中通环宇（北京）会议服务有限公司	1

续表

序号	项目名称	负责人	承担部门	项目来源	进账额（万元）
74	《国际功能、残疾和健康分类》的图建模式研究	杨天潼	证据科学研究院	北京市司法局	3
75	自贸区专利支撑政策研究	来小鹏	民商经济法学院	国家知识产权局	15.2
76	新能源企业国际化发展战略研究	李泳	商学院	北京国电福瑞科技有限公司	15
77	《北京市行政程序条例》法规预案研究	应松年	法治政府研究院	北京市人大常委会	8
78	《关于环境保护的南极条约议定书》附件六"环境紧急状态下的责任"对南极活动影响问题研究	郭红岩	国际法学院	国家海洋局极地考察办公室	5
79	互联网金融反信用欺诈问题研究	杜春鹏	刑事司法学院	中标民心信征信（北京）有限公司	50
80	社区服刑人员风险管理评估系统	刘邦惠	社会学院	北京市朝阳区司法局	3
81	慈善事业立法的基本框架研究	马怀德	法治政府研究院	中华人民共和国民政部	2
82	信访立法与信访改革研究	石亚军	政治与公共管理学院	北京市信访矛盾分析研究中心	48
83	惩治网络诽谤的刑法问题及执法与立法建言	曲新久	刑事司法学院	中宣部	0.8
84	中国民营公司治理法律问题研究	徐晓松	民商经济法学院	北京瑞宏亚科技有限公司	15
85	策略论在社会英语培训机构应用的可行性研究	王敏	外国语学院	晋中青创职业培训学校	1
86	国际环境条约的协同履约研究	林灿铃	国际法学院	重庆恒韵医药有限公司	10
87	加强我国在极地的软实力问题研究	蔡拓	全球化与全球问题研究所	国家海洋局极地考察办公室	10
88	深圳市法治政府建设指标体系修改	马怀德	法治政府研究院	深圳市法制研究所	9.8

续表

序号	项目名称	负责人	承担部门	项目来源	进账额（万元）
89	信访改革视角下的国家治理体系与治理能力现代化研究	翟校义	政治与公共管理学院	北京市信访矛盾分析研究中心	40
90	嵌入式控制器功能软件模块的研制与开发	陈莲	科学技术教学部	北京瑞多科技发展有限公司	4
91	广播电视采编播人员职业规范项目	阴卫芝	光明新闻传播学院	国家新闻出版广电总局政策法规司	4.8
92	国家环境教育立法和重庆环境教育立法推动项目	于文轩	民商经济法学院	环境保护部宣传教育中心	3
93	制定淄博市法治政府建设规划、建立完善考核评价体系	马怀德	法治政府研究院	淄博市政府法制办	10
94	中俄反腐立法研究	潘勤	刑事司法学院	中国法学会	3
95	马航MH370有关法律问题研究	覃华平	国际法学院	北京市中洲律师事务所	1
96	中美行政程序法和行政诉讼法比较研究	应松年	诉讼法学研究院	亚洲基金会	12.39
97	体育彩票法律制度研究	尹志强	民商经济法学院	国家体育总局	2
98	行政复议行政诉讼法律问题研究	王传丽	国际法学院	工业和信息化部政策法规司	15
99	行政诉讼行政复议专项	王传丽	国际法学院	工业和信息化部政策法规司	10
100	加快法治建设，促进国家治理体系和治理能力现代化	应松年	法治政府研究院	中国法学会	10
101	中美行政复议法比较研究	刘莘	法学院	亚洲基金会	12.26
102	从最简角度审视法律语言句法特点	史红丽	外国语学院	北京丰富机械配件加工厂	1
103	宾语漂移	史红丽	外国语学院	北京丰富机械配件加工厂	1
104	法律语言的句法语义界面	史红丽	外国语学院	北京丰富机械配件加工厂	1
105	法律语言的句法特征	史红丽	外国语学院	北京丰富机械配件加工厂	1

续表

序号	项目名称	负责人	承担部门	项目来源	进账额（万元）
106	强制执行债权文书公证的法律边界研究	马宏俊	法学院	北京市志诚公证处	5
107	关于环境污染侵权责任法律适用问题	王灿发	民商经济法学院	最高人民法院	6
108	土地监察重大法律问题研究	马怀德	法治政府研究院	国家土地总督察办公室	20
109	我国民事公益诉讼制度的立法完善	刘金华	民商经济法学院	北京市君泰律师事务所	4
110	主要国家和地区市场监管机构和制度研究	刘俊生	政治与公共管理学院	国家工商总局	20
111	国内炼化企业低温余热资源调查及利用余热发电现状评价	张红岩	科学技术教学部	中国石油大学（北京）	8.5
112	交通事故定点医院的法律风险防范	庄敬华	民商经济法学院	怀来同济医院	4
113	《北京市实施工会法办法》论证研究	金英杰	民商经济法学院	北京市总工会	2
114	提升司法公信力视角下的法院公共关系建设研究	王天铮	光明新闻传播学院	北京市第一中级人民法院	5
115	中国法律职业伦理教育研究	尹超	法学教育研究与评估中心	北京四季常绿酒业有限公司	1
116	中国应急管理体系演变及影响因素分析	詹承豫	政治与公共管理学院	清华大学	10
117	建筑物著作权侵权问题法律咨询研究	冯晓青	民商经济法学院	无锡万达城投资有限公司	10
118	中国高校人权法教学研究项目（2014年度）	班文战	人权研究院	挪威奥斯陆大学法学院挪威人权中心	71.27
119	竞争政策在经济政策体系中的地位	时建中	民商经济法学院	商务部反垄断局	21.6
120	昆曲唱法与民族唱法研究	王莉	人文学院	北京中城规划设计院有限公司	5
121	寄递实名制及禁限寄物品管理规定研究	王湘军	政治与公共管理学院	国家邮政局	35

续表

序号	项目名称	负责人	承担部门	项目来源	进账额（万元）
122	天津普信投资担保有限公司企业管理研究项目	王晓明	商学院	北京市社科界联合会	1
123	北京市行政执法体制改革研究	马怀德	法治政府研究院	北京市人大常委会法制办	3
124	《零售商供应商公平交易管理办法》立法后评估及《零售商供应商公平交易管理条例》草案建议稿课题研究	时建中	民商经济法学院	商务部反条约法律司	4.5
125	主要国家竞争法律制度比较研究	时建中	民商经济法学院	国家工商行政管理总局	20
126	理顺首都城管执法体制，提高执法和服务水平	王敬波	法治政府研究院	北京市城市管理综合行政执法局	5.6
127	朝阳区依法行政教育培训中心发展研究	王敬波	法治政府研究院	北京市朝阳区人民政府法制办公室	30
128	资本市场及国家公共信用信息归集与共享运用制度研究	王涌	民商经济法学院	上海证券交易所	5
129	中国土地使用权现状和变化研究	赵红梅	民商经济法学院	北京市英岛律师事务所	1
130	中国土地所有权现状和变化研究	赵红梅	民商经济法学院	北京市英岛律师事务所	1
131	文化"走出去"补贴规避国际贸易争端	余丽	国际法学院	中共中央宣传部	5
132	"二人台戏剧唱腔艺术"研究	张瑞丁	人文学院	包头市华之声影视传媒有限责任公司	1.1
133	中西法律职业伦理教育考察	尹超	法学教育研究与评估中心	北京四季常绿酒业有限公司	1
134	作曲家张春溪先生创新的戏剧音乐整理研究	张瑞丁	人文学院	包头市华之声影视传媒有限责任公司	1.1
135	电影片段在法语教学中的运用	赵静静	外国语学院	中通环宇（北京）会议服务有限公司	1.1

续表

序号	项目名称	负责人	承担部门	项目来源	进账额（万元）
136	法国环境法研究	赵静静	外国语学院	中通环宇（北京）会议服务有限公司	1
137	道路安全"好人法"立法倡导项目	李强	法学院	中国红十字会总会	10.8
138	非羁押性强制措施社会管护机制实证研究	王贞会	诉讼法学研究院	中国法学会	1.5
139	中国对外民意调研	严挺	政治与公共管理学院	北京普和阳光文化传播有限公司	2
140	公共文明行为规范与法制	董京波	国际法学院	北京师范大学	4.2
141	政治法律类、宗教类社会组织界定研究	严挺	政治与公共管理学院	民政部民间组织管理局	4.5
142	反拐手册研究2014	杜新丽	国际法学院	联合国反对拐卖人口机构间项目中国办公室（UNIAP）	3.07
143	监狱羁押巡视制度试点项目	赵珊珊	刑事司法学院	河南省焦南监狱	3
144	网络金融犯罪调查取证研究	刘燕	刑事司法学院	北京市法学会、北京康健一生投资管理有限公司	1
145	基于市场的环境治理工具研究	贵斌威	法和经济学研究中心	北京中堂华鼎国际经济文化中心有限公司	1.5
146	浙江省强制性产品认证制度实施情况及对策研究	贵斌威	法和经济学研究中心	浙江省质量检测科学研究院	2
147	司法公正评价标准研究	王称心	法学院	最高人民法院	3
148	俄罗斯电子商务和物流立法问题研究	王志华	比较法学研究院	北京惠颐科技有限公司	15
149	国际能源价格走势及其对中国经济的影响研究	金仁淑	商学院	天津德融福川国际贸易有限公司	15
150	新刑事诉讼法视野下侦查阶段辩护律师权利保障问题研究	汪海燕	刑事司法学院	中国法学会	1.5

续表

序号	项目名称	负责人	承担部门	项目来源	进账额（万元）
151	中国商法案例编撰与研究	王涌	民商经济法学院	海航置业控股（集团）有限公司	250
152	互联网不正当竞争行为研究	刘继峰	民商经济法学院	北京市合川律师事务所	10
153	期货法立法研究	贺绍奇	民商经济法学院	中国金融期货交易所	10
154	企业与社会组织在政府部门注册登记对比研究	常保国	政治与公共管理学院	中国国际经济技术交流中心	14.37
155	民营企业知识产权现状研究	李玉香	民商经济法学院	全国工商业联合会	11.5
156	在华境外非政府组织综合执法监督机制研究	刘力	国际法学院	民政部民间组织管理局	3.5
157	铁路运输企业法律地位研究	马怀德	法治政府研究院	国家铁路局	40
158	矿业用地立法相关疑难问题研究之自然资源管理体制和法律体系研究	王卫国	民商经济法学院	中国土地矿产法律事务中心	9.5
159	我国生物遗传资源政策与立法研究	于文轩	民商经济法学院	环境保护部南京环境科学研究所	7
160	第四届国际人道法暑期教师高级研究项目	张伟	人权研究院	红十字国际委员会东亚代表处	9.29
161	反就业歧视立法研究	刘小楠	法学教育研究与评估中心	罗尔·瓦伦堡人权与人道法研究所	13.84
162	监督受托人委托协议示范文本研究	时建中	民商经济法学院	商务部反垄断局	8
163	新闻媒体内部运行管理机制	宋建武	光明新闻传播学院	中宣部改革办	3
164	金融业公司规模分布与广义虚拟经济波动性研究	朱晓武	商学院	中航出版传媒有限责任公司	1.5
165	行政诉讼法与行政复议的修改与完善	应松年	法治政府研究院	亚洲基金会	13.11

续表

序号	项目名称	负责人	承担部门	项目来源	进账额（万元）
166	政府职能根本转变视野下行政单位工作人员聘任制改革研究	石亚军	政治与公共管理学院	天津开发区人力资源和社会保障局	42
167	外事认证办法（草案）的评估和论证	杜新丽	国际法学院	外交部领事司	3
168	中关村企业商标品牌战略研究	刘瑛	民商经济法学院	中国技术交易所	15
169	无线电国际法律体系研究	张楚	现代科技教学部	上海市无线电管理局	5
170	网络时代信息安全法律问题和移动互联网文化执法监管问题研究	张楚	现代科技教学部	北京奇虎科技有限公司	15
171	西城区信访矛盾形势及其具体案例的成因和化解途径研究	傅广宛	政治与公共管理学院	西城区信访办	10
172	关于杨浦区青年失业情况分析及应对策略的研究和关于高校创业教育、创业实践的调研报告	傅广宛	政治与公共管理学院	杨浦区就业促进会	3
173	实效主义法学及其应用研究	柯华庆	法学院	北京实效法律顾问公司	4
174	国际环境立法的伦理基础研究	林灿铃	国际法学院	福州茗仁茶叶有限公司	12
175	跨国界大气污染问题的国际条约与规则研究	林灿铃	国际法学院	中国—东盟环保合作中心	3
176	法治邮政建设指标体系	马怀德	法治政府研究院	国家邮政局	15.68
177	论党的执政理念在中国法治建设过程中的决定性指导作用	许浩明	国际法学院	国经创新（北京）投资基金管理有限公司	10
178	人权的立法保障研究	班文战	人权研究院	人权研究会	4
179	联合国人权理事会研究——以普遍定期审议机制为重点	孙萌	人权研究院	人权研究会	1
180	消极比赛与操纵比赛治理研究	马建川	政治与公共管理学院	国家体育总局	1.5

续表

序号	项目名称	负责人	承担部门	项目来源	进账额（万元）
181	期货经营机构的业务范围及组织形式	赵旭东	民商经济法学院	中国金融期货交易所	8
182	北京市全民健身条例修改草案起草研究	马宏俊	法学院	北京市体育局	9
183	国有企业民商事法律风险识别与防范	郑佳宁	民商经济法学院	中国航天科技工防技术研究院党校	16
184	电子商务立法课题研究之一——电子商务消费者权益保护	吴景明	民商经济法学院、开放教育办公室	消费者协会	6
185	国外公务员录用报考条件研究	薛刚凌	法学院	人力资源与社会保障部国家公务员局	5.5
186	京市高速公路条例建议草案	王敬波	法治政府研究院	首都公路发展集团	10
187	行政执法监督理论研究和实践活动项目	王敬波	法治政府研究院	北京市人民政府法制办	28.8
188	河北省与发达地区土地管理制度比较及建立城乡统一建设用地市场研究	王敬波	法治政府研究院	河北省国土资源厅	47.03
189	广播电视节目管理法律制度完善研究项目	阴卫芝	光明新闻传播学院	国家新闻出版广电总局政策法规司	4.8
190	农村集体土地产权保护及实现制度研究	于飞	科研处、民商经济法学院	国土资源部土地矿产法律事务中心	19
191	中国媒体融合发展报告2014	宋建武	光明新闻传播学院	北京市新闻工作者协会	6.34
192	国际跨国大粮商的主要做法、经验及对我国培育国际大粮商的启示	刘志雄	商学院	农业部农村经济研究中心	2
193	关于组织开展北京市昌平区行政职权清理审核工作理论研究和实践合作研究项目	王敬波	法治政府研究院	北京市昌平区政府法制办	20

续表

序号	项目名称	负责人	承担部门	项目来源	进账额（万元）
194	视听新媒体执法问题研究	张楚	现代科技教学部	国家新闻出版广电总局政策法规司	4.8
195	国外能源立法动态情况跟踪研究（电力）	胡继晔	法和经济学研究中心	国家能源局法制和体制改革司	5
196	广播影视依法行政考核制度研究	王蔚	法学院	国家新闻出版广电总局政策法规司	4.8
197	"上证联合研究计划"行政许可实施情况评估专题	薛刚凌	法学院	上海证券交易所	10
198	纳米金粒子增强和蛋白阻抗技术在毒品检验芯片中的应用	郝红霞	证据科学研究院	公安部物证鉴定中心	39
199	《专利权转让管理办法》研究	来小鹏	民商经济法学院	国家知识产权局	12
200	北京市环境应急管理法律问题研究	马燕	民商经济法学院	北京市法学会	3
201	电子证据问题研究	卞建林	诉讼法学研究院	江苏金陵科技集团有限公司	10
202	修订《医院投诉管理办法（试行）》	刘鑫	证据科学研究院	国家卫生和计划生育委员会	3
203	公关传播中虚假信息的认定	张鹰	人文学院	正阳聚成公关顾问北京有限公司	1
204	国家审计推动完善国家治理	薛刚凌	法学院	国家审计学会	2.8
205	主要国家南极活动行政许可相关问题研究	郭红岩	国际法学院	国家海洋局极地考察办公室	8
206	基于使用安全视角的国内外消费品分类现状研究	刘志雄	商学院	中国标准化研究院	4
207	酌定量刑情节在死刑认定中的适用	曲新久	刑事司法学院	最高人民检察院	3
208	见义勇为认定体系	曲新久	刑事司法学院	中宣部办公厅	0.8
209	境外网络课堂在中国内地的市场准入问题	杨帆	国际法学院	泓法（上海）信息科技有限公司	3
210	陆海统筹的环境应急管理职责与制度研究	于文轩	民商经济法学院	环境保护部环境规划院	19

续表

序号	项目名称	负责人	承担部门	项目来源	进账额（万元）
211	电子商务市场准入及退出制度研究	赵旭东	民商经济法学院	国家工商行政管理总局	10
212	国家管辖范围外海洋遗传资源知识产权相关问题研究	李俊红	人才中心	国家海洋局海洋发展战略研究所	4.5
213	体育赛事英语词汇翻译研究	刘建波	外国语学院	北京智博以勒体育文化发展有限公司	1
214	篮球比赛术语研究	刘建波	外国语学院	北京智博以勒体育文化发展有限公司	1
215	劳教废除后的改革	岳礼玲	刑事司法学院	瑞士大使馆	22.86
216	食品药品监管工作在公共安全治理体系下的战略地位研究	赵鹏	法治政府研究院	国家食品药品监督管理总局	12
217	专利导航视角下的产业规划编制方法研究	王玲	商学院	国家知识产权局	4
218	犯罪评估与矫正体系及其软件系统研究	刘邦惠	社会学院	湖南亿恩科技有限公司	10
219	金融市场服务法治建设	梅慎实	民商经济法学院	北京市隆安律师事务所	5
220	大旅游背景研究	翟校义	政治与公共管理学院	湖州市旅游局	2.2
221	大旅游背景下湖州市旅游行政管理改革研究	翟校义	政治与公共管理学院	湖州市旅游局	2.8
222	改革完善律师制度	赵旭东	民商经济法学院	中国法学会	5
223	《街道办事处工作条例》立法研究	潘小娟	政治与公共管理学院	民政部基层政权和社区建设司	2.36
224	社区治理理论研究	郭伟和	社会学院	民政部政策研究中心	4
225	行政执法监督理论研究	马怀德	法治政府研究院	国务院法治办公室	3
226	公司舞弊风险管理理论与实务研究	张苏彤	民商经济法学院	福建正守法务会计有限公司	3

续表

序号	项目名称	负责人	承担部门	项目来源	进账额（万元）
227	《广州知识城知识产权保护和服务综合改革总体方案》研究	来小鹏	民商经济法学院	国家知识产权局	24
228	著作权的限制和例外研究	张今	民商经济法学院	国家新闻出版广电总局	8
229	中国政府监管法制框架研究	张卿	法和经济学研究中心、科研处	北京环球律师事务所	10
230	《广州法治政府建设"十三五"规划》研究	马怀德	法治政府研究院	广州市人民政府法治办公室	12
231	民防执法案例精粹	王青斌	法治政府研究院	北京市民防局	15.8
232	行政执法理论研究	王青斌	法治政府研究院	北京市民防局	5
233	首都社会舆情信息研究	张森	光明新闻传播学院	北京市人大常委会办公厅	12
234	当前北京社会舆情信息研究	张森	光明新闻传播学院	北京市人大常委会办公厅	11
235	司法拍卖若干问题研究	王娣	民商经济法学院	东营齐润化工有限公司	10
236	中国多层次资本市场建设及企业产融结合发展研究	刘纪鹏	法和经济学研究中心	深圳市华商世纪企业管理顾问有限公司	10
237	国土资源部门协助执行人民法院涉矿判决或裁定制度研究	李显冬	民商经济法学院	国土部政策法规司	30
238	知识产权综合执法机制在我国产业发展中的作用调查分析项目	张南	民商经济法学院	国家知识产权局	4
239	专利代理行业监管机制及行业协会能力建设研究	陈宜		中华全国专利代理人协会	7.2
240	中国继承法研究	陈汉	民商经济法学院	杭州郎丹泽皮具有限公司北京分公司	1
241	英语教学中的口头报告行为研究	蔺玉清	外国语学院	北京知仁律师事务所	1
242	非英语专业学术英语写作教学研究	蔺玉清	外国语学院	北京知仁律师事务所	1

续表

序号	项目名称	负责人	承担部门	项目来源	进账额（万元）
243	贯彻落实十八届三中、四中全会精神展望国家土地督察制度研究	刘杨	法学院	国家土地督察北京局	16
244	国家发改委药品价格评审中心药品价格评审行为的属性及其法律规制研究	马怀德	法治政府研究院	国家发改委药品价格评审中心	10
245	2014拉萨法治发展报告	蒋立山	法学院	中共西藏拉萨市委员会政法委	28
246	完善土地承包相关法律问题研究	刘金华	民商经济法学院	农业部农村合作经济经营管理总站	20
247	新加坡增值税法律及法规文本	翟继光	民商经济法学院	财政部	1
248	促进出生人口性别结构平衡管理条例研究	何兵	法学院	国家卫生计生委家庭司	18
249	民办非企业单位年度报告制度研究	张玲	国际法学院	中国国际经济技术交流中心	6.12
250	海峡两岸婚姻家庭现状与利益诉求研究	冯霞	国际法学院	北京市商泰律师事务所	0.5
251	中国特色仲裁基本理论问题研究	黄进	国际法学院	国务院法制办	15
252	"多规合一"规划体系的法理解读与制度建议	孔庆江	国际法学院	中国科学院南京地理与湖泊研究所	10
253	依申请公开制度行政法理论	王敬波	法治政府研究院	北京市政府办公厅	6
254	关于制定《青岛市学校管理条例》和学校管理清单的研究	王敬波	法治政府研究院	青岛市教育局	9.7
255	中欧知识产权合作30周年研究	张南	民商经济法学院	国家知识产权局	11.5
256	董必武依法治国理念与社会主义法治思维的构造	侯淑雯	法学院	中国法学会董必武法学思想研究会	2

续表

序号	项目名称	负责人	承担部门	项目来源	进账额（万元）
257	施维雅天津制药有限公司药品价格评审行为的属性及其法律规则研究	马怀德	法治政府研究院	施维雅天津制药有限公司	20
258	董必武人民司法思想与人民陪审制度研究	王新宇	法学院	中国法学会	2
259	中国公共部门改革创新战略	薛刚凌	法学院	中国国际经济技术交流中心	8
260	法律援助实施措施改革研究	赵天红	刑事司法学院	北京市尚权律师事务所	3
261	关于金融案件审判疑难问题的调研	王卫国	民商经济法学院	最高人民法院	6
262	密码管理法规体系与其他领域法律法规体系相关性研究	王卫国	民商经济法学院	国家密码管理局	15
263	我国异地商会登记与管理政策调研及建议	赵旭东	民商经济法学院	民政部民间组织管理局	4.5
264	汉语普通话不同音节语言的同一认定研究	曹洪林	证据科学研究院	公安部物证鉴定中心	10
265	两岸民法的协调与统一问题研究	靳文静	民商经济法学院	台湾民主自治联盟中央委员会	10
266	中国加入WTO"政府采购协议"研究	兰兰	国际法学院	中国法学会世界贸易组织法研究会	2
267	北京市高级人民法院法官心理健康和专业素质测评工具开发合作研究项目	李林	社会学院	北京市高级人民法院	30
268	暴恐事件的媒介"镜像"与首都反恐传播对策	孟盈	光明新闻传播学院	北京市社会科学界联合会	2
269	董必武法治思想与我国监狱文明建设	姜晓敏	法学院	中国法学会	2
270	文学叙事与儿童阅读研究	金莉莉	人文学院	武汉风扬大旗文化传播有限公司	8
271	食品安全法律制度研究	符启林	民商经济法学院	倍斯特系统股份有限公司	7

续表

序号	项目名称	负责人	承担部门	项目来源	进账额（万元）
272	油气矿业权审查相关制度研究	李显冬	民商经济法学院	国土部油气资源战略研究中心	48
273	中国参与国际体系的文化安全动力机制研究	李晓燕	政治与公共管理学院	北京市社会科学界联合会	2
274	数字环境下高校英语教学模式与资源建设研究：法律英语微课程视角	张鲁平	外国语学院	外语教学与研究出版社有限责任公司	0.25
275	以管资本为主加强国有资产监管研究	刘纪鹏	法和经济学研究中心	国务院国有资产监督管理委员会法规局	14.4
276	美国国防部军用软件采办中的知识产权政策研究	王芳	外国语学院	总装备部国防知识产权局	18
277	北京市通州区2015~2020年法治政府建设规划研究	王敬波	法治政府研究院	通州市人民政府法制办公室	10
278	国际体系转换背景下的朝鲜半岛与东北亚	韩献栋	政治与公共管理学院	韩国驻华大使馆	2
279	中国标准版权保护制度研究	柳经纬	比较法学研究院	国家标准化管理委员会	15
280	《药品管理法》法律责任研究	王青斌	法治政府研究院	国家食品药品监督管理总局法制司	6

（六）北京市共建项目一览表（1项）

项目名称	负责人	所在单位	资助金额（万元）
北京市哲学社会科学优秀成果奖评审及结果分析	柳经纬	证据科学研究院	15.1735

（七）中国政法大学校级人文社会科学项目一览表（30项）

序号	项目名称	负责人	所在单位	项目类别	资助金额（万元）
1	民事诉讼专家辅助人制度研究	毕玉谦	民商经济法学院	规划项目	4

续表

序号	项目名称	负责人	所在单位	项目类别	资助金额（万元）
2	保险公司市场退出制度的构建与适用	薄燕娜	比较法学研究院	规划项目	4
3	技术与社会变迁——马克思技术思想研究	傅扬	马克思主义学院	规划项目	4
4	专业社会工作方法在社区矫正应用效果的循证研究	郭伟和	社会学院	规划项目	4
5	美国历史上的法学教育改革及其启示	胡晓进	法学教育研究与评估中心	规划项目	4
6	完善我国知识产权司法鉴定制度研究	李祖明	民商经济法学院	规划项目	4
7	国家治理中的司法策略与纠纷解决	栗峥	诉讼法学研究院	规划项目	4
8	调查方法的认知研究	刘萃侠	社会学院	规划项目	4
9	农村法律援助问题研究	刘晓兵	法学院	规划项目	4
10	《易传》形成与秦汉典籍研究	刘震	人文学院	规划项目	4
11	假品诱惑与消费者的假品认知对消费者假品购买意愿影响的研究	马克态	商学院	规划项目	4
12	"世界体系马克思主义"的唯物史观革命研究	宋朝龙	马克思主义学院	规划项目	4
13	西方学者重建《资本论》研究的批判与反思	邰丽华	马克思主义学院	规划项目	4
14	当代西方论证结构理论研究	王建芳	人文学院	规划项目	4
15	突发事件心理援助体系建设研究——以北京市为例	王丽莉	政治与公共管理学院	规划项目	4
16	德性与利益——西方早期现代商业社会理论研究	王楠	社会学院	规划项目	4
17	虚假诉讼问题之研究	肖建华	诉讼法学研究院	规划项目	4
18	企业异质性与中国汽车出口结构转型升级研究	杨丽花	商学院	规划项目	4
19	意向性——现象学与分析哲学的比较研究	张浩军	人文学院	规划项目	4

续表

序号	项目名称	负责人	所在单位	项目类别	资助金额（万元）
20	我国社会保障基金管理法的基础理论研究——从信托法的视角分析	赵廉慧	民商经济法学院	规划项目	4
21	大数据时代传统媒体内容产品生产研究	毕秋灵	光明新闻传播学院	青年项目	2
22	声纹鉴定意见表述形式及法庭认知研究	曹洪林	证据科学研究院	青年项目	2
23	文学市场与作家职业身份的自我建构——以华兹华斯为例	管雯	外国语学院	青年项目	2
24	张九成心学思想研究	李春颖	国际儒学院	青年项目	2
25	清代律例发展与边疆社会治安问题研究	李典蓉	法律史学研究院	青年项目	2
26	全球治理背景下构建"和谐法律语言"学术共同体相关问题研究	王芳	外国语学院	青年项目	2
27	增值税立法若干基本问题研究	翁武耀	民商经济法学院	青年项目	2
28	胡塞尔生活世界理论的美学内涵及其效应	徐文贵	人文学院	青年项目	2
29	文学中的法律——与法理学有关的问题、方法和意义	许慧芳	外国语学院	青年项目	2
30	宋代"刑统"新探	赵晶	法律古籍整理研究所	青年项目	2

（八）科研获奖情况

1. 2014年中国政法大学获省部级以上社科优秀成果奖的成果名单

序号	成果名称	主要作者	奖项名称	颁奖单位	成果形式	获奖等级
1	当代中国私法进程	柳经纬	北京市第十三届哲学社会科学优秀成果奖	中共北京市委、北京市人民政府	专著	一等奖

续表

序号	成果名称	主要作者	奖项名称	颁奖单位	成果形式	获奖等级
2	《世界人权宣言》研究	孙平华	北京市第十三届哲学社会科学优秀成果奖	中共北京市委、北京市人民政府	专著	二等奖
3	现代财产法的理论建构	王卫国	北京市第十三届哲学社会科学优秀成果奖	中共北京市委、北京市人民政府	论文	二等奖
4	在华外国人犯罪的刑事法律应对	于志刚	北京市第十三届哲学社会科学优秀成果奖	中共北京市委、北京市人民政府	论文	二等奖
5	追索海外流失文物的法律问题	霍政欣	北京市第十三届哲学社会科学优秀成果奖	中共北京市委、北京市人民政府	专著	二等奖
6	认知视野中的情感依赖与理性、推理	费多益	北京市第十三届哲学社会科学优秀成果奖	中共北京市委、北京市人民政府	论文	二等奖
7	中国有组织犯罪研究（两卷本）	何秉松	第五届钱端升法学研究成果奖	钱端升法学研究成果奖基金理事会	专著	二等奖
8	非法证据排除规则研究	杨宇冠	第五届钱端升法学研究成果奖	钱端升法学研究成果奖基金理事会	专著	三等奖
9	重新理解法律移植——从"历史"到"当下"	刘星	第五届钱端升法学研究成果奖	钱端升法学研究成果奖基金理事会	论文	三等奖
10	信赖保护原则的行政法意义——以授益行为的撤销与废止为基点的考察	刘飞	第五届钱端升法学研究成果奖	钱端升法学研究成果奖基金理事会	论文	优秀奖
11	生命价值的法律与经济分析	李本森	第五届钱端升法学研究成果奖	钱端升法学研究成果奖基金理事会	论文	优秀奖

2. 第三届中国政法大学青年教师优秀科研成果奖获奖成果名单

序号	成果名称	作者	发表刊物/出版社	成果形式	获奖等级
1	形式理性的误读、缺失与缺陷——以刑事诉讼为视角	汪海燕	《法学研究》2006年第2期	论文	一等奖
2	追索海外流失文物的法律问题	霍政欣	中国政法大学出版社2013年2月版	著作	一等奖
3	近代西方国家观念的逻辑与谱系	庞金友	《政治学研究》2011年第5期	论文	二等奖
4	国家治理中的司法策略：以转型乡村为背景	栗峥	《中国法学》2012年第1期	论文	二等奖
5	社会诚信危机的治理——行政法视角的分析	王青斌	《中国法学》2012年第5期	论文	二等奖
6	法律规则的逻辑结构	雷磊	《法学研究》2013年第1期	论文	二等奖
7	工作记忆和长时记忆共享信息表征的ERP证据	刘兆敏	《心理学报》2013年第3期	论文	二等奖
8	近代外国在华企业本土化研究	王强	上海人民出版社2012年12月版	著作	三等奖
9	被害人的刑事程序保护	房保国	法律出版社2007年5月版	著作	三等奖
10	法治国下的目的性创设——德国行政行为理论与制度实践研究	赵宏	法律出版社2012年11月版	著作	三等奖
11	塑造顺民——华北日伪的"国家认同"建构	黄东	社会科学文献出版社2013年4月版	著作	三等奖
12	开放条件下中国棉花安全状况评估	刘志雄	《国际贸易问题》2013年第2期	论文	三等奖
13	私人自治与私法品性	易军	《法学研究》2012年第3期	论文	三等奖
14	肯认与焦虑——乔治·爱略特小说中音乐文化的意识形态研究	张磊	中国国际广播出版社2012年4月版	著作	三等奖

续表

序号	成果名称	作者	发表刊物/出版社	成果形式	获奖等级
15	示范法比较研究	曾涛	人民法院出版社2007年5月版	著作	三等奖
16	康德的想象力理论	宫睿	中国政法大学出版社2012年3月版	著作	三等奖

（九）2014年科研奖励一览表

1. 学术专著、译著

序号	著作名称	主要作者	单位	著作类型	出版社	出版时间
1	转型社会中人防的法治建设——以北京为例	薄燕娜	比较法学研究院	独著	中国政法大学出版社	2014年4月版
2	资本制度的现代化与理念冲突	陈景善	民商经济法学院	独著	中国政法大学出版社	2014年8月版
3	律师执业组织形式和律师管理体制研究	陈宜，郭建强（学生）	法学院	第一作者	中国政法大学出版社	2014年2月版
4	汉语篇章回指研究	崔玉珍	人文学院	独著	南开大学出版社	2014年8月版
5	日本反垄断法研究	戴龙	国际法学院	独著	中国政法大学出版社	2014年4月版
6	电子证据取证和鉴定	杜春鹏	证据科学研究院	独著	中国政法大学出版社	2014年6月版
7	基于语料库的立法篇章可理解性研究	高莉	外国语学院	独著	中国民主法制出版社	2014年7月版
8	环境经营会计	葛建华	商学院	第一译者	中国政法大学出版社	2014年8月版
9	货币、信用与经济稳定	贵斌威	法和经济学研究中心	独著	中国政法大学出版社	2014年8月版
10	授权	郭武文	商学院	独译	机械工业出版社	2014年8月版

续表

序号	著作名称	主要作者	单位	著作类型	出版社	出版时间
11	法社会学新探：一个学科框架与知识体系的构建	何珊君	社会学院	独著	北京大学出版社	2014年8月版
12	新媒体语境下领导人的公共形象传播	侯月娟	新闻与传播学院	独著	Gurglepress	2014年12月版
13	中国古代名画考古研究	黄震云	人文学院	独著	花木兰文化出版社	2014年9月版
14	篮球技战术理论探索与实战技巧研究	贾海翔	体育教学部	独著	中国商业出版社	2014年8月版
15	中国当代非职业化文学研究	金莉莉	人文学院	独著	北京出版社	2014年7月版
16	中国当代流行音乐	康晨宇	人文学院	独著	经济科学出版社	2014年8月版
17	直觉主义逻辑的语义基础	柯华庆	法学院	独著	三联出版社	2014年4月版
18	论共同自由	柯华庆	法学院	第一著者	三联出版社	2014年8月版
19	流动中的民主政体	李筠	政治与公共管理学院	第一译者	社会科学文献出版社	2014年6月版
20	军事占领制度研究	李强	法学院	独著	法律出版社	2014年8月版
21	政治的境界——中国古典政治哲学研究	林存光	政治与公共管理学院	独著	中国政法大学出版社	2014年7月版
22	英美契约法的变迁与发展	刘承韪	比较法学研究院	独著	北京大学出版社	2014年11月版
23	美欧社会倾销论实质研究——反倾销实践的新动向	刘华	外国语学院	独著	中国商务出版社	2014年1月版
24	民事诉讼法专题研究	刘金华	民商经济法学院	独著	中国政法大学出版社	2014年8月版

续表

序号	著作名称	主要作者	单位	著作类型	出版社	出版时间
25	反倾销诉讼理论研究	刘善春	法学院	独著	中国政法大学出版社	2014年4月版
26	医疗损害技术鉴定研究	刘鑫	证据科学研究院	独著	中国政法大学出版社	2014年8月版
27	金融犯罪侦查热点问题研究	刘燕	刑事司法学院	独著	知识产权出版社	2014年8月版
28	信息生产力研究	孟盈	新闻与传播学院	独著	新华出版社	2014年8月版
29	法理学	潘汉典	法学院	独译	法律出版社	2014年10月版
30	地方治理新论	潘小娟	政府与公共管理学院	第一著者	国家行政学院出版社	2014年4月版
31	外国住房保障制度研究	潘小娟，吕洪业（外校）	政治与公共管理学院	第一著者	国家行政学院出版社	2014年8月版
32	民国教育电影研究	史兴庆	新闻与传播学院	独著	中国传媒大学出版社	2014年8月版
33	论语言的滥用＆论作为艺术品的国家	孙平华	外国语学院	独译	中国对外翻译出版有限公司	2014年4月版
34	现代轮滑实用技战术理论与实践研究	孙显超	体育教学部	独著	白山出版社	2014年6月版
35	论证结构：表达和理论	王建芳	人文学院	独译	中国政法大学出版社	2014年1月版
36	劳动与财产——洛克思想研究	王楠	社会学院	独著	上海三联书店	2014年10月版
37	犯罪、羞耻与重整	王平	刑事司法学院	第一译者	中国人民公安大学出版社	2014年7月版
38	近代中国银行业资金运用研究	王强	马克思主义学院	独著	中国政法大学出版社	2014年7月版
39	法的中国性	王人博	法学院	独著	广西师范大学出版社	2014年9月版

续表

序号	著作名称	主要作者	单位	著作类型	出版社	出版时间
40	法治论	王人博	法学院	第一著者	广西师范大学出版社	2014年11月版
41	行政诉讼的构造分析	王天华	法学院	独译	中国政法大学出版社	2014年6月版
42	中国合宪性审查：以法国经验为依托	王蔚	法学院	独著	埃克斯马赛大学出版社	2014年3月版
43	虚幻的平等：离婚法改革的修辞与现实	王新宇	法学院	第一译者	中国政法大学出版社	2014年8月版
44	性别平等与社会公正	王新宇	法学院	独著	中国政法大学出版社	2014年9月版
45	宪法解释	谢立斌	比较法学研究院	独著	中国政法大学出版社	2014年8月版
46	Does Law Matter for Economic Growth? A Re – Examination of the "Legal Origin" Hypothesis	徐光东	法和经济学研究中心	独著	Intersentia	2014年12月版
47	德国公务员法、公务员惩戒法	徐久生	刑事司法学院	独译	中国方正出版社	2014年3月版
48	文学中的法律——与法理学有关的问题、方法、意义	许慧芳	外国语学院	独著	中国政法大学出版社	2014年3月版
49	法律诊所：理念组织与方法	许身健	法学院	独译	北京大学出版社	2014年8月版
50	选择的智慧：职业传播者网络传播伦理问题、案例与对策	阴卫芝	新闻与传播学院	独著	中国政法大学	2014年8月版
51	地方政府对劳资关系的软性调控——基于浙江省诸暨市的调查	游正林	社会学院	独著	社会科学文献出版社	2014年3月版

续表

序号	著作名称	主要作者	单位	著作类型	出版社	出版时间
52	石油天然气法研究——以应对气候变化为背景	于文轩	民商经济法学院	独著	中国政法大学出版社	2014年6月版
53	中国经济增长中的城市化与创新地理	岳清唐	商学院	独著	中国社会科学出版社	2014年12月版
54	艾伦教授论证据法（上）	张保生，王进喜，汪诸豪	证据科学研究院	第一译者	中国人民大学出版社	2014年9月版
55	法律语言研究	张法连	外国语学院	独著	山东大学出版社	2014年3月版
56	The Tradition and Modern Transition of Chinese Law	张晋藩	法律史学研究院	独著	Springer	2014年1月版
57	崛起的女性声音——艾丽丝·门罗小说研究	张磊	外国语学院	独著	中国财富出版社	2014年8月版
58	政治学的思维方式	张立鹏	政治与公共管理学院	独著	中国人民大学出版社	2014年10月版
59	攻击与暴力的神经心理学研究	张卓	社会学院	独著	中国政法大学出版社	2014年8月版
60	《天圣令》与唐宋法制考论	赵晶	法律古籍整理研究所	独著	上海古籍出版社	2014年8月版
61	希拉克当政期间法国对非政策——以科特迪瓦为例	赵静静	外国语学院	独著	北京燕山出版社	2014年8月版
62	执业伦理与美国法律的新生	赵雪纲	法学院	第一译者	当代中国出版社	2014年3月版
63	世界历史的五个岔路口	赵叶莹	外国语学院	独译	人民出版社	2014年12月版
64	中国法律中的公共利益	郑永流	中欧法学院	第一著者	北京大学出版社	2014年7月版

2. 权威期刊论文

序号	论文名称	主要作者	所在单位	发表刊物	发表年期
1	Forensic Discrimination of the Kitchen Knives of Three Common Brands in China by ICP – AES and Infrared Absorption	百茹峰	证据科学研究院	Int J Legal Med	2014 年第 2 期
2	全球学：概念、范畴、方法与学科定位	蔡拓	全球化与全球问题研究所	新华文摘	2014 年第 2 期
3	法治建设与国家治理体系和治理能力现代化	常保国	政治与公共管理学院	政治学研究	2014 年第 2 期
4	The Responsibilities and Obligations of the Sponsoring States Advisory Apinion	高健军	国际法学院	Chinese Journal of International Law	2013 年第 4 期
5	"船王求偿案"评析	郭红岩	国际法学院	中国法学	2014 年第 6 期
6	后专业化时代的社会工作及其借鉴意义	郭伟和	社会学院	社会学研究	2014 年第 5 期
7	当代法社会学研究方法变迁的新特征	何珊君	社会学院	新华文摘	2014 年第 8 期
8	金融危机后中国房地产价格上涨影响因素的实证研究	金仁淑	商学院	Proceedings of 2014 International Conference on Management Science & Engineering	2014 年 8 月出版
9	如何认识法律的价值——有关价值思维方式的一个经典命题	李德顺	人文学院	哲学研究	2014 年第 4 期
10	价值思维的主体性原则及其意义	李德顺	人文学院	湖北大学学报（《新华文摘》转载）	2013 年第 4 期
11	防空识别区：剩余权利原则对天空自由的限制	李居迁	国际法学院	中国法学	2014 年第 2 期
12	试论公益诉讼视野下的慈善腐败治理	李响	民商经济法学院	新华文摘	2014 年第 3 期
13	论债法中的"本土化"概念对统一的债法救济体系的影响	李永军	民商经济法学院	中国法学	2014 年第 1 期

续表

序号	论文名称	主要作者	所在单位	发表刊物	发表年期
14	试论中小学安全管理创新：以学校的资源约束为视角	林鸿潮	法治政府研究院	教育研究	2014年第3期
15	行政诉讼类型制度的功能	刘飞	中欧法学院	法学研究	2013年第5期
16	新兴中产阶级对民主价值的理解：立足中国国情的民主价值观	卢春龙	政治与公共管理学院	政治学研究	2014年第1期
17	论行政许可中保证金的设定问题	罗智敏	法学院	中国法学	2014年第5期
18	论学位管理体制的立法逻辑	马怀德	法治政府研究院	教育研究	2014年第7期
19	Framework Design for an Automated Patent Licensing Negotiation System	王玲	商学院	Technology Management in the IT–Driven Services	2013年
20	裁量收缩理论的构造与边界	王天华	法学院	中国法学	2014年第1期
21	分配冲突：基于现实的生产条件还是主观的价值评价	文兵	人文学院	哲学研究	2014年第6期
22	论宪法财产权的保护范围	谢立斌	比较法学研究院	中国法学	2014年第4期
23	Treaty Interpretation Concerning Individuals Right to Claims: Comments on the Supreme Court of Japans Decision in the Nishimatsu Construction Company Case	辛崇阳	国际法学院	Chinese Journal of International Law	2013年第12期
24	行政诉讼法修订基本问题之思考	薛刚凌	法学院	中国法学	2014年第3期
25	Preliminary Study on Diffuse Axonal Injury by Fourier Transform Infrared Spectroscopy Histopathology Imaging	杨天潼	证据科学研究院	J Forensic Sci	2014年第1期
26	Interpolation Function Estimates Post Mortem Interval under Ambient	杨天潼	证据科学研究院	Forensic Science International	2014年第2期

续表

序号	论文名称	主要作者	所在单位	发表刊物	发表年期
27	法不禁止自由的私法精义	易军	民商经济法学院	中国社会科学	2014年第4期
28	加快法治建设促进国家治理体系和治理能力现代化	应松年、马怀德、曹鎏	法治政府研究院	中国法学	2014年第6期
29	"Dissemination of Law at Village Level" and "Access to Justices"	应星	社会学院	Positions: Asia Critique	2014年第22辑第3期
30	对中国劳动关系的另一种解读——与常凯教授商榷	游正林	社会学院	中国社会科学	2014年第3期
31	Design of Framework of Customer Retention for China Personal Internet	于淼	商学院	43rd International Conference on Computers and Industrial Engineering	2013年第1期
32	The Influencing Factors of Purchasing Diamonds Online in China	于淼	商学院	43rd International Congference on Computers and Industrial Engineering	2013年第1期
33	大数据时代数据犯罪的制裁思路	于志刚	刑事司法学院	中国社会科学	2014年第10期
34	传统中国法的精神及其哲学	张中秋	法律史学研究院	中国法学	2014年第2期
35	经济法的私人实施与社会实施	赵红梅	民商经济法学院	中国法学	2014年第1期
36	Chinese Practice in Public International Law: 2013	朱利江	国际法学院	Chinese Journal of International Law	2014年9月版

3. 核心期刊论文

序号	论文名称	主要作者	单位	发表刊物	发表年期
1	中美法学教育目标与学生就业竞争力之关系探讨	冯恺	比较法学研究院	中国法学文档（台湾）	2014年第11辑

续表

序号	论文名称	主要作者	单位	发表刊物	发表年期
2	从权利救济看我国法律体系的缺陷	柳经纬	比较法学研究院	比较法研究	2014 年第 5 期
3	标准的规范性与规范效力	柳经纬	比较法学研究院	法学	2014 年第 8 期
4	"把权力关进制度的笼子里"需要解决的两个问题	柳经纬	比较法学研究院	法制与社会发展	2014 年第 5 期
5	Der Dritte Sektor in China	谢立斌	比较法学研究院	Verbandsmanagement	2014 年第 3 期
6	论基本权利的立法保障水平	谢立斌	比较法学研究院	比较法研究	2014 年第 4 期
7	Infrastrukturbereitellung Durch Nichtregierungsorganisationen in China	谢立斌	比较法学研究院	非政府组织法与经济年鉴 2013/2014（德国）	2014 年版
8	宪法社会权体系化保障——以中德比较为视角	谢立斌	比较法学研究院	浙江社会科学	2014 年第 5 期
9	"配偶权"概念的体系化解读	幸颜静	比较法学研究院	中国法学文档（台湾）	2014 年第 11 辑
10	刑事辩护权的中国解构——以苏俄相关立法修改为参照	元轶	比较法学研究院	山西大学学报（哲学社会科学版）	2014 年第 3 期
11	О реформепроизводства экспертизы в уголовном проессе Китая 2012（с учетом советского и российского законодательств）	元轶,沙沫	比较法学研究院	Методологическая основа и современный технологический инструментарий судебно‐экспертной деятельности	2013 年 5 月版
12	中国新公司法的解读	原洁	比较法学研究院	经济法务（日本）	2014 年第 6 期
13	L'arricchimento ingiustificato nel diritto cinese	翟远见	比较法学研究院	Roma E America	2012 年第 22 期
14	欧盟服务合同立法的新模式及其对中国大陆的启示	张彤	比较法学研究院	中国法学文档（台湾）	2014 年第 11 辑

续表

序号	论文名称	主要作者	单位	发表刊物	发表年期
15	规范宪法的困境与未来：兼论如何克服司法审查缺失下的宪法实施困局	赵宏	比较法学研究院	比较法研究	2014年第3期
16	资本市场：穿过乱象走向完善	贵斌威	法和经济学研究中心	北大商业评论（人大复印报刊转载）	2014年第4期
17	Monitoring Shadow Banking: the Case of China	李文静	法和经济学研究中心	The Role of Law and Regulation in Sustaining Financial Markets	2014年版
18	Law, Money and Price: the case of China	席涛	法和经济学研究中心	The Role of Law and Regulation in Sustaining Financial Markets	2014年版
19	市场失灵与《行政许可法》——《行政许可法》的法律经济学分析	席涛	法和经济学研究中心	比较法研究	2014年第3期
20	Is China an Anomaly for the "Law Matters" Hypothesis?	徐光东	法和经济学研究中心	Asian Journal of Law and Society	2014年第1期
21	Does Financial Repression Retard China's Economic Growth? An Empirical Examination	徐光东,贵斌威	法和经济学研究中心	The Role of Law and Regulation in Sustaining Financial Markets	2014年版
22	Redefining the Function of Private Enforcement in China	周天舒	法和经济学研究中心	International Company and Commercial Law Review	2014年第9期
23	Counter-Arguments to the Notion of Confsianism as a Fundamental Cure for China	周天舒	法和经济学研究中心	International Company and Commercial Law Review	2014年第11期
24	Controlling Misrepresentation in Securities Market: Is private enforcement trivial in China?	周天舒	法和经济学研究中心	The Role of Law and Regulation in Sustainig Financial Markets	2014年版
25	论董事勤勉义务的判断标准——基于浙江省两个案例的考察	周天舒	法和经济学研究中心	法学杂志	2014年第10期

续表

序号	论文名称	主要作者	单位	发表刊物	发表年期
26	两汉三国时期"佣"群体的历史演变	石洋	法律古籍整理研究所	中国史研究（韩）	2014年第3期
27	秦汉律中的职务犯罪	徐世虹	法律古籍整理研究所	政法论丛	2014年第6期
28	论日本中国古文书学研究之演进——以唐代告身研究为例	赵晶	法律古籍整理研究所	早期中国史研究（韩）	2014年第1期
29	唐宋《仓库令》比较研究	赵晶	法律古籍整理研究所	中国经济史研究（人大复印报刊资料《经济史》2014年第5期转载）	2014年第2期
30	羽25v《仓夫令狐良嗣牒》补说——兼论《仓库令》宋1的唐令复原问题	赵晶	法律古籍整理研究所	中国史研究（韩）	2014年第90辑
31	"经国之枢机"——浅议清律对官文书的保护	陈煜	法律史学研究院	中国政法大学学报	2014年第5期
32	中国古代言谏制度初探	李青	法律史学研究院	国家行政学院学报	2014年第4期
33	中国古代一统与自治相结合的民族秩序浅析	邵方	法律史学研究院	政法论坛	2014年第3期
34	西夏的民族习惯法	邵方	法律史学研究院	中国政法大学学报	2014年第6期
35	中华民族的法律传统与史鉴价值	张晋藩	法律史学研究院	国家行政学院学报	2014年第12期
36	晚清中国对继受外国法的选择	张中秋	法律史学研究院	法律史研究（德）+亚洲研究（韩）	2014年第22期
37	传统中国国家观新探——兼及对当代中国政治法律的意义	张中秋	法律史学研究院	法学	2014年第5期
38	国有划拨土地买卖问题探析	卞修全	法学院	学术研究（香港）	2014年第11期
39	法理论为什么是重要的——法学的知识框架及法理学在其中的位置	陈景辉	法学院	法学	2014年第2期

续表

序号	论文名称	主要作者	单位	发表刊物	发表年期
40	中国法治指数设计的理论问题	蒋立山	法学院	法学家	2014年第2期
41	行政法院：行政诉讼困境的破局之策	解志勇	法学院	政法论坛	2014年第1期
42	中国学者：从经学到科学	柯华庆	法学院	学术界	2014年第3期
43	财税分级制原则的体系构建	柯华庆	法学院	理论视野	2014年第12期
44	法律论证中的权威与正确性——兼论我国指导性案例的效力	雷磊	法学院	法律科学	2014年第2期
45	德国的调解观念及其启示	雷磊	法学院	法商研究	2014年第2期
46	法律权利的逻辑分析：结构与类型	雷磊	法学院	法制与社会发展	2014年第3期
47	法律程序为什么重要？——反思现代社会中程序与法治的关系	雷磊	法学院	中外法学	2014年第2期
48	网络攻击中国家责任的判别标准	冷新宇	法学院	西安政治学院学报（人大复印报刊资料《国际法》2014年第2期）	2014年第4期
49	除魅的政治、理性化的政治与宪法政治——对中国宪法学研究的政治哲学思考	黎敏	法学院	政法论坛	2014年第2期
50	马锡五审判方式的"可能"的运行逻辑：法律与文学	刘星	法学院	清华法学	2014年第4期
51	论正当行政程序与行政法的全球化	罗智敏	法学院	比较法研究	2014年第1期
52	论正当行政程序与"人的尊严"	罗智敏	法学院	学说汇纂	2014年总第5卷
53	意大利托斯卡纳大区《公众参与法》及启示	罗智敏	法学院	中国行政管理	2014年第5期
54	认真对待劣势知识生产与奖励之马太效应的畸形叠合	舒国滢	法学院	清华大学学报	2014年第5期
55	欧洲人文主义法学的方法论与知识谱系	舒国滢	法学院	清华法学	2014年第1期

续表

序号	论文名称	主要作者	单位	发表刊物	发表年期
56	法律保留原则、公民权利保障与八二宪法秩序	汪庆华	法学院	浙江社会科学	2014年第12期
57	女性贞洁与法律的操守	王新宇	法学院	政法论坛	2014年第2期
58	从性义务到性合意——论中国婚内强制性行为何以为罪	王新宇	法学院	妇女研究论丛	2014年第6期
59	团结宪章——宪法的中国意义	张劲	法学院	政法论坛	2014年第1期
60	地方政府立法和制度建设评估研究报告	曹鎏	法治政府研究院	中国政法大学学报	2014年第4期
61	论高校信息公开的基本原则	马怀德	法治政府研究院	甘肃社会科学	2014年第3期
62	法治政府建设：挑战与任务	马怀德	法治政府研究院	国家行政学院学报	2014年第5期
63	高校信息公开在中国：历史溯源、文本解读与制度展望	马怀德	法治政府研究院	国家教育行政学院学报	2014年第7期
64	我国法治政府建设现状观察：成就与挑战	马怀德	法治政府研究院	中国行政管理	2014年第6期
65	"全面推进依法治国"笔谈之六——法治政府的评估主体、指标与方法	王敬波	法治政府研究院	改革	2014年第9期
66	基于服务行政的法治政府发展趋势——以《柔性行政方式法治化研究》为分析视角	王敬波	法治政府研究院	哈尔滨工业大学学报（社会科学版）	2014年第1期
67	法治思维的逻辑起点	王敬波	法治政府研究院	新疆师范大学学报（哲学社会科学版）	2014年第3期
68	学位授权审核法治化路径探析	王敬波	法治政府研究院	学位与研究生教育	2014年第7期
69	法治政府，中国还有多远？	王敬波	法治政府研究院	中国法学（英文版）	2014年第4期
70	政府信息公开观察：成就与挑战	王敬波	法治政府研究院	中国政法大学学报	2014年第4期

续表

序号	论文名称	主要作者	单位	发表刊物	发表年期
71	公共治理背景下的行政执法权配置——以控烟执法为例	王青斌	法治政府研究院	当代法学	2014年第4期
72	政府对科技风险的预防职责及决策规范——以对农业转基因生物技术的规制为例	赵鹏	法治政府研究院	当代法学	2014年第6期
73	从评估数据析法治政府建设中形式主义表现	赵鹏	法治政府研究院	中国政法大学学报	2014年第4期
74	风险评估中的政策、偏好及其法律规制	赵鹏	法治政府研究院	中外法学	2014年第1期
75	Analysis of Chung Wei Case	郭红岩	国际法学院	中国法学（英文版）	2014年第2期
76	关于钓鱼岛主权争端的几个国际法问题	郭红岩	国际法学院	中国政法大学学报	2014年第3期
77	New Perspectives on Private International Law in the People's Republic of China	黄进	国际法学院	Private International Law in Mainland China, Taiwan and Europe	2014年版
78	创新同步实践教学模式 培养卓越法律人才	黄进	国际法学院	中国高等教育	2014年第17期
79	全面推进依法治国与高校办学治校	黄进	国际法学院	中国高等教育	2014年第22期
80	坚持教授治学 充分发挥高校学术委员会的作用	黄进	国际法学院	中国高等教育	2014年第8期
81	创新法治人才培养机制 全面推进依法治国	黄进	国际法学院	中国高校社会科学	2014年第6期
82	Commentary on Private International Law in East Asia: From the Perspective of Chinese Law	黄进，霍政欣	国际法学院	CODIFICATION IN EAST ASIA, Springer	2014年版
83	A Rising Tide Lifts All Boats?: IPR Provisions in China	孔庆江	国际法学院	Regional Cooperation and Free Trade Agreements	2014年版
84	China in the WTO and Beyond: Chinese Approach to International Institutions	孔庆江	国际法学院	Tulane Law Review	2014年版

续表

序号	论文名称	主要作者	单位	发表刊物	发表年期
85	中美 BIT 谈判中的国家主导经济议题研究及我国的对策	孔庆江	国际法学院	政法论坛	2014 年第 6 期
86	Air Defense Identification Zone: the Restriction on the Free Sky Due to the Residual Right Principle	李居迁	国际法学院	中国法学（英文版）	2014 年第 2 期
87	最高院关于销售合同司法解释对国际贸易的影响	李巍	国际法学院	中国法律	2014 年第 2 期
88	论华侨权益的法律保护	林灿铃	国际法学院	暨南大学学报	2014 年第 11 期
89	新形势下完善华侨回国投资法律制度的思考	史晓丽	国际法学院	东南亚研究	2013 年第 6 期（2014 年 1 月 15 日出版）
90	华侨境外投资的法律保护与规制	史晓丽	国际法学院	中国政法大学学报	2014 年第 3 期
91	不予执行仲裁裁决构成征收的认定	宋连兵	国际法学院	江西社会科学	2014 年第 6 期
92	《仲裁法》实施后中国仲裁制度的新发展	宋连兵	国际法学院	Dong – A Journal of Int'l Busi. Tsan. Law	2014 年 1 月版
93	Annual Review on Commercial Arbitration	宋连兵	国际法学院	Commercial Dispute Resolution in	2013 年第 11 期
94	非方便法院原则在美国国际航空法诉讼中的运用——从 7.6 韩亚空难事故管辖权谈起	覃华平	国际法学院	澳门法学	2014 年第 1 期
95	1999 年《蒙特利尔公约》关于航空承运人责任有关法律问题研究	覃华平	国际法学院	中国政法大学学报	2014 年第 3 期
96	货币主权对人民币国际化的影响	张西峰	国际法学院	河北学刊	2014 年第 6 期
97	航空器失联后的搜寻与事故调查法律责任研究——兼谈马航客机失联后的搜寻与事故调查	朱子勤	国际法学院	政法论坛	2014 年第 5 期

续表

序号	论文名称	主要作者	单位	发表刊物	发表年期
98	中国的法科大学院教育的现状与问题	辛崇阳	国家法学院	法政论集（日本）	2013年12月版
99	大学生网络自主学习状况的调查与研究	王宝珠	科学技术教学部	DEStech Publication	2014年8月版
100	程序设计课程与数据库课程整合的研究与实践	王宝珠	科学技术教学部	Singapore Management and Sports Science Institute	2013年4月版
101	以计算机设计大赛促进计算机教学的研究与实践	王宝珠	科学技术教学部	Singapore Management and Sports Science Institute	2013年4月版
102	哲学社会科学研究的时代性和实践性	杜学亮	科研处	中国政法大学学报	2014年第2期
103	圣人、君子和善生活	王今一	马克思主义学院	第七届国际儒学学术会议论文集（马来西亚）	2014年7月版
104	孔子的丧葬观刍议	白丽萍	马克思主义学院	第七届国际儒学学术会议论文集（马来西亚）	2014年7月版
105	政权初建背景下的政府与乡村——山东省郯城县1953年"毛人"谣言的传播与平息	侯松涛	马克思主义学院	中共党史研究	2014年第11期
106	儒家宪政是否可能	解启扬	马克思主义学院	第七届国际儒学学术会议论文集（马来西亚）	2014年7月版
107	高校思想政治理论课教学的困境与出路	郐丽华	马克思主义学院	国家教育行政学院学报	2014年第8期
108	西方马克思主义"去经济学化"现象反思	郐丽华	马克思主义学院	当代经济研究	2013年第1期
109	当代西方学者改造《资本论》研究：批判与反思	郐丽华	马克思主义学院	毛泽东邓小平理论研究	2013年第12期
110	近代蛋品出口贸易与近代蛋业发展	王强	马克思主义学院	史林	2014年第5期
111	周边外交是中国外交之"首要"	卫灵	马克思主义学院	思想理论教育导刊	2014年第5期

续表

序号	论文名称	主要作者	单位	发表刊物	发表年期
112	孔子形象的层累构造	虞花荣	马克思主义学院	第七届国际儒学学术会议论文集（马来西亚）	2014年7月版
113	"中国梦"在90后大学生中宣传效果的实证研究	袁芳，房欣雪，程琦	马克思主义学院	探索	2014年第1期
114	科西克"人与世界关系"阐释的实践基质	张秀华	马克思主义学院	理论探讨	2014年第2期
115	大学生村官成长成才过程的规律与动力机制探究	张秀华	马克思主义学院	中国政法大学学报	2014年第4期
116	西方工程技术与宗教关系的阐释范型及其局限	张秀华	马克思主义学院	自然辩证法研究	2014年第11期
117	生态红线责任制度初探	曹明德	民商经济法学院	新疆师范大学学报	2014年第6期
118	Discussions on the Relief of Shareholder's Interests Under Authorized Capital System	陈景善	民商经济法学院	中国法学（英文版）	2014年第2期
119	技术创新、知识产权战略模式的互动关系探析	冯晓青	民商经济法学院	知识产权	2014年第4期
120	国家知识产权文献及信息资料库建设研究——理论探讨与实证分析	冯晓青	民商经济法学院	中国政法大学学报	2014年第2期
121	民法是什么？——学说的考察与反思	侯佳儒	民商经济法学院	中国政法大学学报	2014年第1期
122	民事诉讼禁反言原则的中国语境与困境	纪格非	民商经济法学院	华东政法大学学报	2014年第5期
123	集体所有制企业条例废止考——兼论集体企业法制的改革与完善	李建伟	民商经济法学院	南京社会科学	2014年第3期
124	依法治国与金融法改革	李曙光	民商经济法学院	中国法律（香港）	2014年第2期
125	论学术见解享有著作权保护的理由	李响	民商经济法学院	安徽大学学报	2014年第4期
126	试论公益诉讼视野下的慈善腐败治理	李响	民商经济法学院	求索	2014年第3期

续表

序号	论文名称	主要作者	单位	发表刊物	发表年期
127	美国经验启示下我国法学教育改革的路径探索	李响	民商经济法学院	学位与研究生教育	2014年第7期
128	论优先购买权的性质和效力——对我国《合同法》第230条及最高法院关于租赁的司法解释的评述	李永军	民商经济法学院	中国政法大学学报	2014年第6期
129	赠与的法律范畴	刘家安	民商经济法学院	中国政法大学学报	2014年第5期
130	Legal Ownership and Supervision of Third-party Payment Institution Deposit Funds and the Innovation and Risk of "Yu'E Bao" in China	马更新	民商经济法学院	Financial Regulation International	2014年第17卷
131	客观的预备的诉之合并——一个立法需要填写的空白	邱星美	民商经济法学院	法学杂志	2014年第2期
132	实质课税原则与中国对非居民间接转让股权所得的征税权	施正文	民商经济法学院	租税学术论集（韩国）	2014年第2期
133	我国强制执行立法体例与结构研究	王娣	民商经济法学院	法学评论	2014年第6期
134	互联网金融要在法治轨道上健康发展	王卫国	民商经济法学院	中国法律（香港）	2014年第3期
135	宅基地如何进入市场？——以画家村房屋买卖案为切入点	王卫国、朱庆育	民商经济法学院	政法论坛	2014年第3期
136	特殊型职务作品的界定	杨利华	民商经济法学院	中国法律（香港）	2014年第1期
137	出租人瑕疵责任的体系解释	易军	民商经济法学院	中国政法大学学报	2014年第5期
138	论违约精神损害赔偿的正当性及适用范围	尹志强	民商经济法学院	中国政法大学学报	2014年第6期
139	论我国石油储备法律机制之构建	于文轩	民商经济法学院	中国政法大学学报	2014年第6期
140	企业产品责任"社会性"之探讨	郑佳宁	民商经济法学院	政法论坛	2014年第3期

续表

序号	论文名称	主要作者	单位	发表刊物	发表年期
141	我国能源财产交易客体之结构分析	郑佳宁	民商经济法学院	中国法学（英文版）	2014年第6期
142	公司收购中目标公司董事的忠实义务研究	郑佳宁	民商经济法学院	中国政法大学学报	2014年第6期
143	影视界对"商业秘密"的差异性解读	郑璇玉	民商经济法学院	当代电影	2014年第8期
144	论FTA下中韩知识产权法律制度的协调	周长玲	民商经济法学院	东北亚法研究（韩国）	2014年第1期
145	论中国城市生活垃圾处置收费制度建立的必要性和合理性	周长玲	民商经济法学院	东北亚法研究（韩国）	2014年第2期
146	中国如何参与全球治理	蔡拓	全球化与全球问题研究所	国际观察	2014年第1期
147	全球主义视角下的国际秩序	蔡拓	全球化与全球问题研究所	现代国际关系	2014年第7期
148	中国妇女财产权的保障和实现	孙萌	人权研究院	理论学刊	2013年第12期
149	马伯里案的起航——爱德华·考文著《马伯里诉麦迪逊案与司法审查原则》解读	徐爽	人权研究院	政法论坛	2014年第3期
150	The Rise of a Human Rights Studies and Education Movement in China	张伟	人权研究院	Christianity in Chinese Public Life	2014年2月版
151	法庭讯问的信息分析	崔玉珍	人文学院	中国政法大学学报	2014年第5期
152	论人格尊严	单纯	人文学院	Applied Philosophy	2014年第1期
153	论儒家的"德性之知"的知识论特色	单纯	人文学院	东亚世界的知识论（日本）	2014年第1期
154	论孔子对"礼乐"制度的批判精神	单纯	人文学院	中国政法大学学报	2014年第2期
155	贺登崧神父与中国民间文化研究	邓庆平	人文学院	民俗研究	2014年第2期
156	赵树理小说中的清官情结新探	董燕	人文学院	中国政法大学学报	2014年第2期

续表

序号	论文名称	主要作者	单位	发表刊物	发表年期
157	知识的精神分析	费多益	人文学院	世界哲学	2014年第6期
158	同中之异：心智的表观遗传视角	费多益	人文学院	自然辩证法通讯	2014年第6期
159	论科思嘉对康德人性公式的回溯论证	宫睿	人文学院	世界哲学（人大复印报刊资料2014年9月转载）	2014年第4期
160	试论汉语自由诗的节奏	金莉莉	人文学院	文艺争鸣	2014年第9期
161	论王小波的狂欢化书写	金莉莉	人文学院	中国政法大学学报	2014年第6期
162	漫议中国特色社会主义理论体系的基础建设	李德顺	人文学院	理论视野	2014年第2期
163	文化创新的活力哪里来	李德顺	人文学院	理论视野	2014年第9期
164	关注全面深化改革形势下的思想理论建设	李德顺	人文学院	马克思主义与现实	2014年第1期
165	"和同"与"分合"之间	李德顺	人文学院	南国学术（澳门）	2014年第2期
166	怎样科学对待传统文化	李德顺	人文学院	求是	2014年第22期
167	值得反思的视角单一与话语专断——从罗素《西方哲学史》看价值研究的缺失	李德顺	人文学院	社会科学辑刊	2014年第5期
168	从哲学高度关注全面深化改革	李德顺	人文学院	哲学动态	2014年第1期
169	邓小平论社会主义的本质与核心价值	李德顺	人文学院	中共中央党校学报	2014年第5期
170	与生活者谈人生——关于人生哲学的思考	李德顺	人文学院	中国高校社会科学	2014年第6期
171	做实现"中国梦"的担当者	李德顺	人文学院	中国政法大学学报	2014年第1期
172	关注法治中国的顶层设计	李德顺	人文学院	中国政法大学学报	2014年第2期
173	"满足需要"有何错——答王玉梁同志	李德顺	人文学院	马克思主义研究	2013年第9期
174	让民主法治成为我们的政治文明	李德顺	人文学院	学习与探索	2013年第7期

续表

序号	论文名称	主要作者	单位	发表刊物	发表年期
175	重视历史才能推进现实	李德顺	人文学院	中国政法大学学报	2013年第6期
176	当代价值研究的新进路	李德顺	人文学院	马克思主义与现实	2013年第3期
177	理论也要避免空谈	李德顺	人文学院	探索与争鸣	2013年第1期
178	文化建设任重道远	李德顺	人文学院	求是	2013年第10期
179	"和而不同"的应然与实然	李德顺	人文学院	人民论坛	2013年6月（上）
180	马克思主义价值论发展探析	李德顺、孙美堂	人文学院	中国特色社会主义研究	2013年第6期
181	马一浮论儒家礼乐教大义	李虎群	人文学院	现代哲学	2014年第6期
182	试谈"异化劳动"概念的意义域	李凯林	人文学院	北京行政学院学报	2014年第5期
183	我国农民市民化的道路选择	李凯林、郝玥	人文学院	中国特色社会主义研究	2013年第6期
184	关于国内智库建设的几个问题	李凯林、何少华	人文学院	北京行政学院学报	2013年第2期
185	晚清来华新教传教士向英、德的儒学传播	刘丹忱	人文学院	儒教文化研究（韩国）	第22辑
186	清华简《筮法》中的"象""数"与西汉易学传承	刘震	人文学院	周易研究（人大复印报刊资料《中国哲学》2014年第10期转载）	2014年第3期
187	左翼文艺研究：热点与前沿	卢燕娟	人文学院	文艺理论与批评	2014年第2期
188	以"人民性"重建"民族性"——延安文艺中的"民族形式"问题	卢燕娟	人文学院	文艺理论与批评	2014年第3期
189	再谈政治与诗歌——以贺敬之的政治抒情诗为对象	卢燕娟	人文学院	文艺理论与批评	2014年第6期
190	席勒与德意志现代化转型——论"古今之争"中的文化现代性思想	盛百卉	人文学院	中国政法大学学报	2014年第3期
191	一个女人的越狱——从《盲山》中打拐之难探析中西法律文化之差异	宋庆宝	人文学院	U. S. – China Cultural Comment	2014年第6期

续表

序号	论文名称	主要作者	单位	发表刊物	发表年期
192	Chinese Intellectuals	宋庆宝	人文学院	U.S.-China New Observer	2014年第4期
193	什么是法律电影？——以《密室之不可告人》和《东方快车谋杀案》的比较为例	宋庆宝	人文学院	美中文化评论	2014年第5期
194	From the West to the East——The Case Study of International Byron Conference (2010–2015)	宋庆宝	人文学院	U.S.-China New Observer	2014年第6期
195	司法的不法与司法的不正义（上）——违反正当法律程序	王洪	人文学院	政法论丛	2014年第5期
196	二人台牌子曲的沿革与发展	张瑞丁	人文学院	北方民族大学学报	2014年第4期
197	思想史与时代——2013年国内外"西马"研究评述	张秀琴	人文学院	学术研究	2014年第5期
198	《资本论》中的意识形态观与恩格斯的贡献——以当代国外马克思主义学者的视野为例	张秀琴	人文学院	学习与探索	2014年第1期
199	审讯中应对谎言的预设策略	张彦	人文学院	中国政法大学学报	2014年第5期
200	排除不法侵害的近代中外关系史	赵国辉	人文学院	中国政法大学学报	2014年第6期
201	辛亥前后孙中山的救灾思想与实践	赵晓华	人文学院	中国高校社会科学	2014年第6期
202	澳门立法语言中以"作出下列行为者"为引导词的列举句式	邹玉华	人文学院	澳门语言学刊	2014年第1期
203	立法语言中"有下列情形之一的"用法及与台湾、香港和澳门之比较	邹玉华	人文学院	世界华文教育（香港）	2014年第2期
204	《现代汉语词典》收录"西文字母开头的词语"之违法与否的法律分析	邹玉华	人文学院	语言教学与研究	2014年第4期

续表

序号	论文名称	主要作者	单位	发表刊物	发表年期
205	Empirical Analysis on the Relationship between Beijing Industrial Structure Adjustment and Economic Growth	邓达	商学院	Management Science and Research	2014年第2期
206	美国对华光伏产业实施"双反"措施的经济效应分析——基于COMPAS局部均衡模型的实证分析	宏结	商学院	经济经纬	2014年第4期
207	中国对美实施"双反"措施的产业救济效应研究——基于取向电工钢"双反"案的COMPAS模型分析	宏结	商学院	南方经济	2014年第11期
208	法人所有权争议的方法论根源	胡明	商学院	政法论坛	2014年第3期
209	现代企业的国家工具理论——基于16至17世纪西欧特许公司的实证研究	胡明	商学院	中国政法大学学报	2014年第1期
210	基于习惯消费模型的住宅房地产的财富作用检验	霍钊	商学院	统计与决策	2014年第19期
211	海外移民潮背景下留守老人代际情感影响分析——以北京市为例	李超	商学院	北京社会科学	2014年第7期
212	合法性机制约束下高新技术企业集群式创新趋同行为研究——以中关村软件园为例	李超	商学院	科技进步与对策	2014年第14期
213	What Drives Stock Market Crashes in Emerging Market?	李泳	商学院	Proceedings of the 7th Japan – China Symposium on Human Development Economics	2014年12月版
214	国际资本流动与房地产价格关系的实证研究	李宗怡	商学院	当代财经	2014年第8期

续表

序号	论文名称	主要作者	单位	发表刊物	发表年期
215	Internal Logic Behind the Evolution of the Marketing Theory	孙选中	商学院	Proceeding of 2013 International Symposium – International Marketing Science and Information Technology	2012年8月版
216	Analysis on College Students' Employment Quality Influenced by Macro Factors Based on Employment Expansion Strategy in China	王霆	商学院	2014 International Conference on Advanced Education and Management (ICAEM 2014)	2014年1月版
217	Innovation of MBA Teaching Mode Based on Constructivism Learning Theory	王霆	商学院	Proceedings of the 2014 International Conference on Industrial Engineering and Management Science	2014年9月版
218	Application of Supervised Learning in the Exploring Research on Employment Quality for College Graduates	王霆	商学院	The 2014 International Conference on Behavioral, Economic, and Socio-Cultural Computing	2014年10月版
219	扩大就业战略背景下我国大学生就业质量问题研究	王霆	商学院	中国高教研究	2014年第2期
220	上海自贸区与中国对外开放	杨帆	商学院	福建论坛（人文社会科学版）	2014年第6期
221	上海自贸区意义究竟何在	杨帆	商学院	南方经济	2014年第4期
222	民国时期西方经济学在中国的传播及其影响	岳清唐	商学院	贵州社会科学	2014年第9期
223	靠市场化解产能过剩 促转型有赖深度开放——2013年第三季度宏观经济分析	张弛	商学院	河北经贸大学学报	2014年第1期
224	利益关系和实体态伦理分化——当今中国伦理分化的表层	张国钧	商学院	华中科技大学学报（社会科学版）	2014年第4期

续表

序号	论文名称	主要作者	单位	发表刊物	发表年期
225	《春秋》怀疑大义灭亲而发育亲属容隐——从《春秋》记诛庆父及其微言大义切入	张国钧	商学院	孔子研究（韩国）	2014年第2期
226	伦理豁免中的智慧-基于中华伦理法对伦理和法律关系两难的解决	张国钧	商学院	浙江大学学报（人文社会科学版）	2014年第1期
227	亲属容隐的人性根源	张国钧	商学院	政法论坛	2014年第2期
228	基于欧债危机的欧盟多层次区域治理	张淑静	商学院	经济理论与经济管理	2014年第7期
229	社会融资规模对宏观经济调控的影响研究	张巍	商学院	中国政法大学学报	2014年第6期
230	公平与效率中的"公平偏好"：信息与记忆效应	朱晓武	商学院	系统工程理论与实践	2013年第12期
231	Supporting Pastoral Psychology in China: Methods and Principles.	陈心洁	社会学院	Journal of Psychology and Theology	2014年第3期
232	作为总体性社会事实的农村社会上访研究	郭伟和	社会学院	思想战线	2014年第3期
233	法社会学研究范式的系统性梳理与各自特征的研究	何珊君	社会学院	河海大学学报	2014年第2期
234	危机谈判心理学研究评述	刘建清	社会学院	Cross Cultural Communication	2014年第2期
235	价值的科学——韦伯社会科学方法论再探	王楠	社会学院	社会	2014年第6期
236	"三农"问题新释——中国农村改革历程的三重分析框架	应星	社会学院	人文杂志	2014年第1期
237	叩开"受苦人"的历史之门	应星	社会学院	社会	2014年第1期
238	司法在国家治理现代化中的地位和作用	卞建林	诉讼法学研究院	法制与社会发展	2014年第5期
239	严防冤案若干问题思考	陈光中	诉讼法学研究院	法学家	2014年第1期
240	非法证据排除规则实施若干问题研究——以实证调查为视角	陈光中	诉讼法学研究院	法学杂志	2014年第9期

续表

序号	论文名称	主要作者	单位	发表刊物	发表年期
241	国家治理现代化标准问题之我见	陈光中	诉讼法学研究院	法制与社会发展	2014年第5期
242	公正司法，促进社会公平正义	陈光中	诉讼法学研究院	中国政法大学学报	2014年第2期
243	比较法视野下的服刑人员申诉人权保障探析——以诉冤机制构建为视角	樊崇义	诉讼法学研究院	法学杂志	2014年第6期
244	服刑人员申诉人权保障探析——以诉冤机制构建为视角	樊崇义	诉讼法学研究院	内蒙古社会科学	2014年第7期
245	放飞公法学的想象力	高家伟	诉讼法学研究院	浙江社会科学	2014年第6期
246	论无律师帮助被追诉人之弱势处境及改善——以刑事法律援助制度的完善为视角	罗海敏	诉讼法学研究院	政法论坛	2014年第6期
247	羁押必要性审查的法理分析与实践型态	王贞会	诉讼法学研究院	北京师范大学学报（社会科学版）	2014年第4期
248	审前非羁押原则与人权保障	王贞会	诉讼法学研究院	中国法律（香港）	2014年第6期
249	我国非法证据排除规则实施问题研究	杨宇冠	诉讼法学研究院	法学杂志	2014年第8期
250	非法证据排除规则实施考察报告	杨宇冠	诉讼法学研究院	证据科学	2014年第1期
251	我国《体育法》修改的思考——试论职业体育立法建议	王小平	体育教学部	世界体育法回顾（印度尼西亚）	2014年第3期
252	Analysis on Shifts of English – Chinese Translation of Constitutional Provisions on Open Judiciary	付瑶	外国语学院	The Fourth International Conference on Law, Translation, and Culture. June 13~16, 2014. The American Scholars Press	2014年10月版

续表

序号	论文名称	主要作者	单位	发表刊物	发表年期
253	语文教学与技术的融合原则：以新语文教学为例	高莲红	外国语学院	Proceedings of 2014 International Conference on Management, Education, Business and Information Science	2014年2月版
254	大学英语分科教学背景下学术英语PBL教学模式研究	李立	外国语学院	外语教学	2014年第5期
255	A Joint and Balanced Effort in Legal Translators Training	李昕	外国语学院	Proceedings of the 4th International Conference on Law, Translation and Culture	2014年8月版
256	Human Trafficking and Sex Slavery in the Modern World	孙平华	外国语学院	Albany Government Law Review	2014年第1期
257	司法公正与语言平等：中国法庭口译制度构建之实证研究	王芳	外国语学院	International Journal of Legal English	2014年第1期
258	不同法律文化背景下归化异化在新闻标题翻译中的应用	王敏	外国语学院	The Fourth International Conference Proceedings on Law, Translation and Culture	2014年10月版
259	论文学中的法律——以英美法理学研究为例	许慧芳	外国语学院	政法论坛	2014年第6期
260	谈语用充实视角下的刑事判决书翻译	张法连	外国语学院	中国翻译	2014年第3期
261	Linguistic form and Content Integrity: A model of Academic English Writing Competence	张洪芹	外国语学院	ESP in the Internationalization of Higher Education	2014年7月版
262	Brief Study on Cross Examination and Its Transplantation into the Chinese Courtroom	张清	外国语学院	Proceedings of the Fourth International Conference on Law, Translation and Culture	2014年11月版

续表

序号	论文名称	主要作者	单位	发表刊物	发表年期
263	图书与影视的产业融合之道——基于对上市出版集团影视投资策略的分析	黄金	新闻与传播学院	出版发行研究	2014年第8期
264	主流媒体报道中亟待改进的几个问题	刘斌	新闻与传播学院	中国政法大学学报	2014年第1期
265	公共管理视角下我国政务微博的发展与反思	孟盈	新闻与传播学院	2014 International Conference on Social,Education and Sports（ICSES 2014）	2014年3月版
266	信息生产力特性再探	孟盈	新闻与传播学院	安徽大学学报	2014年第5期
267	媒介发展与信息生产力的交互作用	孟盈	新闻与传播学院	福建师范大学学报（哲学社会科学版）	2014年第6期
268	Research on Educational Films of the Republic of China	史兴庆	新闻与传播学院	U. S. -China New Observer	2014年第8期
269	关于国产微电影认识上的三个问题	史兴庆	新闻与传播学院	美中文化评论	2014年第6期
270	国产纪录片的大众化探析	史兴庆	新闻与传播学院	美中文化评论	2014年第8期
271	揭开尘封的历史	史兴庆	新闻与传播学院	美中文化评论	2014年第10期
272	Encoding, Decoding and Cultural Identity: An Analysis of Culture Communication of Confucius Institutes	王天铮	新闻与传播学院	2014 International Conference on Global Economy,Finance and Humanities Research	2014年5月版
273	民主的传播及实践	王永亮	新闻与传播学院	U. S. -China New Observer	2014年第6期
274	为社会变动而传播	王永亮	新闻与传播学院	U. S. -China New Observer	2014年第8期
275	NIE的特色及其对中国的启示	王永亮	新闻与传播学院	U. S. -China New Observer	2014年第10期

续表

序号	论文名称	主要作者	单位	发表刊物	发表年期
276	关注人的创新而非物的技术	王永亮	新闻与传播学院	U. S. -China New Observer	2014年第12期
277	中国新闻法的建议	王永亮	新闻与传播学院	美中文化评论	2014年第4期
278	双向传播美中历史	王永亮	新闻与传播学院	美中文化评论	2014年第6期
279	美国报业的特色及对中国的启示	王永亮	新闻与传播学院	美中文化评论	2014年第8期
280	中西新闻自由路在何方	王永亮	新闻与传播学院	美中文化评论	2014年第10期
281	论展江的舆论监督研究	王永亮	新闻与传播学院	全球智库（美）	2014年第6期
282	论孙旭培的新闻自由研究	王永亮	新闻与传播学院	全球智库（美）	2014年第6期
283	The Content and Characteristic of Research on China Legal News	姚广宜	新闻与传播学院	U. S. -China New bserver	2014年第7期
284	网络环境下的网民司法关注与媒体监督报道	姚广宜	新闻与传播学院	当代传播	2014年第1期
285	涉法事件的微传播舆论场：多元意志的冲突与碰撞	姚广宜	新闻与传播学院	当代传播	2014年第9期
286	国外媒体法务的职能及其如何为编辑部服务	阴卫芝	新闻与传播学院	新闻记者	2014年第7期
287	文化传媒上市公司债务结构优化研究	张宏伟	新闻与传播学院	中国出版	2014年第23期
288	国内电视剧传播的社会环境解析	张森	新闻与传播学院	中国电视	2014年第6期
289	缺位与重构：新媒体在健康传播中的作用机制研究	郑满宁	新闻与传播学院	新闻记者	2014年第9期
290	Criminal Procedure, Law Reform and Stability	郭志媛	刑事司法学院	The Politics of Law and Stability in China	2014年8月版
291	结果无价值论之检讨	罗翔	刑事司法学院	法学杂志	2014年第2期
292	论打击错误的处理原则——法定符合说之检讨	罗翔	刑事司法学院	暨南学报	2014年第8期

续表

序号	论文名称	主要作者	单位	发表刊物	发表年期
293	后劳教时代惩治违法犯罪的法律结构	阮齐林	刑事司法学院	苏州大学学报（法学版）	2014年第1期
294	犯罪故意的明知内容：社会危害性认识还是违法性认识	薛瑞麟	刑事司法学院	西藏大学学报	2014年第2期
295	死刑存废之争的三重冲突和解决之路	于志刚	刑事司法学院	比较法研究	2014年第6期
296	信息时代犯罪定量标准的体系化构建	于志刚	刑事司法学院	法律科学	2014年第3期
297	网络犯罪的发展轨迹与刑法分则的转型路径	于志刚	刑事司法学院	法商研究	2014年第4期
298	全媒体时代与编造、传播信息的制裁思路	于志刚	刑事司法学院	法学论坛	2014年第2期
299	网络安全对公共安全、国家安全的嵌入态势和应对策略	于志刚	刑事司法学院	法学论坛	2014年第6期
300	"双层社会"与"公共秩序严重混乱"的认定标准	于志刚	刑事司法学院	华东政法大学学报	2014年第3期
301	城市、国家的国际化与偷渡犯罪的刑事政策——以北京出入境口岸偷渡犯罪数据为样本的分析	于志刚	刑事司法学院	清华大学学报	2014年第2期
302	中国犯罪记录制度的体系化构建——当前司法改革中裁判文书网络公开的忧思	于志刚	刑事司法学院	现代法学	2014年第5期
303	网络思维的演变与网络犯罪的制裁思路	于志刚	刑事司法学院	中外法学	2014年第4期
304	新疆维吾尔族群体30个常染色体InDel位点的遗传多态性研究	百茹峰	证据科学研究院	解放军医学杂志	2014年第10期
305	Correlations Between Vocal Tract Parameters and Body Heights in Adult Humans	曹洪林	证据科学研究院	Proceedings of the 9th International Symposium on Chinese Spoken Language Processing (ISCSLP)	2014年9月版

续表

序号	论文名称	主要作者	单位	发表刊物	发表年期
306	Correlations Between Body Heights and Formant Frequencies in Young Male Speakers: A Pilot Study	曹洪林	证据科学研究院	Proceedings of the 9th International Symposium on Chinese Spoken Language Processing (ISCSLP)	2014年9月版
307	刑事法官庭外调查活动的初步研究	褚福民	证据科学研究院	当代法学	2014年第3期
308	王书金案件证据分析	褚福民	证据科学研究院	证据科学	2014年第4期
309	Microanalysis of Carbon Monoxide in Decomposed Blood and Hepatic Tissues by Headspace Gas Chromatography and Mass Spectrometry	郝红霞	证据科学研究院	Journal of Chemical and Pharmaceutical Research	2014年第6期
310	Highly Sensitive Detection of Morphine Based on Molecular Imprinting Polymers Using Surface Plasmon Resonance.	郝红霞	证据科学研究院	Journal of Chemical and Pharmaceutical Research	2014年第6期
311	刑事再审程序改革检讨	李训虎	证据科学研究院	政法论坛	2014年第3期
312	病历法律评估研究	刘鑫	证据科学研究院	证据科学	2014年第3期
313	论司法鉴定的科学性	刘鑫	证据科学研究院	中国政法大学学报	2014年第5期
314	Popilation Data of 30 Insertion – Deletion Markers in Four Chinese Populaitions	石美森	证据科学研究院	Int J LegalMed	2014年第10期
315	专家证言的概念性挑战	汪诸豪	证据科学研究院	证据科学	2014年第1期
316	法庭科学的表述与法律证明	汪诸豪	证据科学研究院	证据科学	2014年第4期
317	澳大利亚联邦法院对专家证据的采纳	汪诸豪	证据科学研究院	证据科学	2014年第5期

续表

序号	论文名称	主要作者	单位	发表刊物	发表年期
318	国内司法实践与跨国法律价值之互动：对中国证据立法进程的思考	汪诸豪	证据科学研究院	中国法学（英文版）	2014年第6期
319	《人体损伤程度鉴定标准》"手损伤"条款解读及难点分析	王旭	证据科学研究院	中国法医学杂志	2014年第2期
320	505例医疗损害责任纠纷司法鉴定分析	杨天潼	证据科学研究院	中国法医学杂志	2014年第5期
321	《永久性残损评定指南（第六版）》基础概念评介	杨天潼	证据科学研究院	证据科学	2014年第4期
322	大鼠骨骼肌损伤后PMN、MNC及FBC百分率与损伤时间关系	于天水	证据科学研究院	法医学杂志	2014年第3期
323	大鼠骨骼肌损伤后不同时间的病理学变化	于天水	证据科学研究院	中国法医学杂志	2014年第5期
324	Reforming the Criminal Evidence System in China	张保生	证据科学研究院	Asian Criminology	2014年第9期
325	司法改革应遵循证据裁判规律	张保生	证据科学研究院	法制与社会发展	2014年第6期
326	初期基督教生存与发展策略的研究	陈忠云	政治与公共管理学院	宗教学研究	2014年第2期
327	Nationalism and Democratization in Contemporary China	丛日云	政治与公共管理学院	Construction of Chinese Nationalism in the Early 21st Century	2014年第7期
328	论网民政治参与中的民粹主义倾向	丛日云	政治与公共管理学院	领导者（香港）	2014年第8期
329	西方政治思想在中国的传播与误读	丛日云	政治与公共管理学院	探索与争鸣	2014年第7期
330	정전협정에서 평화협정으로: 중국의 시각	韩献栋	政治与公共管理学院	정전에서 한반도 평화체제로	2014年5月版
331	外国住房保障的启示与借鉴	胡叔宝	政治与公共管理学院	国家行政学院学报	2014年第2期

续表

序号	论文名称	主要作者	单位	发表刊物	发表年期
332	"次等选举"的右倾化——欧洲议会选举中极右翼政党的崛起与影响	贾文华	政治与公共管理学院	欧洲研究	2014年第5期
333	学术规范：中国学生的留学体验——对加拿大W大学理学院"2+2"学生案例分析	李环	政治与公共管理学院	高教探索	2014年第6期
334	权力的现代之魅与去魅	李筠	政治与公共管理学院	学海	2014年第2期
335	"民惟邦本"：政治的民本含义——孟子民本之学的政治哲学阐释	林存光	政治与公共管理学院	四川大学学报	2014年第5期
336	儒家思想的多重面相——评方朝晖《为"三纲"正名》	林存光	政治与公共管理学院	中国哲学史	2014年第3期
337	Corporatism in China and Europe: Different Practices	卢春龙	政治与公共管理学院	Austria and China: Societies in Change	2014年第1期
338	Popular Support for Community Self-Government in Urban China	卢春龙	政治与公共管理学院	Business and Public Administration Studies	2014年第1期
339	政治文化研究的多元历史传统：一个方法论的分析	卢春龙	政治与公共管理学院	学习与探索	2014年第4期
340	公共文化服务与农村居民对基层政府的政治信任——来自"农村公共文化服务现状调查"的发现	卢春龙	政治与公共管理学院	政法论坛	2014年第4期
341	我国农民对农村公共文化服务的满意度调查——来自全国九个省市的发现	卢春龙	政治与公共管理学院	中国政法大学学报	2014年第2期
342	后物质主义价值观在中国的兴起及其特征：基于17个城市的调研资料	卢春龙	政治与公共管理学院	中国行政评论（香港）	2014年第3期
343	Social Relief to Socially Disadvantaged Groups in China in Transitional Period（会议论文）	吕芳	政治与公共管理学院	Austria and China: Societies in Change	2014年5月版

续表

序号	论文名称	主要作者	单位	发表刊物	发表年期
344	基于公民互助的协同生产——公共服务供给的一种新模式	吕芳	政治与公共管理学院	北京行政学院学报	2014年第6期
345	论信用与诚信之关系	梅燕京	政治与公共管理学院	社科论坛	2014年总第27期
346	地方政府职能转变重在接准、放实、管好	石亚军	政治与公共管理学院	中共中央党校学报	2014年第1期
347	建立现代财政制度与推进现代政府治理	石亚军	政治与公共管理学院	中国行政管理	2014年第4期
348	排除市场壁垒须推倒"五门"建构五位一体制度体系	石亚军	政治与公共管理学院	中国行政管理	2014年第10期
349	Chinese Workfarism: Logics and Realities of Work – Welfare Governance Model	孙晓冬	政治与公共管理学院	Asian Social Work and Policy Review	2014年第8期
350	Research on Transformation and Dilemma of Old – Age Support Mode in China	王冬芳	政治与公共管理学院	Austria and China: Societies in Change	2014年5月版
351	On the Innovation of China's Public Cultural Services in the New Media Circumstances	王丽莉	政治与公共管理学院	U. S. -China New Observer	2014年第8期
352	美中公共文化服务之比较	王丽莉	政治与公共管理学院	美中文化评论	2014年第5期
353	研究生创新人才培养的考核评估制度分析	王明杰	政治与公共管理学院	国家教育行政学院学报	2014年第7期
354	监管治理体系建设理论范式与实施路径研究——回应性监管理论的启示	杨炳霖	政治与公共管理学院	中国行政管理	2014年第6期
355	转型期中国的风险特征及其有效治理——以环境风险治理为例	詹承豫	政治与公共管理学院	马克思主义与现实	2014年第6期

4. 咨询报告

序号	报告名称	主要作者	所在单位	采纳情况	采纳时间
1	北京加快推进法治政府建设的五点建议	马怀德	法治政府研究院	北京社科基金项目《成果要报》	2014 年第 24 期
2	法治政府中形式主义表现及其根源	赵鹏	法治政府研究院	人民日报《内部参阅》	2014 年第 31 期
3	专家建议积极参与全球经济规则重构	孔庆江	国际法学院	人民日报《内部参阅》	2014 年 5 月 4 日
4	中国司法鉴定之乱因	常林	证据科学研究院	获司法部副部长郝志勇批示	2014 年 6 月 21 日
5	关于我国反恐立法基本问题的几点思考	马怀德	法治政府研究院	国家社科基金项目《成果要报》	2014 年第 47 期
6	中国法治政府评估报告	马怀德	法治政府研究院	人民日报《内部参阅》	2014 第 26 期
7	地方政府建设立法和制度建设评估	曹鎏	法治政府研究院	人民日报《内部参阅》	2014 年第 27 期
8	政府信息公开评估：成效与挑战	王敬波	法治政府研究院	人民日报《内部参阅》	2014 年第 28 期
9	政府行政监督与问责评估：结果与建议	郝倩	法治政府研究院	人民日报《内部参阅》	2014 年第 29 期
10	落实民法典编纂工作的四点建议	柳经纬	比较法学研究院	《教育部简报》（高校智库专刊）	2014 年第 12 期
11	各地法治政府建设尚不平衡形式主义倾向须警惕	马怀德	法治政府研究院	《教育部简报》（高校智库专刊）	2014 年第 12 期

5. 立法建议

序号	立法名称	单位	专家组	发文单位	文件号	提交时间
1	中国政法大学关于《融资担保公司管理条例（送审稿）》的修改意见	民商经济法学院	王涌等	国务院法制办公室	国法财函〔2014〕11 号	2014 年 3 月 18 日
2	中国政法大学关于《中华人民共和国安全生产法修正案（草案）》的修改意见	民商经济法学院	金英杰等	全国人大常委会法制工作委员会	法工委发〔2014〕10 号	2014 年 3 月 31 日

续表

序号	立法名称	单位	专家组	发文单位	文件号	提交时间
3	中国政法大学关于〈私募投资基金管理暂行条例（送审稿）〉的修改意见	民商经济法学院	王涌等	国务院法制办公室	国法财函〔2014〕15号	2014年4月21日
4	中国政法大学关于《中华人民共和国中医药法（草案）》的修改意见	比较法学研究院	杨春治	国务院法制办公室	无	2014年6月23日
5	中国政法大学关于《中华人民共和国大气污染防治法（修订草案送审稿）》的修改意见	民商经济法学院	王灿发	国务院法制办公室	国法农函〔2014〕4号	2014年7月15日
6	中国政法大学关于《中华人民共和国食品安全法（修订草案）》的修改意见	法学院	解志勇等	全国人大常委会法制工作委员会	法工委发〔2014〕28号	2014年7月15日
7	中国政法大学关于《中华人民共和国刑法修正案（九）（草案）》的修改意见	刑事司法学院	阮齐林等	全国人大常委会法制工作委员会	法工委发〔2014〕43号	2014年12月8日
8	中国政法大学关于《中华人民共和国反恐怖主义法（草案）》的修改意见	刑事司法学院	阮齐林等	全国人大常委会法制工作委员会	法工委发〔2014〕44号	2014年12月8日

（十）2014年举办名家论坛一览表

序号	时间	承办单位	题目	受邀人	受邀人单位
1	2014年3月27日	人文学院	伦理生活与道德实践	杨国荣	华东师范大学哲学系教授，博士生导师
2	2014年3月31日	法学教育研究与评估中心	美国早期的国家构建及其启示	李剑鸣	北京大学历史学系教授，博士生导师
3	2014年4月10日	人文学院	空间意识：中国文学研究再思考	张国星	中国社会科学院文学研究所研究员，博士生导师
4	2014年4月16日	比较法学研究院	The Takeover Fight between Porsche and Volkswagen	Prof. Dr. Thomas M. J. Möllers	德国奥古斯堡大学欧洲法律研究中心主任，欧盟让·莫内终身教授

续表

序号	时间	承办单位	题目	受邀人	受邀人单位
5	2014年4月21日	政治与公共管理学院	大国外交理论准备和中国智库的历史担当	杨洁勉	上海国际问题研究院学术委员会主任，研究员，博士生导师
6	2014年5月15日	商学院	现代化在中国的脚步	姚洋	中国社会科学院文学研究所研究员，博士生导师
7	2014年6月19日	证据科学研究院	数字技术在法医学鉴定中的应用	陈忆九	法医病理学专家，博士生导师
8	2014年6月25日	外国语学院	Communication in a Fair Trial and the Significance of the Interpreter	Laura Ervo	教授，法学博士
9	2014年10月16日	政治与公共管理学院	改善国家治理必须遏止公共政策负排斥	黄健荣	南京大学政府管理学院教授，博士生导师
10	2014年10月20日	外国语学院	关于讯问的最新研究：言语信息的重要性	Ray Bull	欧洲法律心理学会会长
11	2014年10月24日	外国语学院	1. What Does it Mean to Know King Lear? 2. Jazz, Baseball, and the Constitution: American Law and Culture	John Ottenhoff、Stephen Barnes	JohnOttenhoff（美国爱达荷学院副校长）Stephen-Barnes（爱达荷学院特殊和国际项目处处长）
12	2014年12月12日	外国语学院	现当代美国文学文化的民族特征	刘建华	北京大学英语系教授，博士生导师
13	2014年12月17日晚	科研处、宣传部	解读十八届四中全会决定，推进法治国家建设	胡云腾	最高人民法院审判委员会副部级专职委员，二级大法官，兼研究室主任

（十一）2014年举办学术研讨会一览表

序号	研讨会题目	主办单位	举办时间	地点	主要参会人
1	中国特许经营企业研讨会	特许经营研究中心	2014年1月18日	学院路科研楼B211	我校：孙选中、李晓、李维华

续表

序号	研讨会题目	主办单位	举办时间	地点	主要参会人
2	农村土地流转法律制度改革研讨会	民商经济法学院	2014年1月16日	学院路校区综合科研楼B211	我校：王卫国等
3	房产税立法研讨会	财税法研究中心	2014年3月28日	学院路科研楼B209	我校：施正文、徐妍、翁武耀 北京大学：刘剑文
4	政府信息公开条例修改研讨会	法治政府研究院	2014年3月26日	学院路科研楼B206	我校：王敬波、王青斌、王翔、汤磊
5	《中国法治政府年度发展报告》研讨会	法治政府研究院	2014年3月26日	学院路科研楼B215	我校：马怀德、林鸿潮
6	马克思与辩证唯物主义	人文学院西方马克思学主义研究中心	2014年4月17日	学院路校区科研楼B段206	北京师范大学：诺曼·莱文 我校：张秀琴 科研机构同行学者及研究生
7	海牙公约第3条的解释与适用相关问题	法律硕士学院	2014年4月21日	学院路科研楼B206	我校：张生、于飞、张弘 北京实务界：李旺、张新军、康健、董一鸣
8	多学科背景下的法学及其方法	法学院	2014年5月24日	国际交流中心	我校：舒国滢、陈景辉 山东大学：焦宝乾 浙江大学：陈林林 中国人民大学：尤陈俊 北京大学：凌斌 西南政法大学：周尚君 西北政法大学：邱昭继 对外经贸大学：杨贝
9	城市管理法治化学术研讨会及法治政府协同创新中心与城市管理协会合作意向洽谈会	法治政府研究院	2014年5月8日	学院路科研楼B205	我校：应松年、马怀德、王敬波、卢春龙、王青斌、郝倩 国务院法制办：青锋、袁雪石 国家行政学院：杨小军、杨伟东 中央民族大学：熊文钊

续表

序号	研讨会题目	主办单位	举办时间	地点	主要参会人
10	多学科背景下的法学及其方法	法学院	2014年5月24日	国际交流中心	我校：舒国滢、陈景辉 山东大学：焦宝乾 浙江大学：陈林林 人民大学：尤陈俊 北京大学：凌斌 西南政法大学：周尚君等
11	美国税法最新发展及其评述	民商经济法学院财税与金融法所	2014年6月3日	学院路校区科研楼B211	我校：施正文 中央财经大学法学院：郑琳
12	学术报告会	民商经济法学院民法研究所	2014年6月14日	学院路科研楼B211	我校：于飞
13	国家治理与行政诉讼法修改	法学院	2014年6月8日	学院路科研楼A209	我校：应松年、马怀德、薛刚凌等 北京大学：姜明安等
14	"智库创新研究团队"研讨会	商学院	2014年6月16日	学院路科研楼B205	我校：商学院智库团队成员 国务院发展研究中心：范保群 国家外汇管理局：管涛
15	传闻证据规则研讨会	刑事法律研究中心	2014年6月20日	学院路科研楼B210	我校：陈光中、杨宇冠等 加拿大多伦多法学院：斯图尔特
16	WTO法与中国论坛——暨中国法学会世界贸易组织法研究会2014年年会	中国法学会世界贸易组织法研究会、国际法学院	2014年10月17日~18日	学院路校区	中国法学会世界贸易组织法研究会：孙婉钟、王传丽、朱榄叶等
17	残障者就与法律问题研讨会	国际法学院	2014年9月28日	学院路校区	我校：张丽英、孔庆江
18	"法律·历史·文献"青年学者工作坊	法律古籍整理研究所、法律史学青年教师创新团队、"法律文献学"校级交叉学科	2014年10月18日	学院路校区科研楼B209	北京大学：陈侃理、郭洪伯、韩策 清华大学：陈新宇等

续表

序号	研讨会题目	主办单位	举办时间	地点	主要参会人
19	耕地和林地流转公证程序国际研讨会	法学院	2014年9月28日	学院路科研楼B211	法国：Jean tarrade 中国公证协会：段伟、李勇等
20	German Studies in the History of Chinese Law	法律古籍整理研究所	2014年10月8日	学院路校区科研楼B209	德国：Reinhard Emmerich 我校：徐世虹
21	涉外法律产学研讨会	国际法学院	2014年10月14日	北京友谊宾馆	我校：张丽英、李居迁、马呈元等
22	网络时代下的被遗忘权思考	光明新闻传播学院	2014年10月26日	学院路校区科研楼209	新闻学院全体教师和其他高校师生代表
23	文化产品"走出去"学术研讨会	光明新闻传播学院	2014年10月15日	学院路校区科研楼B209	北京第二外国语学院：王海文 我校：戴雨果、张宏伟等
24	税制改革研讨会	民商经济法学院	2014年10月29日	学院路校区科研楼B209	我校：施正文等
25	中国法制史基础史料研读	法律古籍整理研究所	2014年11月23日	学院路校区科研楼B209	武汉大学：陈伟 我校：徐世虹、研究生等
26	纪念仲裁法20周年高端论坛	国际法学院	2014年12月19日	学院路校区科研楼学术讲堂	我校：黄进、江平、杜新丽等
27	金融法理论研讨会	民商经济法学院	2014年12月14日	学院路校区科研楼B209	中化外贸信托：范华 当代金融家主编：李哲平 我校：刘少军
28	版权保护及其在鼓励发展文化创意产业中的作用	民商经济法学院	2014年12月11日	学院路校区科研楼B205	国际复制权组织联合会亚太委员会、法律委员会主席卡洛琳 我校：知识产权法教师和学生
29	中国继承法论坛	民商经济法学院民法所	2014年12月13日	学院路校区科研楼B207	北京大学：马忆南 中国人民大学：杨立新、龙翼飞 我校：民法所教师

续表

序号	研讨会题目	主办单位	举办时间	地点	主要参会人
30	新预算法的进步与不足	财税法研究所	2014年12月25日	学院路校区科研楼B211	中国人民大学：朱大旗 我校：施正文、薛克鹏、李爱君等
31	法与经济学青年创新团队："政府监管与立法评估"项目成员交流会	法和经济学研究中心	2014年12月27日	学院路校区科研楼B207	全国人大常委会：李命志；中国社会科学院法学所：李洪雷；我校：李文静、研究生等

(十二) 2014年举办学术讲座一览表

序号	名称	主办单位	举办时间	主讲人	主讲人单位	是否为境外人士	备注
1	2013年十大影响性诉讼发布会	公共决策中心	2014年1月11日	焦洪昌	中国政法大学	否	
2	专家证言的概念性挑战	证据科学研究院	2014年1月14日	罗纳德·艾伦	美国西北大学法学院	是	美国
3	行政诉讼法修正草案研判	公共决策中心	2014年2月27日	姜明安	北京大学	否	
4	目前食品安全	公共决策中心	2014年3月6日	周立	中国人民大学	否	
5	互联网金融领域问题与对策	公共决策中心	2014年3月8日	刘少军	中国政法大学	否	
6	"特定指向性"是否是"支持与煽动"的行为要素	国际法学院	2014年3月11日	刘大群	前南斯拉夫国际法庭法官	否	
7	法律话语与符号学	外语语学院	2014年3月13日	程乐	浙江大学	否	
8	博文论坛第三十七期——许前飞谈《如何成为一名好法官》	共青团中国政法大学委员会博文论坛组委员	2014年3月11日	许前飞	江苏省高级人民法院	否	
9	"国风论坛"第九期——辩诉交易：对抗制的"特洛伊木马"	国际法学院学生会学术部	2014年3月18日	钱列阳	北京中孚律师事务所	否	

续表

序号	名称	主办单位	举办时间	主讲人	主讲人单位	是否为境外人士	备注
10	如何在跨国公司做一名卓有成效的法律顾问	中欧法学院	2014年3月31日	梅虹	英国劳氏船级社	否	
11	美国集体诉讼策略	比较法学研究院	2014年3月18日	Thomas H·Lee	美国福德汉姆大学	是	美国
12	谁的陪审谁的团——畅谈陪审团制	法学院	2014年3月20日	何家弘	中国人民大学	否	
13	蓟门书院：《血酬定律》	公共决策中心	2014年3月19日	吴思	《炎黄春秋》杂志社	否	
14	安全与风险：《互联网金融与理财产品》	校研究生会	2014年3月21日	刘少军	中国政法大学	否	
15	企业社会责任的国际法律制度和瑞典的实践	国际法学院	2014年3月27日	Dr. Bengt Johansson	瑞典王国政府外交部企业社会责任大使	是	瑞典
16	朋辈心理危机干预	社会学院	2014年3月19日	桑迪	斯坦福大学	是	美国
17	伦理生活与道德实践	科研处	2014年3月27日	杨国荣	华东师范大学	否	
18	法庭毒物学：向左是法律，向右是医学	证据科学研究院	2014年3月31日	Olaf H. Drummer	澳大利亚莫纳什大学澳大利亚维多利亚法医学院	是	澳大利亚
19	中国参与WTO争端解决的实践	国际法学院	2014年3月25日	杨国华	商务部条法司	否	
20	注重临场工作中对证据立体性的挖掘	证据科学研究院	2014年3月27日	刘晓明	上海市闵行公安分局刑事科学技术研究所	否	
21	第十三期民法论坛"馅饼or陷阱"	民商经济法学院	2014年4月3日	李显东、薛克鹏、赵红梅、任进	李显东、薛克鹏和赵红梅：中国政法大学民商经济法学院 任进：国家行政学院法学部	否	

续表

序号	名称	主办单位	举办时间	主讲人	主讲人单位	是否为境外人士	备注
22	专利——一种新的投资和运作资本	无形资产管理中心	2014年3月27日	胡少波	南方文化产权交易所专利商标交易服务中心	否	
23	现象学及其最新发展	人文学院哲学系	2014年3月31日	Dermot Moran	爱尔兰都柏林大学	是	爱尔兰
24	论国际劳动法	中德法学院	2014年4月14日	Michel Sommer	德国联邦工会联合会主席	是	德国
25	刑事法论坛第二十二场：全球化视野下中国反恐立法的过去与未来	刑事司法学院分团委	2014年4月10日	曲新久	中国政法大学	否	
26	从京津冀一体化看新型城市化	公共决策中心	2014年4月3日	肖金城	国家发改委	否	
27	公司资本制度改革前世今生	国际法学院学生委员会	2014年4月9日	施天涛、王涌、赵旭东	施天涛：中国政法大学；王涌：中国政法大学；赵旭东：中国政法大学	否	
28	中华文明大系第46讲：五常真义	人文学院	2014年4月10日	陈战国	北京社会科学院	否	
29	欧盟知识产权保护制度的发展历程	中欧法学院	2014年4月23日	Kerstin JORNA	欧盟委员会	是	德国
30	空间意识：中国文学研究再思考	科研处	2014年4月10日	张国星	中国社会科学院	否	
31	第三十七期校友论坛"性工作合法化之辨"	法大校友联络会	2014年4月17日	郭晓飞	中国政法大学	否	
32	公司资本制度改革的前世今生	国际法学院	2014年4月18日	王涌、赵旭东、施天涛	王涌、赵旭东：中国政法大学 施天涛：清华大学	否	

续表

序号	名称	主办单位	举办时间	主讲人	主讲人单位	是否为境外人士	备注
33	美国专利制度的发展及其对其他国家的影响	民商经济法学院、无形资产管理研究中心	2014年4月25日	John Whealan	乔治华盛顿大学法学院	是	美国
34	证券律师的角色与挑战	法学院	2014年4月9日	崔利国	观韬律所	否	
35	北辰论坛第5讲：欲望、情感与无聊——用中世纪哲学解读现代生活	人文学院哲学系	2014年4月15日	Nicholas Lombardo	美国天主教大学	是	美国
36	中华文明大系第48讲——冯友兰：照着讲还是接着讲？	人文学院	2014年5月8日	宋志明	中国人民大学哲学院	否	
37	Limiting the Power of U. S. Courts over Foreign and Domestic Corporations	国际法学院	2014年4月22日	Joel W. M. Friedman	美国杜兰大学	是	美国
38	心理学在特殊军事行动中的应用	社会学院	2014年4月28日	刘志宏	武警警种学院	否	
39	德国的检察制度：基于中德比较的视角	研究生院培养办	2014年4月14日	周遵友	德国马普外国与国际刑法研究所	否	
40	"国风论坛"第十期——国际法视野下的马航问题	国际法学院学生会学术部	2014年4月28日	张起淮	蓝鹏律师事务所	否	
41	中华文明大系第47讲——中国伊斯兰教：历史与现实	人文学院	2014年4月17日	王宇洁	中国人民大学佛教与宗教学理论研究所	否	
42	法治文化学科建设暨智库建设研讨会	人文学院	2014年4月26日	李德顺 黄进 徐显明	李德顺、黄进：中国政法大学 徐显明：山东大学	否	

续表

序号	名称	主办单位	举办时间	主讲人	主讲人单位	是否为境外人士	备注
43	台湾"反服贸"争议背后的亚经济自由化与社会	公共决策中心	2014年4月17日	焦洪昌	中国政法大学	否	
44	贫富差距的抑制——如何实现社会公平	政管院分团委	2014年4月21日	庞金友	中国政法大学	否	
45	高端经济学前沿讲座——中国经济的增长与结构	研究生院破产法与企业重组研究中心	2014年5月6日	白重恩	清华大学	否	
46	德国刑事诉讼程序中的技术侦查措施	司法文明协同创新中心	2014年5月6日	Hans Joerg Albrecht	德国马普外国与国际刑法研究所	是	德国
47	中国极地科考与国际法	国际法学院	2014年5月13日	吴雷钊	国家海洋局极地考察办公室	否	
48	20年司法变迁主题报告	准律师协会	2014年5月10日	佟丽华	致诚律师事务所	否	
49	从先锋文学到纪录片语境——兼谈《罪行摘录》	人文学院	2014年5月8日	徐星	中国社会科学院	否	
50	全球化背景下的航空业新发展：电子商务下的航空公司和航空公司兼并	国际法学院	2014年5月6日	Sandeep Bahl	Rehional General Manager Asia	是	日本
51	为什么死磕?——"辩审冲突"的根源及其应对	公共决策中心	2014年5月13日	谢佑平	复旦大学	否	
52	无形资产创造与大学生创业	民商经济法学院	2014年5月15日	蔡吉祥	中国政法大学	否	
53	刑事错案的证据分析	研究生会学术中心	2014年5月12日	张建伟	清华大学法学院	否	
54	知识本体及广泛合并知识本体建议	外国语学院	2014年5月20日	R. Adam Pease	香港理工大学	是	香港

续表

序号	名称	主办单位	举办时间	主讲人	主讲人单位	是否为境外人士	备注
55	公司金融法制的现代化与韩国的经验——韩国公司金融法制的最新动向	民商法学院商法所	2014年5月16日	郑顺燮 安秀贤等	韩国首尔大学等	是	韩国
56	企业传承与遗产赠与税制	民商法学院商法所	2014年5月19日	李俊奉	韩国成均馆大学法学院	是	韩国
57	艺术作品中的善与恶是由道德来界定还是由美学来界定？	国际法学院	2014年5月22日	Sir Basil Markwsinis	巴黎第一大学	是	法国
58	从政法到哈佛——我眼中的法学教育	校团委	2014年5月27日	郭锐	中国人民大学	否	
59	货币政策与互联网金融	商学院学生学术部	2014年5月20日	张曙光	中国社科院	否	
60	新形势下的台湾政局和两岸关系	统战部、学生工作部	2014年5月20日	周志怀	中国社科院	否	
61	波兰司法权的变革	法学院	2014年5月30日	Marcin Stebelski	波兰华沙大学	是	波兰
62	论欧洲就业法的法律冲突	法学院	2014年5月30日	Dr. Piotr Grzebyk	波兰华沙大学	是	波兰
63	复杂的现实，无为的文学	人文学院	2014年6月11日	阎连科	中国人民大学文学院	否	
64	徐萌："星空在上，道法于心"——谈人文精神的文化传播与影视剧创作兼及"律政剧"	人文学院	2014年5月29日	徐萌	中央电视台影视中心	否	
65	律师大讲堂第四期——婚姻案件成就大律师	法学院	2014年5月28日	郝惠珍	北京市盈科律师事务所	否	
66	美国与欧盟的专利法基本原理和实践	无形资产管理研究中心	2014年5月26日	Toshiko Takenaka	美国华盛顿大学（西雅图）法学院	是	美国

第八章 科研工作 197

续表

序号	名称	主办单位	举办时间	主讲人	主讲人单位	是否为境外人士	备注
67	从"婴儿安全岛"看中美儿童福利保障	社会工作协会	2014年5月21日	赵红梅	中国政法大学	否	
68	国际空间法模拟法庭讲座	国际法学院学生会	2014年5月27日	玛莎·梅吉尔	国际空间法学会	是	
69	主客观相统一的检验研究	刑事司法学院	2014年5月26日	曲新久	中国政法大学	否	
70	寻找自我：佛教与神经科学	人文学院哲学系	2014年6月4日	Stephen T. Asma	芝加哥哥伦比亚学院	是	美国
71	德国宪法法院的角色	比较法学研究院	2014年6月9日	Jurgen Harbich	前巴伐利亚行政管理学院院长	是	德国
72	新媒体对新闻学教育提出的挑战与机遇	新闻学院	2014年6月26日	Mr. Jeff South	美国弗吉尼亚州立大学	是	美国
73	检察机关的职能与职权：变迁与转轨	公共决策中心	2014年6月5日	张智辉	最高人民检察院	否	
74	华岩论坛第23讲：佛教哲学的基石	人文学院、宗教与法律研究中心	2014年6月5日	宣方	中国人民大学	否	
75	国际金融法律事务	国际法学院	2014年6月8日	仇海波	北京中天嘉华财富管理咨询有限公司	否	
76	移民的时代：全球移民趋势和美国移民政策	社会学院	2014年6月9日	习涓	阿克伦大学	否	
77	2014年昌平区领导干部进高校大讲堂《法治思维与法治政府建设》	继续教育学院	2014年6月17日	马怀德	中国政法大学	否	
78	2014年昌平区领导干部进高校大讲堂《互联网时代的舆论引导与突发事件应对》	继续教育学院	2014年6月17日	武和平	公安部	否	

续表

序号	名称	主办单位	举办时间	主讲人	主讲人单位	是否为境外人士	备注
79	2014年昌平区领导干部进高校大讲堂《领导干部法治思维和法治方式能力的养成》	继续教育学院	2014年6月18日	卓泽渊	中央党校	否	
80	2014年昌平区领导干部进高校大讲堂《领导干部在工作中的语言艺术与沟通技巧》	继续教育学院	2014年6月18日	李真顺	中国演说家协会	否	
81	2014年昌平区领导干部进高校大讲堂《增强领导干部廉政法治意识，提高执政能力》	继续教育学院	2014年6月19日	胡云腾	最高人民法院	否	
82	2014年昌平区领导干部进高校大讲堂《法治区县建设》	继续教育学院	2014年6月19日	吴庆宝	北京市司法局	否	
83	"蓟门决策"第74期——中国的边疆治理：历史与现实	公共决策中心	2014年6月18日	邢广程	中国社会科学院	否	
84	世界杯与足球文化	研究生院	2014年6月19日	张路	北京国安足球俱乐部	否	
85	世界看中国崛起	光明新闻传播学院	2014年6月17日	刘康	上海交通大学人文艺术研究院	否	
86	"蓟门决策"第73期——晚清大变局	公共决策中心	2014年6月12日	雷颐	中国社会科学院	否	
87	多语种环境下的法律翻译	外国语学院	2014年6月10日	索兰	美国纽约布鲁克林法学院	是	美国
88	外交舞台上的法律人	中欧法学院	2014年6月11日	陈士球	中国人权研究会	否	

续表

序号	名称	主办单位	举办时间	主讲人	主讲人单位	是否为境外人士	备注
89	共和中的帝制——民国政治的两难选择	公共决策中心	2014年6月25日	丛日云	中国政法大学	否	
90	特殊用途英语的未来发展	外国语学院	2014年7月7日	Paul Robertson	对外英语教学公司	是	英国
91	权力、知识、游戏：作为批判社会科学的民族音乐学	人文学院	2014年7月5日	Richard Miller	威斯康星大学麦迪孙分校东亚研究中心	是	美国
92	第四届国际人道法暑期教师高级研讨班（2014）	人权研究院	2014年8月17日~19日	David Turns	英国克雷菲尔德国防与安全学院国际法	是	英国
93	法国行政诉讼中的司法撤销与法的安定性	法治政府研究院	2014年10月21日	皮埃尔·德沃维	法兰西学院	是	法国
94	"国风论坛"第十一期——走向世界的上海——我国自贸区的政治经济学浅谈	国际法学院学生会学术部	2014年10月15日	孔庆江	中国政法大学	否	
95	行政诉讼：主观之诉or客观之诉？——法国越权之诉主观化改造	法治政府研究院	2014年10月13日	皮埃尔·德沃维	法兰西学院	是	法国
96	信息时代中的"你"和"我"系列讲座	司法文明协同创新中心	2014年10月9日~13日	David-olivier Jaquet-chiffelle	洛桑大学	是	瑞士
97	后冷战时代的中美关系	人文学院	2014年10月17日	卿斯美	密西根州立大学	是	美国
98	第34期致知讲坛：权利与权力之争——聚焦刑诉修改	法学院学生会	2014年10月29日	应松年	中国政法大学	否	

续表

序号	名称	主办单位	举办时间	主讲人	主讲人单位	是否为境外人士	备注
99	德国魏玛时期的国家法方向争议	中德法学院	2014年9月24日	Korioth, Depengheuer	慕尼黑大学，波恩大学	是	德国
100	历史的见证：时代与影像	政管与公共管理学院、人文学院	2014年9月29日	李振盛	中国人民警官大学	否	
101	古罗马选举犯罪研究	法律硕士学院	2014年9月25日	徐国栋	厦门大学	否	
102	意大利民法典起草者眼里的民法典、法官与法学理论之间的关系	法律硕士学院	2014年9月24日	Sandro Schipani	意大利罗马第一大学	是	意大利
103	欧洲大陆之上的调解制度——挑战与前景	中欧法学院	2014年9月26日	Liane Schmiedel	马克斯普朗克比较法与国际私法研究所	是	德国
104	中国特许经营研讨会	特许经营研究中心	2014年8月16日~17日	李维华	中国政法大学	否	
105	"蓟门决策"第77期——依法治国的难点与突破	公共决策中心	2014年9月21日	江平	中国政法大学	否	
106	刑事案件证明程序的比较——美国和德国	司法文明协同创新中心	2014年9月22日~24日	Walter Perron	德国弗莱堡大学	是	德国
107	美国死刑制度探讨	比较法学研究院	2014年10月13日	Shawn Marie Boyne	美国印第安纳大学法学院	是	美国
108	德美刑法比较	比较法学研究院	2014年10月9日	Bernd Schunemann	慕尼黑大学	是	德国
109	民商经济法学院2014年秋季论坛	民商经济法学院	2014年11月1日	李建伟	中国政法大学	否	
110	行政决定的司法审查	法学院	2014年9月17日	Kevin R. Johnson	UC Davis	是	美国
111	Global Health Law: The Global Tobacco Control Experience	研究生院	2014年9月18日	Oscar A. Cabrera	Georgetown University Law Center	是	美国

续表

序号	名称	主办单位	举办时间	主讲人	主讲人单位	是否为境外人士	备注
112	西方法律文明的支柱	法学院	2014年9月27日	Franciszek Longchamps de Berier Tomasz Ggiaro	University of Warsaw	是	美国
113	"蓟门决策"第75期：陪审制与司法	公共决心中心	2014年9月18日	何海波	清华大学	否	
114	商业惯例在跨国合同中的法律效力	法律硕士学院	2014年9月15日	Pierre Mousseron	法国蒙彼利埃大学	是	法国
115	公司治理规则能否成为国家机关的有益借鉴?	法律硕士学院	2014年9月16日	Maitre Bernard Laurent-bellue	维维安合伙律师事务所	是	法国
116	中国开发新阶段	商学院	2014年9月14日	杨帆	中国政法大学	否	
117	法律语言学：范畴、发展与趋势	外国语学院	2014年9月18日	程乐	浙江大学	否	
118	现代企业管理	国际交流合作处	2014年11月3日	Lars Engwall	斯德哥尔摩大学	是	瑞典
119	商法论坛	民商经济法学院	2014年11月20日	李建伟 王军	中国政法大学	否	
120	"蓟门决策"第77期：四中全会文件解读	公共决策中心	2014年11月6日	马怀德	中国政法大学	否	
121	犯罪重建——以念斌案件的证据分析为核心	司法文明协同创新中心，证据科学研究院	2014年11月4日	张燕生	北京大禹律师事务所	否	
122	私法与司法——民法与司解博弈中的批判	民商经济法学院	2014年11月3日	刘智慧	中国政法大学	否	

续表

序号	名称	主办单位	举办时间	主讲人	主讲人单位	是否为境外人士	备注
123	光明讲坛——解读十八届四中全会精神	研究生院	2014年11月2日	黄进	中国政法大学	否	
124	开放阅览在未来学术出版中的角色	中欧法学院	2014年11月5日	Thomas Eger	德国汉堡大学	是	德国
125	我国的边界与海洋问题	国际法学院	2014年11月5日	欧阳玉靖	外交部	否	
126	维护中国海洋权益的海洋法问题	国际法学院	2014年11月21日	贾宇	国家海洋局	否	
127	刑事法论坛第二十三场：从念斌案看我国刑事诉讼法专家辅助人制度	刑事司法学院	2014年11月26日	洪道德	中国政法大学	否	
128	中韩航空法与蒙特利尔公约研究以马航为视角	国际法学院	2014年11月20日	金斗焕	韩国空间法学会	是	韩国
129	法大人的法治梦——十八届四中全会精神解读	民商经济法学院	2014年11月1日	林来梵等	清华大学	否	
130	电影政治：探索中国百年电影史的一个路径	人文学院	2014年10月30日	王小鲁	北京电影学院	否	
131	小王子的追星之旅	校团委	2014年10月28日	杨昌炽	台中市天文学会	否	台湾
132	名师学术生涯导航	法学院	2014年10月	江平	中国政法大学	否	
133	成员国加入及退出的欧盟法规则	中欧法学院	2014年10月24日	Stefan haack	德国波恩大学	是	德国
134	法大人的法治梦——法治中国论坛	民商经济法学院	2014年10月26日	郭道晖 赵旭东	中国政法大学	否	
135	我国海商法的过去、现在与未来	国际法学院	2014年10月29日	吴焕宁	中国政法大学	否	

续表

序号	名称	主办单位	举办时间	主讲人	主讲人单位	是否为境外人士	备注
136	中美双边谈判能否提供应对气候变化的可行方案？	国际法学院	2014年10月28日	Phlip R Boxell	博尔德公司	是	
137	审视刘汉、刘维案——张青松带你走进刑辩殿堂	民商经济法学院	2014年11月4日	张青松	北京市尚权律师事务所	否	
138	定牌加工中的商标侵权问题	无形资产管理研究中心	2014年10月22日	夏志泽	北京万慧达律师事务所	否	
139	诉讼论证的逻辑	证据科学院	2014年10月20日	熊明辉	中山大学	否	
140	走近涉外律师——WTO与国际贸易救济法律实践	中欧法学院	2014年10月17日	杨晨	北京金诚同达律师事务所	否	
141	刑事法论坛第二十三场：聚焦刑诉法192条——从念斌案看我国刑事司法鉴定专家辅助人制度	刑事司法学院	2014年10月24日	常林	中国政法大学	否	
142	双语种作家奥古斯特·斯特林堡	外语学院	2014年11月3日	Gunnel Engwall	瑞典斯德哥尔摩大学	是	瑞典
143	公众人物的公众形象和公共媒体的指向	校友联络会	2014年11月21日	任剑涛	中国人民大学	否	
144	构建以无形资产为核心的上市公司市值管理模式——基本理论与方法	民商经济法学院	2014年10月23日	蔡吉祥	中国政法大学	否	
145	金杜明德法制沙龙	司法文明协同创新中心	2014年10月15日	张文显	中国法学会	否	
146	葡萄牙民法典及其国际影响	法学院	2014年10月9日	Dario Moura Vicente	里斯本大学法学院	是	里斯本

续表

序号	名称	主办单位	举办时间	主讲人	主讲人单位	是否为境外人士	备注
147	欧洲国家破产的悲剧——问题是否被恰当地处理了？	中欧法学院	2014年10月15日	Ignacio Tirado	西班牙马德里自治大学	是	西班牙
148	亚洲的企业破产制度：在中国内地、香港和日本发展有效的破产措施	中欧法学院	2014年10月15日	Charles D. Booth	夏威夷大学	是	美国
149	成思危讲座	教务处	2014年10月15日	成思危	中国科学院大学	否	
150	如何解读中国大学生的迷茫和存在感	社会学院	2014年10月17日	陈俊雄	北京师范大学	否	
151	法治中国论坛	新闻学院	2014年10月28日	马兴宇	光明日报社	否	
152	深度解读四中全会精神，努力推进法治中国建设	法学院	2014年10月28日	薛刚凌	中国政法大学	否	
153	刑事程序法律与实践变革的研究方法	证据科学院	2014年10月29日	Terence Halliday	美国律师基金会	是	美国
154	企业知识产权战略、管理与实务	无形资产管理研究中心	2014年10月29日	杨旭日	强国知识产权研究院	否	
155	法律视角下的法国城市规划	法治政府研究院	2014年11月3日	卡特琳·贝尼布瓦萨	法国国家科研中心	是	法国
156	中国思想下的全球化管辖规则	国际法学院	2014年11月18日	陈隆修	台湾东海大学法律学院	是	台湾
157	新技术在学习英语写作学习和教学中的应用	外国语学院	2014年12月11日	李利	英国埃克斯特大学	否	
158	《统一商法典》第九条规定的担保交易体系能否在欧洲大陆站稳脚跟？	中欧法学院	2014年12月10日	Tibor Tajti	中欧大学	是	匈牙利

续表

序号	名称	主办单位	举办时间	主讲人	主讲人单位	是否为境外人士	备注
159	打击人口贩运与国际合作	国际法学院	2014年12月4日	安奈·特李斯	联合国反对人口贩运合作项目负责人	是	美国
160	走近瑞士圣加伦"明日领导者"论坛	法律硕士学院	2014年12月2日	Rolf Bachmann	瑞士圣加伦"明日领导者"论坛	是	瑞士
161	将艺术、人文和科学融为一体，以促进跨技能的合作	人文学院	2014年12月11日	David Joyner	英国班戈大学	是	英国
162	阅读卢卡奇	西方马克思主义研究中心	2014年12月5日	汤姆·罗克默	北京大学哲学系	是	美国
163	欧洲专利与专利法院的最新发展	无形资产管理研究中心	2014年11月27日	Prechtel博士	中国政法大学无形资产管理研究中心	是	德国
164	全球定位卫星导航系统法	国际法学院	2014年11月28日	Joanne Irene Gabrynowicz	美国密西西比大学法学院	是	美国
165	公司治理中股东权利的扩大	民商经济法学院	2014年11月18日	David A. Skeel	美国宾夕法尼亚大学法学院	是	美国
166	国际法中使用武力原则的最新发展	国际法学院	2014年11月14日	Andrea Bianchi	瑞士日内瓦国际问题研究院国际法所	是	瑞士
167	美国刑事诉讼中的保密性和公开性	2011司法文明协同创新中心	2014年12月22日	David Sklansky	斯坦福大学法学院	是	美国
168	经济增长与环境保护可以携手共进吗	法和经济学研究中心	2014年12月22日	Michael Faure	荷兰鹿特丹伊拉斯谟大学法学院	是	荷兰
169	民商学术美国法学院J.D.学位介绍讲座	民商经济法学院	2014年12月23日	Noa·Qiao	康奈尔大学	是	美国
170	域外版权集体管理组织现状分析	知识产权研究所	2014年12月11日	Caroline Morgan	澳大利亚版权代理机构	是	澳大利亚

续表

序号	名称	主办单位	举办时间	主讲人	主讲人单位	是否为境外人士	备注
171	2012~2015年度"法治中国"系列学术论坛第二期——2013民法诉讼运行中的问题分析	共青团中国政法大学委员会	2014年12月10日	肖建国	中国人民大学	否	
172	百家视野系列活动之"师说心语"讲座	心理协会	2014年12月17日	陈心洁	中国政法大学	否	
173	四中全会全面推进依法治国决定与民事司法改革	司法文明协同创新中心	2014年12月11日	张卫平	清华大学	否	
174	新民诉法实施中的若干问题	司法文明协同创新中心	2014年12月19日	马强	北京第三中级人民法院	否	
175	新民诉法适用意见的制定	司法文明协同创新中心	2014年12月15日	孙佑海	最高人民法院中国应用法学研究所	否	
176	民事强制执行立法若干问题	司法文明协同创新中心	2014年12月16日	张根大	最高人民法院执行局	否	
177	走向田野的历史学	人文学院	2014年12月20日	刘志伟	中山大学	否	
178	中欧法学院国际法律职业系列讲座第八讲——"我的三十年联合国生涯和联合国多边援助"	中欧法学院	2014年12月17日	徐书云	中国联合国协会	否	
179	比较文学对中国文学分期的颠覆	人文学院中文系	2014年12月17日	高旭东	中国人民大学文学院	否	
180	民商学术明法论坛学术讲座	民商经济法学院分团委	2014年12月15日	刘心稳	中国政法大学	否	
181	法治文化系列讲座第十四讲：古典美学之意蕴	人文学院	2014年12月9日	肖鹰	清华大学	否	
182	管一管自己的情绪：聊一聊阳光的心态	社会学院	2014年12月21日	房兴达	阳光心理教育机构	否	

续表

序号	名称	主办单位	举办时间	主讲人	主讲人单位	是否为境外人士	备注
183	"蓟门决策"第80期：司法公信与冤案平反	公共决策中心	2014年12月25日	徐昕	北京理工大学	否	
184	从阿里巴巴上市看资本市场法律问题	校团委	2014年11月18日	王光进	中国政法大学	否	
185	从复合型法律人才成长为国际化律师的道路	无形资产管理研究中心	2014年11月18日	吴琼	北京康信知识产权代理有限责任公司	否	
186	求职训练营——职业在你手中，事业在你	商学院分团委	2014年11月19日	任晓兰	中国政法大学商学院	否	
187	当代文化现象批判（人文高端讲坛第十一讲）	人文学院	2014年11月17日	肖鹰	清华大学	否	
188	生机往往只给有准备的人	商学院	2014年11月22日	温元麟	广东省青少年军校	否	
189	把壮美的紫禁城完整地交给下一个六百年	国际法学院	2014年11月26日	单霁翔	故宫博物院	否	
190	《行政诉讼法》修改的重大问题	法治政府研究院	2014年11月20日	袁杰	全国人大常委会	否	
191	华岩论坛第28讲：清教与现代世界秩序	人文学院、宗教与法律研究中心	2014年11月28日	施展	外交学院	否	
192	中华文明大系第51讲：中华文明与梵天佛地——中印文化及其交流	人文学院	2014年11月27日	邱永辉	中国社会科学院	否	
193	中华文明大系第52讲：中华文明与斯拉夫文明	人文学院	2014年12月3日	邢广程	中国社会科学院	否	
194	华岩论坛第27讲：东正教与俄罗斯的帝国命运	人文学院、宗教与法律研究中心	2014年11月21日	施展	外交学院	否	

续表

序号	名称	主办单位	举办时间	主讲人	主讲人单位	是否为境外人士	备注
195	读书沙龙第二十六期：谁主宰了时代？	民商经济法学院	2014年11月27日	翟继光	中国政法大学	否	
196	中国政法大学2013~2014年度"法治中国"系列学术论坛第四期：《公司法实践中的热点难点疑点问题》	司法部中国法律杂志社	2014年11月27日	刘俊海	中国人民大学	否	
197	学习诊断与最佳学习效果	外国语学院	2014年12月25日	谭捍卫	美国某军事学院	否	
198	公民诉权保障与《行政诉讼法》修改	2011计划司法文明协同创新中心	2014年12月10日	应松年	中国政法大学	否	
199	破解三难与《行政诉讼法》修改	2011计划司法文明协同创新中心	2014年11月26日	童卫东	全国人大法工委	否	
200	司法权威与《行政诉讼法》修改	2011计划司法文明协同创新中心	2014年12月3日	李广宇	最高人民法院	否	
201	中国政法大学2013~2014年度"法治中国"系列学术论坛特别期——解读十八届四中全会主题"依法治国"	共青团中国政法大学委员会	2014年12月3日	陈光中	中国政法大学	否	
202	读书沙龙第二十八期——赵晶专场命悬银线的帝国——沿着《银线——19世纪的世界和中国》探索白银波动	民商经济法学院	2014年12月4日	赵晶	中国政法大学	否	

续表

序号	名称	主办单位	举办时间	主讲人	主讲人单位	是否为境外人士	备注
203	关于投资人与国家间基于条约仲裁透明度公约草案的介绍	国际法学院	2014年12月2日	孔庆江	中国政法大学国际法学院	否	
204	读书沙龙第二十七期——胡静专场	民商经济法学院	2014年12月3日	胡静	中国政法大学	否	
205	法治中国新任务	MBA教育中心	2014年12月1日	马怀德	中国政法大学	否	
206	中国进入法治新时代——十八届四中全会精神解读	继续教育学院	2014年12月6日	冯玉军	中国人民大学	否	
207	"国风论坛"第十二期：从《敦煌宣言》看文物追回问题	国际法学院	2014年12月10日	张丽英	中国政法大学	否	
208	"蓟门决策"第78期：解读刑法修正案（九）	中国政法大学公共决策中心	2014年12月5日	陈卫东	中国人民大学	否	
209	"蓟门决策"第79期：班门弄斧转基因	中国政法大学公共决策中心	2014年12月14日	崔永元	中国传媒大学	否	
210	《联合国独立担保和备用信用证公约》下的信用证欺诈例外	比较法学研究院	2014年12月3日	高祥	中国政法大学比较法学研究院	否	
211	"宪法日"系列活动之宪法实施的路径探讨	共青团中国政法大学委员会	2014年12月4日	焦洪昌	中国政法大学	否	
212	中文论坛第一期：从鲁迅翻译实践看他的汉语创新意识	人文学院中文系	2014年12月5日	孙郁	中国人民大学文学院	否	

续表

序号	名称	主办单位	举办时间	主讲人	主讲人单位	是否为境外人士	备注
213	博闻论坛第四十期——周其仁专场	共青团中国政法大学委员会	2014年12月18日	周其仁	北京大学	否	
214	从法院到法学院有多远——法律职业、法学教育和法学研究的现代转型	司法文明协同创新中心,证据科学研究院	2014年12月5日	杨凯	武汉中级人民法院	否	
215	欲戴王冠,必承其重——新媒体的时代影响力与社会责任	国内合作处	2014年12月8日	胡益华	免费午餐基金管理委员会	否	
216	从台湾大选国民党惨败看两岸未来金融发展	MBA教育中心	2014年12月11日	黄达业	台湾大学	否	台湾

(十三)"2011计划"协同创新中心及参与单位一览表

序号	协同创新中心名称	协同单位	牵头单位	成立时间	备注
1	司法文明协同创新中心	中国政法大学、吉林大学、武汉大学	中国政法大学	2012年7月	2013年5月获得国家首批认定
2	全球治理与国际法治协同创新中心	中国政法大学、武汉大学、厦门大学、南开大学、对外经贸大学	中国政法大学	2012年12月	
3	法治政府协同创新中心	中国政法大学、国家行政学院、北京大学	中国政法大学	2013年10月	
4	国家领土主权与海洋权益协同创新中心	武汉大学、复旦大学、中国政法大学、外交学院、郑州大学、中国社会科学院中国边疆史地研究中心、水利部国际经济技术合作交流中心	武汉大学	2012年12月	2014年10月获得国家第二批认定

续表

序号	协同创新中心名称	协同单位	牵头单位	成立时间	备注
5	人权建设协同创新中心	南开大学、中国政法大学、广州大学	南开大学	2013年8月	
6	知识经济与法治发展协同创新中心	中南财经政法大学、中国政法大学、北京大学	中南财经政法大学	2012年7月	

第九章 党建与思想政治工作

一、组织工作

【概况】党委组织部（党校）在校党委领导下，围绕落实党的十八届三中、四中全会精神，以贯彻落实新修订的《党政领导干部选拔任用工作条例》《中国共产党发展党员工作细则》（以下简称为《细则》）等文件为契机，进一步加强干部队伍建设、基层党组织建设、党员队伍建设等工作，进一步提升入党积极分子培养和党校工作水平。

进一步加强干部队伍建设，配合教育部开展学校行政换届及党委副职调整工作，完成处级领导干部换届竞聘工作，开展党口部门科级领导岗位聘任工作，开展学习贯彻习近平总书记系列重要讲话精神集中轮训和新任处级干部培训，加强干部管理和监督；全面加强基层党组织建设，扎实推进群众路线教育实践活动整改工作，大力推进基层党支部建设，严格规范发展党员工作，精心组织实施学生党员先锋工程；加强党校工作，提高入党积极分子培训的针对性和时效性，提升党务工作者业务水平，开展各类党员干部集中培训，推进网络在线学习平台建设。

截至2014年底，全校共有党员6875名，入党积极分子5317名，全年共发展党员941名；全校共有16个分党委、3个党总支、5个直属党支部、362个党支部。2014年，党校共培训入党积极分子1596人。

【召开分党委书记会议】1月13日，分党委书记会议在昌平校区召开。党委书记石亚军出席会议，相关职能部门负责人以及各分党委书记、副书记参加会议。会议由校党委副书记、纪委书记胡明主持。石亚军在会上强调我校党的群众路线教育实践活动在整改落实、建章立制环节的具体要求。胡明在会上传达教育部关于扎实做好党的群众路线教育实践活动整改落实、建章立制工作的相关要求，并部署我校召开总结会议的相关工作。相关职能部门负责人以及各分党委书记、副书记对进一步开展工作提出工作建议。

【召开2014年第一期处级领导干部培训班】2月20日，2014年第一期处级领导干部培训班暨学习贯彻习近平总书记系列讲话精神集中轮训工作开班仪式在昌平校区召开。在京校领导、处级以上干部和党建督导员参加培训。培训班由校党委书记石亚军主持。全国人大代表、中国社会科学院学部委员、马克思主义研究学部主任程恩富教授作集中轮训的首场辅导报告。程恩富在报告中解读习近平总书记系列重要讲话的精神实质和重要内涵。

【召开党的群众路线教育实践活动总结大会】3月5日，党的群众路线教育实践活动总结大会在昌平校区召开。教育部党的群众路线教育实践活动督导二组组长程天权，副组长徐敦楷、张中原等出席会议。全体校领导、副处级以上干部、教职工代表参加会议。校长黄进主持大会。党委书记石亚军代表学校党委作题为"提高思想认识 转变工作作风 服务师生员工"的总结报告，从四个方面回顾总结我校开展教育实践活动的基本情况。程天权作重要讲话。教育部督导组对学校领导班子及班子成员开展党的群众路线教育实践活动情况进行民主测评。

【完成处级干部届末考核工作】3月26日~4月16日，学校开展校部机关、院（部）、教辅单位任期届满的处级干部届末考核工作。本次届末考核共涉及全校24个校部机关和25个院（部）、教辅单位，通过采取个人总结与述职、民主测评、综合评价等方式，对134位任期届末的处级干部进行了考核。全校各校部机关、院（部）、教辅单位教职工累计近1200人参加了学校和各单位自行组织的考核大会。

【举办第49期入党积极分子培训班】4月12日~20日，党校第49期入党积极分子培训班在两校区举办，本期培训班的主题为"学习贯彻十八届三中全会和习近平总书记重要讲话精神，政治上思想上行动上向党靠拢"。法学院刑事司法学院分党校、民商经济法学院国际法学院分党校、八院联合分党校和研究生院分党校分别由刑事司法学院、国际法学院、人文学院和法学院承办。韩荣贵、李凯林、卫灵、卢少华等15位党校教师分别为4个分党校的学员们授课。

【举办2014年度学生党员先锋工程学生党支部书记第一轮培训班】5月24日~25日，2014年度学生党员先锋工程学生党支部书记第一轮培训班在昌平校区举办。党委副书记、纪委书记胡明出席开班仪式并发表讲话。本轮培训班为期两天，设置7个环节，全校本科、硕士、博士各年级学生党支部书记227人参加了培训班。培训班以素质拓展、观看纪录片、主题报告、实务培训、分组讨论、汇报交流等多种形式展开。北京市委教育工委组织处副处长李丽辉、学校马克思主义学院副教授胡尚元分别以"北京高校学生党组织建设状况"和"习近平总书记重要讲话精神和社会主义核心价值观解读"为题作主题报告。党委组织部副部长袁林为学员专题讲解党支部和党支部书记工作实务。

【启动全校处级干部公开竞聘工作】5月26日，处级干部公开竞聘工作动员部署会在昌平校区召开，正式启动全校处级干部公开竞聘工作。党委书记石亚军、校长黄进出席会议并作重要讲话。各校部机关部处长、各分党委负责人等参加会议。会议由党委副书记、纪委书记胡明主持。石亚军要求各部门要高度重视，广泛宣传，同时严格遵守规则，严肃换届纪律。黄进对本次公开竞聘工作提出要求。胡明针对干部作风对与会同志作出指示。组织部部长王立艳结合《关于面向校内公开选拔处级领导干部的通知》就本次公开竞聘工作的竞聘资格、工作程序等进行解读与说明。

【召开深化群众路线教育实践活动整改工作推进会】5月26日，深化党的群众路线教育实践活动整改工作推进会在昌平校区召开。党委书记石亚军，党委副书记、纪委书记胡明出席会议。各学院分党委书记，校部机关部、处长参加会议。石亚军对党的群众路线教育实践活动整改工作进展情况进行总结，并提出下一步工作思路，要求各单位在整改落实中，切实转变职能，规范管理行为，增强执行力。

【举行学习习近平总书记系列讲话精神集中轮训第二轮专题报告会】5月27日，学习习近平总书记系列讲话精神集中轮训专题报告会在昌平校区举行，特邀教育部教育发展研究中心主任张力作"深入学习贯彻党的十八大精神，推动高等教育内涵式发展"专题报告。党委书记石亚军，党委副书记、纪委书记胡明，副校长徐扬，以及学校中层干部、教工党支部书记和分党委秘书共300余人听取报告。

【召开学习习近平总书记重要讲话精神轮训第三轮专题报告会】7月8日，学习习近平总书记重要讲话精神轮训第三轮专题报告会在昌平校区召开。全校处级以上领导干部、党支部书记和校部机关全体党员参加报告会。中央纪委法规室主任侯觉非以"认真学习习近平总书记系列讲话精神，推动党风廉政建设深入开展"为主题为与会人员作辅导培训。侯觉非提出解决领导干部"不敢腐""不能腐""不想腐"的重大课题，并解读了"反腐倡廉必须常抓不懈、拒腐防变必须警钟长鸣"的深刻内涵。

【完成处级干部公开竞聘工作】7月上旬，新聘任的129名处级领导干部正式赴任。全校共有222人、278人次报名参加竞聘，最终聘任的处级干部中新提任干部33人，占总体聘任处级干部的26%。新提任的干部中管理干部18人，专任教师15人，其中教授9人、副教授6人，13人拥有博士学位。

【召开初任处级干部集体谈话会】7月10日，初任处级干部集体谈话会在学院路校区召开。党委书记石亚军，党委副书记、纪委书记胡明，党委组织部部长王立艳及33位新提任的处级干部参加会议。石亚军要求新任处级干部遵循事理规则、法理规则、情理规则。胡明就党风廉政建设对新任处级干部提出四点要求。会议强调处级干部要认真落实党风廉政建设责任制，增强"一岗双责"意识，带头廉洁自律，自觉遵守上级及学校的各项规章制度。

【举办学习贯彻《中国共产党发展党员工作细则》培训班】10月23日，在昌平校区举办学习贯彻《中国共产党发展党员工作细则》（以下简称《细则》）培训班。组织部相关负责人、党建督导员、各分党委、党总支、直属党支部书记、副书记、党务秘书参加培训班。党委副书记、纪委书记胡明主持并讲话。李丽辉介绍了《细则》修订的主要背景和精神实质，对修订的主要内容作了详尽地解读，并对市委教育工委落实《细则》的工作安排进行了传达。报告内涵丰富、深入浅出，使培训班学员了解《细则》修订的重大意义，深刻认识发展党员工作的基础性、系统性、重要性。

【举办2014年新任处级干部培训班】10月24日~26日，2014年新任处级干部培训班在昌平校区举行。2012年以来新提任的40余位处级干部参加培训。党委书记石亚军、校长黄进作主题报告。十一届全国政协委员、中国心理学会理事长、我校社会学院乐国安教授就心理学在领导工作中的应用与与会同志进行沟通。培训班邀请学校办公室主任李秀云、组织部长王立艳、监察处长范分社、人事处长吴平、财务处长李国强、审计处副处长张翼志等分别结合各自部门的工作实际与新任的处级干部进行交流。10月25日，培训班一行在党委副书记、纪委书记胡明的带领下，来到革命圣地西柏坡，实地参观西柏坡纪念馆、中共中央旧址和革命领袖生活工作的居所。

【召开分党委书记会】11月2日，分党委书记会在昌平校区召开。党委书记石亚军，党委副书记高浣月，党委组织部负责同志，党建督导员，各分党委、党总支、直属党支部书记和副书记参加会议。会议由校党委副书记、纪委书记胡明主持。石亚军对我校加强和改进意识形态工作提出要求。高浣月就加强和改进意识形态工作的具体任务进行部署。组织部部长王立艳就学习贯彻习近平总书记在党中央的群众路线教育实践活动总结大会上的讲话精神、我校教育实践活动整改落实情况,进一步推进学生党员先锋工程、开展在职党员到社区报到为群众服务工作等进行通报和部署。

【举办在职党员到社区报到为群众服务专题讲座】11月24日,副校级干部兼图书馆馆长时建中出席昌平区城北街道办事处"干部职工大讲堂",为街道办机关及社区干部职工作题为"推进依法治国,释放全面深化改革的长期红利——十八届四中全会《决定》学习会"的讲座。在职党员到社区报到为群众服务活动是今年北京市委组织部、市委教育工委结合党的群众路线教育实践活动部署开展的一项重要工作,学校根据对口单位需求与学校实际,适时组织开展政策宣讲、法治讲座、法律援助、心理咨询辅导等活动。

【教育部督查组莅临我校检查领导干部参加社会化培训工作】11月4日,由教育部、中央教育实践活动办公室、中组部干教局组成的专项督查组莅临我校检查领导干部参加社会化培训工作。学校办公室、组织部、财务处、开放教育管理办公室、继续教育学院及相关学院负责创收的负责人参加了会议。教育部巡视工作办公室主任贾德永一行认真听取我校开展领导干部参加社会化培训专项清理整顿的专项汇报,并与学校相关部门负责人就工作中存在的薄弱环节、意见和建议等内容进行交流。党委书记石亚军介绍了学校基本情况,党委副书记、纪委书记胡明代表学校党委作专题汇报。贾德永主任代表教育部肯定了学校严格规范领导干部参加社会化培训工作。

【召开2014年度学生党员先锋工程校部机关推进会】11月4日,2014年度学生党员先锋工程校部机关推进会在昌平校区召开。党委副书记、纪委书记胡明出席会议并讲话。相关单位负责同志参加会议。组织部部长王立艳介绍我校学生党员先锋工程的进展情况。各部处负责人就本部门如何落实学生党员先锋工程活动进行了讨论。胡明就下一阶段各部处推进学生党员先锋工程提出要求。

【召开群众路线教育实践活动整改推进工作会】11月6日,群众路线教育实践活动整改推进工作会在昌平校区召开。会议由校党委副书记、纪委书记胡明主持。党委书记石亚军出席并作重要讲话,校部机关部处长参加会议。组织部部长王立艳介绍了校党委推进整改工作的情况以及全校整改工作取得的成效和存在的主要问题。相关单位就本单位承担的整改任务落实情况作专题汇报。

【召开2014年度学生党员先锋工程分党委推进会】11月27日,2014年度学生党员先锋工程分党委推进会在昌平校区召开。党委副书记、纪委书记胡明出席会议并讲话,各分党委、党总支负责同志参加会议。会议由组织部部长王立艳主持。王立艳介绍我校学生党员先锋工程实施以来各项工作落实情况。各学院负责同志分别就本学院如何实施学生党员先锋工程作了发言。胡明指出,学生党员先锋工程要立足长远建立长效机制,要突出"党员姓党",明确党员的组织性、纪律性。

【附件】

2014年各分党委（党总支、直属党支部）支部、党员情况

序号	单 位	党支部数	党员数
1	校部机关分党委	16	201
2	离退休干部分党委	31	541
3	法学院分党委	42	736
4	民商经济法学院分党委	54	975
5	国际法学院分党委	24	649
6	刑事司法学院分党委	33	650
7	政治与公共管理学院分党委	26	412
8	商学院分党委	20	618
9	人文学院分党委	13	171
10	新闻与传播学院分党委	9	140
11	外国语学院分党委	8	140
12	继续教育学院分党委	3	30
13	社会学院分党委	7	103
14	马克思主义学院分党委	11	113
15	法律硕士学院分党委	38	832
16	比较法学研究院分党委	3	200
17	科研单位党总支	13	191
18	图书馆党总支	2	28
19	后勤党总支	9	76
20	国际教育学院直属党支部	1	9
21	体育教学部直属党支部	1	25
22	科学技术教学部直属党支部	1	12
23	现代教育技术中心直属党支部	1	11
24	出版社直属党支部	1	12
合 计		367	6875

二、党风廉政建设

【概况】学校纪委、监察处深入贯彻落实党的十八大和十八届三中、四中全会，十八

届中央纪委三次、四次全会精神，聚焦党风廉政建设和反腐败斗争中心任务，切实履行监督执纪问责职责，全面落实党风廉政建设监督责任。

学校党委承担党风廉政建设主体责任，并把主体责任落实到党的建设和学校改革发展各个方面以及党风廉政建设决策和执行的全过程。党委常委会先后10次，校长办公会先后7次研究反腐倡廉工作；党委负责人先后对反腐倡廉重点环节进行17次协调。

严格监督检查《中国政法大学公务接待管理办法》《中国政法大学国内差旅办法》等规章制度执行落实情况。9月，发出落实中央八项规定精神坚决纠正不正之风的通知，重申相关纪律要求，坚决刹住节日期间可能出现的不正之风。12月，转发《关于做好2015年元旦春节期间有关工作的通知》，进一步强调严格落实中央八项规定精神和反对"四风"要求，认真执行廉洁从政各项规定，坚决杜绝节日腐败。

加强权力运行的制度制约和廉政风险防控能力。完善党委全委会、党委常委会、校长办公会、书记办公会议事规则，优化决策机制；完善民主集中制，贯彻执行"三重一大"决策制度；严格落实领导干部述职述廉、提醒谈话、诫勉谈话等制度；检查党政领导干部兼职情况，抽查领导干部个人有关事项报告制度的执行情况；开展处级以上领导干部（含非领导职务）个人因私护照专项清理工作，将179本因私护照收归统一管理；完成30位处级领导干部任期届满经济责任审计工作。

加大对重点领域和关键环节的监督执纪问责力度。加强监督处级干部推荐、考察、测评、公示、任用等重要环节；现场监督保送生、自主招生、艺术特长生等本科特殊类型招生；跟踪监督研究生招生的命题制题、复试分数线的制定、破格录取等重要环节和保密工作；督促科研部门完善经费管理制度，协同财务处、审计处加大对科研经费的监督检查力度；监督相关职能部门严格执行《中国政法大学基建、修缮、采购工作监督办法》及相关业务工作的管理办法，按照规范流程行事；开展教育收费专项整治和"小金库"专项检查工作，尚未发现学校自立收费项目、扩大收费范围、提高收费标准等违规乱收费乱罚款及设立"小金库"现象。

分类调查处理58件群众来信，督促相关部门及时办理及反馈结果；对于反映干部违纪问题的群众来信，不符合立案条件的由校纪委对相关人员进行诫勉谈话，或由学校进行相应处理。

开展理想信念和宗旨教育、党风党纪和廉洁自律教育，完善学校党风廉政建设宣传教育大格局建设。组织召开党风廉政建设大会，廉政教育专题辅导报告会、党风廉政建设专题沙龙等活动；编制《中国政法大学领导干部党风廉政建设规定选编》；邀请北京市教育纪工委专家为大学生作廉洁自律讲座。

【召开党政工作部署会】2月20日，2014年第一期处级干部培训暨新学期党政工作部署会在昌平校区召开。全体在京校领导出席会议，全体处级领导干部参加会议。会议要求进一步落实党风廉政建设责任制，加强党风廉政建设，切实落实教育、制度、监督相统一的预防和惩戒机制，进一步提高基建、维修、设备购置、资产管理、图书资料采购、招生、办学等工作的规范化建设。

【召开教育系统党风廉政建设工作视频会议】2月27日，2014年教育系统党风廉政建设工作暨全国治理教育乱收费部际联席会视频会议在昌平校区召开。党委书记石亚军，副校长马怀德，党委副书记、纪委书记胡明，副校长徐扬出席会议。各学院、各职能部门负责人和纪委委员参加会议。会议学习贯彻习近平总书记系列重要讲话和十八届中央纪委三次全会、国务院廉政工作会议精神，总结了2013年党风廉政工作和全国治理教育乱收费工作，并对2014年工作作出部署。

【召开党风廉政建设工作大会】3月26日，2014年党风廉政建设工作大会在昌平校区召开。全体在京校领导，纪委委员，各学院、各职能部门主要负责人，纪检监察部门全体人员参加会议。会议传达了习近平总书记在十八届中央纪委三中全会上的讲话精神及袁贵仁部长在教育部党风廉政建设工作会议上的讲话精神，总结了学校2013年党风廉政建设和反腐败工作，安排部署了2014年党风廉政建设工作任务。

【召开北京教育纪检监察工作研究会年会】4月28日，北京教育纪检监察工作研究会在中国地质大学国际会议中心召开。中共北京市教育纪工委书记王文生出席会议，各高校、各区县近百名纪检监察干部参加会议。本次大会的主题是全面学习贯彻落实党的十八大、十八届三中全会及中央纪委三次全会精神，进一步推动教育系统党风廉政建设和反腐败工作，促进纪检监察工作转作风、转职能、转方式，聚焦纪检监察工作主业，强化纪检监察工作的理论研究，提升纪检监察工作水平，切实做好具体的部署落实工作，为教育事业的改革发展提供政治保证。北京纪检监察工作研究会理事长、中国政法大学党委副书记、纪委书记胡明向年会作2013年度工作回顾及2014年主要工作安排的报告。

【开展2014年春季教育收费检查工作】4月，开展2014年春季教育收费检查工作。检查分为自查自纠、抽查及总结整改3个阶段。重点检查学校部分学科免学费政策等减免政策落实情况，招生"阳光工程"和执行收费政策情况，执行教育收费公示制度情况，学校收费管理情况，违反规定擅自设立收费项目、提高收费标准、扩大收费范围的行为。经查，未发现我校存在教育乱收费现象。

【举行合作共建签约仪式】6月19日，与北京市人民检察院第一分院合作共建签约仪式在学院路校区举行。党委书记石亚军，副校长朱勇，北京市人民检察院第一分院党组书记、检察长高保京，党组副书记、常务副检察长周晓燕，党组成员、副检察长王化军等出席签约仪式。签约仪式由党委副书记、纪委书记胡明主持。仪式上，石亚军与高保京分别代表法大与北京市人民检察院第一分院共同签署共建合作协议。自今年起，双方开展司法实践人才联合培养基地建设、教学互助、学术科研和职务犯罪预防等合作。

【召开党风廉政建设专题辅导报告会】7月8日，党风廉政建设专题辅导报告会在昌平校区召开。党委书记石亚军，党委副书记、纪委书记胡明，处级以上领导干部、党支部书记和校部机关全体党员参加会议。中央纪委法规室主任侯觉非以"认真学习习近平总书记系列讲话精神，推动党风廉政建设深入开展"为主题为与会人员作了辅导培训。

【举办党风廉政建设专题沙龙】11月5日，"党风廉政建设"专题沙龙在昌平校区召开。党委书记石亚军，党委副书记、副校长冯世勇，党委副书记、纪委书记胡明出席活动。各单位党政一把手、学院分党委书记、副书记参加活动。组织部、人事处、财务处、审计处、科研处、开放教育管理办公室、监察处等部门负责人先后介绍各自单位业务工作中党风廉政建设方面的主要工作，重点强调十八大以来的新的规定和新要求，并对下一步工作进行部署。

【召开中国共产党中国政法大学第七届纪律检查委员会第八次全体会议】11月27日，中国共产党中国政法大学第七届纪律检查委员会第八次全体会议在昌平校区召开。纪委委员参加会议，纪检监察部门工作人员列席会议。会议传达党的十八届四中全会和十八届中纪委四次全会精神，审议通过《中共中国政法大学委员会关于落实党风廉政建设党委主体责任、纪委监督责任的实施意见》（建议稿），研究讨论《中共中国政法大学纪律检查委员会关于纪检监察工作"转职能、转方式、转作风"的实施方案》（讨论稿）。

【举行大学生廉洁教育系列讲座】12月6日，大学生廉洁教育系列讲座活动在昌平校区举行。北京市教工委正处级纪检监察员谢金松作主题为"历史与现实：回望甲午"的报告。200多名学生参加活动。

【召开北京教育纪检监察工作研究会】12月25日，北京教育纪检监察工作研究会在学院路校区召开。会议以"推进依法治国，建设法治国家"为主题，邀请中国行政法学研究会副会长兼秘书长、学校法学院院长、博士生导师薛刚凌教授作专题报告。各高校、各区县近百名纪检监察干部参加会议。薛刚凌教授重点围绕"推进依法治国，建设法治国家"的必要性与紧迫性、主要目标和基本原则、难点与障碍等三个方面进行了分析和阐释。

三、宣传、新闻工作

【概况】2014年，学校宣传思想工作以邓小平理论和"三个代表"重要思想为指导，全面贯彻落实党的十八大和十八届三中、四中全会精神和习近平总书记系列讲话精神，认真贯彻落实全国宣传思想工作会议精神，扎实推进宣传思想文化工作，为推动学校改革发展提供思想文化保证。

以中心组为学习龙头，坚持领导干部带头学习，依托形式多样的研讨活动，认真学习贯彻习近平总书记系列讲话精神、党的十八大和十八届三中、四中全会精神；利用新媒体进行理论宣传，出版《心语露》理论学习网刊10期，发送理论学习手机报45期；5年来认真完成北京市哲学社会科学教学科研骨干研修班组织工作，学校200余人接受培训。

认真贯彻落实上级关于加强和改进互联网管理工作的意见，将网络管理纳入意识形态管理的工作重点。严格监管学校论坛内容，尤其在敏感时期和校园突发性事件中实行24小时全天监控，定期制作法大BBS舆情通报；加强舆情监控，监控内容扩大至新浪微博、人人网等平台；严格做好校园文化讲座、活动审批工作，共审批学术类讲座227场，非学术类讲座35场，学生活动263次；与网络部共同开发"校园文化活动审批电子平台"。

完成两校区科研楼设施类和艺术品类氛围营造工程、湖心亭和"棠梨树"名牌制作、海子广场设计方案和"格物石"修改。昌平文化艺术展厅、昌平法大创意空间、学院路文化艺术展厅3个展厅完成验收，并举办展览18场，引进"俄罗斯伊尔库茨克青少年艺术团专场演出"和人艺话剧专场《安妮日记》，与人文学院合办第三届"传统文化节"，举办"校园广播歌手大赛"，并首次在全国高校视频平台——视友网直播，国内高校共计

3000人次点击收看晚会。每月举办一期《看·见》摄影沙龙，完成《中国政法大学史话》的初稿撰写。礼堂举行活动200余场，学生活动中心学术报告厅举行400余场，刘皇发学术报告厅和学院路学术讲堂各举行近200场。

制作校报40期、月末版10期，并在食堂、教学楼等地设置报架，扩大读者群；在法学院、政治与公共管理学院、外语学院等6个学院建立记者站。实行新闻"三审"制度，累计编辑发布新闻1300余条，制作专题专栏图片及网页，推出本周人物专栏41期。拍摄700余场活动、56 500余张照片，为各部门查找照片300余次。存档视频素材11 000分钟，全程拍摄校内活动近40场，拍摄制作《法大翘楚系列—巫昌祯》等专题片5部，完成电视台设备高清数字化升级工作，开通微信订阅号广播台节目，并与青檬网合作在网络播出。平均每月更新两期18版橱窗，审批各部门橱窗申请266个。完成学院路校区大型LED播放屏的安装和验收工作。官方微博粉丝数量已突破100 000人，日均博文浏览次数50 000次左右；官方微信平台关注数量接近20 000人，日均阅读量逾2000次；利用新媒体推出《校报快递》《校报直播间》等新栏目。

推出外宣报道300余篇。在官方微博、微信推出"图说'依法治国'"系列作品，制作漫画作品17幅，视频1条。北京电视台、《人民网》《光明日报》《法制日报》等媒体对学校学习四中全会精神进行专题报道。与法制网合作推出"法大教授建言献策依法治国"专题网页，进行四中全会精神解读和法治讲座。做好媒体服务，全年受理媒体记者采访资讯和申请百余次。积极开拓外宣新渠道和平台，制作《媒体法大2014精选辑》。

完成北京市教工委课题"北京高校官方微博运维机制研究"，发表论文5篇，成果报告1篇。校报在2013全国高校好新闻评选中获一等奖1项，二等奖1项，三等奖3项；在2013北京市高校好新闻评选中获一等奖1项，二等奖3项，三等奖2项。在第五届首都大学生记者基本功大赛中，中国政法大学代表队获得二等奖和时尚先锋奖。校报"法治中国梦，青春勇担当"项目获得学校2014年德育创新奖。宣传部组织参加2014善行者公益徒步活动，并获得志愿者优秀组织奖。

【举办俄罗斯伊尔库茨克市青少年艺术团专场演出】3月25日晚，俄罗斯伊尔库茨克市青少年艺术团在昌平校区礼堂举行专场演出。从2009年开始，每年该团都会来华演出。此次访华的共有11个小团体，本场演员阵容上百人，年龄最小的只有6岁，平均年龄13～14岁。演出结束后，伊尔库茨克市青少年宫副宫长与我校宣传部部长、副部长一起为小演员们颁发了纪念奖状，双方互换礼物。宣传部部长刘长敏表示，宣传部将努力给全校师生创造更多的机会，让师生不出校门就能领略多样的世界文化。

【制作5部专题片】5月～12月，校电视台拍摄制作专题片5部，包括《第七届全国十大杰出青年法学家——王万华》《法大翘楚系列—巫昌祯》《第五届钱端升法学研究成果奖评奖纪实》《法大教师影像——外国语学院沈才平老师》《中国政法大学百位共产党员百篇小传朗诵会》。

【召开"建言依法治国，献策法治中国"中国政法大学学习四中全会精神座谈会】10月24日，贯彻四中全会精神座谈会在学院路校区召开。党委书记石亚军、校长黄进，终身教授陈光中、李德顺、应松年等出席座谈会。专家学者围绕"依法治国与依法行政"

"依法治国与司法体制""国家治理能力的现代化"等议题进行研讨。北京电视台、《人民网》《光明日报》《法制日报》《正义网》《法制网》《法制晚报》等媒体对活动进行报道。

【推出"图说'依法治国'"系列作品】10月下旬到11月中旬，为了配合党的十八届四中全会召开，党委宣传部组织学生以漫画、图片、微视频的方式在官方微博微信推出"图说'依法治国'"系列作品。共制作漫画作品17幅，官方微博推出8条漫画，微信推出10条漫画，1条视频，反响良好。

【完成《北京高校官方微博建设和运维机制研究》课题】11月5日，北京市教育工作委员会课题《北京高校官方微博建设和运维机制研究》结项。自2013年6月课题立项以来，党委宣传部成立课题组针对北京市高校官方微博的开设、管理及运营情况进行广泛调研，共发表《北京高校官方微博现状调查报告》等5篇文章。

【举行炜衡律师杯第十六届校园广播歌手大赛决赛】12月3日，炜衡律师杯"此声有你"第十六届校园广播歌手大赛决赛在昌平校区举行。根据评委打分及网络人气投票结果，5号选手魏雨静获得最佳台风奖，1号选手梁娟和9号选手黄嘉琪获得最佳人气奖。6号选手朱培元、8号选手闫骏南和3号选手吴国正分获冠亚季军。本场比赛通过"视友网"和"青檬音乐台"分别同步进行视频和音频直播，约有3000人次实时在线观看和收听。

【组织2014中国十大法学教育新闻评选】12月5日，宣传部牵头组织"2014中国十大法学教育新闻"评选。"我国推动创新法治人才培养机制改革""教育部高校法学类专业教学指导委员会、中国法学教育研究会2014年年会暨'法治中国建设与法学教育改革'论坛召开""首个国家宪法日——全国各地深入开展宪法学习宣传教育活动""第七届全国十大杰出青年法学家颁奖仪式在京举行，孟建柱会见""第二批国家人权教育与培训基地揭晓""国家领土主权与海洋权益协同创新中心入选第二批国家'2011计划'""第五届钱端升法学研究成果奖颁奖暨第五届'中国法治论坛'举办""第九届中国法学家论坛在京隆重举行""首届'法治中国论坛'在中政大举行""第三届'中国法治政府奖'揭晓，十个项目获奖"十条新闻入选，评选结果在《法制日报》以整版形式发布。

【举办第五届首都大学生记者基本功大赛暨高校传媒文化节】12月13日，"法治梦·中国梦"第五届首都大学生记者基本功大赛暨高校传媒文化节在昌平校区举行。来自北京大学、北京交通大学、北京语言大学、对外经济贸易大学等首都28所知名高校的学生记者参加比赛。北京市教工委宣教处处长王达品、北京高校新闻与文化传播研究会理事长铁铮、校党委副书记高浣月等出席活动。北京师范大学最终夺得桂冠，中国政法大学、对外经济贸易大学获得二等奖，北京科技大学、北京语言大学、中央民族大学获得三等奖。当天上午在逸夫楼文化艺术展厅还举行了首都高校大学生新闻摄影展。

【完成北京市哲学社会科学教学科研骨干研修班5年计划组织工作】12月26日，2014年北京市哲学社会科学教学科研骨干研修班最后一期培训结束。至此，学校圆满完成为期5年的本校学员选拔申报工作，全校共200余位教师参加培训。研修班由市委组织部、市委宣传部、市委教育工委、市委党校、市教委和市财政局共同举办，于2010年正式启动，目的是在哲学社会科学领域落实党管人才原则，进一步推进马克思主义中国化、时代化、大众化，培养造就高素质哲学社会科学教学科研骨干，推动北京市哲学社会科学事业的繁荣发展。

四、统战工作

【概况】 2014年，学校有民主党派成员117人；党外高级知识分子262人；归侨、侨眷64人；台胞1人，台属29人，港属5人；台湾学生226人，港澳学生280人，华侨学生11人；外国留学生457人；少数民族学生1828人；归国留学人员337人；任各民主党派各级负责人11人次，其中中央委员1人；市委委员3人；区委主委1人、区工委副主委2人、委员3人、区支部副主委1人；国务院参事1人；任各级人大代表政协委员的党外人士14人次，其中全国政协委员1人；北京市人大代表4人、政协常委1人；海淀区人大常委1人，人大代表1人，政协副主席1人、政协常委1人；昌平区人大代表1人、政协常委1人、委员2人；担任处级领导干部的党外人士22人，其中任正职的8人，无党派人士13人。

采取多种形式开展主题教育和学习实践活动。组织我校民主党派、无党派代表人士以及侨联、归留会成员开展以"学习社会主义核心价值观，弘扬中华民族传统文化"为主题的教育培训，前往全国新农村建设的优秀典型——平谷区大华山镇挂甲峪村参观、考察和调研；组织和引导统战成员认真学习和贯彻落实党的十八届三中全会、四中全会精神以及其他中央和北京市委有关精神，帮助党外代表人士学习和理解社会主义核心价值观理论和全面推进依法治国方略的文件内容。

密切联系统战成员，积极与有关部门协调，为他们解决困难、办实事。以深入开展群众路线教育实践活动为契机，通过利用看望走访老同志的机会征求意见、提交民主党派基层组织意见建议、认真组织召开征求党外人士意见座谈会等多方式、多渠道及时向主管领导和有关部门反映民主党派提出的意见和建议。

认真做好培养举荐考察工作，支持党外代表人士参加校内外各级培训教育，加强党外代表人士队伍建设。协助市委组织部完成推荐我校优秀党外中青年处级干部谢立斌参加全市干部挂职锻炼工作，协助完成首都女教授协会第五届理事会理事候选人推荐和首都女教授协会第五次代表大会代表推选工作，夏吟兰教授连续当选为新一届理事会理事。协助完成向中央统战部六局推荐朱维究教授为中国和平统一促进会内地理事人选的推荐工作。协助北京市侨联完成中国侨界贡献奖（创新人才）候选人推选工作。协助完成北京市委教育工委开展北京高校统战工作特色与创新项目，以及北京高校"心桥工程"优秀工作项目和先进党外代表人士推荐工作等；高度重视党外后备干部的培养和选拔，全力支持、密切配合组织部做好党外干部的选拔任用工作。

支持民主党派基层组织开展活动，协助民主党派基层组织搞好自身建设。协助民建支部、九三学社支社完成支部换届工作。协助有关民主党派对6名新成员考察，有5名成员被批准加入民主党派。民盟支部参加对京郊平谷区大华山镇泉水峪村个别贫困户捐款扶持活动；九三支社参与为昌平区社区服刑人员进行"社区矫正"工作；民建支部继续发放

"民建海淀同心基金",资助学校家庭经济困难学生等。

支持党外代表人士参政议政,履行职责。全国政协委员曹义孙在政协会议第十二届全国委员会第二次会议上针对"社会诚信建设""儿童安全保护"等积极建言;国务院参事朱维究教授参与多项立法工作;昌平区人大代表李净在经济发展、城市建设和改善师生环境等方面提交建议近10篇,其中《关于加强外地车牌小客车的管理》被昌平区采纳并执行。民建会员提交的信息被民建中央采用3篇,被民建北京市委采用1篇。5名中央统战部党外知识分子信息联络员向中央统战部提交信息10余篇。

加强与民主党派各级机关及对口单位和部门的多方联系和交流互动,为党外人士参政议政和服务社会搭建平台。与海淀区政府民宗侨工作办公室就我校少数民族学生工作、高校侨联等工作进行交流座谈;邀请昌平区政协领导及部分委员参观我校并交流座谈;陪同民进中央组织部部长左延珠等在学院路校区考察雷洁琼纪念展场地并商榷共建纪念馆事宜。

积极落实民族宗教政策,做好民族宗教工作。向有关教职工发放开斋节节日补贴;参加古尔邦节、藏历新年等节日活动;每学期到清真餐厅了解情况,并及时反映师生意见和建议;专门就我校校园传教情况进行信息交流和对策分析,并就下一阶段的调查反馈工作进行分工部署。

支持和协助侨联、归留会开展工作,做好港澳台侨工作。我校侨联被授予"北京市侨联工作先进集体"荣誉称号;李曙光、许兰被授予"北京市侨联工作先进个人"荣誉称号,辛崇阳、郝倩被授予"北京市归侨侨眷先进个人"荣誉称号;李曙光连续当选北京市侨联第十四届委员会副主席。接收伊兰戴利国际电动技术(北京)有限公司给我校离退休老教师(以侨联成员为主)自愿捐赠的10辆伊兰健康电动车。支持侨联编辑、打印和邮寄《法大侨讯》刊物;支持侨联、归留人员参加市侨办举办的报告会、座谈会以及侨联课题的调研和相关理论研究活动。

【联合举办首都高校"两岸情·中国梦"中国政法大学站——"新形势下的台湾政局和两岸关系"讲座】5月20日,市委教育工委和市台办共同组织,中国政法大学统战部和学生工作部共同承办的首都高校"两岸情·中国梦"中国政法大学站——"新形势下的台湾政局和两岸关系"讲座在昌平校区举行。主讲人为中国社会科学院台湾研究所所长周志怀。部分统战成员和同学参加讲座。讲座从历史和现实角度增强了统战成员对于一国两制、两岸政策关系的把握和理解,更好地促进统战成员为祖国的和平统一事业做出贡献。

【完成民建支部换届工作】6月9日,经民建海淀区委研究决定,同意民建中国政法大学支部委员选举结果,由王萍担任支部主委,姜登峰为支部副主委,赵天红为支部委员。

【荣获"北京市侨联工作先进集体"等荣誉称号】11月23日~25日,在北京市第十四次归侨侨眷代表大会上,我校侨联被授予"北京市侨联工作先进集体"荣誉称号,李曙光、许兰被授予"北京市侨联工作先进个人"荣誉称号,辛崇阳、郝倩被授予"北京市归侨侨眷先进个人"荣誉称号,李曙光连续当选北京市侨联第十四届委员会副主席。

【开展社会主义核心价值观教育培训与学习实践活动】10月18日，组织我校民主党派成员、无党派代表人士以及部分侨联、归留会成员40余人在北京市平谷区开展社会主义核心价值观教育培训与学习实践活动。上午，由马克思主义学院副教授胡尚元作题为"学习社会主义核心价值观，弘扬中华民族传统文化"讲座。下午，前往全国新农村建设的优秀典型——平谷区大华山镇挂甲峪村参观、考察和调研。

【海淀区民族宗教侨务办公室主任田桂茹一行来我校调研】10月31日，海淀区民族宗教侨务办公室主任田桂茹一行四人来到我校走访，进行实地调研。我校党委副书记高浣月，以及相关部门负责人接待了田桂茹一行并举行座谈。统战部副部长王称心、无党派代表人士辛崇阳教授、学生处、保卫处、归留会等单位负责人参加座谈会，就我校少数民族学生工作、防范和抵御校园宗教传播和渗透工作以及高校侨联、归留会等方面工作进行广泛交流。

【昌平区政协领导及部分委员来我校参观座谈】11月20日，昌平区政协副主席靳增立、秘书长郭守忠、教文卫体委主任赵连葆、文史和学习委主任熊淑娟、办公室主任纪树一等领导及部分政协委员来我校昌平校区参观走访，并参加主题为"走进委员单位，学习探讨'依法治国'精神和方略"座谈会。我校昌平政协常委李克非和统战部副部长王称心陪同参观了昌平南北两个校区。党委副书记高浣月出席座谈会并讲话。李克非汇报了政协履职情况。

【开展九三学社昌平区工委中国政法大学支社换届工作】11月22日，九三学社昌平区工委中国政法大学支社在学院路校区组织社员学习中共十八届四中全会精神并进行支社委员会换届选举。支社大会从9名候选人中无记名投票，差额选举岳清唐、杨素娟、张弘、吴景明、孙宇、杨育茹、李泳7名社员为支社第六届委员会委员。支社第六届委员会第一次会议选举岳清唐为主任委员，杨素娟、张弘为副主任委员。

【附件】

（一）中国政法大学党外人士担任各级人大代表、政协委员人员一览表

姓名	党派	担任人大职务			担任政协职务			所在单位
		全国	省市	区县	全国	省市	区县	
曹义孙	中国民主民盟				第十一、十二届委员			法学教育研究与评估中心
徐世虹	无党派		北京市第十二、十三、十四届人大代表					法律古籍整理研究所

续表

姓名	党派	担任人大职务			担任政协职务			所在单位
		全国	省市	区县	全国	省市	区县	
焦洪昌	中国农工民主党		北京市第十二、十三、十四届人大代表					法学院
王玉梅	中国民主建国会		北京市第十二、十三、十四届人大代表				海淀区第六、七、八届政协常委第九届政协副主席	民商经济法学院
李永军	无党派					北京市第十一、十二届政协常委		民商经济法学院
王灿发	中共党员		北京市第十三、十四届人大代表					民商经济法学院
辛崇阳	无党派		北京市第十四届人大代表	海淀区第十五届人大常委				法律硕士学院
高祥	中国民主建国会			海淀区第十五届人大代表				比较法学研究院
金英杰	无党派						海淀区第九届政协常委	民商经济法学院
冯世勇	中共党员			昌平区第二、三、四届人大代表				校领导
李净	中国民主促进会			昌平区第四届人大代表				科学技术教学部

续表

姓名	党派	担任人大职务			担任政协职务			所在单位
		全国	省市	区县	全国	省市	区县	
李克非	九三学社						昌平区第三届政协委员、第四届政协常委	学校办公室档案馆
崔永东	中国民主同盟						昌平区第三、四届政协委员	法学院
赵威	中国民主建国会						昌平区第三、四届政协委员	国际法学院

(二) 中国政法大学各民主党派负责人名单

姓名	党派组织名称	党派内职务				所在单位
		中央	省市	区县	校内	
曹义孙	中国民主同盟	第九、十、十一届中央委员会委员	北京市第十届委员会委员		支部主委	法学教育研究与评估中心
焦洪昌	中国农工民主党	第十三、十四届中央委员	北京市第十、十一届委员会委员，第十二届监督委员会委员			法学院
周建海	中国国民党革命委员会		北京市第十一、十二、十三、十四届委员会委员	昌平区支部副主委		国际法学院
王玉梅	中国民主建国会		北京市第九届委员会委员、第十届委员会常委	海淀区委主委		民商经济法学院
刘艳敏	中国民主建国会		北京市第十届委员会委员			刑事司法学院

续表

姓名	党派组织名称	党派内职务				所在单位
		中央	省市	区县	校内	
梁文永	中国民主同盟			昌平区工委副主委		法学教育研究与评估中心
李克非	九三学社			昌平区工委副主委		学校办公室档案馆
康晨宇	中国民主同盟			昌平区工委委员		人文学院
赵威	中国民主建国会			昌平区工委委员		国际法学院
郝维华	九三学社			昌平区工委委员		比较法学研究院
孙清水	中国民主同盟				支部常务副主委	离退休干部处
薛克鹏	中国民主同盟				支部委员	民商经济法学院
柯华庆	中国民主同盟				支部委员	法学院
康晨宇	中国民主同盟				支部委员	人文学院
许晓红	中国民主同盟				支部委员	体育教学部
王萍	中国民主建国会				支部主委	民商经济法学院
姜登峰	中国民主建国会				支部副主委	法学院
赵天红	中国民主建国会				支部委员	刑事司法学院
李净	中国民主促进会				支部主委	科学技术教学部
杨学明	中国民主促进会				支部组委	离退休干部处
张步勇	中国民主促进会				支部宣委	图书馆
岳清唐	九三学社				支社主委	商学院

续表

姓名	党派组织名称	党派内职务				所在单位
		中央	省市	区县	校内	
杨素娟	九三学社				支社副主委	民商经济法学院
张弘	九三学社				支社副主委	民商经济法学院
吴景明	九三学社				支社委员	开放教育管理办公室
杨育茹	九三学社				支社委员	离退休干部处
李泳	九三学社				支社委员	商学院
孙宇	九三学社				支社委员	北京电影学院（联合支部成员）

五、离退休工作

【概况】2014年，学校有离休干部65人、退休教职工1084人；离退休党支部31个、党员560人；活动站室2个，使用面积1400㎡；离退休社团共有6个协会、21个活动队（组）、1个志愿者服务队。6个二级单位、8户家庭、3个社团活动小组、50名老同志，在尊老敬老、开展活动、老有所为和无私奉献领域受到学校党委的表彰；举办形势报告、情况通报会、理论辅导报告等3场，共260人次参加；组织外出健康休养、运动会、游览等各类活动3次，共400人次参加；2014年全校投入35万元用于走访慰问老同志，累计走访1860人次，累计投入15万元用于离退休特困帮扶。

组织老同志深入学习贯彻党的十八届三中、四中全会精神和习近平总书记系列重要讲话精神，大力加强支部建设，夯实党建基础。离退休干部分党委组织4次集中学习，3次大型时事、理论学习报告会；召开2次党支部书记全体会议，举行第十期党支部委员培训班；离退休30余个党支部通过座谈会、主题党日等活动组织学习中央精神；选派14名党支部书记参加市教工委组织的离退休党支部书记培训班，组织支部委员前往南海子开展主题为"强身健体·工作交流"的主题活动，七一前夕各支部走访慰问老党员、困难党员50余人。

积极创新服务方式和内容，切实落实"两项待遇"。组织老同志参观天津云杉镇宜老社区、北京一站式养老社区将府庄园、延庆养生堂等，帮助老同志体验现代社会养老方式；建立离退休信息平台，可在第一时间向700余名老同志或其亲属推送各种通知、信息；多次调研、论证安装室外外挂电梯、楼道座椅电梯，并就初步方案广泛征求意见建议；加大对困难老同志的帮扶力度，实现帮扶基金数额和帮扶对象人数"双升"，并出台离退休教职工特困基金管理使用办法；严格落实老同志现有生活待遇，离退休教职工的生活补贴、节日补贴、长寿金、生日费全部按时发放，基本做到春节走访、重阳节慰问、趣味运动会、三八节慰问等活动的全员覆盖；进一步强化离休干部的待遇落实，执行了最新护理费标准。

以建设老年大学为重点，开展丰富的社团文体活动。老年大学正式开班，300余位老同志参加老年大学的学习；5月组织100余人去园博园春游；6月组织离退休教职工趣味运动会，500余名老同志参加运动健身；重阳节开展"最重阳·爱生活"老有所为作品秀展览展示活动，展出老同志作品270余件。社团各协会、活动队、手工组、花卉盆景小组、民族舞蹈队、门球队、老年乒乓球队等开展多样活动。

【举行离退休新春联欢会】1月9日，2014年离退休新春联欢会在学院路校区举行。党委副书记高浣月，老同志代表，离退休社团顾问、河南省忠瀚实业有限公司董事长赵三忠，以及学校办公室、组织部、后勤工作委员会办公室、离退休工作处等相关职能部门负责人140余人参加联欢会。这是离退休教职工首次在离退休教职工活动中心开展联欢迎新春活动。

【老年大学正式开班】5月5日，老年大学正式开班，首次开班开设书法班、摄影班、电脑班，下半年增开英语班、电子琴班、手工制作班、绘画班、乒乓球班、书法中级班、电脑中级班，已有300多位老同志报名参加老年大学课程的学习。

【召开重阳节表彰大会】9月29日，主题为"弘扬敬老爱老传统，共享和谐幸福生活"重阳节表彰大会在学院路校区召开。校长黄进，党委副书记、纪委书记胡明出席大会，二级单位党政领导，受表彰先进集体代表、先进个人代表、寿星、老同志代表参加大会，大会由党委副书记高浣月主持。黄进代表学校向获得奖励的集体和个人表示祝贺，并向老同志们汇报学校的发展状况和取得的成绩，希望老同志们继续支持学校工作，为学校的发展贡献力量。会议表彰了2014年度尊老敬老先进集体、老有所为先进个人、尊老敬老好家庭、和谐好邻居、优秀社团活动小组。

【举办重阳节"老有所为"成果展】9月29日~10月31日，离退休社团应景九九重阳节举办"最重阳，爱生活"作品秀展览展示活动，展览共展出270余件物品，包含书画、摄影、手工编织、花卉盆景五个门类。

【农工民主党北京市委、台盟北京市委医学专家来校开展义诊咨询活动】10月11日，农工民主党北京市委、台盟北京市委医学专家来校开展"关爱身心健康，尊老敬老在行动"主题义诊活动，200余人次前来义诊及健康咨询。

【举行十八届四中全会精神宣讲会】11月27日，第十期党支部干部培训班和第七期社团骨干培训会暨十八届四中全会精神宣讲会在学院路校区举行。离退休干部分党委委员、党支部委员、社团骨干等60余人参加会议。党委副书记高浣月为与会老同志作十八届四中全会精神宣讲，对《中共中央关于全面推进依法治国若干重大问题的决定》从出台背景、起草过程、主要内容三个方面进行深入解读。

【黄道秀被评为开拓进取为人师表先进个人】12月19日~20日，中国老教授协会召开"开拓进取，为人师表"先进人物（集体）表彰大会。我校黄道秀教授荣获先进个人荣誉称号。

【建立离退休信息平台】 年内，为方便服务老同志，离退休工作处建立了离退休信息平台，通过前期建设和老同志手机号码采集，可在第一时间向 700 余名老同志或其亲属推送各种通知、信息。

六、安全保卫工作

【概况】

2014 年，学校继续加强对校园重点部位监控，加强治安工作。全年各类大型活动安保 30 次，批复管理学生各类活动展台 628 个；查出并及时处置各类安全隐患 36 起，通过监控录像破案找回物品 5 起；在公安机关备案处理被骗案件 21 起，交公安机关暴露癖流氓滋扰案件 3 起，抓捕惯盗窃贼 1 次，盗窃现金价值 3 万元左右。

及时掌握师生思想动态，强化课堂、校报校刊、校园网等意识形态阵地的监管，强化论坛讲座、学术研讨、科研项目、学生社团活动等审批管理；认真做好敏感时段、重大事件期间的维稳工作，开展数据统计、线索查证、人员核查、档案调阅、事件调查等工作；根据国际国内可能出现的热点问题、突发性事件，制定切实可行的工作预案，努力做到信息灵、反应快、处置稳妥；采取有效措施，防止法轮功等邪教组织进行捣乱、破坏活动，有效防范和处理地下宗教组织渗透与校园非法传教活动。

继续与各院、部、处、所、中心及每一个本科生、研究生、港澳台侨胞学生和外国留学生签订《安全责任书》；及时检修和更新各种消防器材，增加水系灭火器 1500 个，更换灭火器箱 80 个，11 栋学生公寓安装火灾自动报警系统，完成昌平校区消防水管网改造，对教学楼、礼堂、饮食中心及多处重点部位消防设施进行维修和改造；组织消防演练及灭火器实际操作使用等活动 10 余场，并邀请校外专业消防老师举行消防知识讲座 8 场。

严格管控机动车出入门登记手续，为教职员工办理机动车出入证 1300 余个；召开 2 次座谈会，听取学院路校区家属区居民对停车问题的意见和建议；清理学院路校区南门废品收购车，迁移北门占道经营摊点；昌平校区南门增设违章停车监控，北门加强人员管理和清理力度；在学生公寓及办公楼门前举办交通事故图片展 20 余次，张贴宣传画报 70 余张。

完成 3388 名毕业生户口迁离工作及近 4200 名新生户口迁入工作；办理 30 名新调入和分配至我校教职工户籍迁入工作；完成 2014 年夏季征兵工作，共有 8 名本科生通过审核应征入伍。

经 2014 年 5 月 23 日第八次党委常委会批准，武装部与学生工作部（处）合署办公。

【8 名本科生获批应征入伍】 5 月 20 日~9 月 12 日，学校开展征兵工作，共有 18 名学生报名，经过体检、政审后，8 名本科生（4 男 4 女）被批准应征入伍。这 8 名学生是刘屹、阿布力克木·阿布迪尼亚孜、王振福、许正伟、敖芳芳、朱倩倩、李猛、温一冰。

七、学生工作

【概况】 2014 年，学生工作部（处）开展"查摆问题，整改落实"活动，对照群众路线教育中所征集的问题、建议，制定整改落实方案，在队伍建设、就业指导、思想教育、心理健康、困难资助等方面整改问题10余项。

牵头修订《中国政法大学学生违纪处分条例》《中国政法大学学生听证及申诉办法》《中国政法大学学生离校请假管理办法》等制度，修订《大学生成长手册》。

推出"中国政法大学学生处"微信平台，累计添加好友4869人，解答问题13 675次，推送图文消息105条，累计阅读256 874次，分享转发13 101次；举办大使论坛4期、大学生成长沙龙9期；开展第十届"全人发展行动计划"辅修课程，共设"恋爱心理学""京剧欣赏""形体瘦身""视频制作"等9门课程。

举办"我秀我的大学梦"展示活动，拍摄"中国梦·法大学子的追梦故事"系列短片4期，并入围大学生"中国梦"系列微电影最终竞赛单元；在国家首个烈士纪念日，举行师生祭扫烈士陵园活动及烈士纪念日主题座谈会；组织10个学生党支部开展红色1+1对口支援活动；开展"书香满校园 梦圆'学习圈'经验分享"专题事迹宣传活动9期，"榜样法大"优秀学生专题事迹宣传活动10期，"青春励志中国梦"法大学子的青春励志故事3期。

评选出校级各类奖学金获得者2500余人次，"三好学生""优秀学生干部"称号获得者600余人次，先进班集体44个，发放奖学金总金额达280余万元；开展2013~2014学年度学业奖学金评选工作，评选出奖学金获得者1901人，发放研究生学业奖学金总金额达1865.3万元；5人获年利达奖学金，奖学金总金额达5万元；1人获贝克.麦坚时奖学金，奖学金总金额达1.5万元；1人获美迈斯奖学金，奖学金总金额达0.7万元；5人获TLBU-WangYa奖学金，奖学金总共为1.5万元；10人获彭真奖助学金，奖助学金总金额达6.8万元，8人获宝钢优秀学生奖学金，奖学金总金额达8万元。

全校共有家庭经济困难本科生1719人。共设立其他各类奖助学金28项，资助金额达715万，资助学生2567人次。为88名学生办理校园地国家助学贷款，为404名学生协助办理生源地信用助学贷款。学校出资8.225万元为436名2014级家庭经济困难学生投保了在校期间的人身意外伤害保险。昌平校区共设立勤工助学岗位950个，发放勤工助学工资总额达220.8万元。学院路校区为经济困难学生提供管理助理、教学助理岗位565余人次，发放工资总额2 452 460.5元；为近75名同学发放困难补助，补助总额为4.3万元。

通过遴选、集中培训、交流经验、课题研究和教学基本功大赛等形式加强就业创业课指导教师队伍建设，学校在原有教师队伍基础上遴选14位学生辅导员承担相应课程，分别召开两次就业创业指导课教师培训会，专门研讨就业创业课程教学经验并组织课题研究；举办第五届学生工作理论研讨会，共征集论文75篇，39篇论文获奖，出版论文集《高校德育工作的理论研究和实践探究》；开展2014年中国政法大学德育工作状况调研；举办多场辅导员座谈会和辅导员沙龙系列活动；举办中国政法大学第二届辅导员职业技能大赛。

2014届毕业生共计4066人，其中本科生2055人，研究生2011人。毕业生落实就业人数3913人，就业落实率达96.24%。从就业去向上看，毕业生升学（含考研、考博、考博士后，不含二学位）608人；出国留学264人，比去年同期增加27人。应届毕业生参加国家和地方基层就业项目共计425人，其中：支援西部388人（含志愿服务西部2

人），大学生村干部21人，入伍3人，自主创业13人。

【举行"苏宁送500名大学生回家过年捐助仪式暨'阳光1+1'苏宁社工志愿者"行动】1月7日，苏宁送500名大学生回家过年捐助仪式暨"阳光1+1"苏宁社工志愿者行动在昌平校区举行。党委副书记、副校长冯世勇，苏宁云商集团股份有限公司副总裁、华北地区执行总裁侯恩龙等出席仪式。苏宁为500名家庭经济困难学生提供10万元寒假返乡路费补助，帮助他们实现与亲人团聚的梦想。

【举办5·25大学生心理健康节】4月20日~5月25日，开展主题为"友爱于心 善行于微"的大学生心理健康节。活动主要有心理游戏竞赛、专家现场心理咨询、团体心理辅导、心理健康知识讲座等。通过此次活动，宣传了心理健康知识，提升了同学们的心理健康水平。

【召开2014年毕业生就业工作推进会】4月23日，2014年毕业生就业工作推进会在昌平校区召开。党委书记石亚军，党委副书记、副校长冯世勇，各学院主要领导，相关职能部门负责人以及2014届毕业生辅导员参加会议。会议上，通报情况，查找不足，分析原因，明确任务，促进就业，以进一步提高毕业生就业质量和就业率，增强毕业生就业的幸福感和满意度。

【举行"圆核资本助学基金"2014年"自强之星"暨"感动法大人物"颁奖典礼】6月9日，"圆核资本助学基金"2014年"自强之星"暨"感动法大人物"颁奖典礼在昌平校区举行。校长黄进，圆核资本投资有限公司总裁徐霆，党委副书记、副校长冯世勇出席典礼。黄进在典礼上致辞。"微笑西部"支教团队、法大小石桥公益团队、宋宵凤等10名同学荣获"感动法大人物"称号；别腾飞等6名同学荣获"感动法大人物提名奖"；李瑞升等85名同学荣获"自强之星"称号。

【举行2014届本科生毕业典礼暨学士学位授予仪式】7月1日，2014届本科生毕业典礼暨学士学位授予仪式在昌平校区举行。校长黄进，中国人民武装警察部队驻我校后备警官选拔培养工作办公室主任马海伟大校，副校长张桂林、马怀德，党委副书记高浣月，副校级干部时建中等出席典礼。校学位评定委员会委员、各学院院长、相关教学院部及职能部门负责人，教师代表，2014届普通本科毕业生，第二学士学位毕业生，双专业双学位毕业生，港澳台侨毕业生以及留学生共2000余人参加典礼。毕业典礼由党委副书记、副校长冯世勇主持，并在刘皇发学术报告厅设立分会场。

【修改研究生系列奖助学金制度】7月，根据《教育部财政部关于印发〈普通高等学校研究生国家奖学金评审办法〉的通知》的（教财〔2014〕1号）要求，修订并出台《中国政法大学研究生国家奖学金评审暂行办法》。

【发放"彩虹助学金"】9月6日，2014级学生"彩虹助学金"发放仪式在昌平校区举行。党委副书记、副校长冯世勇为20名家庭经济特别困难新生代表每人发放了1000元的"彩虹助学金"。全校共有100名2014级家庭经济特别困难学生获得"彩虹助学金"，共计10万元。

【举行2014级本科生开学典礼】9月12日，2014级本科生开学典礼在昌平校区举行。党委书记石亚军，校长黄进，中国人民武装警察部队驻我校后备警官选拔培养工作办公室主任马海伟大校，党委副书记、副校长冯世勇等校领导，以及各职能部门负责人、学院院长和教师代表出席典礼。全体2014级本科生参加典礼。

【组织2014年普通话等级考试工作】10月13日～18日，在昌平校区临建教室免费为1117名学生进行国家普通话水平测试。学校将继续加强普通话培训和测试工作，推动语言文字规范化工作，为学生求职就业打下基础。

【举办第五届学生工作理论研讨会暨第二届辅导员职业技能大赛】10月16日，第五届学生工作理论研讨会暨第二届辅导员职业技能大赛决赛在昌平校区举行。党委书记石亚军，党委副书记、副校长冯世勇出席活动。相关职能部门负责人，各学院分管学生工作的书记、副书记，全体辅导员，班主任代表以及论文获奖者参加活动。北京市教工委宣教处副处长寇红江，学校办公室主任李秀云及北京市十佳辅导员、北京化工大学王陶冶担任辅导员技能大赛专家评委，5名学生代表担任学生评委。马克思主义学院教师吴韵曦和法学院辅导员王琦作为征文获奖者代表，分别就网络思想政治教育和就业作主题发言。大赛共角出一等奖1名，二等奖3名，三等奖5名。

【获得"北京地区高校示范性创业中心建设校"称号】10月22日，学校获得"北京地区高校示范性创业中心建设校"称号，成为北京地区首批获得此称号的24所高校之一，并获得北京市专项建设支持。

【举行2014年"88级校友助学金"发放仪式】10月31日，2014年"88级校友助学金"发放仪式在昌平校区举行。党委副书记、副校长冯世勇，88级校友代表全梅峰、姜晓敏、左权、李仁燕及学生处副处长张永然，校友会王富春出席仪式。仪式由学生处副处长兼学生资助管理中心主任卜路军主持。20名受助学生参加发放仪式。

【举行2013～2014学年度"沙驰·榜样法大"暨奖学金评优颁奖典礼】12月19日，2013～2014学年度"沙驰·榜样法大"暨奖学金评优颁奖典礼在昌平校区举行。校长黄进，中国人民武装警察部队驻我校后备警官选拔培养工作办公室主任马海伟，党委副书记、副校长冯世勇，我校优秀校友、党的十八大代表、昌平区人民检察院公诉二处兼未成年人案件检察处处长彭燕及校部机关、学院相关负责人、辅导员参加典礼。全校1500余名师生现场观看典礼。本年度榜样法大活动主题为"法治与梦想同行"。此次评优颁奖礼旨在表彰2013～2014学年度在学习、科研创新、志愿服务等诸多方面表现突出的优秀个人和集体，促进优良校风、学风的形成。今年共有5591人次获得各类奖学金和44个班集体荣获校级先进班集体称号，他们构建了法大良好的学风，成为法大人身边的榜样。

【举办第二届大学生职业教练计划】12月23日，第二届大学生职业教练计划结业式在昌平校区举行。本届教练计划从策划到实施历时3个多月，从报名的163名同学中挑选了104名学员组成13个教练组，跟随13位来自国家机关、企事业单位的教练通过三次活动，深入了解教练所在职业。活动评出优秀个人奖13个和优秀团队奖5个。

【举行2014年民建海淀同心基金发放仪式】12月30日，2014年"民建海淀同心基金会"发放仪式在昌平校区举行。党委副书记高浣月，民建海淀区委主委、"民建海淀同心基金"发起人之一、民商经济法学院王玉梅教授等出席仪式。截至2014年，共有42位民建会员和1个支部资助2011级、2012级、2013级、2014级88名家庭经济困难学生，每人每年 2000 元，连续资助 3 年。

【召开 2015 年毕业生就业创业工作会】 12 月 30 日，2015 年毕业生就业创业工作会在昌平校区举行。党委书记石亚军，校长黄进，党委副书记、副校长冯世勇出席会议。会议总结了 2014 年毕业生就业创业工作，表彰 2014 年毕业生就业工作"先进集体"6 个、"先进个人"15 人和"就业贡献奖"6 人，并部署 2015 年毕业生就业创业工作，分析学校就业工作面临的有利形势及不利因素，提出 2015 年落实毕业生就业创业工作的总体思路、工作目标和主要任务。

【发布毕业生就业质量年度报告】 12 月 31 日，公开发布《中国政法大学毕业生就业质量年度报告（2014）》。通过主动向社会发布毕业生就业质量报告，推动学校教育教学改革与毕业生就业工作联动机制的进一步完善。

【北京地区高校就业特色工作项目取得新成果】 年内，学校承担的北京市教育委员会北京地区高校就业特色工作项目——"毕业生就业权益保护"取得新进展。在面向全国 50 余所高校、5000 余名大学毕业生开展"毕业生就业权益保护状况调研"活动基础上，先后撰写 3 份调研报告，出版《大学生就业求职法律指导》（中国政法大学出版社，2014 年 4 月第 1 版）、《大学生就业权益保护使用手册》（中国政法大学出版社，2014 年 4 月第 1 版）。

【附件】

（一）奖学金设立情况

【国家奖学金】 "国家奖学金"是由中央政府出资于 2002 年设立，用于激励普通本科高校、高等职业学校和高等专科学校学生勤奋学习、努力进取，在德、智、体等方面全面发展，奖金标准为每人每年 8000 元。2014 年，我校共有 80 人获得"国家奖学金"。

【国家励志奖学金】 "国家励志奖学金"是由中央与地方共同设立的国家励志奖学金，用于奖励资助在校生中品学兼优的家庭经济困难学生，奖励标准为每生每年 5000 元。2014 年，我校共有 249 人获得"国家励志奖学金"。

【校长奖学金】 中国政法大学校长奖学金是学校设立的学生奖学金最高奖。本奖以奖励思想道德品质优秀、专业知识功底扎实，综合素质优异，或实践创新能力强，特殊专长表现突出，在学生中起到表率作用的我校全日制本科生、第二学士学位生、研究生（各类非全日制学生、委托培养或定向培养研究生以及外国留学生除外）。校长奖学金每学年评选一次，每次评选 10~20 名，其中本科生及第二学士学位层次学生占 60%，硕士研究生占 30%，博士研究生占 10%。校长奖学金奖励金额为每人 1 万元。

【优秀学生奖学金】 优秀学生奖学金以奖励思想品德良好、学习成绩优异的本科学生、研究生。优秀学生奖学金设为三等，评定比例及奖励金额如下：

一等奖按应参评本科学生人数的 5%、硕士研究生人数的 2% 以及博士研究生人数的 3% 评定，每生奖励金额 3000 元；

二等奖按应参评本科学生人数的 10%、硕士研究生人数的 3% 以及博士研究生人数的 5% 评定，每生奖励金额 2000 元；

三等奖按应参评本科学生人数的15%、硕士研究生人数的5%以及博士研究生人数的7%评定，每生奖励金额1000元。

【学生科研创新奖学金】 科研创新奖学金以奖励学习成绩良好，并在科研创新方面表现优异的本科生和研究生。科研创新奖设为三等，本科生和研究生分别评定。

本科生科研创新奖一、二等奖及研究生科研创新各奖的评定无名额限制，符合条件即可获奖。本科生科研创新三等奖获奖人数以应参评学生数的2%为限。科研创新奖学金奖额为：一等奖2000元，二等奖1000元，三等奖500元。

【竞赛优胜奖学金】 竞赛优胜奖学金以奖励在文化、科技或体育等各类竞赛中获得优异成绩的学生。竞赛优胜奖学金设为三等，奖励金额分别为：一等奖2000元，二等奖1500元，三等奖1000元。

【志愿服务奖学金】 志愿服务奖学金以奖励在志愿服务活动中表现优秀的本科生。志愿服务奖学金每年度评选一次，每年评定名额原则上为20名，奖励金额为2000元。

【研究生国家奖学金】 研究生国家奖学金是对研究生的学习成绩、科研能力和综合素质进行评价的最高荣誉，由中央财政出资设立，用于奖励普通高等学校中表现优异的全日制研究生。旨在提高研究生培养质量，调动和激发研究生刻苦学习、从事科学研究和实践的积极性，培养具有较强创新精神和实践能力的人才。博士研究生国家奖学金奖励标准为每生每年3万元；硕士研究生国家奖学金奖励标准为每生每年2万元。

【研究生优秀奖学金】 研究生优秀奖学金授予在学习、科研活动中表现优秀的研究生，资助研究生在学习期间的学杂费、科研经费和生活费。旨在提高研究生培养质量，调动和激发研究生努力学习和从事科学研究的积极性，培养具有创新精神和实践能力的人才。研究生优秀奖学金评定比例及奖励金额如下：

特等奖学金，奖励比例为5%，奖励金额为学费金额加9000元。

一等奖学金，奖励比例为20%，奖励金额为学费金额加2000元。

二等奖学金，奖励比例为50%，奖励金额为学费金额。

【宝钢优秀学生奖学金】 宝钢优秀学生奖是由宝钢教育基金会在高校设立的专项学生奖学金，其目的是为了奖掖优秀学生，培养和造就德、智、体全面发展的高素质优秀人才，支持教育发展。学校每年根据宝钢教育基金会的下拨指标，兼顾本科生和研究生分配获奖名额。宝钢优秀学生奖与宝钢优秀学生特等奖奖励金额依照当年度修订的《宝钢教育奖评颁实施细则》确定。

【新疆、西藏籍少数民族优秀学生奖学金】 "新疆、西藏籍少数民族优秀学生奖学金"于2010年设立，旨在鼓励新疆、西藏籍少数民族学生勤奋学习，促进他们全面综合发展。设三等，评定比例及奖励金额如下：

一等奖按照应参评人数的5%评定，奖励金额为2000元/人；

二等奖按照应参评人数的10%评定，奖励金额为1500元/人；

三等奖按照应参评人数的15%评定，奖励金额为1000元/人。

2014年，共有49人获得该项奖学金，其中，一等奖8人，二等奖18人；三等奖23人。

【义务兵退役复学奖学金】"义务兵退役复学奖学金"于2010年设立，鼓励退役复学学生完成学业。本科生在校期间奖学金为每人每年3000元人民币，研究生在校期间奖学金为每人每年4000元人民币。2014年，共有13人获得"义务兵退役复学奖学金"。

【三星奖学金】"三星奖学金"是由"三星（中国）投资有限公司"于2010年出资在我校设立，奖励对象为成绩优秀，品行端正的法律相关专业优秀本科生和硕士研究生。每年奖励12名本科生，3名硕士研究生，奖励标准为本科生每人每学年5000元人民币，硕士研究生每人每学年7000元人民币。

【英才奖学金】"英才奖学金"是由曾宪梓先生于2007年出资200万元人民币在我校设立，旨在帮助我校品学优良、学习勤奋、成绩优秀、家境贫寒的本科生完成学业。该奖学金自2007年开始实施，到2016年止，每年奖励40名学生，每名学生每学年5000元人民币。

【黄乾亨奖学金】"黄乾亨奖学金"是由黄乾亨基金于2004年在我校设立，奖励对象为品学兼优的家庭经济困难本科生，每年奖励30名学生，每名学生奖励2000元人民币。

【87级研究生校友奖学金】"87级研究生校友奖学金"是由我校1987级研究生校友于2010年出资设立，奖励对象为一年级品学兼优的家庭经济困难本科生。每年奖励10名学生，每名学生每学年5000元人民币。

（二）助学金设立情况

【86级校友新生助学金】"86级友新生助学金"是由我校1986级校友于2011年出资设立，奖励对象为一年级家庭经济特别困难本科生。每年奖励10名学生，每名学生每学年5000元人民币。

【88级校友助学金】"88级校友助学金"是由我校1988级校友于2012年出资设立，2022年止，奖励对象为一年级家庭经济特别困难本科生。每年奖励20名学生，每名学生每学年5000元人民币。

【黄乾亨助学金】"黄乾亨助学金"是由黄乾亨基金于2000年在我校设立，资助对象为家庭经济困难学生。自2004年起，资助名额为30名家庭经济困难学生，每名学生资助2000元人民币。

【北京天驰洪范律师事务所助学金】"洪范广住律师事务所助学金"是由洪范广住律师事务所于2007年出资在我校设立，2016年止。每年资助5万元人民币，连续资助10年，资助对象为一年级家庭经济困难本科生。每年资助25名学生，每名学生每年2000元人民币。2013年更名为"北京天驰洪范律师事务所助学金"。

【"民建海淀同心基金"助学金】"民建海淀同心基金"由民建海淀区委的8位会员于2011年发起成立，资助对象为一年级家庭经济困难本科生，连续资助3年。每年资助20名学生，每名学生每年2000元人民币。

【寇立国助学金】"寇立国助学金"立国集团总裁寇立国先生于2014年出资设立，总金额为100万元，每年10万元，计10年。用于资助中国政法大学的黑龙江籍家庭经济困难本科生，每年资助50名学生，每人每年2000元人民币。

八、工会及教代会工作

【概况】 校工会根据北京市教育工会总体部署和学校年度工作要点，以落实十八届四中全会精神为引领，创新工作方式，改进工作作风，全心全意服务教职工，为推动学校各项事业发展提供助力。全校工会会员共2196人，其中女性会员820人，在编会员1641人，入会率达到100%，非在编会员526人，入会率达到84.70%。

教代会代表列席校长办公会制度和接待教代会代表日制度日趋完善。重点完善代表遴选和办公会议题提前告知工作，使代表民主参与、参政议政更具针对性，议题论证更加充分有效；部分部门工会相继建立教代会代表列席院务会议制度，参与基层院务决策，发挥教代会代表在基层民主参与中的作用；以维护教职工权益和师德建设为重点的第九届工会教代会理论研讨会，共收集优秀论文24篇，编纂成理论研讨论文集。

市级师德先进个人选树工作中，共推选出2名候选人，并利用新媒体广泛宣传优秀先进个人的先进事迹；岗位练兵活动中，共表彰先进服务集体5个，先进服务个人55人次；组织开展形式多样的文体活动和专项体育赛事20余项。

2014年教职工参与重大疾病互助保险共1115人次，教职工参与女工保险共822人次，参与住院津贴保险共346人次，办理京卡、互助卡1254人。学校每年拨100万元专项开展教职工爱心互助活动，目前已有1237名教职工申请加入，截止至10月，3名患病教职工依照规定获得26 700元资助。共慰问看望困难、生病、家庭变故等教职工100余人次，发放困难补助金及慰问品合计人民币4.5万元。学院路校区"职工之家"已投入使用，面积达1000余平方米。昌平校区逸夫楼半地下活动场地于今年正式竣工，各类活动器材已配备完成。

继续做好北京市教育工会法律援助中心工作。截至11月，由我校工会承办的北京市教育工会法律援助中心，共接待教育系统案件138件，满意率为100%；非教育系统案件167件，满意率为99%；共代理案件6件。

【召开第六届教代会暨第十二届工代会】 4月11日，第六届教代会暨第十二届工代会在昌平校区召开。征集涉及学校行政管理、教学科研、后勤服务等提案45件，提案全部得到答复；分团讨论提出44个相关问题，工会向学校党委作专题汇报，相关部门及时处理并通过工会向各位代表反馈了落实结果。

【组织教职工春季运动会】 4月24日，2014年度教职工春季运动会在昌平校区举行。党委书记石亚军，党委副书记高浣月，副校长李树忠出席开幕式。各学院、各职能部门分别派出代表队参加运动会。共有22支代表队、745人、1424人次参赛，角逐百米、跳绳、拔河等40个项目。后勤系统工会、校部机关二工会、校部机关一工会分别获得A组前三名，现代教育技术中心工会、继续教育学院工会、图书馆工会分别获得B组前三名。法学院工会、商学院工会、外国语学院工会和科研院所工会获得最佳组织奖。

【举行2014年"岗位练兵"先进集体和个人表彰暨事迹报告会】 10月23日，2014年"岗位练兵"先进集体和个人表彰暨事迹报告会在昌平校区举行。党委副书记兼副校长、教代会工会主席冯世勇出席报告会并讲话。图书馆、保卫处、后勤工作委员会、校医院、校工会负责人以及获奖先进集体和先进个人、各部门工会教职工代表共200余人参加报告会，报告会由校工会副主席恽鹏远主持。活动共表彰先进集体5个，先进个人55人次。

【举办政法、石油教职工友谊杯足球赛】 10月30日，政法、石油教职工友谊杯足球赛在我校昌平校区举行。本次比赛由中国政法大学校工会主办，以丰富两校教职工业余生活，增进两校教职工之间的交流与合作为宗旨。我校最终赢得比赛。

【参加"海淀驾校杯"学院路地区高校羽毛球团体赛】 12月7日，"海淀驾校杯"学院路地区高校羽毛球团体赛在中国人民大学举行。我校参赛教工队由尹志强、恽鹏远、黎晨、贾海翔、樊跃娟、王小妹、李怡等14人组成。经过小组赛和淘汰赛，我校取得第一名。

【参加第八届法学教授杯羽毛球邀请赛】 12月14日，第八届法学教授杯羽毛球邀请赛在中国人民大学世纪馆举行。比赛分50岁以上教授组和50岁以下教授组，共7个项目，我校获得混双冠军、女双冠军、50岁以下男单冠军、女单亚军、50岁以上男单亚军、50岁以上男单季军、50岁以下男双季军。

九、共青团工作

【概况】 共青团中国政法大学委员会团结引领广大青年遵循习近平总书记系列重要讲话精神，积极培育和践行社会主义核心价值观，以建设法治文化为核心的特色校园文化为目标，实施"服务化、高端化、走出去"的发展战略，不断探索、明确"对内整合资源，对外争取资源"的发展路径，实现校内外第一课堂、第二课堂、第三课堂的紧密联系，切实服务青年学生成长成才。

引导青年师生学习党的十八届四中全会关于全面推进依法治国的会议精神。举办"依法治国与青年使命"全国法学院校学生研讨会，联合北京大学、清华大学等19所高校学生组织向全国大学生发出倡议，号召青年大学生坚守和践行社会主义核心价值观，拥护法治理念、信仰法治精神、捍卫法治权威，主动作为、勇于担当，积极履行建设社会主义法治国家的时代使命。以"12·4"国家宪法日暨全国法制宣传日为契机，开展线上线下特色法治宣传活动，举办"仪式的宪法与规范的宪法"等主题讲座活动，制作"一图读懂'12·4'"等普法宣传材料，在微信网络平台上发起"法随身边问答接力活动"。

围绕学校中心工作，推进校园民主化建设，召开第十五次学生代表大会，整理提案151个，涉及学校发展规划、教学科研、后勤物业、安全保卫、学生工作、学生组织建设6个方面；组织学生代表100余人次，参加区人大代表意见征集会和后勤办公例会、校医院等机关部门的工作例会、座谈会等。

把握高校学生培养的阶段性特征推进德育工作，开展新生爱国爱校教育、毕业文明离校等活动。邀请"感动中国2013年度人物"段爱平、沈昌健做客法大；举办"百位共产党人百篇小传"朗诵会等活动。毕业文艺演出"依依法大"学生原创舞台剧，结合歌舞、曲艺、话剧等艺术元素全景展现青年学子的大学生活。2014届毕业视频《四年，致法大》，以一封"毕业生写给母校"的信的形式回顾了法大学子四年的校园生活。

着力构建高校共青团网络宣传员队伍，以校院各级团干部为核心，同时设立以校内外青年教师、校友为主体的团委顾问团。学校团委书记、宣传部部长以及各校级学生组织相关负责人为校级网络宣传员，共18名；各学院分团委书记、副书记以及各院级学生组织相关负责人为院级网络宣传员，共28名；各班团支部书记和宣传委员为基层网络宣传员，共452名。

将德育工作与培养青年成长成才紧密结合，积极发掘校园正能量故事，扩大"CUPL正能量"人物访谈、"点赞青春"等系列品牌活动在线上线下的影响力。"CUPL正能量"校园网主页"学子在线"专栏单期一周点击量最高达3900余次，单期总点击量最高达到8421次，栏目总点击量逾17万次。该项目获得"第三届首都大学生思想政治教育工作实效奖"特等奖，并成为首批北京市学校共青团重点工作创新试点项目。

倡导大众文化理念，宣传健康文明的文化生活理念。组织编排的语言创意类节目《从我做起》，参演央视一套综合频道播出的"五月的鲜花——我们的中国梦"2014全国大学生校园文艺活动专题节目；应邀参加中央电视台《歌声与微笑－合唱先锋第二季》的节目录制，"Cupler合唱团"演绎了9首不同风格的曲目，问鼎总冠军。

坚持法学学科实践教学模式的探索和革新，扶持辩论文化为特色的学生活动，致力于"三个课堂"相结合的理论与实践教学模式建设，服务、指导学生参与挑战杯等学术实践、创业活动。举办第六届北京市大学生模拟法庭竞赛，获"理律杯"全国模拟法庭竞赛一等奖；举办"世界华语辩论锦标赛（北京赛区）""论衡"等辩论赛事，以北京赛区冠军身份晋级第四届世界华语辩论锦标赛决赛，获得季军。在"创青春"首都大学生创业大赛中斩获金奖、铜奖各2项，并获得全国大学生创业大赛铜奖2项。

推进博闻论坛、学术十星、法治中国论坛、蓟门纵横等学术品牌活动的高端化战略发展，将本科生、研究生两校区品牌活动同步覆盖。博闻论坛举办至40期；创新建设、指导25个校园"友思"（Youth）学习圈，探索、实现学生自主学习、互助学习、个性学习、兴趣学习与传统"三个课堂"教育的紧密结合、良性互动。

配合团区委进一步加强枢纽型团组织建设，成为城北街道区域团组织工作联席会主席团单位。以"12·4"国家宪法日暨全国法治宣传日等法治宣传节点为契机，开展青年法治行动系列宣传活动，在北京市各区县社区青年汇、中小学开展"普法走基层，进社区、进学校"等活动。

探索构建"立体化支教体系"，形成多元化、特色化的常规支教体系。增强远程支教持续性，远程支教开辟寒假支教地，实现寒暑两假全覆盖。据不完全统计，2014年，以青年志愿者协会、准律师协会、西部志愿者协会等学生组织和社团组织主办的法律援助、支教等公益志愿服务活动，累计次数2092次，参与人次6995人，服务小时数达36 360小时。

【举办首都红十字组织"献血捐髓"高校行启动仪式】 3月16日，由北京市红十字协会、校团委主办，学校青年志愿者协会承办的"献血捐髓"高校启动仪式在昌平校区举行。中国造血干细胞捐献者资料库副主任高冬英，北京市红十字副会长刘娜，中华骨髓造血干细胞捐献者、全国优秀法官历莉出席活动。中华骨髓库第4021例捐献者，社会学院2012级本科生文敏霏以及来自首都30余所高校红十字会负责"献血捐髓"工作的学生干部代表共计 200 余人参加活动。该活动旨在弘扬雷锋精神和志愿服务精神，呼吁广大高校学子了解和积极参与造血干细胞捐献事业，在首都高校营造的"我了解、我参与、我奉献"的良好氛围，让更多的血液病患者收获生命的希望。

【央视报道"感动中国人物进法大"活动】3 月 20 日，"感动中国人物进法大"活动邀请"感动中国 2013 年度人物"段爱平、沈昌健做客法大，央视新闻频道对活动进行报道，"感动中国"人物走出"电视画面""网络文字"，走进大学生的现实生活，与青年近距离的交流互动，使得德育工作更具亲和力、说服力，更有助于青年学子牢固树立社会主义核心价值观。

【获得第四届世界华语辩论锦标赛季军】4 月 9 日~13 日，在南京举行的第四届世界华语辩论锦标赛总决赛中，我校辩论队夺得季军。这是我校辩论队目前在国际比赛中取得的最好成绩。新加坡国立大学、浙江大学分获本届比赛的冠、亚军。辩论队教练为黄东，参赛队员有陈典、刘欣东、徐亦啸、陶塞力、杨晨曦、罗南森、毛安艺、郑裕丰。

【首次参演央视"五月的鲜花"2014 全国大学生校园文艺活动】5 月 4 日，校艺术团组织编排的语言创意类节目《从我做起》，参演央视一套综合频道播出的"五月的鲜花——我们的中国梦"2014 全国大学生校园文艺活动专题节目。这是我校首次以原创、独立作品形式参与国家级晚会的演出。

【举办第一届"论衡"辩论赛辩才赛决赛暨辩论文化节闭幕式】5 月 7 日，第一届"论衡"辩论赛辩才赛决赛暨辩论文化节正式闭幕，辩题是"在社会变革时期政治家比知识分子更重要"，反方国际法学院荣膺冠军，正方马克思主义学院获得亚军。

【发起"友思（Youth）"学习圈活动】5 月 19 日，发布公告启动"友思"（Youth）学习圈，一期共招募 25 个。该学习圈由校团委策划发起，旨在配合、衔接第一课堂、第二课堂、第三课堂的教学与实习实践，倡导学生自主、自由地参与到互动、分享的交流式学习过程中，辅助推进全校学习圈活动的开展，构建学生自主学习新模式，营造良好的校园互助学习氛围。

【在 2014 年"创青春"首都大学生创业大赛中获得两金两铜】5 月 29 日，"创青春"首都大学生创业大赛决赛在北京航空航天大学举行。学校推荐的 9 个项目，获得金铜奖各 2 项。"六元发团队"的"Holy hot 创意麻辣烫餐饮机构"和"NB Youth 团队"的"Dream language 逐浪文化"获得金奖，并在 10 月举行的全国大赛中获得铜奖。"青柚子团队"的"玩转名校——3D 高校生活模拟系统"和"户外益行工作组团队"的"行走的公益"获得铜奖。

【召开第十五次学生代表大会】6 月 8 日，中国政法大学第十五次学生代表大会在学校昌平校区召开。党委书记石亚军、校党委副书记兼副校长冯世勇、中华全国学生联合会执行主席王亚坤、北京市学生联合会执行主席李凯达出席了此次会议，学校各相关部门负责人、第十五次学代会学生代表和教职工、学生列席代表参加了会议。大会上，学生代表听取并审议通过了《中国政法大学第十四届学委会工作报告》和《中国政法大学第十四届学生会工作报告》，听取了《中国政法大学第十五次学生代表大会代表提案落实情况报告》。进入选举阶段后，大会通过差额选举方式，选出了 31 名中国政法大学第十五届学生委员会委员。

【举行第十二届"学术十星"论文大赛颁奖典礼】6月13日,"中伦杯"第十二届"学术十星"论文大赛颁奖典礼在昌平校区举行。学生处处长卢少华,武警驻我校选培办副主任朱克寒,民商经济法学院院长王卫国,刑事司法学院院长曲新久等学院领导以及部分选手论文指导老师出席本次活动。吴陶钧、张添柱、谭晨、贾衍宇、刘枭、王融擎、谢小杭、黎智鹏、聂雯、高晓蕾等10名同学成为新一届的"学术十星"。

【举办"依依法大"2014届毕业舞台剧】6月12日,"依依法大"2014届毕业舞台剧《下一站,……》在昌平校区举行。校长黄进,党委副书记、副校长冯世勇,武警驻中国政法大学选培办主任马海伟,武警军乐团副团长李辉,学校相关部门及各学院负责人、教师代表与同学们一同观看了演出。《下一站,……》秉承学生对原创舞台剧的创意形式,结合歌舞、曲艺、话剧等艺术元素全景展现青年学子的大学生活。

【合唱团在央视《歌声与微笑—合唱先锋》总决赛中夺冠】8月31日晚,在CCTV音乐频道播出的《歌声与微笑—合唱先锋》第二季总决赛中,法大"Cupler合唱团"历经八场比赛最终夺得冠军。法大"Cupler合唱团"由校艺术团和"玩泥巴"清唱团的团员组成,致力于以"阿卡贝拉"(无伴奏纯人声合唱)为表演形式的混声合唱。

【举办"百位共产党人百篇小传"首场专场朗诵会】9月15日,"百位共产党人百篇小传"中国政法大学首场专场朗诵活动在昌平校区举行。朗诵会以鲜明的主题、昂扬的基调,讴歌了优秀的中国共产党人的光辉形象,弘扬了社会主义核心价值观,以其慷慨激昂的主旋律、热情饱满的正能量鼓舞法大师生为实现中国梦、成才梦不断奋进。

【参加全国共青团网络宣传引导工作推进会】11月24日,共青团网络宣传引导工作推进会在河南郑州召开。我校团委书记黄瑞宇作为两所高校代表之一,在会上做"高校网络宣传员队伍建设"主题工作汇报,介绍了学校网络宣传员队伍建设工作的基本框架,即"2-4-4"工作模式,包括两支队伍、四套机制、四项平台。

【我校荣获第十二届"理律杯"全国高校模拟法庭竞赛冠军】11月29日~12月2日,由清华大学法学院主办、台湾理律文教基金会和台湾理律法律事务所协办的第十二届"理律杯"全国高校模拟法庭竞赛在清华大学举行。我校代表队最终取得冠军。本次代表队的指导老师是刑事司法学院赵天红、元轶,参赛队员有王佳悦、郑裕丰、范一锴、黄科维、任林杰、平浩、王张毓茜等7人。

【举办2015年"欢乐法大"元旦系列活动】12月31日,"福顺·欢乐法大"2015年元旦晚会和游园会,分别在昌平校区礼堂、启运体育馆举行。党委书记石亚军,校长黄进,武警驻校选培办主任马海伟,党委副书记、副校长冯世勇,副校级干部兼图书馆馆长时建中、各职能部门负责人和各学院教师、学生等共1700余人观看了晚会。

【附件】

(一)2014年学生组织

校学生委员会　　　　　　主任:周鑫
校学生会　　　　　　　　主席:赵南境

研究生会　　　　　　　　　　主席：赵柏清
研究生学生社团联合会　　　　主席：张渝
学生社团联合会　　　　　　　主席：林世雄
青年志愿者协会　　　　　　　会长：许天明
艺术团　　　　　　　　　　　团长：阎奕霖
团委宣传中心　　　　　　　　主任：杨永东
团委政策研究中心　　　　　　主任：黄良贵
各学院学生委员会、学生会

（二）2014年社团一览表

1.2014年本科生学生社团一览表（89个）

人文分会（16个）

345诗社、传统文化学社、风云动漫社、正大琴社、汉服社、净行社、军都人文学社、鹿鸣读书社、美术协会、天行社、天空印象美工社、嘻哈团、宜字林、峥嵘报社、人文报、阿里郎协会

理论分会（13个）

德语社、法律评论社、法语协会、国际时政论坛、青年学社、日语社、微博协会、法律演讲团、心理协会、英语协会、法治宣传协会、法大百科俱乐部、金融协会

特色分会（30个）

NLC街舞社、棒垒球协会、魔方协会、国标舞协会、军事爱好者协会、篮球裁判协会、李小龙爱好者协会、灵心手语协会、轮滑协会、魔术爱好者协会、排球协会、乒乓球协会、跆拳道协会、推理协会、拓荒牛户外运动联盟、玩泥巴清唱团、网球协会、武术协会、弦子锅庄舞协会、音乐G协会、羽毛球协会、长跑协会、陶笛社、藤球协会、雪莲花协会、法大Fitness Club、星道天文社、桌游社、电子竞技联盟、中国政法大学Green Light啦啦队

实践分会（30个）

KAB创业俱乐部、创新协会、法大游戏联盟、电影协会、岭南文化协会、留学服务中心、绿色家园、模拟联合国协会、农村与法治研究会、青春红丝带、求是社、政法En-actus、商思创业者联盟协会、摄影协会、西部志愿者协会、职业发展协会、准律师协会、自强社、就业权益保护中心、橄榄绿协会、MODEL APEC、万里自行车协会、职业信息交流中心、DreamOut、MF微电影工作室、商学社、法大AIESEC、木头人吉他社、GIB协会、声动朗诵协会

2.2014年研究生学生社团（13个）

学术类（4个）

研究生环境与发展协会、刑事辩护研究会、企业法务协会、国学社

实践公益类（3个）
研究生通讯社、研究生法律援助中心、研究生青年志愿者协会
兴趣类（6个）
羽毛球协会、乒乓球协会、足球协会、舞蹈协会、瑜伽协会、英语协会

第十章　行政管理工作

一、学校办公室工作

【概况】2014年，学校办公室围绕中心工作，主动服务大局，深入贯彻落实党的十八大和十八届三中、四中全会精神，切实践行党的群众路线，严格执行中央八项规定，深入改进工作作风，继续推进各项职能的规范化、专业化、精细化和科学化建设，圆满完成了既定任务。

发挥重要职能，主动服务大局，参谋助手成绩显著。2014年，于9月下旬推出《高等教育综合改革信息汇编》，为领导决策提供了重要参考依据；在四中全会召开前后，共向中共中央办公厅、教育部、北京市委教育工委、北京市教委等相关部委提交信息6篇，向中央政法委、全国人大法工委、国务院法制办等上级机关报送立法意见、建议13篇，向《人民日报》等主流报刊媒体投稿5篇；在党的群众路线教育实践活动工作中，加强文稿统筹工作，共统筹撰写《中共中国政法大学委员会关于贯彻落实中央八项规定情况的自查报告》等重要文稿4篇，有力推动了学校教育实践活动的整改落实和成果巩固工作。

加强调研统筹，突出精简规范，文秘服务水平跃升。全年召开校级党政会议44次，下发决议通知单73件，整理会议材料约90万字，较2013年均有较大幅度减少；处理校级公文393件，约50万字，其中下发文比2013年减少23个，公文质量继续提升；改进公告发布系统，发布校内外公告、讲座信息732条，约35万字；向上级单位报送信息38篇，其中4篇被教育部网站采用；向上级部门报送"零报告"51期；起草各类文稿共计30余篇，文稿质量大幅提升；向教育部、北京市教委和昌平区提供年鉴材料3万余字、视频资料10条、照片24幅，学校2012年鉴交付出版，2011年鉴获首届北京市年鉴综合质量评比二等奖。

厉行八项规定，夯实服务技能，综合协调再上台阶。全年接待校外来访16次，均安排在校内进行，公务接待支出大幅减少；大力推进办公自动化、网络化，升级信息公开网站，完善行政办公系统，提高无纸化办公程度，行政办公支出大幅降低；严控会议数量，全年召开会议637场，较2013年减少285场，下降30.91%，严格执行周一无会日制度；全年用印量138 175个，启动用印记录电子档案化；刻制、启用新公章14个，回收废旧公章44个；转接上级单位文件296份，开具介绍信52件；加强协调安排班车和公务用车，运行费大幅减少；成功承办或协办了光明日报社与中国政法大学共建新闻传播学院签约仪式、王乐泉视察会等会务活动17场；加强国内合作，上半年重点开展了对昌平区流村镇王峪村的支援、选派刘晓兵赴云南省姚安县挂职、开展县校合作洽谈等工作。

严格规范保密，认真履行职责，机要保障高效有序。梳理形成机要室9个环节的管理制度和机制，严格执行；设立专门的机要阅览室，并对其进行了"三铁两器"的安装；处理上级文件、杂志、简报、公报1253件；销毁各类文件近100份，按时完成中央、市委机要文件的清退工作；完成北京市电子政务内网接入扩容相关工作；根据上级要求，顺利完成学校保密工作情况摸底并填表上报。

健全工作机制，突出工作重点，切实提升督办效能。全年完成《月度督办情况通报》10期、《学期党政工作督办情况通报》1期、《年度党政工作督办情况通报》1期，专项督办上级来文、校级党政会议决议及部门报请432件，按时完成率达93.1%。

落实主动公开，增加内容范围，重点领域实现覆盖。根据《教育部关于公布〈高等学校信息公开事项清单〉的通知》要求，增加"党务公开""后勤管理"两大公开类型，共形成学校12大类、52条主动公开信息，重点领域实现覆盖；改版信息公开网站，新增"信息公开目录"和"网上信访""网上投诉"功能；发布《中国政法大学2013～2014年度信息公开报告》；主动更新校园网信息公开专栏，发布信息277条；受理信息公开申请7件，按时办结率达100%。

坚持依法治校，畅通信访渠道，努力促进校园和谐。完成《中国政法大学章程》校内修订工作，并报教育部核准；开展全校规章制度清理工作，以"良法善治"为导向进行制度的"废改立"，编印学校《规章制度汇编》；基本形成以学校《章程》为"基本法"准则，以各个专项配套制度为支撑，众多实施细则为辅助的"金字塔式"制度体系；审查校内规范性文件、各类合同协议183件，提供法律咨询23次；代表学校处理诉讼和仲裁案件8件，胜诉率100%，切实维护了学校合法权益；完善校园纠纷预防与调解机制，成立中国政法大学投诉中心，接收来信来访68件，接待来访108人次。

加强日常管理，力推信息化建设，提高档案服务水平。全年为校内外单位和个人提供查档服务近1000人次，为教育部学历学位认证提供服务近100人次；制定并完善档案工作的规章制度，加强档案管理的规范化建设；加大投入，逐步建立和充实学校档案数据库，加快信息化建设步伐。

践行以人为本，热情周到服务，收发工作平稳有序。两校区共分发报纸51万余份，期刊440多种18 000余份，接收各种邮件70余万多件，机要件5000多件；两校区互转信件5万余封；配合邮局收订各种报刊16万余元；外发机要件、挂号信5万余件；完成两校互传文件600余件。无丢失、错领、冒领、漏领等情况。

【与石狮市人民政府举行座谈会】 3月27日，福建省石狮市人民政府副市长陈元生、石狮市劳动就业管理中心主任巫菲祥、北京市福建商会理事王小陈一行来访我校，洽谈校市合作事宜。学校办公室、人事处、学生处、国际法学院、继续教育学院等相关单位领导出席洽谈会。双方就业务培训、毕业生就业、政府合作项目等进行了洽谈。

【举行图书捐赠仪式】 4月16日，中国人民解放军原副总参谋长、上将张黎图书捐赠仪式在昌平校区举行。总参指挥工程学院政委、少将蔡冬梅，首都爱心公益基金会秘书长房明，首都爱心公益基金会副秘书长李亮，总参谋部工程兵某团政治处主任王国祥，我校副校级干部兼图书馆馆长时建中出席并主持了捐赠仪式。相关职能部门负责人及官兵代表和学生代表参加了捐赠仪式。捐赠图书为《魂牵梦圆》，捐赠仪式结束后，举行了签名活动。

【举行"光明新闻传播学院"签约暨揭牌仪式】4月29日，我校与光明日报社合作共建"光明新闻传播学院"签约暨揭牌仪式在京举行。光明日报社总编辑何东平、副总编辑沈卫星，我校党委书记石亚军、校长黄进，以及相关院部负责人出席了签约揭牌仪式。部分教师代表、学生代表和多家社会媒体参加了签约揭牌仪式。黄进与何东平分别代表中国政法大学与光明日报社签署《光明日报社、中国政法大学共建新闻传播学院框架协议》，并为"光明新闻传播学院"揭牌。双方将在共建管理机构、精品课程、骨干队伍、实践基地、研究智库等方面展开深度合作。

【与北京交通大学举行座谈会】5月6日，北京交通大学副校长陈峰一行6人来访我校，就大学章程建设进行了深入交流和探讨。我校副校长李树忠以及学校相关部门负责人会见了来访的陈峰一行，并举行座谈会。两校代表就章程的立法程序、办学自主权、内部治理结构及章程立法技术和规范等问题进行了深入讨论和交流。

【哈尔滨广播电视台一行来我校参观采访】8月7日至8日，哈尔滨广播电视台《道德开讲》小主播一行来我校参观采访。我校党委副书记、副校长冯世勇以及学校办公室、党委宣传部等部门相关负责人和工作人员出席活动。小主播们实地参观了图书馆、礼堂、体育馆、模拟法庭、卷宗副本阅览室，认真听取了工作人员的介绍，详细了解了各馆与模拟法庭、卷宗副本阅览室的建设情况和使用情况。

【成立"明政智库"】10月26日，我校与光明日报共同建设的"明政智库"正式成立，按照共建协议内容，合作双方将组合、集成双方的研究、传播力量和资源，共同在我校建设一个为党和政府科学决策提供高水平智力支持的综合型研究智库。

【举行校长助理挂职欢迎会】10月10日，湖北警官学院副院长王丰年挂职就任我校校长助理欢迎会在昌平校区举行。我校党委书记石亚军，校长黄进，湖北警官学院党委书记、院长曹诗权，湖北警官学院党委委员、副院长王丰年，以及我校相关部门负责人和湖北警官学院相关部门负责人出席了欢迎会。欢迎会由党委副书记、纪委书记胡明主持。

【举行首届"法治中国论坛"】10月26日，由光明日报社和中国政法大学联合主办、明政智库承办的首届"法治中国论坛"在学院路校区举行。中纪委常委、最高人民法院副院长江必新，全国人大常委、财经委员会副主任委员、民建中央副主席辜胜阻，光明日报总编辑何东平，中国政法大学党委书记石亚军，校长黄进，中央编译局副局长俞可平，光明日报副总编辑沈卫星等来自首都各界的专家、学者，就党的十八届四中全会精神进行了深入研讨。我校师生及光明日报社采编人员近两百人出席了论坛。

【新疆师范大学来我校交流】12月8日，新疆师范大学副校长薛徽一行来我校交流访问，我校党委副书记、副校长冯世勇出席会谈，相关部门和相关学院负责人参加座谈，并介绍了发展规划处的业务开展情况以及师资队伍、人才培养、学科建设管理、大学文化建设等情况。

【中国法学会来我校调研】12月18日，中国法学会会长王乐泉，副会长、学术委员会主任张文显一行 11 人到我校调研并召开座谈会，了解中国法学会行政法学研究会和中国刑事诉讼法学研究会建设情况和工作开展情况。我校校长、中国国际私法学会会长黄进，副校长、中国法学会行政法学研究会会长马怀德，终身教授、中国刑事诉讼法学研究会名誉会长陈光中，诉讼法学研究院院长、中国刑事诉讼法学研究会会长卞建林以及相关学院负责人参加了座谈会。

二、人事和队伍建设工作

【概况】2014 年，人事处深化改革，扎实工作，推进人事管理及服务等各项工作取得了新的成绩和进步。

教师队伍建设机制的创新方面，学校教师队伍建设创新案例入选 2013 年教育部系统干部人事人才工作创新案例。高层次人才队伍建设方面，学校按照《中国政法大学优秀人才引进办法》规定的相关程序，年内共引进人才 5 人，其中以二类优秀人才引进发展潜力突出的青年教授施鹏鹏，为青年拔尖人才储备力量；三类优秀人才引进吴洪淇、杨军 2 人；弹性用人常态化，引进陆小华、梁柏能 2 人。年内新聘兼职教授 19 位，目前，学校共有 92 位兼职教授、11 位名誉教授、9 位客座教授（含续聘）。于志刚教授入选 2013～2014 年度"长江学者奖励计划"，王万华教授获评第七届"全国十大杰出青年法学家"称号。

年内，完成 2013 年各类岗位聘任收尾工作，发布《中国政法大学关于 2013 年度专业技术岗位聘任结果的通知》，并及时完成了材料归档及返还工作；完成 2014 年专业技术岗位聘任、全校处级以下非教学科研岗位的换届聘任、2014 年度工勤技能岗位聘任、教学科研岗位 2010～2013 年届终考核、教职工 2014 年度考核工作；注重对教师全面、综合的考察，评选 2014 年优秀教师 5 名，表彰在学校党政管理、教辅、后勤岗位做出突出贡献的集体和个人，评选"管理与服务优秀集体奖" 5 个及"优秀教育工作者奖" 23 人；根据北京市教委通知要求，推荐学校司法文明协同创新中心参加全国教育系统优秀集体申报工作。

调整机构人员编制设置。年内共有审计处等 11 个单位进行内设机构调整，并增设部分机构科级及科级以下管理人员编制；共有中国政法大学实验教学中心等 7 个机构成立，中国政法大学法律信息中心等 5 个单位撤销或变更。

科学合理的开展人事调配工作，建立健全人事管理制度。年内完成事业编制人员招聘 62 人，其中海归 14 人；完成 2014 年"中青年骨干教师海外提升专项资助计划"录取及派出工作，分上半年和下半年两批次共计向留学基金委推荐 16 人次，16 人均获留学基金委批准，为实现学校师资的国际化提供了良好的条件；完成 2012 年度青年骨干教师出国留学研修项目录取人员派出情况核查工作；落实 2014 年"青年教师科研启动资助计划"，资助青年教师 17 人，初步解决了新入校教师科研启动资金困难的问题；遴选 4 名优秀管理岗位人员参加国家留学基金委教育管理人员出国研修项目，正式开辟管理岗位培训国际化新途径；开展"中青年骨干教师海外提升项目"归国讲堂讲座计划；建立健全师德建设长效机制，加强师德培养，开展为期三个月的"加强师德修养，做党和人民满意的好老师"专题网络培训工作。

积极组织津贴调标和补发工作，同时增强了"一岗一薪""岗变薪变"的激励作用，为实施绩效工资改革打下基础。提高离休干部和退休人员"预发补贴"及离休干部护理费标准；开展"2014年遗属及六十年代初精减退职老职工的生活情况调查"工作，根据反馈情况，调整遗属的补助标准，并补发增额。

进一步加强编制外人员的规范管理。编制外职工自1月起缴存住房公积金，基本实现了我校城镇户籍编制外职工住房公积金缴存的全面覆盖；关心弱势群体，积极准备，统一布置、协助学校各受审单位顺利通过2013年度按比例安排残疾人就业年审工作。

截至2014年底，我校教职工1641人，其中专任教师849人，包括教授283人、副教授392人。法学专业教师441人，占专任教师总数的51.94%；法学以外专业（含公共课）教师408人，占专任教师总数的48.06%；专任教师中博士学位获得者564人，占专任教师总数的66.43%；硕士学位获得者189人，占专任教师总数的22.26%；最高学位是我校授予或最后毕业于我校的教师288人，占专任教师总数的33.92%；外校学缘教师561人，占专任教师总数的66.08%，其中海外学缘教师106人，占专任教师总数的12.94%；年龄在35岁以下的94人，占专任教师总数11.07%；36~45岁的320人，占专任教师总数的37.69%；46岁以上的435人，占专任教师总数51.24%。

我校有5位教授被授予"全国杰出资深法学家"称号，7人荣获"全国十大杰出青年法学家"称号，1人入选国家"千人计划"，2人入选新（跨）世纪百千万人才工程，34人入选教育部"新世纪优秀人才支持计划"，国务院特殊津贴获得者42人，"长江学者"讲座教授1人、特聘教授2人，教育部青年教师奖获得者2人，全国优秀教师2人，第七届"全国十大杰出青年法学家"称号1人。

【一位教师荣获第七届"全国十大杰出青年法学家"称号】经1月27日第七届"全国十大杰出青年法学家"评选委员会评选，2月21日中国法学会会长会议审议、决定，产生了第七届"全国十大杰出青年法学家"称号获得者和第七届"全国十大杰出青年法学家"提名奖获得者。我校博士生导师王万华教授获评第七届"全国十大杰出青年法学家"称号。

【提高离休干部和退休人员"预发补贴"及离休干部护理费标准】根据3月19日第四次校长办公会及3月25日第六次党委常委会的决定，自2013年1月起，开始为我校的离休干部和退休人员提高"预发补贴"标准，共提高73名离休干部"预发补贴"及护理费标准，提高1054名退休人员"预发补贴"标准，并补发增额。自2014年4月起按新标准发放"预发补贴"。根据中共中央组织部、财政部、人力资源和社会保障部《关于提高离休干部护理费标准的通知》（组通字〔2013〕37号）要求，学校自2014年1月起提高离休干部护理费标准，并于3月底完成上述人员增额及相关费用的补发。

【提高校内岗位津贴】3月，根据《关于印发〈中国政法大学2013年校内岗位津贴调整方案〉的通知》，学校积极组织津贴调标和补发工作，为1435名在职教职工提高了校内岗位津贴标准，98名人才派遣职工提高了工资标准，并完成了津贴差额及工资增额补发工作。此次调整是落实校党委2013年提出的"继续以较大幅度提高教职工收入水平"的决定。

【一项创新案例入选教育部系统干部人事人才工作创新案例】3月，学校申报的《积极推动工作机制创新，搭建青年教师成长发展平台》成功入选教育部系统干部人事人才工作创新案例，本次创新案例遴选单位范围包括全国教育系统的相关单位，除了学校以外还包括教育局等。这是自学校教师队伍建设项目获批教育部教师司示范项目（教师司〔2013〕13号）以来，学校教师队伍建设工作又一次获得上级部门的认可，为学校深化改革，推动人才工作机制创新，建设高水平的教师队伍提供了新的契机。

【开展"中青年教师海外提升项目"归国讲堂讲座计划】6月，学校为2012年12月31日后归国的教师开展了"中青年骨干教师海外提升项目"归国讲堂讲座计划，共计13位教师开展13场讲座。讲座深入挖掘了海外提升项目效益，促进了中青年骨干海外提升教师的国际教育信息共享和交流，积极为后续派出教师提供优质访学资源，让广大教师和学生分享该项目教师的海外经历、学术前沿问题及观点，从而构建学校与海外接收学校、指导或合作教师长期联系机制，进一步提升我校国际化水平。

【完成"全国教育系统先进集体"和"全国优秀教师"申报工作】6月，根据北京市教育委员会《市教委关于评选2014年全国教育系统先进集体和全国模范教师、全国教育系统先进工作者的通知》的安排，经学校研究决定，申报学校司法文明协同创新中心参加"全国教育系统先进集体"北京市遴选，高健军教授参加"全国优秀教师"北京市遴选。

【完成优秀教师评选工作】6月，根据《中国政法大学优秀教师评选办法》（法大发〔2012〕43号）规定，启动了优秀教师评选程序，本次评选更偏重于教师的全面发展，最终选出马呈元、汪庆华、马皑、刘震、方鹏5位"优秀教师"。

【举办新教师岗前培训】9月17日~19日，学校对2014年度新入职人员进行了岗前培训。校党委书记石亚军、校长黄进出席培训仪式，学校各职能部门负责人和68名新入职教职工参加了本次培训。本次培训能够帮助新教职工更好地了解学校建设状况和相关岗位职责，培养良好的职业道德和爱岗敬业精神。

【完成全校教职工2014年度考核工作】7月~12月，开展2013~2014学年度教职工考核工作。此次参加考核人员共1617人（含人才派遣人员），优秀等次211人，合格等次1403人，不合格等次人员3人，暂缓考核25人（其中公派出国16人、借调6人、其他情况3人）；不参加考核85人（其中入校工作不满半年的50人、见习期未满的1人、本年度连续或累计病假半年以上的4人、人才交流中心待岗人员29人、其他情况1人）。

【开展"加强师德修养，做党和人民满意的好老师"专题网络培训工作】从12月起，学校开展了为期三个月的"加强师德修养，做党和人民满意的好老师"专题网络培训工作，共计76位青年教师参加。该培训以增强教师职业道德意识，大力加强学校师德建设为目标，积极引导学校教师做有理想信念、有道德情操、有扎实学识、有仁爱之心的党和人民满意的好老师。不断强化师德学风建设工作，积极营造风清正气的育人环境和求真务实、积极、健康、向上的学术氛围。

【调整校内部分机构与人员编制】年内，学校相继增设了实验教学中心、人权建设协同创新中心等7个处级机构。同时调整部分机构与人员编制设置，其中审计处等3个机构增设了内设科室，科研处等7个机构及人员编制进行了调整。此外，新闻与传播学院更名为光明新闻传播学院，学院路拆迁办公室更名为拆迁办公室，发展规划与学科建设处发展规划科更名为规划科，撤销高级政法管理干部进修中心独立建制及法律信息中心，武装部与学生工作部（处）合署办公。

【完成事业编制人员招聘工作】年内，根据《中国政法大学公开招聘事业编制人员的规定》（法大发〔2009〕33号）及学校工作安排，截至12月31日，新招聘教职工62人（含正在办理手续人员），其中教学科研岗位32人，专职学生辅导员4人，其他专业技术岗位9人，管理岗位17人。其中海归人员共14人，引进海归力度的加强，加快了师资队伍国际化发展进程。新招聘人员作为新鲜血液充实了学校各类人才队伍，优化了队伍结构。

【完成全校2014年岗位聘任工作】年内，完成全校处级以下非教学科研岗位换届聘任工作，专业技术岗位、工勤技能岗位聘任工作。处级以下非教学科研岗位的换届聘任工作中，处级以下管理岗位254人，其他专业技术岗位170人，学生辅导员岗位81人；专业技术岗位聘任中，168名专业技术人员晋升了职务或职级。其中晋职聘任65人，晋级聘任77人，初次受聘23人，另有3位管理人员调整了专业技术工作待遇；工勤技能岗位聘任中，1人晋级聘任技术工二级岗位，1人晋级聘任技术工三级岗位，36名校部机关工勤技能岗位实现换届聘任。

【完成处级以下非教学科研岗位换届聘任工作】年内，开展了全校处级以下非教学科研岗位的换届聘任工作，共有254人聘任到处级以下管理岗位，其中正科级领导岗位107人，副科级领导岗位38人；170人聘任到其他专业技术岗位，其中正科级部门负责人岗位30人，副科级部门负责人岗位18人；学生辅导员岗位81人，其中分管学生工作分党委书记或副书记14人，学生处及团委双岗人员20人。

【完成全校教学科研岗位2010~2013年届终考核工作】年内，启动了教学科研岗位2010~2013年届终考核，于2015年1月底结束，全校787人参加了此次考核，其中考核结果优秀等次13人，合格703人，不合格等次71人，包括予以警示52人，降低岗位津贴19人；免考核34人，因公挂职和出国等原因未参加13人。

【一位教师入选2013~2014年度"长江学者奖励计划"】年内，根据教育部《关于做好2013~2014年度"长江学者奖励计划"人选推荐工作的通知》（教人司〔2014〕155号）要求，学校推荐的于志刚教授入选2013~2014年度"长江学者奖励计划"，这是自2008年赵旭东教授入选该计划以来，学校教师又一次入选，标志着学校高层次人才建设取得新的进展。

【完成"管理与服务优秀集体奖"和"优秀教育工作者奖"评选工作】年内，根据《中国政法大学管理与服务优秀集体奖及优秀教育工作者奖评选办法》，经各单位评选推荐，校教职工行政奖惩委员会评审，第10次校长办公会审议，最终发展规划与学科建设处等5个单位获2013~2014学年度"管理与服务优秀集体奖"，刘平等23人获"优秀教育工作者奖"。

【附件】

(一) 2014年教育部新世纪优秀人才支持计划入选者名单

崔永东	赵旭东	李曙光	李永军	许传玺	金仁淑
张　生	王万华	龙卫球	于志刚	张中秋	薛刚凌
王进喜	曲新久	冯晓青	卫跃宁	文　兵	应　星
石美森	孔庆江	高健军	何　兵	林存光	汪海燕
张秀琴	刘　飞	于　飞	王敬波	俞学明	王　霆
于文轩	张　中	霍政欣	卢春龙	陈景辉	易　军
解志勇					

(二) 中国政法大学2014年教授名单

丁　玫	于　飞	于　淼	于志刚	卫　灵	卫跃宁
马　皑	马　静	马抗美	马丽娜	马呈元	马怀德
马宏俊	马建川	王　平	王　旭	王　牧	王　玲
王　洪	王　涌	王　娣	王人博	王万华	王小平
王卫国	王天华	王心竹	王玉梅	王成栋	王光进
王进喜	王志华	王灿发	王建芳	王顺安	王夏昊
王敬波	卜建林	卜修全	文　兵	方尔加	方流芳
尹志强	孔庆江	孔祥宇	石亚军	卢春龙	田　瑶
田士永	田为民	史晓丽	丛日云	乐国安	冯　霞
冯晓青	毕玉谦	曲新久	吕　芳	朱　勇	朱维究
乔　欣	刘　力	刘　飞	刘　杨	刘　良	刘　玫
刘　星	刘　莘	刘　斌	刘　鑫	刘广安	刘少军
刘长敏	刘心稳	刘邦惠	刘亚天	刘贞晔	刘红婴
刘纪鹏	刘承韪	刘革新	刘俊生	刘艳萍	刘家安
刘继峰	刘淑环	刘智慧	刘善春	齐　筠	齐湘泉
江　平	许身健	许浩明	阮齐林	孙　承	孙　颖
孙　鹤	孙平华	孙忠群	孙选中	孙美堂	孙洁琬
杜新丽	巫云仙	李　立	李　妍	李　青	李　鸣
李　净	李　泳	李　晓	李　巍	李玉香	李本森
李东方	李永军	李国强	李凯林	李建伟	李居迁
李树忠	李显冬	李美云	李爱君	李雪梅	李景华
李程伟	李群英	李德顺	李曙光	杨　帆	杨　阳
杨　波	杨玉圣	杨宇冠	杨秀清	杨勤活	来小鹏
肖建华	时建中	吴宏耀	邱星美	何　兵	何俊萍
邹玉华	应　星	应松年	辛衍君	辛崇阳	汪庆华

汪海燕	沙丽金	沈祥福	宋连兵	宋建武	宋朝武
宏 结	张 今	张 方	张 彤	张 莉	张 卿
张 凌	张 清	张 楚	张 巍	张小宁	张中秋
张立新	张西咸	张苏彤	张丽英	张秀华	张秀琴
张国钧	张法连	张建荣	张树义	张保生	张晋藩
张桂琳	张淑静	陈光中	陈丽苹	陈明生	邵 方
邰丽华	范晓波	林 林	林 乾	林存光	林灿铃
易 军	岳礼玲	金 眉	金 雁	金仁淑	周 昀
庞金友	郑永流	郑显文	单 纯	郎佩娟	屈 新
屈超立	赵 东	赵 威	赵丙祥	赵卯生	赵旭东
赵宝成	赵晓华	胡 明	胡安潮	胡纪念	胡利玲
胡叔宝	胡继晔	南玉泉	柯华庆	柳经纬	侯淑雯
俞学明	施正文	姜茹娇	洪道德	宣增益	费多益
费安玲	姚广宜	姚国建	姚新华	班文战	贾文华
夏吟兰	顾永忠	柴小青	徐久生	徐世虹	徐晓松
高 祥	高健军	高浣月	高家伟	郭 梅	郭伟和
郭金霞	席 涛	黄 进	黄都培	黄震云	曹 兴
曹义孙	曹明德	常 林	常保国	崔林林	崔蕴华
符启林	商 磊	隋彭生	蒋立山	傅广宛	焦洪昌
舒国滢	鲁 涤	鲁照旺	游正林	鄢一美	赖修桂
解志勇	蔡 拓	管晓峰	谭秋桂	翟校义	樊崇义
潘小娟	薛小建	薛刚凌	薛克鹏	霍政欣	

（三）中国政法大学2014年聘任兼职教授（92人）、名誉教授（11人）、客座教授（9人）

类别	姓名	聘任单位
兼职教授	伊丽莎白.斯丹纳	人权研究院
兼职教授	邹晓巧	人权研究院
兼职教授	陈振功	人权研究院
兼职教授	董云虎	人权研究院
兼职教授	吴高盛	人权研究院
兼职教授	相自成	人权研究院
兼职教授	宋寒松	人权研究院
兼职教授	于建伟	人权研究院
兼职教授	段庆红	人权研究院
兼职教授	陈乐田	校友办
兼职教授	李主其	校友办

兼职教授	黄永庆	校友办
兼职教授	寇立国	校友办
兼职教授	张　杰	校友办
兼职教授	徐念沙	校友办
兼职教授	朱　瓯	国际法学院
兼职教授	黄惠康	国际法学院
兼职教授	Guy Lefebvre	国际法学院
兼职教授	杨　耕	马克思主义学院
兼职教授	罗庆东	教务处
兼职教授	李明蓉	教务处
兼职教授	李若昆	教务处
兼职教授	蓝向东	教务处
兼职教授	杨春雷	法学院
兼职教授	陈惠馨	法律史学研究院
兼职教授	唐双宁	科研处
兼职教授	王社平	商学院
兼职教授	杨甫德	证据科学研究院
兼职教授	廖　玒	新闻与传播学院
兼职教授	唐师曾	新闻与传播学院
兼职教授	雷晓路	新闻与传播学院
兼职教授	倪寿明	新闻与传播学院
兼职教授	刘敬怀	新闻与传播学院
兼职教授	李雪慧	新闻与传播学院
兼职教授	赵晓谦	新闻与传播学院
兼职教授	赵　翔	新闻与传播学院
兼职教授	陆小华	新闻与传播学院
兼职教授	陈凯星	新闻与传播学院
兼职教授	尹韵公	新闻与传播学院
兼职教授	高书生	新闻与传播学院
兼职教授	阎晶明	新闻与传播学院
兼职教授	杨传春	新闻与传播学院
兼职教授	刘佑生	新闻与传播学院
兼职教授	王运声	新闻与传播学院
兼职教授	张本才	新闻与传播学院
兼职教授	武和平	新闻与传播学院
兼职教授	徐　迅	新闻与传播学院
兼职教授	蒋建国	新闻与传播学院

兼职教授	张雅宾	新闻与传播学院
兼职教授	陈 彤	新闻与传播学院
兼职教授	郭振玺	新闻与传播学院
兼职教授	常少扬	新闻与传播学院
兼职教授	张新庆	新闻与传播学院
兼职教授	孙福会	新闻与传播学院
兼职教授	周占华	新闻与传播学院
兼职教授	蔡功文	新闻与传播学院
兼职教授	陈 里	新闻与传播学院
兼职教授	钱 舫	新闻与传播学院
兼职教授	何东平	新闻与传播学院
兼职教授	沈卫星	新闻与传播学院
兼职教授	刘 伟	新闻与传播学院
兼职教授	徐华西	新闻与传播学院
兼职教授	邓海云	新闻与传播学院
兼职教授	张业清	新闻与传播学院
兼职教授	马兴宇	新闻与传播学院
兼职教授	周 迅	新闻与传播学院
兼职教授	包宵林	新闻与传播学院
兼职教授	杨 谷	新闻与传播学院
兼职教授	潘凯雄	新闻与传播学院
兼职教授	张宗林	政治与公共管理学院
兼职教授	戚保良	政治与公共管理学院
兼职教授	王宜胜	政治与公共管理学院
兼职教授	邓文庆	政治与公共管理学院
兼职教授	王 帆	政治与公共管理学院
兼职教授	汪毅夫	政治与公共管理学院
兼职教授	陈忆九	证据科学研究院
兼职教授	侯一平	证据科学研究院
兼职教授	梅冰松	证据科学研究院
兼职教授	霍宪丹	证据科学研究院
兼职教授	王明达	证据科学研究院
兼职教授	祝二军	证据科学研究院
兼职教授	何家弘	证据科学研究院
兼职教授	陈瑞华	证据科学研究院
兼职教授	满云龙	证据科学研究院
兼职教授	聂洪勇	证据科学研究院

兼职教授	沈 政	证据科学研究院
兼职教授	李 玲	证据科学研究院
兼职教授	刘 力	证据科学研究院
兼职教授	王世凡	证据科学研究院
兼职教授	李生斌	证据科学研究院
兼职教授	沈 敏	证据科学研究院
兼职教授	刘 烁	证据科学研究院
名誉教授	郑永焕	国际合作交流处
名誉教授	施明贤	国际合作交流处
名誉教授	Guy Breton	国际合作交流处
名誉教授	林 珏	中国政法大学
名誉教授	大卫·F.J.帕特森（邲達舜）	中国政法大学
名誉教授	西原春夫	中国政法大学
名誉教授	张平沼	中国政法大学
名誉教授	理查德．特尔	中国政法大学
名誉教授	Fritz Schramma	中国政法大学
名誉教授	李夏德	中国政法大学
名誉教授	成思危	教务处
客座教授	吴嘉生	国际法学院
客座教授	霍建强	国际法学院
客座教授	Joel WM. Friedman	国际法学院
客座教授	Dvid Samson Nussbaum	社会学院
客座教授	Gudmundur Alfredsson	人权研究院
客座教授	Daniel BOURMAU	政治与公共管理学院
客座教授	Clifford Borg-Marks（克俚福）	证据科学研究院
客座教授	巴斯特雷金 亚历山大 伊凡诺维奇	证据科学研究院
客座教授	郑善太	校友办

（四）2014年引进人才名单（86人）

乐国安	崔永东	王人博	丛日云	张 凌	蔡 拓
许传玺	莫世健	杨 帆（商学院）		杨玉圣	许浩明
郭世佑	张 楚	蔡定剑	张中秋	高 祥	潘小娟
孙 承	王天华	齐东祥	丁 强	金仁淑	席 涛
柳经伟	张辰龙	车 虎	金 雁	宋建武	齐延平
李德顺	崔 威	陈忠云	单 纯	刘纪鹏	王 昶
张法连	王建勋	易 军	李 响	张 卿	胡霁光
郝 倩	孙晓冬	沈祥福	张 莉（法治政府研究院）		

谢立斌	卢春龙	陈景善	石美森	百茹峰	张天民
刘 星（法学院）		陈 汉	曹明德	游正林	何江蕙
张 卓	刘 良	戴 龙	刘 娜	应松年	郭伟和
于文轩	朱伟一	吴琼恩	孔庆江	陈心洁	王 楠
宋连兵	张浩军	程 乐	傅广宛	费多益	
张 莉（社会学院）		王贞会	张 红（民商经济法学院）		
张文显	赵 东	王 强	Gudmundur Alfredsson		
陈兆恺	王 蔚	陆小华	吴洪淇	杨 军	梁柏能

三、发展规划工作

【概况】2014年，逐渐完善学校中长期发展规划评估体系，汇总分析"十二五"发展规划中期检查7个专项和14个院部自查报告，形成《中国政法大学"十二五"发展规划中期实施情况分析报告》；通过开展全校范围综合改革调研工作，完成《中国政法大学提升育人治学质效综合改革方案》的起草；贯彻落实十八届四中全会《中共中央关于全面推进依法治国若干重大问题的决定》精神，形成《中国政法大学贯彻十八届四中全会精神实施方案》。

【完成专项统计《2013年服务业统计年报》】3月，根据昌平区统计局关于服务业统计年报报送要求，组织学校人事处、财务处、资产管理处、后勤工作委员会办公室等相关部门填报年报数据，并完成对数据的汇总、审核和上报工作。

【完成《中国政法大学"十二五"发展规划中期实施情况分析报告》】4月，在中期检查评估基础上，汇总分析7个专项和14个院部发展规划中期自查报告，形成《中国政法大学"十二五"发展规划中期实施情况分析报告》。

【上报教育事业统计分析报告】5月31日，向北京市教委报送2013年教育事业统计分析报告《全面提高科学研究水平 推进知名法科强校建设——中国政法大学科学研究发展情况分析》，对学校2006年以来人文社科研究发展数据进行整理，重点分析"十一五""十二五"前期科学研究的成绩和不足，为学校科研的科学可持续发展提供数据支撑和决策服务。

【完成"全球研究型大学概况"数据调查】6月，应上海交通大学世界一流大学研究中心邀请，参加2014年"全球研究型大学概况"（Global Research University Profiles，GRUP）项目数据调查。该项调查结果将被用于"交互型大学排名""中国两岸四地大学排名"和"全球研究型大学院校信息展示"。

【在北京市教委教育事业统计评估工作中荣获佳绩】9月，在北京市教委开展的2013年度教育事业统计工作质量评估中，荣获北京市教育事业统计工作优秀集体一等奖、优秀个人一等奖。

【组织学校统计人员进行专业培训】9月23日，为提高统计人员业务能力和专业素质，确保高基报表统计工作顺利开展，组织各单位统计工作人员进行专业培训，内容包括统计报表修订、统计业务知识以及相关统计软件的使用，培训有效地提高了统计报表的报送质量和报送规范。

【完成综合统计《2014~2015学年初高等教育基层统计报表》】 10月，按照《北京市教育委员会办公室关于做好2014年高等学校教育事业统计工作的通知》要求，组织全校统计工作人员进行2014年高基报表的填报，并对上报数据进行综合汇总和审核，按时完成统计数据上报工作。

【完成《中国政法大学贯彻十八届四中全会精神实施方案》】 11月，为贯彻落实《中共中央关于全面推进依法治国若干重大问题的决定》精神，征集精神落实改革实施方案，形成《中国政法大学贯彻十八届四中全会精神实施方案》，在人才培养、学科建设、科学研究、法治培训、队伍建设等方面提出"2014计划"，同时提出具体改革措施。

【完成《中国政法大学2014年教育改革进展情况》总结报告】 11月，根据国家教育体制改革领导小组办公室《关于报送2014年教育改革进展情况材料的通知》要求，积极落实十八届三中全会关于深化教育领域综合改革精神，完成《中国政法大学2014年教育改革进展情况》总结报告，对我校2014年开展的重大教育改革进行梳理，同时提出2015年推进学校教育改革的重点任务。

【参加北京市教委举办的高基报表核查汇总会】 11月，作为本年度教育事业统计工作小组组长单位，参加北京市教委举办的高基报表核查汇总会，会上对本年度各高校高基报表数据进行了整体核查，并对填报过程中出现的问题进行了集中解答和修改。

【完成《中国政法大学提升育人治学质效综合改革方案（草案）》】 9月~12月，组织开展全校范围综合改革工作，共组织1次综合改革方案起草动员会，2次校内专家咨询会，探讨学校综合改革方案的起草和修订，形成《中国政法大学提升育人治学质效综合改革方案（草案）》。改革方案涉及人才培养、教学科研、质效评价、学术创新、学校治理结构等方面。

【完成《中国政法大学2014年统计分析手册》】 12月，在完成《2014~2015学年初高等教育基层统计报表》的基础上，扩大数据整理范围，对学校各项事业发展数据进行整理分析和更新修订，形成并印发《中国政法大学2014年统计分析手册》。

四、财务管理

【概况】 2014年，学校财务工作紧紧围绕学校办学目标，全面落实党政工作要点，加强制度建设，规范工作流程；继续以保障中心工作为宗旨，进一步改善民生，确保基建和后勤运行资金需求，严格控制"三公经费"；重新梳理相关财务制度，使财务制度更加规范化、科学化；开源节流，科学合理安排经费，为学校事业发展提供财力保障；继续深化预算和财务管理改革，不断强化经费监管力度；强化基础工作，不断提高财务管理水平；进一步加强队伍建设，提升服务效能。

加强制度建设，不断完善学校财务内控制度体系。按照财政部相关要求，全面梳理现行财务内控制度，补充完善现行制度，使其更加完整规范。修订《中国政法大学差旅费管理实施细则》《中国政法大学因公临时出国经费管理办法》《中国政法大学公务卡暂行管理办法》《中国政法大学财务处绩效考核办法（试行）》等制度。根据国家相关政策以及学校发展状况，修订创收政策和形式，进一步调动全校各方面争取资源和创收的积极性，为不断改善办学条件和促进全校各项事业健康发展提供财力支持。

2014年学校预算工作是在推行全面预算的前提下开展的，充分发挥了预算管理在学校财务管理中的核心作用。完善了预算管理机制，促进预算管理的科学化、精细化。抓好预算支出执行管理，加快预算执行进度，提高财政专项资金的使用效率和效益；加大存量资金盘活力度。对于预算执行进度缓慢、预计年底可能形成较多结转或结余资金，以及经清理确认属于已无法支出或已不需支出的项目资金，及时调整当年预算。同时，设专人对暂付款进行清理，不断规范资金支付和使用。

加强日常财务管理，严格控制消费性支出。全校各部门继续坚持"勤俭节约、精打细算"的原则，严控"三公"经费、压缩一般性支出，切实降低行政运行成本，对于会议费、差旅费、劳务性支出以及日常运转经费等消耗性支出也进行了严格控制。加强对专项资金的管理力度，专项资金拨款达到新高。根据学校发展规划，在严格按照相关程序的基础上，今年扩大了项目的类型和数量，争取到专项资金1亿元，涵盖16个项目。同时高度介入专项资金的使用，强化专项资金的执行管理工作，在关注专项资金使用时效性的同时，开展事中检查与评价，从而不断提高资金使用效益。

【召开2014年预算工作会议】1月6日，学校在昌平校区召开2014年预算工作会议。会议由副校长张桂林主持，全校各院、部、处、室、所、中心负责人共40余人参加了会议。会议总结了2013年学校财务状况及财务预算执行情况，并对2014年财务工作重点和财务预算工作进行布置。

【召开教育部修购专项资金项目申报布置会】5月27日，学校在昌平校区召开2014年教育部修购专项资金项目申报布置会。会议由副校长徐扬主持，财务处、基建处、资产管理处、后勤工作委员会办公室、信息化建设办公室、图书馆、校医院等相关职能部门负责人参加了会议。会议通报了2014年修购专项资金的申报、评审与使用情况，并对2015年修购专项的申报计划以及工作安排进行了布置。

【开展2015年修购专项评审以及2014年修购专项执行检查】6月，财政部、教育部派专家组十余人进驻我校，分组对学校2015年修购专项评审以及2014年修购专项执行进行检查，学校共有15个项目参与评审，申报金额为14 946.19元，评审金额为11 860.82元，2015年修购专项资金最终结果以教育部拨款为准。

【财务处新任处长上任】7月10日，财务处召开全处会议，校党委副书记胡明、主管财务副校长张桂林、副校长徐扬出席会议，宣布正式任命李国强为财务处处长。

【全处人员参加教育部会计制度专题培训】暑假期间，财务处全体工作人员参加了教育部组织的会计制度专题培训，培训《高等学校会计制度》《事业单位会计制度》。本次培训，从理论和实操两个方面，对内部控制、绩效管理、会计制度进行了详尽的解读和介绍。

【进一步规范差旅费和出国经费报销】10月，根据国家陆续出台的各项财经政策，结合学校实际情况，起草了差旅费和出国经费报销办法，对模糊和不确定事项进行细化，进一步规范了差旅费和出国经费的使用。

【增设专项资金管理科】9月29日，根据工作需要增设专项资金管理科，配备人员编制3名。于此，财务处下设科室6个，正式编制为29名。

【印制汇款及税务查询信息提示卡】10月18日，根据老师提出的汇款信息无明确提示的问题，财务处设专人将学院路和昌平校区常用汇款账号分中文和英文信息进行整理，并将发票真伪查询地址（包括北京市国家税务局和地方税务局地址）等信息进行归集，并印制成卡片，学校师生可以随时领取，方便了师生办理各项财务业务。

【启动劳务费申报系统】11月20日，启动劳务费申报系统。该系统适用于我校劳务费报销。该系统的启动，简化了劳务费报销的程序，大大提高了数据的准确性和安全性。

【集中办理公务卡】12月22日至26日，集中为全校在编人员办理公务卡，共办理公务卡700余张。此卡为用于日常公务支出和财务报销业务的信用贷记卡，为2015年全面使用公务卡做好了基础工作。

五、审计工作

【概况】2014年，审计处共完成各类审计项目86项，全年审计资金总额152 026.51万元。其中，财务预算执行情况审计1项，财务收支审计1项，经济责任审计33项，基建、修缮工程审计51项。通过各类审计项目查出违规违纪金额405.45万元，财务处理不当金额512.45万元，提出审计建议127条。通过基建、修缮工程审计，降低工程造价295.43万元；通过落实整改制度，纠正违规违纪资金127.03万元，促进学校增收节支。

【开展财务收支审计】年内，对后勤结算中心进行了财务收支情况审计，审计金额6126.36万元，查出违规违纪金额10.16万元，财务处理不当金额0.48万元，提出审计建议5条。

【开展财务预算执行结果审计】年内，对学校2013年度财务预算执行情况的真实性、合法性、效益性进行了审计，审计金额87 965.57万元。通过揭示预算执行中存在的问题并提出6条建设性审计意见和建议，促进了学校预算管理的进一步完善。

【开展经济责任审计】年内，受组织部委托完成对33名领导干部任期经济责任审计。审计金额55 840.93万元，查出违规违纪金额395.29万元，财务处理不当金额551.97万元，提出审计建议116条。出具审计报告33篇，审计结果为组织部门考核和使用干部提供了参考依据。

【开展基建、修缮工程审计】年内，开展修缮工程项目控制造价审计51项，审计金额2093.65万元，审减金额295.43万元，降低工程造价295.43万元。

六、信息化建设

【概况】2014年，信息化建设办公室以建设"数字法大"为总体目标，遵循"统筹安排、突出重点、循序渐进、有所突破"的工作思路，紧紧围绕学校中心工作，转变工作理念，提升工作水平，创新服务方式，扎实推动学校信息化建设，为学校的教学、科研与管理提供了强有力的保障和支持。

基础网络建设方面，完成了校园无线网升级改造项目和数据资源云存储平台建设项目，对昌平校区有线网络设备进行了升级改造。将桌面百兆设备升级为千兆设备，大大提高了网络质量，满足了师生的需求，创造了良好的网络环境。此外，完成了我校网络缓存加速系统建设项目，该项目极大地改善了用户体验，也为学校节省了大量的支出经费。

支撑平台建设方面，对校园门户网站进行了改版升级，并建立了学校网站集群管理平台，实现了学校主页、二级单位中英文网站的自动生成、信息集成，支持多用户管理、灵活建站、全文检索和访问统计。校园一卡通实现了与网络计费系统和图书馆自助复印系统的对接，使同学们可以直接刷一卡通自助复印，更加方便了同学们的校园生活，基本实现了"一卡在手、走遍校园"。

应用系统方面，"数字法大"上线，实现了统一身份认证，师生通过一个账号密码即可实现校内应用系统的无缝漫游，包括本科教务系统、工资查阅系统、研究生教务系统、邮箱、OA、BBS、科研系统、图书馆书目检索系统、云盘、一卡通消费查询等校内主要应用系统。各应用系统中的数据共享可用。目前公共数据中心采集了人事系统、科研系统、本科和研究生教务系统、图书借阅系统、财务系统、一卡通等系统中的数据，这些业务系统中的数据均通过数据中心实现数据流转，保证了各种信息来源的唯一性，权威性。在促进各应用系统数据的准确与完整的同时，对分散的资源也进行了有效的整合，实现全校服务器、存储基础设施管理的集中化、智能化，提高整个学校的信息化水平，同时还大大减少了如服务器、交换机、机架、网线、UPS、空调等设备维护和重复投资的成本。

网络视频教学方面，完成了网络教学平台的建设与推广。完成了学校修购项目《高清录播教室建设》的验收工作及《摄录编设备的购置》《网络教学直播平台》的调研及建设工作。完成了教育部马克思主义理论研究与建设工程重点教材相应课程"精彩一课"及北京市模拟法庭大赛活动的视频录制；此外还完成了国家级教学成果奖《创建"即时共享、协同融合、学训一体"同步实践教学模式，培养卓越法律人才》音频部分录制工作，完成了国家级视频公开课《法律英语》、教务处虚拟第三学期6门课程、成思危课程《虚拟经济纲要》等视频制作工作。为广大师生提供了网上备课、课件制作、教学素材建设、网络授课、网上交流、网上自学、作业批改等多种功能的综合网络学习平台。部门于11月面对全校教师进行了为期两天的媒资培训工作，共有40余人次参加培训，总计达到120学时，对于推广教学平台的应用起到了推动作用。

多媒体教学方面，完善了多媒体设备，充分发挥多媒体服务功能。年内完成昌平校区5个公共机房和3个语音实验室的升级改造工作，完成学院路校区14个多媒体教室的设备安装与调试并统一安装管理软件，为同学们提供了安全快捷的网络学习环境，实现机房及多媒体教室的远程管理。

信息化保障方面，一是完成了两校区数据容灾项目建设，确保信息系统实现7×24的不间断运行，数据安全方面实现异地备份，消除本地环境灾难事故可能导致的数据安全隐患；信息系统安全方面，将全面建立数据中心安全体系、校园网络环境体系、部门应用环境安全体系，实现两端一线的完整安全保障，为下一步的应用创造安全稳定的基础环境。二是加强了信息系统等级保护工作，做到在物理安全、主机安全、网络安全和数据安全等方面符合相关规定。从管理层面和技术层面有针对性地对校内运行的信息系统进行测评与整改，尽早消除了高危安全隐患，提高了系统抵御攻击的能力，确保学校网络与信息系统安全稳定运行。三是实现全校二级网站的升级搬迁。对全校二级网站进行了全面梳理和整改，对104个网站进行了归类，其中73个属于学校统一网站平台下建设，其他31个独立服务器的网站分别与二级部门签署了安全协议，保证出现了挂马、篡改情况时能第一时间找到管理部门进行处理。

【完善校园一卡通系统应用功能】3月，完成一卡通与数字化校园平台的对接与联动，真正实现"一卡在手，走遍全校"。

【加强"数字化校园"建设】4月，"数字法大"上线，完成信息系统的有效对接，做到统一身份认证和单点登录，整合信息孤岛，实现资源共享。

【建设数字迎新一站式服务平台】5月~9月，完成数字迎新系统建设，新生可提前在网上报到注册，后台可直接统计学生个人信息，学校全面了解学生缴费情况、到校的具体方式和时间等情况，以及军训服装尺寸等学生的个人需求，真正实现对人力和资源的有效利用，节省了学生的办理时间，彻底告别传统的冗长复杂的排队模式。

【升级校园骨干网络】7月~8月，在充分保护原来软硬系统的投资和校园网的兼容性、可靠性、安全性、可扩展性的基础上，将校园网硬件平台进一步升级、改造、拓广。提高网络的访问速度，年初将网络出口带宽增至1.5G，并且降低了收费标准。

【完成无线网络升级改造】8月~9月，完成学院路新一号学生公寓、法苑公寓、启运体育馆等校内无线网空白区域建设，基本实现校园无线网全覆盖。

【完成网络缓存加速系统建设项目】8月~9月，完成了我校网络缓存加速系统建设项目。网络缓存加速设备能够针对流媒体进行优化，它能够自动判断本网络中的热点资源，实现热点资源本地化读取，不仅为用户提供了如同内网般体验，同时减少重复数据流，节省了大量的出口带宽资源。

【完成虚拟数据中心的推广与应用】10月，完成了虚拟数据中心的推广与应用。我校服务器和存储虚拟化平台已建设完成，近几年内学校各单位无需再单独采购服务器和存储等硬件设备。它的推广与应用是实现统筹管理的必要手段，更是实现数据共享的硬件支撑。

七、资产管理

【概况】2014年，学校资产处根据上级有关规定，建立健全国有资产管理的各项规章制度；保障国有资产的安全和完整，防止流失；明晰产权关系，实施产权管理，办理产权登记；优化国有资产的配置，提高资产利用率；定期对学校的国有资产进行清产核资；组织和参与仪器设备的采购招标及验收。

顺利完成新1号公寓地下一层大面积教室的建设，大大缓解学院路校区教室紧缺的状况。推动昌平校区逸夫楼地下职工之家建设，完成了职工之家体育设施的采购，扩大了教职工体育活动场地，切实改变了教职工体育活动场地缺乏的状况，丰富了教职工业余生活。清理、整顿学院路校区6号楼、2号楼，2014年共收回筒子楼9间；暂停对外房屋出租；将新2号学生公寓地下室70间房间腾退并进行维修，为6号楼修缮改造做前期准备。

年内,为方便教职工,在供暖季到来之际,按照随到随报的原则,分两个阶段完成了供暖费的报销工作。

【国管局房改办副主任张国威一行到学校调研房改情况】 1月7日,国管局房改办副主任张国威、综合业务处处长龚晓京、政策研究处处长刘恩军一行3人到学校调研房改工作。党委书记石亚军,副校长张柳华在学院路校区会见了张国威一行,并召开座谈会就我校房改工作进行了交流与探讨。会上,石亚军首先代表学校党政领导班子对张国威一行的到来表示欢迎,并简单介绍了学校的办学历史和发展现状。张国威指出,教师住房问题是稳定教师队伍的重要保障,学校应对教职工住房给予充分的关注,并表示房改办将在政策上给予大力支持,通过统一协调解决法大房改遗留难题。

【实施《中国政法大学周转房管理办法》】 7月,学校正式实施《中国政法大学周转房管理办法》(以下简称为《办法》)。该《办法》加强了周转房管理,解决新入校教职工周转住房问题,推动了周转房周转,遏制高价转租、转借现象。截至年底,已腾退周转房113套、单间46间,2014年共安排新职工37人入住周转房。

【人户分离房产证注销申请获得国管局批复】 9月,国管局正式批复,同意学校办理人户分离房产证的注销。得到国管局批复后,资产管理处将391户需要办理注销的人户分离住户相关资料进行分类统计梳理,并与房管局、公证处等单位沟通协调,目前注销工作正在稳步推进,将分批集中办理。

【加强和规范仪器设备采购和管理】 年内,共组织校内招标投标会议22次,签订采购合同23项,预算金额912.56万元,采购金额788.02万元;委托校外招标代理机构招标21次,签订采购合同24项,预算金额2796.64万元,采购金额2685.91万元;邀请招标4次,预算金额143.41万元,中标金额124.52万元;竞争性谈判4次,预算金额93.8万元,中标金额76.27万元;单一来源方式采购6次,预算金额90.58万元,实际采购金额87.3万元;通过政府采购比预算节省了399.51万元。本年度累计新增固定资产13 146台件,合计金额5001万元。

【发放2013年前来校无房教职工按月住房补贴】 年内,根据学校房改工作进程,学校纪委办、资产处对2013年前来校无房教职工进行了调查、核实,有45位教职工符合发放条件,并于2014年4月30日~5月6日对符合发放条件的无房教职工应享受补贴情况进行公示,5月7日~9日由教职工本人办理确认手续后发放住房补贴。本批次共发放113.84万元。

八、董事会工作

【概况】 2014年,学校董事会顺利完成换届工作并召开第二届董事会第一次会议。董事会秘书处根据《普通高等学校理事会规程》关于理事会(董事会)成员组成的有关规定,在听取学校领导意见并征求有关人员意见后,提出了学校第二届董事会成员拟聘人选名单。经学校校长办公会议审议修改后,最终通过了由52人组成的新一届董事会成员名单。

【召开第二届董事会第一次会议】 12月27日,中国政法大学第二届董事会第一次会议在学校学院路校区召开。出席会议的 30 名新一届董事会成员或其代表听取了校长工作报告,并对学校工作和未来发展提出了许多建设性的意见和建议。会议还表决通过了关于修改董事会章程的决定。

【附件】
中国政法大学第二届董事会成员名单

主席
张福森　　全国政协社会和法制委员会原主任

名誉主席
邹　瑜　　原司法部部长兼中国政法大学校长
江　平　　中国政法大学终身教授、原校长
陈光中　　中国政法大学终身教授、原校长

副主席
石亚军　　中国政法大学党委书记
黄　进　　中国政法大学校长
禹云益　　中华慈善总会荣誉副会长、国际永益慈善基金主席

名誉副主席
沈德咏　　最高人民法院党组副书记、常务副院长
王巨禄　　全国政协社会和法制委员会副主任
张　耕　　全国政协教科文卫体委员会原副主任

秘书长
马怀德　　中国政法大学副校长

董　事（以姓氏笔画为序,共计46人）
于世平　　天津市人民检察院检察长
马怀德　　中国政法大学副校长
王广发　　北京法政集团董事长
王金玉　　北汽福田汽车股份有限公司总经理
王健林　　大连万达集团董事长
王雁飞　　宁夏回族自治区政法委书记兼公安厅厅长
石亚军　　中国政法大学党委书记
石聚彬　　好想你枣业股份有限公司董事长
厉育平　　大自然集团顾问、上海温州商会会长
邢文鑫　　中国政法大学校友总会副会长
李建明　　山西华晟荣矿业有限公司董事长
李澄宇　　鼎兴企业集团董事长
刘皇发　　香港永同益集团有限公司董事会主席、香港立法会议员
张子玉　　山西吕梁泰化石油公司董事长
张子洪　　力行中天投资有限公司总经理

张文显	中国法学会副会长、学术委员会主席
张立勇	河南省高级人民法院院长
张学兵	北京市律师协会会长、北京中伦律师事务所主任
张　穹	全国政协社会和法制委员会原副主任
张福森	全国政协社会和法制委员会原主任
陈卫东	中国人民大学法学院教授
陈乐田	广州市禾田实业发展有限公司总经理
陈冬至	山西昌鑫生物农业科技有限公司董事长
陈泽盛	全国政协委员、香港煜丰集团董事局主席
陈瑞华	北京大学法学院教授
何东平	《光明日报》总编辑
肖　声	辽宁省人民检察院检察长
佟丽华	北京致诚律师事务所主任
周晓鸣	上海创远律师事务所高级合伙人
岳琮霖	琮霖宝源国际投资（北京）有限公司董事长
禹云益	中华慈善总会荣誉副会长、国际永益慈善基金主席
俞东平	内蒙古中远亨峰集团有限公司董事局主席
侯君舒	中共昌平区委书记
洪　虎	全国人大法律委员会原副主任委员
洪培敏	中安（香河）房地产开发有限公司董事长
贺　荣	最高人民法院副院长
赵毅武	纳通医疗集团董事长兼总裁
徐吉华	中国秦发集团有限公司董事局主席
徐显明	中央社会管理综合治理委员会办公室专职副主任
夏　华	依文企业集团董事长
黄　进	中国政法大学校长
隋振江	中共海淀区委书记
彭雪峰	全国政协常委、北京大成律师事务所主任
廖泽云	全国政协常委、澳门特别行政区行政会委员、康泽工商有限公司董事长
燕发旺	灵石县中新煤化有限责任公司董事长
薛博然	广东中楷投资股份有限公司董事长

九、基金会工作

【概况】2014年，学校基金会适应新形势，完善旧制度，稳步开展筹融资工作并做好基金会日常工作。本年度共募集社会捐赠资金48笔累计人民币1615万余元。另有当年到期存款利息收入人民币179万余元，两项收入共计人民币约1795万元。期间，根据基金会2013年9月~2014年8月捐赠收入情况，向教育部申请捐赠收入财政配比资金，最终获得1420万元配比资金。召开基金会理事会会议，除增补理事、改选秘书长外，还审议通过了修订的《基金会章程》《基金会信息公开办法》《基金会财务管理办法》几个重要文件。基金会严格执行有关规章制度，规范管理捐赠资金，对部分专项基金已开始独立审批、报销，以使基金会财务管理运行更加规范。

【举办首届法大诗歌赛】 5月15日，沙驰传统文化系列活动之"大言诗声——首届法大诗歌赛"决赛在昌平校区举行。该活动由中国政法大学教育基金会主办，人文学院学生会承办，人文学院研究生学生会、中国政法大学345诗社、中国政法大学传统文化学社、中国政法大学军都人文学社、中国政法大学舞月汉服社、中国政法大学正大琴社协办。出席本次活动的校内嘉宾有院长文兵、院党委书记兼副院长杨军、社会学院分党委书记兼副院长王晓宏、人文学院副院长赵文彤、中国政法大学教育基金会副秘书长刘建、人文学院分党委副书记兼副院长尹晓华等，校友嘉宾有外交部条法司一处处长周露露、美国驻华大使馆助理法律顾问陈佳、美国众达律师事务所合伙人唐承慧等。比赛中，古典组诗歌题目是"京华烟云"，现代组诗歌题目则是"自由在高处"。最终，一等奖得主为古体诗组的袁京同学、现代诗组的王琼同学；二等奖得主分别是陈慧佳、敖端、徐同欣、黄世达4位同学；而席皓、张群、李豆豆、吕思诺、邓秋丽、赵亚琦6位同学分别获得三等奖；同时，二等奖得主之一的黄世达同学获得最具人气奖。

【召开理事会会议】 10月8日，基金会理事会会议在学院路校区召开。本次会议增补2名理事，改选基金会秘书长，还审议通过了修订的《基金会章程》《基金会信息公开办法》《基金会财务管理办法》3个重要文件。

十、校友工作

【概况】 2014年，校友工作办公室坚持以服务学校、服务校友的宗旨开展工作。为2014届毕业生（包括本科生、研究生、留学生）免费发放了中国政法大学校友卡，共计4308张；评选出中国政法大学首届十大杰出校友；校庆期间成功举办了校友、教职员工多项体育赛事；全年向校友发送慰问短信1万余条；全年共接待返校校友1千多人次；在分会建设方面成立了中国政法大学澳新校友会及青海校友会；在服务学校方面，今年共签署了捐赠协议4项，支持了相关工作、活动的开展。

【成立中国政法大学澳新校友会】 3月29日，中国政法大学澳新校友会在新西兰成立，马怀德副校长率代表团出席澳新校友会成立大会。出席人员还包括新西兰国会议员霍建强先生、澳新校友代表任小江教授、聂钰律师、刘志军律师、刘卫律师等20余人。大会通过了澳新校友会章程、理事会名单、常务理事名单，霍建强当选名誉会长。澳新校友会的成立，将为在澳新生活、工作校友的服务以及澳新与中国有关方面的合作做出贡献。

【召开第三届校友分会会长、秘书长联席会议暨广东校友会2014年年会】 4月26日，中国政法大学校友会第三届校友分会会长、秘书长联席会议暨广东校友会2014年年会在广东珠海召开。来自北京、上海、海南等16个省市校友会的20余名会长、秘书长及广东近两百名校友参加会议。我校副校长、校友总会常务副会长马怀德、校友工作办公室主任杨杰、继续教育学院院长助理孙智应邀出席活动。各省校友会代表纷纷发言，总结一年来本省开展校友工作的情况及下一年的工作计划，同时就校友工作开展中出现的问题和困惑集思广益、交流讨论。

【评选第一届杰出校友】5月，按照《中国政法大学杰出校友评选办法》，并经5月14日校长办公会审议通过，选出第一届杰出校友。分别是（按姓氏笔画排序）：王广发、李玉臻、李伟斌、刘华、沈德咏、陈乐田、郑增茂、彭雪峰、董皞、熊红文等10人。

【北京校友会召开第三届会员代表大会】5月18日，北京校友会第三届会员代表大会在我校学院路校区召开。副校长马怀德、校友工作办公室主任杨杰出席了大会。大会由北京校友会秘书长马江涛主持。大会表决通过了《第二届理事会工作报告》《第二届财务审计工作报告》《监事会工作报告》并通过选举产生了第三届理事会及监事会。

【举行青海校友会成立大会暨"法治青海"研讨会】7月19日，青海校友会成立大会暨"法治青海"研讨会在西宁举行。青海省高院副院长李宁，青海省高检副检察长张杰、副检察长朱雅频，西北政法大学校长贾宇，原青海民族大学校长王作全等200余名校友参加了成立大会。内蒙古校友会秘书长李全锁代表兄弟校友会前往参加。我校副校长马怀德应邀出席会议。大会由校友陈萍、吴旭光主持。经选举，青海省委常委、组织部部长王令浚任名誉会长，张杰任会长，陈萍任秘书长；马怀德代表学校向青海校友会授校友会牌。研讨会上，马怀德、贾宇、王作全、张立等嘉宾先后围绕"法治中国""法治青海"做了主题演讲。

【举行80级校友毕业30周年聚会】9月7日，中国政法大学80级校友毕业30周年返校聚会在中国政法大学学院路校区举行。我校终身教授江平、副校长马怀德、校友工作办公室主任杨杰及200余位80级同学和10余位老师出席了本次活动。会议由叶肖兵主持。

十一、基建工作

【概况】2014年，学校基本建设投资5000万元，学院路校区教学图书综合楼项目主体结构施工至地上六层，昌平校区办公楼改造工程基本完成。

年内，积极开展相关基建工作。编制学院路校区学生食堂项目可行性研究报告，完成了学院路校区1号学生公寓项目重新报批，取得修改后的规划许可证；对北太平庄家属楼、学院路校区6号楼进行了结构安全检测工作，为结构加固提供基础数据。完成昌平校区教学楼节能改造工程的招标投标，昌平校区煤改气项目的图纸设计、招标投标等工作。

强化责任意识，确保优质、高效完成建设工程。敦促学院路校区教学图书综合楼工程施工工作，保质保量地进行施工作业。4月中旬完成基桩支护、6月底完成土方开挖及外运、10月上旬完成结构正负零，12月底完成主体结构的六层竖向结构浇筑作业；在施工现场安装监控系统，保证现场的安全文明施工，尽可能降低对教学科研和师生生活的影响；完成综合楼精装修设计的招标工作以及精装修的初步设计方案和效果图；积极与相关职能部门沟通设计方案，并落实使用部门对教学图书综合楼的使用需求。对昌平校区办公楼进行节能改造，年底前完成外保温材料安装、外窗更换、外墙装饰，基本完成大门幕墙、石材安装。

做好竣工项目维保工作,确保师生正常使用。完成逸夫楼空调运行工作。2014年逸夫楼中央空调运行由基建处负责。基建处委托专业公司负责该楼空调运行工作,整个夏季空调运行稳定;完成了1号学生公寓、综合科研楼二次供水的卫生许可申报工作,并获取了卫生许可证。

【重新办理学院路校区1号学生公寓规划许可证】学院路校区1号学生公寓因超面积需重新办理规划许可证,4月3日取得新办理的规划许可证。

【基本完成学院路校区教学图书综合楼项主体结构施工工作】学院路校区教学图书综合楼项目4月20日完成桩基施工,共计完成361根护坡桩;6月17日完成土方施工,共计出土14万立方米;10月8日完成结构正负零施工。该位于学院路校区的中心区域,是学院路校区的标志性建筑。该项目总建筑面积81 361.64平方米,其中地上建筑面积为53 937.15平方米,地下建筑面积为27 424.49平方米,建筑高度45米,地下3层,地上10层(东部6层)。该项目由北京东方畅想建筑设计有限公司设计,北京建工集团有限责任公司施工,北京鸿厦基建工程监理有限公司进行工程监理。

【开展昌平校区办公楼改造工程】8月,对昌平校区办公楼进行节能改造。该项目由北京东方畅想建筑设计有限公司设计,北京东豪建设集团有限公司施工,北京鸿厦基建工程监理有限公司进行工程监理。该项目于7月16日完成招标工作,8月25日办理完成施工许可证,12月完成外墙面保温及外窗更换施工。

第十一章　国际及港澳台地区交流与合作

【概况】2014年学校继续大力实施国际化战略，国际交流合作取得显著成果。

外事接待方面，共接待了来自世界上30多个国家和地区的70多个代表团，主要接待了包括联合国环境规划署法律与条约司代理司长等国际政要24人、美国印第安纳大学校长等国外著名大学校长23人以及诺贝尔经济奖评委会非常任委员、世界著名未来学家等国际重量级学者；还邀请到罗马尼亚驻华大使、波兰大使、瑞典外交部企业社会责任大使等来做客学校举办的"大使论坛"，并举办了罗马尼亚文化展。学校还应邀参加奥地利副总理来华协议签字仪式，巴巴多斯教育、科学、技术与创新部来华协议签字协议，加拿大魁北克省长团来华协议签字仪式等重要双边和多边活动。

孔子学院建设方面，学校积极筹备第3所孔子学院——巴巴多斯西印度大学凯夫希尔分校孔子学院。10月，巴巴多斯教育部部长来华访问，见证了两校共建孔子学院执行协议签字仪式。11月，中国驻巴巴多斯大使王克专程到访学校，与黄进校长就孔子学院揭牌事宜深入交换了意见。正式揭牌仪式拟于在2015年上半年举行。

校际合作方面，学校共计新签国际合作协议31份，主要合作协议对象包括美国印第安纳大学、英国利兹大学、奥地利维也纳大学、墨西哥国立自治大学、日本中央大学等，内容涉及孔子学院、学生交换、奖学金学位项目、暑期项目、职业培训、设立研究中心等。本年度共与国外16所学校新建立了正式合作关系，包括美国圣路易斯华盛顿大学、密歇根州立大学、布鲁克林法学院等。

与国际教育组织的合作方面，2014年学校首次派团参加了在土耳其举办的"全球法学院联盟"2014年会，这是继2013年学校加入该联盟后进一步与联盟成员加强联系与交流的举措，进一步提升了学校的知名度和影响力。此外，学校还成为"中国－中东欧国家高校联盟"国内首批14所院校之一，并应邀参加由教育部主办、中国教育国际交流协会和天津市教委承办的"第二届中国—中东欧国家教育政策对话"。

交流项目管理方面，2014年，学生国际合作交流项目达到149个（少量项目从2015年开始执行），与2013年110个项目相比，又有大幅增长。本年度，学校共执行校级、院级交换生项目39个，其中11个项目获得由国家留学基金委提供的生活费资助，留学目的地覆盖世界20余个国家和地区；共执行本科生海外实习项目2个，均获得国家留学基金委员会奖学金资助，共派出在读优秀本科生30人；共与美国（12所）、加拿大（1所）、英国（6所）、德国（6所）、荷兰（1所）合作院校开展了20余个校级层面的LLM奖学金项目，部分项目学费全额减免，或减免20%~60%不等；共执行校、院级赴外暑期项目21个；为由境外合作伙伴大学派遣的10个学生团举办在京短期交流团项目，共接待322名留学生来校交流学习。

师生派出方面，2014 年，学校在因公出国（境）方面继续严格执行国家和上级有关部门管理规定，教职工因公出访团组和人数减少，但一大批新的校际项目开始实施，全年师生派出总数依然大幅增长，达到 1002 人次。教师派出总数 336 人次，其中因公出国、赴港澳台 46 个团组 74 人次，包含处级以上干部 41 人次。教师派出中短期赴外访问、交流、讲学、参加国际研讨会等 304 人，长期出国进修、访学 32 人。学生派出总数 666 人次，包含通过校际交流项目派出本、硕、博交换生 139 人，国家公派研究生项目派出 110 人（其中攻读博士学位 37 人，联合培养 65 人，本科生攻读硕士学位 8 人），各类 LLM 项目、暑期项目及海外实践实习项目等派出学生 417 人，各类项目派出人数均创历史新高。

与港澳台地区合作交流方面，2014 年学校与港澳台地区继续保持积极活跃的交流态势，全年赴港澳台学习交流师生 168 人次。此外，学校连续 8 年成功承办教育部对港重点交流项目，已为约 400 名香港高校法律学生举办暑期在京学习交流活动。

外国专家引智工作方面，2014 年国家外国专家局拨付学校引智经费 621 万元人民币，比 2013 年度拨付经费增加 63 万元。学校聘请长期外国专家 15 人，短期外国专家及访问学者 91 人。其中高层次外国专家的规模持续增长。学校"证据科学创新引智基地"作为教育部、国家外国专家局"111 计划"2014 年度建设项目获得立项批准，成为历年来唯一获批的法学类引智基地。目前，在全国人文社会科学类院校中，只有中国人民大学和中国政法大学入选"111 计划"。国际会议方面，2014 年学校共举办国际及港澳台会议 18 个，与会中外专家学者 1000 余人次。

中欧法学院有关工作方面，学校继续高度重视中欧法学院有关工作，由国际处主要负责中欧法学院飞行教授的来华邀请（2014 年共计 62 人次）、中欧法学院外国专家的在华签证、中欧法学院再评估及评估报告的审核、2015～2018 年延期材料的准备及审核、协助中欧法学院一期结项财务审计及制定相关问题的应对口径等。

信息化建设方面，学校英文网站经过 3 年的建设，已经日臻完善，并始终保持及时更新与维护，成为学校海外宣传的重要窗口与平台。

【德国联邦司法部来访我校】2 月 24 日，副校长朱勇会见了德国联邦司法/消费者保护部欧盟/国际法律合作司司长梅耶－卡布里（Klaus Jörg Meyer－Cabri），德国联邦司法/消费者保护部国际法律合作及法治国家对话处处长海尔曼（Mathias Hellmann）一行。双方就互派中德学生参加实习项目、合作开展研究项目等进行了会谈。

【英国斯克莱德大学校长来访我校】2 月 24 日，校长黄进会见英国斯克莱德大学校长吉姆·麦克唐纳德爵士（Sir Jim McDonald）、校长特别助理安德鲁·高迪（Andrew Goudie）以及副校长兼人文与社会科学学院院长安东尼·麦戈儒（Anthony McGrew）一行。双方签订了合作谅解备忘录，并就建立师生交换项目、研究生联合培养项目、法律技能培训项目等深入交换了意见。

【瑞典企业社会责任大使来访我校】3 月 27 日，副校长朱勇会见了来访的瑞典企业社会责任大使姚汉森（Bengt Johansson）和瑞典驻华大使馆参赞兼企业社会责任中心主任梅松（Maisoun Jabali）一行二人。会见结束后，姚汉森为我校师生做了"企业社会责任的国际法律制度和瑞典的实践"的主题讲座。

【英国诺丁汉特伦特大学校长来访我校】4月1日，副校长朱勇会见了来访的英国诺丁汉特伦特大学校长尼尔·戈尔曼（Neil T. Gorman）、中国管理学院院长滕伟丽及法学院外事办公室主任约翰·廷戈（John Tingle）。双方就两校目前的交流合作等问题进行了探讨。

【美国国会议员助手代表团来访我校】4月17日，第九十四期美国国会议员助手代表团在学院路校区访问了我校，与比较法学研究院中美法学所的老师们进行了座谈，双方就商业立法及法治改革等问题进行了自由交流。

【加拿大蒙特利尔大学副校长来访我校】5月7日，副校长朱勇会见了加拿大蒙特利尔大学副校长唐睿娜（Genevieve Tanguay）和法学院院长盖伊·列夫布赫（Guy Lefevbre），并邀请二人参加了5月7日~8日由两校在北京共同主办的"加拿大自然资源管理与法制：当前面临的挑战"国际论坛。

【联合国环境规划署法律与条约司代理司长来访我校】5月20日，校长黄进会见了联合国环境规划署法律与条约司代理司长马萨·纳盖（Masa Nagai）一行。双方对共同感兴趣的合作领域进行了深入探讨，并就签署谅解备忘录事宜进一步交换了意见，双方一致同意于近期签署该备忘录。

【联合国贸易法委员会亚洲及太平洋区域中心主任来访我校】5月21日，校长黄进会见了联合国贸易法委员会亚洲及太平洋区域中心（UNCITRAL – RCAP）新任主任João Ribeiro，双方就如何具体开展各项合作深入交换了意见。

【老挝国家人权指导委员会主席来访我校】6月5日，校长黄进会见了老挝国家人权指导委员会主席、老挝国家主席府部长蓬沙瓦·布法一行。老挝人权代表团与人权研究院部分师生进行了座谈，就亚洲、中国人权问题进行了交流。

【英国班戈大学校长来访我校】7月1日，英国班戈大学校长John Hughes（约翰·休斯）来访我校，并参加我校召开的英国班戈大学孔子学院理事会第二次会议，以及中国政法大学·班戈大学政府采购法律研究中心成立仪式。在成立仪式上，黄进和约翰·休斯代表两校签署了联合建立政府采购法律研究中心的备忘录，并共同为政府采购法律研究中心揭牌。

【罗纳德·艾伦教授获中国政府友谊奖】10月，学校证据科学院、证据科学创新引智基地和"2011计划"司法文明协同创新中心聘请的美国西北大学法学院罗纳德·艾伦（Ronald J. Allen）教授，获得中国政府"友谊奖"，是法学类唯一获奖者。9月30日，艾伦教授在人民大会堂受到了中国国家领导人的亲切接见并出席国宴。中国政府"友谊奖"是为表彰在中国现代化建设中做出突出贡献的外国专家而设立的最高荣誉奖项。

【诺贝尔经济奖评委会非常任委员来访我校】11月3日，党委副书记、副校长冯世勇在学院路校区会见了诺贝尔经济奖评委会非常任委员、瑞典皇家科学院院士（曾担任第二副院长）、瑞典皇家工程学院院士Lars Engwall教授，及其夫人——瑞典斯德哥尔摩大学前校长Gunnel Engwall教授等一行。会见结束后，Lars Engwall以"西方企业管理"为题，围绕立法、市场和监督三种治理力量，为我校师生做了精彩演讲；Gunnel Engwall以瑞典最著名的作家"斯特林堡"（August Strindberg）为题，对其生平和作品做了精彩的介绍。

【我校举办郑善太兼职教授聘任仪式】11月20日，原韩国法制处处长郑善太兼职教授聘任仪式在我校学院路校区举行。郑善太及其夫人文敬美、我校副校长马怀德、国际交流合作处处长许兰等出席本次聘任仪式。郑善太毕业于首尔大学，曾任韩国法制处处长，是为韩国法律发展做出巨大贡献的资深专家。此次他就任我校兼职教授，不仅旨在培养更多法学人才，更致力于促进中韩法学交流合作。

【波兰共和国驻华特命全权大使来访我校】12月2日，波兰共和国驻华特命全权大使塔德乌什·霍米茨基阁下（H. E. Mr. Tadeusz Chomicki）访问我校，出席大使论坛并发表演讲"中波关系——现实与展望"（China–Poland Relations: Reality and Prospects for the Future），并就法大师生代表关心的问题展开讨论。

【荷兰莱顿大学校长来访我校】12月3日，校长黄进会见了荷兰莱顿大学校长 Carel Stolker 一行，就双方合作进行了交流，并签署校际合作协议备忘录。

【美国俄亥俄州立大学副校长来访我校】12月8日，副校长朱勇会见了美国俄亥俄州立大学副校长 William Brustein 一行，双方就如何派遣联合培养博士生，开展 LL.M 双硕士项目、暑期项目、教师交换等深入交换了意见并达成初步一致。

【校长黄进应邀出席"一国两制"高端论坛】12月10日，为庆祝澳门回归祖国15周年，应澳门理工学院的邀请，黄进校长率团赴澳门参加庆祝澳门回归祖国15周年活动："'一国两制'高端论坛2014——'一国两制'成功实践的启示"，并在论坛上做了题为"'一国两制'实践与法治中国建设"的主题发言。

【附件】

（一）2014年签订校际交流合作协议一览表

序号	国家	协议名称	签署日期
1	英国	中国政法大学与英国斯克莱德大学合作协议	2014.02.24
2	日本	中国政法大学与日本中央大学本科生交流项目协议	2014.03.12
3	美国	中国政法大学国际合作与交流处与美国圣路易斯华盛顿大学法学院合作协议	2014.02.10
4	俄罗斯	中国政法大学和西伯利亚联邦大学谅解备忘录	2014.04.21
5	美国	中国政法大学司法文明协同创新中心与印第安纳大学董事会代表莫勒法学院关于中国法律和比较司法制度研究项目合作协议	2014.05.22
6	印度	印度德里国立法律大学与中国政法大学谅解备忘录	2014.05.22
7	中国台湾	中国政法大学与台湾清华大学学术交流协议	2014.05.30
8	中国台湾	中国政法大学与台湾清华大学学生交流项目协议	2014.05.30
9	巴巴多斯	中国政法大学与西印度大学凯夫希尔校区关于设立孔子学院的会谈备忘录	2014.03.12

续表

序号	国家	协议名称	签署日期
10	英国	中国政法大学与班戈大学联合设立"政府采购法律研究中心"的谅解备忘录	2014.07.01
11	奥地利	中国政法大学与奥地利维也纳大学学术合作与交流协议	2014.07.21
12	波兰	中国政法大学与波兰华沙大学合作协议	2014.07.03
13	波兰	中国政法大学与波兰华沙大学学生交换协议	2014.07.03
14	英国	中国政法大学与英国斯克莱德大学协议备忘录	2014.05.28
15	芬兰	中国政法大学与坦佩雷大学交换生协议	2014.03.25
16	巴巴多斯	中国政法大学与巴巴多斯西印度大学凯夫希尔分校关于合作建设巴巴多斯西印度大学凯夫希尔分校孔子学院的执行协议	2014.10.09
17	中东欧	中国－中东欧国家高校联合会成立宣言	2014.09.22
18	奥地利	中国政法大学与奥地利格拉茨大学学术合作总协定	2014.10.21
19	加拿大	中国政法大学与加拿大蒙特利尔大学律师暑期项目协议	2014.10.29
20	阿根廷	中国政法大学与奥斯特拉尔大学学术合作谅解备忘录	2014.11.05
21	阿根廷	中国政法大学和奥斯特拉尔大学谅解备忘录附件－学生交换协议	2014.11.05
22	葡萄牙	中国政法大学与葡萄牙天主教大学谅解备忘录	2014.10.13
23	葡萄牙	中国政法大学与葡萄牙天主教大学学术合作协议	2014.10.13
24	德国	中国政法大学与德国法兰克福法与金融中心谅解备忘录	2014.11.20
25	美国	中国政法大学法学院与加利福尼亚大学戴维斯分校法学院谅解备忘录	2014.09.18
26	美国	中国政法大学与美国布鲁克林法学院合作协议	2014.12.01
27	墨西哥	中国政法大学和墨西哥国立自治大学本科及研究生交换项目合作协议细则	2014.10.17
28	荷兰	中国政法大学与荷兰莱顿大学谅解备忘录	2014.12.03
29	美国	中国政法大学国际合作与交流处和美国密歇根州立大学法学院合作执行协议	2014.12.05
30	英国	中国政法大学与英国利兹大学合作协议	2014.12.15
31	新西兰	中国政法大学与新西兰奥克兰大学合作协议	2014.12.30

(二)校际交流院校一览表

序号	国家或地区	院校与机构
1	美国	杜肯大学
2	美国	天普大学
3	美国	印第安纳大学
4	美国	马里兰大学
5	美国	卡特中心
6	美国	加州大学戴维斯分校
7	美国	加州州立大学长滩分校
8	美国	南方卫理公会大学
9	美国	福德汉姆大学
10	美国	康涅狄格大学
11	美国	俄亥俄州立大学
12	美国	洛约拉马利蒙特大学
13	美国	埃默里大学
14	美国	底特律大学
15	美国	佛蒙特法学院
16	美国	匹兹堡大学
17	美国	韦恩州立大学
18	美国	密歇根大学法学院
19	美国	国际城市协会
20	美国	马科姆郡政府
21	美国	海外学习基金会
22	美国	宾夕法尼亚州立大学
23	美国	伊力诺依大学香槟分校
24	美国	乔治城大学
25	美国	旧金山大学
26	美国	杜兰大学
27	美国	密歇根州立大学
28	美国	布鲁克林法学院
29	美国	圣路易斯华盛顿大学法学院

续表

序号	国家或地区	院校与机构
30	加拿大	蒙特利尔大学
31	加拿大	国际民航组织
32	加拿大	圣托马斯大学
33	加拿大	西安大略大学
34	加拿大	达尔豪斯大学
35	墨西哥	科利马大学
36	墨西哥	墨西哥国立自治大学
37	古巴	哈瓦那大学
38	巴西	热图加尔斯基金会
39	秘鲁	皮乌拉大学
40	澳大利亚	麦考瑞大学
41	澳大利亚	蒙纳士大学
42	澳大利亚	格里菲斯大学
43	澳大利亚	新南威尔士大学
44	澳大利亚	西澳大学
45	澳大利亚	昆士兰大学
46	澳大利亚	澳大利亚国立大学
47	澳大利亚	维多利亚科技大学
48	澳大利亚	迪肯大学
49	新西兰	奥克兰大学
50	新西兰	惠灵顿维多利亚大学
51	英国	埃克斯特大学
52	英国	雷丁大学
53	英国	利兹大学
54	英国	牛津大学奥利尔学院
55	英国	班戈大学
56	英国	格拉斯哥大学
57	英国	大卫·帕特森教育基金会
58	英国	英国皇家仲裁员协会
59	英国	斯克莱德大学

续表

序号	国家或地区	院校与机构
60	爱尔兰	都柏林大学
61	爱尔兰	国立高威大学
62	荷兰	鹿特丹伊拉斯谟大学
63	荷兰	蒂尔堡大学
64	荷兰	莱顿大学
65	荷兰	阿姆斯特丹自由大学
66	荷兰	马斯特里赫特大学
67	意大利	罗马第二大学
68	意大利	比萨圣安娜高等师范学校
69	意大利	博洛尼亚大学
70	意大利	罗马第一大学
71	意大利	卡梅里诺大学
72	意大利	布雷西亚大学法学院
73	德国	汉堡大学
74	德国	法兰克福大学
75	德国	慕尼黑大学
76	德国	弗莱堡大学
77	德国	科隆大学
78	德国	德意志学术交流中心
79	德国	法兰克福欧洲法律史马普研究所
80	德国	柏林自由大学
81	奥地利	维也纳大学
82	奥地利	欧亚太平洋大学联盟
83	奥地利	格拉茨大学
84	捷克	布拉格查理大学
85	斯洛文尼亚	卢布尔雅那大学
86	瑞士	伯尔尼大学
87	瑞士	卢塞恩大学
88	法国	巴黎一大
89	法国	巴黎二大

续表

序号	国家或地区	院校与机构
90	法国	法国马赛三大
91	法国	波尔多孟德斯鸠第四大学
92	比利时	布鲁塞尔自由大学
93	挪威	卑尔根大学
94	挪威	奥斯陆大学人权研究所
95	瑞典	隆德大学
96	丹麦	奥胡斯大学
97	丹麦	哥本哈根大学
98	芬兰	坦佩雷大学
99	芬兰	赫尔辛基大学
100	芬兰	图尔库大学
101	冰岛	阿库雷里大学
102	冰岛	雷克雅未克大学
103	西班牙	马德里自治大学
104	西班牙	巴塞罗那自治大学
105	波兰	波兹南密兹凯维奇大学
106	波兰	华沙大学
107	罗马尼亚	布加勒斯特大学
108	沙特	埃伊玛目穆罕默德伊本沙特伊斯兰大学
109	希腊	希腊亚里士多德大学
110	希腊	雅典大学
111	土耳其	伊斯坦布尔大学
112	土耳其	安卡拉大学
113	土耳其	科威特石油公司大学
114	土耳其	伊斯坦布尔科技大学
115	土耳其	伊斯坦布尔城市大学
116	俄罗斯	国立圣彼得堡大学
117	俄罗斯	内务部圣彼得堡大学
118	俄罗斯	莫斯科国际关系学院
119	俄罗斯	莫斯科国立法律大学

续表

序号	国家或地区	院校与机构
120	俄罗斯	贝加尔国立经济法律大学
121	俄罗斯	俄罗斯联邦司法部俄罗斯法律大学
122	乌克兰	基辅国立大学
123	日本	名古屋大学
124	日本	大阪经济法科大学
125	日本	福冈大学
126	日本	中央大学
127	日本	东日本国际大学
128	日本	立命馆大学
129	韩国	中央大学
130	韩国	湖南大学
131	韩国	汉阳大学
132	韩国	国际法律经营大学院
133	韩国	高丽大学
134	韩国	灵山大学
135	韩国	朝鲜大学
136	韩国	庆北大学
137	韩国	培材大学
138	韩国	世宗大学
139	韩国	法制处
140	新加坡	新加坡国立大学
141	越南	越南河内国立大学
142	印度	德里国立法律大学
143	巴巴多斯	西印度大学凯夫希尔校区
144	中东欧	中国－中东欧国家高校联合会
145	阿根廷	奥斯特拉尔大学
146	葡萄牙	天主教大学
147	香港	香港大学
148	香港	香港城市大学
149	香港	香港科技大学

续表

序号	国家或地区	院校与机构
150	香港	香港中文大学
151	香港	香港树仁大学
152	香港	香港理工大学
153	香港	香港浸会大学
154	香港	蒋震工业慈善基金
155	香港	香港法律教育基金
156	澳门	法律翻译办公室
157	澳门	澳门科技大学
158	澳门	澳门大学
159	澳门	澳门基金会
160	台湾	东吴大学
161	台湾	政治大学
162	台湾	文化大学
163	台湾	中正大学
164	台湾	台北大学
165	台湾	世新大学
166	台湾	义守大学
167	台湾	台湾大学
168	台湾	高雄大学
169	台湾	东海大学
170	台湾	成功大学
171	台湾	铭传大学
172	台湾	"中研院"法律学研究所
173	台湾	台湾清华大学

注：截至2014年底，我校共计与世界上44个国家和地区的173所大学及机构建立了合作交流关系。

第十二章 国内合作与社会服务

一、开放办学工作

【概况】2014 年，开放教育管理办公室共有在职人员 3 人，人才派遣人员 1 人，共设两个科室，分别为综合科和监管科。我校开放教育工作领导小组设在该办，主要负责项目参与会审工作。

2014 年，我校继续严格执行开放办学的项目会审及项目备案制度。为力争做到开放教育办学"零风险"，彻底落实校领导关于开放办学禁止与私人公司合作的要求，2014 年与私人公司签订的合作项目均未予通过。该办坚持做好开放教育的广告监督和管理工作。在对各办学单位的网络招生情况定期监督检查外，每月还对办学单位及合作方网络招生宣传工作进行全面排查。通过在互联网全面搜索关于我校开放教育的招生网页，结合各办学单位提交的信息，制成开放教育办学网络招生情况汇总表然后逐一核实，最终对我校开放办学网络招生情况有了全面的掌握。严格执行学校停办博士生课程研修班及研究生课程班的决定，对与我校没有合作关系但是仍发布研究生课程班和博士生研修班招生简章的网站责令其整改，仅允许其保留教务信息。在开放教育网络招生情况排查的基础上，整合冒用我校名义进行开放教育招生的非法网站材料，不定期提交至北京市海淀区文化执法大队进行报案，请求对我校的办学声誉进行保护。经过多次排查整顿，现网络上冒用我校名进行招生的信息已经大量减少。

2014 年，我校开放教育办学结业人数总计 5707 人，其中短训班 2585 人，研究生课程班 2835 人，博士生课程班 145 人，海外留学项目 142 人。2014 年度我校共有各类培训班 211 个，比去年增加 92 个。培训总人数 15 254 人。其中短训班 56 个，培训总人数 5713 人；研究生课程班 67 个，培训人数 6899 人；博士生课程班 17 个，培训人数 820 人；司法考试辅导班 7 个，培训人数 1822 人。接待咨询与核实涉及招生、结业、办学资质、合作办学意向等多个方面共计 800 人次左右。

【完成学校 2013 年继续教育年度报告及数据统计】年内，完成了我校 2013 年继续教育年度报告的撰写及基本状况的数据统计汇总工作，向北京市教委报送了相关报告并完成数据上传。

【联合研究生院出台《中国政法大学研究生同等学力人员课程学习及水平认定考试办法（试行）》】年内，该办联合研究生院于 2014 年 4 月提请校长办公会审议并通过《中国政法大学研究生同等学力人员课程学习及水平认定考试办法（试行）》。该办法通过后，我校将同等学力人员课程学习水平认定考试和授予同等学力人员硕士学位工作纳入学校研究生教育体系，实施统一管理。

【组织开放教育办学 2014 年度调查工作暨原有博士生课程班、研究生课程班项目合同重新备案工作】 12 月，该办组织开放教育办学 2014 年度调查工作暨原有研究生课程班项目合同重新备案工作。鉴于我校博士生课程研修班和研究生课程班已经停办，新的此类班次合同将不再进行审批，因此，该办将原有项目进行重新备案并归档编号，使得整个结业审批程序更为规范严谨。

二、国内合作工作

【概况】 2014 年，国内合作处代表学校先后与广西壮族自治区人民政府、日照市人民政府、姚安县人民政府、昌平区教育局、甘肃政法学院、新疆师范大学、故宫博物院、北京汽车股份有限公司等达成合作协议或者合作意向。合作内容涉及人才培养、干部交流、科学研究、咨询服务等，其实施可使合作双方共同受益。在昌平区教委的主持协调下，与昌平区前锋学校经过充分协商，签订双方合作共建中国政法大学附属学校的协议。

【姚安县人民政府来校交流】 11 月 15 日，中共姚安县县委书记冯毅一行来校交流访问，校党委副书记、纪委书记胡明，组织部部长王立艳，国内合作处处长吴飙，继续教育学院院长刘守仁，新闻与传播学院副院长姚泽金等出席会议，姚安县副县长、法学院教师刘晓兵参加会议。会议在学院路校区举行。会上，双方就县校合作等具体事宜进行了充分交流和讨论，就进一步的合作方向与内容达成了共识。

【新疆师范大学来校交流】 12 月 8 日，新疆师范大学副校长薛徽、发展规划处处长王阿舒、宣传部部长孙秀玲、马克思主义学院院长周月华等一行来校交流，校党委副书记、副校长冯世勇，学生工作部（处）部（处）长卢少华，宣传部部长刘琳琳，民商经济法学院分党委书记、副院长王光进等出席会议，新疆师范大学法学院副院长、校民商经济法学院教师范世乾参加会议。会议在学院路校区举行。会上，双方就学科建设、文化宣传和思想政治教育等方面开展交流讨论并初步达成合作意向。

【举行共建中国政法大学附属学校签约仪式】 12 月 16 日，共建中国政法大学附属学校签约仪式在昌平校区举行。校长黄进与昌平区前锋学校校长李小奇在致辞后共同签署合作共建协议书。此次共建附属学校是北京市教委支持附中小建设项目中的一部分，不仅扩大了学校的知名度和影响力，也有助于学校利用自身资源提高昌平区前锋学校教学水平。

【附件】

1. 校际交流院校一览表

甘肃政法学院
新疆师范大学

2. 校企合作情况一览表（含合作内容）

北京汽车集团有限公司
北京凌盛集团

3. 校地合作情况一览表

广西壮族自治区人民政府
姚安县人民政府

4. 干部及专任教师挂职情况一览表

刘晓兵　法学院　姚安县副县长
范世乾　民商经济法学院　新疆师范大学法学院副院长

5. 对口支援院校一览表

昌平区前锋学校

三、国内校际合作

【概况】2014年春季和秋季学期与山东大学、武汉大学、中山大学、厦门大学、吉林大学、浙江大学、华东师范大学、南开大学实现校际合作，学生互换交流，全年共派出、来访学生441人，包括来访学校学生236人，学校派出学生205人。

中国政法大学国内校际合作情况一览表																
	山东大学		武汉大学		中山大学		厦门大学		吉林大学		浙江大学		华东师范大学		南开大学		合计
	派出	来访	派出	来访	派出	来访	派出	来访	派出	来访	派出	来访	派出	来访	派出	来访	
2014春	9	30	0	0	21	16	23	19	0	0	0	0	13	22	19	22	194
2014秋	6	17	20	20	21	23	20	21	4	11	10	7	20	14	19	14	247
合计	15	47	20	20	42	39	43	40	4	11	10	7	33	36	38	36	441

第十三章 图书建设

【概况】中国政法大学图书馆是新中国成立后国内最早建立的以政治法律文献为重点馆藏的高校图书馆,是全国政法院校图书馆协作委员会主任馆,中国高等教育文献保障系统成员馆。

2014年,图书馆馆藏资源总量达252.5万册,其中纸质文献214.9万余册,电子图书37.6万余种(册),中外报刊近2000份,供师生检索与利用的电子资源30余种。全年共采购中文图书17 937种75 660册,外文图书4987种5217册,台版图书3340种3860册,教委专款外文图书101种103册,订购外文、港台版期刊130种131册。接受学校2006名毕业生呈交的博硕士纸本论文5887册(博士提交4册,硕士提交2~3册),网上提交电子版论文2098篇(博士论文158篇,硕士论文1940篇)。图书馆共有71位职工,其中正式职工57人、人才派遣12人、人事管理2人。全年昌平法渊阁及文渊阁的读者入馆91万余次(不包括文渊阁二楼自习室的读者人次);学院路图书馆入馆11万余次;图书馆共为读者办理借出图书34万余册。

年内,新增数据库20个〔《民国时期期刊全文数据库》(1911~1949)、《知识视界视频教育资源库》、ProQuest博硕士论文库(2014年论文)、法源数据库、国家科技图书文献中心(NSTL)在线数据库〕,开通了中国政法大学卓越法律人才学习平台,补充了学校自然科学、科技类文献资源。

主办《法律文献信息与研究》。《法律文献信息与研究》(原名《政法图书馆》)系全国政法院图书馆协作委员会会刊,由图书馆主办,内部刊准印证号为YJ021-05Y,主要栏目有法学与法律文献、探索与争鸣、文献检索、图书馆工作、信息之窗等,本刊为季刊,全年共出版3期,每期72页,共刊登30篇文章,其中有图书馆馆员的论文8篇。

【开通图书馆公众微信、微博】1月18日,正式开通微信公众号、腾讯微博。

【举办数据库宣传月活动】4月1日~4月30日及10月20日~11月19日,图书馆开展了春季、秋季网络数据库宣传月活动,宣传月期间共举办数据库讲座27场座。

【新增阅览室座位管理系统】4月,图书馆引进了阅览座位管理系统,缓解了读者对阅览座位的需求与空间的矛盾,解决了读者占座问题。

【更新校外远程访问系统】6月20日,开通新版校外远程访问系统,满足了学校师生在校园网外使用图书馆电子资源的需求。目前学校教职工、博士和硕士研究生(以教务系统为准)无需申请,可直接使用。

【开设文献检索课】年内,为在校本科生、研究生开设"文献信息检索与论文写作"

"法律文献检索"选修课,全年开课共计227课时,800余人参加学习。

【建设"法大图书馆记忆"系统】年内,完成了"法大图书馆记忆"系统的建设工作,该系统可提供毕业生在校期间出入图书馆的情况和借阅图书的详细数据。毕业生离校时,图书馆为其免费提供相关数据下载、保存及打印服务工作。

第十四章　后勤服务工作

一、后勤保障工作

【概况】 后勤工作委员会于2004年7月成立，实行"小机关多实体"的管理模式，全面负责学校的后勤管理工作。下设后勤工作委员会办公室（以下简称后勤办），负责后勤事务的行政管理以及后勤实体服务工作的监督、管理和协调，内设综合科、工程技术科、节能办公室、质量监督科。后勤服务系统设饮食服务中心、学生公寓管理服务中心、物业管理服务中心、运输服务中心、电信服务中心及幼儿园，直接从事服务与保障工作，实行独立核算、自主经营、自负盈亏、自我约束、自我发展的经营模式；另设有后勤结算中心作为学校二级财务机构负责实体的结算工作；2009年9月成立后勤服务大厅，分理后勤服务咨询、投诉、建议、提供校内电话号码查询、校内水电卡充值、校内电话业务现金收费等服务，现由后勤工作委员会办公室质量监督科管理并组织开展工作。

2014年，后勤办协同后勤实体，全面开展学院路校区综合治理，改善成于思大厦学生公寓住宿条件，为学院路校区综合科研楼、1号和2号学生公寓、老1号楼安装纯净水直饮水机，为学院路校区1、2号学生公寓更换闸式通道机，修补两校区及家属区道路，改善教学办公及居住环境；建章立制，制定实施《中国政法大学后勤实体公共设备、设施检查维护制度》《中国政法大学后勤服务监督检查规程》《中国政法大学后勤服务绩效管理办法》，形成科学有效的工作机制，为全面提升后勤服务及管理水平提供制度保障；理顺工作职能，优化机构设置，成立了质量监督科，监督检查后勤系统安全运行和服务质量。

圆满完成后勤服务保障任务。协调督办后勤实体完成了校第六届教代会暨第十二届工代会第一次全体会议、两校区迎新、开学典礼、教师节表彰大会、毕业典礼、就业双选会、研究生招生考试等40余项校内活动的后勤服务保障工作；通过后勤服务大厅发布每周校园生活提示33期、后勤服务一周热点33期、温馨提示92条，失物招领833件，接收、回复信息约1902项，其中校内电话号码查询约17 940项，接收咨询、投诉、建议、报修约1762项。

聘请包括在职教职工、离退休教职工及两校区学生在内的12名师生代表担任后勤服务质量监督员，对后勤日常服务工作进行监督管理；督促后勤实体对校园BBS舆情保持高度关注，整理汇总学生代表性意见建议并及时作出情况说明，确保网络意见回复率100%；组织召开了12次后勤系统工作例会，收到学生意见、建议34条，落实解决31条，对受学校客观条件限制暂时无法解决的问题及时进行了答复解释；通过9114校园生活服务热线、师生座谈会、大厅接待等方式及时回应师生诉求，建立与服务对象的长效沟通机制。

组织维修改造工程，改善办学条件。先后开展了30余项维修改造工程公开招标工作，组织实施了证据科学院办公场所装修、学生公寓消防烟感报警系统安装、运动场地改造、校园文化景观改造、消火栓系统改造、逸夫楼职工之家装修，以及学院路校区道路维修等涉及日常运行、教学、管理、安全、民生等方面的80余项维修改造工程。认真组织开展了教育部修购专项申报工作，争取到了412万元专项资金，为2015年维修改造工作的顺利开展创造良好条件。

稳步推进节能减排工作。获得国家2014年节约型校园建筑节能监管平台建设示范项目专项资金300万元。

创新开展后勤文化活动。先后举办了"唱响法大"第四届后勤系统职工歌咏比赛、"践行群众路线、增强服务意识、提升服务质量"第十届优质服务月活动和"师生为本、服务至上"第十届优质服务月表彰大会等系列文化活动，丰富职工业余生活，提高后勤实体的集体凝聚力，实现了优质服务月活动与践行群众路线的有效结合。

【举办2014年节水宣传周活动】3月24日，后勤办、党委宣传部及后勤实体联合举办了以"建设节水型校园，保障用水安全"为主题的节水宣传活动，通过开展节水主题书画比赛、滚动播放节水宣传片、摆放节水展板、分发水杯、节水知识手册、节水倡议书等多种方式，向师生普及节水常识，宣传节水理念，推动绿色校园和节约型校园建设。

【召开北京高校伙专会例会】3月27日，北京高校伙专会第一协作组2014年第一次例会在学校昌平校区召开，伙专会第一协作组成员及学校饮食服务中心管理人员参加了会议。饮食服务中心主任孟庆超应邀向协作组汇报了与师生交流新举措，包括校园BBS回复、"法大饮食"微信平台运行、与师生见面交流会及学生代表走进食堂等。

【组织开展义务植树活动】4月16日，后勤党总支组织党员干部50余人在昌平区十三陵林区开展了主题为"拥抱春天 播种绿色"的义务植树活动。党员们分工协作、配合默契，共栽种树苗50余株，在履行公民植树义务的同时，建立起良好的生态文明观，为美化首都环境贡献了力量。

【国务院机关事务管理局来学校调研】4月18日，国务院机关事务管理局公共机构节能管理司司长何长江，带领司推广指导处，与中央国家机关节能管理处的相关领导到学校开展公共机构节能工作调研。调研小组成员与学校工作人员就节能与管理、节能与服务、建筑过程中引入节能理念、引入合同能源管理和公私合营模式等问题进行了讨论，对于学校节能工作进行了细致的分析，并提出了具有针对性的发展建议。

【通过ISO9000质量管理体系再认证】4月，根据后勤服务质量管理体系运行要求，后勤办组织后勤实体开展了滚动式内审，并于6月17日、18日邀请北京中润兴认证有限公司对后勤服务质量管理体系进行了年度审核，9月顺利通过了再认证审核，经认证公司批准，继续持有和使用体系认证证书及标识。

【举办"唱响法大"职工歌咏比赛】6月26日，由后勤党总支、后勤办、后勤部门工会主办的"唱响法大"后勤系统第三届职工歌咏比赛在昌平校区举行。学生公寓管理服务中心合唱队获大合唱组第一名，饮食服务中心（昌平校区）合唱队位居第二；幼儿园合唱队获小合唱组第一名，电信服务中心合唱队和后勤机关联队合唱队分居本组第二、三名。

【通过昌平区示范园评审】 10月27日，根据《北京市昌平区教育委员会关于评选昌平区示范幼儿园的通知》精神，幼儿园顺利通过了昌平区示范园评审。

【开展第十届"优质服务月"活动】 11月13日~12月13日，后勤办及后勤党总支组织开展了以"践行群众路线、增强服务意识、提升服务质量"为主题的第十届"优质服务月"活动。活动期间，各后勤实体开展了形式多样的专业技能培训、安全教育、师生座谈等专题活动，努力提升服务质量，加强与服务对象的交流沟通。

【主办首届学生公寓三校联盟才艺大赛】 12月1日，首届学生公寓三校联盟才艺大赛首场演出在昌平校区举办，该活动由学校与北京化工大学、中国石油大学主办，三校自管会共同承办，共计700余名学生和教师观看了演出。该活动促进了我校与其他兄弟院校之间的交流，展现了学校学生宿舍文化生活及学生精神风貌，推进了和谐公寓建设。

【举办消防安全系列活动】 12月4日，学生公寓管理服务中心与保卫处在昌平校区兰园一号学生公寓联合举办了消防疏散演习和学生公寓安全员灭火器实操演练，并邀请北京永安红泰防火中心主任曹术磊在昌平校区礼堂举办了消防安全知识讲座，共有学生及教职工700余人参加了讲座。通过消防演练及安全知识讲座，增强了师生的消防安全意识，提高了主动预防火灾事故及逃生自救的能力，巩固了"平安校园"的创建工作成果。

【通过"健康食堂"验收】 12月10日，昌平校区第一食堂一层基本伙顺利通过北京市全民健康生活方式行动办公室专家组"健康食堂"的验收。根据《昌平区2014年全民健康生活方式行动实施方案》，自1月1日起，学校饮食服务中心正式开启健康食堂创建准备工作。

二、医疗服务工作

【概况】 校医院是学校医疗卫生工作的职能部门和医疗卫生服务实体，是北京市医疗保险定点医院，为一级甲等医院。校医院在学院路和昌平校区均设门诊部，下设预防保健科、内科、外科、妇科、中医科、放射科、药剂科、检验室、注射室、输液室10个临床科室和计划生育办公室、公费医疗管理办公室2个职能科室，为师生员工服务。现有专业技术人员38名，其中执业医师20名，注册护士7名，药师4名，检验师2名。具有副高职称8名，中级职称26名。

本年度，学校在医疗硬件建设方面投资200多万元，购置了红外偏振光治疗仪、多参数治疗仪、多参数监护仪等一批抢救、检查、治疗设备，对DR项目进行改造和升级，在两校区医院安装了大型LED点阵显示屏，改造了科室的洗手设施，校医院的医疗条件和就医环境得到了明显的改善。

全年总门诊61 936人次，B超、X线、心电图、化验室的检查达13 627人次；A级预防接种规范化门诊2014年共为辖区0~6岁儿童新建预防接种卡132人，接种各类疫苗459人次；为大学生和教职工接种各类疫苗9638人次；2014年入学新生的结核菌素试验检测率、强阳性同学的X射线检查拍片率接近100%，预防性治疗率达75%；首次开展了教职工及家属的结核菌素试验；对3214名应届毕业生和7525名入学新生进行了体检，检出潜在疾病39例，传染病2例；为全校2234人次教职工组织健康体检。

【开展无偿献血活动】 3月10日~12日，学校在昌平校区医院开展无偿献血活动，3天共献血756瓶，超额156瓶完成了北京市献血办公室为我校核定的献血计划。此项活动由校团委、校红十字会和校医院共同组织，校团委负责招募和组织献血志愿者，校医院负责与北京市和昌平区的献血办公室、血液中心的业务协调工作，并且负责献血现场的组织、统计、登记和发证工作。

【开展岗位练兵活动】 3月~9月，校医院两校区的所有科室根据本专业的特点，开展了以"全员服务育人"为核心的岗位练兵活动。10月12日，根据学校工会《关于在图书馆、安保系统、后勤系统、校医院开展"岗位练兵"活动的通知》相关评选条件进行了评选，校医院昌平校区门诊部被评为优秀科室，沈立哲等9名同志被评为医疗卫生服务标兵。这次评选活动进一步振奋了全院职工的精神，鼓舞了士气，使大家学有榜样，赶有目标，促进了校医院整体服务水平的提升。

【首次开展教职工和家属的结核病感染普查工作】 5月10日~6月19日，校医院与昌平区结核病防治所在昌平校区首次开展了教职工和家属结核病感染状况普查工作。为方便教职工及家属参加普查，校医院按照自愿的原则将参加普查的教职工及家属分两批次进行，在昌平校区居住的442名教职工及家属参加了普查。通过普查，学校昌平校区被检查人员的结核病感染率为58.23%，经过胸部X射线拍片检查没有检出发病患者。

【开展执业医师培训考核工作】 5月~10月，校医院按照北京市卫生局的统一部署，在昌平和学院路两个校区开展了执业医师培训和考核工作。考核工作小组按照考核标准对在职的19名执业医师进行了职业道德、工作业绩、业务水平等方面的考核测评。按照执业类别组织校医院的19名执业医师的参加北京市卫生局举办的职业道德规范、法律法规和专业技术培训和考试，19名执业医师的考试和考核成绩全部合格，顺利进行了注册登记。

【开展毕业生体检工作】 为满足2014年应届毕业生升学、求职的需要，校医院根据各学院毕业生的在校情况，分别于5月15、16日和6月4日组织了两次集中体检。其余的同学均安排在每周四进行补检，使应届毕业生在离校之前全部参加体检，并在规定的时间将体检结果送学生处归档。

【开展教职工体检工作】 6月22日~29日，学校分别在学院路和昌平校区为教职工进行体检，承担体检工作的是协和医院专家体检队。校医院在总结历年教职工体检工作经验的基础上，根据教职工的需求，调整了部分体检项目，进一步优化了体检流程，缩短了排队等候的时间，使体检更加便捷，从而提高了参检率。本次体检除在现场安排咨询外，还于下半年安排了两次复查和现场专家咨询活动，确保收到良好的效果。

【完成新生入学体检工作】 9月2日~15日，校医院按照学校的统一安排，在昌平和学院路两个校区对学校2014年新入学的7525名新生（包括本科生、双学士、研究生）进行了入学体检。共检出传染病患者2例，对其采取了隔离治疗措施；检出潜在疾病和生理异常39例，对其进行了复查和鉴定，并报告学生处备案，以避免出现意外情况。

【开展新生结核病筛查工作】 9月10日~16日，校医院配合昌平区结核病防治所在八达岭军训基地对学校2014级本科新生进行了结核菌素试验检查，共筛查出强阳性同学358人，进行胸部X射线检查，检出结核病患者5人，及时将其转往专科医院隔离治疗；其他强阳性同学根据本人意愿选择服用抗结核病药物进行预防性治疗，降低发病概率。

第十五章　校办产业

一、出版社

【概况】 中国政法大学出版社成立于1985年，由中国政法大学主办，教育部主管，是全国普通高等学校中唯一的法律专业出版机构。出版社的办社宗旨是：为中国的法律教育、法学研究服务。现设18个科室，分别是总编辑办公室、第一至第六编辑部、信息中心、国际版权部、行政办公室、财务室、图书出版部、人力资源部、发行部、市场营销部、电子图书编辑部、网络宣传部、储运部，目前从业人员为80余人，现任社长尹树东。

2014年，出版社共出版图书929种，新书589种，重印340种。出版社的新书和再版图书主要包括两类：法学教材和学术著作。全年修订和完善了《高等院校法学规划教材》《全国司法职业教育"十二五"规划教材》《高等教育法学应用教材》《中国政法大学案例研习系列教材》《普通高校教育"十一五"国家级规划教材》《"十二五"国家重点图书出版规划项目》《"十二五"现代远程教育法学专业系列教材》《教育部人才培养模式改革和开放教育试点法学教材》等教材类系列著作；增加了《警官高等职业教育"十二五"规划教材》《高等法律职业教育系列教材》等系列，丰富了出版社的教材种类。完善补充了《美国法律文库》《民间法文丛》《中国近代法学译丛》《中青年法律文库》《民事诉讼法精粹译丛》《法律理论前沿丛书》《海外中国法译丛》《刑诉法学典存》《当代哲学前沿丛书》《刑法分则解释与判例研究丛书》《东吴法学文丛》等著作类丛书；新增加了《当代西方法律逻辑经典译丛》《应对气候变化立法研究系列》《环境侵权法律研究系列》《华电法学文库》《马克思主义新视野丛书》等丛书。

本年度，出版社设立人力资源部，招聘并储备一定数量的出版社急需人才。设立市场营销部，主要是研究和开发图书市场，营销工作从一类院校为主转到以二、三类院校为主，把以前忽视的招生数量较少的院校联成片，开辟了新的教材营销网络。加大社科类学术著作的选题开发。

出版社加强对数字出版人才的培养、使用和管理，从社内整合了网络部、美术编辑室两个部门的编辑，成立了专门做网络出版、营销、推广的信息部；做好对数字出版内容资源的有效掌控，对建社以来出版的所有图书的电子版版权情况、介质保存情况进行了全面的清理登记和总结分析。

【开展出版社负责人换届工作】 7月13日，经第13次学校党委常委委员会研究决定，尹树东同志任出版社社长。

【获得"2013中国图书世界影响力出版100强"证书】 8月，出版社荣获由中国出版传媒商报、中国文化走出去协同创新中心、中国海外汉学研究中心和中国图书进出口（集团）总公司组织认证的"2013中国图书世界影响力出版100强"证书，并在"中国出版社2013年海外馆藏世界影响力排名"中，以全球图书馆收藏品种数量242种，荣获第31名的好成绩。

【《美利坚共和国的衰落》入选推荐书目】10月，出版社出版的《美利坚共和国的衰落》入选《全国图书馆推荐书目（2013年度）》。

【《走向权利的时代》图书获奖】11月，由法治周末报社、凤凰网主办，深圳市福田区人民政府等单位承办、组织的"法治的突破：1978~2014影响中国法治图书"颁奖典礼在深圳举行。出版社出版的《走向权利的时代》（夏勇/主编）荣获"1978~2014影响中国法治图书奖"。

二、法大科技园

【概况】中关村-法大科技园管理委员会办公室经2007年4月5日学校常委会批准成立，后经学校常委会决议更名为中国政法大学科技员管理办公室，张楚任科技园管理办公室主任。2007年5月28日，中国政法大学科技园（中关村-法大科技服务园简称"法大科技园"）挂牌成立。科技园对外运营实体——北京法大园科技有限公司于2007年10月22日注册成立。学校原副校长解战原任公司董事长，张楚任公司总经理。2009年10月，法大科技园由于自身特点和工作业绩，被全国妇联认定为"女大学生创业实践基地"。2009年12月18日，科技园通过北京市科学技术委员会、北京市教育委员会和中关村科技园区管理委员会的认定，成为北京市大学科技园。2013年经公司换届选举，由卫跃宁任公司总经理。

园区成立至今开已发展三个园区，拥有建筑总面积16 526平方米，孵化总面积10 530平方米，入驻企业及各类机构68家，其中在孵企业57家；园区从业人员1100人左右。2014年入园企业技工贸总收入达2亿元，上缴税费约1000万元。

科技园以中国政法大学的科研实力为依托，融合学校的学科特色资源、人才储备资源、社会人文资源优势，整合政府、社会和学校多种资源，集孵化器和创业园为一体，以培育和支持留学生与大学生创业企业发展为核心，以法律服务企业孵化、支持高校学生创业实践、留学人员创业发展等多个专项服务为基础，为高校师生科技成果转化、高新技术企业孵化、创新创业人才培养、产学研结合提供支撑和服务平台。

【开展园区科技周展览活动】5月24日，科技园"园区企业进校园"科技周展览活动顺利结束。今年科技周活动为期7天，分学院路校区和昌平校区两个展区。本次活动主要介绍园区企业的发展状况，人才需求及发展前景；重点介绍了神州易桥（北京）财税科技有限公司和北京浩正泰吉科技有限公司两家中关村高新技术企业的著作权及专利产品。现场参与的群众及大学生达5000余人次，发放科普材料1200份。

【签订1项合作协议】9月28日，与智海生物工程（北京）有限公司签约关于"药物性耳聋基因突变检测试剂盒（荧光PCR法）"项目。该项目的内容是通过产品"每尔乐少年儿童药物性耳聋基因检测"体外诊断检测出身体中是否含有导致药物性耳聋的突变基因，从而使含有此类基因的儿童避免使用因正常剂量就能引起耳聋的药物，此项目完成后将为社会带来巨大的价值，提高药物使用的安全性。

【召开法律政策咨询会】11月，科技园组织召开大型的法律政策咨询会。会议主要对民事诉讼法、知识产权法、经济法、婚姻法、行政诉讼法、刑事诉讼法、环境法等法律的相关规定及法律政策进行解读。

【建设"法律服务专家库"】年内，建立1个对外开放的法律服务平台，为有需要的企业单位和个人提供法律方面的专业服务，从而满足社会的需求，为本公司创造价值。此专家库目前已完成专家聘任工作。

【支持海归教师科技创新项目】年内，园区积极支持证据科学院郝红霞老师的科技创新项目"快速检测毒品芯片"在国内落地实践。该项目在公、检、法系统进行试点试验，然后推向相关鉴定机构。此项目的贡献在于能让相关部门更加快速地破获案件。项目将在未来两年内结束，目前已取得成效。

三、国际交流中心

【概况】国际交流中心是由学校投资，按三星级标准建造的一座集办公、会议、写字间、客房、餐饮（由学校饮食服务中心经营）、娱乐等功能为一体的综合性服务部门。中心由后勤工作委员会授权总经理负责经营管理工作，并单独注册"北京明法阁文化交流有限公司"，中心设总经理办公室、行政办公室、销售部、财务部、客务部、安保部、工程部、会议保洁部。中心建筑面积25 000平方米，共7层，客梯9部，客房170余间，会议室3间，报告厅2间，多功能厅1间。其中，第一会议室可容纳80人，带贵宾室，设投影、会议录音、同声传译、宽带、有线/无线话筒设备，适合高级会议；第三、第四会议室分别可容纳16人，设宽带、无线网络设备，适合圆桌会议，第一、第二报告厅可分别容纳70人，设投影、有线/无线话筒、宽带、无线网络设备；多功能厅可容纳150人，设投影、电脑点歌、舞台、灯光设备，适合中小型活动。

年内，中心积极开展企业文化建设。3月，组织了员工棋牌比赛，丰富了员工的文化生活，增强了员工团队合作精神；4月，为在职员工办理了人身意外保险，为员工提供了更安全的人身保障；6月，组织员工进行了健康体检。

2014年，共接待各类会议227次，其中校内会议172次，校外会议55次，累计接待7万余人次，共创收862万元，比2013年增长8.84%，创造净利润124万余元，比去年同期下降21.52%，资产总额805万元，同比增长23.85%，共上缴学校200万元。

【更新改造各类设备设施】7月，中心客房内的各项设备设施及服务进行了升级改造。客房更换了床单、被罩、浴巾、便签纸、笔、台灯、地灯、服务指南；增设了温馨提示牌、绿植90株、花卉170余盆、高档液晶电视42台、吹风机50个、羽绒床垫50个；分别在3、4、5、6、7层楼道增设了公用电话5部；公共卫生间增设了香式蜡烛台、干手器、喷香器。8月，根据市公安局下达的安全防护要求，将中心5、6、7层安全防火门改造成单向门，客房居住区与公共区域进行分离管理，非住店客人不能进入客房区域，保证了住店客人的安全。

【组织 11.9 消防演习】 11 月 14 日,组织全中心 70 名员工参加了消防演习活动,通过实操、演习、演练,学习火灾处理及应对方法,掌握了应急逃生技能,增强了全员消防安全意识、全面提升了员工整体防御火灾的能力。

【成立工会组织】 12 月,中心成立了一级工会组织,56 名员工加入了工会,成为工会会员。

第十六章 教学科研单位

一、法学院

【概况】法学院现有5个博士专业、5个硕士专业和1个本科专业，下设8个教学科研机构、20个学术研究中心，已成为我国理论法学和公法学教育研究的重镇。法学院现有专职教师73人，聘任硕士生导师118人，博士生导师52人。法学院现有在校各类学生共1732名，其中：六年制法学实验班892人，西部体制改革班98人，双学位二学位学生252人，硕士研究生309人，博士研究生154人，博士后27人。

2014年是六年制法学实验班的第七个年头，学生数量现在已占法学院学生一半以上。本学年实验班学生开设课程74门、累计260门次。新开设的英文课程《普通法一般原理》由香港高等法院陈兆恺大法官主讲，获得学生好评，明年还将继续开设。在全校本科课堂教学质量评价中，法学院平均分96.47分，高于学校平均分。

法学院以培养"卓越法律人才"为目标，继续强化打造学生综合素质培养平台，邀请校内外知名法学家和相关专业的学者举办各种学术交流及讲座，如"致知讲坛""倾听·悦读""法律人成长引航""巅峰职场"等已经形成品牌。

2014年法学院与12家全国知名律所签订合作共建协议，扩充了实践、实习基地；聘请了近百名联合培养导师和19名兼职教授，壮大了法学院实践导师的队伍。同时学院还举办了"法官大讲堂"（10期）、"律师大讲堂"（5期），邀请最高法院庭长以上的资深法官赵大光、孔祥俊、杨临萍、甘文、蔡小雪等共10人和全国律协主席王俊峰、知名律所主席/主任徐家力、郝惠珍、崔利国、任艳玲等共5人，到校园来传授他们的法律执业体会和人生感悟，收到良好效果。

学生出国交流项目增加，已经派出的学生交流项目除已经成熟的台湾暑期团（47人）、戴维斯暑期团（37人）外，新增华沙大学团（15人）、牛津大学（15人）两个项目，并已经签署协议并举办宣讲会。学院还通过组织考试，对优秀者给予奖学金，大大提升了学生出国交流的积极性。

2014年学院学生频传佳绩：有5名学生获得"江平"奖学金，占全校此项奖学金获奖总人数的1/3。李强、李卫海老师带领法学院学生参加"史丹森国际环境法模拟法庭竞赛"荣获东亚赛区第一名的好成绩，2015年将赴美国参加国际决赛。2011级六年制实验班学生司法考试通过率为70.7%，全校排名第一（学校平均通过率为56.87%）。法学院2008级实验班已经毕业，签约率为100%，实现全就业，其中一半以上就业去向为公检法机关。全院学生综合就业落实率99.14%。

本年度外事工作快速提升，外事交流内化为学院学生培养、学术研究和师资队伍建设的重要环节。2014年度法学院教师因公派出各类访问、交流及学习达37人次。学院派出各类学生交流人数达到130余人次；国内外举办国际研讨会8次，外籍专家讲座7次，接待各类外事来访30余人次，并与瑞士弗里堡大学、韩国釜山大学及德国EBS法学院新签订或续签了15份合作协议，学院组团境外交流项目也增加到7个。从申请国家公派留学人数统计看，法学院2014年有5名研究生出国攻读学位，13名研究生出国进行联合培养。2009年到2014年学院共有67名学生申请到国家公派留学项目，高居全校四大法学院之首。

2014年度，在转换原有的计划外办学模式的基础上，开拓思路，广泛动员，不断拓展党政系统内新的合作伙伴，并以十八届四中全会为契机，与各地检察系统、政府系统、政法委系统联合，积极拓展短期培训市场，取得了良好的社会效益，为学院带来了一定的经济效益，为学校和学院树立了良好的口碑，也进一步扩大了学校和学院的社会影响。

2014年学院对现有规章制度进行废改立，对原有法学院文件汇编的62个规章制度进行清理、整合、新建，现已缩减为38项制度。目前已形成PDF文件，将印发全院。

2014年继续实行院领导接待日制度，这项制度使院领导更有效率地处理行政事务，方便了师生反映意见和建议，参与学院民主管理。学院网站改版，增强了学术信息量和分类科学化，进一步完善了学院网络宣传交流平台。

【2010级法学实验班学生正式开始专业实习】 2月28日，学院组织召开法学实验班2009级专业实习总结暨2010级专业实习动员会。3月4日，2010级法学实验班学生前往昌平区人民检察院、昌平区人民法院、昌平区劳动争议仲裁委员会、海淀区人民法院以及西城区人民检察院等指定工作单位，正式开始专业实习。法学院赵志华、邓建新、袁钢、吉雅杰和姜登峰副教授分别担任各实习单位的校内指导老师，与2010级法学实验班辅导员岳红池老师一起共同完成实习校内指导工作。

【举行第一届中法宪法论坛】 4月5日~6日，第一届中法宪法论坛在北京召开。本次论坛以"中央与地方关系的法治化"为主题，由中国政法大学法学院宪法研究所和法国巴黎第一大学宪法学研究所联合主办。与会的法方教授来自巴黎一大、埃克斯－马赛大学、里尔大学等。全国人大常委会法工委国家法室主任武增、民政部政策法规司司长李健、最高人民法院行政庭审判长梁凤云、我校的李树忠教授、薛刚凌教授和来自清华大学、中国人民大学、北京师范大学、首都师范大学、郑州大学、华南理工大学、苏州大学等高校的80余位专家、学者齐聚一堂。中法两国专家、学者围绕主题"中央与地方关系法治化"，就中央与地方关系的宪法理论、中央与地方关系的类型化及法治保障、中央与地方关系中的公民权利保障等问题进行了讨论与交流。

【举办"多学科背景下的法学及其方法"学术研讨会】 5月24日，由中国政法大学法理学研究所、《环球法律评论》编辑部主办的，主题为"多学科背景下的法学及其方法"学术研讨会在昌平校区召开。参加研讨会的有中国政法大学教授柯华庆，副教授陈景辉、雷磊，中国政法大学数名博士生，以及来自中国人民大学、北京师范大学、上海交通大学、北京航空航天大学等知名院校的学者等。会上，学者们就法学方法进行讨论，就"法学研究的方法论分野：社科法学与教义法学""法理学（法学）的概念界定与知识属性""司法裁判与法学方法"等5个方面的议题展开讨论。

【举办"国家治理与行政诉讼法修改"研讨会】6月8日,由中国行政法学研究会行政诉讼专业委员会主办,中国政法大学法学院承办的"国家治理与行政诉讼法修改"研讨会在我校学院路校区举行。来自全国人大法工委、国务院法制办、最高人民法院、国家检察官学院、北京市高级人民法院、内蒙古高级人民法院、中国法学会的有关同志及北大、清华等十几所高校在内的专家学者出席了本次研讨会。本次会议以主客观诉讼理论为主线,从比较法的视角分析我国行政诉讼的构造,并详细介绍了大陆法系和英美法系国家的行政诉讼制度的演变和公法之思想,对国内以往行政诉讼的研究提供了新的思路。

【承办"成就与挑战:中国法律诊所教育与法律伦理"国际学术研讨会暨师资培训】6月14日~15日,由学校教务处主办,法学院实践教学教研室承办的"成就与挑战:中国法律诊所教育与法律伦理"国际学术研讨会暨师资培训在我校昌平校区召开。来自全国30所院校、60余名从事法律诊所教育的第一线专家、教师参加了本次会议。参会专家、教师分享了各自的法律诊所教育教学经验,听取彼此建议,借鉴优秀教学方法,探索法律诊所教育的问题解决之道。本次会议是国内首次将法律职业伦理作为法律诊所学术研讨会重要主题的学术会议,为中国法律诊所发展和教学提升提供了重要契机,也是我校法律诊所资源基地开展的重要活动之一。

【举行合作共建签约仪式暨兼职教授和联合培养导师聘任仪式】6月17日,法学院与大成、金杜、中伦、盈科、观韬、炜衡、天元等12家国内外知名律师事务所举行合作共建签约仪式暨兼职教授和联合培养导师聘任仪式。中国政法大学校长黄进,教务处处长于志刚,12家知名律师事务所代表以及法学院院长薛刚凌等全体院领导出席仪式。本次法学院与12家律所合作也是希望通过学校与律所之间优势互补、强强联合的方式,帮助同学们将所学知识运用到实践中,共聘任彭雪峰等19位律师为法学院兼职教授,聘任彭雪峰等99名律师为法学院六年制实验班联合培养导师。

【召开"华沙-北京大学生论坛——隆安北京会议"】9月24日,由法学院和华沙大学(波兰)共同主办、隆安律师事务所全程冠名赞助的"华沙-北京大学生论坛——隆安北京会议"在北京长富宫饭店举行。华沙大学法学院副院长、科研和国际合作项目负责人 Prof. Tomasz Giaro、雅盖隆大学(克拉科夫)与华沙大学教授 Pro. Franciszek Longchamps de Bérier、华沙大学法学院教师 Dr. Piotr Grzebyk,以及中国政法大学法学院副院长许身健、隆安律师事务所创始合伙人徐家力、高级合伙人黄永庆、高级合伙人王丹、执行合伙人刘晓明、隆安(深圳)律师事务所创始合伙人贾红卫、隆安(上海)律师事务所执行合伙人钱葳等出席了本次会议。一同参会的还有华沙大学(波兰)和中国政法大学法学院的学生代表。会上就对外投资中中国企业面临的机遇和挑战及其对法律行业的影响、中国证券市场面临的发展困境等进行了讨论,隆安律师事务所工作人员带领中波两国的同学们参观了事务所,并热情欢迎同学们来此实习工作。

【牛津大学 Keith Hawkins 教授来我校进行学术访问】10月9日~16日,应法学院之邀,牛津大学 Keith Hawkins 教授来我校进行了学术访问,并为法大学生开设了一门20课时的通选课程,课程题目为:RHETORIC AND REALITY IN LAW AND LEGAL PROCESS-

ES——法律与法律程序中的修辞与现实。此次课程为北京其他高校学生亦提供了申请授课渠道。

【举办中瑞行政诉讼法研讨会】10月17日~18日,由中国行政法学研究会、行政诉讼专业委员会主办、中国政法大学法学院承办的中瑞行政诉讼法研讨会(Workshop on Sino–Swiss Administrative Litigation Law)在北邮科技大厦四层第八会议室举行。来自瑞士弗里堡大学的四位教授及一位瑞士联邦行政法院的法官,中国政法大学、国家行政学院、中央财经大学、中国人民大学、北京科技大学的相关的专家学者以及最高人民法院行政审判庭的两位法官出席了本次研讨会。研讨会分五个主题研讨:中瑞行政诉讼基本制度,中瑞行政诉讼的范围和类型,中瑞行政诉讼执行制度,中瑞行政诉讼的原告资格以及中瑞行政合同诉讼。本次中瑞研讨会就行政诉讼法的范围、执行制度、原告资格和行政合同诉讼等进行了重点探讨,相信也能为当前中国行政诉讼法的修改提供一些思路。

【举办中意环境行政法国际研讨会】10月25日,由中国政法大学法学院主办的中意环境行政法国际研讨会(Convegno Cina Italia: Diritto amministrativo dell'ambiente)在我校学院路校区举行。来自意大利罗马第三大学的两位教授,意大利卡拉布里亚大学的一位教授,北京市环保局法规处处长与中国人民大学、中央财经大学、首都师范大学及我校的相关专家出席了本次研讨会。研讨会分为环境治理中政府职能类型,环境治理中的责任问题,环境法中的行政机构以及环境治理与公益诉讼4个单元。本次中意研讨会就环境治理中政府职能类型、责任问题、公益诉讼等进行了重点探讨,意义深远;相信也能够为当前中国环境行政法研究、立法工作以及环境治理等方面提供一些有益的帮助。

【举行"司法制度的传统与变革"学术研讨会】10月18日,由法学院法律史研究所主办的"司法制度的传统与变革"学术研讨会在学校昌平校区举行。参加本次会议的有来自清华大学、北京师范大学、中央民族大学、北京邮电大学、浙江财经大学、河北师范大学、本校比较法研究院、法律史学研究院、法律古籍整理研究所、《政法论坛》《中国政法大学学报》以及法学院法律史研究所的近30位在司法改革研究领域上颇有建树的专家学者。部分法律史专业硕博研究生也参加了此次会议。会上各位专家学者就法制史学科的学术定位、中外法律史研究的互动交流、法治进程中陪审制度的价值等问题展开了热烈的讨论,并就法律史研究对当代司法改革的推动作用交换了看法。

【举办十八届四中全会精神学习报告会】10月28日,学院分党委在昌平校区举行了以"深度解读四中全会精神,努力推进法治中国建设"为主题的专题报告会。学院领导班子、各教研室教师、全体本科生党员与入党积极分子参加本次报告会。学院院长薛刚凌、副院长焦洪昌、法理学研究所蒋立山教授作为主报告人,分别从宪法学、法理学和行政法学角度解读十八届四中全会关于全面推进依法治国的重点内容。

【举行"法律人成长引航"系列活动之名师学术生涯导航讲座】10月30日晚,由法学院主办、法学院研工承办、法学院研究生会协办的"法律人成长引航"系列活动之名师学术生涯导航讲座在我校学院路校区举办。本次讲座由我校终身教授、博士生导师、原校长江平,教授、博士生导师、民盟中央社会与法制委员会副主任崔永东,以及教授、博士生导师赵鹏担任主讲嘉宾。讲座开始,由江平先生向同学们讲述自己的学术生涯;接下来，法律史专家崔永东结合古人的治学经验向同学们讲述了自己的心得体会；最后，青年学者赵鹏与同学们分享了自己的学术生涯，并对同学们提出了几点要求。在提问环节，3位老师针对同学们的疑问进行了耐心细致的解答。

"法律人成长引航"系列活动旨在帮助研究生新生早日摆脱困惑，找准前进的方向。

【法学院2011级实验班国家司法考试通过率再创新高】2014年国家司法考试成绩公布，法学院2011级实验班共200人，分为四个班级，实际参加考试人数为195人，通过人数为138人，一次通过率达70.7%，400分以上人数为62人，占通过人数比率为45%。其中一班通过率高达80%，四班通过率高达83%。

【2008级首届卓越法律人才培养计划实验班实现全员就业】2008级实验班（本硕连读）作为教育部卓越法律人才培养计划的首届班级，研究生培养阶段在法学院进行。本班2014年共有46人就业，七月初就已经实现全员就业，截至10月底都已经顺利上岗工作。其中公务员岗位为23人，所占比率为50%，包括国家部委2人，地方公务员21人；国有大型企事业单位9人；知名律所11人，出国留学3人。总计从事法律业务的同学所占比率为100%。

【我校代表队在国际环境法模拟法庭东亚地区竞赛中获得冠军】11月25日~29日，第19届国际环境法模拟法庭大赛东亚赛区选拔赛在韩国崇实大学（Soongsil University）举行。法学院实验班2012级本科生谢玉麟、朱恺、王珏3名同学组成我校代表队参赛。经过4天激烈紧张的比赛，我校代表队最终获得东亚赛区冠军以及东亚赛区最佳诉状（Best Memo）的荣誉，成功晋级国际决赛。谢玉麟同学获得最佳辩手（Best oralist）奖项。国际决赛将于2015年4月在美国佛罗里达州史丹森大学举行。

【召开第八届中国军事法治前沿论坛】12月6日~7日，由中国政法大学法学院、北京市法学会军事法学研究会、中国政法大学军事法研究中心共同举办的"第八届中国军事法治前沿论坛"在我校学院路校区召开。本届论坛主题为"国防和军队改革的法治问题"。出席本届论坛的有国务院法制办政法国防法制司原副司长姜秀元、中央军委法制局前局长王黎红、总政治部司法局原局长石成林、解放军军事法院原副院长黄林异、军事科学院军队建设研究部原部长雷渊深、北京市法学会党组书记苗林等来自国家和军队有关部门的领导和专家，还有来自军事科学院、国防大学、西安政治学院、南京政治学院、武警总部、武警工程学院、吉林大学、华东政法大学等40多所军地院校和科研机构的90余位专家学者。这次论坛研讨会围绕习近平总书记关于"牢记依法治军、从严治军是强军之基"的要求，结合国家发展和安全战略面临的新情况新要求，产生了丰硕的研讨成果。

【举行法学院－朝阳区人民政府法学专业研修班开班典礼】12月18日，法学院与朝阳区人民政府联合举办的法学专业研修班在朝阳区委党校举行了开班典礼。我校副校长马怀德，朝阳区委常委、区委组织部长、区依法行政教育培训中心主任张革，校开放教育管理办公室副主任刘英，法学院分党委副书记兼副院长王文英出席了开班典礼。典礼由朝阳区法制办主任马龙主持。来自朝阳区各委办局、街道的90名学员参加了仪式。

二、民商经济法学院

【概况】 民商经济法学院于 2002 年 6 月，通过整合原经济法系、原法律系等单位的相关学科团队组建而成，先后吸收原社会工程学院和继续教育学院的部分师资和历年引进人才，形成现在的学科和队伍。学院现设民法、商法、经济法、民事诉讼法、环境资源法、知识产权法、财税金融法、社会法 8 个研究所，35 个非在编科研机构，拥有民商法、经济法、知识产权法、环境资源法和民事诉讼法五个博士点和硕士点，各学科均为国家级重点学科。学院下设综合办公室、教学科研办、研究生工作办、学生工作办和对外培训办 5 个行政办公室。学院坚持"创一流学科、建一流队伍、出一流成果、育一流人才"的目标，本着"学术立院、人才强院、和谐兴院"的理念，努力培养志向高远、情操高尚、学识高深和情趣高雅的精英人才。

副校长李树忠兼任民商经济法学院院长，其他领导班子成员为分党委书记兼副院长王光进，副院长赵旭东、李永军、卢跃、杨秀清，分党委副书记兼副院长王洪松，分工会主席兼院长助理王萍。

截至 2014 年底，学院在编教职工 146 人，其中专任教师 126 人。专任教师中，教授 52 人，副教授 64 人，讲师 9 人，助教 1 人，获得博士学位的 86 人，获得硕士学位的 23 人。学院 35 岁及以下的青年教师 13 人，36～55 岁的中年教师 104 人；56 岁以上的教师 9 人。学院全日制在校生共 2306 人，其中本科生 1494 人，研究生 812 人。

学院本学年共有 181 人次的教师承担了 365 门次本科课程的教学工作，总计 18 710 课时。课堂评价学院平均分 94.12，优秀率达 86.7%。

学院教师共发表论文 147 余篇，其中权威期刊 5 篇，核心期刊论文 40 余篇，共出版学术专著译著 20 余部。成功申报国家社科基金项目 3 项；教育部项目 2 项；北京市社科一般项目 1 项；北京市社会科学青年项目 1 项。横向项目 30 余项。由赵旭东教授任主持人的"现代市场体系与营商环境法制化研究"获批为校级首批智库团队；由刘少军教授任主持人的智库团队入选培育名单。于飞任主持人的"民法学青年教师学术创新团队"、侯佳儒任主持人的"环境法学创新团队"均申报成功校青年学术创新团队。

学院为《融资担保公司管理条例（送审稿）》《中华人民共和国安全生产法（草案）》《私募投资基金管理暂行条例（送审稿）》《中华人民共和国安全生产法修正案（草案）》等法律法规的制定提供立法意见。民诉法所教师受最高人民法院邀请，为最高人民法院制定有关新《民事诉讼法》司法解释提供专家意见。

【参加第二届中德农业法论坛】 3 月 27 日～29 日，王卫国教授率领代表团前往德国，参加在柏林召开的由德国哥廷根大学法学院农业法研究所主办第二届中德农业法论坛。论坛主题是"农业市场的组织化：聚焦土地改革和食品安全"。代表团成员还有民商经济法学院刘家安教授、戴孟勇副教授和国土资源部土地矿产法律事务中心副主任佟绍伟研究员、刘志强博士。论坛上，王卫国做了"中国新近的土地流转改革与农业现代化"的主题发言。

【参与主办北京市经济法学会 2014 年年会】 4 月 12 日，北京市经济法学会 2014 年年会在中国政法大学召开，本次年会主题为"新型城镇化建设与经济法治研讨会"。来自首都高校、科研机构的学者和北京市人大、各级法院、检察院、工商局、市法学会、企业、律师事务所等单位的实务工作者共200多位嘉宾和代表参加了会议。本次会议由北京市经济法学会、中国政法大学民商经济法学院、中国人民大学法学院、北京大学法学院和清华大学法学院共同主办。与会的专家学者就新型城镇化建设中的土地法律问题、财税金融法律问题和区域经济发展法律问题等进行了广泛、深入的研讨。

【主办第三届公司法司法适用高端论坛】5月11日，第三届公司法司法适用高端论坛在北邮科技大厦召开。本次论坛主题为"资本制度改革与公司法的司法适用"。来自全国20余所高校的学者，和来自"两高"、全国人大法工委等法律实务单位的代表近200人参加论坛。会上就资本制度改革与公司法的司法适用分为四个单元分别讨论：第一单元的主题为：认缴资本制与股东出资义务和责任；第二单元的主题为：认缴资本制与股东出资义务和责任、认缴资本制下的股权登记与司法强制措施；第三单元的主题为："虚报资本、虚假出资与抽逃出资认定与责任""最低资本额的取消与公司法人人格否认"；第四单元的主题为：验资程序存废与资本真实及举证责任。此次论坛是2014年3月1日公司法实施后举行的首次大型高端论坛，论坛体现了实务部门和学界高度的融合、良性的互动、充分的沟通的特点，完全打破了学界和实务部门的藩篱。

【成立国内首个互联网金融法制研究中心】6月14日，互联网金融风险法律防范闭门研讨会暨中国政法大学金融创新与互联网金融法制研究中心成立仪式在京举行。中国政法大学校长黄进、中国人民银行支付结算司副司长樊爽文、最高人民检察院公诉厅副厅长聂建华、中国政法大学民商法学院副院长赵旭东参加了揭牌仪式。该中心于2014年4月8日由中国政法大学批复成立，民商法学院李爱君教授担任主任。中心的使命是对互联网技术与金融结合的金融创新过程中出现的金融风险的防范与控制的法律问题进行研究，为国家提出应对金融创新与互联网金融的风险提出对策和建议。

【参加海峡两岸强制执行研讨会】9月24日~25日，海峡两岸强制执行研讨会在北京举行。此次会议由中国行为法学会执行行为研究会主办。民事诉讼法研究所所长、博士生导师宋朝武教授，民事诉讼法研究所书记邱星美教授以及诉讼法中心的谭秋桂教授应邀参加了此次研讨会。研讨会分为执行机关与执行当事人、执行名义与执行程序、查封与拍卖、参与分配、执行救济5个专题，讨论了80余项具体问题。与会人员分别就台湾地区、大陆地区近些年来各自在执行实践中的执行状况、执行中的具体做法、执行中对当事人的救济途径、法律规定以及其后的法理依据等方面进行了深入交流。

【参加第五届韩中民事诉讼法国际学术大会】10月4日，民诉研究所邱星美教授、史飚副教授赴韩国首尔参加了由韩国民事诉讼法研究会和中国民事诉讼法研究会共同举办的第五届韩中民事诉讼法国际学术大会，会议在韩国梨花女子大学法学院举行。邱星美教授在会上做了"中国司法调解六十年变迁与思考"主题发言。

【在第三届全国大学生金融法知识竞赛中获得团体三等奖】11月1日，由中国银行法学研究会和中国银行业监督管理委员会法规部联合主办、西北政法大学承办的第三届全国大学生金融法知识竞赛决赛在西北政法大学举行。经过各赛区初赛选拔，共有8所高校组成代表队参与最后角逐，分别是：东北赛区的辽宁大学、华东赛区的华东政法大学、西南赛区的西南政法大学和山西财经大学、西北赛区的西北政法大学和兰州大学、北京赛区的中国政法大学和北方工业大学。我校民商经济法学院获得了团体三等奖的成绩。

【召开学院秋季论坛】11月1日，民商经济法学院一年一度的秋季论坛在学院路校区举行，院党委书记王光进，副院长赵旭东、李永军、杨秀清、卢跃出席了会议，到会的还有学院全体教师及100名研究生和本科生代表。本次论坛就"经济法的诉讼程序""阿里巴巴上市法律问题研究""中国民法典：梦想、现实与挑战"3个单元展开了为期一天的发言和讨论。

【刘少军参加中国东南亚南亚法律合作磋商会】12月21日~22日，为期两天的中国东南亚南亚法律合作磋商会暨21世纪海上丝绸之路法律研讨会在云南腾冲召开。本次会议由中国法学会主办，云南省法学会代管、云南大学和北京大成（昆明）律师事务所共同承办，来自外交部、财政部、中国法学会、地方法学会、法律院校、律所、企业的80多名中方代表以及印度、马来西亚、越南等东南亚南亚9个国家近30名外方代表出席了研讨会。中国银行法学研究会副会长、民商经济法学院刘少军教授应邀参加会议。刘少军教授提交了论文，并作了题为"'丝绸之路'经济带的金融法律合作问题"的主题演讲。此次研讨会旨在探讨如何运用法律手段推进21世纪海上丝绸之路发展战略，增进中国与东南亚南亚国家法学法律界的交流与合作。

【举行第十五届江平民商法奖学金颁奖典礼】12月25日，由江平法学基金和民商经济法学院主办的第15届江平民商法奖学金颁奖典礼在昌平校区举行。参加本次典礼的有中国政法大学终身教授、江平民商法奖学金创始人江平先生，江平先生夫人崔琦女士，学校党委副书记兼副校长冯世勇教授，副校长李树忠教授，清华大学法学院副院长申卫星教授、党委副书记廖莹老师，浙江大学光华法学院副院长周江洪教授、教师朱庆育教授，江平法学基金捐赠者代表，学校各部门负责人、民商经济法学院领导，江平法学基金理事会成员，往届获奖者代表及民商经济法学院全体同学。本届颁奖典礼主题以舟为意向，喻法为舟，整场典礼展示了我国在新中国成立初期、"文革"时期、改革开放、中共十五大以来的法治发展情况，讲述了中国法治建设、法学教育的发展历程及以江平老师为代表的法学前辈的奋斗心路，描绘了江奖十五年来的发展状况。江平教授以解析十八届四中全会为例，告诉大家法律人应当将理论与实际相结合，将法律与时代的脉搏紧紧相连，响应十八届四中全会所倡导的改革与法治，依法有据地进行法治事业的改革，推动法治事业不断向前。

【获批智库团队】年内，我校自2014年首次设立中国政法大学智库团队，由赵旭东教授任主持人的"现代市场体系与营商环境法制化研究"获批为首批智库团队，由刘少军教授任主持人的智库团队入选培育名单。

【入选青年教师学术创新团队】年内，于飞任主持人的"民法学青年教师学术创新团队"、侯佳儒任主持人的"环境法学创新团队"入选中国政法大学青年教师学术创新团队。两个创新团队的研究方向分别为中国民法典的根基与周边，生态文明建设与法治创新研究。

【易军在《中国社会科学》发表文章】 易军教授在《中国社会科学》2014年第4期发表文章"'法不禁止皆自由'的私法精义"。这是民商经济法学院建院以来,第三位在该权威期刊发表文章的老师。

【举办"十八届四中全会精神解读"系列论坛活动】 年内,为培养全面发展的法治人才,引导广大青年学生关注法治热点,10月份以来学院举办"法大人的法治梦——十八届四中全会精神解读"系列论坛活动,论坛举办3期,主题分别为"社会主义市场经济法律体系的建立与完善""法治中国何处去?——老中青三人谈"及"依宪治国五人谈"。系列论坛活动的报道在《法制日报》连续刊载,获得广泛好评。

【获批国家社科基金项目3项】 年内,学院成功申报国家社科基金项目获批共3项:曹明德主持申报"建立健全资源有偿使用制度和生态补偿制度研究"、毕玉谦主持申报"转型时期民事诉讼架构下的司法公开研究"以及鄢一美主持申报"俄罗斯社会转型期民法法典化研究"。

三、国际法学院

【概况】 国际法学院设有法学专业的本科、国际法专业的硕士点和博士点,以及国际法研究所、国际私法研究所和国际经济法研究所三个教研实体,15个非在编研究中心,5个行政机构。

硕士研究培养方向8个,博士研究培养方向4个。开设国际法、国际私法、国际经济法3门法学核心课程和40余门相关选修课,此外还有十几门实践性较强的案例课和研讨课。经过多年的建设与发展,学院形成了一支结构合理、学科方向齐全和国际化程度高的师资队伍。国际法学院现有教职工54人,其中专职教师39人,学生辅导员8人,行政人员7人。人才派遣及其他人员4人。学院主要致力于法学专业本科生和国际法专业研究生的人才培养和国际法学科研究工作。现有在校本科生1330名,硕士研究生224人,博士研究生63人,留学生120人,政府奖学金学生人数40人。

教学科研方面,2014年教学科研等学术活动活跃,举办了上海自贸区—蓝图与机遇研讨会、加拿大自然资源管理与法制国际研讨会、两岸四地海商法研讨会、空间安全与空间活动的长期与可持续性问题研讨会、WTO法与中国论坛、国际公法与个人权利保护学术圆桌会议、纪念仲裁法颁布20周年高端论坛等学术活动。

2014年获得国家社会科学基金项目2项,司法部项目1项,北京市社科规划项目1项,横向项目28项,涉及项目经费250余万元。获得省部级奖项1项。2014年度共发表科研论文84篇,其中国外学术刊物论文9篇,港澳台学术期刊论文3篇,国内学术期刊论文67篇。出版专著5部,合著1部,主编或参编教材1部。

人才培养方面,全面推进涉外法律人才实验班人才培养建设,探索人才培养新途径,初步形成了提升涉外法律实验班人才培养质量的一揽子方案。突出国际法学院的特色,组织和参加各种国内外模拟法庭和学科竞赛。2014年,国际法学院承办了国际刑事法院审判竞赛、"拉赫斯"国际空间法模拟法庭竞赛(亚太赛)、第三届中国"WTO模拟法庭竞赛"3场国内外大型赛事。参加国内外学科竞赛7场,分别是:第十二届杰塞普国际法模拟法庭比赛，获得最佳辩手第一名和第六名，刷新我校最佳辩手奖项最好成绩；第五届国际航空法模拟法庭比赛获得亚军；第七届"北外－万慧达"杯知识产权模拟法庭竞赛获得亚军，同时获得最佳书状奖、最佳辩手奖和优秀辩手奖；第十二届"贸仲杯"国际商事仲裁模拟仲裁庭辩论赛获得第三名，同时获最佳辩手奖和突出贡献奖，是近年来我校在该赛事中所取得的最好成绩；第八届国际人道法模拟法庭比赛获得亚军，同时获得辩方最佳诉状、最佳辩手第二名；第十一届CASC杯曼弗雷德·拉赫斯国际空间法模拟法庭竞赛蝉联全国冠军，第二代表队获得全国二等奖，同时获得最佳辩手、优秀辩手、最佳指导奖共五项大奖；此外在海牙2014年国际刑事法院审判竞赛国际赛获得优异成绩和丰富比赛经验。以上比赛都是由国际法学院教师作为指导老师带队参加的。

师资建设方面，引进高水平人才，组织多场教师沙龙，鼓励教师学术进修，特别是加强教师国外学术交流的支持力度，2014年国际法学院教师境外交流达120多人次，积极资助教师参加各类学术会议和科研出版活动。2014年，国际法学院共举行国际法大讲堂系列讲座18期；博士生圆桌论坛3期；教师沙龙3期。在人才培养、师资队伍建设方面取得了良好效果。

外事交流方面，做好留学生英语专班的学生培养工作，并组织丰富多彩的活动。成功举办蒙特利尔暑期班和杜兰大学暑期班活动，招收香港树仁大学第二学位学生。加强学院外事交流，促成国际法学院与国外多所大学合作交流活动。选派学生前往国外院校进行短期交流，并接收外国院校的语言生与交换生。

社会服务方面，2014年度，国际法学院进一步加大与政府机关、事业单位的合作，为相关部门提供法律培训服务。如与中国铁路总公司的"铁路旅客人身伤害处理高级培训班""国家铁路局及地区局依法履职能力提升培训班"，与温州科技局合作的"2014温州企业知识产权战略推进高级培训班"，与徐州云龙法院合作的"民事审判业务能力提升培训班"，与安徽双凤经济开发区合作的"政府管理创新与履职能力提升培训班"，与北京市律协合作开展"美国法制度短期培训班"等。

【举行"上海自贸区—蓝图与机遇研讨会"】 1月11日，由中国政法大学国际法学院、上海工商联温州商会共同主办，北京中伦律师事务所上海分所协办的"上海自贸区—蓝图与机遇"研讨会在江苏省昆山市举行。校长黄进，校董、校长顾问、上海温州商会会长厉育平，院长孔庆江，分党委书记杜新丽以及70余位来自上海自贸区的一线建设人员、理论研究人员和企业家以及国际法学院的部分教师出席了本次研讨会。本次会议共4个专题，就"中国（上海）自由贸易试验区制度创新""上海自贸区金融服务业的改革与前景""从全球价值链角度看上海自贸区FTZ的发展""自由贸易试验区——打造中国经济升级版"进行了热烈的探讨。

【举行2014第三届国际刑事法院审判竞赛】 3月7日~8日，学院承办的2014第三届国际刑事法院审判竞赛（International Criminal Court Trial Competition）在我校学院路校区举行。竞赛由我校和海牙国际刑事法院共同主办，黄进校长任竞赛组委会主任。3届比赛均由学院承办，本次竞赛吸引了来自清华大学、北京大学、对外经贸大学、外交学院、山东大学、南京大学等17个高校的代表队。本次竞赛获得优胜奖第一名的是中国政法大学代表队，第二名是外交学院代表队，第三名是对外经贸大学代表队。他们将代表中国赴海牙参加最后阶段的比赛。

【举办2014"拉赫斯"国际空间法模拟法庭竞赛（亚太赛）】5月23日~24日，由国际空间法学会（IISL）主办，我校承办，学院负责组织的2014年"拉赫斯"国际空间法模拟法庭亚太地区赛在我校昌平校区举办。这是中国内地大学首次承办"拉赫斯"洲际地区赛，也是我校举办的规模最大的国际性模拟法庭赛事，共有26支队伍参加，来自世界各地的近50位知名法律职业人士担当法官。比赛持续两天，进行了7轮26场初赛，两场半决赛以及一场总决赛，最终第十二队Nation Law University, Delhi，获得冠军，第十八队获得最佳印象奖，第二十七队获得最佳团队精神奖，第十一队、第十八队分别获得预赛和决赛的最佳口头表达奖。

【召开"空间安全与空间活动的长期与可持续性问题"研讨会】5月25日，"空间安全与空间活动长期与可持续性问题"国际学术研讨会在学校昌平校区召开。来自美国、意大利、比利时、印度、菲律宾的外国学者和来自香港大学、北京理工大学、北京航空航天大学、哈尔滨工业大学、中央财经大学和中国政法大学等单位的多名国内学者到场参会。代表们分别就空间安全、空间的长期可持续性、空间损害责任、在网络环境下空间法的界定以及是否可以建立统一的航空航天法等问题进行了深入而热烈的探讨。

【举行"WTO法与中国论坛"暨中国法学会世界贸易组织研究会2014年年会】10月17日，"WTO法与中国论坛"暨2014年中国法学会世界贸易组织法研究会年会在我校学院路校区召开。本次年会主题为"区域贸易协定与WTO多边贸易规则"，由中国法学会世界贸易组织法研究会与中国政法大学联合主办，学院承办。参与本次年会的代表包括政府官员、20多所高等院校和科研机构的各位专家学者以及法律实务界的WTO法业务精英人士共200余人。商务部条法司司长李成钢和商务部世贸司谈判专员赵宏分别进行了题为"WTO争端解决最新实践""WTO的未来"的主题发言。来自最高人民法院、商务部的高级官员以及来自北京大学、中国人民大学、武汉大学、中国政法大学等著名高校的专家学者分组就区域贸易规则，GATT、TRIPS、TBT中的法律问题，贸易救济制度，贸易便利化、上海自贸区四个议题进行了讨论。

【举行"国际公法与个人权利保护"学术圆桌会议】11月14日~15日，学院与英国皇家战略问题研究所联合举办的"国际公法与个人权利保护学术圆桌会议"在我校学院路校区举行。来自英国、美国、澳大利亚、瑞士、荷兰、南非等国的10位外国学者和中国政法大学、北京大学、中国社会科学院国际法研究所的11位国内学者参加了此次圆桌会议。与会学者在两天的时间里就国际公法中的个人权利理论、近期国际人权法的实质发展和机制发展、国际刑事司法中的个人权利、国内刑事司法中的个人权利，以及其他与人权有关的国际法问题展开了认真的研讨。

【举行2014第三届中国"WTO模拟法庭竞赛"】12月13日~14日，第三届中国"WTO模拟法庭竞赛"在我校昌平校区举行。本次大赛由中国政法大学、西南政法大学、中华人民共和国商务部条法司主办，学院承办，北大、清华、武大、法大等共计18所高校参加。最终，北京大学国际法学院代表队夺得冠军，我校代表队获得季军。

【举行纪念仲裁法颁布 20 周年高端论坛暨中国政法大学仲裁研究院共建签约仪式】 12 月 19 日，纪念仲裁法颁布 20 周年高端论坛暨中国政法大学仲裁研究院共建签约仪式在我校学院路校区举行。校长黄进、我校终身教授江平、全国人大法工委民法室主任贾东明、国务院法制办政府法制协调司副司长袁诗鸣、最高人民法院民四庭庭长罗东川等国家机关领导出席，国务院法制办中国仲裁协会筹备领导小组副组长卢云华、IBM 高级法律顾问唐功远，以及中国国际经济贸易仲裁委员会、武汉仲裁委员会、北京仲裁委员会等 20 余家仲裁机构领导应邀出席，部分专家学者、律师、社会团体、企事业单位等各界嘉宾共百余人参会。"纪念仲裁法颁布 20 周年高端论坛"共设 5 个主题，分别为"中国仲裁事业发展的思考""仲裁法立法 20 周年回顾""仲裁法实施以来仲裁事业发展情况报告""仲裁与司法的互动发展"以及"中国仲裁国际化的道路选择"。

四、刑事司法学院

【概况】 刑事司法学院下设 5 个教学单位，设有一级学科法学、侦查学两个专业。研究生硕士专业设有刑法学（下设中国刑法、外国刑法、犯罪与犯罪心理学、监狱学方向）、诉讼法学（下设刑事诉讼法学、刑事侦查学、司法鉴定学方向）、证据法学（下设证据法学、物证技术学、法医学方向）。研究生博士专业设有刑法学（下设刑法学、犯罪学、犯罪心理学、刑事执行法学方向）、诉讼法学（下设刑事诉讼法学方向）、证据法学（下设证据法学、物证技术学【药毒物分析】）、法医学方向。

刑事司法学院专职教师共 48 人，其中教授 21 人，占专职教师总数的 43.8%；副教授 21 人，占专职教师总数的 43.8%；讲师 6 人，占专职教师总数的 12.5%。专职教师中具有博士学位的有 27 人，硕士学位的有 13 人。专职教师中有博士生导师 10 人。刑事司法学院还拥有专任于中国政法大学诉讼法学研究院、证据科学研究院的兼职教学科研人员 30 多人，以及来自司法、行政实务部门的兼职教授 20 多人。

学院在校的本科生共有 1268 人。招收本科生 348 人，其中法学专业 308 人（国防生 49 人），侦查学专业 40 人。毕业本科生 252 人，其中法学专业 211 人（国防生 69 人），侦查学专业 41 人。

在校的研究生共有 449 人，其中硕士生 325 人，博士生 124 人。本年度，招收博士生 46 人，其中刑法学 26 人，诉讼法学（刑诉方向）20 人。招收硕士生 150 人，其中刑法学 94 人，诉讼法学 56 人。授予博士学位 38 人，其中刑法学 15 人，诉讼法学 17 人，证据法学 6 人。授予硕士学位 255 人。

教学、科研管理工作方面。完成了学校教学计划中设置的教学任务。学院及时对 2011 级本科生专业实习工作进行了总结，赖修桂、于冲获得校优秀专业实习指导教师，于丽艳获得实习工作先进个人称号。完成了学生创新基金申报、结项工作与本科生培养方案修订工作以及课程简介修订工作。完成第十五、十六期少年越轨法律诊所组织招生工作以及第九、十期刑事法律诊所招生工作。按照学校要求举行了研究所、教研室换届选举工作。学院各教学单位圆满完成了课堂教学、本科生毕业论文指导及答辩、硕士生及硕士研究生毕业论文指导及答辩等各项工作。

学生工作方面。获得校级优秀学生奖学金 276 人，三好学生 39 人，优秀学生干部 39 人，校级先进班集体 5 个，科研创新奖学金 18 人，竞赛优胜奖学金 9 人。在北京市级优秀的评定中，学院获得北京市优秀班集体 1 个，获得北京市三好学生 1 人，北京市优秀学生干部 1 人。

本年度，学院累计举办各种学术讲座、论坛总计 40 余场，其中刑事法论坛、律师沙龙、行思讲坛等学术交流类活动受到广大同学的热烈欢迎。体育竞赛方面，刑事司法学院在第三十九届校运动会上以总分 317 分首夺甲组第二名。志愿服务与社会实践方面，"我与星星孩子的蓝色之约——关爱自闭症儿童"活动作为品牌公益活动于本学期继续举行，百余人次的志愿者前往昌雨春童自闭症儿童关爱中心奉献爱心，在全校范围内产生了广泛的影响力。

学院重视学生实习、实践工作。共有 281 名学生分别以组团集中实习、参加法律诊所等不同形式完成了专业实习，并撰写了高质量的实习报告和论文。有 307 名同学参加了暑假社会实践。

实现了大学生成长档案制度对学院本科 2011 级、2012 级、2013 级、2014 级 4 个年级的全覆盖，根据成长档案逐步建立起各年级学生的就业意向统计表，以便针对性地开展精细化的相关辅导。2014 届毕业生整体就业情况较好，毕业生共计 252 人，升学 58 人，出国 21 人，签约 109 人，灵活就业 56 人，就业率达 96.8%。

【走访慰问退休老同志】 1 月，分党委书记周志荣、副书记王敬川等，走访慰问了刑事司法学院退休老同志代表郑禄、吴雪松同志。老同志在表达感谢之意同时表示积极支持学校的建设和发展。

【举办第二十二期刑事法论坛】 4 月 15 日，由刑事司法学院分团委主办、学院学生会承办，尚权律师事务所协办的刑事法论坛第二十二期活动在昌平校区举办。本期论坛以"全球化视野下中国反恐立法的过去与未来"为主题，邀请到了中国人民大学荣誉一级教授高铭暄、北京大学刑法学教授王世洲、中国社会科学院刑法研究室主任刘仁文 3 位著名的刑法专家作为主讲嘉宾，我校刑法学教授阮齐林担当嘉宾主持。

【举办第二届"京都杯"模拟法庭大赛决赛】 5 月 10 日，第二届"京都杯"模拟法庭大赛决赛在学校昌平校区举行。本次比赛邀请了昌平区人民法院刑事审判庭庭长欧春光担任审判长，昌平区人民检察院检察官宛霞、中国政法大学刑事司法学院教授于国旦担任审判员，北京市京都律师事务所合伙人、北京市律师协会保险法专业委员会委员、刑事辩护律师梁雅丽律师为特邀嘉宾。模拟法庭通过案情分析、角色划分、法律文书准备，预演、正式开庭等环节模拟审判的过程，在调动同学们的积极性与创造性的同时，加强了专业实践能力。来自四个法学院的选手组成公诉方团队和辩护方团队，在审判长的主持下，展开了精彩对决。由李伽宁、王佳悦、李婉秋、王若曦等人组成公诉方团队获得本次比赛的冠军，来自刑事司法学院的辩护方金陶钰获得最佳文书奖，来自民商经济法学院的公诉方王佳悦获得最佳辩手奖。

【召开刑事司法学院第三次学生代表大会】 5 月 25 日，学院第三次学生代表大会在昌平校区召开。大会秉承了"友善笃信、行以致诚、服务同学、思以致远"的宗旨。刑事司法学院分党委副书记兼副院长王敬川、选培办黄理教官、各年级辅导员、学生代表参加了大会。刑事司法学院学生委员会主任委员王胜华做了题为"加强自律,坚持创新,建立健全服务体系;完善活动,聆听反馈,深入策划组织建设"的两届刑事司法学院学生委员会工作报告。大会审议并表决通过了《中国政法大学刑事司法学院团学奖惩条例修正案(草案)》《中国政法大学刑事司法学院专门委员会章程修正案(草案)》《中国政法大学刑事司法学院第三次学生代表大会田径队章程(草案)》。大会按照选举程序选举了中国政法大学刑事司法学院第三届学生委员会委员,并当场宣布了新当选的24位学生委员的名单。

【刑天辩论队在"华泰杯"首都八校友谊辩论赛决赛中夺冠】12月3日,"华泰杯"首都地区八校友谊辩论赛决赛在昌平校区举行。此次辩论赛的辩题是"空气重度污染应该不应该立法放假"。正方是华北电力大学校辩论队,反方是中国政法大学刑天辩论队。最后,反方中国政法大学刑天辩论队获得本次比赛冠军。

【王顺安教授当选中国法学会律师法学研究会副会长】12月21日在中国人民大学召开的中国法学会律师法学研究会会议上,王顺安教授当选中国法学会律师法学研究会副会长、常务理事。

【举行海峡两岸犯罪与司法研究高峰论坛】12月28日,由中国政法大学犯罪与司法研究中心和福建警察学院合办的"海峡两岸犯罪与司法研究高峰论坛"在福州市福建警察学院举行,中心主任王顺安教授在会上作了"法治中国与预防犯罪"的主题报告。

五、政治与公共管理学院

【概况】政治与公共管理学院前身为我校1985年成立的政治系,1999年更名为政治与管理学院,2002年更名为政治与公共管理学院。学院目前设有1个博士后流动站,拥有政治学一级学科博士学位授予权和公共管理一级学科硕士学位授予权,学院目前设有9个博士点、14个硕士点和1个MPA(公共管理硕士)专业学位授予权,设有政治学与行政学、行政管理、国际政治、公共事业管理四个本科专业,政治学理论学科和中外政治制度学科为北京市重点学科。政治学与行政学为北京市和教育部高等学校特色专业。政治学基础课程教学团队为国家级优秀教学团队。政治思想史教学团队和西方文明通论教学团队为北京市优秀教学团队。

学院下设5个行政办公室以及政治学系、国际政治系、行政管理系、公共事业管理系4个教学单位、10个非在编研究机构以及3个国际学术交流平台。

学院现有专职教师60人,在校学生1400余人,其中本科生750余人,研究生600余人,在站博士后10余人。学院院长为常保国教授,分党委书记为李程伟教授。2014年减少本科生招生规模,2014级本科生招生180人。多渠道促进就业,2013届本科生就业率达到98.95%,研究生就业率达到100%。

2014年,学院初步建立起了完整的学科体系平台,并进行了进一步的建设和完善。学院承办了"全球视野中的政府治理"第二届国际暑期小学期项目;学院教师获得科研项目23项,获得科研经费391.3721万元。其中,获国家社科基金一般项目4项,北京市社科基金项目2项，地、市和其他中央机关部门项目9项，其他横向委托项目7项，我校人文社科项目1项。学院教师共发表论文85篇，其中权威期刊论文2篇，核心期刊论文40篇，一般期刊论文43篇，出版学术著作13部。被采纳的调研报告、调查报告、立法建议4项。举办了"性别平等与发展"、第五届西方政治思想史高级研讨班"英国政治思想研究""经济转型与公共管理模式之变迁""第三届中国政治思想史论坛：中国传统治理观念与当代中国政府治理创新"第三届公共政策年会、"公共管理理论与实践前沿论坛""国际体系转换背景下的朝鲜半岛与东北亚""2014ICMA国际区域峰会暨绿色城镇化：机遇与挑战"国际论坛等多个有一定影响力的国内外学术会议。

【举办"性别平等与发展"学术研讨会】4月29日~30日，学校与奥地利维也纳大学、对外经贸大学联合主办的"性别平等与发展"学术研讨会在奥地利维也纳大学成功举办。政管学院丛日云教授、聂露副教授、王冬芳副教授、杨炳霖博士参加了此次会议。此次研讨会双方学者围绕"性别平等与发展"主题，共同就女性政治参与、就业公平、教育平等、女权主义的社会影响，以及职业工作与家务劳动的平衡问题展开了学术讨论与交流。

【举办"2014ICMA国际区域峰会暨绿色城镇化：机遇与挑战"国际论坛】5月12日~14日，国际城市管理协会（简称ICMA）、扬州市人民政府和我校在扬州市联合举办了"2014ICMA国际区域峰会暨绿色城镇化：机遇与挑战"国际论坛。来自美国、英国、加拿大、澳大利亚、俄罗斯、荷兰、丹麦、捷克等国家的50余名市政官、ICMA理事，以及来自中央部委、地方政府、大学和城市协会的领导、专家学者200余人与会。此次扬州国际论坛是ICMA成立以来首次在亚洲国家举行的区域峰会，从申办到筹办均由我校政治与公共管理学院和ICMA中国中心具体推动和运作。

【启动"政治文化与政治文明建设"智库团队】6月8日，中国政法大学"政治文化与政治文明建设"智库团队在学院路校区召开启动仪式。该智库研究团队以我校政治文化与政治文明建设研究特色为基础，理论与实践结合、基础理论研究与实证研究结合，追踪当代中国政治思潮变迁，在主流政治价值理念梳理与弘扬、社会政治思潮动态追踪与分析、意识形态应对方略三个方面为党和国家提出切实可行的宏观思路、建设路径和具体的政策建议。

【举办第五届西方政治思想史高级研讨班"英国政治思想研究"】7月16日~20日，由天津师范大学政治与行政学院与学院共同主办的第五届西方政治思想史高级研讨班"英国政治思想研究"在天津市南开区水上会宾园饭店举行。本届研讨班以英国政治思想为主题，邀请了本领域内享有盛誉的10余位专家担任主讲教师，共有来自全国各高校和科研院所的60余名学员参加。本届研讨班将专家主讲与学员互动有机结合，详细分析了英国政治思想领域中的重要议题、人物与方法论，对霍布斯、洛克、柏克、休谟、密尔、斯密等近代思想家以及奥克肖特、柏林等当代思想家的思想与观点进行了细致的梳理和分析，并对英国政治思想史中的一些重要概念和问题展开了深入的探讨。

【举办"经济转型与公共管理模式之变迁"学术研讨会】7月19日~20日，学院与台湾义守大学公共政策与管理学系联合主办的"经济转型与公共管理模式之变迁"学术研讨会在学校昌平校区举行。来自台湾高校的学者，来自大陆的清华大学、北京师范大学、中国人事科学研究院、中央财经大学等院校的专家学者，以及《中国行政管理》《国家行政学院学报》《北京行政学院学报》等杂志社的记者、编辑58人与会。会上学者们从不同的视角阐释了他们对政府和市场的关系及转型的理解和分析，分组讨论分为3个专题，分别为政治与公共行政、公共治理和公共危机管理，近20位学者围绕相关主题进行了发言。

【举办"第三届中国政治思想史论坛：中国传统治理观念与当代中国政府治理创新"研讨会】8月2日，由学院、山东大学政治与公共管理学院、南开大学周恩来政府管理学院共同举办的"第三届中国政治思想史论坛：中国传统治理观念与当代中国政府治理创新"研讨会在学校昌平校区举办。来自中国政法大学、中国社会科学院、中国人民大学、南开大学、山东大学、吉林大学、四川大学、中山大学、台湾台北大学等校的40余名中国政治思想史专家以及任剑涛、萧延中、秋风等知名学者参加了论坛。与会专家围绕中国传统治理观念以及这一观念在现代的转型与反思进行深入的讨论。

【举办第三届公共政策年会】9月20日，第三届公共政策年会在中国政法大学昌平校区召开，来自清华大学、北京大学、中国人民大学、南京大学、海南大学、中国海洋大学、华北电力大学、昆明理工大学、国家行政学院、中国社科院、北京市信访矛盾分析研究中心以及日本京都产业大学等高校及科研单位的30多位专家学者，围绕"治理·制度·公共政策"的主题进行了广泛而深入的学术交流。参加此次年会的还有新华文摘、中国行政管理杂志社、国家行政学院学报、北京行政学院学报、南方都市报等多家杂志及媒体。年会共分为5个单元，除了主题发言和公共政策学科发展研讨，还包括"平权·治理·反腐败""自由·效率·安全"以及"智库·信访·法治·城市治理"3个专题报告。

【举办第四届"公共管理理论与实践前沿论坛"】11月22日，由学院和北航公共管理学院共同主办的第四届"公共管理理论与实践前沿论坛"在我校昌平校区举行。来自中国政法大学、北京航空航天大学、中国人民大学、国家行政学院、首都师范大学、北京科技大学、中央编译局、北京市信访矛盾分析研究中心、北京城市系统工程研究中心等高校及科研机构的近60位专家学者以及博士和硕士研究生，围绕"国家治理与公共服务"和"公共风险与城市治理"两大主题进行了广泛而深入的学术研讨。

【举办"国际体系转换背景下的朝鲜半岛与东北亚"学术研讨会】12月20日，由学院主办，中国政法大学朝鲜半岛研究中心承办，韩国国际交流财团协办的"国际体系转换背景下的朝鲜半岛与东北亚"学术研讨会在我校昌平校区召开。会议邀请了中国社会科学院、中国现代国际关系研究院、中国军事科学研究院、北京大学、中国人民大学、复旦大学、中央党校、中国政法大学的20余位相关领域的著名专家参加了研讨会。会上各位专家学者围绕美国和日本这两个国家的相关问题、俄罗斯和乌克兰问题、朝鲜半岛等问题进行了热烈的讨论。

【续聘台湾著名学者吴琼恩教授担任我校特聘教授】11月，学院续聘了台湾著名学者吴琼恩教授担任我校特聘教授，聘期3年。根据协议，吴琼恩教授每年集中为我校研究生授课2个月，2014年，政管学院聘请台湾学者戚嘉林教授为我校研究生集中讲授36课时的《台湾历史、文化与政治专题》课程。

【9位教师在全国学术组织中新任（连任）重要学术职务】 11月16日~17日，由中国政治学会主办，四川省社会科学院、四川省政治学会承办的中国政治学会2014年年会暨"国家政治安全与法治中国建设"学术研讨会在成都召开。在16日举行的第八届中国政治学会换届选举大会上，我校副校长张桂林连任第八届中国政治学会副会长。我校政治学科张桂林、蔡拓、丛日云、杨阳、常保国、林存光、卢春龙、庞金友等8名教授当选为中国政治学会理事，张桂林、常保国当选为常务理事，杨阳当选为副秘书长。我校是第八届中国政治学会理事人数最多的高校。

【完成基层教学单位换届工作和职称评审工作】 11月，学院完成了基层教学单位换届工作，庞金友、翟校义、詹承豫、李群英分别被聘为政治学研究所、行政管理研究所、公共事业管理研究所、国际政治研究所所长。11月，学院开展了2014年度职称评审工作，马建川、刘长敏被聘为三级教授，王明杰被聘为四级教授，严挺、李筠被聘为七级副教授。

【举办了第二届国际暑期学校项目】 7月，学院主办了题为"全球视野中的政府治理"的第二届国际暑期小学期。本届小学期课程在课程时间和规范、教员选择等方面都做了扩大和改进。本届小学期所开设课程紧扣"政府治理"主题，涵盖面广而且专业性、特色性突出。邀请的主讲人为来自美国、英国、澳大利亚、新加坡知名大学的6位政府治理专家。

【接待新西兰惠灵顿维多利亚大学师生交流团】 11月18日~12月6日，新西兰惠灵顿维多利亚大学师生交流团一行24人来我校进行为期3周的学习交流。根据我校与新西兰惠灵顿维多利亚大学的合作协议，两校每两年实现学生的互访交流。本次交流是维大学生交流团的第五次来访，他们在3周的时间里学习我校为其专门开设的"中国政治""中国外交""中国法律体系""中国经济""中国新闻传播"以及"中国文化对外传播"等课程，并参观了昌平法院、北京智能交通集团、中央电视台、人民大会堂和国家大剧院等地。

【获得第三届中国政法大学青年教师优秀科研成果奖二等奖一项】 年内，庞金友教授发表于《政治学研究》2011年第5期的"近代西方国家观念的逻辑与谱系"获得第三届中国政法大学青年教师优秀科研成果奖二等奖。

六、商学院

【概况】 中国政法大学商学院以1979年开始的经济管理学科研究生教育、1995年开始的工商管理本科专业为办学基础，在充分整合校内经济学、管理学等相关学科方面的师资以及教学资源的基础上，于2002年正式组建。现设有6个研究所（系）、7个非在编科研机构和6个专业实验室。

学院现设有经济学、工商管理、国际商务3个本科专业及成思危现代金融菁英班，拥有世界经济博士点，工商管理、理论经济学、应用经济学3个一级学科硕士点，以及政治经济学、企业管理、世界经济、会计学、产业经济、经济史、西方经济学、区域经济学、国际贸易学、法商管理（自设专业）、金融学、财政学、统计学13个二级学科硕士点和MBA专业硕士点。

商学院现有教职工85人，在岗专业教师53人，其中教授18人，副教授25人。具有高级职称的教师占教师总数的81%；具有博士学位的教师占教师总数的85%；具有国外留学和进修经历的教师占59%；获得多项国家自然科学基金、国家社科基金等纵向课题，并具有丰富的企业咨询培训和政府服务实践经验。学院现有在校学生1853人，其中本科生1056人，第二学士学位学生61人，双专业双学位学生3人，硕士研究生124人，博士研究生22人，MBA工商管理硕士生585人，留学生2人。

学院现有的教学与科研活动横跨经济学与管理学两大学科门类，并充分依托和利用学校在法学方面的优势资源，确立了"精商明法，敏思善行"的办学理念，专业发展具有鲜明的"法商互动"特色，人才培养突出了"知行合一"素质，在中国高校的同类学院中正在形成不可替代的竞争优势。

2014年，学院在应用经济学一级学科授权点之内设置财政学和统计学两个二级学科硕士学位授权点。本科层面，在保持工商管理、国际商务、成思危现代金融菁英班等各专业招生规模不变的情况下，经过论证和申请，2014年学校增加了学院经济学本科专业的招生名额，由30人增加到44人。

本年度，商学院教学成果突出。在校教学成果奖评选中，王晓明的"证券专业课程体系及资产管理专业人才培养模式的设计与实践"获得一等奖；朱晓武的"基于计算机网络的企业模拟教学"获得二等奖；王玲的"创业教育在政法类院校的试点与实践"获得三等奖。商学院通过了王晓明、邓达、霍钊、葛建华、朱晓武、刘婷文、李超7位教师申报的教改项目，立为院级教改项目。每项资助5000元，并报学校竞争校级教改项目；获得校级教改项目3项，分别为：王晓明的"证券市场和投资银行高端复合型人才的培养模式研究与设计——基于实习基地建设和《专业实习课》的改革"、邓达的"本土化经济学通识课案例库建设"和霍钊的"专业实验与专业训练、专业技能与实践体验相结合的实验教学模式研究：基于数据挖掘技术的现代金融学教育探索"，每项资助1万元；在全国MBA教育指导委员会主办的2014"百篇优秀管理案例"评选中，朱晓武的"咕咚来了：互联网与商业模式"入选2014"百篇优秀管理案例"。该奖项自2010年首次进行评奖以来，商学院连续三年共有5位教师获奖；"法大微课"建设项目3项；2项院级教学管理创新研究项目结项，3项立项。学院第十一届青年教师教学基本功竞赛如期举行。

年内，实现科研项目和科研经费持续跨越性发展，商学院总计获得各类项目14项，资助经费总额达257.6万元。其中获得国家自然科学基金委托项目1项，资助经费10万元；获得北京市社科基金项目1项，资助经费8万元；获得2项校级人文社科研究项目，资助经费8万元；获得横向项目8项，资助经费248.5万元，比上年增长161万元，增长率为184%；新入校青年教师科研启动资助计划2项，资助经费6万元。其中于淼获得国家自然科学基金项目资助；陈明生获得北京市社科基金项目资助；李晓、孙选中、黄立君、李泳、金仁淑均获得了15万元以上的横向项目资助。

年内，商学院教师共发表论文 107 篇，其中在核心以上期刊发表论文 35 篇；出版学术著作 13 部，合计 400 余万字。其中张璞媚的论文"Algebraic Properties of Compatible Poisson Brackets"被 SCI 检索，王霆、邓达的多篇论文在国外发表并被 EI 检索。被 CSSCI 收录的核心期刊论文共 20 篇，其中张国钧、杨帆、宏结、李超和霍钊各发表两篇及以上。黄立君、岳清唐主编出版的《全球化与中国经济》（第二辑），共收录论文 34 篇，合计 38.2 万字。李超、刘志雄、岳清唐、朱晓武各出版一部专著。年内，商学院教师取得 2 项科研成果奖：由李景华参与的《北京市产业布局与功能区划统筹研究》项目获得中国城市规划设计研究院 CAUPD 杯华夏建设科学技术奖三等奖；刘志雄的论文"开放条件下中国棉花安全状况评估"获得第三届中国政法大学青年教师优秀科研成果奖三等奖。

2014 年，是我校法商管理 MBA 教育项目试办第五年。学院法商管理 MBA 教育项目开始进行内涵式发展的新探索。全方位推进招生、品牌、渠道建设；夯实教学管理基础，持续提升教学质量；搭建职业发展架构，逐步铺设职业发展轨道；打造完善的学生工作服务平台，持续提升学生满意度；MBA 项目国际化进程加快、国际化水平提升；法商管理品牌社会影响扩大，法商管理教育获社会认可。

在学生培养方面，进一步完善"雁阵计划"，雁阵团体系列活动效果显著；以评优来促进学风建设；携手学习伙伴，共创优良学风；搭建校园文化平台，促进学生全面发展；学生创新能力逐步提高，各类竞赛再创佳绩；全方位构建就业工作体系，多举措提升毕业生就业质量。本年度学生积极申报各种学生创新、创业项目，共获得 34 项立项，获得资助 30 万元。其中包括 1 项国家级创业实践项目；4 项国家级创业训练项目；4 项校级创业项目；9 项国家级创新训练项目；8 项北京市"大学生科学研究与创业行动计划"项目；8 项校级创新基金项目。研究生本年度发表独著或第一作者论文 71 篇，核心期刊 2 篇；本科生发表核心期刊 1 篇。

【举办"职业·创新与发展"新年论坛】 1 月 1 日，MBA 教育中心在学院路校区举办了以"职业·创新与发展"为主题的新年论坛。柴小青、国家发改委国际合作中心全球化研究所常务副所长徐祥圣、王玲、黄太吉传统美食创始人赫畅分别发表了专题演讲。中心任课教师代表、企业界嘉宾、校友代表及学生代表出席了本次论坛。本次论坛旨在为同学们搭建法商管理教育创新与发展年度交流的平台，为同学们未来创业及就业指明了方向。

【开展为期 10 天的美国访学活动】 4 月 25 日，由孙选中、柴小青带队，MBA 中心开展的为期 10 天的美国访学活动开启。此次活动使 MBA 学员亲临美国哈佛大学、美国耶鲁大学、美国宾夕法尼亚州沃顿商学院、美国乔治敦大学、美国西点军校等知名院校，并与重量级教授进行了精彩互动。同时，到访纳斯达克开市现场，对纽约联邦储备银行地下金库以及著名的制造型企业哈雷摩托进行了参观，使学员对美国的历史、文化、政治与经济有了进一步的了解。

【举办"法商校友活动日"】 6 月 14 日，"法商校友活动日"在学院路校区举行。本次活动以"那些年我们一起走过的法商之路"为主题，以"搭建资源共享平台，全力打造品牌形象，塑造品牌影响力"为理念，以"创新、沟通、整合"为目标，旨在为广大校友打造一个资源共享的法商平台,以便有机会接触和分享精英校友的发展经历和成功经验。校友活动日结束后,召开了第四次全体理事大会。孙选中、柴小青、校友分会会长何丹、肖富荣、MBA任课教师、历届(本科、研究生、MBA)校友及在校生等出席了本次活动。

【3项教育管理创新项目获得立项】11月26日,由院务会组成的专家组听取了教育管理创新项目申报人的答辩,通过了李琼华申报的"积极心理学指导下家庭经济困难学生培养研究——以2011级本科贫困生为例"、张婷申报的"商学院研究生教务管理工作规范化研究"和郭虹申报的"商学院本科生考研情况调查研究——以商学院2010级、2011级本科生为例"3个项目,每项资助5000元。何欣的"中国政法大学本科生创业教育研究"、唐丽娟的"交互式教学管理平台的构建与创新"等2个项目获得结项。

【举办2014年度颁奖典礼暨2015年新年晚会】12月28日,由分团委主办,学生会承办的"商院华章"——商学院2014年度颁奖典礼暨2015年新年晚会在昌平校区举行。北京人富律师事务所主任,1995级校友何丹、北京岳成律师事务所姚宏宇、商学院陈明生、李欣宇、李景华、孙忠群、杨丽花、巫云仙、刘志雄、各年级辅导员及全体同学参加了本次活动。本年度颁奖典礼主要包括4个奖项:"商院英才"年度人物、"人富奖助学金""岳成律师事务所奖教金、奖学金""新商经杯论文大赛"。

【举行第五届行政工作理论研讨会】12月12日,以"规范化服务,人性化管理,职业化精神,建设高水平的商学院"为主题的第五届行政工作理论研讨会在学院路校区举行,陈明生、李欣宇、政治与公共管理学院分团委书记吕茂相、校就业创业指导服务中心就业指导部徐庆及学院各办公室工作人员共计30余人参加了会议。本次研讨会共提交论文9篇,内容涉及学生管理、就业指导、创业教育、教学考务管理、MBA项目推广等多个方面。目的在于不断提高行政工作人员的理论水平,强化先进理论在工作中的实践与应用,切实提高学院的行政服务与管理水平,促进全院教学科研工作的全面有序有效开展。

【校青年教师创新团队建设获得新突破】年内,学院获得校青年教师创新团队资助1项,和社会学院合作团队资助1项,资助金额为112.5万元。由刘志雄负责的,杨丽花、李宗怡、刘婷文、刘毅组成的"食物与农业经济研究团队",以"中国农业市场局部均衡模型的构建与应用"为研究方向,获得学校75万元资助。由李超和社会学院张莉共同负责的,张弛、霍钊、张毅来、张璞媚、顾凡和社会学院部分教师组成的"社会学和经济学创新团队",以"对中国老人养老选择以及中国养老产业的研究",为研究方向,获得学校75万元资助,为商学院得到资助总额的50%。

【入选智库培育团队】年内,由杨帆、李晓作为首席专家和巫云仙、李泳、于森作为研究骨干及其他校内外研究专家共13人组成的"经济体制改革与金融市场体系建设研究团队"入选校智库培育团队。2年资助经费20万元。该团队举办了"如何开展对策性科研"专题研讨会,按照学校"特""专""新""优"的要求,向校科研处提供了7篇稿件。其中邓达——"关于扎实推进北京城市文化形象建设的建议"刊发在《法大智库建议》。

七、人文学院

【概况】人文学院成立于2002年6月,涵括文、史、哲、艺4个一级学科门类,设有2个本科专业,法治文化交叉学科1个博士点,12个硕士专业。下设3个委员会,5个教学机构,8个学术研究中心,4个行政机构。人文学院以"法大人文、人文法大"为办学理念,加强专业教学,努力做到与其他著名高校的专业教学看齐。重视素质教育,开设了大量全校性的通识核心课程和通识主干课程,通识教育逐步成为学院发展特色。在学术研究与学科建设上,重视人文学科与法学学科的深度结合,法治文化、法律逻辑、法律语言、法治文学、法律与宗教等新兴交叉学科在全国产生了较大影响。

现有教职工68人,专任教师58人,其中教授18人、副教授27人,8名教授具有博导资格。现有全日制在校学生共404名(本科生240人,研究生164人),其中四年制普通本科生240人、硕士研究生144人,博士研究生17人,博士后研究人员3人。

教学工作方面,共有教师97人次开设本科生课程253门次。100人次开设本科生课程215门次,其中包括1门核心通识课,6门通识主干课,2门"虚拟第三学期"网络课程,13门"法大微课",15门导读课。获批2项校级教改项目。

科研工作方面,国家社科基金后期资助项目获批1项,全国教育科学"十二五"规划2014年度课题获批2项,北京市哲学社会科学规划项目获批1项,校级人文社会科学项目获批4项,横向课题获批4项。成功举办学术研讨会5场,举办"人文高端讲坛""中华文明大系""法治与文化""华岩论坛""北辰论坛""中文论坛""蓟门谈史""法律语言课堂""西马论坛"等系列讲座32场,专业教师有48人次参加了各类国内、国际学术会议。

师资队伍建设方面,哲学研究所接收1名博士后出站人员、中文教研室接收1名应届博士毕业生、历史研究所接收1名博士后出站人员充实教师队伍。1人入选"中青年骨干教师海外提升专项资助计划",顺利开展了教职工年度考核、教师岗位晋职晋级、基层教学组织换届以及科级岗换届聘任工作。

外事工作方面,邀请4位国外专家学者举办学术讲座。与英国班戈大学孔子学院执行院长大卫·乔尼尔(David Joyner)进行座谈,双方在暑期班、学术研讨会、师生交流等方面交换了意见,并表示会继续就合作细节问题进行磋商。启动了"美国密西根州立大学暑期班项目"。

【召开全体教职工大会】3月20日,在昌平校区召开全体教职工大会,选举学校"第六届教职工代表大会暨第十二届工会会员代表"以及学院第三届工会委员,选举由学院分党委书记兼副院长杨军主持。经无记名投票,选出5名校代会代表,祁志锐、孟彦文、邓庆平、金莉莉、王建芳,3名学院工会委员,罗世琴、康晨宇、李勇。之后,工会委员召开第一次会议,推选罗世琴为学院新一届工会主席。

【举办中国问题论衡】4月~6月,由中华文明课程组、人文学院主办,人文学院学生会承办,2014~2015年学年第一学期"中华文明通论"课程各班协办的"中华文明通论"课程配套活动——"中国问题论衡"在昌平校区举行。"中国问题论衡"活动以各小班为单位。各班根据对中华文明的历史与传统、解读与构建、现实与未来的思考，自行设计问题、搜集资料并提出可能的解决方案。活动通过小班准备、现场论衡、视频制作、大班展示、资料提交等环节，力图推动同学们问题意识的自觉与思维能力的提高，使大家进一步加深对中华文化的认识与思考，增强中华文明传承与发展的责任感。

【展演话剧《罗密欧与朱丽叶》】5月16日，由学院中文系李忠实老师改编、中文系2011、2012级以及其他众多院系同学参与演绎的莎翁经典戏剧《罗密欧与朱丽叶》圆满落幕。此刻正值中国政法大学校庆62周年纪念日，与两年前法大60周年校庆时演出的《哈姆雷特》相比，人文师生以更为庞大的演出阵容和精彩的舞台效果再次为塑造具有深厚人文精神的法大增添了浓重的色彩。

【召开学位评定委员会分委员会会议】5月22日，学院学位评定分委员会会议在学院路校区召开，审议2014届38名硕士研究生、3名博士研究生学位授予事宜。对11个答辩委员会推荐的10篇硕士优秀论文、1篇博士优秀论文进行评议，投票表决推荐石梁、盛泽虎、吴俊杰、李芙馥等4名硕士生的学位论文、姚泽金的博士学位论文作为校级优秀论文候选论文。同意个别老师提出的博士生导师招生资格转回人文学院法治文化专业博士点的申请。会议还依据《中国政法大学硕士生导师遴选办法》《中国政法大学研究生导师职责规范》针对加强导师在研究生培养方面的职责进行了讨论。

【举办学院第二次学生代表大会】5月24日，学院第二次学生代表大会在昌平校区举行。莅临此次大会的有院分党委书记兼副院长杨军、分党委副书记兼副院长尹晓华、分团委书记杨莉莉、辅导员黄静然，校学生委员会主任、法学院、民商经济法学院学生会主席等。会顺利选举产生人文学院第三届第一任学生会主席团。

【参加第三届北京市大学生书法大赛】6月8日，由北京市教委组织、首都师范大学承办的北京市大学生书法大赛第三届比赛落幕。本次大赛共有41所在京高校的491件作品参与角逐，96件作品入选决赛。通过校内选拔赛向大赛选送五位选手的9件优秀作品，最终以一等奖1名、二等奖2名、三等奖2名的优异成绩载誉而归。

【举办法治中国与法治文化研讨会】7月26日，由中国政法大学法治与文化研究中心主办，汕头仲裁委员会、重庆帅升房地产开发公司协办的"法治中国与法治文化"研讨会在汕头举行。共有自来全国多所高校及研究机构的专家学者、当地政府和法检系统等实务部门代表、公司企业代表及部分媒体记者等共百余人出席了本次研讨会。中共汕头市市委常委、中共汕头市政法委书记谢泽生同志在致辞中强调此次学术会议在汕头的召开对落实三中全会精神、全面深化司法体制改革都具有十分重要的理论和现实意义，并希望以后和人文学院展开更多的合作。

【举办"卫所体制与明清帝国"国际学术研讨会】8月16日~20日，由香港中文大学、中山大学历史人类学研究中心、人文学院主办的"卫所体制与明清帝国"国际学术研讨会在河北蔚县举行。会议由历史研究所邓庆平副教授筹办，共有来自美国哈佛大学东亚语言文明系、加拿大英属哥伦比亚大学、香港中文大学、北京大学、中山大学、中国政法大学、厦门大学、武汉大学、山东大学、兰州大学、青海省社会科学院文史研究所、内蒙古师范大学、河南中医学院等科研机构的二十余名学者出席。会上，学者们从不同的视角出发，讨论作为国家重要制度的卫所体制对明、清两代乃至现代地方社会的影响。

【举办民族精神与文化发展研讨会】9月17日，民族精神与文化发展研讨会暨《民族精神与文化主题书系》出版座谈会在学院路校区举办，研讨会由黑龙江出版集团主办，中国政法大学、中国新闻出版传媒集团协办，人文学院承办。校党委副书记高浣月、黑龙江省委宣传部常务副院长李寅奎、国家新闻出版广电总局宋明昌先后致辞，都对书系的选题及意义给予了高度评价，认为对弘扬以爱国主义为核心的民族精神，以改革创新为核心的时代精神等方面，都具有十分重要的意义。

【在第五届中国政法大学人文知识竞赛暨北京市人文知识竞赛中获得二等奖】11月14日，我校2个代表队在北京市人文知识竞赛决赛中均获得二等奖的好成绩，指导教师分别为盛百卉、刘黛。这2个代表队是由学院举办的第五届中国政法大学人文知识竞赛校内选拔赛中选拔而出。

【举办第十一届中国灾害史年会暨"灾害史的理论与方法"学术研讨会】11月15日~16日，第十一届中国灾害史年会暨"灾害史的理论与方法"学术研讨会在北京举行。会议由中国灾害防御协会灾害史专业委员会、人文学院、中国水利学会水利史研究会、中国人民大学清史研究所暨生态史研究中心、中国可持续发展研究会减灾专业委员会主办，人文学院历史研究所承办，来自各高校和研究单位的近80位学者与会。与会学者从多个学科层面广泛讨论了中国各个历史时期、各个地域、各种类型的灾害特征、成因、时空变化，以及自然灾害与人类活动的相互关系等问题。

【《求是》刊登李德顺教授文章】11月16日，《求是》刊登李德顺教授文章"怎样科学对待传统文化"，文章指出：科学地对待文化传统，首先要实事求是地把握文化的本质和特性，明确文化主体的权利和责任；其次，必须自觉地把握文化的主体性尺度。当前要以重振中华民族精神为根本，着重处理好"古今""中外"等方面的关系，把握好文化建设的主体尺度，并从理论和实践相结合的高度，将其贯彻于中国特色社会主义文化建设的方方面面，构筑起本国本民族思想文化自尊、自信、自立的精神家园。

【举办第四届中华文明月活动】11月17日，由中华文明通论课程组、人文学院主办，院学生会承办的第四届中华文明月开幕式暨"中国传统文化"课程实践演示汇报在昌平校区"中华文明创意作品展"现场举行。校党委副书记兼副校长冯世勇、教务处处长于志刚、副处长孙园植、院长文兵、院分党委书记兼副院长杨军、副院长赵晓华等嘉宾出席，开幕式由副院长、中华文明通论课程负责人俞学明主持。罗世琴、卢燕娟、崔玉珍等老师和热爱中华传统文化的同学们参加了开幕式。本届中华文明月将参与组织和展示的课程扩大到了3门，活动期间将开展学生创意作品展、民族服饰展和中华文明大系学术讲座，修习"中华文明通论""中国传统文化""书法艺术"3门课程学生的书画、剪纸、手工艺品等作品将在逸夫楼展厅展出，同时举办的还有罗世琴老师主持的"中国传统文化"课程的现场演示活动。作为全校通识选修课，"中国传统文化"课程一直强调讲授和学生实践的结合，课堂展示是课程连续3年坚持的活动，此次以展厅现场连续展示三天的方式，让更多的同学了解了传统文化，参与传统文化的体验认知和传统工作。

【举办教学基本功大赛与教学观摩研讨】11月20日，人文学院青年教师教学基本功比赛暨教学观摩研讨会在昌平校区举办。高文婷获得一等奖，崔玉珍获得二等奖，两位教师代表学院参加学校第十二届青年教师教学基本功大赛。赛后，与会教师就网络课程建设等问题进行研讨，俞学明介绍了网络课程建设情况，要求教师做好从传统教学方式向多种新型教学方式转变，刘震介绍在网络课程建设的相关经验，与会教师就网络课程建设等问题进行了研讨。会议期间，还播放了第十一届基本功大赛一等奖获得者卢燕娟参赛时的视频录像。

【举办全国首届"语言、证据与司法文明"高端论坛】12月14日，全国首届"语言、证据与司法文明"高端论坛在北京举行。论坛由司法文明协同创新中心、中国政法大学语言与证据研究中心和《中国政法大学学报》编辑部联合主办。来自中国政法大学、香港中文大学、中国人民公安大学、中国传媒大学、北京语言大学、山东大学、浙江大学、西北政法大学、国家检察官学院、教育部语言文字应用研究所、北京市第一中级人民法院、北京市人民检察院第二分院、北京市京都律师事务所等20多家高校、科研单位和实务部门的70多位专家学者和在校博士生、硕士生参加了本次论坛。本次论坛分为主旨报告和专题报告两个部分，专题报告中又分为两个专题：一是言词证据与证据规则；二是法律语言与司法文明，与会专家针对主题展开了深入讨论。

八、外国语学院

【概况】中国政法大学外国语学院是一所多语种、开放型的学院，成立于2002年6月，前身是1994年9月成立的中国政法大学外语系。目前，学院教职工98人，专职教师83人，教授12人，副教授41人，讲师30人。外院具有博士学位的教师31人，具有硕士以上学位的教师79人，占95.1%。有海外背景的教师62人，占74.6%。现有全日制在校学生共548名，其中四年制普通本科生507人，硕士研究生41人。

学院下设教学单位有英语系、德语系、公共外语教学部。主要负责英、德、日、俄、法、意、西等语种的公共外语教学工作，承担英语、德语专业的本科教学任务，以及外国语言文学硕士研究生的培养工作。外国语言文学硕士点包括英语语言文学、德语语言文学、俄语语言文学和法语语言文学四个学科。学院还设有四个学术研究机构：大学英语研究中心、德国文化研究中心、法律翻译研究中心和法律英语教学与测试研究中心。2014年7月，法大申报的翻译硕士专业学位（MIT）正式获得国务院学位办批准，设立了中国政法大学MTI教育中心。中国政法大学MTI计划于2015年正式招生。

2014年，外国语学院完成了英语、德语专业的本科、双学位、商学院国际商务、法学实验班等特色专业的教学任务，以及外国语言文学硕士研究生的培养工作。此外，还承担全校英、德、日、俄、法、意、西等语种的本科生、硕士研究生和博士研究生的公共外语教学工作。2014年，学院授课逾276门，开课逾96门次，课时逾12 810课时，本科生选课学生逾9202人次。学院英语专业、德语专业必修课开课37门，通识必修课开课14门，必修课开课率为100%。

秉承"培养具有国际竞争力的复合型人才"这一宗旨，英语专业教研室继续深入进行以培养国际化卓越法律外语人才为目标的英语专业教学改革。经过调研形成了专业改造方案。同时，成立专业改造小组，将调研和研讨的结果及时地更新在改革方案中。经过本专业教师、校外专家、校内专家等不同层面的反复研讨和论证，英语专业教研室结合中国政法大学独特优越的法学环境，经过反复论证和修改，最终确定设立"英语（法律英语方向）"和"翻译（法律翻译方向）"这两个特色专业的改造方案。该方案于2014年6月经审议通过，将从2015年新生开始执行。

2014年，外国语学院共举办学术讲座10场，其中3场为名家论坛讲座。讲座内容主要涉及法律语言学、法律翻译、英美文学、英语教学等方面。外国语学院教师应邀去外校举办学术讲座8场，学校包括：南开大学、中央财经大学、西北政法大学、美国普渡大学、北京体育大学等。

2014年，外国语学院共主办或协办学术会议4次，其中国际会议3次，院级会议1次；外国语学院举办学术委员会工作会议2次。6月7日~8日，第四届"中国法律英语教学与测试国际研讨会"暨"全国高校法律英语教师高级研修班"在中国石油大学（华东）隆重举行。此次研讨会由中国政法大学外国语学院、北京外国语大学法学院、中国外语教学研究会ESP专业委员会和法律英语证书（LEC）全国统一考试指导委员会主办。

6月13日~16日，第四届国际法律、翻译及文化（LTC4）国际学术研讨会在华东政法大学召开，中国政法大学外国语学院为协办单位之一。10月19日~21日，第四届法律、语言与话语（LLD4）国际研讨会在西北政法大学召开，中国政法大学外国语学院为协办单位之一。2014年底，外国语学院大学英语教学与改革项目召开课题结项会议。

2014年，学院共有两名教师获批国家科研立项。其中，孙平华教授的"历史性共同标准的达成——张彭春与世界人权宣言"项目获批"国家社会科学基金中华学术外译项目"立项；张清教授的"依法治国背景下培养法治思维的法律修辞研究"项目获批"2014年度国家法治与法学理论研究项目"立项。2014年1月1日~12月31日，学院教职工共发表学术论文138篇、著作49部、研究报告1篇。

2014年学院有3位教师获得各级科研奖励，获奖情况如下：

孙平华教授的"《世界人权宣言研究》（2012年北京大学出版社出版）"荣获北京市第十三届哲学社会科学优秀成果奖二等奖。

孙晓磊老师负责的小组获外研社全国高校外语教学发展研讨会及微课培训班一等奖；张磊老师获得第三届"中国政法大学青年教师优秀科研成果奖"三等奖。

2014年度，学院教师积极参加学校的中青年骨干教师海外提升项目，学院5名教师（王冬梅、闫琛、李昕、刘瑞英、李秀丽）获得中青年骨干教师海外提升项目资助。

学院圆满完成2014年岗位聘任工作。结果如下：1人晋职教授三级岗位（沙丽金）。1人晋职法学外公共基础学科教授四级岗位（苏桂梅）。4人晋职副教授七级岗位（史红丽、赵静静、李昕、张文娟）。2人晋级副教授五级（张美常、袁朝晖），4人晋级副教授六级（田力男、刘华、李崑岩、李星），1人晋级讲师八级（张卓娟），2人晋级讲师九级（刘小妍、李小龙）。首次聘用人员讲师十级3人（丁韬、李烨、孙蕾）。

人才培养方面，外国语学院2014届本科毕业生人数137人，其中93人继续修读"4+1"双学位（其中20人已经获得了比较法学院的推免保研资格），2014届本科毕业生人数为44人（英语专业43人、德语专业1人）。继续升学读研究生的25人，继续升学读4+2双专业双学位的同学为2人，出国出境的9人，签订三方协议并已就业2人，签订劳动合同就业3人，自主创业1人，本科生就业率为95.45%。

2014届英语语言文学专业硕士毕业生人数7人，3人进入事业单位（均为高校），3人进入党政机关，1人升学攻读博士学位。截止到2014年9月19日，本科生和研究生全部就业，就业率96.09%。

合作交流方面，外国语学院设置暑期"国际小学期"，面向全球开放国际暑期学校1个、国际暑期访学研修项目2个。与SAF海外学习基金会合作，举办第四届哥伦比亚大学语言文化项目暑期班。2014年，学院继续开展校际学生交换项目，2014年，德语系2010级、2011级、2012级张甜、王聪聪等7名同学获得秋季学期去科隆大学交流学习一学期的机会，其中两人获得国家留学基金委奖学金。本年度共有7名德语系学生参观德国大学及议会交流，其中2人获国家留学基金委奖学金。德语专业另有1名学生赴台湾交流。德语专业4名学生赴华东师范大学、厦门大学、武汉大学交流学习。英语专业1名同学参加Aiesec俄罗斯sunshine暑期项目，1名同学参加Aiesec孟买Bombay Country Trust暑期项目。此外，学院学生还分别赴美国哥伦比亚大学、加拿大蒙特利尔大学、厦门大学、中山大学、武汉大学、华东师范大学等校交流学习。

社会服务方面，2014年，外国语学院承担全国公共英语等级考试工作并圆满完成任务。学院学生同时在本年度参加了APEC会议、国际长走、国家大剧院、鸟巢、北京工人体育馆等场所的志愿者服务。

【在北京市青年教师教学基本功大赛中获得特等奖】5月25日，学院教师管雯获得北京市青年教师教学基本功大赛特等奖；并荣获北京市高等教育学会研究生英语教学研究分会第五届青年教师教学基本功大赛特等奖，这也是我校参加此项比赛历来最好的奖项。

【学院教师评为法律语言学博士生导师】6月，经由学校学位委员会批准通过，外国语学院张清老师担任法律语言学博士生导师。

【开展学院成立20周年纪念活动】6月~9月，学院展开一系列纪念活动庆祝学院成立20周年。6月16日，举行离退休教职工座谈会。7月9日，全院教职工、离退休老教师合影留念。9月17日，举办"中国政法大学外国语学院20周年院庆暨国庆65周年自助酒会"。9月，出版了《印象青春 爱在外院——中国政法大学外国语学院建院20周年纪念文集》，收录了现任教职工、离退休教师、曾经在学院工作的教师和校友与学生们提交的106篇文章和大量新老照片并得到法大终身教授江平先生、黄进校长、张桂林副校长的题词祝贺。

【成立中国政法大学MTI教育中心】7月，中国政法大学MTI教育中心获批成立。法大申报的翻译硕士专业学位（Master of Translation and Interpreting，MIT）正式获得国务院学位办批准，成立了中国政法大学MTI教育中心，法大MTI计划于2015年正式招生。目前正在开展法大MTI的宣传工作、网站建设、课程建设、招生工作以及设备购置工作，具体工作按序进行中。

【完成2014年度岗位聘任工作】11月，外国语学院完成岗位聘任工作。1人晋职教授三级岗位（沙丽金）。1人晋职法学外公共基础学科教授四级岗位（苏桂梅）。4人晋职副教授七级岗位（史红丽、赵静静、李昕、张文娟）。2人晋级副教授五级（张美常、袁朝晖），4人晋级副教授六级（田力男、刘华、李崑岩、李星），1人晋级讲师八级（张卓娟），2人晋级讲师九级（刘小妍、李小龙）。首次聘用人员讲师十级3人（丁韬、李烨、孙蕾）。

九、继续教育学院（网络教育学院）

【概况】中国政法大学继续教育学院是中国政法大学开展成人高等教育和继续教育的专门机构，是中国政法大学实行开放教育的重要平台。

学院现有员工90人，其中社会聘用55人。学院下设综合办公室、司法考试中心（司法考试学院）、司法职业教育中心、成人学历教育中心、发展战略研究中心、政府与企业管理教育中心及高尔夫规则与文化研究中心等机构，并与网络教育学院合署办公（一套人马，两块牌子），分别承担相应的职能。其中成人学历教育设有法学一个专业，年内，夜大学招生591人，函授招生463人，共计招生1054人；夜大毕业生590人，函授毕业生533人，共计毕业生为1123人。职业能力教育项目招生120人，在校学生506人。为校内司法考试培训800余人，社会司法考试培训722余人，网络全程班培训300余人。为各级党政机关、政法部门和企业行业系统开展各类短期培训班共计26期，培训2986人。海外留学项目按照学校要求，今年全面停止招生。

成人学历教育方面，学院充分利用学校学科资源优势，稳步加强与地方高职院校的合作，在云南司法警官学院建立函授站，共同开展法学函授教育，今年起正式招生。与此同时，学院积极探索并实施成人教学方式的改革，一方面充分利用现代信息化手段，探索实施网络化教学模式，推动传统学历教育教学模式的改革。另一方面付诸实践，逐步开展网络课程。在夜大学的两个年级，已经相继开展了8门次的网络课程，有效缓解了工学矛盾问题，实现了传统学历教育与现代教学模式的有效对接。2014年，招收新生1054人，其中夜大学新生591人，函授新生463人；完成毕业学生1123人（其中夜大学590人，函授533人）的离校相关工作；全年共完成1966人的学位授予相关工作，其中夜大学学生149人，函授学生105人，电大学生1628人，法官学院学生84人。

学院认真总结往年司法考试培训成功经验，不断创新培训模式。积极拓展并建立合作基地，扩大社会培训的力度与市场占有率。同时，充分利用现代远程技术，宣传推广网络培训，积极而有效地满足各类学员的个性化学习需求，丰富培训内容，优化学习模式，发挥法大自身的学科优势和师资优势，顺利完成培训任务，为学校争取到了良好的经济效益和社会效益。据统计，本年度针对在校生学生培训共计800人，网络培训学员300人，其他各种班次面授学员722人，取得了应有的培训效果。

政法干部培训工作方面，不断巩固已有培训项目，并与公检法部门建立了长期合作关系。今年，学院共完成申请律师执业人员岗前培训8期，培训1276人。同时，与北京律协积极开展新的合作项目——在2014年5月，双方联合举办了一期"法律英语与涉外法务职业技能提升"培训班，培训学员共计59人。分别为太原市法院、内蒙古自治区法院、司法鉴定局、四川省公安厅、广东江门监狱、安岳县政法部门等单位开展6期培训班，共计培训学员409人，为学校赢得了良好的社会声誉。

政企干部和行业培训方面，学院积极与各政府企业建立有效的沟通联络机制，不仅拓展了合作领域，而且也丰富了学院干部培训的内容。2014年，先后为新疆维吾尔自治区奇台县、扬州和宿迁市法制办、中国国际经济贸易仲裁委员会、国网冀北电力有限公司、中国铁建股份有限公司、华电国际公司及昌平区领导干部举办各类主题培训12期，培训人数1242人，在政府、企业和行业产生了良好的影响。

网络教育工作方面，2014年，网络教育学院积极开展以远程非学历教育为主的社会服务工作，有计划、分步骤地开发了一批远程教育服务平台和教学资源：完成同等学力课程网络学习平台的建设，目前已具备宪法与行政法、刑法学、国际法学3个专业上线运行条件。完成律师培训平台的建设，通过资源的引进和与专业机构共同开发，已积累了150门课程，近500个课时的特色课程，具有课程内容功能、学习功能、交流功能、作业和评估功能、行政和管理功能、反馈和评价等六大功能，并可根据用户需求随时调用或探讨使用模式。

拓宽合作项目方面，学院积极探索，创新模式，实现各个领域的多元合作。利用现有资源校友会、校董会等固有渠道，依托地方资源，广泛调研，优势互补，进一步加强与政法系统、企事业单位、行业协会及地方政法院校的广泛而深度的合作。现已同北京、天津以及石家庄、哈尔滨等省市律协洽谈合作事宜，积极搭建律师培训平台。分别与黑龙江政法管理干部学院和海南政法职业学院签署战略合作协议，双方将充分发挥各自的优势，共同建立教育培训基地，并就函授教育、同等学历网络课程培训、司法考试培训，当地公、检、法、司系统的干部、律师仲裁公证行业培训，以及企事业单位中高层领导干部的培训等项目，开展全方位的合作。与云南司法警官职业学院就上述合作事宜也已达成初步共识。在引进外部资源上，已促成与力行中天投资有限公司向我校教育基金会签订捐赠协议，捐赠人民币1000万元；同时投资1000万元，与我校合作网络教育学院的运营以及开展网络教育项目。

【承办首届中国律师业战略发展论坛】6月14日~15日，为庆祝中国政法大学建校62周年，由学校主办，继续教育学院、校友工作办公室承办，北京市朝阳区律师协会协办的首届"中国律师业战略发展论坛"在北京举行。出席论坛的校友均为各地司法行政机关、律师协会的领导、全国知名律师事务所负责人以及高校科研机构的专家学者和律师界精英。本届论坛以"现代律师事务所的治理与发展"为主题，力求全面提升我国律师事务所管理者的领导力，培育职业化、专业化的中国律师事务所管理者阶层，拓展我国律师事务所管理与发展的新思路、新理念、新路径。

【与黑龙江省政法管理干部学院和海南政法职业学院签订合作协议】9月23日和9月27日，学院分别与黑龙江省政法管理干部学院、海南政法职业学院签订战略合作框架协议。双方将充分发挥各自的优势，共同在当地建立"中国政法大学教育培训基地"，并就函授教育、同等学历网络课程培训、司法考试培训，当地公、检、法、司系统的干部、律师仲裁公证行业培训，以及企事业单位中高层领导干部的培训等项目，开展全方位的合作。

【高级政法管理干部进修中心并入继续教育学院】 经 5 月 23 日党委常委会批准，撤销中国政法大学高级政法管理干部进修中心独立建制，原有名称保留，职能及人员编制并入继续教育学院。

【调整学院内部机构】 年内，在学校岗位换届聘任工作中，学院根据学校中心工作要求和继续教育综合改革和发展的需要，对内部机构进行调整。撤销海外留学教育中心，在原项目研发中心基础上，成立发展战略研究中心。

【1 人被聘为北京高校继续教育（网络教育）专家】 年内，教育部委托北京市教委牵头，会同广东省、黑龙江省教育厅组成专家组，调研、制定高校继续教育学习中心管理办法。为此，北京市教委高等教育处聘请刘守仁同志为北京高校继续教育（网络教育）专家，参加教育部高校继续教育专项工作。

十、国际教育学院（港澳台教育中心）

【概况】 国际教育学院于 1999 年，在原学校留学生管理处、港澳台学生管理处和中国国际高级法律人才培训中心（北京）办公室的基础上成立，目的是为充分发挥学校的办学优势，进一步加强对外交流与合作，积极开拓国际教育市场，更好地开展涉外培训，强化对留学生及港澳台学生的管理。国际教育学院下设留学生暨港澳台侨学生办公室、国际合作部、对外汉语培训中心、综合办公室等部门，学院现任院长为张丽英教授。学院现有教职工 14 人。自成立以来，本着"厚德　明法　格物　致公"的校训，学院培养了一批又一批优秀人才，其中包括在中国大陆第一个来自台湾的法学博士和第一个外国法学博士，在学院学习法学专业的外国留学生及港澳台侨学生人数也位居全国高校前列。学院目前开展的教育培养工作包括学历教育、英文学位项目、汉语言教育、国际交流生教育、高级访问学者访学。

2014 年，学院累计招收到校学生 1099 名，其中港澳台侨学生 503 人，外国留学生 596 人，截至 2014 年 12 月底，学院在籍外国留学生为 408 人，港澳台侨学生为 503 人，总计在籍外国留学生及港澳台侨学生 911 人，其中外国留学生来自 104 个国家和地区。

年内，学院开展全英文授课中国法法律硕士项目改革工作。改革重点是课程改革，不仅大幅增加了课程数目（将原有的 8 门课增加为 19 门课），更是大大丰富了课程内容，并且在选修课中增加了中国文化的元素，让学生在学习中国法律的同时也有机会了解中国文化。改革的第二项内容就是制作新的招生简章、培养方案等文件。此外，学院还为项目专班的学生配备了学习伙伴，可以在语言、生活及学习等各个方面为学生提供帮助；为任课教师配备教学秘书，以方便教师更好地完成教学任务、提高教学质量。

学院校际交流生培养能力逐步增强。2014 年度，学院共接收 105 名校际交流生，分别来自意大利、德国、法国、阿根廷、西班牙、冰岛、瑞典、丹麦、荷兰、捷克、墨西哥、土耳其、日本、中国台湾等 27 个国家和地区。近 5 年，我校派出学生人数也呈迅猛增长趋势，2014 年派出学生共计 110 人。

年内，学院开展了各类文体活动。10 月 31 日举办的万圣节活动，吸引了 100 余名内地、港澳台侨及外国学生参加；Oday迎新日活动；旧书回收分享活动；组建篮球队，平日在课余时间训练，本学期跟其他学院篮球队共进行了两场友谊赛，均获胜；举办外国留学生国际文化周活动；举办圣诞派对，来自德国、俄罗斯、罗马尼亚、越南等国家的留学生们齐聚一堂，欢度圣诞；组织文化体验课及参访活动，北京市教委组织了中华文化大课堂系列专题讲座活动，学院多名留学生参访了老舍茶馆。

【举办2014年中国政法大学中外文化节】 4月~6月，学院与校团委共同举办了我校第十届名为"同一天空，五洲共融"的中外文化交流节。中外文化节以其浓郁的特色和精彩的内容受到了校内外的广泛关注，成为我校最具影响力的特色活动之一。该活动旨在加强外国留学生与我校港澳台及内地同学的相互交流与沟通，使同学们在活动过程中可以更加深入地了解中外各国的多元文化。

【举办"拾·悟"纪念澳门回归十五周年澳门画家作品高校巡回展】 11月17日~24日，学院举办了澳门画家作品展。此次展览由我校党委宣传部、国际教育学院、北京（高校）澳门学生联合会共同主办，由国际教育学院学生会承办，澳门特别行政区政府高等教育辅助办公室赞助。活动吸引了约千名师生参加，不仅使师生更加了解澳门，也使同学们对学院有了更多了解和认识。

【开设外国语言文化开放课】 年内，学院举办了外国语言文化开放课。此次系列课程旨在为我校外国留学生提供展示本国语言与文化的机会，期间，由来自德国、意大利、韩国、日本、土耳其、俄罗斯、玻利维亚、罗马尼亚、刚果（金）等国留学生任教，对参加开放课的中国学生进行小班授课，修满课程的同学可获得由学院颁发的结业证书。外国语言文化开放课不仅增进中外学生接触多语言的机会，更促进了中外学生对多元文化的相互了解和尊重。

【参加港澳台侨学生摄影比赛】 年内，在第四届北京高校港澳台侨学生摄影比赛中，学院2011级本科生张凯莉（香港）、2012级本科生宋国全（台湾）获得三等奖，我校获得优秀组织奖。

【参加校运动会】 4月26日~27日举行，学校运动会在昌平校区举行。学院约30名学生参与了开幕式方阵，约20名学生参与比赛并在乙组中取得第四名的成绩。11月1日，在学校新生运动会上，学院在乙组中获得第二名。

【举办第五届北京市外国留学生汉语之星初赛】 5月~6月，第五届北京市外国留学生汉语之星大赛初赛在我校学院路校区举办。来自北京大学、清华大学、北京师范大学、北京邮电大学、中国农业大学、中央财经大学、北京航空航天大学等26个高校的150多名留学生参加此次比赛。大赛初赛分为"串词讲故事"和"汉语才艺秀"两个部分，既考验了留学生的汉语水平和应用能力，又表现了他们对中国文化的学习和理解。选手们为晋级比赛精心准备，初赛赛场精彩纷呈。在该比赛的决赛中，我校留学生玛丽娅在全北京700多名参赛选手中脱颖而出，荣获汉语之星决赛二等奖，我校荣获汉语之星大赛优秀组织奖。

【继续举办中国法律暑期学校】 5月30日~6月20日，学院与美国杜肯大学继续合作举办"中国法律暑期学校"，今年是第19年，共有15名学生参加。在法律课程学习之余,项目还安排了访问金杜律师事务所、到昌平区法院旁听案件审理、参观人民大会堂等活动。课程学习结束后,学生赴北京百瑞律师事务所和北京高文律师事务所进行了为期两周的实习。

十一、马克思主义学院

【概况】 马克思主义学院成立于2005年6月,其前身是1985年成立的中国政法大学马列主义理论部,以及2002年成立的中国政法大学马克思主义理论教学与研究中心,2005年正式成为独立的、直属于学校领导的思想政治理论课教学科研二级机构。学院一方面承担全校本科生、硕士研究生和博士研究生的思想政治理论课的教学任务,为我校人才培养起思想导航和信念支撑作用;另一方面培养具备系统的专业知识和实践能力,有开放的视野和为社会服务的公共意识,能将马克思主义理论应用于中国特色社会主义现代化实践的本、硕、博多层次专业人才,此外还从事马克思主义理论研究工作。

马克思主义学院现有思想政治教育本科专业,马克思主义理论一级学科硕士点和马克思主义理论一级学科博士点,以及中共党史专业硕士点。开设的马克思主义理论二级学科硕士专业有:马克思主义基本原理、马克思主义中国化研究、马克思主义发展史、国外马克思主义研究、思想政治教育、中国近现代史基本问题研究等。开设的马克思主义理论二级学科博士专业有:马克思主义中国化研究、马克思主义基本原理、思想政治教育和国外马克思主义研究。马克思主义中国化研究和马克思主义基本原理是北京市重点学科。

学院现有专任教师34人,行政人员6名。教授8人,副教授22人,讲师4人。高级职称比例占86%。博士26人(包括4名博士后在站和出站人员)、硕士6人、学士3人,分别占教师总数的74%、17%和9%。学院现有本科专业共4个年级,在校生112人;硕士研究生共3个年级,在校生81人;博士研究生3个年级,在校生27人。

2014年,学院以提高质量为核心,深入开展教学改革,不断提高教育教学水平。在本科教学方面进一步优化和完善教学管理,严肃教学纪律,规范教学秩序,召开教学工作会议,就突出思想政治教育专业特色、加强思想政治理论课教学建设等问题进行讨论。按时保质完成培养方案录入、学生毕业论文和学年论文指导及答辩、组织毕业班学生实习、全部教学文件归档等常规性工作,进一步深化思想政治理论课教学改革,制定《中国政法大学思想政治理论课程质量标准》,通过举行教学观摩、教师学习交流会,举办教学基本功大赛等提高教师教学水平和授课实效。

2014年,学院坚持协同创新,推动科研工作的良性发展。学院共开展各类学术活动13场,教师参加全国重要学术会议20多人次,此外,教师积极参与国际学术对话,多人次参加国际学术会议。学院老师科研成果丰硕,共出版著作(含独著、编著、合著、译著)5本,发表各类论文50多篇。

2014年,学院顺利完成基层教学组织换届改选工作。经各研究所民主推荐和研究所老师个人自荐的方式产生候选人后,学院以民主公开透明为原则,组织公开投票,现场公布得票数,选举结果反映了各研究所和广大教师的民意,得到了大家的认可和好评。

2014年,学院进一步加强师资队伍建设,认真落实《马克思主义学院人才队伍建设方案》，稳妥有序、公开透明地开展专业技术岗位聘任工作。2014年有1名教师晋升为三级教授，1名教师晋升为七级副教授，1名辅导员晋升为七级副教授，另有6名教师晋级。2位青年教师参加了北京市高等学校师资培训中心的高等学校教师岗前培训，2位教师参加教育部举办的"加强师德修养，做党和人民满意的好老师"专题网络培训。通过此类培训，学院教师对教育部、北京市教委思想政治理论课程的新政策有了更加深入地理解和认识，使自身的道德修养、教学水平、学术视野和科研能力等得到不断提升。

2014年，学院进一步加强和规范专业人才培养和管理工作。积极探索思想政治教育本科专业人才培养模式创新，召开思想政治教育专业建设研讨会、学业专题指导会等。研究生培养和管理工作进一步制度化，圆满完成了校级硕士研究生、博士研究生奖学金和研究生国家奖学金的评定工作。加强硕士生、博士生培养和学习管理工作，顺利完成了马克思主义学院第6批博士毕业生和第8批硕士毕业生的论文答辩工作。坚持研究生班主任制度，加强对研究生的指导。2014届毕业生共计52人，其中本科生24人，研究生28人，就业率均达到100%。

2014年，学院分党委以十八大精神为统领开展各项工作。召开党的十八届四中全会理论研讨会，对"依法治国"这一话题深入展开研究和探讨。高度重视、周密部署，广泛开展党的群众路线教育实践活动，学院分党委按照校党委统一部署，对大家关心的事项，认真开展整改落实、建章立制工作；组织开展纪念建党93周年系列活动，前往中国人民抗日战争纪念馆及卢沟桥开展主题党日活动，举办党员骨干培训班和七一表彰大会，做好毕业生党员教育活动；抓好党员发展和党员思想提升工作，今年共发展党员13人，25名入党积极分子参加了党校培训；组织好党校授课队伍；加强对工会、共青团工作的领导，增强组织向心力。

【选举新一届校教代会代表和院工会委员】3月20日，学院分党委在昌平校区举行新一届校教代会代表和院工会委员的选举会议，分党委事先开展了候选人提名工作，确定了教代会代表候选人员名单和新一届工会委员会候选人员名单，会议经过投票、计票等环节，最终选出第六届教职工代表大会暨第十二届工会会员代表大会代表和马院新一届工会委员会成员。

【举行"思想政治理论课教学现状与实效性提升"系列座谈活动】3月中旬开始，学院在两校区开展了"思想政治理论课教学现状与实效性提升"系列座谈活动，活动历时3周。本次系列座谈活动分四场次进行，分别为本科生座谈会、研究生座谈会、马克思主义学院教师座谈会和校学工系统座谈会，活动通过授课教师、新老学生及学工系统的领导和辅导员等的相互沟通和交流，了解大家对我校思想政治理论课诸方面的看法、想法、意见和建议，为思想政治理论课改革和实效性提升奠定坚实基础。

【参加世界政治经济学学会第九届论坛】5月23日~25日，以"增长、发展与社会公正"为主题的世界政治经济学学会第九届论坛在越南首都河内召开，来自全世界25个国家的100多位马克思主义经济学专家学者参会。学院邰丽华教授提交的英文论文"西方学者改造〈资本论〉研究探析"入选本次论坛，这是我校学者第一次参加世界政治经济学会组织的大型国际学术会议。论坛期间，邰丽华教授围绕西方学者关于《资本论》

研究的新特点与新趋势发表了 20 分钟的英文演讲，并与世界政治经济学学会会长程恩富教授、副会长大卫·科茨教授和大西广教授等世界著名的马克思主义经济学专家进行了深入的交流，同时还与到会的其他学者就共同感兴趣的话题展开了充分的研讨，并建立了学术联系。

【参加 2014 年全国思想政治教育学术研讨会】 6 月 6 日~8 日，全国思想政治教育学术研讨会在成都举行，来自全国多所高校和研究机构的专家学者 170 多人参加了研讨会。学院邰丽华教授提交了"当前高校思想政治理论课教学的困境与出路"一文，并在大会闭幕式上针对分会场的讨论情况做了总结发言。

【参加生物宇宙论与文明问题的国际会议】 6 月 11 日~14 日，学院张秀华教授应邀参加了在美国新泽西州 Monmouth University 召开的第七届生物宇宙论与新亚里士多德主义有关文明问题的国际会议，会议有来自世界各地的 70 多名学者参加。张秀华教授在会上做题为"马克思与怀特海有机体思想的比较研究"的演讲，并主持了生物宇宙论学会的两场分会。

【学院分党委荣获"北京高校先进基层党组织"荣誉称号】 6 月 25 日，北京市委教育工委在北京会议中心召开北京高校纪念中国共产党成立 93 周年表彰大会，对 2014 年评选出的北京高校先进基层党组织、优秀共产党员和党务工作者进行了表彰。学院分党委荣获"北京高校先进基层党组织"荣誉称号。

【举办教育部重大课题攻关项目"大学生村官成长成才机制研讨会"】 6 月 28 日，由马抗美教授担任首席专家的教育部哲学社会科学研究重大课题攻关项目"大学生村官成长成才机制研究"课题组在北京林业大学鹫峰实验林场召开研讨会，原中国人事科学研究院院长吴江以及课题组成员 20 余人参加会议。经过一年多的研究，课题组在实证调研中取得重大进展，获取了大量数据，建立了数据库，完成了调研报告的初稿，并整理出了近百万字的访谈记录。各子课题组基本按预定方案进行研究，形成了有关大学生村干部政策演变、大学生村干部内在素质与外部环境、大学生村干部成才的规律性特征、大学生村干部现状以及成长成才机制的优化等理论研究成果。

【召开马克思主义学院新一任领导班子宣布会】 7 月 12 日，学院新一任领导班子宣布会在学院路校区召开，副校长李树忠、组织部部长王立艳出席会议，马克思主义学院教职工 20 余人与会。会上，王立艳部长介绍了此次处级干部公开竞聘工作的基本情况，宣布了学校关于马克思主义学院新一任领导班子任命决定，任命邰丽华同志为马克思主义学院副院长（主持工作），宋朝龙同志为马克思主义学院副院长，马抗美同志因为年龄原因不再继续担任马克思主义学院院长。

【参加 2014 年中国人才研究会人才学专业委员会年会】 8 月 20 日~21 日，中国人才研究会人才学专业委员会 2014 年年会暨"贯彻十八届三中全会精神，服务国家人才战略"研讨会在江苏盐城举行，会议汇集了 100 余位来自全国各地的专家学者参与。学院马抗美教授、商学院李欣宇副教授出席了年会，围绕会议主题，通过主题报告、分组讨论等形式，对人才学的发展、人才学理论创新及人才学学科建设进行了深入交流和探讨。

【参加系列北京高校思想政治理论课暑期备课会】 2014 年暑假期间，依照北京市教工委的安排部署，北京市高教学会中负责高校思想政治理论课教学研究工作的各研究会举行了暑期备课会，学院派出多名教师分别参加了会议活动，并积极发言或教学示范、担当评委。

【参加第七届"国际儒学大会"】7月4日~8日，学院教师解启扬、白丽萍、虞花荣出席于马来西亚古晋市举行的第七届"国际儒学大会"。该会由国际孔学研究会、中国孔子基金会和马来西亚孔学研究会主办，马来西亚孔学研究会承办，每两年举办一次，在国际儒学界颇有影响。本届会议以"儒学践行·日用常行——当代儒学文化的传播与践行"为主题，来自马来西亚、中国、新加坡、越南、澳大利亚等国及中国香港、台湾地区的160多位学者济济一堂，围绕会议议题进行了热烈讨论。解启扬、白丽萍、虞花荣3位老师分别作了关于儒学现代化、孔子丧葬观、孔子形象的层累构造的报告。

【召开本科教学指导委员会新学期会议】9月25日，学院在学院路校区召开新学期本科教学工作会议，包括本科教学指导委员会委员在内的7位老师参加了会议。郤丽华副院长主持会议并就新学期的本科教学工作做了详尽部署，她传达了学校教学工作会议的有关精神，通报了学院上学期教师调停课、提交课程成绩的情况和这学期教师开课情况，重点就制定思想政治教育专业人才培养质量标准、课程建设、实践教学等工作做出了明确的部署。与会教师讨论了新学期教学改革的有关问题，赵卯生教授重点介绍了《马克思主义基本原理》课程教学模式改革的初步方案，侯松涛副教授就《毛泽东思想和中国特色社会主义理论体系概论》课专题教学模式的情况作了说明。

【参加当代世界社会主义专业委员会2014年年会】11月1日~2日，由中国科学社会主义学会当代世界社会主义专业委员会和福建师范大学马克思主义学院联合主办的"改革与创新——当代世界社会主义的理论与实践"学术研讨会暨当代世界社会主义专业委员会2014年年会在福建省福州市召开。来自中央党校、中央对外联络部、中央编译局、中国社会科学院、北京大学、武汉大学、山东大学等中央直属机关、全国高校、党校、社科院和人民日报社、人民出版社等媒体的100多位代表参加大会。学院教师吴韵曦在第八届理事会第一次常务理事会上被增补为理事，其论文获评三等奖。

【组织学院教学基本功大赛】11月6日，学院第九届青年教师教学基本功大赛在昌平校区举行。学校教务处副处长田士永和马克思主义学院全体教职工以及部分学生代表30余人出席大赛。经基本功大赛专家评委、在场老师和学生打分，吴韵曦老师获得一等奖。学院已经连续举办九届教学基本功大赛，通过比赛，不仅达到了锻炼教师队伍、活跃学院氛围、促进师生交流的目的，而且在全校创立了品牌。

【召开思想政治理论课教学指导委员会会议】12月4日，学校思想政治理论课教学指导委员会会议在昌平校区召开。会议由校党委书记石亚军教授主持，校党委副书记兼纪委书记胡明教授等思想政治理论课教学指导委员会委员参会。会议主要讨论《中国政法大学思想政治理论课程质量标准》的起草工作。学院郤丽华副院长简要介绍了《中国政法大学思想政治理论课程质量标准》的基本框架和主要内容。石亚军书记充分肯定我校建立思想政治理论课质量标准的意义，同时进一步强调了搞好高校意识形态工作和思想政治工作的重要性和迫切性，其他与会人员也对《中国政法大学思想政治理论课程质量标准》

的修改与完善提出了有建设性的意见与建议。

【赴武汉大学调研考察】12月8日~10日，学院马抗美教授、邰丽华教授、宋朝龙副教授、胡尚元副教授等一行四人赴武汉大学马克思主义学院进行工作考察。通过实地调研和面对面交流，考察团了解、学习了武汉大学马克思主义学院的办学特色传统和成功经验，将对学院发展提供有益的借鉴。

【赴德国、奥地利高校做学术访问】11月中下旬，学院分党委书记兼副院长卫灵教授应邀赴德国科隆大学、奥地利维也纳大学、格拉茨大学进行学术交流访问。通过此次对外交流，加强了学校非法学学科校际间的交流，并为学院学生培养的国际化积累了经验。

【召开中国和平发展论坛——党的十八届四中全会理论研讨会】12月18日，学院在学院路校区召开由马克思主义中国化研究学科群及中国和平发展研究中心主办的中国和平发展论坛——党的十八届四中全会理论研讨会，学院有30余人与会。学院邀请研究生院常务副院长李曙光教授从法学的角度对四中全会做出深刻地解读，他对《中共中央关于全面推进依法治国若干重大问题的决定》的重要性和意义做出"六个方面"的总体评价。学院阮广宇副书记、胡尚元副教授、黄东副教授、张文灿副教授、常绍舜教授、宋朝龙副教授、张秀华教授、段志义副教授、赵卯生教授、刘媛媛副教授等教师围绕《决定》精神，阐述了自己的理解和认识。

十二、社会学院

【概况】社会学院是2005年7月组建的，现任院长为应星教授。社会学是北京政法学院建校时的三大学科之一，著名社会学家严景耀先生和雷洁琼先生长期在北京政法学院任教，为保留社会学火种作出了特殊的贡献。学校为1980年全国重建社会学专业以来在高校最早开设社会学课程的高校之一。2001年社会学专业正式创办，并于2009年被教育部评为国家级特色专业。学院也是在国内最早开展犯罪心理学、法律心理学研究并在此领域始终保持着前沿地位的高校，当代中国犯罪心理学学科的主要开创者罗大华教授领军的学术团队为社会学院心理学学科的发展奠定了基础。中国心理学会法制心理专业委员会自1983年成立以来一直挂靠在我校。2006年应用心理学专业创办以来，以特色学科为依托，以优良师资为支撑，得到了快速的发展。

学院下设社会学系、社会工作与社会政策系、心理学系和学院实验室等4个教研实体。学院经过近年的快速发展，已经建立起从本科到博士点的完整的人才培养和学科发展体系。学院现有3个本科专业（社会学专业、社会工作专业和应用心理学专业），2个一级学科硕士点（社会学专业和应用心理学专业），1个二级学科博士点（政治社会学交叉学科博士点）以及1个专业学科硕士点（社会工作专业硕士点）。学院现有专业师资29名，其中，教授7人（含二级教授1人，博士生导师3人），副教授15人，其中有博士学位的教师26名，占全院教师比例的89.7%；从海外留学归国的教师17名，占全院师资比例的58.6%。学院学生共330人。

学院教学成果十分突出，涌现出北京市教学名师、宝钢优秀教师、北京市优秀教师、北京市优秀教育工作者等一批教学名师，并获得过北京市教学成果一等奖、北京市精品课程、北京市精品教材等多项教学奖励。学院的发展定位是：立足精品特色、走内涵发展的道路，发挥师资力量起点高、结构好、后劲足、人心齐的优势，一方面以法学学科为依托，使社会学和应用心理学成为法学重要的关联学科和支撑学科，并成为我校迈向世界知名法科强校的发展战略的有机组成部分；另一方面，社会学和应用心理学发展成为全国高校中特色鲜明、"小而强""特而优"的专业，社会学一级学科和应用心理学中法律心理学、犯罪心理学若干方向达到国内一流水平。

2014年，学院对基层教研组织及其领导进行调整，将全院基层教研组织分为社会学系、社会工作与社会政策系、心理学系和实验室；修订社会学专业和心理学专业的教学大纲；进一步强化"四位一体"的实践性人才培养模式，与国家体改所合作开展的本科生毕业社会实践项目，在全国顺利完成了大规模的民情抽样调查。

在科研工作方面，学院应星院长获评"北京市宣传系统四个一批人才"；全院教师在权威期刊发表论文4篇，核心期刊近20篇。

在党建工作方面，学院分党委大力推动"三个课堂""四个平台"的模式创新，建立学校首个学生党务中心，认真开展了群众路线教育活动整改及三严三实教育活动。

2014年，学院分党委创造性地设计以专业教学模式、学生工作模式、学生党团建设模式为主要内容的人才培养模式，提出了以"三个课堂"为核心的学生工作新模式：一是以专业培养、课程教育为核心的"第一课堂"，二是以校内外公共文化活动、社会实践活动为核心的"第二课堂"，三是以校园学生人际互动为核心，以宿舍、班级、学生组织为平台的"第三课堂"。并明确学院学生工作的基本定位就是服务第一课堂、打造第二课堂、渗透和引导第三课堂，通过整合"三个课堂"，在系统的教育实践中，在入学教育到毕业教育各个环节的培养过程中，实现人才培养目标。同时，进一步提出了打造"四个平台"的构想，具体来说就是读书活动平台、学术活动平台、技能训练活动平台和社会实践活动平台。并提出以建立有效的动力机制和压力机制的方式来推动四个平台的发展。宗旨在于结合三个课堂最新理念与四位一体教育模式，以四个平台为载体，以各项活动为培养手段，竭力打造人才培养模式。据统计，2014届研究生毕业生就业率100%，本科毕业生就业率98.5%。

【新增社会工作硕士专业学位授权点】1月，在学校召开的专家评审和学位评定委员会审核中，学院申报的社会工作专业硕士学位授权点获得通过。此次授权点的取得，为进一步构建学院特色鲜明、结构优化、布局合理的专业学位研究生教育体系，促进社会工作人才培养质量的提高等奠定了良好的基础。

【召开"循证矫正与再犯风险评估"研讨会】1月6日~7日，学院与中国心理学会法律心理学专业委员会在昌平校区联合举办"循证矫正与再犯风险评估"国际研讨会，会议有100余位专家参会。会议对于响应司法创新过程中开展风险评估、社区矫正、循证矫正的政府决策，推进我校心理学、社会工作专业国际化水平具有重大意义。

【学院一名本科生捐献造血干细胞】3月5日，学院12级应用心理专业文敏霏捐献造血干细胞手术在空军总医院完成。此系我院第2例捐赠。

【获得学校第39届春季田径运动会乙组冠军】4月26日，学院在学校第39届春季田径运动会中第六次蝉联获得乙组冠军。

【获得首届首都大学生心理学知识邀请赛冠军】5月25日，学院应邀参加由中央财经大学主办的首届首都大学生心理学知识邀请赛，获得冠军。

【举行学院分党委党支部书记培训会】10月13日，学院在学院路校区召开了本年度的党支部书记培训会。会议由院分党委党务秘书邢小兰老师主持，学院全体党支部书记参加了培训会。该活动进一步推动了党务队伍工作水平。

【主办第八届东亚法律心理学会议】10月18日~19日，第八届东亚法律心理学会议暨中国政法大学心理学重点学科建设规划会议在昌平校区举行。来自英国、日本、韩国及我国的50余位法律心理学研究者及青年学生通过讲座、研讨和展贴等形式进行了深入的交流与讨论。该活动有力推动了心理学科的国内外交流。

【举办与北京市未成年犯管教所合作共建协议签订仪式】12月1日，学校教务处吉家伍副处长、学院马皑副院长等一行5人出席了中国政法大学与北京市未成年犯管教所合作共建协议签订仪式，北京市未成年犯管教所董世珍所长、王明副所长等领导共同出席。本次协议签订进一步扩充了学生实习基地。

十三、法律硕士学院

【概况】法律硕士学院有在编教职工9人，其中学院管理队伍4人，下设院务、教务及学生工作3个行政办公室，学院另有不在编教辅人员5人。学院内未设置独立师资队伍，从本校在职教师及校外法律实务部门聘任授课教师和研究生指导教师。学院共聘任法律硕士研究生专职教师248人，兼职教授队伍176人，其中境外兼职教师24人。学院有在校学生1331人，其中全日制法硕学生1133人（法学背景156人、非法学背景857人、体改班法硕学生120人）、非全日制在职法律硕士学生198人。2014级法硕学生共484人，其中全日制法硕学347人（非法学背景学生283人、法学背景学生64人）、2013级体改班法硕学生43人、非全日制在职法硕学生94人。2014年学院共有毕业（含结业）生503人，其中全日制学生445人（含非法学背景245人、法学背景200人）；在职学生结业58人。全部学生中取得硕士学位503人。

2014年，学院坚持培养应用型复合型法律人才的培养目标定位，并以其为核心开展各项学院管理和教学改革工作。一年来，学校共有126名教师在学院任课，聘请校外兼职教授、实务部门专家59人授课，授课总课时数为6336（纯课时），63位院聘兼职教授担任校外导师。学院论文答辩共组成51个答辩委员会，共有174人次教师参加答辩，论文指导教师162人，共计指导524篇学位论文。2014年，学院共有524名硕士研究申请参加论文答辩，其中503人通过了论文答辩。在司法考试方面，2015届毕业生司法考试法学法硕通过率为95.5%，非法学法硕通过率为90%；2013级法硕学生司法考试一次通过率为非法学法硕64.8%，法学法硕100%。

在队伍建设方面，除扩大专兼职教师队伍、优化师资结构外，学院着重发挥双导师在学生培养中的主体作用。学院本年度共召开3次教学研讨会，邀请专兼职教师进行交流；学院大力推行校内教师与校外导师相结合的授课方式，如刑事法律诊所课程、模拟仲裁庭课程等，提升学生实务技能；在实践技能短课程中，学院有部分兼职教授积极承担学校对专业学位专门设置的教改项目；学院建立了校内外导师专家教学信息库，设置与兼职教授的微信联络平台，保证沟通渠道畅通。此外，学院继续推进教学评教制度，确保学院教学质量，在我院第三届"十大最受欢迎授课教师"评选活动中，何俊萍、鄢一美、蒋立山、谭秋桂、罗瑶、祁欢、徐久生、翟远见、翟继光、吴宏耀10位授课教师获此殊荣。

学院注重通过学术沙龙、科研课题大赛、学术讲座等手段，全面提升学生能力，开拓学生视野。2014年，学院共开设学术沙龙课程16次，涉及民法、刑法、国际私法、国际经济法、国际法、知识产权法、财税金融法和法律文书写作等基础课程；开展第四届"法硕之星"科研论文大赛，引导学生关注小额诉讼、微博侵犯隐私权等实务问题；开办法律硕士学院专家讲坛、兼职教授讲坛共19场主题讲座，其中6场为国外专家开设。在学生就业方面，学院积极举办各类就业指导讲座，校外导师还尝试"10分钟演讲"导师指导新模式；学院积极为学生拓展就业渠道，通过微信、飞信、学院网站专栏等及时传递就业信息。此外，学院举办第五届法律硕士成长论坛，邀请多位不同行业的知名校友，为法硕学生未来职业选择明确方向；学院还倡导不同年级之间的就业经验交流会系列活动，使求职就业工作形成一种前后延续的良好传承。2014年学院学生就业率达到95%。学院开展各项研究生奖学金评选工作。除了已经设立的"天明·姜明奖助学金""魏飞法硕阳光成长奖学金"等兼职教授奖助学金之外，2014年学院新设立"骐骥容之"奖助学金、黄晓法硕育英助学金、"四川省经济法律研究会未来工程"法硕育英奖学金，扩大了受资助学生的覆盖范围，真正帮助学生解决实际困难，使学生能更好地安心学业、健康发展。

学院大力加强国内外交流与合作，扩大学院影响力。国际交流层面，学院邀请意大利罗马第一大学法学院师生访问团来我校访问；并与意大利布雷西亚大学法学院联合举办第二届暑期交流项目；选送优秀学生赴日本名古屋大学参加暑期交流项目；举办第五届"罗马法·中国法与民法法典化"国际研讨会。国内交流层面，费安玲院长赴甘肃政法学院进行学术交流，并赴深圳参加法律硕士新增培养单位培训会；教学科研办李建红主任赴西南政法大学交流学习。同时，学院大力推动增进与北京市石景山区人民法院等实务部门的协同创新与合作，加强学院实习基地建设。

学院党建工作成效显著。学院党委认真学习《中国共产党发展党员工作细则》，并对学院党员进行培训辅导，切实推动学生党员先锋工程。学院与昌平区司法局共建区"模拟法庭"普法志愿者服务队，组织学生参加各种服务社区活动。

学院积极组织招生宣传工作。6月初，学院领导分别带队前往对外经济贸易大学、北京科技大学、北京外国语大学等京内重点高校进行招生宣讲。此外，学院创新在职教育校外教学新模式，开办了2013级在职法律硕士沭阳班。

【召开2013~2014学年第一学期教学研讨会】1月6日，学院2014年教学研讨会在学院路校区召开，学校20余位法学专业在法硕任课教师、费安玲等学院领导和学院工作人员参加会议。会议主要就法律硕士培养的现状、问题及发展等进行探讨。

【邀请北京市石景山区人民法院来校交流】1月6日，校外合作基地北京市石景山区人民法院王忠华院长等5人与学院5位教师在学院路校区进行交流。会议中，刘智慧教授、郑佳宁副教授就石景山区人民法院审理的某案件疑难问题进行论证，石景山区人民法院王忠华院长和学院费安玲院长就既有的合作项目和内容进行讨论，为今后全方位合作奠定基础。

【举行"骐骥容之"奖助学金颁发仪式】3月，学院兼职教授、最高人民法院法官骆电先生及其家人，在学院设立"骐骥容之"奖助学金，每年向我院捐赠4000元人民币，资助1名家庭经济困难学生完成学业。学院于4月15日在昌平校区举行了颁发仪式。

【举行"黄晓法硕育英助学金"颁发仪式】4月4日，学院在学院路校区举行"黄晓育英助学金"颁发仪式。该项助学金捐助人是光明日报社报业集团首席法律顾问、北京市法度律师事务所兼职律师、《中国版权》杂志编委、学院兼职教授黄晓先生，学院教学科研办李建红主任、辅导员莫爱新以及2012级受资助学生共30余人出席了仪式。

【与昌平区司法局共建区"模拟法庭"普法志愿者服务队】4月30日，学院与昌平区司法局合作建立的昌平区"模拟法庭"普法志愿者服务队授旗仪式暨"模拟法庭"进校园表演活动在昌平区教师进修学校举行。北京市司法局、昌平区相关领导及学院分党委书记韩文生出席了成立仪式，来自全区80余所中小学的校长、副校长参加活动。学院根据庭审的不同案例方向设置不同表演队伍，利用模拟法庭的形式，送法律进社区、进学校，推进法制宣传教育工作。

【举行2013级在职法律硕士沭阳班开学典礼】5月10日，学院2013级在职法律硕士沭阳班开学典礼在江苏省法官培训学院苏北分院举行。沭阳县相关领导及全体学员近40人参加了开学典礼。学院院长费安玲、副院长杜娟以及院办主任马跃峰、教学科研办主任李建红出席了开学典礼。此次典礼开启了学院法律专业学位研究生订单式培养新模式。

【举行"四川省经济法律研究会未来工程"法硕育英奖学金捐赠仪式】5月29日，"四川省经济法律研究会未来工程"法硕育英奖学金捐赠仪式在昌平校区举行，学院兼职教授、四川省经济法律研究会会长司马向林律师、学院副院长辛崇阳、学院办公室主任马跃峰、辅导员邸维蛟及2013级受资助学生共30余人参加了仪式。法硕育英奖学金是"四川省经济法律研究会未来工程"首次对研究生进行资助。

【意大利罗马第一大学法学院师生访问团来我校访问】6月4日，"意大利罗马第一大学法学院师生访问团座谈会"在我校学院路校区举行。意大利罗马第一大学法学院Oliviero Diliberto教授及其夫人、Riccardo Messina博士、学院院长费安玲、民商经济法学院民法研究所副所长刘家安、财税法研究所翁武耀、比较法学研究院翟远见、国际交流处副处长王福平、国际教育学院国际合作部主任许丹及意大利罗马第一大学法学院的来访学生共20余人出席本次会议，双方就中意法学教育进行了深入交流。

【开展招生宣传活动】6月13日~19日，学院院长费安玲、分党委书记兼副院长韩文生、副院长辛崇阳、副院长杜娟分别带队前往对外经贸大学、北京科技大学、北京外国语大学进行招生宣传，本次在京院校招生宣传是法律硕士学院为提高生源质量所做的首次尝试。

【召开2013~2014学年第二学期教学研讨会】7月4日，学院2014年教学研讨会在学院路校区召开。学院院长费安玲、辛崇阳和来自校内多所学院及教务处的30余位教师参加会议。与会教师分别就大班授课的教学情况、案例教学和案例库建设等做主题发言，并开展相关讨论。

【召开第三届兼职教授论坛】7月9日，"中国政法大学法律硕士学院第三届兼职教授论坛"在学院路北邮科技大厦召开。我校校长黄进莅临会议并致辞，学院院长费安玲等学院领导以及部分学院工作人员参会，论坛邀请了承担法硕实务授课的60余位校外兼职教授参加会议，分别就"兼职教授对如何指导法硕研究生的思考"和"兼职教授在法硕研究生教学中的作用"等主题进行发言讨论。

【举办第二届赴意大利暑期交流项目】7月6日~21日，学院与意大利布雷西亚大学法学院联合举办的第二届暑期交流项目举行，学院选派10名学生与来自意大利、土耳其、捷克等欧洲国家的学生就意大利私法、意大利民事诉讼法、罗马法、国际法与欧盟法、中国民法、经济法等内容进行了集中学习研讨，其中学院授课教师王涌、翟远见作为中方代表与意大利罗马第二大学、布雷西亚大学、米兰大学、比萨大学、博洛尼亚大学等知名高校法学院的学者、法律实务工作者以全英文授课方式为暑期项目学员讲授中欧法律知识。

【举办第五届"罗马法·中国法与民法法典化"国际研讨会】9月26日~27日，由罗马法与意大利法研究中心、中国法典化和法学人才培养研究中心、学校比较法学研究院、意大利罗马第一大学、意大利罗马第二大学主办，亚洲比较法学会和学院承办的第五届"罗马法·中国法与民法法典化"国际研讨会在学院路校区举办。国内外的170余位学者、法官参加了本次会议。我校校长黄进、意大利驻华大使白达宁特别到会致辞祝贺大会的召开。大会名誉主席江平、组委会意方主席桑德罗·斯奇巴尼、意大利众议院议员雷纳达·布恩诺、中国法学会民法学会会长王利明、中国民法学会副会长孙宪忠、最高人民法院审判委员会委员杜万华、哥伦比亚前宪法法院院长埃狄奥、大会组委会中方主席我校费安玲等分别就民法典的制定、不动产登记制度、司法审判的功能、遗产继承制度等进行大会发言。本次会议议题是"权利与救济——从罗马法到中国法"，具体议题包括：①权利客体（公众物、公有物、共用物、私有物）；②债的担保；③遗产继承；④司法裁判的作用。

【费安玲院长赴甘肃政法学院进行学术交流】10月7日~9日，学院院长费安玲应邀在甘肃政法学院进行为期3天的学术交流活动。期间，费安玲作了题为《罗马私法概览及其对现代法制的影响》的学术讲座，并应邀与甘肃政法学院民商经济法学院20多位教授、副教授进行座谈，甘肃政法学院副校长李玉基出席本次座谈会。

【李建红老师赴西南政法大学交流学习】11月11日，学院院长助理、教学科研办主任李建红赴西南政法大学研究生部法律硕士学院进行法律硕士培养工作学习交流，与西南政法大学研究生部副主任甘国强、专业学位管理科黄坚平进行座谈。双方就法律硕士培养所涉及的管理体制、双导师制度、特色方向课程设置、学生实习及学位论文管理等进行了深入交流。

【举办第三届"十大最受欢迎教师"评选活动】11月27日~12月12日，学院第三届"十大最受欢迎授课教师"评选活动展开，最终评选出何俊萍、鄢一美、蒋立山、谭秋桂、罗瑶、祁欢、徐久生、翟远见、翟继光、吴宏耀10位最受欢迎授课教师，并于12

月 24 日法律硕士学院"法漾年华，律动青春"2015 年元旦晚会上举行颁奖典礼。

【与北京市海淀区人民法院举行兼职教授聘任仪式】12 月 2 日，学院与海淀区人民法院联合举行了兼职教授聘任仪式。海淀法院党组书记、院长鲁为，党组副书记、副院长石金平等领导和受聘法官，学院院长费安玲、副院长辛崇阳、副院长杜娟、院教学科研办公室主任李建红参加了聘任仪式。会上，费安玲、辛崇阳为新聘任的李东民、葛玲、王继延、杨海超、殷华和续聘的陈争争 6 位法官颁发了兼职教授聘书。

【召开第五届法律硕士成长论坛】12 月 12 日，第五届法律硕士成长论坛开幕式暨"依法治国背景下法律硕士专业学位研究生的素质与能力培养"主题论坛在昌平校区举行。我校校长黄进、海关总署缉私局副局长朱峰、中国人民保险集团公司法律总监兼法律合规部总经理李祝用、德恒律师事务所全球合伙人王建平以及全体学院领导出席此次开幕式，学院各科室教师及 2014 级法律硕士研究生参加。此次论坛共设有 1 个主论坛、3 个分论坛，分别是"依法治国背景下法律硕士专业学位研究生的素质与能力培养"主题论坛、"公忠体国，务实书真"公务员专场分论坛、"律司明法，解惑思辨"律师专场分论坛、"金铸盛世，行知天下"金融法务专场分论坛。

【费安玲赴深圳参加法律硕士新增培养单位培训会】12 月 20 日～21 日，学院院长费安玲和教指委网站负责人、我校副教授袁钢赴深圳参加由全国法律硕士专业学位教育指导委员会主办的法律硕士新增培养单位培训会。费安玲在培训会上以"关于法律硕士研究生教育的组织管理体制"为题进行发言；袁钢就"关于法律硕士专业学位专项合格评估指标体系、关于全国法律专业学位研究生教育指导委员会网站运行机制及通讯员的具体职责"进行介绍。

十四、光明新闻传播学院

【概况】光明新闻传播学院前身为新闻与传播学院，学院成立于 2008 年 7 月 10 日，设有新闻学本科专业，拥有新闻传播学一级学科硕士学位授予权，招收法制新闻、传播法、新闻媒介管理、文化传播、商业传播 5 个方向的硕士研究生；拥有法学理论硕士学位授予权，下设法制新闻、传播法方向。学院还拥有政治学（政治传播方向）博士学位授予权。是中宣部重点联系的 10 所新闻院校之一。学院下设 3 个研究所、1 个实验室、5 个非在编研究中心。分别是：新闻学研究所、传播学研究所、新媒体研究所；新媒体实验室；中国政法大学法制新闻研究中心、传媒与文化产业研究中心、传播法研究中心、法治传播研究中心、政法宣传与舆情研究中心。学院现有专职教师 26 人。其中教授 5 人，副教授 14 人，硕士生导师 17 人。学院另有兼职教授 41 人。现有全日制在校学生共 346 名（本科生 249 人，研究生 97 人）。

2014 年，光明新闻传播学院坚持以学生为主体、以教师为本位的办学理念，推进学院各项事业全面、和谐和可持续发展。

2014 年 4 月 29 日，光明日报社总编辑何东平与黄进校长共同签署协议，双方合作共建"光明新闻传播学院"，这是中央媒体与高校共建新闻传播学院的首例，也开启了学院发展的新篇章。10 月 26 日，由光明日报社和我校联合主办的首届"法治中国论坛"暨明政智库揭牌仪式在我校举行，这是双方充分发挥优势和特长，在我校着力打造的一个为党和政府科学决策提供高水平智力支持的综合型研究智库，为学院的学科发展提供了新的平台和助力。

学科建设方面，学院以基层教学组织换届为契机，进一步优化学科布局，并在优势学科方向实现突破。申报并成功获批"政治传播"博士点；成立新闻学、传播学、新媒体3个研究所，完成基层教学组织换届工作；"法治新闻与传播"作为学校重点扶持建设的交叉学科建设项目，参与学校评审获得通过；获得法律硕士（传播法方向）的招生资格。

教学方面，学院以教育教学改革为抓手，持续提高人才培养质量。通过全面统计教师本科生教学工作量及授课意向，优化本科生培养方案；邀请来自光明日报社、新华社、中央电台等媒体单位的多位专家为本科生授课，带领学生赴中央电视台、人民网、北京市一中院进行现场教学，1项教改项目获校级教学成果二等奖，学院教学改革取得阶段性成果；学院教师积极参加青年教师基本功大赛、春季学期教学观摩活动以及校内外各类教学研讨会，申请的多项微课、校长推荐书目导读课程和教改立项获批；指导学生代表学校参加第七届普莱斯传媒法模拟法庭比赛，取得了前八强的好成绩。

研究生培养方面，学院以提高教学和培养质量为重点，大力推进研究生教育培养综合改革。学院着力推进与光明日报社共建课程建设，《新闻采写编评实务研究》课程采用校报专家联合授课、课堂授课与媒体调研相结合的方式，取得了良好效果；"法制新闻业务研究（法治新闻理论与实务研究）"获得我校研究生精品课程立项，《新闻实务课与业界共建的研究与实践》等3项课题获研究生教改立项；《新闻敲诈的社会动因及法律责任研究》等14项课题获校级硕士研究生创新基金资助项目立项；学院积极组织研究生参加国内外学术活动，先后有多名研究生赴台湾学习交流。

科研方面，学院以科研管理创新为助推，科研成果再上台阶。2014年，学院教师获得多个纵向项目立项，包括国家社科基金一般项目1项，教育部人文社科青年项目1项，北京市社科规划项目1项，北京市哲学社科青年项目1项；获得横向课题立项10余项；出版专著5部，译教材1部，核心期刊上发表论文28篇；学院举办学术会议4次，参加国际、国内学术会议10余人次，并在会议中提交论文4篇；邀请校外专家学者来学院交流2次；参加学术交流活动3人次。学院还制定了《光明新闻传播学院横向科研项目管理细则》，科研经费管理更加科学化、规范化。

人事方面，学院以岗位聘任为抓手，学院师资队伍建设和人事管理工作不断加强。2014年，学院坚持加强外部引进与深化内部培养相结合，进一步加大对青年教师的培养支持力度，1人领衔申报的创新团队获得我校青年教师学术创新团队项目资助，推荐1人参评北京市青年骨干个人项目，2人参评我校青年拔尖人才支持计划，1人参评我校优秀教师奖；采取多项保障措施为青年教师提供进修培训机会，2人获国家留学基金委资助赴美国访学，1人入选"2014年中青年骨干教师海外提升专项资助计划"赴澳大利亚访学，1人完成海外提升进修计划返校，2人获2014年新入校青年教师科研启动计划项目资助；学院积极实施"请进来"战略，先后聘请11位业界专家担任校聘兼职教授；先后制定了《光明新闻传播学院用章规范》等一系列规章制度，启动了对学院评聘指标体系的修订工作。

外事方面，学院围绕"国际化"的办学目标，外事工作取得较大进展。2014年，学院邀请世界著名未来学家约翰·奈斯比特一行来我校访问交流；举办"传媒英才讲习班"，邀请美国富布赖特项目学者Jeff South做题为"美国报业的兴衰"专题讲座；邀请英国威斯敏斯特大学中国传媒研究中心主任戴雨果来我校做专题演讲。

【我校代表队获第七届普莱斯传媒法模拟法庭比赛前八强】4月1日~4日，由学院王天铮副教授指导的学生代表队代表学校参加了在英国牛津大学举行的第七届普莱斯传媒法模拟法庭比赛，取得了前八强的好成绩，这是中国各高校代表队参加普莱斯传媒法模拟法庭比赛以来的最好成绩，代表队受到主办方、评审法官和各参赛队伍的高度好评。本次参赛的六名同学分别是李汶龙（新闻与传播学院12级研究生）、王梦珂（刑事司法学院10级本科生）、赵天川（刑事司法学院12级本科生）、温雪纯（法学院12级本科生）。

【《光明日报》社与我校共建"光明新闻传播学院"】4月29日，《光明日报》社总编辑何东平与黄进校长共同签署协议，双方合作共建"光明新闻传播学院"，学校与《光明日报》社在学院路校区举行共建仪式。这是中央媒体与高校共建新闻传播学院的首例，也开启了学院发展的新篇章。学院以建成"媒体融合教学研究水平领先、在一些研究领域有突出优势和重大理论与应用性成果"的全国示范性新闻传播教学研究基地为目标，依托《光明日报》社和学校的资源优势，在共建精品教程、共建实习实践基地、共建国家级研究智库、共建新型研究平台等方面展开全面合作。

【推进新闻学专业"现场教学"教改工作】4月~6月，学院组织新闻学专业本科生先后走进中央电视台《今日说法》演播室、人民网舆情监测室、北京市一中院"涉互联网不正当竞争案件审理情况"新闻发布会现场，进行现场教学。5月27日，《中国教育报》对学院把课堂搬进中央电视台《今日说法》的尝试进行了专题报道。

【举行"传播热点论谈"系列研讨会】4月9日和12月5日，学院先后在学院路校区举办了"传播热点论谈"之"多学科视野下的马航事件""多学科视野下的被遗忘权"研讨会，先后邀请校内外法学、新闻传播学等多学科领域的学者、业界专家数十人共同进行研讨。

【举办第四届北京高校联合电影节闭幕式暨颁奖典礼】5月28日，imi's爱美丽·第四届北京高校联合电影节闭幕式暨颁奖典礼在我校昌平校区礼堂举行。本次大赛共收到来自北京大学、清华大学、北京电影学院、中央戏剧学院、澳门科技大学等全国39所高校200余组原创参赛作品。闭幕式上共颁发了包括最佳影片，最佳摄影、最佳编剧、最佳导演，最佳男、女演员等在内的十余个奖项。在以"公益为特色，电影为契机，用电影传播公益"的主题精神号召下，大学生们纷纷热烈响应，大赛收到了来自北京大学、清华大学、北京电影学院、中央戏剧学院、澳门科技大学等全国35所高校几百组原创参赛作品。

【举办"新闻实习生"账号开通一周年暨"优秀实习日志"颁奖典礼】6月11日，学院举办了"新闻实习生"账号开通一周年暨"优秀实习日志"颁奖典礼。活动回顾了学院2011级新闻学专业本科生的实习生活，还发布了微信公共账号"新闻实习生"的吉祥物"温小新"。

【举办学校部门工会主席现场观摩会暨光明新闻传播学院第六届青年教师教学基本功大赛】6月25日，学校部门工会主席现场观摩会暨光明新闻传播学院第六届青年教师教学基本功大赛在昌平校区举行。校党委副书记、副校长冯世勇，清华大学新闻与传播学院副院长崔保国教授、校工会、教务处负责人及各教学院部部门工会主席和学院全体教师以及部分同学出席了本次大赛。经过角逐，朱巍、滕乐和黄金3位老师从参赛的16位老师中脱颖而出，分获第一二三名。

【举办首届"法院微博学院奖"颁奖典礼暨法院微博研讨会】7月11日，首届"法院微博学院奖"颁奖典礼暨法院微博研讨会在我校学院路校区举行。学院全体教师参加了本次活动。10家获奖法院的代表与知名专家学者、优秀媒体代表进行座谈，交流法院微博的运营和管理经验，对如何利用新媒体平台对重大事件和敏感案件进行舆论疏导等问题进行了深入探讨。

【学院学生获首届中国大学生"方正·飞翔奖"PAD版面创意大赛全国总决赛一等奖】10月20日，学院新闻学专业本科生刘徽羽、王逸凡、刘洋创作的《墨染惊蛰》获得首届中国大学生"方正·飞翔奖"PAD版面创意大赛全国总决赛一等奖，杨明老师获得优秀指导教师奖。

【举行首届"法治中国论坛"暨明政智库揭牌仪式】10月26日，由光明日报社和我校联合主办、明政智库承办的首届"法治中国论坛"在学院路校区举行。中纪委常委、最高人民法院副院长江必新等专家、学者以及学院全体教师参加了本次活动。与会专家就刚刚闭幕的党的十八届四中全会精神进行了深入研讨。会上，光明日报社和我校共同建设的"明政智库"正式揭牌成立，这是双方发挥优势，在我校着力打造的一个为党和政府科学决策提供高水平智力支持的综合型研究智库，将为我校学科发展提供新的平台和助力。

【学院教师论文获评2013年度全国新闻传播学优秀论文】10月27日，第十二届中国传播学大会在京举行，大会公布了2013年度全国新闻传播学优秀论文（共15篇）。其中，学院院长陆小华教授的《新媒体产品九思——从 The Daily 早夭说起》入选。

【举行第七届模拟新闻发布会大赛决赛】12月4日，第七届模拟新闻发布会大赛决赛在昌平校区举行，来自中国传媒大学、中国人民大学和中央财经大学3所学校在内的10支赛队，针对"诺基亚发布平板电脑""澎湃新闻之争""国家体育总局阐明孙杨禁药风波"等赛题，进行发布并回答记者的提问。经过角逐，来自我校刑事司法学院的晏雷、刘雯媚同学获得冠军。

十五、比较法学研究院

【概况】比较法学研究院是在整合原比较法研究所、中德法学院和中美法学院三个教学科研院所的基础上于2009年10月15日成立的，是目前中国高校和科研机构中唯一以比较法学为中心的专门的教学科研机构。研究院下属常设教学科研单位5个：比较法研究所、中德法学研究所（中德法学院）、中美法学研究所、欧盟法研究所、两岸四地法律研究所，另设有《比较法研究》编辑部。研究院设办公室1个，负责全院日程行政管理工作。研究院共有教职员工41人，包括29名教师、6名《比较法研究》编辑部编辑和6名行政人员。教师中，教授9人，副教授14人、讲师6人；其中获法学博士学位的教师27人，占教师的93%；获国外高校博士学位的教师15人，占研究院教师的52%。研究院招收比较法学专业硕士研究生、博士研究生和博士后研究人员，设有比较法学专业硕士点和博士点。2014年，研究院共招收65名硕士研究生、5名博士研究生。硕士生中，中德法学研究所40人、中美法学研究所25人，此外，招收1名德国交流学生。2014年，研究院在籍学生计220人，其中硕士研究生193人，博士研究生27人，分属于中德法学研究所156人，中美法学研究所64人。

研究院中德法学研究所设有中德法学图书馆，截止至2014年底，图书馆馆藏德文书籍约4500本，其中德意志学术交流中心（DAAD）2014年赠书365本，另有德文期刊约500本、中文书籍和期刊1000本以及由欧盟机构赠送的欧盟法CD光盘约100盘。

年内，根据《德意志学术交流中心向中国政法大学中德法学院/北京提供资助框架协议》，研究院中德法学研究所20名2012级硕士研究生获德意志学术交流中心和中国政法大学联合提供的奖学金，赴德国合作大学进行为期1年的交流学习并攻读LL. M. 学位。其中，前往慕尼黑大学的4名，前往法兰克福大学的3名，前往弗莱堡大学2名，前往汉堡大学的4名，前往科隆大学的2名，前往柏林洪堡大学2名，前往明斯特大学3名。根据研究院与美国几所大学的合作协议，2014年中美法学研究所分别选派2名硕士生赴印第安纳大学、2名硕士生赴福德汉姆大学、1名硕士生赴威廉·米切尔法学院进行交流学习，并攻读LL. M. 学位，另有中德法学研究所6名硕士研究生自费前往德国柏林洪堡大学等大学攻读LL. M. 学位。2014年，研究院共有2名硕士生获国家留学基金委建设高水平大学公派研究生项目奖学金，其中1名赴德国法兰克福大学攻读法学博士学位，另1名赴美国福德汉姆大学进行联合培养。2014年研究院毕业学生为64人，其中硕士研究生60人，博士研究生4人，硕士生、博士生落实就业率为100%。

2014年，研究院教学科研人员共计37人次参加国内外学术会议，其中24人次做大会发言，16人次提交论文。研究院共召开国际学术会议3场，国内学术会议2场，学术沙龙、讲座、报告等学术活动9场次。比较法学研究院教学科研人员共出版学术著作8部，其中专著5部、教材3部；发表论文22篇。2014年，来自多个国家和地区的学者先后来院进行学术交流活动，包括来自美国、澳大利亚、德国等国家和地区高校的专家学者。2014年，共有8名外籍教师在研究院中德法学研究所任教，其中包括1名长期专业教师，1名长期语言教师，2名短期语言教师和4名短期法学专业课教授。另有1名德国候补文官来中德法学研究所实习。研究院与20余所外国及港澳台地区大学开展了学术交流活动，正在实施的中外合作项目有10项。

研究院分党委现有1个教工党支部和2个学生党支部，共有党员199人，其中教工党员22人，学生党员177人，学生入党积极分子14人。2013年，研究院分党委新发展预备党员9名，预备党员转正13名，其中包括2名教工党员，顺利举行第五届研究生会换届选举大会和院学生第一党支部、学生第二党支部换届选举。

【深化与美国威廉·米切尔法学院的合作】 3月18日，美国福德汉姆大学（Fordham University）法学院院长 Michael Martin、副院长 Toni Fine 和国际项目主任 Thomas Lee 到研究院访问交流，院长高祥和副院长林林于学院路校区接待来访一行。会上，双方回顾了已有合作项目的开展情况，在已签订的合作协议的基础上，探讨了交换生项目新的实施细则，并就相互认可学分、我方交换生继续攻读 LL.M. 项目方面达成一致。同时，双方还就暑期项目、短期法律课程等方面的合作交换了意见。

【颁发昊博励志奖学金】 3月25日，荷兰昊博律师事务所（Houthoff Buruma Law Firm）代表团访问研究院，并于学院路校区颁发昊博励志奖学金。代表团的成员有荷兰前司法部长、前内政部长、现蒂尔堡大学和阿姆斯特丹大学法学院教授恩斯特·赫希·巴林，中欧法律交流中心执行董事、昊博律所管理人潘言博，荷兰和德国律师协会共同创立人之一、昊博律所合伙人、莱顿大学和乌特勒支大学教授韩培德，昊博合伙人谭洁茜和昊博律所全球商务部主管钟莉等。昊博励志奖学金由荷兰昊博律师事务所于2013年9月在研究院设立，该奖学金每年奖励2名在科研、专业和外国语语言学习以及公益活动等方面成绩突出的学生。经院研究生奖助学金工作小组的评审，2012级硕士研究生吴逸越和邹梦希获得2014年度昊博励志奖学金。

【举办第五届中德宪法论坛】 9月6日，研究院中德法学研究所、法学院宪法学研究所、德国艾伯特基金会在北京京仪大酒店会议室联合主办了第五届中德宪法论坛·立法权限划分研讨会。德国联邦宪法法院法官赖因哈德·盖尔教授等学者、德国驻华大使馆法律与领事处参赞安可·施林姆女士、艾伯特基金会的负责人以及国内各大高校宪法研究专家、立法、司法机关的实务工作者约50人与会。与会人员围绕立法权限划分，主要就中央和地方立法权限划分、立法机关和行政机关之间的立法权限划分、立法权和司法解释权的区分等问题进行了深入探讨。

【举办第五届"罗马法、中国法与民法法典化国际研讨会"】 9月26日~27日，研究院与我校罗马法与意大利法研究中心、中国法典化和法学人才培养研究中心、意大利罗马第一大学、意大利罗马第二大学于学院路校区共同主办第五届"罗马法、中国法与民法法典化国际研讨会"。来自意大利、巴西、德国、阿根廷、墨西哥、秘鲁、土耳其、西班牙、中国的学者约170人参加会议。研讨会的议题是"权利与救济——从罗马法到中国法"。具体议题包括：①权利客体（公众物、公有物、共用物、私有物）；②债的担保；③遗产继承；④司法裁判的作用。

【与德国7所高校续签合作协议】 10月21日，黄进校长代表我校与德国弗莱堡大学、柏林洪堡大学、法兰克福大学、慕尼黑大学、汉堡大学、科隆大学、明斯特大学等7所高校共同签署《关于成立中国政法大学中德法学院/北京的协议》，这是该合作协议自2004年签署之后的第一次续签。根据协议，研究院中德法学研究所的德方合作高校增加了柏林洪堡大学和明斯特大学，由原来的5所扩大为7所。该协议的续签进一步拓展了我校德方合作高校的范围，标志着研究院中德法学研究所与德方7所高校的合作迈进了一个新阶段。中德双方未来将继续深入开展各领域的交流与合作，共同培养更多精通中国法、德国法和欧洲法的国际化法律人才。

【澳大利亚邦德大学法学院来访】10 月 29 日，澳大利亚邦德大学（Bond University）法学院副院长 Katharine Atkins 和国际部主任 Rachael Lu 来访，研究院副院长林林于学院路校区接待来访一行，尤金·克拉克和杨自然出席了会谈。双方就两院可开展的合作项目进行了深入交流。双方探讨了硕士联合培养、交换生互派及教师交流等方面合作的可能性，同时就课程设置、学分认定等具体细节交换了意见，并达成初步合作意向，拟于 2015 年 3 月签订正式合作协议。

【德国青年外交官代表团访问中德法学研究所】11 月 20 日，以德国驻华使馆政治处一秘朱旭杰（Georg Schulze Zumkley）博士为团长的德国青年外交官代表团一行 9 人在外交部欧洲司德国处秦俊峰副处长及相关官员的陪同下访问研究院中德法学研究所，并围绕"中国法治的现状与前景"的主题与中德法学研究所所长谢立斌、德方副所长汉马可（Marco Haase）以及部分师生代表在学院路校区进行了座谈。通过此次访问，来访的德国青年外交官们对中国法治的现状和前景建立了更加深刻的印象，深化了中德两国在法治国家建设领域的交流与合作。

【研究院教师当选中国法学会比较法学研究会副会长、秘书长、常务理事和理事】11 月 22 日～23 日，中国法学会比较法学研究会 2014 年年会于上海华东政法大学召开，研究院院长高祥教授当选为副会长，王志华教授当选为秘书长，丁玫教授当选为常务理事，副院长谢立斌副教授、张彤教授、刘承韪教授、赵宏教授、薄燕娜副教授、张学哲副教授、冯恺副教授、罗瑶副教授、迟颖副教授、元轶副教授、丁洁琳编审当选为理事。

【中德法学研究所硕士生应邀赴柏林参观访问】11 月 24 日～28 日，应德国联邦司法/消费者保护部（BMJV）的邀请，研究院中德法学研究所在德国弗莱堡大学、法兰克福大学、慕尼黑大学、汉堡大学、科隆大学、柏林洪堡大学和明斯特大学等 7 所合作高校交流学习的 26 名硕士生赴柏林参加了为期 5 天的以"德国联邦立法程序以及欧盟法转化为国家法"为主题的参观访问活动。访问期间，学生们先后访问了德国联邦总理府、德国联邦司法/消费者保护部、联邦议会、联邦参议院、联邦律师工会等，并参加了一系列德国立法程序及欧盟法等方面的学术对话，进一步加深对德国法律制度和欧盟法的了解。

【研究院成为我校与最高人民法院民事审判第四庭共建的外国法查明研究中心挂靠单位】11 月 28 日，我校黄进校长与最高人民法院民事审判第四庭罗东川庭长共同签署了《中国政法大学——最高人民法院民事审判第四庭关于共同组建外国法查明研究中心的框架协议》。研究院作为外国法查明研究中心的挂靠单位，承担了中心成立的大部分筹备工作。12 月 31 日，我校黄进校长与最高人民法院民事审判第四庭罗东川庭长一行在学院路校区就共同组建外国法查明研究中心举行工作会议。参加会议的还有最高人民法院民事审判第四庭高晓力、丁广宇法官，外交学院争议解决研究中心主任卢松，我校国际法学院院长孔庆江、分党委书记兼副院长杜新丽、副院长霍政欣，比较法学研究院院长高祥、副院长谢立斌、教师翟远见等。会上，双方就相关事宜进行了探讨，确定了首批入选的专家名单，并决定于 2015 年 1 月中下旬举行中心揭牌仪式和"外国法查明"高端论坛。外国法查明研究中心的组建，是我校和最高人民法院民四庭全面落实十八届四中全会精神的具体举措，其目的在于促进涉外司法实践和法学理论研究的有效互动，提高涉外民商事案件的审判质效,推动我国比较法学和国际法学的研究向纵深发展。中心正式成立后,将接受最高人民法院民事审判第四庭的委托,就具体涉外民商事案件审判过程中的法律适用问题,尤其是外国法的查明问题,以中心之名义提供咨询意见,并开展相关学术研究活动。

【开展数据库资源引进合作】11月28日,瑞典传思律阁法律搜索公司(TransLegal)总裁Michael Lindner和中华区总裁许释元访问研究院。研究院院长高祥在学院路校区接待来访一行,校图书馆副馆长欧阳晨红、校图书馆范静怡出席座谈。会上,双方就由研究院徐妍副教授牵头、传思律阁与我校签订的法律词典与公开课数据库共享合作协议内容的实施细则进行了探讨。座谈对双方进一步落实合作协议的内容起到了积极的推动作用。

【研究院新生辩论队获得研究生辩论赛冠军】11月29日,在我校第六届"盈科杯"研究生辩论赛决赛中,研究院新生辩论队获得了研究院新生辩论队建队以来首个冠军。在本次比赛中,研究院新生辩论队先后战胜民商经济法学院、政治与公共管理学院、法律硕士学院和国际法学院辩论队,决赛队伍由杨娅蕾、闫朗、郑喆、田源组成。

【开展与美国哥伦比亚大学的合作】12月12日,美国哥伦比亚大学(Columbia University)法学院发来院长署名信,正式邀请研究院作为其在中国的合作伙伴,共同开展2015年"美国哥伦比亚大学暑期商法班"项目,并为经由研究院派出的中国政法大学学生提供一定学费优惠,该项目已正式开展。

十六、国际儒学院

【概况】国际儒学院是中国政法大学和国际儒学联合会于2006年6月合作创办的二级学院。国际儒学联合会常务副会长刘忠德先生、滕文生先生先后担任院长。学院致力于中华文明的传承、中华民族的复兴,本着"从事儒学教育,培养儒学人才,开展儒学研究,弘扬儒学精华"的办学宗旨,凝聚国内优质师资,对话国际儒学前沿,广泛开展儒学的教学、研究、交流、传播、培训活动。学院教导学生"尊德性而道问学,致广大而尽精微,极高明而道中庸",培养学生熟练掌握儒家基本理论、理解儒家思想的精粹、践行儒家优秀文化,成为具有较强的学术水平、能够从事儒学研究与教学、传播儒家文化的学者,成为对中华文化忠诚热爱的赤子,成为道德高尚、情趣高雅的君子。

学院聘请众多国内外知名儒学专家、学者担任学术顾问、专家委员会委员、兼职教授和导师,对学院的教学和学术研究形成强有力的支持。学院特聘教授、导师21人;在编教职工2人,其中,专任教师1人,管理岗1人。学院从2007年开始招收硕士生,2012年开始搭建博士培养平台。2014年,学院招收了1名政治学理论专业博士研究生,9名中国哲学专业硕士研究生。2014年毕业生8人,均为学历教育全日制硕士研究生。在校生25人,其中,学历教育全日制硕士研究生22人,博士研究生3人。

2014年,学院特聘教授为研究生开设10门课程;校内教师为研究生开设学位课3门,选修课2门,补修课1门。年内,学院继续邀请国内外知名学者举办《儒学讲坛》系列讲座8讲(第49讲~57讲)。

2014年,学院圆满完成2014届毕业研究生学位授予审核和优秀毕业论文推荐、2014年研究生招生工作,完成研究生培养方案修订工作。学院继续设立"纳通奖学金"用于鼓励研究生钻研学术、积极创新。2组研究生团队顺利完成学校硕士研究生创新基金资助项目结项工作（2013年2项），1组完成硕士研究生毕业论文资助项目（2014年），1组申报硕士研究生毕业论文资助项目（2015年）。学院推荐派出1名硕士研究生赴台湾中正大学交流访学。学院完成各项奖学金评审以及校院两级评优工作。2014年毕业的8名硕士研究生毕业就业率达到100%，其中5人考取了博士研究生继续深造；3人签订就业三方协议，签约率100%。学院自有毕业生以来，连续5年就业率达到100%。

2014年，学院继续与国际儒学联合会密切交流合作，围绕学院发展开展了大量交流和探讨。学院积极争取社会资源，于2012年设立"中国政法大学国际儒学院专项教育项目"，与国际儒学联合会签署《国际儒学联合会-中国政法大学国际儒学院专项教育项目捐赠协议》，用于2012~2015三个学年的纳通奖学金、外请教授讲课经费、导师指导费、《儒学讲义》出版等事项专项支出。目前协议已顺利执行2年。

2014年，学院获北京市社会科学基金项目立项1项，获教学改革项目立项1项。学院加大兼职教授队伍建设力度，稳定导师双选制度，鼓励学生跟随导师参加在京高校读书会等学术活动。学院完成年度考核工作以及教学科研岗位和管理岗位聘任工作，其中正式编制教师、职工各1名。

【举办2014届研究生毕业典礼暨第六届"纳通奖学金"颁奖仪式】6月25日，学院2014届研究生毕业典礼暨第六届"纳通奖学金"颁奖大会在学院路校区召开。中国政法大学副校长朱勇教授，学校校董、时任国际儒学联合会常务副理事长赵毅武先生，国际儒联副秘书长金美华女士出席典礼。学院副院长周桂钿，研究生院培养办主任肖宝兴，特聘教授宋志明、张学智、向世陵、钱逊、李祥俊、李景林以及学院全体教师、研究生共计37人参加大会。学院特聘教授分别为学院优秀毕业生、优秀毕业论文撰写者各2人颁奖。赵毅武为第六届"纳通奖学金"奖学金获得者共9人颁奖。

【参加"纪念孔子诞辰2565周年国际学术研讨会暨国际儒学联合会第五届会员大会"】9月24日~28日，国际儒学联合会与联合国教科文组织、中国孔子基金会共同举办纪念孔子诞辰2565周年国际学术研讨会系列活动。会议以"儒学：世界和平与发展"为主题。学院常务副院长俞学明教授，副院长周桂钿教授、王心竹教授及国际儒学院、人文学院20名研究生参加了此次会议。会上选举产生了国际儒学联合会新一届领导机构成员。学院名誉院长滕文生先生当选会长；我校校董、纳通集团总裁赵毅武先生，学院特聘教授牟钟鉴、张学智先生当选副会长；学院常务副院长俞学明教授、博士生导师单纯教授、兼职教授李存山先生等多人当选儒联理事。

【参加"全国高校国学院院长高层论坛"】9月29日，学院常务副院长俞学明教授、副院长王心竹教授参加在湖南大学岳麓书院举行的第三届"全国高校国学院院长高层论坛"，俞学明教授应邀在分组会议上发言。

【筹备出版《闻道思齐——儒学讲坛系列讲演录（第三辑）》】年内，学院筹备出版《闻道思齐——儒学讲坛系列讲演录（第三辑）》，本辑讲演录收录2012年~2013年"儒学讲坛"共约13讲的讲稿内容，本辑执行主编为李春颖、刘丹忱老师，书稿已统筹完毕，等待付印。

十七、中欧法学院

【概况】 中欧法学院是第一家依据"中外合作办学条例"组建的法学院,由教育部于2008年9月17日批准成立。中国政法大学和德国汉堡大学是中外合作办学机构的合作举办者,另有13所中、欧高等院校和27所国际律师事务所、研究机构协作运行。

学院下设联合管理委员会及顾问委员会,联合管理委员会为决策机构,由中外人士共10人组成。顾问委员会为监管和咨询机构,由中外人士共5人组成。学院的日常管理由联席院长负责,中方院长刘飞教授为主要行政负责人,欧方院长 Armin Hatje 教授负责财务。欧方院长 Armin Hatje 教授为汉堡大学全职教授,汉堡大学委任欧方执行院长 Clemens Richter 博士代行欧方院长职责。

按照教育部批文,本院主要从事法学研究生教育,研究生项目包括中国政法大学法学/法律硕士项目、汉堡大学"欧洲-国际法学硕士"项目和博士项目。此外,本院还开展职业培训项目(法官培训、检察官培训和律师培训)和研究咨询项目。

学院教师包括中国法教师和欧洲法教师,中国法教师均来自国内外知名院校,欧洲法教师来自欧洲12所合伙院校。学院目前有专职中国教师4人。2014年,学院在册学生300人,其中硕士生276人,博士生15人;国际学生14人,来自德国、荷兰、澳大利亚等。

2014年中国法硕士课程的专职教授和客座教授分别来自中国政法大学、清华大学、德国布莱梅大学和汉堡大学等国内外知名大学法学院,以及跨国公司和律师事务所的法律职业人士。他们均具有中国和海外法学教育背景,具备融会贯通的法学知识和专心教学的奉献精神。2014年,中国法课程共计开设31门课程,聘用29名国内、外知名法学教授,其中包括2名长期国际教授。学院已形成独具风格、具有稳定的师资队伍支撑的课程体系。

2014年欧洲-国际法学硕士项目,学院共为2012、2013两个年级的学生开设了4个单元必修课和1个单元选修课,共计21门课程在北京授课,全年累计接待外教及助教约63人次。2014年春季开始,欧洲-国际法学硕士选修课单元在北京和欧洲合伙人院校同时开设,学生有机会前往位于欧洲的合伙人院校学习选修课程。学院为学生提供到欧洲合伙人院校参加为期3周至2个月的选修课学习机会,协助联系合伙院校,并为学生提供有效的资助。2014年有48名修读欧洲-国际法学硕士的2012级中国硕士生赴欧学习选修课,占学生总数的67.6%。选修课学习地点包括法国斯特拉斯堡大学、德国汉堡欧洲学院(Europa-Kolleg Hamburg)、荷兰马斯特里赫特大学、瑞典隆德大学以及匈牙利中欧大学。这是学院建院以来学生第一次到欧洲进行课程学习,所修得的学分纳入欧洲-国际法学硕士项目。其余26名学生在北京学习跨境投资的选修课程,还到中欧法学院的协作单位西班牙乌利亚律师事务所、荷兰百思通律师事务所参观访问,并邀请德国泰乐信律师事务律师到昌平校区为学生介绍跨境投资的法律实务。同时,在北京学习选修课的同学于6月底到西班牙马德里自治大学参加暑期班。2014年参加欧洲合伙院校选修课学习的学生共计48人,参加暑期班的学生共计20人,合计出访人数占学生人数的95.8%。凡是愿意到欧洲进行访学的同学，均获得出访机会。

欧洲－国际法课程具有多元和国际化的师资，授课教师包括飞行教授、常任助理教授以及助教。飞行教授担任讲授课（lecture）教师，助教讲授研讨课（tutorial），另有常任教师讲授专业基础课法律写作。飞行教授是欧洲－国际法学硕士课程师资队伍的主力军。由在欧洲法和国际法领域拥有专业技能和经验的教师授课，将保证课程的深度和广度。2014年飞行教授来自汉堡大学、马德里自治大学、博洛尼亚大学、斯特拉斯堡大学、隆德大学、鲁汶大学、都柏林大学圣三一学院、中欧大学、马斯特里赫特大学和曼彻斯特大学等欧洲合伙院校。同时，学院也提高常驻北京的欧洲法教师的比例。自2013年秋季开始，学院招聘助理教授莫莉（Monika Prusinowski）女士，承担欧洲－国际法学硕士"法律写作"的授课任务。2014年，学院常驻助理教授还包括德国马克斯普兰克国际私法研究所合作研究员Liane Schmiedel女士、比利时鲁汶大学合作研究员Nathan Cambien博士以及来自爱尔兰都柏林大学的Stuart MacLennan先生等，为学生讲授研讨课，实现与学生在课程之外的指导与沟通，从而使整个欧洲－国际法课程师资结构更为平衡。

2014年，学院继续开设"英文讲授中国法"（CLTE）课程，国际学生在一学期内学习中国当代法制、中国法律与社会、中国商法、中国反垄断法、中国刑事司法、比较宪法等6门课程，从沿革、转型、现状和前瞻等层面了解中国法律制度的基本框架和主要内容。

2014年，学院获得2015年国家建设高水平大学公派研究生项目出国攻读博士学位推荐资格的共有6人，其中2012级双硕士5人、2013级中国法硕士1人。

2014年，学院共举行了15次讲座，主讲人包括英国劳氏船籍社（亚洲）法务总监梅虹、中国人权研究会副会长陈士球、中国联合国协会常务理事徐书云、欧盟委员会内部市场与服务总司知识产权理事会理事Kerstin Jorna，以及来学院授课的欧洲合伙人院校教授。

2014年，学院在最高人民法院举办讲座，共有40名法官参加；学院与国家检察官学院共同举办检察官培训，共有138名检察官学员参加了培训；与全国律协合作举办律师培训，共有100名律师参加。

【欧方联席院长履新】2月24日，中欧法学院联合管理委员会（JMC）中方主席张福森先生来信告知，联合管理委员会（JMC）批准了根据学院相关规定提名的新任欧方联席院长人选。欧方联席院长为Armin Hatje教授，欧方执行院长为Clemens Richter博士，欧方执行院长代表欧方院长行使所有权力。2月24日，Clemens Richter博士抵京就职。

【参加欧洲－国际法学硕士项目选修课】春季学期，学院48名硕士生赴德国汉堡欧洲学院、法国斯特拉斯堡大学、瑞典隆德大学、荷兰马斯特里赫特大学和匈牙利中欧大学参加欧洲－国际法学硕士项目选修课。

【欧盟委派审计师来院审计】7月3日~21日，欧盟委派英国Moore Stephens会计师事务所审计师Jean-Jacques Dinh-Dung-Banh、Steven Wong前来中欧法学院进行现场审计，审计师抽检了本院2008~2013年财务文件复印资料。

【受邀参加中欧高级别人文交流对话机制第二次会议】9月6日，学院中方联席院长刘飞教授、欧方执行院长Clemens Richter博士、教务办公室副主任曾彬彬、项目助理潘辰唯以及14位2012级学生代表受邀赴钓鱼台国宾馆芳菲苑参加中欧高级别人文交流对话机制第二次会议。该对话机制是中国政府与欧盟委员会打造的国际交流平台。

【召开2014年中欧学术研讨会】 10月23日，2014年中欧学术研讨会在北邮科技大厦会议室召开。本次学术研讨会由学院和法治政府研究院联合主办，共有来自中国、德国、瑞典、英国、意大利5个国家的40余位学者、专家参加了研讨会。研讨会议题为"聚焦行政诉讼法修改"（2014 China-Europe Academic Conference-The Revision of the Chinese Administrative Litigation Law），与会代表围绕诉讼中的复议决定与原决定、行政合同诉讼、具体行政行为之自始无效以及预防性诉讼与确认之诉等议题进行了深入的探讨和交流。

十八、科学技术教学部

【概况】 科学技术教学部前身为基础部，成立于1983年。2002年，在学校院系调整时更名为科学技术教学部，共有计算机、自然科学、应用数学3个教研室，承担着全校自然科学类课程的教学任务；下设有1个非在编科研机构——知识产权研究中心，拟在科技与法律的交叉领域作有益探索。教学部现有专任教师27人，其中，教授7人（含博士生导师1人）、副教授14人、讲师5人、助教1人，具有博士学位的教师占比44%，45岁以下中青年教师占比51.9%。教学部承担本校研究生院、本科生院各层次、各专业、各年级计算机公共基础课程、部分计算机应用课程、"高等数学""应用数学""管理数学""现代科技概论""自然科学史"等课程以及对本校学生科学素质的培养。

在不断创新教学方法，保证教学质量的前提下，教学部以提高教师科研能力为宗旨，鼓励教师参加科研活动。2014年，教学部有3项校级教改立项、1项北京市共建项目申报并成功启动、1项北京市高校青年英才支持计划项目。教学部老师发表权威期刊论文3篇，核心及其他论文20余篇。

2014年在主管校领导和有关部门的支持下，数学教研室5名教师参加了高教学会主办的《高等数学》和《数理统计》2门课程的骨干教师网上培训，教学部组织2位教师参加了北京市师资培训，组织教师参加北京计算机基础教学年会1次，参加教育部文科计算机教学指导委员会会议2次，参加全国科技史年会1次。同时新进3名教师，另有1名教师考取在职博士。教学部通过多种渠道，多种方法来提高教师队伍的整体水平。

2014年，教学部多次与中科院老科学家科普演讲团、昌平地震局、昌平科协、北京科技大学、中国石油大学等单位合作，成功举办"科技论坛"等讲座。

2014年，教学部组织学生参加了"全国大学生数学建模比赛""北京市大学生物理实验竞赛""中国大学生服务外包创新创业大赛""美国大学生数学建模竞赛""文科高等院校计算机设计大赛"，所有参赛队伍皆取得名次。

【组织参加美国大学生数学建模竞赛】 2月，教学部组织学生参加美国大学生数学建模竞赛，获得一等奖1项，二等奖4项。

【组织参加文科高等院校计算机设计大赛】 7月，教学部组织学生参加文科高等院校计算机设计大赛，在媒体设计类比赛中获总决赛一、二等奖。

【组织参加全国及北京市大学生数学建模竞赛】 9月，教学部组织学生参加全国及北京市大学生数学建模竞赛,获得全国一等奖2项,二等奖2项;北京赛区一等奖4项,二等奖3项。

【组织参加中国大学生服务外包创新创业大赛】9月,教学部组织学生参加中国大学生服务外包创新创业大赛,获得二、三等奖各1项。

【组织参加北京市大学生物理实验竞赛】11月,教学部组织学生参加北京市大学生物理实验竞赛,获得三等奖1项。

十九、体育教学部

【概况】体育教学部于1994年5月成立,作为学校的体育教学单位,负责全校体育教学、群体活动、运动队训练与竞赛以及运动场馆设施管理维修等体育后勤保障工作。体育教学部现下设有体育教研室、群体教研室、综合办公室、场地管理科以及体育法研究中心(挂靠单位)。昌平校区有体育馆1座,内设羽毛球场8块、乒乓球台12个,有标准塑胶田径场1个,室外标准游泳池和教学游泳池各1个,轮滑场地1块,篮球、排球、网球、藤球等场地22块,总面积4万多平方米。学院路校区有羽毛球场地3块、乒乓球台10块、台球桌2台、健身房1个,总面积约2600平方米。

教学部现有教师34人、教辅人员4人。教师中有硕士学历17人,体育学、法学双学士12人,高级职称的教师21人,占全体教师人数62%,其中有国家级裁判1人、国际级裁判1人。

在学校的统一部署和领导下,教学部遵循民主、科学、竞争的上岗机制,积极动员,顺利完成领导班子的换届工作,形成贾海翔副教授、黎晨副教授为副主任的新一届领导班子。

2014年,教学部全面整合了教学部的教学思想和理论,教学模式和方法,课程大纲和教材。由于各方面的突出成绩,教学部被学校评为2013~2014学年教学先进集体。在学生自由选课的问题上,经过科学调配,合理安排,解决学生选课的问题,使得教学工作正常进行。今年教学部将一年级的新生专项基础课进行了改革,体育选课制度的改革,实现了新生一入学即可自主选择体育课程的突破,提高了选课的自由度,受到学生好评。实现了在全校改革中的"三个唯一"。在学校的大力支持下,学校新增羽毛球高水平运动队并于2014年招生组队。

2014年,教学部老师共发表论文18篇,其中核心期刊论文8篇,出版教材6部,参与教材编著2人。主持横向课题3项。其中组织10篇论文参加北京市教委和体协组织的北京市高校第17届论文报告会,其中有三篇获得二等奖,三篇获得三等奖。有12名老师外出参加学术会议或者培训。其中有两位老师赴希腊雅典参加第20届世界体育法大会并提交论文。

2014年,体育法研究中心圆满完成了相关任务,研究中心成功申请两项国家体育总局课题,马建川教授主持的《消极比赛与操控比赛治理研究》和尹志强教授主持的《体育彩票的法律规范研究》分别获项目经费1.5万元和2万元(两项共计3.5万元);王小平教授主持的国家体育总局课题《高尔夫球场规范化发展法律问题研究》和北京市体育局课题《北京市体育竞赛管理办法（修改）》进行了结项；有6篇论文发表在权威或核心期刊。王小平、马宏俊、张笑世等数名教授参加了在雅典举行的体育法国际会议。研究中心成绩突出，通过了第一批交叉学科的验收，并得到学校继续在经费上给予支持。

2014年，教学部加强教学队伍建设，全年共有12人次外出参加了各种短期培训班学习，开阔了老师的视野，了解了现代高校体育改革方向，有助于体育教学改革的深入。高飞老师作为访问学者到美国雪城大学进行为期一年的学术访问。为了加强高水平运动队的建设，特引进了国家级健将杨策来校执教，聘任了北京市羽毛球队教练刘慧生、世界冠军董炯为兼职教授。支持教师外出参加社会工作，2014年教师担任全国性比赛裁判工作的有8人次。

【举办第39届田径运动会】4月26日~27日，教学部在昌平校区体育场举办中国政法大学第39届田径运动会。在本次运动会团体比赛中，民商经济法学院以522分的总成绩摘取甲组桂冠，刑事司法学院、法学院分别以293分和265分的总成绩位列第二、第三名；社会学院以337分的总成绩取得乙组第一名，外国语学院、新闻与传播学院则以276分和253分的总成绩名列第二、第三名。

【组织参加北京市大学生足球联赛】5月，我校男子足球队在北京市大学生足球联赛中获得亚军。

【组织参加2014年首都高校羽毛球锦标赛】5月1日~2日，我校羽毛球队在2014年首都高校羽毛球锦标赛获得乙B组女子团体亚军，男子团体亚军。

【组织参加2014年首都高校乒乓球锦标赛】5月10日~11日，我校高水平乒乓球队在2014年首都高校乒乓球锦标赛获得甲A组女子团体冠军，男子团体第四名。

【组织参加2014年首都高校武术锦标赛】5月10日~11日，我校武术队在2014年首都高校武术锦标赛获得集体太极拳二十四式二等奖、集体三十二式太极剑三等奖、集体第八名，单项获得2个第二名、2个第三名、1个第四名、2个第六名、2个第七名、4个第八名。

【组织参加2014年首都高校大学生篮球联赛】4月9日~5月25日，我校篮球队在2014年首都高校大学生篮球联赛获得男子组第九名、女子组第六名。

【举办《北京市体育竞赛管理办法》修改的研讨会】5月15日，《北京市体育竞赛管理办法》修改专家座谈会在学校举行。国家体育总局竞体司、北京市体育局法规宣传处、北京市体育竞赛管理中心的负责同志出席座谈会，北京大学、中国政法大学、北京体育大学、首都体育学院、北京市大学生体育协会的10余名专家学者参加交流研讨。

【组织参加北京市高校第52届田径运动会】5月15日~18日，我校田径队在北京市高校第52届田径运动会获得男子400米第三名、男子标枪第六名、男子110米栏第八名。

【组织参加2014年北京市高校跆拳道精英赛】5月18日、25日，我校跆拳道队在2014年北京市高校跆拳道精英赛获得男子团体第四名；男子乙组54KG级冠军、男子68KG级冠军、男子乙组63KG级亚军、女子乙组46KG级亚军。

【组织参加首都高校第三届校园铁人三项赛】5月24日，我校田径队在首都高校第三届校园铁人三项赛获得小轮车两项男子组第三名、第七名，轮滑三项男子第五名。

【组织参加北京市高校沙滩排球联赛】6月25日，我校高水平排球队在北京市高校沙滩排球联赛获得第一组冠军、第二组季军。

【组织参加2014年全国大学生乒乓球锦标赛】8月20日～26日，我校高水平乒乓球队在2014年全国大学生乒乓球锦标赛获得女子团体冠军、混合双打冠军、男团亚军、女双季军、八项第五名。

【完成体质健康测试工作】10月，教学部全体教职员工利用一周时间，为全校4个年级近8000余人进行了测试工作，并将相关数据上报教育部。2014年测试引进新设备，按照全新的测试标准进行。

【组织参加2014年首都高等学校第六届秋季田径运动会】10月18日～19日，我校田径队在首都高等学校第六届秋季田径运动会获得男子跳高第八名。

【组织参加北京市女子大学生足球联赛】11月，我校在北京市女子大学生足球联赛获得季军。

【组织参加2014年北京市高校藤球比赛】11月，我校藤球队在北京市高校藤球比赛获得团体冠军、女子甲组冠军、女子乙组冠军、男子甲组亚军、男子乙组亚军。

二十、诉讼法学研究院

【概况】诉讼法学研究院（Procedural Law Research Institute，CUPL）成立于1999年10月，是专门从事诉讼法学研究的新型综合性研究机构，也是我国诉讼法学科唯一入选教育部普通高等学校人文社会科学重点研究基地的研究实体。研究院以建设我国诉讼法学的科学研究基地、人才培养培训基地、学术交流基地、情报资料基地、研究咨询基地为目标，以集中开展诉讼法学、证据法学研究，引导和促进我国诉讼法学的繁荣和发展，加强国际合作与交流，深入研究诉讼法学理论和司法制度，为我国法制建设和司法改革建言献策为发展宗旨。2013年4月，由学校牵头联合吉林大学、武汉大学共同创建，以诉讼法学研究院为基础平台之一的司法文明协同创新中心入选首批国家认定的14家协同创新中心。研究院下设刑事诉讼法学研究所、民事诉讼法学研究所、行政诉讼法学研究所、证据法学研究所等4个专业研究所，行政与科研辅助机构有办公室、中国诉讼法律网（研究院官方网站）、《诉讼法学研究》编辑部、《中国诉讼法判解》编辑部、图书资料室、电子阅览室等。研究院现任院长为卞建林教授，著名诉讼法学家陈光中教授、樊崇义教授受聘担任名誉院长。本年度，研究院引进专职研究人员1名，引进行政人员1名，另有1名研究人员因校内岗位调整而调出研究院。现有教职工17人，其中专职研究人员14人，教授11人，副教授2人，讲师1人，博士生导师10人（其中校外兼职1人）、硕士生导师13人。此外，学院还聘有来自国内外多个研究机构、高校及司法实务机关的40余名兼职研究人员。

2014年，研究院按照教育部关于建设人文社会科学重点研究基地的具体要求及年度工作规划，依托"2011计划"司法文明协同创新中心平台，充分发挥研究院在全国诉讼法学研究方面的引领作用，大力推进智库建设，促进诉讼法学理论创新和知识体系更新，夯实理论研究在国家法治建设的基础性地位；积极参加立法司法咨询，为立法和司法改革建言献策；参与社会宣传和服务，提升研究院在社会服务方面的影响和作用。

在科学研究方面，研究院专职研究人员共出版专著2部，教材6部，在国内外期刊上发表学术论文百余篇，多部（篇）著作和论文在学界和社会上产生积极影响。本年度学院获得国家或省部级科研项目4项，其他类别项目4项。获得科研奖励或人才资助计划5项。其中，以教授卞建林为首席科学家的司法改革与司法文明建设研究团队入选中国政法大学智库研究团队资助计划；教授王万华入选第七届全国十大杰出青年法学家；副教授栗峥获第十四届霍英东青年教师奖一等奖；副教授栗峥入选2014～2016年度中国政法大学优秀中青年教师培养支持计划；副教授王贞会获中国政法大学新入校青年教师科研启动资助计划。研究院研究人员承担的国家社科基金重大项目、司法部项目顺利结项，有关成果陆续出版；在研的国家社科基金项目、教育部、司法部项目、北京社科基金项目、中国法学会及其他各类研究项目进展顺利。

年内，5个项目获得立项。3月，教授陈光中主持的"司法改革问题研究"获得北京市社会科学基金重大项目立项；3月，教授卞建林牵头、联合中国政法大学研究生院开展的"北京市产学研项目"与朝阳区人民检察院达成合作意向，双方将在课题研究、研究生培养、人才互聘等方面展开深入合作；5月，本院副教授王贞会申报的证据科学教育部重点实验室2014年度开放基金项目获准立项；7月，教授卞建林申报的"刑事诉讼庭前会议制度研究"和教授李本森申报的"刑事简易程序规范化改革实证研究"获得2014年教育部人文社会科学重点研究基地重大项目立项；7月，研究院副教授王贞会申报的"北京市涉罪未成年人司法处遇与权利保护研究"获得2014年北京市社会科学基金项目立项。

在学术活动方面，研究院主办各类学术研讨会9场，承办2014年度教育部社会科学委员会法学学部工作会议、教育部人文社会科学（法学）重点研究基地主任联席会议，举办模拟法庭1次，举办学术讲座8次。以研究院名义对外发布《中国诉讼法治发展报告（2012～2013）》首发式。举办《民事诉讼法》修改和《行政诉讼法》修改系列学术讲座。研究院研究人员赴美国、德国、我国台湾地区、香港地区、澳门地区参加学术研讨和交流访问活动近20人次，多次受邀参加国内外学术研讨会或其他学术活动。

在立法司法咨询和服务社会方面，研究院专职研究人员向中央有关部门提交立法司法咨询建议3份，其中以教授卞建林为首席专家的研究团队提交的系列调研成果要报获最高人民检察院曹建明检察长的批示。多名研究人员参加全国人大常委会法工委、中央政法委、最高人民法院、最高人民检察院、公安部等中央机关关于修改《刑事诉讼法》《民事诉讼法》和《行政诉讼法》及配套司法解释或部门规定的专家论证会。在服务社会方面，研究院多名研究人员接受《法制日报》《检察日报》《人民法院报》《中央电视台》《人民网》《正义网》等媒体采访，积极参与国家法制宣传和社会服务活动。

【举办新《刑事诉讼法》贯彻实施中的问题与对策研讨会】3月28日～29日，由本院、"2011计划"司法文明协同创新中心共同主办、湖南省常德市人民检察院承办的"新《刑事诉讼法》贯彻实施中的问题与对策"研讨会在湖南常德召开。来自中央政法委、最高人民检察院及学院8个实践基地的代表，司法文明协同创新中心诉讼制度研究创新团队成员及中国人民大学、中国社会科学院、北京师范大学、上海市社会科学院、浙江工商大学、南京师范大学等高校知名学者100余人参加了会议。

【举办中美司法制度比较学术研讨会】 4月27日，由"2011计划"司法文明协同创新中心、研究院主办的"中美司法制度比较学术研讨会"在北京召开。来自美国的10余位法官、律师，我国最高人民法院、最高人民检察院等实务界的专家，中国政法大学、中国人民大学、清华大学、社科院法学所、中国人民公安大学、国家法官学院、国家检察官学院等高校学者及律师等共90余人参加了会议。此次学术研讨会分四个单元进行研讨，各单元主题分别为：证据规则和诉讼程序（一），证据规则和诉讼程序（二），独立行使司法权，司法官角色与作用。中美双方与会专家学者围绕上述主题分别介绍了各自国家的相关制度和情况，开展了广泛而深入的研讨与交流。

【举办"5·9错案"警示日座谈会】 5月9日，河南省高级人民法院、法制日报社、研究院、郑州大学法学院共同举办"5·9错案"警示日座谈会。来自河南省高级人民法院、各中级人民法院的有关领导及刑事法官100多人参加了座谈会。来自法学界、新闻媒体的10多名代表围绕"强化审判中心地位在防范冤错案件中的作用""人民观审团对防范冤错案件的意义""新刑诉法关于人权司法保障的重大突破及不足"3个专题展开研讨，发表意见。

【举办《中国诉讼法治发展报告（2012～2013）》首发式】 5月29日，由"2011计划"司法文明协同创新中心、中国政法大学诉讼法学研究院联合主办的《中国诉讼法治发展报告（2012～2013）》首发式暨研讨会在北京召开。来自北京大学、中国人民大学、北京师范大学、中国政法大学、中国社科院法学所、中国人民公安大学、中国青年政治学院、吉林大学、上海社科院法学所、西南政法大学、中山大学、厦门大学等全国10余所高校和科研机构的数十位专家学者参会。与会专家就中国诉讼法治发展报告的相关问题进行了深入研讨。与会专家对中国政法大学诉讼法学研究院启动这一项目表示钦佩，一致认为《中国诉讼法治发展报告（2012～2013）》（以下简称《报告》）一书结构清晰，资料丰富翔实，客观全面地记录了我国刑事诉讼、民事诉讼和行政诉讼在2012年、2013年中的立法、司法和学术研究方面取得的成绩与进步，并对国外诉讼法治发展的最新动态作了简要综述。同时，本书附录重要诉讼法学论文、著作、科研项目、博士学位论文等统计资料，以供读者查阅和索引。与会专家指出，《报告》首开法学各个学科门类专业性报告的先河，是从事诉讼立法、司法和教学科研工作的基础性、权威性的参考资料。此外，与会专家还就报告的体例结构、资料全面性等提出完善的建议，并表示将大力支持、配合中国诉讼法治发展报告的各项工作。

【召开教育部社会科学委员会法学学部工作会议】 7月18日～19日，由教育部社会科学委员会法学学部、国家司法文明协同创新中心主办，中国政法大学诉讼法学研究院与山西省太原市人民检察院承办的2014年度教育部社会科学委员会法学学部工作会议、教育部人文社会科学（法学）重点研究基地主任联席会议暨民主、法治与国家治理现代化学术研讨会在山西太原召开。教育部社会科学委员会法学学部委员、国务院学位委员会法学学科评议组成员、教育部人文社会科学（法学）重点研究基地主任以及特邀代表共60余人参会。会议分为"民主、法治与国家治理现代化研讨会""教育部社会科学委员会法学学部工作会议""教育部人文社会科学（法学）重点研究基地主任联席会议"3个会议，与会学者围绕3个分会的主题进行了热烈的讨论。

【召开刑事法律援助实施情况总结研讨会】9月27日~28日，由学院主办的刑事法律援助实施情况总结研讨会在北京召开。来自中央政法机关有关部门负责人、法学界专家学者、部分省市司法行政机关及法律援助机构的负责人以及律师等100余人参加了研讨会。此次会议围绕刑事法律援助实施的现状、问题及完善进行了集中、深入的交流、探讨。

【举办刑事错判及其防范专题讲座】6月22日，美国纽约大学法学院亚美法研究中心教授Ira Belkin（柏恩敬）一行5人访问本院，并举行了"刑事错判及其防范"专题讲座。本院及证据科学研究院、刑事司法学院部分专家学者与博士生代表参加了本次讲座。

【举办聚焦《中华人民共和国行政诉讼法》修改系列讲座】举办聚焦《中华人民共和国行政诉讼法》修改系列讲座3讲。11月26日，第一讲"破解三难与《行政诉讼法》修改"由全国人大法工委行政法室副主任童卫东担任主讲人。12月3日晚，第二讲"新思维与新行政诉讼法"由最高人民法院行政庭副庭长李广宇担任主讲人，法治政府研究院副院长王敬波教授担任与谈嘉宾。12月11日晚，第三讲"公民诉权保障与《行政诉讼法》修改"由学校终身教授、法治政府研究院名誉院长应松年担任主讲人。

【举办《民事诉讼法研究》系列讲座】12月11日，第一讲"四中全会决定与民事诉讼法的完善"由清华大学教授张卫平作为主讲人，中国人民大学教授肖建国、中国政法大学教授谭秋桂作为评议嘉宾。12月16日晚，第二讲"民事执行体制改革的理论与实践"由最高人民法院执行局副局长张根大作为主讲人，民商经济法学院教授王娣担任评议嘉宾。

【举办美国刑事诉讼对抗制的新发展讲座】12月15日，美国印第安纳大学布鲁明顿分校摩尔法学院哈利·普瑞特法学教授、司法文明协同创新中心海外科研基地——"中国法律及比较司法制度研究所"联席主任、教授约瑟夫·L.霍夫曼（Joseph L. Hoffmann）应邀来到研究院做了题为"美国刑事诉讼对抗制的新发展"的讲座。本院教授李本森参加并主持了本次讲座。本院及证据科学研究院、刑事司法学院部分专家学者与博士生代表参加了此次讲座。

二十一、法律史学研究院

【概况】中国政法大学法律史学研究院（Institute of Legal History, CUPL）是学校直属科研教学单位，也是中华人民共和国教育部所属的国家级人文社会科学重点研究基地，其前身是1985年成立的中国政法大学中国法律史研究所，创始人为学校终身教授张晋藩先生。1988年，学校法制史学科被国家教委评定为首批国家级重点学科，2000年该学科再次被教育部评定为国家级重点学科。2002年10月，在原中国法律史研究所的基础上，成立中国政法大学法律史学研究中心。2004年12月中心正式入选教育部人文社会科学重点研究基地。2006年11月，根据学校文件并报教育部同意，"中国政法大学法律史学研究中心"正式更名为"中国政法大学法律史学研究院"。

法律史学研究院现有专、兼职研究人员41人，其中专职人员13人，专职人员中教授9人，博士生导师5人，副教授3人，讲师1人。法律史学研究院以法制史、法律思想史和比较法文化史为3个主要研究方向，研究内容均具有基础性和前沿性。研究院现设有法制史、比较法史、法文化史3个研究室和资料室、网络室、办公室、信息交流部。全院现有教育部"高校青年教师奖"1人，教育部新世纪优秀人才支持计划入选者2人，当代中国法学名家3人。

法律史学研究院作为教育部人文社会科学重点研究基地，以学校为依托，整合学术资源，建立起了法律史学学科团队，其中主要包括科研、教学相互促进的3个平台：以科研为主的教育部人文社会科学重点基地"法律史学研究院"、教学科研型的"法学院法律史研究所"、教育部全国高等院校古籍整理工作委员会直接联系单位"法律古籍整理研究所"，这3个平台共同建立在法律史学科体系下，各有侧重、相互协作、共同促进。以朱勇教授为牵头人的、以上3家单位共同参与的"法制史教学团队"，于2010年被评为国家级教学团队，是我校法学专业获评的第一个国家级教学团队。与此同时，基地与国内外法律史学术力量紧密合作，频繁交流，除了聘请兼职教授学者外，每年还召开大型国际（国内）学术研讨会，广泛交流，共同提高，充分发挥重点研究基地的旗舰作用。

2014年，研究院专职研究人员共出版学术著作8部，其中，代表性著作为教授张晋藩的独著（译成英文海外出版）：《中国法律的传统与近代转型》，出版商：斯普林格（Springer），德国　柏林　海德堡。2014年第一季度出版。共发表学术论文42篇，其中权威期刊论文1篇、CSSCI来源期刊与核心期刊论文7篇、外文发表或境外期刊发表论文3篇、一般论文31篇。

研究院研究人员（部分兼职）共主持科研课题33项，其中本年度结项项目2项，新增项目6项。项目的种类包括国家级项目、教育部人文社会科学重点研究基地重大项目、国家社科基金项目、司法部项目、北京市社科基金项目、2011建设项目、校级社科项目、智库项目以及横向项目等等。

本年度，研究院完成了新一届专兼职研究人员的聘任工作，基地主任与受聘的专兼职人员签订责任、权利、利益明确且具有法律效力的定期聘任合同；引进了1名国外留学归来的优秀青年研究人才，充实研究院研究实力。

【举行《中国法律的传统与近代转型》首发式】6月10日，教授张晋藩独著《中国法律的传统与近代转型》（英文版）首发式在学院路校区举行。中国法学会副会长、学术委员会主任张文显，校长黄进，副校长朱勇，副校级干部时建中，德国斯普林格出版公司总监Harman vanpoaradijs（简称哈门），以及中国法律史学会执行会长、中国人民大学法学院教授赵晓耕，中南财经大学法律文化研究院院长陈景良，西北政法大学研究生教育院院长王健出席了首发式。各学院教师代表和学生代表参加了首发式。张晋藩对各界同仁的到来表示感谢。他说，新书充分展示了中华民族传统文化的典型性和特殊性，融汇了中华民族的智慧结晶，希望通过此书向世界阐明中国古代法律所具有的丰富内涵和价值，让世界了解中国法律的传统与近代化的发展。此次跨时代的研究是非常有价值的，从传统文化向近代化的转型是历史的必然选择。一个民族应当尊重本民族的传统文化，并且将其发扬让世界了解。他希望,有更多的青年学者潜心研究,兢兢业业,不断发展,将中华民族伟大复兴作为自己的奋斗目标。

【举办"法治中国与中华法系"智库工作会议】6月14日,法律史学研究院在北京举办"法治中国与中华法系"智库工作会议。本智库专家由本院研究人员与中国政法大学法理研究所研究人员组成,主要致力于为建设社会主义法治国家提供智力支持。

【举办"中华民族优秀法律传统与当代中国法制建设研讨会"】11月1日~2日,研究院在北京花园饭店举办了"中华民族优秀法律传统与当代中国法制建设研讨会"。来自日本东京大学、韩国庆北大学、台湾政治大学、中国社会科学院等国内外兄弟单位的专家学者及研究院全体研究人员、本校法学院、古籍整理研究所部分人员参加了此次会议。此次会议的主题是讨论中华民族优秀法律传统和当代中国法制建设诸问题。

【举行第五届张晋藩法律史学基金会征文大赛获奖论文颁奖仪式】12月20日,在学院路校区举行"第五届张晋藩法律史学基金会征文大赛颁奖活动",本院教师、征文大赛获奖人员代表以及我校法律史学专业的部分硕士研究生、博士研究生参加了活动。仪式上,张晋藩先生分别给一、二、三等奖获奖代表授予获奖证书并合影留念,并作了"法律史学的治学经验及方法"的学术报告。

二十二、法治政府研究院

【概况】法治政府研究院是北京市教育委员会和北京市社科规划办依托中国政法大学建立的北京市哲学社会科学研究基地之一,下设卫生法、应急法、教育法3个研究中心,分别配备专兼职研究人员从事科研,设一个行政办公室,负责法治政府研究院日常科研、财务和行政管理。学术委员会是法治政府研究院学术研究的指导机构,负责对学术研究事项进行评议决定。现有委员7人,成员为来自高等学校、科研机构、实务部门的资深专家。

研究院现有9名专职研究人员,50余名兼职研究人员。其中教授19人,博导17人,硕导29人,获得博士学位的有34人,现有在读的宪法行政法学科博士、硕士研究生275名,博士后13名。其中100%的博士研究生,50%以上的硕士研究生都参加了专项课题的研究。研究院教师为本科生和研究生开设10多门专业课程。

研究院现拥有3个资料室,其中专设1间台湾资料室。截至2014年底,研究院已拥有图书资料11 000余册,其中中文图书8700余册,港澳台图书1500余册,英文、法文、德文、韩文等外文图书800余册。订阅国内期刊61种,其中,法学权威期刊2种,核心期刊35种,订阅国际期刊19种。

研究院主办的法治政府网(网址 www.law.china.cn)拓展了法学理论特别是法学热点、前沿的交流平台,推进我国行政法法学理论研究面向社会。本年度,法治政府网在"研究院动态"栏目及时发布本院学术动态,将其中栏目加以更新,将本院科研实体工作与虚拟网络恰当整合。截至目前,该网访问量超过4100万,访问人数约75万,平均日访问量1600余人次。

2014年,研究院研究人员共发表学术论文约85篇。其中,"加快法治建设促进国家治理体系和治理能力现代化""公共危机管理问责中的归责原则""关于我国反恐立法基本问题的几点思考""论学位管理体制的立法逻辑"等6篇刊发于我国权威期刊;"法治政府建设：挑战与任务""风险评估中的政策、偏好及其法律规制以食盐加碘风险评估为例的研究""把权力关进制度的笼子""公共治理背景下的行政执法权配置——以控烟执法为例"等37篇为CSSCI（中文社会科学引文检索）论文。郝倩副教授的In Appreciation of Professor Patrick A. Randolph, Jr.（"中美法律文化交流的先行者：追忆帕特里克·伦道夫教授"）、From Status – Based Privilege to Old Age Security: Rethinking Public Pension Reform in China（"从身份权属到年老保障：中国基本养老保险制度改革的再探讨"）刊发于域外知名期刊UMKC Law Review。"法治政府建设中存在的问题""有限责任政府是法治政府建设的根本""法治政府建设要警惕形式主义"等42篇论文发表于《学习时报》《人民日报》《社会科学报》等重要报纸。

本年度，研究院新立项项目23项。研究院先后主办20余次学术研讨会议。这些学术会议的议题涉及法治政府建设和评估、《行政诉讼法》修改、行政程序立法、《广告法》修改、青少年法制教育等行政法学理论研究的诸多前沿问题以及热点和难点问题，也为行政法实务部门完善行政立法、严格行政执法等提供了良好的建议和意见。

本年度，以"法治政府论坛"为平台，我院诚邀国内外知名学者专家以及工作经验丰富的实务部门人士，结合时政热点和学术研究难点问题，举办了5场学术讲座。这些讲座，为我校师生和专家学者提供良好的互动交流平台，实现营造学术研究氛围、探讨难点问题、传递知识薪火的目标。

本院研究人员以加强国际国内学术交流与合作为契机，积极参加国际和国内的学术研讨会128余次，提供咨询报告10余篇，主要有："查办腐败案件过程中应当依法保护涉案民营企业的合法权益""关于我国反恐立法基本问题的几点思考""依法行政百题问答""北京市机关事务管理立法调研报告"等。

【举办"青少年法制教育报告发布会"】 5月28日，"青少年法制教育报告发布会"在学校学院路校区召开。教育部政策法规司司长孙霄兵、司法部法制宣传司副司长李志路、中国政法大学副校长马怀德等30余位专家学者出席了发布会并讲话。会上，教育部青少年法制教育基地暨中国政法大学青少年法制教育研究中心发布了首份《我国青少年法制教育调查报告》。该报告的发布，是为了贯彻落实中央普法教育六五规划，加强青少年社会主义法治理念教育，使广大青少年树立社会主义核心价值观，教育部政策法规司和司法部法制宣传司委托中国政法大学青少年法制教育研究中心开展青少年法制教育课题研究，《我国青少年法制教育调查报告》即为该课题的重要成果之一。

【举办中国行政法学研究会2014年年会】 8月23日~24日，中国行政法学研究会2014年年会在河南省郑州市召开。中国法学会会长王乐泉、最高人民法院副院长江必新到会并讲话，省委常委、政法委书记刘满仓，省高级人民法院院长张立勇，省人民检察院检察长蔡宁，中国行政法学研究会名誉会长、学校终身教授应松年，中国行政法学研究会会长、教授马怀德等300余名专家学者参加会议。开幕式由中国行政法学研究会会长、学校副校长马怀德主持。中国行政法学研究会2014年年会主题为"国家治理体系现代化与行政法",此次年会共收到 180 余篇论文,与会专家学者就"行政改革与行政组织法的完善""有效的政府治理与更好发挥政府作用""行政审批制度改革中的法律问题""行政诉讼法和行政复议法的修改"等议题进行研讨。

【举办"中国法治政府奖"评选暨颁奖会】11 月 18 日,第三届"中国法治政府奖"在北京京仪大酒店举行。本届评选由来自全国人大法工委、国务院法制办、最高人民法院、最高人民检察院、司法部、北京市政府法制办、法制日报社的领导和中国政法大学、北京大学、清华大学、中国社科院、中国人民大学、广州大学等著名学术机构专家学者担任终评评委。本届奖项经过初评,共有 24 个参评项目入围当天的最终角逐。湖南省长沙市政府法制办的"出台全国首部规范政府法制工作的地方政府规章"、山东省济宁市政府的"行政复议体制改革"、北京市委市政府信访办的"创办信访矛盾分析研究中心"、广东省深圳市人民政府的《深圳政府法律顾问制度》等 10 个项目从 24 个入围项目中脱颖而出,获"中国法治政府奖"。此外,四川省成都市金牛区人民政府的《旧城改造的"曹家巷自治改造模式"》等 14 个项目获"中国法治政府奖提名奖"。"中国法治政府奖"由研究院发起设立,由专家和社会公众依据科学的评审程序和评价标准对政府依法行政、建设法治政府的制度和措施进行评奖,该奖项具有广泛影响力,已经成为法治政府研究院的品牌项目。

【举办两次发布会】12 月 28 日、30 日,研究院在北京举行新闻发布会,对外发布了《2013 年度法治政府蓝皮书》及《中国法治政府评估报告 2014》。来自全国人大法工委、最高人民法院、国家食品药品监督管理总局、教育部、上海市政府法制办公室、国家邮政总局及法律出版社等实务部门专家,来自北京大学、清华大学、国家行政学院等行政法学研究领域的知名学者以及来自《人民日报》《光明日报》《法制日报》《法制晚报》《中国网》《新华网》等媒体代表 50 余人出席会议听取报告。学校校长黄进、终身教授应松年分别致辞,与会专家学者围绕全面推进法治政府建设展开热烈研讨。研究院作出的《2013 年度法治政府蓝皮书》及《中国法治政府评估报告 2014》对我国 2013 年的法治政府建设状况进行了全面和细致的考察,总结了法治政府建设中的工作成效,也发现了其中存在的需要学界和实务界进一步研究和解决的重要问题,对我国的法治政府建设具有助推作用。

二十三、证据科学研究院

【概况】证据科学研究院是中国政法大学直属的科研单位。2005 年 12 月教育部批准"证据科学教育部重点实验室(中国政法大学)"立项建设,2006 年 5 月 20 日证据科学研究院成立,2008 年 3 月研究院通过教育部验收后正式运行,是目前全国法学学科和法学研究院校唯一的教育部重点实验室。2007 年学校设立证据法学二级学科博士学位点和硕士学位点,下设证据法学和法庭科学两个方向。2009 年北京市教委正式批准研究院之证据科学北京市交叉重点学科立项建设,同年教育部批准"证据科学研究与应用创新团队"入选教育部长江学者和创新团队发展计划。2010 年中央政法委批准研究院下设的"法大法庭科学技术鉴定研究所"入选全国十家国家级司法鉴定机构。2013 年 5 月 27 日,教育部、财政部联合发布《关于公布 2012 年度协同创新中心认定结果的通知》，我校"司法文明协同创新中心"成功通过认定，证据科学研究院同时成了司法文明协同创新中心的实体性单位。

研究院以文理交叉为特色和优势，以教学、科研、服务社会、文化传承四位一体为发展模式，以"辨证据真伪 铸法治基石"为理念，进行证据科学学科建设。研究院首席专家张保生教授于 2011 年就任"国际证据科学协会"副主席一职（协会秘书处设在证据科学研究院）。自 2007 年以来，研究院每两年举办一届"证据理论与科学国际研讨会"，至今已成功举办 4 届。

截至年底，研究院拥有人员 70 人，其中专职人员 49 人（专职研究人员 34 人，专职司法鉴定人 7 人，行政人员 7 人，专职编辑 1 人），实验助理 21 人。兼职研究人员 29 人，在读研究生总数 330 人（全日制研究生 178 人，在职法硕研究生 152 人），已毕业研究生 227 人（其中博士研究生 28 人；硕士研究生 199 人）；博士后流动站进站研究人员共 5 人，已出站人员 4 人，在站人员 1 人。研究院 9 年来共承担省部级以上研究项目 94 余项，出版专著 69 余部，发表论文 428 多篇，其中 26 篇多被 SCI（科学引文索引）、EI（工程索引）、SSCI（社会科学引文索引）收录，获发明专利 4 项，实用新型专利 12 余项。

年内，共出版著作 9 部，包括吴丹红独著的《用证据说话——案件中的事实与法理》，刘鑫独著的《医疗损害技术鉴定研究》，张保生、常林主编的《中国证据法治发展报告 2012》，常林主编的《法庭科学文化论丛（第 1 辑）》等。研究院教师公开发表论文 68 篇，其中权威期刊论文 6 篇，核心期刊论文 34 篇，一般论文 28 篇。研究院教师郝红霞获得实用新型专利授权 2 项。研究院教师共撰写咨询报告 6 项，其中，常林撰写的咨询报告《中国司法鉴定乱象之因》获得了省部级领导批示。教授王旭作为第一起草人研制的公共安全行业标准 GA/T1193－2014《人身损害误工期、护理期、营养期评定规范》于 11 月 26 日正式颁布实施。

本年度，研究院教师共申报各类科研项目总计达 48 人次，共有 15 个项目获得立项，批准经费共计 253 万元。其中，国家自然科学基金应急管理项目 1 项，国家社科基金重点项目 1 项，教育部人文社科规划项目 1 项，北京市社科规划项目 2 项，教育部 2014 年高等学校全国优秀博士学位论文作者专项资金资助项目 1 项以及司法部司法鉴定管理局、北京市司法局、国家卫生和计划生育委员会、公安部物证鉴定中心、文件检验鉴定公安部重点实验室、上海市法医学重点实验室等横向项目 7 项，校级社科项目 1 项，校青年创新团队 1 项。

研究院全年主办了研讨会 3 场。分别是"司法文明指数"研讨会、全国首届"语言、证据与司法文明"高端论坛，首届"中国法律论坛"学术会议；主办各种学术讲座多场。

本年度，法大法庭科学技术鉴定研究所完成新办公场所的装修及搬迁工作，新址迁到海淀区清河后屯南路 26 号，建筑面积 6000 平方米。9 月 19 日，教育部副部长鲁昕、学校党委书记、教授石亚军等校领导，以及教育部、司法部、北京市检察院、北京市高级人民法院北京市司法局等各职能部门领导共同参观了法大鉴定所新址，并召开了国家级司法鉴定机构建设促进会。鲁部长对法大鉴定所的发展给予高度关注和积极评价。作为研究院对外服务的窗口,法大法庭科学技术鉴定研究所的司法鉴定业务结案达到5262件(较2013年度增长1100件左右,较2012年度年增加2200件左右)。法大鉴定所以优势项目逐步带动其他鉴定项目发展,其中交通事故类鉴定增长明显。12月27日~28日,CNAS(中国合格评定国家认可委员会)委派认可委评审组对法大鉴定所开展实验室认可复评审及扩项评审,法大鉴定所顺利通过现场评审。

【"111计划-证据科学创新引智基地"立项】1月1日,通过教育部和国家外国专家局联合组织的"高等学校学科创新引智计划"(简称"111计划")评定,由研究院申报的"证据科学创新引智基地"正式立项,为期5年,每年度支持经费180万元。"111计划-证据科学创新引智基地"以证据科学教育部重点实验室和"2011计划"司法文明协同创新中心为依托,拥有研究人员共35人,其中,海外人员10人,均为国外著名大学教授和高级研究人员;国内人员26人,其中高级职称10人,博士后1人,博士研究生15人,国内学术带头人为教授张保生。海外学术大师和学术骨干在证据科学创新引智基地工作期间,将与国内研究人员一起开展专业领域的合作研究项目共8项,包括共建证据科学国际一流师资队伍、联合建设多个中国证据科学海外研究中心、共同开发建设国际领先的Y-单倍型数据库、联合培养博士研究生、在中国开办证据科学国际暑期学校讲授相关课程、为中国证据科学相关立法工作提供智力支持等。所取得的各类研究成果,知识产权均属于"111计划-证据科学创新引智基地"。

"111计划"旨在推进国家高等学校建设世界一流大学的进程,从2006年起由教育部、国家外国专家局联合实施。据悉,本年度全国共44个基地获得立项,学校"证据科学创新引智基地"是历年来唯一获批的法学类引智基地。

【1名教授获得"中国政府友谊奖"】9月29日,经国家外国专家局2014年批准的研究院"111计划"证据科学创新引智基地外国专家-美国著名学者、教授Ronald J. Allen(罗纳德·艾伦)获得2014年中国政府"友谊奖"。这是学校历史上第一位中国政府"友谊"奖获得者。

【举行《艾伦教授论证据法(上)》首发式】9月28日,《艾伦教授论证据法(上)》首发式于学院路校区举行。教授罗纳德·艾伦(Ronald J. Allen)携夫人茱莉·艾伦(Julie O'Donnell Allen)亲临首发式并致辞。首发的《艾伦教授论证据法(上)》收录了艾伦教授的15篇文章,其中绝大多数是其在过去10年间访问中国政法大学的讲座稿,这些文章大多曾以中英文形式在《证据科学》杂志上发表过,凝结了艾伦教授在证据法、诉讼法领域的主要思想,具有很高的学术价值。本书收纳的艾伦教授主要观点包括:①证据法是法治的基石;②相关性是证据的根本属性;③事实认定是一个经验推论过程;④证据法具有普适性;⑤证据法兼有限制和激励功能;⑥证据排除规则外延很宽;⑦最佳解释推论是司法证明性质研究的前沿;⑧推定规则间接体现证据政策;⑨说服责任或证明标准的盖然性;⑩准确性与成本及其他证据政策具有竞争关系。

艾伦教授是国际公认的证据法学和诉讼法学专家,现任美国西北大学法学院约翰·亨利·威格莫尔特座教授(John Henry Wigmore Professor of Law)、国际证据科学协会主席。2004年他第一次到中国参加学术会议,2006年受聘为中国政法大学兼职教授,证据科学研究院外国专家咨询委员会主席，诉讼法学研究院客座研究员，2007年入选教育部"长江学者讲座教授"，2013年入选北京市外国专家局高端外国专家；荣获2014年中国政府"友谊奖"，系中国政法大学自成立以来首位获此殊荣的外籍教授，亦是今年教育界10名获奖者中唯一的法学教授。

【举行"中国法律与比较司法制度研究所"挂牌仪式暨首届"中国法律论坛"】11月4日，司法文明协同创新中心海外合作研究机构"中国法律与比较司法制度研究所"挂牌仪式暨首届"中国法律论坛"在美国印第安纳大学摩尔法学院（布鲁明顿）举行。司法文明协同创新中心赴美代表团成员由司法文明协同创新中心联席主任、中国政法大学副校长张保生教授，中国政法大学诉讼法学研究院院长卞建林教授，中国政法大学证据科学研究院院长常林教授，中国政法大学兼职教授、北京大学国际法学院满运龙教授一行四人组成。中国法律论坛每年举办一次，将成为两所院校之间的定期交流活动。首届中国法律论坛的主题是中国司法、证据制度及其改革。张保生教授、卞建林教授、常林教授和满运龙教授分别给与会人员做了题为"中国刑事证据体系改革""中国刑诉法的修改、实施与人权保障""中国鉴定服务体系"和"中国司法鉴定的转型"的讲座。

【中美法庭证据科学研究中心在美揭牌】11月5日，由中国司法文明协同创新中心和美国马里兰州法医局联合建立的中美法庭证据科学研究中心5日在马里兰州法医局正式揭牌，这是中美两国在司法鉴定和法庭科学领域的首个合作项目。中美法庭证据科学研究中心是司法文明协同创新中心与海外机构共建的第4个研究中心，旨在推动中国司法人员跟国外司法工作者合作，共同推进司法文明。在此次仪式上，中国政法大学与马里兰大学还签署了联合培养双学位硕士的合作协议。根据该协议，中国政法大学研究生在中国学完两年后，可申请再到马里兰大学学习1年，之后由马里兰大学授予法医学方向理学硕士学位、由中国政法大学授予法庭科学方向法律硕士学位。

【举办第二届"证据科学"暑期国际学校】7月17日～8月10日，第二届"证据科学"暑期国际学校在昌平校区举办。暑期国际学校历时25天，共开设课程6门，邀请了来自美国、瑞士、意大利、澳大利亚的国际知名学者、国内学术权威和来自联合国国际法庭的法官共同为中国学生讲授各国经典证据法、法庭科学及相关交叉学科知识，探讨国际前沿问题。暑期国际学采用全英文授课，授课形式生动活泼。

二十四、法律古籍整理研究所

【概况】中国政法大学法律古籍整理研究所成立于1984年11月，是在全国率先成立也是目前教育部所属高校中唯一一所专门从事古代法律文献整理研究的学术机构；2009年6月成为教育部全国高等院校古籍整理工作委员会直接联系单位，并享受高校古委会经费资助及相关支持。研究所现任所长为徐世虹教授。目前全所共有成员10人。其中教授3人，副教授4人，讲师1人，行政秘书1人，学术秘书1人；获博士学位者7人（其中2人博士后流动站出站），硕士学位者2人；博士生导师1人，硕士生导师7人，专业知识背景涉及法学、中国史、文学等多项一级学科。研究所下设出土法律文献、传世法律文献、民间法律文化3个研究室，另有图书资料室，藏书约1.7万余册。研究所共承担各类科研项目近 40 项，其中《中国历代刑法志译注》《盟水斋存牍》《中国古代法律文献研究》《沈家本全集》（八卷）等集体成果获得同行关注。在历代律典、判词文牍、甲骨金文、秦汉简牍、古代碑刻等研究方向上，研究所成员均有较有影响的成果问世，成为学校乃至高校中独具特色、在同行内具有一定影响力的学术力量。古籍所自 2012 年起招收中国史专业历史文献学、古代史和专门史 3 个方向的硕士研究生，开设新课 10 余门，在人才培养和学科建设方面力求创新并进。

古籍所长期注重古代法律文献的整理研究，注重拓展历史文献学的内涵，在传世、出土及民间法律文献方面形成了特色研究，得到学界的关注与认可。在教育部全国高校古籍整理工作委员会直接联系的 30 余所"985""211"高校中，我校法律古籍整理研究所以古代法律文献的鲜明特色而位列其中。

2014 年，古籍所教师担任主持人的项目新增 4 项，科研项目新增 5 项。古籍所教授徐世虹申报的"秦汉法律编纂研究"获批 2014 年国家社科基金一般项目；副教授赵晶申报的"新出中、日藏敦煌吐鲁番法制文献与唐代律令秩序研究"获批 2014 年国家社科基金青年项目；教授李雪梅申报的"中国古代石刻法律文献叙录"获批 2014 年第三批国家社科基金后期资助立项；副教授张蓓蓓和赵晶联合申报的"比较法与全球史视野下的中国法律史与法律文献整理研究"项目获得学校"2014 年青年教师学术创新团队"资助；副教授赵晶申报的"宋代刑统新探"项目获得学校社科项目资助。其他 9 项在研的国家省部级等项目均按计划如期进行。同年，古籍所教师参加境内外学术交流活动 17 项 33 人次，出版学术著作 3 部，分别为古籍所教授徐世虹主编的研究所所刊《中国古代法律文献研究》第八辑（社会科学文献出版社 2014 年 12 月版）、古籍所编著的论文集《清代民国司法档案与北京地区法制》（中国政法大学出版社 2014 年 7 月版）、副教授赵晶的专著《〈天圣令〉与唐宋法制考论》（上海古籍出版社 2014 年 8 月版）。发表学术论文 23 篇，其中核心期刊 7 篇。

年内，古籍所成员参加境内外学术交流活动 17 项 33 人次，教学科研人员参加学术交流情况共 9 人次，全年共有 8 位境内外学者来所进行学术交流。

古籍所教师为 2013 级和 2014 级中国史专业历史文献学、古代史和社会史 3 个方向的硕士研究生开设了《中国古代文献学通论》《法律文献学》《中国古代史通论》《秦汉政治制度与文化》《明清法律研究》《法律社会史》《中国法制史》《中国法律史研讨课》等新课程。另面向本科生开设的《中国古代判词》《消失的文明》，以及面向硕士和博士研究生开设的《秦汉法律研究》《中国古代法律典籍研究》等课程，均顺利完成本年度的教学任务。本所教授、副教授指导的博士生、硕士生均顺利通过答辩获得学位毕业。

【引进优秀人才 1 名】6 月，毕业于日本京都大学文学研究科的石洋博士作为引进人才加入本所，加强了本所的学科建设和师资队伍建设，提高了本所学术队伍的整体水平。

【举办"法律·历史·文献"青年学者工作坊】10 月 18 日，"法律·历史·文献"青年学者工作坊在我校学院路校区举行。此次工作坊由我校法律古籍整理研究所、法律史学青年教师创新团队和"法律文献学"校级交叉学科共同主办，以"中国法律史"为论域，致力于促进法、史两界青年学者切磋砥砺，共话学问。本次工作坊是我校法律史学青年教师创新团队组织的第一次研讨会,也是纪念我校法律古籍整理研究所成立30周年系列活动之二。

【召开"中国古代法律文献整理研究"学术研讨会】 12月21日~22日,法律古籍整理研究所、中国法律史学会法律古籍整理专业委员会在京举办"中国古代法律文献整理研究"暨我校法律古籍整理研究所成立30周年纪念学术研讨会。来自北京大学、清华大学、台湾地区中研院历史语言研究所、日本皇学馆大学、神户学院大学、德国埃尔兰根—纽伦堡大学以及我校法学院、法律史学研究院、法律古籍整理研究所等境内外学术机构的四十余位学者出席此次研讨会。此次研讨会共收到会议论文34篇,发表22篇,主题涉及从先秦至晚清的各种出土、传世法律文献。与会学者分别来自中国大陆、中国香港、中国台湾以及日本、德国等,专业背景涵盖法学、史学、考古、文学等领域。此次研讨会的召开,进一步加强了我校法律古籍整理研究所与境内外学术机构、同仁之间的学术交流,扩大了我校传统法律史学科以及新兴中国史学科的学术影响。

【出版《中国古代法律文献研究》第八辑】 12月,纪念建所30周年专刊《中国古代法律文献研究》第8辑出版。自创刊之时起,《中国古代法律文献研究》便努力实践多元化学术路径的整合,是学界率先推出的以中国古代法律文献为研究对象的学术刊物。该辑共收论文21篇,时段涵盖先秦至清代,作者来自中国大陆、台湾地区、日本等地。

二十五、人权研究院

【概况】 中国政法大学人权研究院(Institute for Human Rights)为教育部和中央对外宣传办公室共同批准设立的国家人权教育与培训基地(National Base for Human Rights Education and Training),是直属学校的教学科研单位,院长由中国政法大学校长黄进兼任。研究院拥有科学研究、人才培养、学科建设、社会服务和学术交流等项职能,主要任务是开展人权理论研究,推动大学人权教育,组织实施人权培训,传播普及人权知识,提供社会服务,进行学术交流与合作。本院拥有1支具有较高学术水平、较大发展潜力和一定创新能力的学科梯队,重点开展人权原理、国际人权法、人权国内保障、刑事司法与人权、宪政与人权、国家人权机构等方面的研究,主要负责人权法学二级学科的建设工作以及人权法学专业硕士研究生和博士研究生的培养工作。研究院以多种形式为校内外教学科研人员、研究生、本科生和实际工作者提供人权培训,积极参与国家相关法律法规和政策文件的制定与实施,在人权教育和研究等领域与国内外许多人权研究机构和相关国际组织建立了比较稳定和良好的交流与合作关系。

研究院现有专职教职工8人,兼职教授、副教授36人,特聘教授1人,客座教授1人。其中,专职教职工包括教师5人,学术编辑2人,行政人员1人。研究院于6月招聘学术编辑1人,负责本院英文出版物的出版工作。

2014年,研究院开设两门面向全校本科生的通识选修课"人权"和"影像中的人权",这是本院第一次开设本科生课程。5月底,完成人权法学专业2014级研究生的招生工作,共招收硕士研究生11人、博士研究生3人,招生规模较往年略有扩大。本年度共有5名硕士研究生、1名博士研究生通过论文答辩并于6月底顺利毕业。7月,举办"第六届人权法暑期课程班",邀请国内外人权领域的资深专家和学者,免费为国内外高校的本科生、硕士研究生及博士研究生讲授人权课程。10月底,研究院完成了2014～2015学年指导教师与硕士研究生师生互选工作。本院4名硕士研究生导师和11位硕士生参与了本次工作。12月底,研究院完成了2012级硕士生、博士生预答辩、2013级硕士生、博士生中期考核和开题。本年度研究院有1名2013级博士和两名2013级硕士研究生赴国外进行为期1年的学习,1名2012年硕士研究生赴新西兰人权委员会惠林顿总部实习。

2014年,研究院申请的"人权建设与发展"研究团队,入选首批学校"智库"研究团队资助计划,建设期限4年,每年资助经费为20万元人民币。本年度,研究院继续开展2013年教育部人文社会科学重点研究基地重大项目——由副教授张伟主持的《A类国家人权机构设立模式》的研究工作和由教授班文战主持的"中国对国际人权公约的批准和实施——以联合国核心人权公约为视角"的研究工作。本院专职研究人员共获得3项由国内外资助的研究项目,院兼职教授夏吟兰获得1项由教育部人文社会科学重点研究基地重大项目。

研究院成立以来,进一步扩大和加强了与外国学术机构、国际组织和有关个人在人权教育领域的交流与合作。全年研究院专职教授总共参加了9次学术交流和合作会议,就人权相关问题与国内外专家进行深入交流。

【举办人权建设与宪法秩序暨"人权入宪"10周年学术研讨会】4月26日,研究院举办的中国政法大学"人权建设与宪法秩序暨'人权入宪'10周年学术研讨会"在北京召开。本次研讨会邀请了来自中国政法大学、中国社会科学院、联合国禁止酷刑委员会、联合国消除对妇女歧视委员会、中央党校、北京大学、华东政法大学等学校的40多位学者。人权研究院部分博士和硕士研究生也参加了本次会议。研讨会围绕"人权建设与宪法秩序"这一主题进行了发言与评议。本次研讨会是"人权建设与发展研究"智库团队召集的第一届人权学术研讨会,会议中专家学者们进行了精彩的发言和激烈的讨论,达到了会议的预期目的,并取得了良好的学术交流效果。

【老挝人权代表团一行访问学校】6月5日,老挝国家人权指导委员会主席、老挝国家主席府部长蓬沙瓦·布法率老挝人权代表团一行7人访问学校,并与人权研究院师生就两国人权发展问题展开深入讨论。本院师生分别就东盟人权委员会、老挝下一步人权行动计划等问题向老挝代表团提问。

【举办学科建设座谈会】6月30日,研究院举行了"学科建设——暨2014届研究生毕业座谈会",本次会议邀请了中国政法大学校长兼人权研究院院长黄进及国内外知名专家学者参与会议,出席会议的人员对本院的工作成果进行了总结,并对人权法专业课程的发展和建设提出了宝贵的建议和意见。

【举办第六届人权法暑期课程班】7月14日～25日,研究院举办"第六届人权法暑期课程班"。为本次暑期班授课的老师均为国内外人权领域资深专家和学者,该课程免费向国内外高校的本科生、硕士研究生及博士研究生开放,促进了人权基本理念与知识的普及,对于推动人权学科建设、人权法学的国内外交流与合作以及我国人权事业的进步和发展均具有重要意义。

【教授古德蒙德·阿尔弗雷德松荣获第二届"李步云法学奖"】7月26日,"李步云法学奖"第二届颁奖典礼在京举行,本院教授古德蒙德及中国法学会副会长、吉林大学哲学社会科学资深教授张文显获此殊荣。

李步云法学奖是由上海金融与法律研究院发起设立,旨在奖励为中国法学研究和中外法学研究以及法学教育交流作出杰出贡献的个人和机构,奖项每年评选和颁奖一次,中国和外国获得者各一名。向国外的个人和机构颁发奖项,这在当下中国法学界还是第一个。

【举办中国高校教师人权法教学研讨会】8月15日~22日,研究院在京主办了中国高校教师人权法教学研讨会。来自全国17个省市自治区的32所高校的42名教师参加了本次研讨会。本次研讨会由参与这次会议的专家学者,以专题讲座和问答为主要形式对多个人权专题进行了探讨,同时安排了参访、试讲和分组讨论等活动。

【举办国际人道法暑期教师高级研讨班】8月17日~19日,研究院与红十字国际委员会(ICRC)合办第四届"国际人道法暑期教师高级研讨班"。此次研讨班的学员为50余位教师,分别来自全国不同高校、军事院校或非政府组织。此次研讨班的主题为"国际人道法在海战中的适用以及海上执法行动涉及的法律问题",与会的各位主讲人围绕该主题,分别设定了其讨论的具体议题,并和与会者进行了深入的讨论。

【副教授张伟3次做客CCTV-NEWS"对话"节目】9月17日,12月17日和12月23日,人权研究院常务副院长张伟3次做客CCTV-NEWS"对话"节目。分别和主持人及其他参与嘉宾主要就如何看待当下中国的人权发展,人权与法治的关系,以及中国当前的反腐行动和司法改革对人权发展起到的作用展开讨论;围绕12月9日美国公开的关于中情局虐囚的摘要报告,从应该如何看待这份报告、报告中提到的酷刑是否以维护国家安全为借口以及这份报告对国际社会的影响三方面来进行;就中国当前人权事业的发展问题接受了主持人的相关访问,就与人权相关的具体问题以及当前中国政府为实现人权事业作出的努力这三个方面的内容进行了讨论。

【汤姆·兹瓦特教授到访本院】9月16日,荷兰人权研究所所长、乌特勒支大学法学院教授汤姆·兹瓦特先生应本院常务副院长张伟老师的邀请,为研究院的师生做了题为"人权困境"的讲座。本次讲座还就目前在西非地区盛行的埃博拉病毒及其预防疫苗开发问题进行了热烈的讨论。

【安德鲁·吉尔默先生做客我院】9月18日,联合国秘书长办公室主管政治、维和、人道主义和人权事务的司长安德鲁·吉尔默(Andrew Gilmer)先生应本院常务副院长张伟老师的邀请做客本院,与本院师生进行了座谈,讲座主要探讨了联合国工作的特点及资质要求,以及当前世界某些区域的人权热点问题。在讨论环节,吉尔默先生针对我院师生提出的关于他如何平衡工作与家庭的问题、联合国招聘职员标准的问题以及联合国总部与日内瓦方面协调工作的问题等,均给出了详细的解答。最后,吉尔默先生还同大家分享了他对苏格兰独立公投的一些看法。

【Vincent Cassard先生做客我院】9月25日,红十字国际委员会东亚代表处副代表Vincent Cassard(文森特·卡萨德)先生应本院常务副院长张伟的邀请做客本院,与本院师生进行了座谈。座谈会上,Vincent Cassard(文森特·卡萨德)先生与大家讨论了许多有关红十字国际委员会的基本知识,重申了红十字工作的宗旨和原则,探讨了红十字工作的起源、任务和活动。此外,Vincent Cassard 先生也谈及了现在工作中面临的困境,包括经费、人员的安全、与政府的协调以及腐败等问题,并且回答了同学们提出的问题。

【Asbjorn Eide 教授到我院访问】11 月 6 日,来自荷兰的著名人权法学者教授 Asbjorn Eide(艾德)应本院常务副院长张伟的邀请做客本院,为研究院师生,从人权的角度对宪法的实施与完善进行解读,并与师生展开讨论。

【张耀良律师到访我院】11 月 28 日下午,香港大律师公会委员、香港资深执业大律师张耀良先生应邀到访本院,为本院师生做了题为"普通法:制度与法治理念"的讲座,研究院硕士和博士研究生参加了这次讲座。

【举办人权日纪念活动】12 月 10 日,为纪念《世界人权宣言》通过 66 周年,研究院在学院路校区举行了庆祝活动。研究院副院长班文战、教授杨勤活、副教授徐爽、副教授孙萌、学术编辑李若愚以及学院博士、硕士研究生共 30 余人参加本次活动。研究院以电影为视角,对人权问题开展学术讨论。

二十六、法学教育研究与评估中心

【概况】法学教育研究与评估中心成立于 2002 年,系学校直属在编科研机构,首任主任为曹义孙教授,工作地点位于学院路校区 3 号楼。2012 年,学校成立高等教育研究所,与法学教育研究与评估中心合署办公(即"1 套人马,2 块牌子")。法学教育研究与评估中心下设办公室、法学教育研究所、法学教育评估所、编辑部、信息库、教学部等职能部门。"中心"负责编辑《中国法学教育状况》《中国法学教育研究》《中国政法大学教育文选》等杂志,并对法学教育问题展开跨学科、多视角、多领域研究,同时进行法学教育的评估体系建设研究,建立国际、国内法学教育信息库,为法学教育研究和评估提供资料服务和研究咨询,为推动法学教育的学科化、法学教育事业进步和国家法制建设提供服务。

2014 年,中心共有在编教学科研人员 7 名,挂靠科研人员 1 名,办公室工作人员 1 名,其中教授 2 人,副教授 3 人,博士后 5 人,博士 6 名,全国政协委员 1 名,国务院参事 1 名,分别具有法学、管理学、教育学、历史学等学科背景。中心共编辑、出版《中国法学教育研究》4 期,《中国政法大学教育文选》2 辑,《中国法学教育状况》1 部。中心共出版著作 4 部(包括译著、勘校、主编),发表学术论文 10 篇,获得科研立项 3 项,参加国内学术会议共计 10 人次,参加国际学术会议 2 人次,参加港澳台会议 1 人次。

本年度,中心积极开展对外交流。全国政协委员曹义孙多次参与政协考察活动,积极参加相关研讨会,为国家发展献计献策。国务院参事朱维究多次参加各类座谈会、研讨会、决策咨询会,认真履行参事职责。3 月,副教授李慧敏从美国威斯康星大学(麦迪逊)访学归来。4 月,副教授梁文永参加台湾大学法律学系财税法学研究中心举办的第 20 届两岸税法研讨会。7 月,副教授刘小楠赴日本横滨参加第十八届世界社会学大会,并作会议发言。8 月,讲师尹超赴美国康奈尔大学法学院访问。10 月,副教授刘小楠出访挪威奥斯陆大学,对性别平等议题进行调研,并参加在日内瓦联合国欧洲总部举行的 CE-

DAW（消除对妇女一切形式歧视公约）委员会对中国履约报告的审议。10月，美国威斯康星大学教授 Richard Pifer（理查德）夫妇来访，并作学术讲座。

本年度，青年教师迅速成长。中心青年教师胡晓进、刘坤轮相继出版个人专著，并得到学界好评。《民主与法制时报》记者为此专门采访了副教授胡晓进，并结合其专著《自由的天性——十九世纪美国的律师与法学院》，在该报上分3期连载了采访记录。与此同时，副教授刘坤轮个人专著《中国法律职业伦理教育考察》还获得了第二届"孙国华法学理论优秀青年学术成果奖"。

【1名教授在全国政协会议上建言】 3月3日，全国政协第十二届全国委员会第二次会议在京召开，中心主任、教授曹义孙继续担任政协社会和法制委员会委员。在会上，教授曹义孙建议加快制定《中华人民共和国公益事业法》，推进国家社会公益诚信制度建设，并提交了《反就业歧视法》（专家建议稿），倡导公平就业。

【举办"教指委"年度全体委员会议】 10月24日，受教育部高教司和教育部高等学校法学类专业教学指导委员会（简称"教指委"）委托，法学教育研究与评估中心作为"教指委"秘书处，在烟台召开了高等学校法学类专业教学指导委员会2014年度全体委员会议。本次年会由李树忠主持，会议集中对"法学类专业教学质量国家标准"，与会"教指委"委员以及部分知识产权、监狱学等专业的特邀代表围绕法学、知识产权、监狱学专业的人才培养目标、培养规格、课程体系、教学规范、教师专业背景与水平要求、教学条件以及质量保障体系等进行了广泛深入的研讨，并取得了广泛共识。

【1名教授就任常州大学史良法学院院长】 11月23日，受民盟中央委托，经学校同意，民盟中央法制委员会主任、学校教授曹义孙在民盟常州市委副主委黄勇的陪同下就任常州大学史良法学院院长。常州大学校长浦玉忠会见了曹义孙，并就史良法学院建设发展顶层设计、人才队伍建设、学科建设等进行了深入交谈。

【承办"首届国家预防灾害培训体验和法治保障（国际）高峰论坛"】 12月29日，由中心承办的"首届国家预防灾害培训体验和法治保障（国际）高峰论坛"在京举行。该论坛由民盟中央法制委员会、中国法学交流基金会、中小企业合作发展促进中心作为主办单位，联合国开发计划署，中国国际经济技术交流中心为支持单位。公益项目负责人、论坛组委会主席兼秘书长陈忱，民盟中央法制委员会主任曹义孙分别主持了论坛和分论坛。来自论坛主办单位的领导、预灾专家、法治专家及预灾产品企业代表近百人出席了论坛。本届论坛主题为加强预防灾害培训体验，共同推动法治保障进程，分论坛议题为中国预防灾害在国际合作中的传播方式与途径。旨在通过论坛活动探讨预防灾害法治保障，探索预防灾害培训体验创新模式与机制，促进预防灾害工作的国际交流与合作，传播预防灾害意识，提高民众预防灾害能力。

二十七、法和经济学研究中心

【概况】 法和经济学研究中心是学校直属教学科研单位，成立于2005年3月，主要研究方向为法与经济学，是国家法学一级学科下首个拥有"法与经济学"博士和硕士学位授予权的二级学科点。该学科2008年被评为北京市重点交叉学科。中心有4个研究领域：法律的经济分析、转型经济与转型法律、法律与金融监管、经济开放与风险研究。现有教职工9人，其中专任教师8人、教授3人、副教授2人、讲师3人，博士生导师2人（其中校外兼职1人）、硕士生导师4人。现有全日制在校硕士研究生35人、博士研究生9人。

2014年，为本科生开设选修课3门，为研究生开设必修课5门，选修课10门；组织博士硕士研究生读书报告会7期，承担了22名本科生、35名硕士生、9名博士生的学期论文、学年论文、毕业论文的指导工作；授予博士学位2人、硕士学位12人；顺利完成了法与经济学专业审核录取制博士研究生以及全国统招硕士研究生的招录工作；完成了研究生的中期考核、开题、预答辩、答辩等工作。

本年度共出版学术著作3部（含英文著作2部）；公开发表学术论文28篇，其中在SSCI收录期刊European Journal of Law and Economics（《欧洲法律与经济杂志》）上发表英文论文1篇，在其他核心期刊上发表论文11篇（含英文论文9篇）；3篇论文被中国人民大学复印报刊资料中心全文转载；6项科研课题获批立项。

6月，中心徐光东赴荷兰鹿特丹伊拉斯谟大学参加博士学位论文答辩，顺利通过答辩并取得法经济学博士学位，成为中心首位获得国内外双博士学位的教师。7月，中心贵斌威赴美国参加由芝加哥大学法学院科斯·桑德尔法律经济学研究所主办的"2014年法和经济学暑期学术培训项目"。9月，意大利博洛尼亚大学法经济学博士毕业生徐文鸣应聘入职。至此，中心8名专职教师全部拥有博士学位和海外名校学习经历。

中心全年举办法律与经济系列学术讲座5场，主办国际国内学术研讨会2场；组织教师参加国内外相关学术会议近30场，组织教师对外进行学术访问20余人次。

年内，教育部特聘"海外名师"教授Michael Faure（迈克尔·福雷）多次来校工作。期间多次与中心教师座谈，对青年教师进行一对一的科研辅导。为中心研究生讲授《法与经济学前沿理论》系列课程9次，为学校师生、北京第二外国语大学师生主讲法和经济学前沿讲座5场；带领其学术研究团队与中心联合举办国际学术研讨会1场，与中心合作出版学术论文集1部，以学校名义在国外知名学术刊物上发表学术论文2篇。

7月，中心新的网站域名升级改造完成。新网站的网络名、机构名、最高层域名与学校门户网站一致，且网页布局、版块设计更加简洁清晰，由学校信息化建设办公室统一建设维护。年内，中心共发布新闻稿件34篇，并对相关栏目进行了实时更新。

【2篇论文获校级优秀毕业论文】2月，学校公布了10篇校级优秀博士学位论文、40篇校级优秀硕士学位论文的获奖名单，由李铁映指导的2013届博士毕业生赵晓琦的学位论文"中国立法评估的法经济学研究"、由张卿指导的2013届硕士毕业生饶旭勇的学位论文"城市交通制度监管措施评估——以北京市综合治堵措施为例"均榜上有名。

【举办"市场一体化"学术研讨会】5月12日，与中欧法学院在北京花园饭店共同举办了以"市场一体化：欧盟经验及对中国监管改革的启示"为主题的学术研讨会。来自荷兰马斯特里赫特大学、荷兰鹿特丹伊拉斯谟大学、荷兰格罗宁根大学、英国利兹大学、欧洲大学学院、中央财经大学、对外经济贸易大学、中国政法大学等国内外大学和研究机构的20余名专家学者参加了研讨会。与会专家学者围绕"市场一体化：欧盟经验及对中国监管改革的启示"这一主题,针对市场竞争、政府监管、法律职业改革、政府采购规制、金融监管、环境保护等问题展开了深入讨论。

【首次执行欧洲法和经济学博士生交换项目】6月,中心正式加入欧洲法和经济学博士项目(EDLE),根据该协议,中心将与欧洲法和经济学博士项目单位开展为期3年的包括博士研究生和教师在内的科研合作与交流。9月,中心首次执行该项目,选派2013级博士研究生胡明赴意大利博洛尼亚大学进行为期1年的交换学习。

【2名教授赴海外进行学术交流】6月16日~23日,中心席涛、张卿受邀赴台湾大学参加"亚洲法经济学会(AsLEA)二〇一四年年会"、赴台湾"中央研究院"参加"2014两岸四地法律发展学术研讨会"。7月18日~25日,席涛应邀赴意大利博洛尼亚大学、瑞士苏黎世大学进行学术交流,讨论了教师交流与学生交换培养的合作协议。

【1名教授赴海外进行学术交流】10月,胡继晔应邀分赴荷兰鹿特丹伊拉斯谟大学法学院、西班牙IE大学法学院进行学术交流,并做了题为"China's Financial System and its Regulation"("中国的金融体系及其监管")的讲座。

【举办2012届毕业生就业经验交流会】10月18日,2012届毕业生就业经验交流会在学院路校区召开。2012届优秀毕业生的张芳雪、高雪男、丁峰、胡健毓从职业规划、简历准备、岗位选择、笔试经验、面试表达、入职实习与合同签订等方面为中心全体研究生介绍了相关技巧与经验。

【3篇论文被人大报刊转载】年内,中心3位教师的学术论文被中国人民大学报刊资料复印中心全文转载,分别是:席涛发表在《比较法研究》2014年第3期上的"市场失灵与《行政许可法》——《行政许可法》的法律经济学分析";胡继晔发表在《保险研究》2014年第7期上的"存款保险立法:欧美经验对中国的启示";贵斌威发表在《北大商业评论》2014年第4期上的"资本市场:穿过乱象走向完善"。

二十八、全球化与全球问题研究所

【概况】全球化与全球问题研究所为学校在编科研机构,成立于2007年。设有1个博士专业、1个硕士专业。研究所是一个开放性的学术机构,实行专职与兼职研究人员并举,以项目为中心开展驻所研究的制度。现有教职工4人,其中专任教师3人、教授2人、副教授1人、博士生导师2人(其中校外兼职1人)、硕士生导师2人。在读博士研究生3人,硕士研究生6人。

2014年,在科学研究与人才培养方面,研究所顺利开展各项科研项目研究。以项目研究带动学科发展,并促进学生培养。所长、教授蔡拓主持的国家社科基金重点项目进入结项验收阶段,课题组按计划完成了项目工作并按时提交了项目成果和结项报告。同时,研究所完成了一项国家海洋局极地考察办公室委托的项目,另一项国家海洋局战略规划项目获得后期资助。研究所完成了《全球学导论》的修改撰写工作。研究所成员还在《现代国际关系》《国际观察》等重要期刊发表了论文若干,合作编写国内首部《全球治理》教材。不仅超额完成了学校规定的科研工作量,而且在3年1次的届终科研考核中全部达到优秀档次。

在国内合作交流方面，7月研究所与南开大学联合召开了全国第二届全球学与全球治理论坛。所长、教授蔡拓受邀参加各类高水平学术会议共计20余次。12月13日，教授蔡拓应邀参加了清华大学社会科学院举办"21世纪中国政治学学术研讨会"，会后蔡拓接受了多家媒体的采访，会议演讲报告发表于国内重要的学术媒体。教授刘贞晔多次代表研究所参加有关全球治理的学术研讨会，取得了丰硕的交流成果与经验。

【举办"极地软实力问题研究"研讨会】6月5日，研究所和国家海洋局极地办合作的"加强我国在极地的软实力问题研究"课题研讨会在湖北大厦会议厅召开。国家海洋局极地办曲探宙主任、极地办政策与规划处处长徐世杰、副处长姜梅、极地办国际处处长陈丹红、外交部曲文胜参赞，所长蔡拓、副所长刘贞晔、老师杨军出席会议。此次会议推动了研究所与国家海洋局极地办之间的合作关系，希望通过加强交流，推动国家极地政策研究的深化。

【参加国际全球学大会】6月18日~21日，研究所刘贞晔教授、杨军副教授和杨昊博士应邀参加了第7届国际全球学大会。本次国际全球学大会在上海大学举行。此次大会的主旨是探讨中国的全球化经历及视角：中国各社会力量寻求怎样的全球化、他们对未来全球化的发展如何规划和实践，以及怎样看待中国的发展道路等。大会为期3天，大会由国际全球学协会发起，上海大学全球学研究中心和全球学学术共同体（The Global Studies Knowledge Community）承办。刘贞晔教授和其他2位参加者参加了大会总论坛和各分论坛的会议。

【国家社科基金重点项目结项】6月，教授蔡拓主持完成国家社科基金重点项目"中国应对全球性问题的战略定位与建设性作用研究"，并提交鉴定专著2部《全球治理与中国国际定位》《中国参与全球性问题治理的国家利益分析》。

【举办"全球学与全球治理论坛"】7月12日，研究所与南开大学联合召开全国第二届"全球学与全球治理论坛"，会议聚焦于全球治理与全球秩序的变革，除3家主办单位外，来自中国社科院、中国人民大学、北京师范大学、中国国际问题研究所、上海大学、华东政法大学、广东国际战略研究院、广东外语外贸大学、西北师范大学、《中国社会科学》杂志社、《天津社会科学》杂志社和北大出版社等十多家高校、科研和出版单位的专家学者参加论坛。此次会议的成功召开标志着"全球学与全球治理论坛"向制度化的方向迈出了重要一步，与会各方肯定了论坛对中国全球学和全球治理研究的积极推动作用，并就全球学和全球治理研究的进一步发展和下届论坛举办事宜展开了热烈地讨论。

【出版《全球治理变革与国际法治创新》】7月，教授蔡拓和刘贞晔担任主编的《全球治理变革与国际法治创新》正式出版。该著作汇聚了国内知名国际法学家和国际政治学界精英的论著，论著围绕全球治理与国际法治两大主题展开了深入研究，研究议题横跨政治学、国际法学和国际关系学等多学科，这种学科联合探索的研究与全球化深入发展、全球治理成为时代需要、全球学成为新兴交叉学科的时代背景相契合，该论著主题高度关注如何在全球化与全球治理时代的约束条件下实现中国的和平发展这一时代的重要任务问题。该论著是一次成功地将全球治理与国际法治相结合的跨学科研究的典范，必将进一步推动全球治理与国际法治研究的学科融合与贯通。

【举办"全球治理与国家治理"学术研讨会】11月22日，由研究所主办的"全球治理与国家治理"研讨会在北京召开，来自中国政法大学、清华大学、中国人民大学、南开大学、外交学院、国际关系学院、中央编译局、中央党校、中国社会科学院、现代国际关系研究院、《中国社会科学》《现代国际关系》等十多家高校、科研单位和杂志社的30多位领导和专家学者与会。会议就"全球治理与国家治理的互动"和"中国在全球治理与国家治理中的选择与对策"2个专题，从学理和实践2个层面就国家治理和全球治理的关系展开深入讨论。此次会议主题与国家实践紧密相关，体现了学术研究对国家决策的支持作用；与会专家对该所的相关工作表达了高度认可和赞赏，加强了研究所在相关研究领域内的影响，并推动了学术界的合作和交流。

【通过学校"全球学"学科重点建设项目验收】11月，研究所通过了学校交叉学科重点建设项目的验收。在学校组织的本校首批建设的重点交叉学科验收工作中，研究所承担的"全球学"交叉学科建设任务以在标志性成果、博士硕士点建设、论著和论文数量、获奖数量、权威期刊和学术会议数量等几个方面的核心指标均超额完成而顺利通过验收并获得优秀评价。

【开展两次主题系列读书会】年内，研究所开展了两次以"世界主义"为主题的系列读书会活动。10月12日，第一次读书会在学院路校区举行，读书会的阅读书目为康德的《永久和平论》。研究所全体教师以及全球学、国际关系专业的博士生和硕士生参加了此次读书会。第2次读书会于12月19日在学院路校区举行，读书会的阅读书目为罗尔斯的《万民法》。研究所全体教师、美国霍普金斯大学博士生张春满以及全球学、国际关系专业的博士生和硕士生参加了此次读书会。读书会推动了广大师生更加深入和细致地读书和思考，形成有益的思想碰撞，不断提高自己的理论水平，从而有助于全球学学科的建设和发展。

【《全球学导论》入选年度《国家哲学社会科学成果文库》】年内，研究所所长蔡拓教授申报的《全球学导论》入选2014年度《国家哲学社会科学成果文库》。《全球学导论》适应了全球学学科发展的需要，为全球学学科在中国乃至世界的发展提供了独特的理论分析与知识体系，这也是我校全球学研究长期学术积累的结果。此次入选是学校自2011年底获得教育部批准设立全球学专业博士点以来，全球学学科建设取得的又一项重大奖项和标志性成果，标志着我校全球学学科建设跨越到了一个新的高度和台阶。

【《新华文摘》全文转载研究所教授论文】年内，研究所所长蔡拓教授的"全球学：概念、范畴、方法与学科定位"论文被《新华文摘》全文转载，共1.5万字。

第十七章 学术刊物

一、《政法论坛》

【概况】《政法论坛》的前身是《中国政法大学学报》，是由中国政法大学主办的以反映法学研究成果为主，兼顾政治学等其他哲学社会科学研究成果的社会科学学术期刊。创刊于1979年，原名《北京政法学院院报》，1983年5月随着北京政法学院更名为中国政法大学，《北京政法学院院报》亦更名为《中国政法大学学报》，1985年始以彭真同志题写的《政法论坛》作为刊名。

《政法论坛》一直是中文核心期刊、法学类核心期刊、《中国学术期刊综合评价数据库》来源期刊、《中国人文社会科学引文数据库》来源期刊、《中文社会科学引文索引》（CSSCI）来源期刊。《政法论坛》认真执行国家新闻出版总署颁布的《中国学术期刊（光盘版）检索与评价数据规范》，获执行优秀奖。2014年，继续入选《中国学术期刊影响因子年报》统计源期刊，被"中国社会科学院中国社会科学评价中心"评定为"中国人文社会科学综合评价AMI"核心期刊，被"全国高等学校文科学报研究会"评为"全国高校社科名刊"，被中国人民大学人文社会科学学术成果评价研究中心和中国人民大学书报资料中心评为"复印报刊资料"重要转载来源期刊。

现有专职编辑7名，编务、资料员各1名。其中，教授、博导1人，编审3人、副编审3人、副研究馆员1人。现有4人为法学博士。

2014年，《政法论坛》共出版6期，编发论文43篇、评论43篇、读书札记9篇、文选11篇。每期均有文章被《新华文摘》《中国社会科学文摘》《高校文科学报文摘》《人大复印报刊资料》等转载、摘编。

二、《中国政法大学学报》

【概况】《中国政法大学学报》（以下简称《学报》）创刊于2007年9月，是由国家教育部主管、学校主办的面向海内外学术界的综合性人文社会科学学术期刊。《学报》为双月刊，逢单月10日出版；大16开本，10印张，每期160面，刊发学术论文约26万字；每期定价29元。《学报》以"提倡学术规范、尊重知识产权、推进学术交流、追求学术创新"为办刊理念，刊发论文涉及人文社会科学的大部分学科，目前设置有"法治文化""学术论衡""学人讲坛""学术书评"等栏目；其中"环境资源法学""法治文化"是本刊重点、特色栏目，旨在突出学术前沿性、国际性和文史哲等人文社会科学与法学的综合创新，提升学术引力作用、推进当代中国的法治文化建设。编辑部现有专职编辑人员6人，兼职人员1人，其中教授2人，编审3人，编辑1人，助理编辑1人，全国十大青年法学家 1 人，另有编辑委员 60 人和一批审稿专家。

2014 年《学报》全年发表学术论文 81 篇，被人大报刊资料中心学术期刊、《中国社会科学文摘》《新华文摘》等文摘刊物全文或摘要转载文章 23 篇，保持较高转载率。

【完成领导班子换届】年内，学报领导班子完成换届，教授曹明德获聘新一届学报主编，来自民商院的教授陈景善获聘新一届学报副主编。

【完成学术期刊认定和信息采集工作】6 月底至 7 月初，根据国家新闻出版广电总局的要求完成了《学报》学术期刊认定和信息采集的相关资料整理和申报工作。

【举办首届"语言、证据与司法文明"高端论坛】12 月 14 日，《学报》与司法文明协同创新中心联合主办了首届"语言、证据与司法文明"高端论坛。来自高校、教育部的专家学者和法院、检察院、律师事务所的实务界专家以及本校的博士生、硕士生共 70 余人参加了论坛。本次论坛分为主旨报告和专题报告两个部分。专题报告中又分为两个专题：一是言词证据与证据规则；二是法律语言与司法文明。参会人员就相关主题进行了深入探讨。首届"语言、证据与司法文明"高端论坛的举办，有力地推动了语言学和证据法学之间的交叉和互动，为不同学科、不同高校、不同科研单位的交流与对话搭建了广阔的平台，为证据法学的研究提供了语言学的新视角，开创了新局面。

三、《比较法研究》

【概况】《比较法研究》（双月刊）是中华人民共和国教育部主管、学校主办的法学期刊，由比较法学研究院编辑出版。本刊系纯学术性期刊，旨在促进国家比较法学基本理论的研究和探讨，对不同法系、不同国家的法学理论和法律制度进行比较研究，寻求人类普遍适用的法律原则和法律规则，传承世界先进法律文明，及时反映国内外比较法学研究的最新成果，为国家法治建设的发展和完善提供具有启发性、可行性的借鉴和思路。

本刊主要刊载比较法学研究的学术论文，现设栏目有"论文""专题讨论""人物与思想""法学译介""人文对话""法政时评"等。现任主编由比较法学研究院院长、教授高祥担任，教授丁玫、林林、编审丁洁琳担任副主编。

2014 年度，《比较法研究》实施了改版扩版工作，从原先的小 16 开改为大 16 开，页码数从 160 页扩展为 200 页，对期刊封面进行了重新设计，从 2014 年开始还增加了英文摘要和英文关键词。

该刊关注对国家法治建设具有重大理论意义的研究选题。本年第 4 期开设了宪法实施专题，从 1 月开始约稿，6 月 17 日专门召开了宪法实施研讨会，知名学者张千帆、林来梵等在研讨会上对论文作了报告，50 多位京内外宪法学者参与了研讨会，会后作者根据研讨会中学者提出的问题，对论文作了认真修改。该期专题论文发表后受到广泛好评。此次专题契合了随后召开的党的十八届四中依宪治国的主题。

本年《比较法研究》共出版 6 期，其中"论文"栏目刊出 55 篇，"专题讨论"5 篇，"法政时评"栏目 11 篇，"人文对话"栏目 8 篇，"法学译介"栏目 4 篇，"法学信息"栏目 2 篇。全年合计发表各类文章 85 篇，字数 180 余万字。在中国人民大学人文社会科学学术成果评价研究中心公布的"'复印报刊资料'（2014）转载学术论文指数排名"

中，2014年《比较法研究》的转载率为41.3%，在法学期刊中转载率排名第二。

四、《行政法学研究》

【概况】《行政法学研究》创刊于1993年，是中华人民共和国教育部主管、中国政法大学主办、《行政法学研究》杂志社编辑出版的国内外公开发行的我国首家部门法杂志，是面向大专院校、科研院所、各级人大法制工作机构、政府法制部门、监察部门、人民法院行政审判庭、人民检察院民事行政检察机构和公安、工商、税务、土地管理、环保等行政执法部门的专业期刊。本刊为季刊，逢每季度中月15日出版，版面为大16K，内文144页。

本刊囊括百家、兼容并蓄，荟萃行政法理论与实务成果，弘扬行政法治精神，以推动行政法治建设为宗旨。辟有法律时评、专论、争鸣与思考、行政复议与审判指导、案例分析、外国行政法制、行政法制比较研究等常设栏目，为紧密配合立法、行政、司法实践，本刊还不定期推出一些专题研究和观点摘编。

2014年，《行政法学研究》办公面积约64平方米，注册资金20万元。资金来源为学校拨款、自收自支和接受捐助。我刊现工作人员有11人，主任、主编及副主编各1人，责任编辑9人。我刊2014年每期印刷2500册，共印刷四期合计10 000册，每期印刷成本14 150元。

【完成期刊年检工作】3月~4月，认真完成了新闻出版总署、北京市新闻出版局、事业单位管理局以及全国组织机构代码管理中心的年检事宜。

五、《学术法大》

【概况】《学术法大》是学生处、教务处主办的面向全校本科学生的学术刊物。设有"商理民情""慎刑笃思""国际风云""社会纵横""文韬思略""法史钩沉""国际法纵横""信笔臻识"等10余个栏目。

2014年共出版4期（总第37期~总第40期），收到来稿150多篇，刊登文章32篇。

六、《研究生法学》

【概况】《研究生法学》是由学校主办，本校硕博研究生负责的高质量法学学术期刊。自1986年创刊以来，《研究生法学》已逐渐成为一份具有全国影响力和深层次学术水平的学生自办刊物。该刊现双月发行，每期160页，约20万字。

2014年，《研究生法学》在稳步发展过程中对已有工作制度及编辑部运行规则进行了大胆创新。采取随稿随审的审稿制度，大大提高审稿效率，缩短投稿作者等待周期。为扩大刊物影响力，编辑部开通了官方微博及微信公众号，定期发布征稿启事、优秀文章及最新目录等刊物信息，得到校内外师生的关注和肯定。同时，《研究生法学》加强对外交流与合作，进一步扩大在全国法学硕博士研究生及实务界中的专业影响力。

2014年，该刊编辑出版6期，共计发行7230册。

七、《证据科学》

《证据科学》是由教育部主管、学校主办、证据科学研究院承办的学术性刊物。设有证据法学、法庭科学、医事法学 3 个板块，开辟专论述评、学术前沿、学术研究、案例评价、实证研究、法官说法、学术争鸣、科学证据、域外法学、学位论文等栏目。

2014 年，杂志共出版 6 期，每期为 2000 册。全年共刊发论文 60 篇，其中证据法学文章 37 篇，法庭科学 18 篇，交叉学科 3 篇，首发外文 2 篇。基金课题资助的文章达 32 篇之多；其中《人大报刊复印资料》（诉讼制度、司法制度）全年收录全文共 9 篇文章。继 2012 年入选 CSSCI（中文社会科学引文检索）扩展版后，本年度，《证据科学》杂志积极参加了中国科技核心期刊数据库的实质审查工作，并成功地进行了"医疗法律证据"和"人体损伤程度鉴定标准"两个专题的论文选刊，提高了杂志的影响力。

第十八章　奖励与表彰

一、先进集体（教职工）

1. 我校获得国家级教学成果奖一等奖。
2. 2014年，我校图书馆荣获 Balis 馆际互借先进集体二等奖。
3. 我校侨联被授予"北京市侨联工作先进集体"荣誉称号。
4. 我校出版社获2013年中国图书世界影响力出版社100强。
5. 校报在2013全国高校好新闻评选中获一等奖1项，二等奖1项，三等奖3项；在2013北京市高校好新闻评选中获一等奖1项，二等奖3项，三等奖2项。
6. 我校出版社图书《美利坚共和国的衰落》入选《全国图书馆推荐书目（2013年度）》。
7. 我校出版社图书《走向权利的时代》（夏勇/主编）荣获"1978～2014影响中国法治图书奖"。
8. 马克思主义学院分党委荣获"北京高校先进基层党组织"荣誉称号。
9. 民商经济法学院被评为"2013～2014年度北京高校德育工作先进集体"。
10. 我校获得"北京地区高校示范性创业中心建设校"称号。
11. 中国政法大学运输服务中心荣获海淀区高校系统交通安全先进单位。
12. 党委宣传部组织参加2014善行者公益徒步活动，并获得志愿者优秀组织奖。
13. 获得纪念建党93周年主题党日活动最佳活动方案教工党支部（10个）：校部机关分党委保卫处党支部、离退休干部分党委第19党支部、民商经济法学院分党委知识产权法研究所党支部、政治与公共管理学院分党委国际政治系党支部、新闻与传播学院分党委传播理论与传播法教研室党支部、继续教育学院分党委第三党支部、社会学院分党委教师党支部、图书馆党总支学院路党支部、后勤党总支学生公寓党支部、国际教育学院直属党支部。
14. 中国政法大学2012～2013年度德育工作创新奖：
（1）特等奖（1个）："中国政法大学'CUPL正能量'人物访谈系列活动"工作项目（校团委申报）；
（2）一等奖（2个）："以创业大赛为载体开展学生创业教育"工作模式（学生工作部申报）、《社团与学生培养——以中国政法大学为例》科研成果（大学生思想教育研究中心王洪松申报）；
（3）二等奖（4个）："《中国政法大学校报》'法治中国梦，青春勇担当'栏目"工作方法（宣传部申报）、"'微政管'网络思想政治教育数字化平台模式"工作模式（政治与公共管理学院申报)、"学生活动质量监控与效果测评工作模式"工作模式(商学院申报)、"三个融通、三个对接——马克思主义学院建立毕业生诚信就业工作体系"工作方法(马克思主义学院学生工作办公室申报);

(4)三等奖(6个):"全程式、立体化提升研究生就业竞争力"工作模式(法学院申报)、"以生为本,调研发展辅导需求建档促评,提升精细育人实效——《学生成长档案》制度的设计与应用"工作方法(刑事司法学院申报)、"北京高校联合电影"工作模式(新闻与传播学院申报)、"研究生奖学金'综合素质'项评定标准与方法探索"工作方法(人文学院学生工作办公室申报)、《提高人才培养质量视角下的毕业生就业工作思考》科研成果(学生工作部解廷民申报)、《浅论法学本科生心理健康状况及干预对策分析——以中国政法大学国际法学院11级本科生为例》科研成果(国际法学院杨俊丽申报)。

15. 2013～2014学年管理与服务优秀集体

发展规划与学科建设处　人事处　财务处

校团委　校工会

16. 2013～2014优秀教学集体

环境与资源保护法研究所　国际私法研究所

英语专业教研室　社会工作与社会政策教研室

体育教学部

17. 2014年毕业生就业工作先进集体

法学院　民商经济法学院　刑事司法学院　商学院

光明新闻传播学院　比较法学研究院

18. 2013～2014学年专业实习优秀实习集体

法学院　民商经济法学院　光明新闻传播学院

社会学院　外国语学院

19. 中国政法大学2014年度尊老敬老先进集体(6个):

法学院　外国语学院　比较法学研究院

体育教学部　宣传部　后勤工作委员会办公室。

20. 中国政法大学2014年度优秀社团活动小组(3个):

声乐协会外语合唱队　工美协会花卉盆景小组

志愿者服务队。

21. 2014年"岗位练兵"先进集体

文献资源部　校园110监控指挥中心　物业管理服务中心

幼儿园　昌平校区门诊部

22. 在2014年度教职工春季运动会中,后勤系统工会、校部机关二工会、校部机关一工会分别获得A组前三名,现代教育技术中心工会、继续教育学院工会、图书馆工会分别获得B组前三名。法学院工会、商学院工会、外国语学院工会和科研院所工会获得最佳组织奖。

23. 在第八届法学教授杯羽毛球邀请赛中,学校代表队获得混双冠军、女双冠军、50岁以下男单冠军、女单亚军、50 岁以上男单亚军、50 岁以上男单季军、50 岁以下男双季军。

24. 电信服务中心荣获学校 2016 年优质服务月活动先进单位。

二、先进个人（教职工）

1. 于志刚教授获得中国法学会首届"全国刑法学优秀学术著作奖（1984～2014）"一等奖。
2. 于志刚教授入选 2013、2014 年度"长江学者奖励计划"。
3. Ronald J. Allen 教授获得 2014 年"中国政府友谊奖"。
4. 王万华教授获评第七届全国十大杰出青年法学家。
5. 陆小华教授的《新媒体产品九思——从 The Daily 早夭说起》获评 2013 年度全国新闻传播学优秀论文。
6. 朱晓武的"咕咚来了：互联网与商业模式"在全国 MBA 教育指导委员会主办的 2014"百篇优秀管理案例"评选中，入选 2014"百篇优秀管理案例"。
7. 黄道秀教授在中国老教授协会召开"开拓进取、为人师表"先进人物（集体）表彰大会中获先进个人荣誉称号。
8. 古德蒙德·阿尔弗雷德松教授荣获第二届"李步云法学奖"。
9. 许身健，卢春龙获得 2014 年宝钢教育基金优秀教师奖。
10. 王丽娟获 Balis 馆际互借服务先进个人一等奖。
11. 纪钢获 Balis 原文传递服务先进个人奖。
12. 栗峥副教授获第十四届霍英东青年教师奖一等奖。
13. 丛凤玲获全国大学俄语教学多媒体课件大赛三等奖。
14. 孙晓磊负责的小组获外研社全国高校外语教学发展研讨会及微课培训班一等奖。
15. 于志刚获得北京市第十三届哲学社会科学优秀成果二等奖。
16. 张树义获得第十届北京市教学名师奖。
17. 王洪松被评为 2013～2014 年度北京高校优秀德育工作者。
18. 王有为撰写的《以权力制约和监督为核心，推动高校权力运行模式的研究报告》荣获北京市纪检监察调研成果"三等奖"。
19. 管雯获第五届北京市研究生青年教师教学基本功大赛特等奖。
20. 李曙光、许兰被授予"北京市侨联工作先进个人"荣誉称号。
21. 辛崇阳、郝倩被授予"北京市归侨侨眷先进个人"荣誉称号。
22. 王震军被评为 2014 年度北京市交通安全优秀管理干部。
23. 孙雪臣被评为 2014 年度海淀区交通安全优秀管理干部。
24. 何俊萍、鄢一美、蒋立山、谭秋桂、罗瑶、祁欢、徐久生、翟远见、翟继光、吴宏耀获法律硕士学院第三届"十大最受欢迎授课教师"称号。
25. 朱巍、滕乐和黄金分获光明新闻传播学院第六届青年教师教学基本功大赛第一、二、三名。
26. 马克思主义学院吴韵曦获马克思主义学院第九届青年教师教学基本功大赛一等

奖，在"改革与创新——当代世界社会主义的理论与实践"学术研讨会暨当代世界社会主义专业委员会中青年优秀论文评选中获三等奖。

27. 高文婷、崔玉珍分获人文学院青年教师教学基本功比赛暨教学观摩研讨会一等奖、二等奖。

28. 2013～2014学年优秀辅导员（3人）

孟广慧　　杨莉莉　　胡梦瑶

29. 2013～2014学年优秀班主任（6人）

朱晓娟　　刘艳敏　　张天民　　朱晓武　　谢　军　　阴卫芝

30. 2013～2014学年管理与服务优秀教育工作者（23人）

刘　平　　郑大好　　王书丰　　王丽娜　　孙　磊　　黄庆峰
高　姗　　许玺铮　　刘爱萍　　常虎保　　倪　菁　　潘　丽
王晋萍　　刘　璐　　甄　贞　　王鹏昊　　周佳磊　　刘　钗
黄　婕　　张少云　　赵继红　　刘守革　　王允泉

31. 2013～2014学年优秀教学奖获奖个人（50人）

（1）教学特别奖（8人）

田力男　　张浩军　　罗智敏　　姚广宜　　郭红岩　　郭志媛
黄　东　　韩献栋

（2）教学优秀奖（42人）

马更新　　王　芳　　王国芳　　王桂萍　　王湘军　　刘　力
刘纪鹏　　刘金华　　孙忠群　　阴卫芝　　余宇莹　　吴日焕
张永理　　张吕好　　张鲁平　　张毅来　　来小鹏　　杨天潼
肖承海　　陈心洁　　陈　晖　　陈　莲　　巫云仙　　林鸿潮
金英杰　　侯佳儒　　段志义　　赵　江　　赵　宏　　赵志华
赵　晶　　赵静静　　郭　琛　　高文婷　　巢　琳　　盛百卉
董京波　　雷　磊　　管　雯　　薛克鹏　　戴孟勇
David Kerrigan（外籍教师）

32. 2013～2014学年优秀教师（5人）

马呈元　　汪庆华　　马　皓　　刘　震　　方　鹏

33. 2014年毕业生就业工作先进个人（15人）

樊昌茂　　杨婷婷　　王　琦　　张桂芹　　孟广慧　　顾永强
江乐园　　刘　冰　　刘　慧　　郭　虹　　许慧芳　　刘　勤
王晓宏　　阮广宇　　杨明荃

34. 2014年毕业生就业工作就业贡献奖（6人）

高　祥　　刘　飞　　王敬川　　张艳萍　　李欣宇　　李　超

35. 2013～2014学年专业实习优秀实习指导教师（21人）

邓建新　　姜登峰　　于文轩　　杨利华　　孔庆江　　董京波
赖修桂　　于　冲　　李晓燕　　杨炳霖　　张　弛　　钱雪松

崔玉珍　　王　芳　　贺利莹　　唐希媛　　郭伟和　　范亚新
吴韵曦　　姜振宇　　阴卫芝

36. 2013~2014学年专业实习工作先进个人（11人）

岳红池　　代丽丹　　刘　凯　　于丽艳　　王晓妹　　李琼华
姚　瑶　　江星媛　　桑　迪　　李良才　　白桂香

37. 中国政法大学2014年度老有所为先进个人（10人）

王启富　　王周强　　巫昌祯　　吴焕宁　　祝华业
郭成伟　　常绍舜　　彭望隽　　曾尔恕　　蔚秀英

38. 中国政法大学2014年度尊老敬老好家庭（5人）

李金凤　　张素花　　张桂兰　　郭燕清　　董　非

39. 中国政法大学2014年度和谐好邻居（3人）

江智海　　李月琴　　费爱云

三、先进集体（学生）

1. 学校代表队获第十九届国际环境法模拟法庭大赛东亚赛区第一名。
2. 学校代表队获第八届国际人道法模拟法庭比赛亚军，辩方最佳诉状、最佳辩手第二名。
3. 学校代表队获英国牛津大学举行的第七届普莱斯传媒法模拟法庭比赛前八强。
4. 学校代表队获第五届国际航空法模拟法庭比赛亚军。
5. 学校代表队获第三届国际刑事法院审判竞赛（中文）团队第三名、最佳书状第二名。
6. 学校代表队获第十二届杰塞普国际法模拟法庭比赛中国赛区选拔赛最佳辩手奖第一名和第六名。
7. 学校代表队获第七届"北外－万慧达"杯知识产权模拟法庭竞赛亚军和最佳书状奖。
8. 学校代表队获第十二届"贸仲杯"国际商事仲裁辩论赛第三名、最佳辩手、突出贡献奖。
9. 学校代表队获第三届中国WTO模拟法庭辩论赛季军、最佳辩手、最佳书状、最佳书状指导奖。
10. 学校代表队获中国第11届CASC杯曼弗雷德·拉克斯空间法模拟法庭竞赛冠军，并获得二等奖、最佳辩手、优秀辩手、最佳指导奖。
11. 学校代表队获美国大学生数学建模竞赛一、二等奖。
12. 学校代表队获全国大学生数学建模比赛全国一、二等奖。
13. 学校代表队获"理律杯"全国大学生模拟法庭竞赛获冠军。
14. 学校代表队获中国大学生服务外包创新创业大赛二、三等奖。
15. 学校代表队获全国本科生数字媒体设计类大赛一、二等奖。
16. 民商经济法学院获第三届全国大学生金融法知识竞赛团体三等奖。

17. 学校代表队获京津地区首届德语微剧比赛二等奖。
18. 学校获第四届北京高校港澳台侨学生摄影比赛优秀组织奖。
19. 学校获第五届北京市外国留学生汉语之星比赛优秀组织奖。
20. 学校代表队获北京市大学生物理实验竞赛三等奖。
21. 马克思主义学院本科生辩论队获第一届"论衡杯"辩论赛亚军。
22. 民商2013级1班在中共北京市委教育工委组织的北京高校"我的班级我的家"评选中获得"优秀示范班集体"。
23. 民商2011级6班荣获"2012～2013年度北京市先进班集体称号"。
24. 我校两支参赛队伍思渊一队、思渊二队均获北京市人文知识竞赛决赛二等奖。
25. 学校辩论队获第四届世界华语辩论锦标赛北京赛区冠军。
26. 学校代表队获第六届北京市大学生模拟法庭竞赛团体一等奖。
27. 刑事司法学院刑天辩论队获"华泰杯"首都八校友谊辩论赛决赛冠军。
28. 学校代表队获第五届首都大学生记者基本功大赛二等奖和时尚先锋奖。
29. 学校代表队获2014年北京市大学生创业设计竞赛二等奖2项,三等奖2项。
30. 获得纪念建党93周年主题党日活动最佳活动方案学生党支部(10个):法学院分党委2011级党支部、国际法学院分党委2012级本科生党支部、刑事司法学院分党委刑法学2班党支部、政治与公共管理学院分党委2011级本科生党支部、商学院分党委2012级学生党支部、人文学院分党委2013级研究生党支部、外国语学院分党委学生第一党支部、社会学院分党委2013级社会学班党支部、马克思主义学院分党委研究生党支部、比较法学研究院分党委学生第二党支部。
31. 比较法学研究院新生辩论队获学校第六届"盈科杯"研究生辩论赛冠军。
32. 法律硕士学院第四届"法硕之星"科研论文大赛中《小额诉讼程序研究》课题获一等奖,《微博侵犯隐私权的法律问题研究》《在监服刑老年犯权益保障调研》课题获二等奖,《〈日本特定家用电器再商品化法〉对我国家电回收循环利用的启示》《农业保险合同法律分析》《雾霾治理的法律短板与补救措施》《实验动物福利立法研究》《未成年人刑事案件中的社会调查制度》《法律硕士之教育走向何方》课题获三等奖。
33. 法律硕士学院获第三十九届田径运动会乙组团体第四名,获"网羽有约杯"羽毛球院际赛冠军,获研究生院春季篮球赛季军。

四、先进个人(学生)

1. 由李伽宁、王佳悦、李婉秋、王若曦等人组成的公诉方团队获刑事司法学院第二届"京都杯"模拟法庭大赛冠军。
2. 孙凯文同学在第五届国际航空法模拟法庭选拔赛中国地区赛暨首届"天问"航空法模拟法庭竞赛中荣获正方最佳辩手奖。
3. 朱晓武指导,黄颖婕、彭粒一、庞欣三位同学组成的Big Win团队获得2014年全国企业竞争模拟大赛暨第13届全国MBA培养院校企业竞争模拟大赛一等奖和2014年全国企业竞争模拟大赛暨第5届全国高等院校企业竞争模拟大赛三等奖。

4. 在"创青春"首都大学生创业大赛中,分别由周子荃、黄晓莹、杨天开、杨钰、武闯;易茜、徐依兰组成的2支代表队获全国赛铜奖。在北京赛中,以上同学组成的2支代表队获得北京赛金奖;由陈劲松、郑一妹、邓巍、王佳影;田祥安、代元盟组成的2个代表队获得北京赛区铜奖。

5. 由袁宇晨、梅思思、何苗组成的代表队获得美国大学生数学建模竞赛一等奖,由薛沛明、黎俊志、王安琪、郑一妹组成的代表队获得二等奖。

6. 德语专业2012级刘峻成和徐晓聪获第八届全国德语专业大学生辩论赛第四名。

7. 在2014"全国大学生数学建模竞赛"中,由张昴、宋赟、杨洁萌和丘弘灏、张佳妮、王义可组成的2支代表队获全国一等奖;由李诗云、蔡曜宇、黄晓莺和朱璐瑶、沈婷元、郝文溪组成的2支代表队获全国二等奖;由吴迪、杨灵钰、卢皓月;史乃文、张一帆、赵俊;袁丹丹、贾衍宇、赵晨晓;李论、王雅馨、吴宇恒组成的4支代表队获北京赛区一等奖;由李金泽、王铮、吴越;武闯、黄晓莹、黄俊霖;易敏、王墨涵、王雨桐组成的3支代表队获北京赛区二等奖。

8. 在中国大学生计算机设计大赛中,由伍松、于姣、黎俊志、董柯、田泽文组成的代表队获大赛一等奖;郑一妹、邓巍、张婧、彭粒一、何苗组成的代表队获大赛三等奖。

9. 张婧获全国大学生建模与计算机应用大赛二等奖。

10. 樊琳获全国大学生英语竞赛一等奖;左依凡、蒋文璐、陈佳敏三人获三等奖。

11. 由王月苑、王锦欣、何渊组成的代表队在第十一届全国研究生数学建模竞赛中获国家三等奖。

12. 朱晓武指导,彭粒一、庞欣、田祥安、刘奕杉、吴逸宁5名同学组成的"比格威"队获2014年度国际企业管理挑战赛中国赛区全国比赛二等奖。

13. 在中国大学生服务外包创新创业大赛中,由谢帅、赵晨晓、武闯领衔的代表队获二等奖;分别由张聪、蔡曜宇、贾衍宇和李论、田祥安、袁丹丹组成的代表队获三等奖。

14. 比较法学研究院2012级硕士研究生吴逸越和邹梦希获2014年度昊博励志奖学金。

15. 光明新闻传播学院新闻学专业本科生刘徵羽、王逸凡、刘洋创作的《墨染惊蛰》获首届中国大学生"方正·飞翔奖"PAD版面创意大赛全国总决赛一等奖。

16. 德语专业2012级张欣竹、王怡秋分别获第十一届京津地区大学生德语演讲比赛一等奖、三等奖。

17. 英语专业2011级王一楠、2012级吴明波分别获得第二十届21世纪可口可乐杯全国英语演讲比赛北京市二等奖和三等奖。

18. 国际教育学院2011级本科生张凯莉(香港)、2012级本科生宋国全(台湾)获第四届北京高校港澳台侨学生摄影比赛三等奖。

19. 留学生玛丽娅获第五届北京市外国留学生汉语之星决赛二等奖。

20. 2014年优秀博士学位论文(10人)

金成波　　李松锋　　赵晓琦　　付继存　　李玉梅　　田　刚

肖沛权　　郑　曦　　甘雨来　　何　涛

21. 2014年优秀硕士学位论文（40人）

张　途　　宋旭光　　饶旭勇　　覃　高　　许晓琪　　刘世颖
焦永刚　　王　业　　孙浩源　　兰　田　　宋天英　　黄儒卿
王晨歌　　袁国何　　耿佳宁　　林　蓉　　谢剑辉　　白思敏
余锦海　　郑德霞　　孙　健　　张　宁　　李权葆　　宋文枫
廖宗勤　　姚　灵　　汪　灏　　陈路坤　　杨　璐　　张冬阳
袁　瑾　　白亚云　　蒋立霞　　张　姵　　陈朝伟　　苗　圯
谢泳泠　　王渊超　　马盛君　　余姗珊

22. 2014届优秀毕业生（526人）

（1）市级优秀本科毕业生候选人

法学院（15人）

王利文　　程健坤　　黄婷立　　杨承甫　　陈志玲　　潘李岭子
李　帆　　夏　梦　　董玮祺　　张英男　　吴美辰　　顾霞飞
王力一　　迟伟丰　　申于安

法学院双学士（7人）

肖　潇　　刘　帅　　赵婧芸　　余　晗　　陈嗣尧　　琚宇飞
夏元媛

民商经济法学院（9人）

孙凯文　　钟久星　　李　漪　　谭冰玉　　汤晓莉　　陈莹蓝
傅　琦　　林美薇　　曾彦妮

国际法学院（15人）

廖盛良　　陈子棋　　吕　梦　　焦　龙　　曾瑞昀　　张　垚
李　涛　　倪　虹　　韩晓洁　　王晓晨　　郭　潇　　陈霞复丽
刘　瑾　　汪榆森　　韩佳静

刑事司法学院（14人）

张添柱　　赵中秀　　李　珏　　杨利芳　　王梦珂　　安　林
王法心　　刘奕初　　钟　旭　　黄文柏　　庄　林　　冯韩美皓
刘铁洋　　平李博文

政治与公共管理学院（12人）

逯钟文　　宋雅颖　　肖春阳　　王洪燕　　李跃华　　陈新琦
桂林翠　　陈　霖　　艾　晋　　李裕民　　杨　晨　　陈　胜

商学院（8人）

黄颖婕　　王　倩　　潘　璇　　张颖旎　　王　雷　　余晨霄
郑派虹　　沈东华

人文学院（2人）

杨　洁　　许树妙

外国语学院（2人）
钟林燕　徐秋玲
社会学院（3人）
王伟　薛丽娟　肖微
马克思主义学院（1人）
邓晨蕾

(2) 市级优秀研究生毕业生候选人
法学院（10人）
闫真　柴鹏　何湘　陶慧　郝丹　伏雨怡
曹彩雲　杨芳　金策　何磊
民商经济法学院（6人）
李方　杨美琳　王进　严华　侯文婷　杜晓梅
刑事司法学院（3人）
魏巍　刘植　于冲
政治与公共管理学院（1人）
肖俏波
商学院（1人）
丁晓鑫
人文学院（2人）
盛泽虎　于慧媛
社会学院（1人）
梁瑜冰
光明新闻传播学院（2人）
何希　刘畅
法律硕士学院（4人）
李元收　陈雷　胡盼　杜成群
中欧法学院（3人）
刘估意　文立冰　郝晓琳
比较法学研究院（3人）
韦冠鹏　陈江南　李哆咪

(3) 校级优秀本科毕业生
法学院（44人）
王骁　郑子彦　王利文　孙倩倩　程健坤　潘李岭子
马英博　李振　龙立　黄婷立　杨承甫　刘佳艺
陈志玲　李帆　夏梦　董玮祺　詹雨　魏霄
卢颖　赵思媛　郭柳源　袁丁荣　张英男　章琦
吴美辰　王梦菁　顾霞飞　李灿杰　冯亮　王力一

顾 正	张祥祥	潘兴琦	林稼朋	张 珺	徐敬霞
罗 兰	芦嘉鹏	王会战	钟濠洋	迟伟丰	申于安
付金峰	杨青青				

法学院双学士（17人）

肖 潇	韦翀昱	刘 帅	赵婧芸	余 晗	田 婧
周 岩	王基双	陈嗣尧	杨 洋	张文豪	刘天骄
琚宇飞	黄丽萍	刘 星	程梦醒	夏元媛	

民商经济法学院（37人）

钟文晖	姜 涛	杨 丽	孙凯文	雷明华	曹 莹
马崇明	钟久星	刘思琪	苏鸿靖	杨英雷	李 漪
麦超莹	马 琰	高 源	谭冰玉	阳振川	杨茗皓
汤晓莉	陈莹蓝	龙晓学	罗 雨	牟文杰	唐思苑
郑秋宇	任艺丹	张泽彬	傅 琦	林美薇	宋俐洁
张雪瑶	孙 立	薛汉荻	曲家路	曾娅平	曾彦妮
张雯嘉					

国际法学院（28人）

周 扬	廖盛良	彭 飞	万晓艺	陈子棋	吕 梦
焦 龙	逯容如	蒋健彤	曾瑞昀	张 垚	李 涛
张 强	倪 虹	孙 悦	韩晓洁	王晓晨	陈霞复丽
郭 潇	袁晓北	刘 瑾	刘 颜	周子扬	汪榆森
孙蕾蕾	宋淑芳	韩佳静	马 宁		

刑事司法学院（30人）

瞿迪希	张添柱	陈 成	王才华	李高杰	于振鹏
赵中秀	李胜功	李 珏	杨利芳	王梦珂	颜佳欣
路 旸	安 林	李 艳	刘奕初	邓美琪	平李博文
冉晓雯	赵 兰	王 静	钟 旭	张仁兴	冯韩美皓
李 旭	高维钊	庄 林	黄文柏	刘铁洋	李雨轩

政治与公共管理学院（25人）

杨 晨	陈 胜	汪家锐	张 涛	逯钟文	席 旭
陈梦佳	宋雅颖	肖春阳	王洪燕	黄秀尧	李跃华
邱天宇	代启蒙	桂林翠	陈新琦	周楚瑶	魏宇佳
李秀果	景昌霖	陈 霖	艾 晋	蔡梦婷	宣 言
李裕民					

商学院（27人）

王 威	张苏楠	黄颖婕	梁惠浜	王 倩	陈先文
董振伟	潘 璇	黄静然	黎诗诗	张颖旎	刘 冰
李佩雨	王 雷	朱亦周	肖 宇	余晨霄	哈 木

胡　婷　　郑派虹　　张可欣　　王月苑　　陈嘉林　　安晨欢
沈东华　　陈晓钰　　朱芯瑶
商学院双学士（2人）
胡升超　　李　静
人文学院（5人）
杨　洁　　许树妙　　刘　畅　　叶扬子　　欧阳晓滨
外国语学院（5人）
张梦婷　　钟林燕　　徐秋玲　　贾霁琦　　于佳文
社会学院（7人）
薛丽娟　　王　伟　　宋舒帆　　肖　微　　凌　朦　　曾　娟
徐文红
马克思主义学院（2人）
邓晨蕾　　张雪雪
光明新闻传播学院（9人）
贺　婧　　刘家良　　李秀秀　　赵文浩　　杨善银　　温一冰
于聪丽　　李瑶萱　　热依拉·艾合买提江

（4）校级优秀研究生毕业生
法学院（22人）
闫　真　　柴　鹏　　陶　旭　　郑琪婷　　齐伟玲　　王潇潆
何　湘　　陶　慧　　冯黎明　　于腾飞　　郝　丹　　伏雨怡
彭　华　　张昌瑞　　曹彩雲　　金　涛　　杨　芳　　于　楠
金　策　　刘亭亭　　谭雅琦　　何　磊
民商经济法学院（26人）
杜晓梅　　赵　淼　　武　超　　宫　翊　　李　方　　游美玲
张　月　　杨永营　　佟永京　　梁　超　　苏　倩　　陶　琦
周一帆　　王　纯　　姜沅伯　　严　华　　林绿亭　　侯文婷
王　进　　姚泓冰　　庞　振　　王　璇　　杨美琳　　刘　晗
李亚楠　　王一璠
国际法学院（8人）
胡　鹏　　刘　畅　　胡志勇　　陈　浩　　吴晶晶　　许　璐
胡宇鹏　　韦灵杰
刑事司法学院（14人）
魏　巍　　钱　程　　陈光耀　　陈丽莎　　郭卓君　　蓝漪露
李　缓　　李　莹　　刘　植　　宁　帅　　孙丽文　　孙　振
王海涛　　于　冲
政治与公共管理学院（10人）
肖俏波　　徐　旭　　葛　伟　　陈　晨　　王彩霞　　刘晓龙

张　楠　　张雪婕　　杜飞扬　　丁　芳
商学院（23人）
林尚佳　　缪　丹　　丁晓鑫　　姜立冬　　郑宜棉　　康贵明
王海峰　　黄　英　　段庆林　　孙立松　　李洋洋　　王明启
刘　青　　张　辉　　张　辉　　康贵明　　王海峰　　黄　英
段庆林　　孙立松　　李洋洋　　王明启　　刘　青
人文学院（4人）
盛泽虎　　李　超　　于慧媛　　田桂花
外国语学院（1人）
黄　姗
社会学院（2人）
梁瑜冰　　何亭亭
马克思主义学院（3人）
李一峰　　于枞薏　　李紫娟
光明新闻传播学院（4人）
何　希　　刘　畅　　李　媛　　张立芳
法律硕士学院（23人）
付天娇　　李　安　　朱大伟　　卢文婷　　刘析鹭　　李元收
张文强　　毅茹罕　　方　冲　　刘玉丹　　刘丽霞　　佟　萌
周　跃　　叶彬彬　　殷　维　　洪海磊　　刘博璇　　宁腾飞
卢　帅　　宋振兵　　苗建涛　　李　刚　　甘秋爽
中欧法学院（14人）
杨先德　　石家慧　　李　冬　　李时凯　　李　谦　　徐润东
王　异　　张　鑫　　万舒凝　　庞陈娟　　李京仑　　王　晖
魏　伟　　罗明月
比较法学研究院（6人）
韦冠鹏　　朱鹏州　　刘旭萌　　陈江南　　李哆咪　　吴宜涵
证据科学研究院（3人）
柴福敏　　邵　彪　　黄　旭
国际儒学院（1人）
何大海

23.2014年度"自强之星"（85人）
法学院（5人）
李瑞升　　廖　洋　　马巧艳　　张　钊　　马鸿雁
民商经济法学院（10人）
雷明华　　潘艳珠　　邹　露　　罗春玉　　田鑫雨　　石　磊
郑　玥　　杨俊哲　　王如霞　　阿来古丽·达尼亚尔

国际法学院（12人）
王文莹　贺晓芳　马瑀晗　吴贤舒　郭先霖　巩　伟
罗　毅　彭广明　高英杰　黄倩玉　严　静
加恩丽汗·吐鲁的别克
刑事司法学院（7人）
韩励豪　王　周　秦财华　赵家珍　来晓磊　王　博
林泽光
政治与公共管理学院（15人）
肖春阳　卢　珂　丁若愚　闫　强　马安杰　周理顺
罗　永　吴　磊　吴兴泽　马　静　李　丽　乔　园
冯登军　张　鹏　麦尔哈巴·艾尼瓦尔
商学院（15人）
王嫣然　许彩凤　潘冬艳　何　琴　刘东玉　武　闯
李　论　夏玉杰　夏　曼　张占玲　臧泽华　康宗辉
杨　超　孙红超　王　丹
人文学院（4人）
王　帅　尼　玛　陈师明　王　婷
外国语学院（6人）
李鹏举　陈声桂　李梦瑜　赵毛欠　孟　荣　魏　臻
社会学院（3人）
王　容　其美次央　王培霖
光明新闻传播学院（5人）
李　媛　胡　月　张明方　刘志远　玉苏甫·艾山
法律硕士学院（2人）
姜丹霞　谢　梅
证据科学研究院（1人）
应义平

24. 2014年度"感动法大人物提名奖"（7人）
法学院（1人）
别腾飞
民商经济法学院（1人）
孙蕾蕾
国际法学院（1人）
杜　希
政治与公共管理学院（3人）
潘荣钢
商学院

易　敏
光明新闻传播学院（1人）
陆　青

25. 2014年度"感动法大人物"

获奖团队
"微笑西部"支教团队
法大小石桥公益团队
民商经济法学院（1人）
孙晓明
国际法学院（1人）
肖　强
刑事司法学院（2人）
宋宵凤　　刘志豪
政治与公共管理学院（1人）
陆永玖
商学院（1人）
田泽文
人文学院（1人）
卓玛拉宗
外国语学院（1人）
徐秋玲
社会学院（1人）
文敏霏
马克思主义学院（1人）
冯金宇

26. 2013～2014学年专业实习优秀实习生（99人）

法学院（13人）

刘辙	刘梦雪	谢文强	刘亚文	张世宇	王思菁
李晓忠	时鹏程	李双	陈骛	杨亦琪	黄虹
罗浩文					

民商经济法学院（19人）

金志杰	孙星	孙沁	姜媛洋	陈锦堂	王宏强
吴沛桐	陈晓瑜	张超然	江恺文	李昊	陈琪
吴一凡	柳娅婷	白丹	刘安伟	莫志超	邓娟
张兆伟					

国际法学院（16人）

庞智嘉	康鑫	高纺纺	林欣欣	韩帅	祁文华

潘　姚　　何健健　　林思思　　严　黎　　黄燕妮　　肖　强
王　倩　　石萍萍　　杜　希　　邹　运

刑事司法学院（13人）
王壹靖　　杨　超　　蔡葛胜　　宋　杨　　吴陶钧　　任　莉
江　帆　　李筱琛　　沈宇辰　　张瀚文　　付霜彤　　韩瑞泽
张　雪

政治与公共管理学院（10人）
张　鹏　　陈思齐　　阮　璇　　卫鹏坤　　朱星儒　　方露芳
付婉宁　　旦　珍　　李　乐　　谢义俊

商学院（13人）
彭粒一　　陈劲松　　陈顺利　　巫虹丽　　万开太　　唐　娅
许兵琛　　杨　悦　　张阔成　　路　征　　庞　欣　　李西雄
周　扬

人文学院（3人）
王枭泽　　郑成琼　　江艳玲

外国语学院（6人）
肖珊珊　　郭红叶　　杨绿云　　冉　悦　　程　月　　胡晓昀

马克思主义学院（1人）
姚利明

社会学院（3人）
周锦林　　柏懿娜　　高　原

光明新闻传播学院（2人）
贾　皓　　高　翔

27. 炜衡律师杯"此声有你"第十六届校园广播歌手大赛中，魏雨静获得最佳台风奖，梁娟和黄嘉琪获得最佳人气奖，朱培元、闫骏南和吴国正分获冠亚季军。

28. 2014"商院英才"年度人物评选中，贾衍宇、何苗、彭粒一、蔡曜羽、李诗云获得"人富奖学金"；潘冬燕、王龙越、李穗、胡文强及张志文获得"人富助学金"；余宇莹、杨丽花获得"岳成律师事务所奖教金"；庞欣、张力千获得"岳成律师事务所奖学金"。吴宇恒、蔡曜羽获"新商经杯"学生学术拔尖创新人才论文大赛一等奖；张馥蕾、肖瑶、张聪、刘怡然获得二等奖；易敏、张哲玮、卢诗懿、瞿卓、刘欣源、韩瑜获得三等奖。

五、学年度获各类奖学金名单

（一）2013～2014学年度本科生国家奖学金获得者

法学院（9人）
范雨萌　　余雁泽　　岳虹君　　王晓红　　江沁娟　　蒋旭华
杨　前　　孙　言　　王琳琳

民商经济法学院（15 人）

谭 晨	俞巧华	许丽君	曾颖芳	谷佳琛	刘云哲
杨天齐	何 朕	石明敏	蒋慧林	孙 琛	谢慧敏
毛欣铭	张抱朴	叶一丁			

国际法学院（13 人）

钟卓然	李娴姝	杨育晗	李万晨	郭一琦	周怡航
郭超辰	王泓之	高英杰	丰 硕	李潇洋	赵 青
贺晓芳					

刑事司法学院（12 人）

张 悦	吴陶钧	李昕霞	张子杰	金曼特	阙梓冰
薛 绚	何 宁	吴子豪	陈剑宇	李碧霞	韩 月

政治与公共管理学院（8 人）

何家丞	李雨童	张 璇	张启晖	徐丽莹	贺 畅
韩 笑	张 鹏				

商学院（10 人）

杨 炎	蒋文璐	高一棋	吴宇恒	蔡曜羽	贾衍宇
肖冀秋	彭粒一	何 苗	鲁嘉琪		

人文学院（2 人）

吴志刚　　郑雨晨

外国语学院（5 人）

阙霖瑶	王洪欣	胡 昕	孙秀满	张欣竹

社会学院（3 人）

林瑞恺　　高晓蕾　　赵星楠

马克思主义学院（1 人）

徐 芮

光明新闻传播学院（2 人）

田 莹　　林济源

（二）2013~2014 学年度国家励志奖学金获得者

法学院（26 人）

墙路斌	简鑫琦	刘晓悦	袁 杉	李潇絮	尹 源
杜 茵	任丹阳	胡 婧	张贝贝	董 珂	李作鹏
张梦瑞	别腾飞	张天航	孙晓婉	梁 婷	黄益鸿
林 芸	李晓怡	张钟月	张振亚	黄鸿丹	马巧艳
孙 睿	高斌斌				

民商经济法学院（45 人）

吴新鹏	刘晓婧	刘露遥	边亚立	龙孟燕	刘 茹

李丽花	史宏静	邹露	马金娜	郭莎莎	郑玥
党帅	赵倩倩	陈璐	郭伟	侯涛	杨国龙
潘琪云	王曼	田鑫雨	谢海琪	蔡京花	郝喜丽
李嘉丽	王美秋	曾丽	杨俊哲	杨婷	郭富朝
张梦依	任君培	陈武鹏	武振国	陆琦	袁新
骆意	叶小其	余汶燕	朱茜	季凯韬	王婷婷
王如霞	王梦华	张荣			

国际法学院（39人）

康鑫	左敏	石萍萍	高纺纺	刘聪	农云贵
莫深迪	吕威	庞甜	林思思	刘张	李晨
陈玲玉	韩林林	蒋璧灿	胡晓雨	何健	彭广明
马杰	罗毅	赵丹娜	杨宇曦	李玉平	喻萍
王苗	李家杰	任九岱	严静	吴新华	汪旭东
傅静华	文可心	曹华康	陈秋燕	吴潇	黄倩玉
李淑霞	徐文静	王城			

刑事司法学院（33人）

陈健聪	张鹏	张艺凡	易梦圆	朱映雪	李杰
王梦葛	张庆	吕云川	宋银芳	龙海云	宋爽
张莹莹	何文静	高颖	秦财华	黄慎辉	宣礼玮
黄宗琪	韩励豪	赵家珍	王娇	张贝特	景然
蔡慧	易李	李倩文	孙延菲	李瑞	张正昕
黄芳	王丹	娄此杨兵			

政治与公共管理学院（28人）

梁璐	杨莹	贺婷	路婉楠	刘小曼	蓝建新
冯登军	马静	金鹏	刘婷	蔡琳琳	侯博文
邹坤	计林君	周理顺	林海转	马文浩	周茜茜
闫强	高莹	蒋宛希	杨翠平	黄宇青	卢珂
尉格	鞠军峰	姜谢	徐艳		

商学院（33人）

陈茂林	刘海阅	袁京	汤宇帆	王聪	王塔娜
郭佳	张洒洒	李元媛	陈悦	张艺琳	郤晓航
李婷	夏玉杰	夏曼	臧泽华	周晓珂	王丹
郑建安	李伟	于姣	何琴	喻航	巫虹丽
郑一妹	徐嘉泽	田泽文	陈阳	徐铭璐	庞欣
许彩凤	吴友岚	杨光			

人文学院（9人）

王帅	蔡凯燕	胡秋玉	马振华	冒戈辉	于海方

栾书剑　　袁　强　　朱文敏

外国语学院（13人）

游百顺　　付　照　　符启青　　殷露阳　　徐　蕾　　艾　慧
李倩欣　　张丹丹　　孙　青　　孙　璇　　龚佳云　　桂媛媛
张之昀

社会学院（9人）

石　磊　　王　容　　唐金泉　　董鉴泉　　郝正新　　杨光兴
田　辰　　龚　倩　　罗　琴

马克思主义学院（6人）

何程均　　陆豪青　　姚利明　　王贵芳　　王志芳　　冯金宇

新闻与传播学院（8人）

韩富鹏　　耿霞飞　　张思茵　　孟琰琰　　穆玉婷　　王成峰
刘家琛　　龙圣强

（三）2014年研究生国家奖学金获奖名单

法学院（19人）

硕士（9人）

吕晓彤　　刘芳芳　　韩卓然　　陈星宇　　沈成骄　　马舒蕾
周敬敏　　杨　茜　　李　舒

博士（7人）

叶　强　　李韵州　　刘盈皎　　王志勇　　宋旭光　　李富鹏
汤　磊

法学实验班（3人）

汪艳明　　韦晓曼　　黄　驰

民商经济法学院（24人）

硕士（18人）

程艳华　　王世威　　郑凯强　　曹建军　　张玉凯　　马成豪
毛苑入　　周贺微　　罗文彬　　黄沐墅　　蔡伟真　　钱俊羽
郭少毅　　李飒爽　　任　洋　　陈　越　　郭喜鸽　　楼秋然

博士（6人）

李红娟　　林燕梅　　程多威　　李润生　　陈范宏　　姚俊颖

国际法学院（9人）

硕士（6人）

张天舒　　李　倩　　王　琳　　赵蒙蒙　　庄洁蕾　　何锦欣

博士（3人）

宋　婷　　夏龙洋　　刘　久

刑事司法学院（17人）

硕士（11人）

韩　晖　　伍天翼　　关婧然　　张元元　　樊惠民　　张陈钺
崔玮琪　　金　洋　　唐彬彬　　乔　宇　　张蓉蓉

博士（6人）

赵培显　　宋方明　　杨金科　　刘文化　　董林涛　　薛向楠

政治与公共管理学院（10人）

硕士（7人）

张　华　　朱建磊　　杨　鹏　　吴秀霞　　董涵潇　　王宏岳
曾维新

博士（3人）

杨　昊　　钟桂荔　　郑旭涛

商学院（7人）

硕士（4人）

王　妍　　张美娟　　黄　什　　王　洋

博士（1人）

张　波

MBA（2人）

周子凯　　张晓敏

人文学院（5人）

硕士（4人）

郝　玥　　王业坤　　刘　佳　　吴建龙

博士（1人）

王金霞

社会学院（2人）

硕士（2人）

齐　群　　张　峰

马克思主义学院（5人）

硕士（4人）

刘　晓　　王　婧　　张继龙　　秦　云

博士（1人）

郭咔咔

光明新闻传播学院（3人）

硕士（3人）

李汶龙　　吴　珂　　崔文佳

外国语学院（1人）

硕士（1人）

曾　娟

比较法学研究院（7人）

硕士（6人）

王　宏　　蔡　睿　　刘晓静　　柴慧君　　尹子文　　朱　青

博士（1人）

钟云龙

国际儒学院（2人）

硕士（1人）

李博彬

博士（1人）

何　慧

证据科学研究院（4人）

硕士（4人）

连宪杰　　郑丽伟　　应义平　　王宇靖

中欧法学院（8人）

硕士（7人）

司仝乐　　陈琼燕　　李佳蔚　　文　劲　　杨雅云　　范璐晶
赵春蕾

博士（1人）

郑玉双

法律硕士学院（32人）

硕士（32人）

郑　渊　　周慧琳　　佟昕雨　　郭志强　　王　冬　　周海华
李　萌　　谢　梅　　杨　娜　　季璐超　　周　蕊　　张美娜
郭志东　　黄　晔　　霍晨雪　　独丹丹　　贾天雪　　金　辉
李　阳　　张立杰　　智　祥　　阎　达　　薛凤凤　　许　奎
赵增英　　张俊奇　　耿亚男　　冯腾飞　　胡　耀　　王海龙
梁　霄　　高思雨

人权与人道主义研究院（2人）

硕士（1人）

刘　洋

博士（1人）

金　璐

（四）2013~2014学年研究生学业奖学金获奖名单

1. 2012级研究生学业奖学金获奖名单（共904人）

法学院

硕士（70人）

一等奖学金（20人）

陈星宇	刘芳芳	孙　航	韩卓然	潘国振	王　岩
吕晓彤	王晓曼	沙　骄	沈成娇	马舒蕾	王文娟
马逸鸣	田　洁	王　晶	李　丹	赵　汀	周敬敏
夏黎黎	付少勇				

二等奖学金（50人）

于　泳	谢尧雯	刘贺明	张淑雯	龚明珠	徐慧萍
李　超	王　振	李　想	管　璇	陈　杨	许　卉
王　娜	陈翩翩	钟　真	伍　昉	朱文奇	杨　阳
李淑慧	卢　迪	黄彦宇	李雨濛	田　甜	杨　欣
苗冠琼	王小雪	邵康华	王　坤	刘亚立	林　沁
吴荣荣	熊　婕	李晓娇	卢小川	刘永秋	张　栓
夏辅政	马亚龙	张星阁	张佩钰	杜国宏	潘敏华
贾清东	庞　博	陈晶莉	白晓燕	巩书辉	邹一娇
姚一宁	王　浩				

博士（23）

特等奖（1人）

叶　强

一等奖学金（6人）

刘盈皎	王　靓	吴秀尧	沈宏彬	李韵州	徐　丹

二等奖学金（16人）

周静怡	韩　啸	王　迪	王培松	陈　鸣	张　顺
宋晨翔	王　进	唐一力	昌永岗	朱智毅	陈又新
姜　漪	李年清	乔　宁	李　辉		

民商经济法学院

硕士（165人）

一等奖学金（47人）

苗相如	李　硕	华忆昕	李鳕洋	彭　聪	赵忠丽
程艳华	王世威	郑凯强	公志玮	施　龙	曹逸凡
王李娜	郭喜鸽	毛　快	沙雪妮	陈洋洋	李小兵
张晋玮	曹建军	梁瀚丹	杨隽男	李忆樊	张晓瑞
周　杨	张玉凯	傅雪松	冯珍珍	童宇航	孙　阳
陈颖琳	马成豪	何　琴	厉逸潇	孙　超	李奇玥
蒋海瑞	毛苑入	龚杨帆	杨岳涛	丁婷婷	朱炳成
曾梦倩	郝明英	刘　颖	张日广	吕　莹	

二等奖学金（118人）

李　蕾	余　凯	王彦木	王雅菲	郑再云	魏倩茹

杨雪妹	张晓伟	邹晓华	申　坤	雒　欣	李效倩
候潇潇	崔　璐	黄淑丹	姜　川	姜　源	张梦瑶
刘　霞	陶金鹏	谢逸姿	胡珊珊	毕　飞	张　龙
兰　婷	徐丽雯	黄　敏	杨婷婷	马俊骥	王子侃
张洁芸	余博汝	刘端端	陈林莉	杨　泽	孙　笛
卢　宁	张　娜	赵中名	张少丽	黄　理	李　琼
谢晓松	石华力	马　欣	阮文慧	郭秀珍	易　燚
张　茜	郑梦圆	倪　娜	张　弛	石　娜	朱丹绮
周丽云	蒋亚梅	李恩泽	黄　妍	田　娇	刘　娅
谭雅媛	吕慧颖	冶桂萍	宁　荣	郑海峰	叶天娇
杨　楠	王丽敏	王文钧	杨　愿	吴雪卉	郑天章
左林川	王晓明	孙春燕	张基月	杜黛迪	祝　骞
李蔚然	林小文	郑晓丹	张　弛	杨　月	李宗阳
李思扬	李冠颖	刘佩露	李艳红	章淑玲	肖睿宏
杨　阳	张玉甜	慈映涵	叶百晶	李一帆	王　喜
魏　挺	黄月圆	关　倩	李爱迪	刘慧青	王晓曦
韩　梅	刘　洋	孙　莹	张艳冰	任　静	钟丽琼
魏恩霖	祁占勇	刘　阳	姜　地	杜　靓	张文瑾
崔　颖	梁　钊	蒋雯婕	钟丽萍		

博士（17人）

一等奖学金（7人）

李红娟	王丽美	徐一楠	林燕梅	杨　狄	罗　娇
刘自钦					

二等奖学金（10人）

严　之	刘　然	孙宏臣	徐　静	刘书正	高君宇
李学辉	廖　浩	张潇月	杨源哲		

国际法学院

硕士（53人）

一等奖学金（15人）

张天舒	李　倩	王　琳	刘兆文	曾　盼	刘津阁
唐琦惠	周　怡	陈婷婷	李海军	陈　盼	贺　川
高　顿	胡梦如	谢心乐			

二等奖学金（38人）

张天琪	欧阳骏	姜　翌	王晓宇	吴镇江	蒋　林
王　莉	孟宇飞	郭非凡	谢　瑞	于天淇	李怡婷
贾　盛	王　婷	王洁婷	王　平	郑一争	姜　磊
张雅婧	张　婷	吴慧琳	米　鹏	王冠楠	林　瓒

冯舸　　　刘允豪　　肖　楠　　夏　莹　　闫腾飞　　胡　玥
姚宛辰　　刘　动　　彭春晓　　吴启萌　　阎　聪　　武　华
韩青青　　张德成

博士（6人）

一等奖学金（1人）

宋　婷

二等奖学金（5人）

杨　赟　　宋　岩　　周　灿　　杨宏亮　　梁文琼

刑事司法学院

硕士（92人）

一等奖学金（26人）

韩　晖　　伍天翼　　张　梦　　刘佳佳　　孙皓宇　　陈双美
焦　慧　　王杨秋　　徐　琳　　王伟娜　　李逍遥　　周　慧
纪惠玲　　李　蕙　　李佳欣　　关婧然　　张元元　　巢　霞
吴　咲　　李　畔　　秦凯丽　　张　茜　　谢金莲　　王向明
樊惠民　　李户君

二等奖学金（66人）

陈日辉　　唐一文　　鲍腾飞　　张妍昕　　刘　佳　　周丹露
刘　辉　　范媛媛　　李亚楠　　黄妍妍　　丁　辰　　黄　凰
陈　媛　　朱虹丽　　张　骥　　王晋霞　　李伟喆　　王　东
武亚非　　张雅娟　　车华辉　　陈婷婷　　辛蟠泽　　相吉江
范　佳　　杨晶晶　　杨　茜　　祁同飞　　黄素欣　　郑　珮
赵　欣　　何　珊　　沈文君　　雪　莲　　刘鼎杰　　贾冬恺
黄　彬　　尤菲菲　　南晨阳　　戴婧婧　　郭　锴　　李　璐
魏婷婷　　孟　然　　康楚英　　胡　铭　　吴晓璐　　姚　佳
金美娜　　车怡轩　　侯思倩　　王　力　　杨　力　　付奇艺
陈春江　　王志伟　　马　康　　周三妹　　潘　爽　　赵卫峰
罗　尧　　马朦朦　　郑　苒　　张丽宏　　孙　腾　　何　为

博士（14人）

一等奖学金（4人）

赵培显　　郭　旭　　何　群　　宋方明

二等奖学金（10人）

巩寒冰　　强　卉　　于增尊　　李　辞　　徐　磊　　杨金科
肖玉琴　　乔文东　　甘杰升　　陈　婧

政治与公共管理学院

硕士（57人）

一等奖学金（17人）

张　华	吕　珍	杜德荣	邵甜甜	朱望星	梁艳娜
李益斌	陈小花	张开典	魏立成	周卓男	杨　鹏
吴秀霞	于洪波	赵　欣	张溪竹	朱亭廷	

二等奖学金（40人）

朱建磊	彭绍骏	麻向丽	洪丹丹	曹聪瑞	高秀楠
陈丹阳	赵　健	周洁玲	许婷婷	杨　琨	马　娇
陈　志	闫迎龙	程　鑫	曹娜娜	曹　钰	王一平
程　冰	毛霞丽	刘恒章	王莹莹	董涵潇	杨兴伟
李艳玲	王　峰	陈　璟	邹　鹏	程　名	郝昕瑶
吴　贺	张华南	李奕萌	刘　瑶	潘　磊	王　玮
孔庆利	李　喆	赵　丽	夏提古丽·夏克尔		

博士（10人）

一等奖学金（4人）

| 杨　昊 | 钟桂荔 | 张会芸 | 郑旭涛 | | |

二等奖学金（6人）

| 张　颐 | 闫　兴 | 邓善凤 | 李鞍钢 | 安　超 | 马学军 |

商学院

硕士（32人）

特等奖（1人）

张　婷

一等奖学金（9人）

| 王彦旭 | 李　扬 | 胡　锴 | 张美娟 | 张力千 | 崔晓莉 |
| 田泽民 | 宗　阳 | 王　妍 | | | |

二等奖学金（22人）

李　强	王雅丽	谭　微	向　婧	詹　杨	张雅慧
赵　顼	于兆辉	邓竹秋	王焕焕	李　伟	陈善炳
程恒森	胡晓媛	刘东梅	王云艺	梁　希	武　磊
王　允	李　阳	曹　杨	闫文婕		

博士（3人）

一等奖学金（1人）

杨　练

二等奖学金（2人）

| 刘长虎 | 张彩霞 | | | | |

人文学院

硕士（36人）

一等奖学金（10人）

| 魏　威 | 王　婷 | 赵昕鑫 | 张亭亭 | 张静娴 | 卫孚嘉 |

赵晓琳　王　琪　刘　佳　王志敏

二等奖学金（26人）

尹彦鑫　史　涛　郝　玥　刘　娟　白雪松　张振华
胡　磊　孙誉奇　童海浩　张慧林　吴伊心　米婧楠
陈师明　孙亚丽　申唯佳　吕硕琦　刘云龙　王　翠
王业坤　李云霈　石晓燕　杜佩红　张　静　周　毅
司小茹　薛　鹏

博士（1人）

二等奖学金（1人）

康　丹

法律硕士学院

硕士（202人）

一等奖学金（58人）

阎　达　薛凤凤　许　奎　赵增英　张俊奇　耿亚男
冯腾飞　胡　耀　王海龙　梁　霄　高思雨　周　蕊
霍晨雪　杨萍萍　张远洪　阚　爽　曹　杰　梁　益
孔祥瞩　岳小溪　潘　蕾　汪　晶　何　燕　李　奕
马振林　耿佳琦　范　涛　周桥丽　王　清　夏　睿
冯雪龙　赵峰杰　刘旭旭　侯　超　李元丽　熊　剑
李　叶　侯家垒　张赛音　王　真　王军锐　郑琳琳
闫丰蕴　刘　芳　董宏振　晏海丹　王江江　牛丽萍
田浩森　李　璐　嵇小杰　郭　樏　王　倩　童　佳
杨贵英　郑贤东　李艳妮　宋　亚

二等奖学金（144人）

王　艳　杨　淼　王冠丹　娄玲姗　王雪艳　吕静云
李　曼　李　宁　徐　静　李　娜　杨晓伟　杨　帆
郑　红　唐文君　崔　慧　郭　栋　李鉴秋　郝润钊
杨　巍　乔文鑫　严周武　杨鑫玉　曾庆贺　吴辰怡
姜　萌　杨　露　邹　姗　周玲燕　刘德军　谷　雨
刘　婧　魏　榕　温丽娜　张润之　王红梅　陈　根
田丽丽　黄思敏　杜晓敏　陈　秋　裴　璇　陈明洋
龙萌萌　马克群　刘琴琴　盛明霞　孙凌晨　滕　晓
武海婷　符　晓　闫玉金　杨　练　谢倩倩　薛慧婷
吴　雯　李　盈　范以桃　朱方涛　徐圣楠　杨寒梅
宋粟麒　李　敏　耿树新　陈　晨　朱庆松　韩　光
吴　靖　李海洋　刘靖轩　胡　珊　田　璐　曹　管
夏　欢　谭键瑛　宁　爽　向　蒙　甄乾龙　汤明明

何玲欢	周晓玲	田新新	赵 慧	倪青云	萨柏丽
尹菲菲	杨 旸	吴 康	李 真	白图雅	符莹莹
张 越	于艳青	侯婷婷	戴胜辉	冷晓燕	赵 铮
邱晓艺	李婷婷	李绍玲	金恺悦	武 婧	王 妤
常 静	龙 楠	赵 霖	李海朋	仇 泽	朱小霞
郭晓欣	徐 溢	张 恒	郝晓萌	顾 晏	范冬艳
刘小冬	张 妍	于彤源	王文文	李 琪	宁春竹
罗 茜	姜晓凤	易淑强	陈 宸	孙红超	韩德志
马云双	李彩华	付 岩	陈培燕	杨 豪	孙志明
赵 琮	田君露	姬振芳	刘思佳	刘惠丽	张睿顿
王欣欣	赵 晶	李 涵	张 熙	张 萌	杨 丹

外国语学院

硕士（7人）

特等奖学金（1人）

曾 娟

一等奖学金（1人）

钱金美

二等奖学金（5人）

李 林	麻君颖	刘 琳	张 红	解秋艳

社会学院

硕士（11人）

一等奖学金（3人）

张 峰	杨敏齐	齐 群

二等奖学金（8人）

张 坤	何 川	刘晓倩	赵 婵	胡文菊	张春燕
刘 然	杨春垣				

中欧法学院

博士（2人）

一等奖学金（1人）

郑玉双

二等奖学金（1人）

陈爱碧

马克思主义学院

硕士（18人）

一等奖学金（5人）

刘 晓	王 婧	张继龙	刘 敏	秦 云

二等奖学金（13人）

曲雯嘉	王金龙	曹见卫	姚佳彤	赵欣莉	周　月
王　芳	张先超	张羿霞	肖凤青	安　定	张　玮
朱海曼					

博士（4人）

一等奖学金（1人）

郭咔咔

二等奖学金（3人）

| 刘　佳 | 杨　强 | 文吉昌 |

国际儒学院

硕士（共7人）

一等奖学金（2人）

| 李博彬 | 陈　辉 |

二等奖学金（5人）

| 孙玲玲 | 黄花萍 | 李　兴 | 黄姝菡 | 成依然 |

博士（共1人）

二等奖学金（1人）

何　慧

光明新闻传播学院

硕士（24人）

一等奖学金（7人）

| 崔文佳 | 李汶龙 | 孙雨昕 | 王　顺 | 刘东晓 | 李田滔 |
| 李莎莎 | | | | | |

二等奖学金（17人）

张新阳	朱瑞清	宋亚迪	孟亚旭	周　思	李华英
刘文畅	陈丁杰	冯　琳	吴玉环	肖　斌	王　默
孙梦雨	黄艳霞	李宏杨	程　弘	徐　淼	

比较法学研究院

硕士（28人）

一等奖学金（8人）

| 赵亚骎 | 刘　讷 | 黄　蓉 | 尹子文 | 王心怡 | 宋　苗 |
| 柴慧君 | 朱　青 | | | | |

二等奖学金（20人）

郑升豪	赵　然	王志聪	李　萍	李　媛	张宇晖
李雨晨	张玲娅	付一洋	戴　玥	张　煜	朱江枫
廖飘林	吴逸越	刘一玮	王美丽	唐妍琳	胥　珂
王睿昕	陈　晨				

博士（3人）

一等奖学金（1人）
姜慧芹
二等奖学金（2人）
王　萍　　高丰美

证据科学研究院
硕士（14人）
一等奖学金（4人）
王宇靖　　梁剑岚　　王　波　　张泽健
二等奖学金（10人）
鄢思倩　　姜立喆　　王子夜　　管俊吉　　徐　旭　　杨　地
潘　登　　于潇洋　　阮　建　　刘明敬

人权研究院
硕士（4人）
一等奖学金（1人）
刘洋
二等奖学金（3人）
王博文　　李超燕　　石　慧

2. 2013级研究生学业奖学金获奖名单（共计997人）

法学院
硕士（69人）
一等奖学金（19人）
杨　茜　　王静姝　　庄　壮　　喻晓玮　　宋　烁　　袁富连
李　舒　　姚腾越　　王晓兴　　王　玎　　黎　静　　周　丽
张雪城　　杨美梅　　邓维瀚　　邵　帅　　王　毓　　明晨燕
刘欣东
二等奖学金（50人）
杨明宇　　任雪佳　　姚天宇　　苏　婉　　贾呈赟　　温　寰
刘中一　　贾海亮　　王贤洲　　叶会成　　路　昕　　郭　宋
王　放　　李亚宁　　张　静　　吴培显　　韩　冰　　赵晓娟
刘铁平　　窦　磊　　李　帅　　李柏杨　　董　欣　　赵　璐
法　东　　闫　慧　　朱艳春　　李胜蓝　　都　督　　周　驰
谢雅琳　　杨安琪　　罗　犍　　周孟伟　　田世枫　　敖和林
崔　瑜　　姚莉祥　　黄思成　　蔺晓敏　　龙　泉　　雷　蕾
孙莹莹　　刘　毅　　张进中　　苏汶淇　　戴昕琦　　林蔚然
张　璐　　张　琪
博士（21人）
一等奖学金（6人）

宋旭光　　王志勇　　黄泽敏　　汤　磊　　崔俊杰　　李富鹏

二等奖学金（15人）

徐　航　　马　峰　　周睿志　　岳　琨　　李培磊　　殷玉凡
钱于立　　王华伟　　富　童　　张京凯　　李乃栋　　李振勇
莫　丹　　胡　明　　高尔坦

法学院法学实验班

硕士（30人）

一等奖学金（9人）

汪艳明　　韦晓曼　　黄　驰　　龙蓉芳　　梁　讯　　刘瑞峰
张曼缇　　刘小丹　　孙路漫

二等奖学金（21人）

夏晨曦　　赵希茜　　买峥峥　　熊晨璐　　侯　懿　　朱晨阳
郭凌云　　李玉钦　　方倩竹　　苏丹丹　　李　斌　　宋晓旭
李卓珺　　曹书涵　　苏付磊　　康冠兰　　高世华　　李　樾
陈廷莹　　李明红　　曹　娟

民商经济法学院

硕士（165人）

一等奖学金（47人）

楼秋然　　陈晓璇　　黄宇宏　　项力颖　　徐司南　　张　清
罗文彬　　任可娜　　黄沐墅　　胡　婕　　王　莉　　汪健松
玄　璇　　朱进姝　　李瑞轩　　徐巧玲　　蔡伟真　　许雪霏
邓　旭　　尉红双　　郭　滢　　吴　恒　　董泽平　　王　欣
王柏帆　　钱俊羽　　刘　权　　郭少毅　　李飒爽　　孙亚男
赵流连　　刘　睿　　王莹莹　　许戈雷特　刘芳芳　　单春雷
潘牧原　　张　渝　　许星华　　任　洋　　谷碧馨　　王　双
陈　越　　武　昕　　张　家　　孟雅丹　　费　氧

二等奖学金（118人）

张金磊　　王　妍　　杜占石　　李　欣　　张瑶瑶　　林小帅
聂丽娟　　赵帛妍　　张钦明　　吴绮蓓　　夏海曼　　朱晓宇
姚　朔　　谢雨佳　　李营飞　　雷　毅　　萧　鑫　　纪冬婷
杜　萌　　王　璐　　任晨悠　　邱玉林　　张　俊　　胡海洋
戴雅竞　　葛笑辰　　牟　彤　　陈蕙如　　祁　畅　　李　洹
吕青芝　　杨成成　　叶玮昱　　陈河源　　甄雪皓　　姚　蓝
李传超　　张雨骅　　吕　楠　　关维维　　王　玮　　张　烨
李嘉慧　　周　玥　　吴　坤　　盛　利　　钟伟媚　　王　廉
孙　佳　　宋大维　　侯潇霄　　冯　韵　　李　咏　　王佳宁
姜　剑　　田琼文　　张梦石　　徐　叶　　熊小芳　　陈　瑶

葛舰阳	汪 平	吴政清	梁 艳	刘文勇	郑丹敏
傅源清	相文景	刘 曦	雷 鸣	刘丽珠	王菁璐
赵玉杰	肖 婷	卓朝阳	沈雨竹	朱梦洁	贾 欢
齐 甜	何晨夫	邱 堃	李 然	祝 怡	郑烁珠
刘益章	李京慧	梁福欢	韩 迪	赵 娜	李梦雄
孙春燕	韩阳阳	李北一	贾晓宇	姜琳琳	武祎玮
王江一	陈国晖	赖 玥	段雨鹏	张 卿	周 菁
褚建鑫	杨芸汀	马赫擎	程 玉	刘 聪	叶 凡
张晶荣	邹子凡	秦 荧	葛兆强	申 璞	范 彧
高璎识	刘 佳	邓永贵	刘姝琪		

博士（12人）

一等奖学金（4人）

程多威	李润生	刘征峰	陈 宾

二等奖学金（8人）

黄琰童	刘 哲	陈 啸	姚兆中	张亚伟	刘丽娜
刘义军	吴莉娟				

国际法学院

硕士（52人）

一等奖学金（15）

赵蒙蒙	庄洁蕾	段惠钟	何锦欣	黎辉辉	夏莹智
郭 帅	张 建	梅 迪	孙颖慧	王 宇	黄滨苇
李 冰	潘倚天	李 艳			

二等奖学金（37）

张懿聪	肖 雄	余丝雨	文媛怡	胡 敏	林 荟
李 霞	罗喻朗	只 妮	林 洁	朱小龙	李思潼
杨 洋	江 华	高玮玢	马 玥	曹俊雅	景若晨
董真真	范楷强	廖文兰	黄慧芬	陈 骋	毕凤敏
申道明	朱爽爽	赫炳琦	赵 迪	申艺丹	邹 璐
池颖聪	汤 璐	陶超仁	杨浩然	崔诗婉	赵冠州
钟玲玲					

博士（8人）

一等奖学金（3人）

夏龙洋	刘 久	梁师竹

二等奖学金（5人）

张 钰	张小雨	冯 洁	王红庆	石可涵

刑事司法学院

硕士（92人）

一等奖学金（26 人）
杨　洁	石楚楚	郭冰冰	张陈铖	马方圆	黄　曦
潘心瑜	崔玮琪	徐宏宇	金　洋	魏　炜	孙祎晨
宋雅芳	姜　洁	赵　璐	唐彬彬	张益南	谭雨凝
方柏兴	乔　宇	张蓉蓉	罗　宇	孙莹莹	饶梦莹
孙天曈	王路壹				

二等奖学金（66 人）
郑　楠	周子告	宋昕眉	杨　薇	郭智媛	王　蕊
王晨阳	梁　琦	王　美	谭　萍	荣钰湘	赵艳蕊
李　超	毛　贺	吕晓静	柳安然	戴薇薇	江鸣鹤
余　婷	周若旻	赵柏清	胡　杨	王超群	贺　祎
闪　烁	孙　柯	张国庆	余　丽	王小飞	焦胜男
程晓溪	吴俊婷	邹珍珍	韩晔琳	邢悦达	杜梦真
闫光华	单体玉	赵思宇	胡逸恬	许　振	黄　昊
刘保珠	洪　靓	李　桃	丁　月	聂　朵	彭亚雄
焦语晨	马嘉慧	谢刚炬	王路遥	汪　琦	田　姣
王艺璇	柴　华	肖　潇	宋振策	王　洋	沈　逸
夏　菁	刘雨梅	高　严	张　震	闫爱萍	伍　欣

博士（13 人）

一等奖学金（4 人）
刘文化	董林涛	薛向楠	王晓红

二等奖学金（9 人）
李　婕	赵　辉	侯　佳	张燕龙	许慧君	陈子楠
白思敏	陈红星	包献荣			

政治与公共管理学院

硕士（45 人）

一等奖学金（13 人）
高梓原	殷翠婷	向芝鑫	陈妃妃	康新明	王宏岳
孙淑情	张　晶	王梦凡	赵　健	卢　艳	曾维新
王伟昌				

二等奖学金（32 人）
徐路英	王中园	娄凯强	赵兴华	周雪凝	张梦莹
徐　玲	丁　琦	孙　娜	陈　林	董修征	张　未
孙　梁	刘　娅	杨天宇	左少华	焦智玲	田　静
伏丹翼	佘宇白	陈欢舸	马　冲	吕新新	王　宁
苏贺玲	谭　溪	陶　婷	王夏婷	熊婉辰	张　辽
刘　鑫	徐　浩				

博士（8人）

一等奖学金（2人）

李　夏　　胡轶俊

二等奖学金（6人）

才金龙　　朱婉菁　　张　敏　　杨　茉　　戚　姝　　白志华

商学院

硕士（29人）

一等奖学金（8人）

王　洋　　潘留珊　　段娅丽　　李青山　　黄　什　　吕怡然

章亚如　　谭明月

二等奖学金（21人）

张　苗　　李九阳　　施雯雯　　郭少晨　　王红艳　　霍　达

张俊夫　　王海利　　尹邦仁　　王楠楠　　罗菁婧　　金　婉

陈　琳　　王昊廷　　丁　丹　　李晓曼　　张玉婷　　姚　尧

陈　朝　　夏书慧　　束艳杰

博士（3人）

一等奖学金（1人）

张　波

二等奖学金（2人）

孔　庆　　李　硕

人文学院

硕士（33人）

一等奖学金（9人）

石雨晨　　邢艳花　　冀梅竹　　黄越泓　　刘紫微　　吴　娇

肖亚芸　　辛　静　　王亿超

二等奖学金（24人）

刘上上　　刁超群　　李晓帆　　高　地　　王海全　　吴建龙

马建海　　张林楠　　李典峰　　马　权　　肖　彬　　吴　越

钱　星　　赵　姗　　邱丽婷　　姚人琳　　张君晖　　张仕兵

荆宇航　　叶合鑫　　王　佩　　安　洋　　殷　乐　　闫振宇

博士（1人）

一等奖学金（1人）

王金霞

法律硕士学院

硕士（245人）

一等奖学金（70人）

郑　渊　　周慧琳　　佟昕雨　　郭志强　　周海华　　王　冬

李　萌	谢　梅	杨　娜	张美娜	季璐超	黄　晔
李文玉	韩晓宇	姜丹霞	陈莹璐	耿郁泉	孙　晨
王恺悌	陈红佑	蒋　惠	胡芳蕾	何　婷	张　琦
周韶静	周立晓	陈丽萍	魏　微	赵　奇	徐　玲
阮梦诗	项　曦	杨灵霏	郭婉纯	杜　宇	李　嘉
李　敏	马荷月	于梦雅	魏　玮	龚　娣	龙　希
罗文慧	杨　萌	徐晓娜	张吉芸	肖　瑶	林美灵
孙　青	蒋　瀚	刁　薇	张春霞	独丹丹	贾天雪
金　辉	郭志东	宋环环	王　璇	姜　玲	徐　潇
黄慧琪	佟　璐	宋正阳	全敏敏	沈志翔	刘丽娟
李秋霞	李晓晴	刘玉凤	吴贺滨		

二等奖学金（175人）

陈馨怡	王　涛	田源源	姜洋洋	赵　岩	何锡川
张文晴	赵　辰	庞海波	刘理霞	金栎桐	李亚辉
温莹影	张骞予	张习习	刘　敏	李洪业	王　爽
文柏程	尤士兰	张春丽	王　琼	胡月丽	狄家君
王晶晶	祖宸希	钟秋玲	张远新	吴　丹	尹程香
刘　茜	张　冉	李　苏	黄　洁	燕保伟	王　强
柴　松	王向洋	魏　程	景　洋	吴元乐	邵晓悦
张文潇	陈相盈	易小香	谢　东	徐振波	黎来娟
蒋金良	朱晓婕	卜庆卫	杨正钦	张　慧	秦娜娜
吴　萍	施　晓	赵玉清	杨露露	呼延慧	王亚慧
李　廷	杨　莹	李筱岑	肖丽红	姜薇薇	何传标
李　辉	李先燎	王　敏	李慧斌	徐　忞	岳佩柔
马成成	王　杰	郭　婧	严亮亮	吴　雪	薛晓东
左婷婷	曹海保	李洋硕	于广英	刘　霜	贾　敏
李　硕	薛慕童	尚　潇	孔令瑜	杜　丹	郭　峰
南　李	郭复兴	史磊鑫	彭晓娟	杜　歆	刘　慧
廖茂松	冯晓璐	王静萍	杨恩义	姜　斐	张　晗
孙俏俏	赵有俊	王志业	陈义建	王　琳	侯润颖
顾晓雅	张　娜	钱雅云	史　良	祝卫立	刘香町
林新宇	冯金勇	邱　静	李　潭	卓　娅	魏　来
焦　健	李　政	丛　琳	罗宁宁	李　斌	孙廷廷
黄　超	杨　草	李文君	龚若舟	漆曦霖	赵帅楠
刘　鹏	唐宇黎	王　洋	陈丽婷	高　京	王　蔚
张丹丹	翟婷婷	江单婵	张慧娇	伍慧群	苏畅然
温丹妮	杨　晶	李博文	虞　翔	沈彦敏	梁佳璐

张景峰　　王燕蓉　　黄一泓　　付晨晨　　刘　洋　　李晓鲲
宋　黎　　房稀杰　　刘　畅　　王彦民　　张　娜　　张晓瑜
智美琴　　宋立倩　　贺　瑜　　甄彦伟　　马　欢　　赵岳斌
胡红玲　　王　群　　李　震　　房家乐　　付东蕾　　徐　娜
张鹤然

外国语学院
硕士（14人）
特等奖学金（3人）
卢　山　　陈银君　　赵金芳
一等奖学金（2人）
李　会　　卢振宇
二等奖学金（9人）
雷　敏　　赵　元　　张　磊　　朱翠霞　　候梦璐　　王　业
屈源潮　　李　贝　　杜心怡

社会学院
硕士（15人）
一等奖学金（4人）
王强龙　　赵茜茜　　朱　芮　　丰宝斌
二等奖学金（11人）
孙　越　　冷文龙　　孙晓敏　　欧阳丽　　姜慧慧　　吕郭威
高晶晶　　李歆然　　陈　琳　　李　威　　许卢峰

中欧法学院
博士（1人）
二等奖学金（1人）
张彧通

马克思主义学院
硕士（17人）
一等奖学金（5人）
蔡瑞虹　　王瑞冉　　张崇阳　　汪　波　　姚　雪
二等奖学金（12人）
王晓凤　　宋义杰　　王　娟　　曹　聪　　付琚雯　　陈　飞
聂宁涟　　吴文聪　　朱国英　　李亚飞　　焦　敏　　张文娟
博士（6人）
一等奖学金（2人）
马翠明　　赵　琼
二等奖学金（4人）
李海霞　　和芳芳　　王葳蕤　　袁宏伟

国际儒学院
硕士（共3人）
一等奖学金（1人）
刘为光
二等奖学金（2人）
王康龙　谭珏
博士（共1人）
二等奖学金（1人）
徐崇杰
光明新闻传播学院
硕士（21人）
一等奖学金（6人）
吴　珂　　吴　思　　史　昊　　薛　婕　　王宇婷　　吕亚慧
二等奖学金（15人）
段天圮　　林珊珊　　王小艳　　温雅雯　　雒艺薆　　秦晓媛
颜宽宽　　张小雪　　赵环环　　曹欢欢　　涂　杨　　张　娜
李　中　　晏婷婷　　刘嘉丽
比较法学研究院
硕士（40人）
一等奖学金（11人）
李　帅　　徐秋露　　蔡　睿　　张金栋　　颜　琳　　王　宏
张鹤玲　　刘晓静　　胡学媛　　尹卓然　　刘天娇
二等奖学金（29人）
谭冬梅　　雷　雨　　唐安琪　　沈　列　　柴　婳　　梅　翔
贾　慧　　崔　健　　陈升博　　洪丽旸　　郝宜家　　梁　娜
赵丹妮　　温超影　　陈　晨　　王泽荣　　杨　晶　　王　丹
邓可人　　陈　力　　陈　琪　　陈　晗　　杨亦乐　　刘蓼乔
李惠雯　　罗　腾　　武宇彤　　陈欣欣　　刘青霞
博士（2人）
一等奖学金（1人）
钟云龙
二等奖学金（1人）
亓琳
证据科学研究院
硕士（39人）
一等奖学金（11人）
连宪杰　　郑丽伟　　郭　蕾　　邓文轩　　张晶晶　　宋丽娟

宋朝朝　　王振禹　　贾永曼　　应义平　　司鹏飞
二等奖学金（28人）
丛　珊　　刘　淼　　戴璐伊　　李付康　　于文浩　　刘　文
张　燕　　储叶青　　吴桂玲　　孙　林　　李　敬　　许吉龙
杨　健　　杨笑非　　高　麟　　吕小娇　　王　卓　　王卫宁
胡安然　　别姗姗　　张　燕　　刘浩然　　刘芷菁　　任广慧
王　芃　　李彦萍　　李玮哲　　牛颖东
博士（4人）
一等奖学金（2人）
李　吟　　刘　波
二等奖学金（2人）
胡　萌　　沈　鹏
人权研究院
硕士（6人）
一等奖学金（2人）
高　洋　　荆　超
二等奖学金（4人）
赵　倩　　戴婷婷　　马洁心　　习亚伟
博士（2人）
二等奖学金（2人）
张晓冰　　金　璐

（五）2013~2014学年校长奖学金获奖名单

法学院（1人）
研究生（1人）
孙　航
国际法学院（1人）
2011级（1人）
杜　希
政治与公共管理学院（3人）
2011级（1人）
李晓伟
2012级（2人）
蔡晓昕　　俞柳婷
商学院（2人）
2011级（1人）
丘弘灏

2012级（1人）
李论
社会学院（1人）
2011级（1人）
湛子明
外国语学院（1人）
2012级（1人）
陈玮
光明新闻传播学院（1人）
研究生（1人）
李汶龙
比较法学院（1人）
研究生（1人）
尹子文

（六）2013~2014学年优秀学生奖学金获奖名单

法学院（189人）
一等奖学金（32人）
2011级（10人）

李瑞升	滕文琪	王宏月	江沁娟	蒋旭华	沈申琰
胡成成	张真菡	王晓红	孔祥云		

2012级（10人）

孙言	詹诗钰	李媛媛	邹昆	马瑞跃	杨前
高天	廖洋	王琳琳	谢义诗		

2013级（10人）

陶雅洁	於芯怡	范雨萌	黄晓航	肖伽琦	岳虹君
李昕滢	袁杉	张忠强	余雁泽		

第二学士学位班（2人）
孙思嘉　陈怡阳

二等奖学金（63人）
2011级（20人）

郭腓力	吴冲	郑仲超	潘喆	余北海	张宇琼
程可涵	陈从心	杨怡婷	卢芸熠	赵之薇	王雯雯
高永欢	梅健	张焕然	陈瑶	余达星	钱舒敏
邓璐婷	马玲玉				

2012级（20人）

张瞳	章逸琦	李晓怡	林芸	王红红	汤怀恩

吴 寒	周 扬	蔡一星	王元义	黄鸿丹	于欢欢
谭媛媛	代重阳	董欣鑫	张 静	熊一霏	褚智林
王 赢	马巧艳				

2013级（20人）

墙路斌	陈加勤	陈华倩	段婉莹	张 凝	游 冕
陈碧霞	王舒颖	佘 超	陈倩怡	李天佳	张梦雪
钟益鸣	徐静怡	梅明慧	孙佩华	陈嘉璐	师钰然
黄彦钦	钟诗敏				

第二学士学位班（3人）

郑剑飞　胡 婧　吴胜楠

三等奖学金（94人）

2011级（30人）

宋泽政	陈 杨	张峰铭	付 娆	陈文娜	梁 岩
张梦瑞	杨 旸	李作鹏	张天航	张贝贝	施 倩
李雅琳	黄益鸿	张 莎	张严文	胡佳宁	段林昊
魏晓田	魏怡清	任 鹏	周乐达	别腾飞	孙晓婉
恒睿佳	倪敏娴	邱 锐	董 珂	梁 婷	王 迪

2012级（30人）

黄嘉天	马学敏	胡晓毅	罗锦荣	石国玺	张 钊
崔梦秋	李晓彤	刘芳菲	毛佳星	李晓娜	周晶晶
张钟月	谢玉麟	黄怡梦	鲁泽月	胡 悦	陈晓琳
郑寒阳	张振亚	金 珺	卢 琳	孙晓琳	纪 星
李 玮	张焕卿	卞舒雅	孙 睿	高斌斌	唐小博

2013级（30人）

梁 韬	张 歌	栗小焱	周晗悦	彭阳华	陈佳莉
吴京竞	武春旭	徐志文	吴 仪	马鑫鑫	刘晓悦
简鑫琦	李 鑫	王 维	杨昆波	项圣炜	李潇絮
林燕玲	侯佳正	陈 玮	杨 扬	杜 茵	杨雨莲
纪 璇	尹 源	任丹阳	黄 菁	江 蔼	刘 敏

第二学士学位班（4人）

贲享雷　刘子鸣　杜 盼　覃秋幸

民商经济法学院（332人）

一等奖学金（55人）

2011级（19人）

刘晓婧	谭 晨	张 鑫	俞巧华	李丽花	姜媛洋
唐 恒	陈柳冰	季冬梅	蔡子祥	郑 玥	许丽君
赵倩倩	曾颖芳	谷佳琛	陈 璐	郭 伟	郭家昊

桂斯妤
2012级（16人）
王劲超　侯　涛　康　桥　金子煦　刘云哲　田浩宇
刘　莉　秦　威　李　卓　杨天齐　何　朕　霍东方
刘倩文　石明敏　蒋慧林　余利均
2013级（20人）
林泓宇　孙　琛　孙振宇　李孙琪　狄行思　王天然
吴维锭　方堅郢　田梦驰　黄梦梦　胡翔洲　谢慧敏
李　铭　毛欣铭　于傲雪　高一丹　张抱朴　叶一丁
罗　倩　王梦华

二等奖学金（112人）
2011级（39人）
吴新鹏　张泽帆　干　倩　刘露遥　孙凯歌　温志媛
刘　茹　冯　磊　王之岳　乔巧巧　郑梁仪　史宏静
邹　露　余玲珊　王树柠　刘宇娇　黎晓曦　武诗敏
刘　妍　高　尚　余晓欢　马金娜　王咏絮　张超然
毛安艺　姚　岚　董士琪　严　立　崔佳琳　王雅祺
张芯瑞　王融擎　艾　勋　党帅帅　范海伟　李琪琪
常玥婷　喻　佳　刘新荣
2012级（32人）
聂洋城　李凌飞　张　坤　陈永帅　黄丽婷　惠遥遥
孙天阳　刘　瑜　朱一琳　牛晓静　谭　荻　康子豪
唐榕婕　王　曼　廖慧琳　田鑫雨　蔡京花　赵晨辰
李嘉丽　王康睿　王笑语　相　斐　范一锴　王美秋
张慧敏　罗丹娜　刘雪晴　程　灿　贾　玮　莫洁凤
谢灵玉　常碧罗
2013级（41人）
姚　睿　张梦依　范　拓　罗惠钰　潘　越　胡羽珺
王子佳　程　蕾　刘雅萌　俞　沁　苏心怡　尹　璇
白　云　齐霁雯　柯文韬　葛　鸽　俞烨岚　陆　琦
江兰馨　魏　媛　阴明皓　谢金秋　叶小其　陈雨萌
戴静宇　郝思雨　谭　杰　陈琼娜　黄　锦　董天元
毛琳玉　魏若竹　庄艾凡　马佳镕　潘　辉　李广仪
李佳欣　季凯韬　王婷婷　赖琦依　杨丽艳

三等奖学金（165人）
2011级（58人）
洪民杰　魏迎悦　平　川　孙　星　孙秋楠　边亚立

王 天	龙孟燕	张 悦	韩煜坤	曹金霄	李成武
王明朗	徐叶子	李若蓝	胡云蔓	刘筱茜	吉杨帆
麦巧儿	张藤小	应沂珏	尤保暖	赵文赎	刘洋洋
石紫嫣	吴其恩	范 钰	罗永成	冯志斌	张树祥
谢旻遐	郭莎莎	叶 露	隋璐阳	瞿 颖	祁汝科
胡雅琪	俞静之	盛 久	朱炳豫	惠 凰	高蓉蓉
洪巧缘	姚起慧	张子亮	刘安伟	谷雨禾	邵 珊
梁笑冬	黄文轩	王 东	梁 睨	杨一树	卢艺丹
石 蕾	官安灵	张 颖	尹凤仪		

2012级（48人）

王著馨	盛 盛	李泽民	杨国龙	代园园	刘 婧
黄 荷	刘 磊	陶紫凝	晏 娇	康若韵	陈 晨
李 朦	张羽佳	潘琪云	吴杨洋	张雅慧	郭 程
吴炽烈	刘 浪	陶思延	范 琳	谢海琪	咸 冰
闵 锐	郝喜丽	曾 敏	韦丛君	李 璇	袁华萃
何卉琼	李冬玥	王紫璇	周 姝	贾 昊	王雅昕
王佳悦	李卓璞	马卓琳	康琬欣	曾 丽	邵 艺
杨俊哲	姜 悦	杨 婷	马雪怡	幸冰岚	燕冰冰

2013级（59人）

刘 伟	高 鹏	郭富朝	唐雯雯	贺 丹	李依然
任君培	赵 峰	黄昱莹	鹿 超	陈眉夙	郑 鑫
陶礼童	高鑫岚	尹 晗	吴 铮	陈武鹏	蒋宗任
卓 嘎	赵宇婷	伍顺莉	李佳纯	吴 涛	朱 宸
武振国	李 帅	王 真	王君逸	潘寒月	杨素梅
李 贞	袁 新	张馨月	骆 意	李佳玉	王 欣
王艺颖	王美玲	朱元玉	孙 苾	黄子贤	贾如茵
于 雪	朱希雯	赵小芳	张 叶	王 媛	洪丹敏
李岚冰	蔡蔚然	杜祎璇	余汶燕	谢世民	余周洋
朱 茜	王如霞	张 荣	许宝文	施晨晨	

国际法学院（292人）

一等奖学金（49人）

2011级（17人）

钱淑王	左 敏	丰 硕	李潇洋	贺景昌	郑丽娜
韩 帅	贺晓芳	焦钰杰	庞 甜	冯 翀	林思思
马艺榕	杜 希	赵 青	陈 茜	王 露	

2012级（16人）

蔡泽桐	谈桔芳	徐梦文	翟意雪	齐 桐	王丽娟

| 王 蕾 | 薛 雯 | 高英杰 | 郭一琦 | 周怡航 | 丁雪妍 |
| 马梦瑶 | 郭超辰 | 陈泓成 | 王泓之 | | |

2013级（16人）

王 华	杨育晗	韩悦蕊	董子衿	李万晨	毛春联
扈梦瑶	唐明钰	梁政超	侯 迪	钟卓然	王 程
蓝 昕	朱文超	李娴姝	周芙宇		

二等奖学金（97人）

2011级（33人）

孔 浩	聂 雯	苗东欣	赵 宇	谷 冲	雷亚丽
雷小雨	王 岚	康凯川	户鹏亮	杨美娇	朱 哲
张逸卓	农云贵	莫深迪	何健健	薛 霜	廖子力
应 晓	管宇钿	高顺燚	刘天琦	李晓燕	何寅宇
李 晨	伍家惠	朱梦怡	黄燕妮	肖 强	永 姮
李思锦	陈佳茹	陈玲玉			

2012级（32人）

李佳澎	刘建剑	王 萍	郭兰兰	吴 瑶	郝宁鑫
马育宏	袁依敏	陈樱娥	曹端宁	吕冰清	陈 曦
蔡佳宏	王 晨	王 童	张 超	许天舒	侯 媛
林 健	张 颖	陈柳行	李 敏	黄晓佳	仲义南
杨 茉	刘明冬	陶建强	赵志垚	杨宇曦	王俊清
喻 萍	吴敬卓				

2013级（32人）

高晓颖	李 京	刘 欢	董 云	陈燕玲	李航羽
李玉洁	朱淑霞	傅静华	吴紫怡	邹鑫民	林中天
任九岱	高小雨	胡晓丹	赵子毅	张晓辰	李 敏
杜烨狄	杨 娴	蔡超静	郑 璐	姜鹏飞	夏 雨
李淑霞	郑 洁	魏承艳	国 玺	刘俊杰	耿广航
徐 悦	杨彦欣				

三等奖学金（146人）

2011级（50人）

许毅伟	李焱琦	王婉若	康 鑫	田依苇	石萍萍
漆嘉淇	张力玮	许昊文	陈冬旭	高纺纺	贾凯迪
贾辰阳	杨雪雪	李舒意	刘奕忻	贾米尔	王 博
龙登潇	霍 蓉	刘宣含	王雯钰	章 汇	敖 翔
刘 聪	庾嘉威	王 旭	何 媛	潘 姚	吕 威
王昱淇	黎弘博	罗 翀	李嘉文	陈佳钰	朱 萌
刘 张	刘若愚	刘 枭	闫 源	陈培蓉	蔡馨瑶

吴 阳	邢珊珊	马 睿	郭金金	黄木子炎	邹 妍
袁林楠	邵 晨				

2012 级（47 人）

李伽宁	孙梦婕	刘博雅	韩林林	何 静	陈思茹
王 城	陈思烨	蒋璧灿	石雨蒙	罗 冰	李 洋
徐秋菊	李婉秋	宿永庆	刘 达	胡晓雨	全素慧
张媛媛	刘峙学	何 健	张 圆	宋嘉楠	林 珮
曾 灼	朱子琦	李哲远	彭广明	陈 倩	张雨珊
孙悦雨	吕一方	马 杰	韦 笑	彭 渝	姜 寒
蒋青玉	罗 毅	刘祁遥	赵南境	陈康夫	谢雅珊
李玉平	郑 涵	黎星愉	王 苗	陈 璇	

2013 级（49 人）

赵雪琛	李紫竹	丁诗文	杜紫薇	徐文静	李家杰
蒋梦菲	陈琳艳	刘一林	吴新华	尹 雪	龚玲令
谭美华	王 珊	汪旭东	张迦密	刘馨睿	蒋垚钰
孙雨晴	王咏婷	崔代恒美	文可心	吕 琳	赵晨月
张伟弘	曹华康	窦 哲	黄尹人	吕华玉	严 静
陈秋燕	吴 潇	欧阳康	诺 敏	张 丽	黄倩玉
魏玥迪	郭鑫雨	肖 贤	王 丹	白 芸	刘星雨
侯泽龙	刘继炎	邢 航	杨 绮	丁伊真	陈艺惠
焦 迪					

刑事司法学院（276 人）

一等奖学金（46 人）

2011 级（14 人）

贤力讷	张 悦	吴陶钧	赵良伟	刘谷月	吴佩颖
武晓艺	李昕霞	方 芳	肖哲元	张 洁	姚中元
吕云川	张子杰				

2012 级（15 人）

阙梓冰	林周汪	杜彬彬	张莹莹	吕依莉	赵琳萱
洪 敏	唐国香	金曼特	何丹曦	高 颖	尹雨桐
徐天然	何 宁	刘雯媚			

2013 级（17 人）

吴子豪	李 翰	陈剑宇	黄钰容	冼 洋	赵盈瑾
兰雪芮	陈洁琼	陈欣琪	韩 月	从光锋	张 璇
李碧霞	童扬虹	康 璇	孙延菲	王正川	

二等奖学金（94 人）

2011 级（29 人）

陈健聪	胡 鹏	孙仕达	江 帆	张 鹏	黄志文
张艺凡	易梦圆	朱映雪	方 旭	李兰菲	刘东昱
公 雪	黎 夏	王梦葛	马旭盼	李筱琛	孟 霏
姜华倩	梁 潇	陈艺颖	李倩瑶	杨云霞	王 琼
张 庆	朱 岩	常润轩	徐唐佳	任晓宇	

2012级（32人）

曲 伸	秦财华	朱 宬	王 璕	钟谕霖	汪潇潇
陈 琦	叶 佩	韩励豪	谢翔宇	徐少云	兰 枫
赵嘉宁	康燕婷	陈婷婷	薛 绚	杨葳葳	帅雅文
邹 莹	邢 昊	魏伊慧	陈雨寒	来晓磊	金陶钰
梁越婷	赵 桉	喻 雪	杨 洁	龙海云	苏 北
刘若薇	黄 芳				

2013级（33人）

张 瀚	张 涵	张贝特	王玥乔	董巧丹	贾 凡
孙晓洁	张星星	黄玉婷	谷 津	刘诗宇	李倩文
王雨桐	邹明欣	蔡东伶	蔡 慧	杨含青	杨思思
薛鸣秋	陈伟森	顾亚楠	李佳馨	陈美荻	牛璋昕
董鹏辉	孙璐伟	王琬珺	杜 佳	王 淼	李 瑞
张正昕	汪雪莲	娄此杨兵			

三等奖学金（136人）

2011级（41人）

张 麒	胡 伟	韩瑞泽	郭宇明	邹翊嘉	郝家伟
李 丁	张天阳	史纯阳	林宇翔	封 旺	胡宗亮
郎 松	杨婧菲	宋锡莲	张小乔	赖璟媛	周思雨
朱文昱	张 雪	李 杰	韩梦乔	谢颖馨	郑子泓
宋银芳	郭禹辰	栾思达	杨馥榕	王天予	鹿 原
古鉴璇	党 潇	刘柯宏	任 莉	周小钰	徐 鹏
李 博	郑 好	雪 慧	朱栖佩	游 鹏	

2012级（45人）

李济良	龚 文	黄慎辉	马华頔	任子腾	陈 朋
黄科维	秦圣卓	孟 瑶	张佳琪	宋 爽	赵 昕
秦 翔	郝 月	古锦平	范 煜	宣礼玮	殷欣宇
刘 松	高 陆	陈思睿	苏 泉	赵家珍	杜晓玉
王 瑜	谢 天	毕 然	李世佳	纪冰月	徐 旭
邵 炜	胡志刚	李 笑	李 聿	黄宗琪	庄壹茜
黄 冕	何秉泽	何文静	陈荣浩	孙铭锴	何雨旭
黄思婷	鄂星冀	欧阳欣彤			

2013级（50人）

张博研	张承弘	廖云博	李天骄	邹 敏	李雨施
方巧娟	刘文珊	邱娜娜	肖 瑶	杨 帅	石超杰
王姝霖	陈雪桃	陈旭东	任静雯	景 然	郭 琳
易 李	郭嫣然	陶 林	武洋洋	邓 瑶	皮正德
朱天宇	林晓欣	赵林黛	杨思涵	李紫瑄	王 娇
胡佩琳	崔永泽	袁 润	陈平巧	李 颖	岳 帅
崔瑞嘉	郑雪萍	马逢瑶	邓万昕	张 晴	郭冬仪
缪玲玉	白贺兰	陈庆鹏	杨泽汉	张 岩	王 丹
叶敏惠	阳扶洁				

政治与公共管理学院（173人）

一等奖学金（30人）

2011级（10人）

秦楚齐	覃雅倩	路婉楠	贺 畅	刘小曼	李晓伟
韩 笑	张 鹏	卢 立	张书心		

2012级（11人）

郑益群	魏嘉昕	汪鑫慧	张 璇	俞柳婷	杜 牧
徐丽莹	李婉璐	李雨童	蔡晓昕	欧阳艺文	

2013级（9人）

何家丞	杨子涵	蒋宛希	邓思禹	张梓涵	陈清云
陈 晨	马子悦	龚颖异			

二等奖学金（57人）

2011级（20人）

周隆武	李燕玲	王晰瑢	郭馨怡	谢义俊	何君陶
鞠 光	李 雪	王伟如	庞沁雅	齐田天	王俊喆
王 宇	许铁宁	徐 婷	付江燕	车金平	李 双
汪 恬	王苏倩				

2012级（19人）

张启晖	李梦琳	王 甜	何 瑾	雷 琛	李司晨
江 甜	吴子燕	方 晗	祝 悦	周茜茜	林海转
徐文海	张 敏	李 洁	曾煌坭	刘 婷	蔡琳琳
邹 坤					

2013级（18人）

承丽娟	陈俊文	姚 霞	刘晓楠	田斯予	葛方晨
赵敬雅	吴静雅	胡易立	柴照琪	郝文婕	段生茂
黄宇青	陈璐维	鞠军峰	陈捃珺	林 雯	卢 珂

三等奖学金（86人）

2011级（30人）

幸廷婷	梁璐	杨莹	贺婷	幸昕	许媛
滕杨	许世航	李樑	王晴	孙安利	黄森
阮璇	黄享	李昕瑶	郑玮	朱思颖	李美慧
李海鹏	李佳杰	胡一凡	陈思齐	罗维奇	刘若玥
蓝建新	冯登军	马静	徐玉洁	李京津	杨艺芯

2012级（29人）

王沉雁	马文浩	侯博文	麦凌寒	李雪	张昱雯
计林君	金鹏	康朴	康乐	王新宇	韩羽
周理顺	洪慧敏	方晗	陈雨柔	刘皓妍	王优
孟凡玉	郦栋烨	高雯	徐影	李曼然	武哲晗
王晓军	叶沛瑶	田静	李卓月	付江舟	

2013级（27人）

闫强	曾昭榕	高莹	张学梅	杨翠平	黄露苇
王雪玉	窦鸿	钱旷宏	陈嘉琦	卢文骄	王峥
袁璐	周星阳	黄程雪	徐珺婷	张言彤	姜谢
肖竹扬	段宇鑫	熊逸	杨荣涵	陈瑜	罗冠千
尉格	徐艳	黄玲玲			

商学院（238人）

一等奖学金（39人）

2011级（13人）

彭粒一	徐励楠	陈沛佳	沈祎	马莹莹	杨悦
王飒	丘弘灏	宋林秋	冯鑫	李若雯	何苗
张婧					

2012级（13人）

刘滋兰	蒋冰洁	袁丹丹	李论	吴晓煜	张田天
刘东玉	蔡曜羽	李诗云	吴宇恒	黄晓莹	甘嘉祺
沈欣					

2013级（13人）

秦力	林宇	贺一杭	蔡斐然	贺朝	杨炎
高一棋	蒋文璐	张馥蕾	周钰盈	王丹	樊琳
汪玲					

二等奖学金（80人）

2011级（26人）

陈劲松	邓巍	于姣	李暄	巫虹丽	肖冀秋
喻航	古烨垚	田泽文	董柯	代颖杰	陈阳
李品薇	田晶	程娇	周逸凡	鲁嘉琪	徐铭璐

姜程潇	吴友岚	许彩凤	杨　盈	郭姝楠	郝林梅
张琼晶	章倩樱				

2012级（27人）

易　敏	楼佳旖	吴湘萍	王雅馨	吴　易	史乃文
赵晨晓	李美贤	陈　悦	王　聪	郭　佳	王塔娜
魏　丹	张洒洒	廖瑞鸿	谢君宇	张彦洋	贾衍宇
张　聪	朱璐瑶	张　昴	高　楠	赵凯越	庄芷璇
张艺琳	李　婷	李元媛			

2013级（27人）

来鹏鹏	寇至爽	夏　曼	夏玉杰	余悦敏	陈　宁
纪逸菲	闫玮钰	洪璟琳	解智昕	臧泽华	曹业奇
黄睿之	陈叙伊	张一鹤	赵明川	朱杲灵	温凯茹
杨洁萌	程　晴	陈　航	黄俊霖	郑建安	陈雨舒
赵怡舒	陈煦畅	钱知音			

三等奖学金（119人）

2011级（39人）

黎俊志	王安琪	马　欢	王佳影	郑一姝	徐楠楠
何　琴	陈晓茜	邓丽萍	杨　光	何雨寒	温祖全
李　硕	徐嘉泽	王梦秋	唐　娅	胡迎驰	付颖娴
周　扬	张　奕	潘韵先	杨　湛	张　路	张阔成
伊志豪	刘雅雯	张安琪	杨晨曦	尤府城	路　琳
庞　欣	赵佳玮	吴天柱	王羽佳	贾小雪	张彩锋
张慧芳	张　睿	魏川闻洁			

2012级（40人）

伍　艳	田祥安	张一帆	陈茂林	刘海阅	唐凡婷
汤宇帆	曹怡玲	高　晗	梁　娟	刘　晖	袁佳颖
胡　鑫	周炳辰	祝梦真	严麦嘉	吴佳宝	严泽岷
易　茜	徐依兰	刘智卓	黄俊杰	胡筱菀	王墨涵
于　璐	王佳韵	卢皓月	宋　赟	严昀莹	袁　京
邹睿琪	朱海容	马思涵	阚蕾蕾	谢筱柔	郏晓航
李长青	王晨翱	陈迪迪	杨一丹		

2013级（40人）

杨小龙	夏　霜	黄颖蕾	张浩楠	张晓彤	郭晓萌
章　帆	谢牝牝	陈　宇	罗雨菡	王敬琪	张俊明
格根坦娜	王　铮	陈飞洋	王宇廷	谷欣宇	葛　尧
吴　蔚	周晓珂	张海伦	董　勖	周茹阳	刘　琛
杜　谦	瞿　卓	韩　瑜	李　伟	李馨岚	丁　清

诸文洁　辛冠男　陈小云　王雨桐　吴春柳　祁凯月
陈　雪　张　景　潘　越　曹晓倩

人文学院（54人）

一等奖学金（9人）

2011级（3人）

程诗迪　彭　旭　陈安然

2012级（3人）

胡秋玉　马振华　吴志刚

2013级（3人）

栾书剑　马淑玉　苏子婵

二等奖学金（20人）

2011级（8人）

王枭泽　赵卿梦　周　馨　蔡凯燕　邹　冰　李思慧
黄铃惠　袁　翠

2012级（6人）

高一览　郑雨晨　谷　雨　刘泳泳　于海方　王晓君

2013级（6人）

陈静瑜　杨　康　袁　强　余语寒　李思莹　朱文敏

三等奖学金（25人）

2011级（6人）

王　帅　秦智贤　江艳玲　唐晓仪　郑成琼　王雪萍

2012级（9人）

谭迪允　单子洋　程旭丹　冯馨慧　李静薇　陈　枫
冒戈辉　梁倩文　彭　昕

2013级（10人）

张远哲　邓　敏　丁佳彤　林妙贤　叶彦良　王砚章
马俊颖　蔡雅锐　张　贞　王金金

外国语学院（110人）

一等奖学金（18人）

2011级（6人）

俞　炜　傅嘉琪　冉　悦　王洪欣　阙霖瑶　胡晓昀

2012级（6人）

赖静然　徐嘉媛　胡　昕　陈　玮　张欣竹　关湘瀛

2013级（6人）

陆佳琦　孙秀满　张安悦　孙　璇　杨嘉倩　朱　婷

二等奖学金（37人）

2011级（12人）

果红叶　　谢　玉　　艾　慧　　王一楠　　孙　青　　回椿霖
杨远珊　　杨　乔　　郭禹伽　　徐梦琦　　郑莉莉　　戴建翀
2012级（12人）
衡喜丽　　付　照　　张羽霄　　张慧竹　　洪　微　　游百顺
朴容萱　　金　融　　符启青　　刘　悦　　徐晓聪　　刘峻成
2013级（13人）
聂煦东　　陈珮瑶　　吴紫薇　　龚佳云　　高　帅　　吴　瑕
梁　言　　张智婷　　黄源源　　毕栩仪　　李广泽　　赵晨雨
师语凡

三等奖学金（55人）
2011级（18人）
王帅文　　方　黎　　陈雨溪　　李璟瑶　　李倩欣　　张丹丹
赵律玮　　姜庆睿　　臧艺枫　　肖宛莹　　张　晓　　任琬瑄
肖珊珊　　李艳儒　　孙　玉　　任子辉　　张之贻　　霍梦晴
2012级（18人）
张曼祺　　任金楠　　喻　祺　　马佳敏　　彭郁稀　　陈　靖
漆文君　　闫若思　　张琰楠　　徐　蕾　　孙宝玲　　李卓璘
何映波　　朱师琳　　张若琳　　殷露阳　　吕怡娴　　兰　希
2013级（19人）
陈宁汕　　肖利娜　　周翔宇　　兰　天　　邹仪威　　邓舒恬
王招一　　朱与安　　汤梓奕　　杨茜茜　　刘君怡　　翁韵竹
郑茹元　　桂媛媛　　杨蕙禹　　汤讷敏　　张瀚文　　王　莹
朱君婷

社会学院（65人）
一等奖学金（11人）
2011级（5人）
林瑞恺　　高晓蕾　　谢肖容　　谭　鑫　　赵星楠
2012级（3人）
唐金泉　　高曼琳　　陶　睿
2013级（3人）
宋柯颖　　宁婧辰　　梁滋璐

二等奖学金（22人）
2011级（7人）
李　爽　　王　容　　周锦琳　　湛子明　　马清清　　杨啸琳
徐　灿
2012级（7人）
杨泽云　　董鉴泉　　朱瑶瑶　　张晓晔　　苗东旭　　高朋飞

林舒阳

2013级（8人）

邱紫雅　贺鑫磊　张桢瑶　肖永虹　龚倩　张诗琪
李超　杨玥

三等奖学金（32人）

2011级（9人）

吴荻　柏懿娜　李玉宇　肖珺依　石磊　杨碧青
杨洁　高原　牛丽丽

2012级（11人）

谷卓然　王海燕　江心雨　解鸿宇　肖琳　田换林
李松昭　郝正新　李晓晋　姚佳星　欧阳翔宇

2013级（12人）

杨光兴　田辰　王瑶　刘皓璇　张玲燕　王信力
罗琴　刘宇平　徐益乐　姜旭　胡琪　胡思铭

马克思主义学院（25人）

一等奖学金（4人）

2011级（1人）

姚利明

2012级（1人）

徐芮

2013级（2人）

张冲　陆豪青

二等奖学金（9人）

2011级（3人）

王志芳　王贵芳　杨星星

2012级（3人）

马灿林　江琼环　李嘉惠

2013级（3人）

马相坤　赵莹　任思炜

三等奖学金（12人）

2011级（4人）

冯金宇　张家瑜　曾丹　刘张玉洁

2012级（4人）

何程均　刘昕彤　沈燕　胡雯珮

2013级（4人）

冀绍哲　黄祚雨　单翔　陈丰莹

光明新闻传播学院（58人）

一等奖学金（10 人）
2011 级（4 人）
林济源　　　刁佳星　　　李天舒　　　王健琦
2012 级（3 人）
刘徵羽　　　王逸凡　　　谭　冲
2013 级（3 人）
任悦茗　　　陈少丹　　　王　然
二等奖学金（19 人）
2011 级（7 人）
王成峰　　　贾　皓　　　徐榕玲　　　田　莹　　　文　豪　　　赵怡琦
孙彤昕
2012 级（6 人）
高　融　　　宋常蕊　　　沈晨叶　　　穆玉婷　　　郭萌萌　　　汤　澄
2013 级（6 人）
韩富鹏　　　胡千红　　　熊卓然　　　朱磊磊　　　苏婉莹　　　周春晓
三等奖学金（29 人）
2011 级（11 人）
刘家琛　　　赵志慧　　　韦丽苹　　　杜安琪　　　邓雪琳　　　胡　月
孙文林　　　龙圣强　　　魏　丹　　　张皓茹　　　张海鸢
2012 级（9 人）
张雅丽　　　瞿思杰　　　魏　娜　　　孟琰琰　　　张思茵　　　宋荣翔
黄格格　　　曹莉彬　　　汪昕怡
2013 级（9 人）
李明然　　　胡琼丹　　　余　晴　　　耿霞飞　　　苏　楠　　　余　媛
刘　畅　　　罗婉兮　　　毕灿沁馨

（七）2013～2014 学年科研创新奖学金获奖名单

法学院（35 人）
一等奖（7 人）
研究生（7 人）
潘国振　　　刘盈皎　　　王　觐　　　吴秀尧　　　明晨燕　　　宋旭光
李富鹏
二等奖（23 人）
研究生（23 人）
周敬敏　　　伍　昉　　　沈成骄　　　王文娟　　　卢小川　　　李　超
王　振　　　周静怡　　　李韵州　　　朱智毅　　　李　辉　　　王志勇
汤　磊　　　姚天宇　　　杨　茜　　　王晓兴　　　李　帅　　　姚腾越

周丽　李柏杨　冯芳　梁讯　戴昕琦
三等奖（5人）
2010级（1人）
付金峰
2011级（2人）
张峰铭　梅健
研究生（2人）
李年清　陈又新
民商经济法学院（60人）
一等奖（15人）
2011级（1人）
时成昊
2012级（1人）
张羽佳
研究生（13人）
李润生　王丽美　李红娟　廖浩　杨狄　刘自钦
罗娇　傅雪松　张玉凯　马成豪　毛苑人　萧鑫
任洋
二等奖（43人）
2011级（5人）
谭晨　李若蓝　黎智鹏　胡雅琪　张芯瑞
2012级（1人）
赵晨辰
研究生（37人）
刘征峰　张亚伟　李奇玥　华忆昕　李蕾　苗相如
李硕　张晓伟　程艳华　黄敏　王世威　张梦瑶
郑凯强　杨泽　谢晓松　李小兵　郭喜鸽　周杨
梁瀚丹　杨隽男　曹建军　孙阳　郑海峰　王晓明
杨岳涛　龚扬帆　丁婷婷　朱炳成　周贺微　郝明英
吕莹　罗文彬　蔡伟真　李飒爽　孙亚男　郭少毅
许戈雷特
三等奖（2人）
2011级（1人）
高蓉蓉
研究生（1人）
郑天章
国际法学院（14人）

一等奖（4人）
2011级（2人）
赵　宇　　李潇洋
研究生（2人）
宋　婷　　刘　久
二等奖（3人）
研究生（3人）
胡梦如　　张懿聪　　梁师竹
三等奖（7人）
2011级（7人）
岳倩文　　焦钰杰　　张冬乔　　杜　希　　吴贤舒　　赵　阳
庹　渝
刑事司法学院（18人）
一等奖（2人）
2011级（1人）
胡宗亮
研究生（1人）
赵培显
二等奖（15人）
2011级（1人）
吴陶钧
研究生（14人）
兰翔天　　祁同飞　　陈　旭　　涂欣筠　　戴婧婧　　吴晓璐
张元元　　马　康　　何　群　　李　辞　　徐万龙　　张陈铖
刘保珠　　张益南
三等奖（1人）
研究生（1人）
陈　媛
政治与公共管理学院（2人）
一等奖（1人）
2011级（1人）
张　鹏
三等奖（1人）
2012级（1人）
李　立
商学院（3人）
一等奖（1人）

2011级（1人）

鲁嘉琪

二等奖（2人）

2012级（2人）

蔡曜羽　贾衍宇

人文学院（2人）

一等奖（1人）

研究生（1人）

郝　玥

二等奖（1人）

研究生（1人）

赵昕鑫

外国语学院（8人）

一等奖（7人）

研究生（7人）

李　林　钱金美　曾　娟　张　红　雷　敏　赵金芳
卢　山

二等奖（1人）

研究生（1人）

解秋艳

社会学院（4人）

一等奖（3人）

2011级（2人）

林瑞恺　周锦琳

研究生（1人）

齐　群

二等奖（1人）

2011级（1人）

高晓蕾

中欧法学院（1人）

二等奖（1人）

研究生（1人）

李佳蔚

马克思主义学院（4人）

二等奖（3人）

研究生（3人）

张羿霞　张继龙　刘　佳

三等奖（1人）
研究生（1人）
曹见卫
光明新闻传播学院（6人）
一等奖（1人）
研究生（1人）
吴　珂
二等奖（5人）
研究生（5人）
李汶龙　　王　顺　　涂　杨　　张　悦　　王宇婷
比较法学研究院（7人）
一等奖（1人）
研究生（1人）
尹子文
二等奖（6人）
研究生（6人）
尹卓然　　刘一玮　　朱　青　　赵亚骎　　柴慧君　　蔡　睿

（八）2013~2014学年竞赛优胜奖学金获奖名单

个人获奖名单（46人次）
法学院（3人次）
一等奖学金（2人次）
2010级（2人次）
曾　木（2）
二等奖学金（1人）
2011级（1人）
杨　旸
民商经济法学院（12人）
一等奖学金（2人）
2011级（1人）
尤保暖
研究生（1人）
杨雪妹
二等奖学金（5人）
2011级（3人）
刘　妍　　刘紫萱　　胡雅琪
2013级（2人）

王宇婷　赵　峰
三等奖学金（5人）
2011级（1人）
石　蕾
2012级（1人）
陈　绿
2013级（1人）
王　昆
研究生（2人）
罗文彬　邓　旭
国际法学院（9人）
一等奖学金（2人）
2011级（1人）
黄木子炎
研究生（1人）
庄洁蕾
二等奖学金（2人）
2011级（2人）
罗南森　吴常德
三等奖学金（5人）
2011级（1人）
刘　扬
2012级（3人）
杨雪婷　阎奕霖　巩　伟
2013级（1人）
杨彦欣
刑事司法学院（13人次）
一等奖学金（1人）
2011级（1人）
朱栖佩
二等奖学金（3人）
2011级（2人）
朱栖佩　陈书光
2013级（1人）
冯鸿波
三等奖学金（9人次）
2011级（2人）

杨雨菡　　王庆辉
2012级（2人）
刘旭帆　　康燕婷
2013级（5人次）
易　李　　冯鸿波（4）
商学院（3人）
二等奖学金（1人）
2013级（1人）
林　剑
三等奖学金（2人）
2011级（1人）
刘超琦
2013级（1人）
樊　琳
外国语学院（2人）
二等奖学金（1人）
2013级（1人）
王　钰
三等奖学金（1人）
2011级（1人）
王洪欣
中欧法学院（3人）
一等奖学金（2人）
研究生（2人）
张丽明　　李恺旭
三等奖学金（1人）
研究生（1人）
殷　怡
法律硕士学院（1人）
二等奖学金（1人）
研究生（1人）
李秋霞

（九）团体获奖名单（共63项，482人次）

1. 一等奖学金（12项，共42人次）

（1）国际环境法模拟法庭大赛－东亚赛区亚军（共4人）
杨雪妹　　王玺龙　　关　倩　　汪　早

(2) 2013年第二届中国WTO模拟法庭竞赛（中国"世界贸易组织辩论赛"）季军、突出贡献奖（共6人）

谷佳琛　尤保暖　孙　青　周　怡　吕彦霖　赵艳蕊

(3) 北京市2013年首都高校乒乓球锦标赛女子双打甲组第一名（共2人）

王宇婷　杨笛睿琪

(4) 北京市高校"世纪二千杯"乒乓球锦标赛女子团体甲组第一名（共4人）

王宇婷　杨笛睿琪　喻　喧　殷　菲

(5) 第十九届全国大学生乒乓球锦标赛特招组混合双打第二名（共2人）

刘紫萱　李重霖

(6) 第十九届全国大学生乒乓球锦标赛特招组混合双打第一名（共2人）

王　昆　吴　旭

(7) 第十九届全国大学生乒乓球锦标赛特招组男子团体第二名（共4人）

赵　峰　吴　旭　李重霖　李佳伦

(8) 第十九届全国大学生乒乓球锦标赛特招组女子双打第三名（共2人）

喻　喧　王　昆

(9) 第十九届全国大学生乒乓球锦标赛特招组女子团体第一名（共5人）

刘紫萱　王　昆　喻　喧　殷　菲　杜紫薇

(10) "北外——万慧达杯"知识产权模拟法庭竞赛亚军（共7人）

李京泽　田润坤　尤保暖　干　倩　黄欣晖　王红红　黄木子炎

(11) 全国MBA培养院校企业竞争模拟大赛全国一等奖（共2人）

彭粒一　庞　欣

(12) 中国空间法学会第十届CASC杯国际空间模拟法庭竞赛冠军（共2人）

富　毓　赵　青

2. 二等奖学金（21项，169人次）

(1) 美国大学生数学建模竞赛一等奖（共1人）

何　苗

(2) 北京市2013年首都高校乒乓球锦标赛男子双打项目甲A组第三名（共2人）

李佳伦　李重霖

(3) 第十九届全国大学生乒乓球锦标赛特招组男子双打第五名

（共 2 人）

李佳伦　　李重霖

（4）2014 年中国大学生跆拳道竞标赛团体品势比赛女子甲组第五名（共 3 人）

周茜茜　　楼佳旖　　康燕婷

（5）第十九届全国大学生乒乓球锦标赛特招组男子双打第五名（共 2 人）

赵　峰　　吴　旭

（6）2014 年中国大学生计算机设计大赛一等奖（共 3 人）

田泽文　　董　柯　　伍　松

（7）北京市 2013 年首都高校乒乓锦标赛混合双打项目甲 A 组第三名（共 2 人）

王　昆　　吴　旭

（8）第 7 届中国大学生计算机设计大赛一等奖（共 3 人）

黎俊志　　于　姣　　钟静瑶

（9）高教社杯全国大学生数学建模竞赛本科组二等奖（共 3 人）

宋林秋　　张阔成　　刘雅雯

（10）2014 年"创青春"首都大学生创业大赛金奖（共 5 人）

黄晓莹　　任子辉　　杨　钰　　杨天开　　周子荃

（11）第五届北京市大学生模拟法庭竞赛一等奖（共 6 人）

王　琦　　马英博　　郭佑宁　　李若蓝　　尤保暖　　蔡子祥

（12）第十一届"理律杯"全国高校模拟法庭竞赛亚军（共 7 人）

肖　强　　贺景昌　　丰　鄄　　谭　晨　　杨　旸　　邓璐婷

翟　迪

（13）北京市 2013～2014 年首都大学生足球联赛乙组第二名（共 10 人）

金志杰　　徐　来　　哈那提　　陈　曦　　王雷垠　　高宸宇

朱星儒　　阿克拉木　　加苏尔·居来提　　巴桑次仁

（14）第 11 届亚太地区国际商事仲裁模拟仲裁庭辩论比赛庭审辩论第三名（共 6 人）

韩伟哲　　蒋　宣　　李恺旭　　赵春蕾　　张辰旭　　张丽玥

（15）2014 年美国大学生数学建模竞赛二等奖（共 3 人）

蔡曜羽　　吴宇恒　　李诗云

（16）CCTV15《歌声与微笑——合唱先锋》第二季第一名

（共 23 人）

阎奕霖　　白宇轩　　杨馥榕　　王思媛　　魏　媛　　魏雨静

高树素　　郭页菲　　纪梦媛　　杜丝语　　崔永泽　　彭游林

付加林　　李炫毅　　王思威　　王晨阳　　符　尧　　孔聚秒

杨英灏　　郑凯祖　　吴国正　　郭世昊　　谢克兰·艾尼瓦尔

（17）第四届北京市大学生艺术展演一等奖（共 8 人）

阎奕霖　　白宇轩　　杜丝语　　李思佳　　杨馥榕　　王思媛

关牧笛　　魏　媛

(18) 第四届北京大学生艺术展演二等奖（共24人）

赵之薇　庞智嘉　刘　妍　闫祎东　郑子泓　谭　晨
杨雪婷　邵　艺　刘芳菲　马瑜馨　张田天　周思雨
甄卓然　张紫皓　刘　铭　刘　柳　崔永泽　魏雨静
孙　潭　刘文敬　王　然　段婧媛　何彦灵　图新巴图·那木琴

(19) 北京市高校武术比赛集体项目24式太极拳第二名（共18人）

冯鸿波　彭　凯　薛　绚　宋　爽　邰　婷　覃事涛
时成昊　吴维锭　韩　璐　查凡杰　何　静　倪　婧
张　晚　巩　伟　朱瑶瑶　朱栖佩　王　钰　潘　坤

(20) 北京市高校武术比赛集体项目32式太极剑第三名（共18人）

冯鸿波　彭　凯　薛　绚　宋　爽　邰　婷　覃事涛
时成昊　吴维锭　韩　璐　查凡杰　何　静　倪　婧
张　晚　巩　伟　朱瑶瑶　朱栖佩　王　钰　潘　坤

(21) 北京市第四届大学生艺术展演朗诵组一等奖、二等奖（共22人）

李　魏　刘峻成　倪钰昊　张晓奕　张　奥　王宏喆
古　昕　吉扬帆　邰　清　叶子榆　高维阳　冯馨慧
汪茜文　薛　赫　杨英颢　薛云崧　高卓妮　胡育玮
魏嘉妃　刘玥彤　汤　昊　央宗卓玛

3. 三等奖学金（30项，269人次）

(1) 第十二届全国大学生外交外事礼仪大赛全国二等奖（共3人）
武　娟　李怡凡　徐依兰

(2) 北京市2013年首都高校乒乓球锦标赛女子双打项目甲A组第四名（共2人）
刘紫萱　刘　扬

(3) 2014年首都高校"佛雷斯杯"羽毛球锦标赛女子团体项目乙B组第二名（共5人）
夏英慧　杨　珊　杨　鲲　张　彤　程　蕾

(4) 2014年北京市高等学校跆拳道精英赛乙组团体第四名（共5人）
任思奕　刘旭帆　郭彦辉　王庆辉　康燕婷

(5) 2014年首都高校"佛雷斯杯"羽毛球锦标赛男子团体项目乙B组第二名（共3人）
郭遥远　倪　荣　易王瀚

(6) 中国大学生"方正飞翔奖"Pad版面创意设计大赛全国一等奖（共3人）
刘　洋　王逸凡　刘徵羽

(7) 第三届"全国亿万学生阳光体育运动"大学生羽毛球挑战赛女子团体第七名（共6名）
夏英慧　李世悦　杨　珊　王聪聪　张　彤　伍家惠

(8) 首都高校第六届大学生藤球比赛男子项目甲组第一名（共3人）
闫俊新　肖行超　何　靖

(9) 首都高校第六届大学生藤球比赛女子项目甲组第一名（共3人）

陆 青　　于海方　　李媛媛

(10) 首都高校第六届大学生藤球比赛女子项目乙组第二名（共3人）

范鸿雁　　张苗苗　　李晓娜

(11) 北京市大学生阳光体育沙滩排球挑战赛（2014）冠军（共9人）

梁一秀　　邹 敏　　谢慧敏　　孙凯歌　　李 艺　　李璟瑶
张 璐　　池美燕　　赵丹妮

(12) 北京市大学生阳光体育排球挑战赛（2014）亚军（共9人）

梁一秀　　邹 敏　　谢慧敏　　孙凯歌　　李 艺　　李璟瑶
张 璐　　池美燕　　赵丹妮

(13) 中国大学生（文科）计算机设计大赛二等奖（共3人）

黄晓莺　　蔡曜羽　　鲁嘉琪

(14) 美国大学生数学建模竞赛二等奖（Honorable Mention）（共3人）

丘弘灏　　刘业鸿　　鲁嘉琪

(15) 第二届全国大学生模拟法庭竞赛二等奖（共6人）

肖 强　　杨 旸　　江 帆　　毛安艺　　王雅祺　　朱志炜

(16) 2013年北京市大学生人文知识竞赛二等奖（共5人）

杨天齐　　杨 然　　张绍鑫　　张姝婧　　叶彦良

(17) 中国大学生服务外包创新创业大赛二等奖（共5人）

赵晨晓　　史乃文　　张琼晶　　武 闯　　谢 帅

(18) 第三届青年艺术节"青春艺术奖"铜奖（共8人）

阎奕霖　　白宇轩　　杜丝语　　李思佳　　杨馥榕　　王思媛
关牧笛　　魏 媛

(19) 第四届北京市大学生艺术展演三等奖（共42人）

张诗琪　　邹仪威　　张安悦　　卢文骄　　李金珠　　邓巍懿
董巧丹　　高树素　　侯佳正　　李明然　　李仲尧　　林泓宇
刘雨萌　　滕质彬　　王楚添　　阎奕霖　　白宇轩　　杜丝语
李思佳　　李天翔　　杨馥榕　　王思媛　　关牧笛　　郝建勋
黄唯晟　　李英彬　　任余美　　李 敏　　张优悠　　霍东方
嵇尚源　　罗 琛　　李 婕　　赵晨辰　　刘雅雯　　曾颖芳
严 立　　王斯迈　　朱海鸣　　魏 帅　　付加林　　符 尧

(20) 第三届青年艺术节"青春艺术奖"铜奖（共16人）

王古玥　　朱步凡　　王 灿　　李 旸　　将垚钰　　徐靖仪
马天一　　张 文　　高瑞珠　　吴曜旭　　陆 畅　　杨英颢
魏 媛　　殷晨瑀　　宋昕桐　　张晓韵

(21) 第四届北京市大学生艺术展演三等奖（共19人）

王古玥　　朱步凡　　赵 阳　　李 旸　　彭雨诗　　蒋垚钰

徐靖仪　马天一　张　文　高瑞珠　吴曜旭　陆　畅
杨英颢　郭　歌　魏　媛　殷晨瑀　宋昕桐　张晓韵
闫雅涛

(22) 第四届北京大学生艺术展演三等奖（共21人）
赵之薇　刘　妍　郑子泓　谭　晨　杨雪婷　邵　艺
刘芳菲　马瑜馨　张田天　周思雨　甄卓然　张紫皓
刘　铭　刘　柳　何彦灵　张　杰　韩　雯　陈宁沚
赵　萱　孙　潭　陈少丹

(23) 2013年北京市青年艺术节"青春艺术奖"铜奖（共33人）
毕　然　王雨辰　郝　赟　黄尹人　胡婧卓　杨妮娜
汤　昊　唐雨桐　徐梅君　常　远　郭　歌　宋昕桐
贺虹烨　熊书梦　李翔骅　汪　南　仇雨晴　曹永辉
方怡堃　郭北南　杨　洋　邱　田　陆　畅　杨英颢
杨　宸　吴曜旭　牟　宸　张思媛　李振东　张瀚文
李嘉文　王之岳　张　悦

(24) 北京市第四届大学生艺术展演三等奖（共11人）
毕　然　李振东　郝　赟　黄尹人　张　洁　汤　昊
张思媛　常　远　郭　歌　王雨辰　宋昕桐

(25) 2013年首都高校女子足球锦标赛乙组　冠军（共20人）
庄壹茜　翟嘉贤　雪　晴　赵焱宁　李碧霞　赵小琳
热依兰　孙　可　方　惠　蒋冰洁　陈　辰　曾煌坭
郭美玲　宋亚茹　陈景琦　万　禹　丁伊真　沈　欣
王美秋　韩晔琳

(26) 北京市大学生创业设计竞赛二等奖（共8人）
陈劲松　张皓茹　王　悦　郑一妹　崔佳琳　刘晓婧
邓　巍　鲁婧涵

(27) 2013年北京市大学生人文知识竞赛二等奖（共5人）
吴志刚　张艺凡　李　昶　庄绵绵　许　超

(28) 2013年高教社杯全国大学生数学建模竞赛北京赛区甲组一等奖（共3人）
陈劲松　张　婧　李　论

(29) 牛津大学普莱斯传媒法国际模拟法庭大赛第五名（共4人）
赵天川　李汶龙　王梦珂　温雪纯

(30) 2013年高教社杯全国大学生数学建模竞赛北京赛区甲组一等奖（共3人）
贾衍宇　于江超　杜文奎

(十) 2013~2014学年志愿服务奖学金获奖名单

民商经济法学院（3人）

2013级（3人）

王　欣　　李岚冰　　叶一丁

国际法学院（4人）

2012级（1人）

郭先霖

2013级（3人）

任九岱　　赵子毅　　夏　雨

刑事司法学院（5人）

2011级（1人）

韩瑞泽

2012级（3人）

刘兆祥　　苏　枝　　刘若薇

2013级（1人）

陈剑宇

政治与公共管理学院（1人）

2013级（1人）

郝德超

商学院（4人）

2012级（1人）

武闯

2013级（3人）

黄　迪　　董　勖　　王雨桐

外国语学院（1人）

2013级（1人）

许亚楠

社会学院（1人）

2013级（1人）

胡思铭

马克思主义学院（1人）

2012级（1人）

叶恒达

（十一）2013~2014学年"新疆、西藏籍少数民族优秀学生奖学金"获奖学生名单

民商经济法学院（16人）

一等奖学金（3人）

2011级（1人）

罗珍

2012 级（1 人）

美热班·热合曼

2013 级（1 人）

卓嘎

二等奖学金（5 人）

2011 级（1 人）

卓　玛

2012 级（2 人）

旦增德吉　阿依古丽·沙吾列提

2013 级（2 人）

马浩然　　克依沙尔·艾尼

三等奖学金（8 人）

2011 级（2 人）

谢克兰·艾尼瓦尔　　娜迪拉·阿布力米提

2012 级（3 人）

拉姆次仁　央宗卓玛　玛尔哈巴·阿合买提

2013 级（3 人）

索朗普赤　色米热·马木提　　也尔帕

国际法学院（12 人）

一等奖学金（2 人）

2011 级（1 人）

索朗卓嘎

2012 级（1 人）

库安别克·斯马依勒

二等奖学金（4 人）

2012 级（2 人）

央金嘎娃　艾丽再巴叶尔

2013 级（2 人）

加恩丽汗·吐鲁的别克　　普布卓玛

三等奖学金（6 人）

2011 级（4 人）

夏提古丽·吐尔逊　　石确卓玛　古力那尔·买买提衣明

钟　玲

2012 级（1 人）

古力加马力·买买提

2013 级（1 人）

古丽如合沙·阿拉法特

刑事司法学院（1人）

二等奖学金（1人）

2013级（1人）

叶林·叶尔肯别克

政治与公共管理学院（12人）

一等奖学金（2人）

2012级（1人）

次仁曲吉

2013级（1人）

康增

二等奖学金（4人）

2011级（2人）

德吉旺珍　平措南木加

2012级（1人）

次仁普尺

2013级（1人）

托合托努尔·托合托木西

三等奖学金（6人）

2011级（2人）

次仁卓玛　管玉楠

2012级（2人）

阿卜来提·麦提斯迪克　　　　拉宗

2013级（2人）

白玛央金　图新巴图·那木琴

商学院（1人）

二等奖学金（1人）

2013级（1人）

阿依多斯·叶尔江

人文学院（1人）

二等奖学金（1人）

2011级（1人）

尼　玛

社会学院（3人）

一等奖学金（1人）

2013级（1人）

尼　妮

三等奖学金（2人）

2012级（1人）

次仁拉姆

2013级（1人）

车莹露

马克思主义学院（1人）

二等奖学金（1人）

2012级（1人）

马　艳

光明新闻传播学院（2人）

二等奖学金（1人）

2012级（1人）

马克布扎·叶尔江

三等奖学金（1人）

2013级（1人）

叶尔力克·赛里克

（十二）2013～2014学年退伍优抚奖学金获奖名单

法学院（1人）

张文举

民商经济法学院（1人）

张鹏飞

国际法学院（2人）

张佳培　　段　旭

刑事司法学院（3人）

黄其骥　　李　润　　李能娜

商学院（2人）

任　哲　　王心全

外国语学院（1人）

欧阳萱

社会学院（1人）

杨建成

光明新闻传播学院（1人）

陶明权

比较法学研究院（1）

范　彧

(十三) 2013~2014 学年校级三好学生获奖名单

法学院（26人）
2011级（6人）
宋泽政　　郭脞力　　吴　冲　　王宏月　　江沁娟　　邱　锐
2012级（6人）
胡骁毅　　王元义　　谢义诗　　马瑞跃　　褚智林　　熊一霏
2013级（4人）
林金谷　　李天佳　　梅明慧　　尹　源
研究生（10人）
朱智毅　　赵　汀　　沈成骄　　李文欣　　马　峰　　崔俊杰
袁富连　　王　玎　　汪艳明　　钮鹏程
民商经济法学院（50人）
2011级（8人）
干　倩　　冯　磊　　李妍颖　　孙晓明　　姚　岚　　张芯瑞
陈　璐　　郭　伟
2012级（21人）
王劲超　　王著馨　　李凌飞　　陈永帅　　李秋实　　李晨静
晏　娇　　孙天阳　　刘　瑜　　吴杨洋　　闵　锐　　李嘉丽
王康睿　　王笑语　　刘　莉　　范一锴　　贾　昊　　孙蕾蕾
霍东方　　莫洁凤　　常碧罗
2013级（16人）
刘　伟　　张梦依　　范　拓　　黄昱莹　　王子佳　　尹　晗
孙振宇　　苏心怡　　王天然　　武振国　　郝思雨　　李佳玉
李　铭　　高一丹　　张抱朴　　王梦华
研究生（5人）
朱进姝　　吴　恒　　郭少毅　　韩　迪　　秦　荧
国际法学院（35人）
2011级（8人）
康　鑫　　赵　宇　　贺景昌　　何健健　　马艺榕　　肖　强
杜　希　　陈玲玉
2012级（11人）
钟　元　　谈桔芳　　马育宏　　陈　曦　　高英杰　　鞠　团
周怡航　　杨　溯　　马　杰　　罗　毅　　刘明冬
2013级（11人）
丁诗文　　李　京　　杨育晗　　郝梓林　　陈艺惠　　曹华康
肖　贤　　郑　洁　　蓝　昕　　朱文超　　崔代恒美

研究生（5人）
刘津阁　王　琳　唐琦惠　黎辉辉　张小雨

刑事司法学院（39人）
2011级（9人）
陈健聪　郝家伟　朱文昱　张　悦　吴陶钧　公　雪
李胜卡　何　靖　常润轩
2012级（10人）
龚　文　孟　遥　赵琳萱　洪　敏　杜晓玉　徐　旭
庄壹茜　何秉泽　何　宁　刘雯媚
2013级（10人）
吴子豪　冼　洋　杨　帅　陈旭东　陈洁琼　从光锋
张　璇　童扬虹　康　璇　孙延菲
研究生（10人）
陈春江　赵　欣　范媛媛　马　康　邹　帆　侯　佳
崔玮琪　梁　琦　宋振策　汪　琦

政治与公共管理学院（28人）
2011级（6人）
周隆武　许世航　黄　森　刘小曼　韩　笑　卢　立
2012级（6人）
魏嘉昕　康　朴　杜　牧　孟凡玉　李卓月　张启晖
2013级（5人）
何家丞　陈立夫　蒋　琦　金三圆　杨子涵
研究生（11人）
王一平　胡轶俊　孔庆利　王宏岳　彭绍骏　王伟昌
张梦莹　贾红梦　包　丹　许宇瑾　郭文文

商学院（38人）
2011级（8人）
黎俊志　何雨寒　温祖全　杨　悦　宋林秋　路　琳
李若雯　周　扬
2012级（11人）
易　敏　袁丹丹　史乃文　陈　悦　刘　晖　王　聪
吴佳宝　张田天　贾衍宇　袁　京　李　婷
2013级（8人）
秦　力　蔡斐然　张俊明　陈叙伊　张馥蕾　陈煦畅
王　丹　樊　琳
研究生（3人）
李　伟　潘留珊　章亚如

MBA（8人）
黄紫虹　王青清　齐　杰　刘　阳　李爱宁　王燕波
王笑飞　叶常剑
人文学院（8人）
2011级（2人）
王枭泽　王　帅
2012级（2人）
谭迪允　谷　雨
2013级（1人）
苏子婵
研究生（3人）
刘云龙　王业坤　刘紫微
法律硕士学院（24人）
2012级（10人）
冯雪龙　徐　静　阎　达　李　真　龙　楠　韩　光
耿亚男　高　芸　赵增英　王鹏昊
2012级体改班（2人）
李　阳　刘　浩
2013级（12人）
李　苏　李亚辉　南　李　杨　娜　陈馨怡　谢　梅
姜洋洋　李筱岑　郑　渊　李　震　金　辉　徐　潇
外国语学院（12人）
2011级（3人）
冉　悦　孙　青　张之眙
2012级（6人）
兰　希　朴容萱　陈　玮　刘峻成　赵兑柔　殷露阳
2013级（3人）
邹仪威　魏　臻　朱　婷
社会学院（8人）
2011级（2人）
李　爽　赵星楠
2012级（3人）
唐金泉　张　倩　陶　睿
2013级（1人）
梁滋璐
研究生（2人）
杨敏齐　刘晓倩

中欧法学院（5 人）

研究生（5 人）

赵 攀　刘 韵　罗 澜　杨雅云　周子俊

马克思主义学院（5 人）

2011 级（1 人）

杨星星

2012 级（1 人）

马灿林

2013 级（1 人）

张 冲

研究生（2 人）

刘 佳　王 婧

国际儒学院（1 人）

研究生（1 人）

刘为光

光明新闻传播学院（8 人）

2011 级（2 人）

王成峰　龙圣强

2012 级（2 人）

魏 娜　孟琰琰

2013 级（2 人）

苏婉莹　王 然

研究生（2 人）

孙梦雨　吴 珂

证据科学研究院（3 人）

2012 级（1 人）

鄢思倩

2013 级（2 人）

李彦萍　丛 珊

比较法学研究院（3 人）

研究生（3 人）

陈 晨　赵丹妮　路 畅

（十四）2013~2014 学年校级优秀学生干部获奖名单

法学院（32 人）

2011 级（6 人）

张梦瑞　袁晓磊　朱 涛　蒋旭华　杨培培　于潇岚

2012级（7人）
崔梦秋　朱　恺　平　浩　李　玮　朱晔辉　张　静
王　琨
2013级（4人）
孙庆曦　游　冕　袁　杉　刘为文
第二学士学位班（1人）
张冲宇
研究生（14人）
王　觐　昌永岗　王小雪　姚一宁　臧　臣　张京凯
李晓果　吴培显　敖和林　温　寰　孙莹莹　苏丹丹
张　啸　田开强

民商经济法学院（57人）
2011级（8人）
张泽帆　胡云蔓　许丽岩　张　潇　宋高阳　张　旗
白　丹　江仕溢
2012级（25人）
温高宏　聂洋城　哈大卫　刘　磊　唐若韵　郭启亮
沈海峰　张雅惠　贺文奕　冯　宁　石　磊　杨超凡
茚　琳　张逸萌　秦　威　邵　艺　杨俊哲　樊伊琳
刘心煜　李博源　周　鑫　高小龙　金亚宁　崔心驰
陈超哲
2013级（17人）
纪　庆　任钰洋　高　鹏　储润仪　周少博　李　亚
狄行思　肖明倩　高雅文　陆　琦　申　晔　廖家纶
张天琳　毛欣铭　贾如茵　王如霞　施晨晨
研究生（7人）
毛　快　王世威　任可娜　杜占石　段雨鹏　张　渝
刘贺元

国际法学院（37人）
2011级（8人）
李园园　刘人豪　祁文华　陈　孟　张文夫　严　黎
李　申　王　露
2012级（14人）
李伽宁　马维俊　孔聚秒　任　靖　宿永庆　李　玥
王晓思　庄怀邦　姚　迪　王若曦　张昌裕　陈康夫
赵南境　阎奕霖
2013级（10人）

范振东　韩悦蕊　董子衿　郭晓阳　韩　颖　向姝瑾
王　程　何　强　马佳晖　任思雨
研究生（5人）
赵冠州　孟宇飞　米　鹏　王晓宇　宋　婷

刑事司法学院（44人）
2011级（10人）
周　旭　杨　超　蔡葛胜　丁胡喆　付霜彤　李昕霞
鹿　原　孟小溪　李　瑞　刘恩宏
2012级（12人）
韩　强　张莹莹　程子扬　吕依莉　何　方　李世佳
秦德华　金曼特　朱　晶　苏　枝　张旭萍　王　周
2013级（11人）
赵积斌　张　涵　康　玲　谷　津　谭庆丰　甘子兰
杨　博　王天元　杨泽汉　沈　逸　陈海俊杰
研究生（11人）
丁　辰　王晋霞　杨　力　张元元　赵培显　付　申
赵柏清　单体玉　张　震　赵　辉　张金磊

政治与公共管理学院（33人）
2011级（8人）
贺　畅　卫朋坤　李美慧　刘若玥　冯登军　丛　灿
隋林峡　德吉旺珍
2012级（9人）
赵　敏　石盛江　冯　健　杨季桦　雍颜嘉　魏　宏
景　然　林世雄　司徒林卉
2013级（4人）
陈雨圻　华　骏　吴国正　刘智心
研究生（12人）
杨兴伟　刘　瑶　崔旭亚　马　冲　娄凯强　康新明
张　颐　高志庆　刘政锋　芦　玮　孙峰悦　刘　垚

商学院（42人）
2011级（9人）
彭粒一　高文轩　万开太　贺　伟　许兵琛　曾晓燕
庞　欣　李西雄　宋　洁
2012级（14人）
田祥安　武　闯　王鸣巍　韩佳颖　谢晨晨　李金泽
胡天奕　张佳妮　石　可　温秋怡　董亚威　许天明
杨永东　杨　钰

2013级（8人）
黄 迪　　王昱博　　付姝菊　　张海伦　　季舒珣　　杨佳荣
崔 猛　　齐托托
研究生（3人）
王雅丽　　武 磊　　李青山
MBA（8人）
陈晓娟　　张晓敏　　刘钊君　　杨金玉　　肖 凯　　李如泉
张 欣　　梁宇洁
人文学院（9人）
2011级（1人）
郑成琼
2012级（4人）
王梓怡　　胡晓宇　　鲁 鑫　　杜鲁帅
2013级（1人）
陈静瑜
研究生（3人）
史 涛　　张仕兵　　王金霞
法律硕士学院（24人）
2012级（10人）
薛凤凤　　侯 超　　李 曼　　向定卫　　何 燕　　孔祥矚
原玉刚　　马振林　　张赛音　　宋粟麒
2012级体改班（2人）
路 正　　田轶然
2013级（12人）
田源源　　闫 鑫　　苗志超　　张骞予　　李 萌　　柴 松
倪 荣　　赵 岩　　赵 辰　　王 涛　　张晓瑜　　安 朔
外国语学院（12人）
2011级（3人）
黄卓卓　　王洪欣　　郑莉莉
2012级（5人）
张 琪　　闫若思　　张琰楠　　刘迪雅　　裘羽霞
2013级（3人）
聂煦东　　许亚楠　　张 睿
研究生（1人）
赵 元
社会学院（8人）
2011级（2人）

董馨月　李　烨
2012级（3人）
陈　卓　崔春梅　李松昭
2013级（3人）
刘宇平　董焱尧　张　婷
中欧法学院（5人）
研究生（5人）
沈　杨　朱亚男　文　劲　刘　静　许蔡梦骁
马克思主义学院（7人）
2011级（1人）
曾　丹
2012级（3人）
王洲桥　魏嘉妃　黄良贵
2013级（1人）
闫韦彤
研究生（2人）
杨　强　周　月
国际儒学院（1人）
研究生（1人）
李厚壮
光明新闻传播学院（8人）
2011级（1人）
汪　皓
2012级（4人）
张雅丽　宋常蕊　王欣桐　徐仰勤
2013级（1人）
饶金辉
研究生（2人）
肖　斌　王宇婷
证据科学研究院（3人）
2012级（1人）
梁剑岚
2013级（2人）
高　麟　戴璐伊
比较法学研究院（3人）
研究生（3人）
张金栋　李惠雯　柴慧君

(十五) 2013~2014 学年校级先进班集体获奖名单

法学院（4 个）
本科生（2 个）
2012 级 4 班
2013 级 2 班
研究生（2 个）
2013 级硕士宪行 2 班
2009 级法学实验班
民商经济法学院（8 个）
本科生（6 个）
2011 级 5 班
2012 级 6 班
2012 级 7 班
2013 级 6 班
2013 级 7 班
2013 级 8 班
研究生（2 个）
2013 级 1 班
2013 级 6 班
国际法学院（5 个）
本科生（4 个）
2011 级 3 班
2012 级 3 班
2012 级 5 班
2013 级 4 班
研究生（1 个）
2013 级 1 班
刑事司法学院（5 个）
本科生（3 个）
2011 级侦查学专业侦查班
2012 级法学专业 4 班
2013 级法学专业 2 班
研究生（2 个）
2012 级刑事诉讼法学 2 班
2013 级刑事诉讼法学 1 班
政治与公共管理学院（4 个）

本科生（2个）
2012级公共管理1班
2013级政治学与行政学班
研究生（2个）
2012级MPA班
2013级管理学班
商学院（5个）
本科生（3个）
2011级工商管理二班
2012级工商管理一班
2013级工商管理一班
研究生（2个）
2013级研究生班
2013级MBAP3班
人文学院（1个）
本科生（1个）
2011级哲学班
法律硕士学院（3个）
研究生（3个）
2012级法硕2班
2013级法硕1班
2013级法硕6班
外国语学院（1个）
本科生（1个）
2012级德语班
社会学院（2个）
本科生（1个）
2012级社会学班
研究生（1个）
2013级研究生班
中欧法学院（1个）
研究生（1个）
2013级2班
马克思主义学院（1个）
本科生（1个）
2013级思想政治教育专业1班
光明新闻传播学院（2个）

本科生（1个）

2011级2班

研究生（1个）

2013级研究生班

证据科学研究院（1个）

研究生（1个）

2013级法律硕士（司法文明方向）

比较法学研究院（1个）

研究生（1个）

2013级中德班

六、科研奖励

（一）第五届钱端升法学研究成果奖（5项）

1. 何秉松的《中国有组织犯罪研究（两卷本）》获得二等奖；
2. 杨宇冠的《非法证据排除规则研究》获得三等奖；
3. 刘星的《重新理解法律移植——从"历史"到"当下"》获得三等奖；
4. 刘飞的《信赖保护原则的行政法意义——以授益行为的撤销与废止为基点的考察》获得优秀奖；
5. 李本森的《生命价值的法律与经济分析》获得优秀奖。

（二）北京市第十三届哲学社会科学优秀成果奖（6项）

1. 于志刚的《在华外国人犯罪的刑事法律应对》获得二等奖；
2. 霍政欣的《追索海外流失文物的法律问题》获得二等奖；
3. 王卫国的《现代财产法的理论建构》获得二等奖；
4. 柳经纬的《当代中国私法进程》获得一等奖；
5. 孙平华的《世界人权宣言》研究获得二等奖；
6. 费多益的《认知视野中的情感依赖与理性、推理》获得二等奖。

（三）中国政法大学第三届青年教师优秀科研成果奖（16项）

1. 汪海燕的《形式理性的误读、缺失与缺陷——以刑事诉讼为视角》获得一等奖；
2. 霍政欣的《追索海外流失文物的法律问题》获得一等奖；
3. 庞金友的《近代西方国家观念的逻辑与谱系》获得二等奖；
4. 栗峥的《国家治理中的司法策略：以转型乡村为背景》获得二等奖；
5. 王青斌的《社会诚信危机的治理——行政法视角的分析》获得二等奖；
6. 雷磊的《法律规则的逻辑结构》获得二等奖；
7. 刘兆敏的《工作记忆和长时记忆共享信息表征的ERP证据》获得二等奖；

8. 王强的《近代外国在华企业本土化研究》获得三等奖；
9. 房保国的《被害人的刑事程序保护》获得三等奖；
10. 赵宏的《法治国下的目的性创设——德国行政行为理论与制度实践研究》获得三等奖；
11. 黄东的《塑造顺民——华北日伪的"国家认同"建构》获得三等奖；
12. 刘志雄的《开放条件下中国棉花安全状况评估》获得三等奖；
13. 易军的《私人自治与私法品性》获得三等奖；
14. 张磊的《肯认与焦虑——乔治·爱略特小说中音乐文化的意识形态研究》获得三等奖；
15. 曾涛的《示范法比较研究》获得三等奖；
16. 宫睿的《康德的想象力理论》获得三等奖。

七、体育竞赛获奖

1. 2014 北京市大学生足球联赛

时间：2014 年 5 月
教练：张宇、王巍
领队：张笑世
成绩：第二名

2. 2014 年首都高校羽毛球锦标赛

时间：2014 年 5 月 1 日~2 日
教练：李楠、贾海翔
成绩：女子团体赛乙 B　第二名
男子团体赛乙 B　第二名

3. 2014 年首都高校乒乓球锦标赛

时间：2014 年 5 月 10 日~11 日
教练：彭博、杨策
领队：贾海翔
成绩：女子团体赛甲 A　第一名
男子团体赛甲 A　第四名

4. 2014 年首都高校武术锦标赛

时间：2014 年 5 月 10 日~11 日
教练：赵江
领队：贾海翔

成绩：集体太极拳二十四式二等奖
集体三十二式太极剑　三等奖
集体第八名、
单项：2个第二名　2个第三名　1个第四名
2个第六名　2个第七名　4个第八名

5. 2014年首都高校大学生篮球联赛

时间：2014年4月9日~5月25日
教练：侯书健、于建营
成绩：第九名（男）第六名（女）

6. 北京市高校第52届田径运动会

时间：2014年5月15日~18日
教练：孙显超、刘振民
成绩：男子400米第三名
男子标枪第六名
男子110米栏第八名

7. 2014年北京市高校跆拳道精英赛

时间：5月18日、25日
教练：贾涛
成绩：男子团体第四名；
男子乙组54KG级第一名；
男子68KG级第一名，优秀运动员；
男子乙组63KG级亚军；
女子乙组46KG级亚军

8. 2014首都高校武术比赛

时间：8月20日~26日
教练：赵江
领队：贾海翔
成绩：集体24式太极拳二等奖；
集体32式太极剑三等奖；
团体总分第八名；

9. 2014全国大学生乒乓球锦标赛

时间：8月20日~26日

教练：彭博、贾海翔、杨策
成绩：女子团体冠军　混合双打冠军
男团亚军　女双季军　八项第五名

10. 北京市高校沙滩排球联赛

时间：6月25日
教练：王小平、邵建伟、杨未然、于德江
成绩：第一组　冠军
第二组　第三名

11. 北京市女子大学生足球联赛

时间：11月
教练：贾海翔、王巍、张宇
成绩：第三名

12. 首都高等学校第六届秋季田径运动会

时间：10月18、19日
教练：刘振民、孙显超
成绩：男子跳高第八名

13. 首都高校第三届校园铁人三项赛

时间：5月24日
教练：刘振民
成绩：小轮车两项男子组第三名
第七名轮滑三项男子第五名

14. 北京市高校藤球比赛

教练：徐京生、黎晨
成绩：团体冠军　女子甲组冠军　女子乙组冠军
男子甲组亚军　男子乙组亚军

第十九章 综合统计表

高等教育学校（机构）统计报表

（2014 /2015 学年初）

制定机关：教　育　部

批准机关：国家统计局

批准文号：国统制〔2013〕78 号

高基111

学校标识码	学校（机构）名称（章）	学校（机构）英文名称
4111010053	中国政法大学	China University of Political Science and Law

续

	学校（机构）地址	学校（机构）驻地城乡类型	学校（机构）属地管理教育行政部门
名称	北京市昌平区城北街道办事处政法社区居委会	*	北京市教育委员会
代码	110114001021	*	110000000000

续

	学校（机构）办学类型	学校（机构）举办者	学校（机构）性质类别	规定年制		规定入学年龄	
名称	大学	教育部	政法院校	小学	*	小学	*
代码	411	360	9	初中	*	初中	*

续

邮政编码	102249	校园（局域）网域名	http://www.cupl.edu.cn	校（园）长（签章）	填表人	学校（机构）所在地	
办公电话	58909577	单位电子信箱	plan@cupl.edu.cn			经度	纬度
传真电话	58909316	填表人电子信箱				116.247	40.2214

续

		学校（机构）举办者	学校（机构）属地管理教育行政部门	学校（机构）地址	规定年制		规定入学年龄	
名称	附设幼儿班				小学	*	小学	*

续表

	学校（机构）举办者	学校（机构）属地管理教育行政部门	学校（机构）地址	规定年制		规定入学年龄	
代码	119			初中	*	初中	*
名称	附设小学班			小学		小学	
代码	219			初中	*	初中	*
名称	附设普通初中班			小学	*	小学	*
代码	319			初中		初中	
名称	附设职业初中班			小学	*	小学	*
代码	329			初中		初中	
名称	附设普通高中班			小学	*	小学	*
代码	349			初中	*	初中	*
名称	附设特教班			小学		小学	
代码	519			初中		初中	
名称	附设中职班			小学	*	小学	*
代码	368			初中	*	初中	*

学校（机构）基本情况

高基 112　　　　　　　　　　　　　　　　　　　　　　　　　　　　单位：

项目	编号	内容	单位	备注
"985 工程"院校	1	否		
"211 工程"院校	2	是		
设立研究生院	3	否		
网络学院	4	否		
建立校园网	5	是		

续表

项目	编号	内容	单位	备注
接入互联网	6	光纤		
接入互联网出口带宽	7	1600	（Mbps）	
专科（高职）专业	8	0	个	
本科专业	9	19	个	
硕士学位授权一级学科点	10	13	个	
硕士学位授权二级学科点（不含一级学科覆盖点）	11	5	个	
博士学位授权一级学科点	12	3	个	
博士学位授权二级学科点（不含一级学科覆盖点）	13	5	个	
博士后科研流动站	14	3	个	
国家重点学科（一级）	15	1	个	
国家重点学科（二级）	16	0	个	
国家重点（培育）学科	17	0	个	
省、部级重点学科（一级）	18	1	个	
省、部级重点学科（二级）	19	5	个	
国家实验室	20	0	个	
国家重点实验室	21	0	个	
国家工程实验室	22	0	个	
国家工程研究中心	23	0	个	
国家工程技术研究中心	24	0	个	
省、部级设置的研究（院、所、中心）、实验室	25	6	个	
定期公开出版的专业刊物数	26	5	种	
直属院（系）数	27	19	个	
普通本专科在校生中住宿生	28	8331	人	
普通本专科毕业生一次就业率	29	95.67	%	
授予同等学力申请硕士学位人数	30	380	人	
授予同等学力申请博士学位人数	31	2	人	
上学年参加国家学生体质健康标准测试的人数	32	7933	人	
优秀	33	37	人	
良好	34	2059	人	
及格	35	3461	人	

续表

项目	编号	内容	单位	备注
不及格	36	2376	人	
中国科学院院士（人事关系在本校）	37	0	人	
中国工程院院士（人事关系在本校）	38	0	人	
"千人计划"入选者	39	1	人	
"青年千人计划"入选者	40	0	人	
"长江学者奖励计划"讲座教授	41	1	人	
"长江学者奖励计划"特聘教授	42	1	人	
"国家杰出青年科学基金"获得者	43	0	人	
专任教师中有海（境）外经历累计一年以上的	44	233	人	
安全保卫人员	45	24	人	
学校附属医院	46	0	个	
建筑面积	47	0	平方米	
床位数	48	0	个	
临床教师	49	0	人	

学校简介

高基 112　　　　　　　　　　　　　　　　　　　　　　　　　　　**续表 2**

一、历史沿革

学校的前身是 1952 年由北京大学、清华大学、燕京大学、辅仁大学四校的法学、政治学、社会学等学科组合而成的北京政法学院。1954 年，学校迁址至学院路。"文革"中学校被停办，"文革"结束后复办。1983 年，北京政法学院与中央政法干校合并，组建为中国政法大学。1985 年，学校开辟昌平校区新校址。学校形成一校及本科生院、进修生院、研究生院三院办学格局。进修生院后更名为中央政法管理干部学院单独办学，2000 年复又合并于中国政法大学。

二、院系设置

学校现有法学院、民商经济法学院、国际法学院、刑事司法学院、政治与公共管理学院、商学院、人文学院、外国语学院、继续教育学院/网络教育学院、国际教育学院/港澳台教育中心、马克思主义学院、社会学院、法律硕士学院、新闻与传播学院、国际儒学院、高级政法管理干部进修中心、中欧法学院、科学技术教学部、体育教学部共 19 个教学单位。

三、专业设置

学校设有法学、侦查学、政治学与行政学、行政管理、国际政治、公共事业管理、工商管理、经济学、国际商务、哲学、汉语言文学、思想政治教育、社会学、社会工作、应用心理学、英语、德语、新闻学、法学第二学士学位共 19 个本科专业，其中法学、政治学与行政学、社会学为国家级特色专业。拥有 71 个硕士学位授权点、5 个专业硕士学位授权点、30 个博士学位授权点和 3 个博士后科研流动站。法学、政治学、马克思主义理论为博士学位授权一级学科，哲学、理论经济学、应用经济学、社

续表

会学、心理学、外国语言文学、新闻传播学、中国史、工商管理、公共管理为硕士学位授权一级学科，其中，政治学为一级学科北京市重点学科，法学为一级学科国家重点学科。

四、国家省部级研究机构设置

　　学校设有诉讼法学研究院（教育部人文社会科学重点研究基地）、法律史学研究院（教育部人文社会科学重点研究基地）、证据科学研究院（教育部重点实验室）、法治政府研究院/青少年法制教育研究中心（北京市哲学社会科学研究基地）、人权研究院（国家人权教育与培训基地）、司法文明协同创新中心6个国家级、省部级科研机构。其中，由中国政法大学牵头组建的司法文明协同创新中心是首批经教育部、财政部认定的十四个国家"2011计划"协同创新中心之一。

五、定期出版的专业刊物

　　《中国政法大学学报》《政法论坛》《比较法研究》《行政法学研究》《证据科学》。

六、设立奖学金情况

　　学校设立奖学金6项，奖励总金额4330.188万元/年，最低金额500元/年。

七、主要校办产业

　　无。

八、博士后科研流动站

　　法学、政治学、马克思主义理论。

普通本科分专业学生数

高基312　　　　　　　　　　　　　　　　　　　　　　　　　　　　　　　单位：人

学科	专业分类	专业名称	自主专业名称	专业代码	是否师范专业	学制	毕业生数	授予学位数	招生数 合计	其中：应届毕业生	其中：春季招生	其中：预科生转入	在校生数 合计	一年级	二年级	三年级	四年级	五年级及以上	预计毕业生数
甲			乙	丙	丁		1	2	3	4	5	6	7	8	9	10	11	12	13
合计		普通本科生	普通本科生	42 100	-1	0	2086	2057	2338	2131	0	50	8854	2338	2230	2025	2062	199	2342
合计		其中：女	其中：女	421 002	0	0	1336	1330	1502	1471	0	29	5637	1502	1414	1291	1281	149	1473
合计		高中起点本科	高中起点本科	42 101	-1	0	1969	1943	2181	2131	0	50	8616	2181	2149	2025	2062	199	2261
学科门类：管理学	工商管理类	国际商务	国际商务	120205	0	4	61	61	69	69	0	0	300	69	77	75	79	0	79
学科门类：管理学	公共管理类	公共事业管理	公共事业管理	120401	0	4	27	27	1	1	0	0	63	1	0	31	31	0	31
学科门类：管理学	公共管理类	行政管理	行政管理	120402	0	4	86	84	0	0	0	0	168	0	0	72	96	0	96
学科门类：管理学	公共管理类	公共管理类专业	公共管理类专业	120499	0	4	0	0	103	103	0	0	197	103	94	0	0	0	0
学科门类：理学	心理学类	应用心理学（注：可授理学或教育学学士学位）	应用心理学（注：可授理学或教育学学士学位）	071102	0	4	20	19	34	34	0	0	124	34	27	28	35	0	35

续表

学科	专业分类	专业名称	自主专业名称	专业代码	是否师范专业	年制	毕业生数	授予学位数	招生数 计	其中：应届毕业生	其中：春季招生	其中：预科生转入	在校生数 合计	一年级	二年级	三年级	四年级	五年级及以上	预计毕业生数
学科门类：理学	心理学类	应用心理学（注：可授教育学学士学位）	应用心理学（注：可授教育学学士学位）	071102	0	5	1	1	0	0	0	0	3	0	0	0	0	3	3
学科门类：文学	新闻传播学类	新闻学	新闻学	050301	0	4	57	57	58	54	0	4	257	58	66	63	70	0	70
学科门类：文学	新闻传播学类	新闻学	新闻学	050301	0	5	4	4	0	0	0	0	0	0	0	0	0	0	0
学科门类：哲学	哲学类	哲学	哲学	010101	0	4	11	11	25	25	0	0	87	25	23	23	16	0	16
学科门类：哲学	哲学类	哲学	哲学	010101	0	5	0	0	0	0	0	0	1	0	0	0	0	1	1
学科门类：经济学	经济学类	经济学	经济学	020101	0	4	47	45	91	91	0	0	329	91	82	85	71	0	71
学科门类：经济学	经济学类	经济学	经济学	020101	0	5	2	2	0	0	0	0	3	0	0	0	0	3	3
学科门类：法学	社会学类	社会学	社会学	030301	0	4	28	26	26	24	0	2	120	26	31	27	36	0	36

续表

学科	专业分类	专业名称	自主专业名称	专业代码	是否师范专业	年制	毕业生数	授学位数	招生数 合计	应届毕业生	春季招生	预科生转入	在校生数 合计	一年级	二年级	三年级	四年级	五年级及以上	预计毕业生数
学科门类：法学	社会学类	社会工作	社会工作	030302	0	4	0	0	15	15	0	0	45	15	15	15	0	0	0
学科门类：法学	马克思主义理论类	思想政治教育	思想政治教育	030503	0	4	23	23	33	33	0	0	112	33	26	28	25	0	25
学科门类：法学	马克思主义理论类	思想政治教育	思想政治教育	030503	0	5	0	0	0	0	0	0	1	0	0	0	0	1	1
学科门类：法学	公安学类	侦查学	侦查学	030602	0	4	40	40	40	40	0	0	160	40	40	38	42	0	42
学科门类：法学	公安学类	侦查学	侦查学	030602	0	5	0	0	0	0	0	0	1	0	0	0	0	1	1
学科门类：法学	法学类	法学	法学	030101	0	4	1159	1150	1333	1289	0	44	5003	1333	1301	1178	1191	0	1191
学科门类：法学	法学类	法学	法学	030101	0	5	151	150	0	0	0	0	188	0	0	0	0	188	188
学科门类：法学	政治学类	政治学与行政学	政治学与行政学	030201	0	4	59	59	51	51	0	0	204	51	53	58	42	0	42
学科门类：法学	政治学类	国际政治	国际政治	030202	0	4	22	22	34	34	0	0	139	34	35	31	39	0	39

续表

学科	专业分类	专业名称	自主专业名称	专业代码	是否师范专业	年制	毕业生数	授予学位数	招生数 计	招生数 应届毕业生	招生数 春季招生	其中:预科生转入	在校生数 合计	一年级	二年级	三年级	四年级	五年级及以上	预计毕业生数
学科门类:法学	政治学类	国际政治	国际政治	030202	0	5	0	0	0	0	0	0	2	0	0	0	0	2	2
学科门类:文学	中国语言文学类	汉语言文学	汉语言文学	050101	0	4	30	28	40	40	0	0	154	40	37	38	39	0	39
学科门类:文学	中国语言文学类	汉语言文学	汉语言文学	050101	0	5	1	1	0	0	0	0	0	0	0	0	0	0	0
学科门类:文学	外国语言文学类	英语	英语	050201	0	4	44	42	100	100	0	0	421	100	109	102	110	0	110
学科门类:文学	外国语言文学类	德语	德语	050203	0	4	5	5	23	23	0	0	88	23	22	21	22	0	22
学科门类:管理学	工商管理类	工商管理	工商管理	120201	0	4	89	84	105	105	0	0	446	105	111	112	118	0	118
学科门类:管理学	工商管理类	工商管理	工商管理	120201	0	5	2	2	0	0	0	0	0	0	0	0	0	0	0
合计	合计	第二学士学位	第二学士学位	42103	−1	0	117	114	157	0	0	0	238	157	81	0	0	0	81
学科门类:管理学	工商管理类	工商管理	工商管理	120201	0	2	17	15	64	0	0	0	64	64	0	0	0	0	0
学科门类:法学	法学类	法学	法学	030101	0	2	100	99	93	0	0	0	174	93	81	0	0	0	81

高基314

成人本科分专业学生数

单位：人

学科	专业分类	专业名称	自主专业名称	专业代码	是否师范专业	年制	毕业生数	授予学位数	招生数	在校生数 合计	一年级	二年级	三年级	四年级	五年级	六年级及以上	预计毕业生数
		甲	乙	丙		丁	1	2	3	4	5	6	7	8	9	10	11
合计	合计	成人本科生	成人本科生	42200	-1	0	1299	254	1054	2459	1054	1211	70	124	0	0	1122
合计	合计	其中：女	其中：女	422002	-1	0	500	169	515	1302	515	699	30	58	0	0	643
合计	合计	函授本科	函授本科	42210	-1	0	613	105	463	1263	463	606	70	124	0	0	517
合计	合计	其中：女	其中：女	422102	0	0	197	52	193	581	193	300	30	58	0	0	300
合计	合计	高中起点本科	高中起点本科	42211	-1	5	0	0	47	330	47	89	70	124	0	0	0
学科门类：法学	法学类	法学	法学	030101	0	0	0	0	47	330	47	89	70	124	0	0	0
合计	合计	专科起点本科	专科起点本科	42212	-1	2	613	105	416	933	416	517	0	0	0	0	517
学科门类：法学	法学类	法学	法学	030101	0	0	613	105	416	933	416	517	0	0	0	0	517
合计	合计	业余本科	业余本科	42220	-1	0	686	149	591	1196	591	605	0	0	0	0	605
合计	合计	其中：女	其中：女	422202	0	0	303	117	322	721	322	399	0	0	0	0	343

第十九章 综合统计表 461

续表

学科	专业分类	专业名称	自主专业名称	专业代码	是否师范专业	年制	毕业生数	授学位数	招生数	在校生数							预计毕业生数
										合计	一年级	二年级	三年级	四年级	五年级	六年级及以上	
合计	合计	高中起点本科	高中起点本科	42221	-1	0	0	0	185	185	185	0	0	0	0	0	0
学科门类：法学	法学类	法学	法学	030101	0	5	0	0	185	185	185	0	0	0	0	0	0
合计	合计	专科起点本科	专科起点本科	42222	-1	0	686	149	406	1011	406	605	0	0	0	0	605
学科门类：法学	法学类	法学	法学	030101	0	2	686	149	406	1011	406	605	0	0	0	0	605

高基 317

硕士研究生分专业（领域）学生数

单位：人

学科	专业分类	专业名称	自主专业名称	专业代码	学年制	毕业生数	授予学位数	招生数 计	招生数 其中：应届毕业生	在校生数 合计	在校生数 一年级	在校生数 二年级	在校生数 三年级	在校生数 四年级	在校生数 五年级及以上	预计毕业生数
		甲	乙	丙	丁	1	2	3	4	5	6	7	8	9	10	11
合计	合计	硕士研究生	硕士研究生	43100	0	1845	1865	1849	1069	5272	1849	2077	1346	0	0	2129
合计	合计	其中：女	其中：女	431002	0	1152	1163	1171	759	3408	1171	1351	886	0	0	1237
合计	合计	学术型学位硕士	学术型学位硕士	43110	0	995	1027	986	719	2917	986	1034	897	0	0	1057
合计	合计	其中：女	其中：女	431102	0	669	688	670	507	1989	670	704	615	0	0	686
合计	合计	国家任务学术型学位硕士	国家任务学术型学位硕士	43111	0	715	709	958	710	2375	958	767	650	0	0	779
文学	新闻传播学	传播学	传播学	050302	3	1	1	4	3	17	4	5	8	0	0	8
文学	外国语言文学	俄语语言文学	俄语语言文学	050202	3	0	0	3	3	7	3	3	1	0	0	1
文学	外国语言文学	法语语言文学	法语语言文学	050203	3	0	0	3	3	7	3	3	1	0	0	1
文学	外国语言文学	德语语言文学	德语语言文学	050204	3	0	0	3	2	6	3	2	1	0	0	1

续表

学科	专业分类	专业名称	自主专业名称	专业代码	年制	毕业生数	授予学位数	招生数 计	其中：应届毕业生	在校生数 合计	一年级	二年级	三年级	四年级	五年级及以上	预计毕业生数
文学	新闻传播学	新闻学	新闻学	050301	3	23	23	16	12	44	16	12	16	0	0	16
历史学	中国史	中国史学科	历史文献学	060299	3	0	0	2	0	6	2	2	2	0	0	2
历史学	中国史	中国史学科	专门史	060299	3	0	0	4	4	10	4	4	2	0	0	2
历史学	中国史	中国史学科	中国古代史	060299	3	0	0	2	1	6	2	2	2	0	0	2
历史学	中国史	中国史学科	中国近现代史	060299	3	2	2	4	4	10	4	3	3	0	0	3
法学	马克思主义理论	马克思主义中国化研究	马克思主义中国化研究	030503	3	2	2	5	5	13	5	4	4	0	0	4
法学	马克思主义理论	国外马克思主义研究	国外马克思主义研究	030504	3	2	2	4	1	9	4	2	3	0	0	3
法学	马克思主义理论	思想政治教育	思想政治教育	030505	3	7	7	7	6	20	7	6	7	0	0	7
法学	马克思主义理论	中国近现代史基本问题研究	中国近现代史基本问题研究	030506	3	2	2	4	4	10	4	2	4	0	0	4
教育学	心理学	基础心理学	基础心理学	040201	3	0	0	0	0	4	0	2	2	0	0	2
教育学	心理学	应用心理学	应用心理学	040203	3	6	6	6	3	18	6	4	8	0	0	8
教育学	心理学	心理学学科	犯罪心理学	040299	3	0	0	6	2	10	6	4	0	0	0	0

续表

学科	专业分类	专业名称	自主专业名称	专业代码	年制	毕业生数	授予学位数	招生数 计	招生数 其中：应届毕业生	在校生数 合计	在校生数 一年级	在校生数 二年级	在校生数 三年级	在校生数 四年级	在校生数 五年级及以上	预计毕业生数
文学	外国语言文学	英语语言文学	英语语言文学	050201	3	6	6	7	5	16	7	6	3	0	0	3
法学	法学	诉讼法学	诉讼法学	030106	2	2	2	10	8	23	10	13	0	0	0	13
法学	法学	诉讼法学	诉讼法学	030106	3	82	84	89	72	215	89	73	53	0	0	53
法学	法学	经济法学	经济法学	030107	2	2	2	22	15	50	22	28	0	0	0	28
法学	法学	经济法学	经济法学	030107	3	53	53	58	45	151	58	49	44	0	0	44
法学	法学	法学学科	人权法学	030199	3	3	3	11	8	21	11	6	4	0	0	4
法学	法学	法学学科	证据法学	030199	3	6	4	14	7	25	14	8	3	0	0	3
法学	法学	法学学科	比较法学	030199	2	21	21	36	32	72	36	36	0	0	0	36
法学	法学	法学学科	比较法学	030199	3	34	34	40	25	109	40	18	51	0	0	51
法学	法学	法学学科	知识产权法学	030199	3	24	24	21	13	57	21	19	17	0	0	17
法学	法学	法学学科	法与经济学	030199	3	9	9	11	10	30	11	8	11	0	0	11
法学	法学	环境与资源保护法学	环境与资源保护法学	030108	3	14	14	14	12	36	14	9	13	0	0	13
法学	法学	国际法学（含：国际公法、国际私法、国际经济法）	国际法学（含：国际公法、国际私法、国际经济法）	030109	3	51	54	76	61	185	76	53	56	0	0	56

续表

学科	专业分类	专业名称	自主专业名称	专业代码	年制	毕业生数	授予学位数	招生数 计	招生数 其中:应届毕业生	在校生数 合计	在校生数 一年级	在校生数 二年级	在校生数 三年级	在校生数 四年级	在校生数 五年级及以上	预计毕业生数
法学	法学	军事法学	军事法学	030110	3	3	3	4	3	11	4	3	4	0	0	4
法学	政治学	政治学理论	政治学理论	030201	3	18	18	12	9	41	12	11	18	0	0	18
法学	马克思主义理论	马克思主义基本原理	马克思主义基本原理	030501	3	3	3	5	3	10	5	3	2	0	0	2
法学	马克思主义理论	马克思主义发展史	马克思主义发展史	030502	3	3	3	4	4	8	4	1	3	0	0	3
管理学	工商管理	会计学	会计学	120201	3	6	6	4	1	12	4	4	4	0	0	4
管理学	工商管理	企业管理(含:财务管理、市场营销、人力资源管理)	企业管理(含:财务管理、市场营销、人力资源管理)	120202	3	9	9	8	6	21	8	8	5	0	0	5
管理学	工商管理	工商管理学科	法商管理	120299	3	0	0	2	2	3	2	1	0	0	0	0
管理学	公共管理	行政管理	行政管理	120401	3	24	24	12	9	42	12	10	20	0	0	20
管理学	公共管理	公共管理学科	危机管理	120499	3	0	0	3	2	6	3	3	0	0	0	0
管理学	公共管理	公共管理学科	公共人力资源管理	120499	3	0	0	1	1	4	1	3	0	0	0	0
哲学	哲学	马克思主义哲学	马克思主义哲学	010101	3	4	4	5	5	12	5	3	4	0	0	4
管理学	公共管理	社会保障	社会保障	120404	3	1	1	5	4	11	5	4	2	0	0	2

续表

学科	专业分类	专业名称	自主专业名称	专业代码	年制	毕业生数	授学位数	招生数		在校生数						预计毕业生数
								计	其中:应届毕业生	合计	一年级	二年级	三年级	四年级	五年级及以上	
哲学	哲学	中国哲学	中国哲学	010102	3	9	9	13	9	32	13	7	12	0	0	12
哲学	哲学	外国哲学	外国哲学	010103	3	4	3	3	1	9	3	3	3	0	0	3
哲学	哲学	逻辑学	逻辑学	010104	3	2	2	2	0	8	2	3	3	0	0	3
哲学	哲学	美学	美学	010106	3	0	0	4	3	10	4	3	3	0	0	3
哲学	哲学	宗教学	宗教学	010107	3	0	0	3	3	8	3	3	2	0	0	2
经济学	应用经济学	区域经济学	区域经济学	020202	3	5	5	3	2	7	3	2	2	0	0	2
经济学	应用经济学	产业经济学	产业经济学	020205	3	0	0	3	2	8	3	3	2	0	0	2
经济学	应用经济学	国际贸易学	国际贸易学	020206	3	0	0	2	1	6	2	2	2	0	0	2
法学	法学	法学理论	法学理论	030101	3	26	24	44	28	108	44	33	31	0	0	31
法学	法学	法律史	法律史	030102	3	6	6	11	9	24	11	7	6	0	0	6
法学	法学	宪法学与行政法学	宪法学与行政法学	030103	2	4	4	10	9	19	10	9	0	0	0	9
法学	法学	宪法学与行政法学	宪法学与行政法学	030103	3	54	53	58	50	141	58	41	42	0	0	42
法学	法学	刑法学	刑法学	030104	2	0	0	10	5	19	10	9	0	0	0	9
法学	法学	刑法学	刑法学	030104	3	69	68	75	54	171	75	52	44	0	0	44
法学	法学	民商法学(含:劳动法学、社会保障法学)	民商法学(含:劳动法学、社会保障法学)	030105	2	4	4	23	15	57	23	34	0	0	0	34

续表

学科	专业分类	专业名称	自主专业名称	专业代码	年制	毕业生数	授予学位数	招生数 计	招生数 其中：应届毕业生	在校生数 合计	在校生数 一年级	在校生数 二年级	在校生数 三年级	在校生数 四年级	在校生数 五年级及以上	预计毕业生数
法学	法学	民商法学（含：劳动法学、社会保障法学）	民商法学（含：劳动法学、社会保障法学）	030105	3	73	69	96	71	245	96	75	74	0	0	74
经济学	理论经济学	政治经济学	政治经济学	020101	3	7	7	7	4	20	7	6	7	0	0	7
经济学	理论经济学	经济史	经济史	020103	3	3	3	3	1	8	3	2	3	0	0	3
经济学	理论经济学	西方经济学	西方经济学	020104	3	0	0	2	0	6	2	2	2	0	0	2
经济学	理论经济学	世界经济	世界经济	020105	3	4	4	4	1	13	4	4	5	0	0	5
法学	政治学	中外政治制度	中外政治制度	030202	3	3	3	5	4	14	5	5	4	0	0	4
法学	政治学	科学社会主义与国际共产主义运动	科学社会主义与国际共产主义运动	030203	3	1	1	0	0	0	0	0	0	0	0	0
法学	政治学	中共党史（含：党的学说与党的建设）	中共党史（含：党的学说与党的建设）	030204	3	1	1	3	2	10	3	3	4	0	0	4
法学	政治学	国际政治	国际政治	030206	3	4	4	5	3	12	5	4	3	0	0	3
法学	政治学	国际关系	国际关系	030207	3	6	6	4	3	18	4	6	8	0	0	8
法学	政治学	外交学	外交学	030208	3	2	2	3	2	10	3	3	4	0	0	4
法学	政治学	政治学学科	纪检监察学	030299	3	0	0	5	4	5	5	0	0	0	0	0

续表

学科	专业分类	专业名称	自主专业名称	专业代码	年制	毕业生数	授予学位数	招生数 计	其中:应届毕业生	在校生数 合计	一年级	二年级	三年级	四年级	五年级及以上	预计毕业生数
法学	社会学	社会学	社会学	030301	3	5	5	10	9	19	10	6	3	0	0	3
合计	合计	委托培养学术型学位硕士	委托培养学术型学位硕士	43112	0	9	12	28	9	67	28	21	18	0	0	19
教育学	心理学	应用心理学	应用心理学	040203	3	0	0	0	0	1	0	1	0	0	0	0
法学	政治学	政治学理论	政治学理论	030201	3	0	0	1	1	1	1	0	0	0	0	0
法学	法学	国际法学（含：国际公法、国际私法、国际经济法）	国际法学（含：国际公法、国际私法、国际经济法）	030109	3	2	1	1	1	3	1	2	0	0	0	0
法学	法学	法学学科	证据法学	030199	3	0	0	1	1	2	1	0	1	0	0	1
法学	法学	法学学科	法与经济学	030199	3	0	0	2	0	2	2	0	0	0	0	0
法学	法学	经济法学	经济法学	030107	3	1	1	0	0	0	0	0	0	0	0	0
法学	法学	诉讼法学	诉讼法学	030106	3	2	2	1	1	4	1	0	3	0	0	3
法学	法学	民商法学（含：劳动法学、社会保障法学）	民商法学（含：劳动法学、社会保障法学）	030105	3	0	3	3	3	8	3	1	4	0	0	4
法学	法学	刑法学	刑法学	030104	2	0	0	0	0	1	0	1	0	0	0	1
法学	法学	刑法学	刑法学	030104	3	0	0	19	2	30	19	11	0	0	0	0
法学	法学	宪法学与行政法学	宪法学与行政法学	030103	3	1	2	0	0	7	0	4	3	0	0	3

续表

学科	专业分类	专业名称	自主专业名称	专业代码	年制	毕业生数	授予学位数	招生数 计	招生数 其中:应届毕业生	在校生数 合计	在校生数 一年级	在校生数 二年级	在校生数 三年级	在校生数 四年级	在校生数 五年级及以上	预计毕业生数
法学	法学	法学理论	法学理论	030101	3	1	1	0	0	1	0	1	0	0	0	0
哲学	哲学	逻辑学	逻辑学	010104	1	1	1	0	0	1	0	0	1	0	0	1
哲学	哲学	中国哲学	中国哲学	010102	3	0	0	0	0	3	0	0	3	0	0	3
哲学	哲学	马克思主义哲学	马克思主义哲学	010101	3	0	0	0	0	1	0	0	1	0	0	1
管理学	公共管理	行政管理	行政管理	120401	3	1	1	0	0	1	0	0	1	0	0	1
管理学	工商管理	会计学	会计学	120201	3	0	0	0	0	1	0	0	1	0	0	1
合计	合计	自筹经费学术型学位硕士	自筹经费学术型学位硕士	43113	0	271	306	0	0	475	0	246	229	0	0	259
文学	新闻传播学	传播学	传播学	050302	3	1	0	0	0	2	0	1	1	0	0	1
历史学	中国史	中国史学科	中国近现代史	060299	3	3	3	0	0	2	0	1	1	0	0	1
文学	新闻传播学	新闻学	新闻学	050301	3	9	9	0	0	6	0	3	3	0	0	3
文学	外国语言文学	法语语言文学	法语语言文学	050203	3	0	0	0	0	2	0	2	0	0	0	0
教育学	心理学	应用心理学	应用心理学	040203	3	3	3	0	0	2	0	1	1	0	0	1
教育学	心理学	基础心理学	基础心理学	040201	3	0	0	0	0	1	0	0	1	0	0	1
文学	外国语言文学	英语语言文学	英语语言文学	050201	3	1	1	0	0	4	0	2	2	0	0	2

续表

学科	专业分类	专业名称	自主专业名称	专业代码	年制	毕业生数	授予学位数	招生数 计	其中:应届毕业生	在校生数 合计	一年级	二年级	三年级	四年级	五年级及以上	预计毕业生数
教育学	心理学	心理学学科	犯罪心理学	040299	3	0	0	0	0	1	0	1	0	0	0	0
法学	马克思主义理论	中国近现代史基本问题研究	中国近现代史基本问题研究	030506	3	1	1	0	0	0	0	0	0	0	0	0
法学	马克思主义理论	思想政治教育	思想政治教育	030505	3	0	0	0	0	2	0	1	1	0	0	1
法学	马克思主义理论	国外马克思主义研究	国外马克思主义研究	030504	3	1	1	0	0	0	0	0	0	0	0	0
法学	马克思主义理论	马克思主义中国化研究	马克思主义中国化研究	030503	3	1	1	0	0	0	0	0	0	0	0	0
法学	法学	诉讼法学	诉讼法学	030106	2	0	0	0	0	4	0	4	0	0	0	4
法学	法学	诉讼法学	诉讼法学	030106	3	29	29	0	0	51	0	27	24	0	0	24
法学	法学	经济法学	经济法学	030107	2	1	4	0	0	9	0	9	0	0	0	9
法学	法学	经济法学	经济法学	030107	3	24	22	0	0	29	0	15	14	0	0	14
法学	法学	法学学科	法与经济学	030199	3	3	3	0	0	6	0	2	4	0	0	4
法学	法学	法学学科	证据法学	030199	3	0	0	0	0	1	0	0	1	0	0	1
法学	法学	法学学科	人权法学	030199	3	2	2	0	0	3	0	2	1	0	0	1
法学	法学	法学学科	比较法学	030199	2	3	7	0	0	4	0	4	0	0	0	4

续表

学科	专业分类	专业名称	自主专业名称	专业代码	年制	毕业生数	授学位数	招生数 计	其中：应届毕业生	在校生数 合计	一年级	二年级	三年级	四年级	五年级及以上	预计毕业生数
法学	法学	法学学科	比较法学	030199	3	14	15	0	0	33	0	17	16	0	0	16
法学	法学	法学学科	知识产权法学	030199	3	9	10	0	0	14	0	6	8	0	0	8
法学	法学	国际法学（含：国际公法、国际私法、国际经济法）	国际法学（含：国际公法、国际私法、国际经济法）	030109	3	22	36	0	0	42	0	19	23	0	0	23
法学	法学	环境与资源保护法学	环境与资源保护法学	030108	3	6	6	0	0	9	0	5	4	0	0	4
法学	政治学	政治学理论	政治学理论	030201	3	5	5	0	0	11	0	5	6	0	0	6
法学	法学	军事法学	军事法学	030110	3	3	3	0	0	3	0	1	2	0	0	2
法学	马克思主义理论	马克思主义发展史	马克思主义发展史	030502	3	0	0	0	0	2	0	2	0	0	0	0
法学	马克思主义理论	马克思主义基本原理	马克思主义基本原理	030501	3	0	0	0	0	1	0	0	1	0	0	1
管理学	工商管理	会计学	会计学	120201	3	2	2	0	0	3	0	1	2	0	0	2
管理学	工商管理	企业管理（含：财务管理、市场营销、人力资源管理）	企业管理（含：财务管理、市场营销、人力资源管理）	120202	3	2	2	0	0	5	0	2	3	0	0	3

续表

学科	专业分类	专业名称	自主专业名称	专业代码	年制	毕业生数	授予学位数	招生数 计	其中：应届毕业生	在校生数 合计	一年级	二年级	三年级	四年级	五年级及以上	预计毕业生数
管理学	公共管理	行政管理	行政管理	120401	3	4	4	0	0	10	0	3	7	0	0	7
哲学	哲学	马克思主义哲学	马克思主义哲学	010101	3	2	2	0	0	2	0	1	1	0	0	1
哲学	哲学	中国哲学	中国哲学	010102	3	4	4	0	0	1	0	0	1	0	0	1
管理学	公共管理	社会保障	社会保障	120404	3	0	0	0	0	1	0	1	0	0	0	0
哲学	哲学	外国哲学	外国哲学	010103	3	0	1	0	0	1	0	0	1	0	0	1
哲学	哲学	宗教学	宗教学	010107	3	0	0	0	0	1	0	0	1	0	0	1
哲学	哲学	美学	美学	010106	3	0	0	0	0	2	0	1	1	0	0	1
法学	法学	法学理论	法学理论	030101	3	17	19	0	0	25	0	12	13	0	0	13
法学	法学	法律史	法律史	030102	3	1	1	0	0	3	0	2	1	0	0	1
经济学	应用经济学	国际贸易学	国际贸易学	020206	3	0	0	0	0	1	0	1	0	0	0	0
经济学	应用经济学	产业经济学	产业经济学	020205	3	1	1	0	0	0	0	0	0	0	0	0
法学	法学	宪法学与行政法学	宪法学与行政法学	030103	2	2	2	0	0	4	0	4	0	0	0	4
法学	法学	宪法学与行政法学	宪法学与行政法学	030103	3	15	16	0	0	35	0	18	17	0	0	17
法学	法学	刑法学	刑法学	030104	2	3	5	0	0	4	0	4	0	0	0	4
法学	法学	刑法学	刑法学	030104	3	27	26	0	0	40	0	21	19	0	0	19

第十九章 综合统计表

续表

学科	专业分类	专业名称	自主专业名称	专业代码	年制	毕业生数	授予学位数	招生数 计	其中：应届毕业生	在校生数 合计	一年级	二年级	三年级	四年级	五年级及以上	预计毕业生数
法学	法学	民商法学（含：劳动法学、社会保障法学）	民商法学（含：劳动法学、社会保障法学）	030105	2	0	2	0	0	5	0	5	0	0	0	5
法学	法学	民商法学（含：劳动法学、社会保障法学）	民商法学（含：劳动法学、社会保障法学）	030105	3	31	35	0	0	63	0	26	37	0	0	37
经济学	理论经济学	经济史	经济史	020103	3	2	2	0	0	2	0	1	1	0	0	1
经济学	理论经济学	政治经济学	政治经济学	020101	3	4	5	0	0	3	0	2	1	0	0	1
法学	社会学	社会学	社会学	030301	3	3	3	0	0	5	0	4	1	0	0	1
法学	政治学	外交学	外交学	030208	3	0	0	0	0	2	0	1	1	0	0	1
法学	政治学	国际关系	国际关系	030207	3	3	4	0	0	5	0	2	3	0	0	3
法学	政治学	国际政治	国际政治	030206	3	1	3	0	0	3	0	2	1	0	0	1
法学	政治学	中共党史（含：党的学说与党的建设）	中共党史（含：党的学说与党的建设）	030204	3	2	2	0	0	0	0	0	0	0	0	0
法学	政治学	科学社会主义与国际共产主义运动	科学社会主义与国际共产主义运动	030203	3	1	1	0	0	0	0	0	0	0	0	0
法学	政治学	中外政治制度	中外政治制度	030202	3	3	3	0	0	2	0	1	1	0	0	1

续表

学科	专业分类	专业名称	自主专业名称	专业代码	年制	毕业生数	授予学位数	招生数		在校生数						预计毕业生数
								计	其中:应届毕业生	合计	一年级	二年级	三年级	四年级	五年级及以上	
经济学	理论经济学	世界经济	世界经济	020105	3	2	2	0	0	3	0	1	2	0	0	2
合计	合计	专业学位硕士	专业学位硕士	43120	0	850	838	863	350	2355	863	1043	449	0	0	1072
合计	合计	其中:女	其中:女	431202	0	483	475	501	252	1419	501	647	271	0	0	551
合计	合计	国家任务专业学位硕士	国家任务专业学位硕士	43121	0	291	283	685	336	1359	685	446	228	0	0	449
法学	法律	法律（非法学）	法律（非法学）	035100	2	5	5	19	13	48	19	29	0	0	0	29
管理学	工商管理	工商管理	工商管理	125100	3	19	14	0	0	4	0	0	4	0	0	4
管理学	公共管理	公共管理	公共管理	125200	3	0	0	11	0	11	11	0	0	0	0	0
法学	法律	法律（非法学）	法律（非法学）	035100	3	60	58	338	220	787	338	225	224	0	0	224
法学	法律	法律（法学）	法律（法学）	035100	2	207	206	114	103	306	114	192	0	0	0	192
管理学	工商管理	工商管理	工商管理	125100	2	0	0	203	0	203	203	0	0	0	0	0
合计	合计	委托培养专业学位硕士	委托培养专业学位硕士	43122	0	60	55	178	14	380	178	101	101	0	0	120
法学	法律	法律（非法学）	法律（非法学）	035100	3	0	0	1	1	2	1	0	1	0	0	1
管理学	工商管理	工商管理	工商管理	125100	3	0	0	0	0	0	0	0	0	0	0	0
管理学	公共管理	公共管理	公共管理	125200	3	34	31	111	0	293	111	82	100	0	0	100
法学	法律	法律（法学）	法律（法学）	035100	2	2	3	47	13	47	47	0	0	0	0	0

续表

学科	专业分类	专业名称	自主专业名称	专业代码	年制	毕业生数	授予学位数	招生数		在校生数						预计毕业生数
								计	其中：应届毕业生	合计	一年级	二年级	三年级	四年级	五年级及以上	
管理学	工商管理	工商管理	工商管理	125100	2	24	21	19	0	38	19	19	0	0	0	19
合计		自筹经费专业学位硕士	自筹经费专业学位硕士	43123	0	499	500	0	0	616	0	496	120	0	0	503
法学	法律	法律（非法学）	法律（非法学）	035100	2	0	0	0	0	5	0	5	0	0	0	5
管理学	工商管理	工商管理	工商管理	125100	3	5	5	0	0	0	0	0	0	0	0	0
管理学	公共管理	公共管理	公共管理	125200	3	9	12	0	0	38	0	18	20	0	0	20
法学	法律	法律（非法学）	法律（非法学）	035100	3	245	251	0	0	195	0	95	100	0	0	100
管理学	工商管理	工商管理	工商管理	125100	2	204	194	0	0	354	0	354	0	0	0	354
法学	法律	法律	法律（法学）	035100	2	36	38	0	0	24	0	24	0	0	0	24

博士研究生分专业（领域）学生数

高基 318   单位：人

学科	专业分类	专业名称	自主专业名称	专业代码	学制	毕业生数	授予学位数	招生数 计	招生数 其中：应届毕业生	在校生数 合计	一年级	二年级	三年级	四年级	五年级及以上	预计毕业生数
		甲	乙	丙	丁	1	2	3	4	5	6	7	8	9	10	11
合计	合计	博士研究生	博士研究生	43200	0	183	209	245	61	997	245	219	533	0	0	533
合计	合计	其中：女	其中：女	432002	0	45	78	98	22	369	98	86	185	0	0	185
合计	合计	学术型学位博士	学术型学位博士	43210	0	183	209	245	61	997	245	219	533	0	0	533
合计	合计	其中：女	其中：女	432102	0	45	78	98	22	369	98	86	185	0	0	185
合计	合计	国家任务学术型学位博士	国家任务学术型学位博士	43211	0	106	111	142	54	457	142	134	181	0	0	181
法学	马克思主义理论	马克思主义中国化研究	马克思主义中国化研究	030503	3	3	2	1	0	8	1	1	6	0	0	6
法学	马克思主义理论	国外马克思主义研究	国外马克思主义研究	030504	3	0	0	1	0	7	1	3	3	0	0	3
法学	马克思主义理论	思想政治教育	思想政治教育	030505	3	0	0	2	1	3	2	1	0	0	0	0
法学	法学	法学学科	人权法学	030199	3	1	1	1	0	6	1	2	3	0	0	3

续表

学科	专业分类	专业名称	自主专业名称	专业代码	年制	毕业生数	授予学位数	招生数		在校生数						预计毕业生数
								计	其中:应届毕业生	合计	一年级	二年级	三年级	四年级	五年级及以上	
法学	法学	法学学科	证据法学	030199	3	5	3	5	2	17	5	6	6	0	0	6
法学	法学	法学学科	比较法学	030199	3	3	1	3	1	14	3	4	7	0	0	7
法学	法学	法学学科	知识产权法学	030199	3	3	5	6	2	14	6	3	5	0	0	5
法学	法学	法学学科	法与经济学	030199	3	2	2	2	1	9	2	4	3	0	0	3
法学	政治学	政治学理论	政治学理论	030201	3	6	6	3	2	20	3	3	14	0	0	14
法学	马克思主义理论	马克思主义基本原理	马克思主义基本原理	030501	3	0	0	2	2	6	2	3	1	0	0	1
法学	法学	法学理论	法学理论	030101	3	9	7	14	4	35	14	8	13	0	0	13
法学	法学	法律史	法律史	030102	3	13	13	11	8	35	11	9	15	0	0	15
法学	法学	宪法学与行政法学	宪法学与行政法学	030103	3	11	9	13	10	44	13	15	16	0	0	16
法学	法学	刑法学	刑法学	030104	3	10	10	8	3	34	8	10	16	0	0	16
法学	法学	民商法学（含：劳动法学、社会保障法学）	民商法学（含：劳动法学、社会保障法学）	030105	3	7	11	9	2	40	9	12	19	0	0	19
经济学	理论经济学	世界经济	世界经济	020105	3	3	3	5	0	19	5	5	9	0	0	9
法学	政治学	中外政治制度	中外政治制度	030202	3	3	1	1	0	7	1	1	5	0	0	5

续表

学科	专业分类	专业名称	自主专业名称	专业代码	年制	毕业生数	授予学位数	招生数 计	其中:应届毕业生	在校生数 合计	一年级	二年级	三年级	四年级	五年级及以上	预计毕业生数
法学	政治学	国际政治	国际政治	030206	3	0	0	2	1	4	2	1	1	0	0	1
法学	政治学	国际关系	国际关系	030207	3	0	0	1	0	4	1	1	2	0	0	2
法学	政治学	政治学学科	全球学	030299	3	0	0	1	0	2	1	1	0	0	0	0
法学	政治学	政治学学科	公共行政	030299	3	0	0	4	3	7	4	3	0	0	0	0
法学	政治学	政治学学科	中国政治	030299	3	0	0	0	0	3	0	3	0	0	0	0
法学	政治学	政治学学科	纪检监察学	030299	3	0	0	1	0	1	1	0	0	0	0	0
法学	法学	诉讼法学	诉讼法学	030106	3	10	14	18	6	40	18	11	11	0	0	11
法学	法学	经济法学	经济法学	030107	3	6	5	9	2	21	9	6	6	0	0	6
法学	法学	环境与资源保护法学	环境与资源保护法学	030108	3	3	3	2	1	8	2	3	3	0	0	3
法学	法学	国际法学（含：国际公法、国际私法、国际经济法）	国际法学（含：国际公法、国际私法、国际经济法）	030109	3	8	15	17	3	49	17	15	17	0	0	17
法学	法学	委托培养学术型学位博士	委托培养学术型学位博士	43212	0	55	55	103	7	324	103	61	160	0	0	160
合计	合计															
法学	马克思主义理论	思想政治教育	思想政治教育	030505	3	0	0	0	0	2	0	0	2	0	0	2

续表

学科	专业分类	专业名称	自主专业名称	专业代码	年制	毕业生数	授予学位数	招生数 计	其中：应届毕业生	在校生数 合计	一年级	二年级	三年级	四年级	五年级及以上	预计毕业生数
法学	马克思主义理论	马克思主义中国化研究	马克思主义中国化研究	030503	3	1	1	2	0	9	2	0	7	0	0	7
法学	法学	军事法学	军事法学	030110	3	2	3	3	1	8	3	3	2	0	0	2
法学	马克思主义理论	马克思主义基本原理	马克思主义基本原理	030501	3	0	0	2	1	3	2	0	1	0	0	1
法学	政治学	政治学理论	政治学理论	030201	3	1	0	0	0	19	0	1	18	0	0	18
法学	法学	法学学科	比较法学	030199	3	1	1	2	0	4	2	0	2	0	0	2
法学	法学	法学学科	人权法学	030199	3	0	1	3	0	5	3	1	1	0	0	1
法学	法学	法学学科	证据法学	030199	3	1	0	5	0	14	5	2	7	0	0	7
法学	法学	法学学科	知识产权法学	030199	3	3	1	2	0	8	2	3	3	0	0	3
法学	法学	法学学科	法与经济学	030199	3	0	0	0	0	1	0	0	1	0	0	1
法学	法学	国际法学（含：国际公法、国际私法、国际经济法）	国际法学（含：国际公法、国际私法、国际经济法）	030109	3	8	9	5	0	24	5	8	11	0	0	11
法学	法学	环境与资源保护法学	环境与资源保护法学	030108	3	0	0	2	0	4	2	0	2	0	0	2
法学	法学	经济法学	经济法学	030107	3	3	3	8	0	27	8	6	13	0	0	13

续表

学科	专业分类	专业名称	自主专业名称	专业代码	年制	毕业生数	授学位数	招生数 合计	其中：应届毕业生	在校生数 合计	一年级	二年级	三年级	四年级	五年级及以上	预计毕业生数
法学	法学	诉讼法学	诉讼法学	030106	3	6	7	12	1	29	12	6	11	0	0	11
法学	政治学	政治学学科	公共行政	030299	3	0	0	2	0	3	2	1	0	0	0	0
法学	政治学	政治学学科	中国政治	030299	3	0	0	2	0	2	2	0	0	0	0	0
法学	政治学	政治学学科	纪检监察学	030299	3	0	0	3	0	3	3	0	0	0	0	0
法学	政治学	国际政治	国际政治	030206	3	0	0	0	0	1	0	1	0	0	0	0
法学	政治学	中外政治制度	中外政治制度	030202	3	3	2	0	0	5	0	2	3	0	0	3
经济学	理论经济学	世界经济	世界经济	020105	3	0	0	2	0	10	2	1	7	0	0	7
法学	法学	民商法学（含：劳动法学、社会保障法学）	民商法学（含：劳动法学、社会保障法学）	030105	3	6	8	7	1	19	7	3	9	0	0	9
法学	法学	刑法学	刑法学	030104	3	2	2	18	3	43	18	8	17	0	0	17
法学	法学	宪法学与行政法学	宪法学与行政法学	030103	3	11	11	13	0	52	13	9	30	0	0	30
法学	法学	法律史	法律史	030102	3	5	4	4	0	16	4	4	8	0	0	8
法学	法学	法学理论	法学理论	030101	3	2	2	6	0	13	6	2	5	0	0	5
合计	合计	自筹经费学术型学位博士	自筹经费学术型学位博士	43213	0	22	43	0	0	216	0	24	192	0	0	192

续表

学科	专业分类	专业名称	自主专业名称	专业代码	年制	毕业生数	授予学位数	招生数 合计	招生数 其中:应届毕业生	在校生数 合计	在校生数 一年级	在校生数 二年级	在校生数 三年级	在校生数 四年级	在校生数 五年级及以上	预计毕业生数
法学	马克思主义理论	马克思主义中国化研究	马克思主义中国化研究	030503	3	0	1	0	0	3	0	0	3	0	0	3
法学	法学	法学学科	人权法学	030199	3	0	0	0	0	1	0	0	1	0	0	1
法学	法学	法学学科	比较法学	030199	3	0	2	0	0	7	0	0	7	0	0	7
法学	法学	法学学科	知识产权法学	030199	3	0	1	0	0	1	0	0	1	0	0	1
法学	法学	法学学科	证据法学	030199	3	0	1	0	0	3	0	0	3	0	0	3
法学	政治学	政治学理论	政治学理论	030201	3	0	1	0	0	2	0	0	2	0	0	2
法学	法学	法学理论	法学理论	030101	3	0	2	0	0	2	0	0	2	0	0	2
法学	法学	法律史	法律史	030102	3	1	3	0	0	1	0	0	1	0	0	1
法学	法学	宪法学与行政法学	宪法学与行政法学	030103	3	2	5	0	0	12	0	2	10	0	0	10
法学	法学	刑法学	刑法学	030104	3	2	3	0	0	21	0	4	17	0	0	17
法学	法学	民商法学（含：劳动法学、社会保障法学）	民商法学（含：劳动法学、社会保障法学）	030105	3	7	7	0	0	67	0	4	63	0	0	63
经济学	理论经济学	世界经济	世界经济	020105	3	0	0	0	0	3	0	0	3	0	0	3
法学	政治学	中外政治制度	中外政治制度	030202	3	0	2	0	0	2	0	0	2	0	0	2

续表

学科	专业分类	专业名称	自主专业名称	专业代码	年制	毕业生数	授予学位数	招生数		在校生数						预计毕业生数
								计	其中：应届毕业生	合计	一年级	二年级	三年级	四年级	五年级及以上	
法学	法学	诉讼法学	诉讼法学	030106	3	6	7	0	0	26	0	2	24	0	0	24
法学	法学	经济法学	经济法学	030107	3	1	3	0	0	32	0	5	27	0	0	27
法学	法学	环境与资源保护法学	环境与资源保护法学	030108	3	1	1	0	0	2	0	0	2	0	0	2
法学	法学	国际法学（含：国际公法、国际私法、国际经济法）	国际法学（含：国际公法、国际私法、国际经济法）	030109	3	2	4	0	0	31	0	7	24	0	0	24

高基321

在校生分年龄情况

单位：人

甲	编号乙	合计 1	17岁及以下 2	18岁 3	19岁 4	20岁 5	21岁 6	22岁 7	23岁 8	24岁 9	25岁 10	26岁 11	27岁 12	28岁 13	29岁 14	30岁 15	31岁及以上 16
总　计	1	17 582	240	1383	1887	2058	2208	1861	1668	1957	1311	962	334	231	157	153	1172
其中：女	2	10 716	177	952	1221	1278	1398	1158	1069	1212	862	495	160	129	71	81	453
普通专科生	3																
其中：女	4																
普通本科生	5	8854	240	1383	1855	1985	1805	1062	309	113	54	31	12	3	2		
其中：女	6	5637	177	952	1197	1247	1137	641	176	67	25	13	4	1			
成人专科生	7																
其中：女	8																
成人本科生	9	2459			30	60	299	300	443	550	341	436					
其中：女	10	1302			22	23	180	150	231	250	230	216					
网络专科生	11																
其中：女	12																
网络本科生	13																
其中：女	14																
硕士研究生	15	5272			2	13	104	499	913	1274	880	444	239	162	104	101	537
其中：女	16	3408			2	8	81	367	660	885	596	243	117	98	54	54	243
博士研究生	17	997							3	20	36	51	83	66	51	52	635
其中：女	18	369							2	10	11	23	39	30	17	27	210

高基322

招生、在校生来源情况

单位：人

编号		招生数			在校生数						
	合计	普通专科生	普通本科生	合计	普通专科生	普通本科生	成人专科生	成人本科生	网络专科生	网络本科生	硕士研究生	博士研究生
甲	1	2	3	4	5	6	7	8	9	10	11	12
总计	2338		2338	17582		8854		2459			5272	997
北京市	109		109	3207		487		1196			1198	326
天津市	48		48	438		214		120			95	9
河北省	153		153	1050		491		120			399	40
山西省	92		92	713		275		180			232	26
内蒙古	44		44	505		173		173			142	17
辽宁省	80		80	541		356					161	24
吉林省	60		60	346		255					84	7
黑龙江	66		66	411		258					128	25
上海市	19		19	127		78					43	6
江苏省	85		85	556		367					175	14
浙江省	83		83	568		354					197	17
安徽省	95		95	867		354		290			205	18
福建省	60		60	351		252					88	11
江西省	62		62	413		222		80			97	14

续表

	编号	招生数			在校生数								
		合计	普通专科生	普通本科生	合计	普通专科生	普通本科生	成人专科生	成人本科生	网络专科生	网络本科生	硕士研究生	博士研究生
山东省	16	128		128	1215		482					675	58
河南省	17	129		129	957		465		60			370	62
湖北省	18	76		76	432		278					136	18
湖南省	19	97		97	550		348					184	18
广东省	20	114		114	552		435					104	13
广西	21	69		69	275		228					35	12
海南省	22	30		30	124		108					13	3
重庆市	23	51		51	269		201					57	11
四川省	24	96		96	510		371					124	15
贵州省	25	63		63	282		203					72	7
云南省	26	59		59	279		228					35	16
西藏省	27	28		28	121		97					22	2
陕西省	28	67		67	399		232		60			91	16
甘肃省	29	53		53	240		194					37	9
青海省	30	37		37	147		140					6	1
宁夏	31	33		33	325		132		180			12	1
新疆	32	68		68	294		269					23	2
港澳台侨	33	84		84	518		307					32	179

高基331 学生变动情况

单位：人

	编号	上学年初报表在校生数	增加学生数						减少学生数							本学年初报表在校生数
			合计	招生	复学	转入	其他	合计	毕业	结业	休学	退学	开除	死亡	转出	其他	
甲	乙	1	2	3	4	5	6	7	8	9	10	11	12	13	14	15	16
总计	1	17 590	5488	5486	1	1		5496	5413		1	37			1	44	17 582
普通本科、专科生	2	8631	2340	2338	1	1		2117	2086		1	25			1	4	8854
普通专科生	3																
普通本科生	4	8631	2340	2338	1	1		2117	2086		1	25			1	4	8854
成人本科、专科生	5	2704	1054	1054				1299	1299								2459
成人专科生	6																
成人本科生	7	2704	1054	1054				1299	1299								2459
网络本科、专科生	8																
网络专科生	9																
网络本科生	10																
研究生	11	6255	2094	2094				2080	2028			12				40	6269
硕士研究生	12	5313	1849	1849				1890	1845			9				36	5272
博士研究生	13	942	245	245				190	183			3				4	997

高基332

学生休退学的主要原因

单位：人

甲	编号 乙	合计 1	患病 2	停学实践（求职） 3	贫困 4	学习成绩不好 5	出国 6	其他 7
总计	1	38	4	21		5	6	11
普通本科、专科生	2	26	1	21			2	2
普通专科生	3							
普通本科生	4	26	1	21			2	2
成人本科、专科生	5							
成人专科生	6							
成人本科生	7							
网络本科、专科生	8							
网络专科生	9							
网络本科生	10							
研究生	11	12	3					9
硕士研究生	12	9	2					7
博士研究生	13	3	1					2

高基 341

在校生中其他情况

单位：人

甲	编号 乙	共产党员 1	共青团员 2	民主党派 3	华侨 4	港澳台 5	少数民族 6	残疾人 7
总计	1	5845	10 511	26	11	507	2160	7
普通本科、专科生	2	2170	6622		10	297	1263	
普通专科生	3							
普通本科生	4	2170	6622		10	297	1263	
成人本科、专科生	5	458	1639	26			330	
成人专科生	6							
成人本科生	7	458	1639	26			330	
网络本科、专科生	8							
网络专科生	9							
网络本科生	10							
研究生	11	3217	2250		1	210	567	
硕士研究生	12	2889	2213		1	31	474	
博士研究生	13	328	37			179	93	

在职人员攻读硕士学位分专业（领域）学生数

高基351 单位：人

学科	专业分类	专业名称	自主专业名称	专业代码	年制	授予学位数	招生数	在校生数 合计	一年级	二年级	三年级及以上
		甲	乙	丙	丁	1	2	3	4	5	6
合计	合计	硕士学位学生	硕士学位学生	44200	0	204	236	818	236	249	333
合计	合计	其中：女	其中：女	442002	0	91	95	332	95	107	130
合计	合计	学术型学位硕士	学术型学位硕士	44210	0	1	0	20	0	0	20
合计	合计	学术型学位硕士其中：女	学术型学位硕士其中：女	442102	0	0	0	8	0	0	8
法学	法学	法学理论	法学理论	030101	3	0	0	1	0	0	1
法学	法学	法律史	法律史	030102	3	0	0	1	0	0	1
法学	法学	宪法学与行政法学	宪法学与行政法学	030103	3	0	0	6	0	0	6
法学	法学	刑法学	刑法学	030104	3	0	0	1	0	0	1
法学	法学	民商法学（含：劳动法学、社会保障法学）	民商法学（含：劳动法学、社会保障法学）	030105	3	0	0	3	0	0	3
法学	法学	诉讼法学	诉讼法学	030106	3	0	0	2	0	0	2
法学	法学	经济法学	经济法学	030107	3	0	0	4	0	0	4
法学	法学	环境与资源保护法学	环境与资源保护法学	030108	3	0	0	1	0	0	1
法学	法学	国际法学（含：国际公法、国际私法、国际经济法）	国际法学（含：国际公法、国际私法、国际经济法）	030109	3	0	0	1	0	0	1

续表

学科	专业分类	专业名称	自主专业名称	专业代码	年制	授予学位数	招生数	在校生数			
								合计	一年级	二年级	三年级及以上
法学	政治学	政治学理论	政治学理论	030201	3	1	0	0	0	0	0
法学	合计	专业学位硕士	专业学位硕士	44220	0	203	236	798	236	249	313
法学	合计	专业学位硕士其中：女	专业学位硕士其中：女	442202	0	91	95	324	95	107	122
法学	法律	法律	法律	035100	3	165	150	578	150	214	214
管理学	公共管理	公共管理	公共管理	125200	3	38	86	220	86	35	99

高基 361

其他学生情况

单位：人

	编号	结业生数		注册学生数	
甲	乙	计	其中：女	计	其中：女
		1	2	3	4
自考助学班	1	*	*		
普通预科生	2				
研究生课程进修班	3	2181	872	8196	3688
进修及培训	4	5481	2593	6335	2938
其中 资格证书培训	5				
岗位证书培训	6				
其中 第一产业内培训	7				
第二产业内培训	8				
第三产业内培训	9	5481	2593	6335	2938
一个月以内	10	3460	1509	3558	1545
一个月至三个月以内	11	198	131	198	131
三个月至半年以内	12	320	189	320	189
半年至一年以内	13	1400	732	1476	750
一年及以上	14	103	32	783	323

高基371 外国留学生情况

单位：人

甲	编号乙	毕(结)业生数 1	授予学位数 2	招生数 计 3	招生数 其中:春季招生 4	在校生数 合计 5	在校生数 第一年 6	在校生数 第二年 7	在校生数 第三年 8	在校生数 第四年 9	在校生数 第五年及以上 10
总计	1	241	61	147		520	118	143	123	71	65
其中：女	2	110	31	56		164	45	48	34	25	12
按学历分 小计	3	61	61	67		409	71	89	118	66	65
专科	4		*								
本科	5	31	31	24		135	24	26	44	36	5
硕士研究生	6	21	21	35		146	37	35	38	20	16
博士研究生	7	9	9	8		128	10	28	36	10	44
培训	8	180	*	80		111	47	54	5	5	
按大洲分 亚洲	9	115	41	64		303	55	73	76	49	50
非洲	10	84	3	40		98	28	43	17	9	1
欧洲	11	31	8	36		75	29	17	17	9	3
北美洲	12	6	5	4		24	3	4	7	1	9
南美洲	13	2	2	3		12	3	4	2	1	2
大洋洲	14	3	2			8		2	4	2	

续表

	编号	毕（结）业生数	授予学位数	招生数		在校生数				
				计	其中:春季招生	合计	第一年	第二年	第三年	第四年	第五年及以上
按经费来源分	国际组织资助	15									
	中国政府资助	16	10	10	45		118	41	35	29	11	2
	本国政府资助	17					4			3	1	
	学校间交换	18	58		36		36	36				
	自费	19	173	51	66		362	41	108	91	59	63

教职工情况

高基411　　　　　　　　　　　　　　　　　　　　　　　　　　　　　单位：人

甲	编号乙	教职工数 合计 1	教职工 计 2	技术部教职工 专任教师 3	行政人员 4	教辅人员 5	工勤人员 6	科研机构人员 7	校办企业职工 8	其他附设机构人员 9	聘请校外教师 10	离退休人员 11	附属中小学幼儿园教职工 12	集体所有制人员 13
总计	1	1758	1671	928	434	180	129			87	116	1150		13
其中：女	2	900	855	443	263	117	32			45	8	693		
正高级	3	308	304	288	3	13				4	65	175	*	*
副高级	4	490	477	411	39	27				13	4	197	*	*
中级	5	343	310	172	76	62				33		*	*	*
初级	6	95	82	11	53	10	8			13		*	*	*
未定职级	7	522	498	46	263	68	121			24	47	*	*	*
小计	8	1758	1671	928	434	180	129			87	*	*	*	*
其中：女	9	900	855	443	263	117	32			45	*	*	*	*
正高级	10	308	304	288	3	13				4	*	*	*	*
副高级	11	490	477	411	39	27				13	*	*	*	*
中级	12	343	310	172	76	62				33	*	*	*	*
初级	13	95	82	11	53	10	8			13	*	*	*	*
未定职级	14	522	498	46	263	68	121			24	*	*	*	*

高基421

专任教师、聘请校外教师岗位分类情况

单位：人

甲	编号 乙	本学年授课专任教师				本学年授课聘请校外教师				本学年不授课专任教师				
		合计	公共课基础课	专业课		合计	公共课基础课	专业课		合计	进修	科研	病休	其他
				计	其中:双师型			计	其中:双师型					
		1	2	3	4	5	6	7	8	9	10	11	12	13
总计	1	928	110	818		116	8	108						
其中:女	2	443	67	376		8		8						
正高级	3	288	11	277		65		65						
副高级	4	411	54	357		4		4						
中级	5	172	40	132										
初级	6	11	2	9	*				*					
未定职级	7	46	3	43	*	47	8	39	*					

高基 422

专任教师、聘请校外教师学历（位）情况

单位：人

甲	编号	合计			博士研究生			硕士研究生			本科			专科及以下		
		计	其中:博士	其中:获学位硕士	计	其中:博士	其中:获学位硕士	计	其中:博士	其中:获学位硕士	计	其中:博士	其中:获学位硕士	计	其中:博士	其中:获学位硕士
乙		1	2	3	4	5	6	7	8	9	10	11	12	13	14	15
1. 专任教师	1	928	564	250	555	555		220		218	152	9	32	1		
其中:女	2	443	242	152	238	238		132		131	73	4	21			
正高级	3	288	216	49	209	209		44		43	34	7	6	1		
副高级	4	411	252	100	250	250		84		84	77	2	16			
中级	5	172	56	91	56	56		82		81	34		10			
初级	6	11	2	4	2	2		4		4	5					
未定职级	7	46	38	6	38	38		6		6	2					
2. 聘请校外教师	8	116	46	40	46	46		35		35	35		5			
其中:女	9	8	3	1	3	3		1		1	4					
外籍教师	10	31	19	7	19	19		7		7	5					
其他高校教师	11	14	10	4	10	10		4		4			1			
正高级	12	65	24	23	24	24		22		22	19		1			
副高级	13	4	3	1	3	3					1					
中级	14															
初级	15															
未定职级	16	47	19	16	19	19		13		13	15		3			

高基423

专任教师年龄情况

单位：人

		编号	合计	29岁及以下	30~34岁	35~39岁	40~44岁	45~49岁	50~54岁	55~59岁	60~64岁	65岁及以上
甲		乙	1	2	3	4	5	6	7	8	9	10
总计		1	928	27	113	171	176	155	169	90	9	10
其中：女		2	443	12	60	92	82	74	90	28	17	10
获博士学位		3	564	14	66	121	126	96	83	46	4	1
获硕士学位		4	250	10	40	44	39	47	40	24	10	2
按专业技术职务分	正高级	5	288			10	34	64	86	68	5	1
	副高级	6	411		21	107	108	79	74	21	16	10
	中级	7	172	5	67	47	31	12	9	1	1	
	初级	8	11	4	2	4	1					
	未定职级	9	46	18	23	3	2					
按学历（学位）分	博士研究生	10	555	14	66	121	124	95	81	42	10	2
	其中获博士学位	11	555	14	66	121	124	95	81	42	10	2
	获硕士学位	12										
	硕士研究生	13	220	10	39	42	29	36	34	23	5	2
	其中获博士学位	14										
	获硕士学位	15	218	10	39	42	29	35	34	23	5	1
	本科	16	152	3	8	8	23	24	54	24	2	6
	其中获博士学位	17	9				2	1	2	4		

续表

	编号	合计	29岁及以下	30~34岁	35~39岁	40~44岁	45~49岁	50~54岁	55~59岁	60~64岁	65岁及以上
按学历（学位）分	获硕士学位	18	32		1	2	10	12	6	1		
	专科及以下	19	1							1		
	其中获博士学位	20										
	获硕士学位	21										

分学科专任教师数

高基424
单位：人

甲	编号	合计	正高级	副高级	中级	初级	未定职级
乙		1	2	3	4	5	6
总计	1	928	288	411	172	11	46
其中：女	2	443	97	225	97	3	21
哲学	3	29	11	11	5		2
经济学	4	30	10	14	4		2
法学	5	603	217	256	96	7	27
教育学	6	51	6	26	18		1
其中：体育	7	34	2	17	14		1
文学	8	135	19	64	41	3	8
其中：外语	9	85	12	39	31	1	2
历史学	10	8	2	4	1		1
理学	11	7	1	4			2
工学	12	18	5	8	4	1	
其中：计算机	13	14	4	7	2	1	
农学	14						
其中：林学	15						
医学	16						
管理学	17	47	17	24	3		3
艺术学	18						

高基431

专任教师变动情况

单位：人

编号	上学年初报表专任教师数	增加教师数								减少教师数				本学年初报表专任教师数
		合计	录用毕业生			外单位教师调入		校内外非教师调入		合计	自然减员	调离教师岗位	其他	
			计	其中:研究生	其中:本校毕业生	计	其中:高校调入	计	其中:本校调整					
甲	1	2	3	4	5	6	7	8	9	10	11	12	13	14
总计	913	32	20	20	7	3	3	9	1	17	8	9		928
其中:女	435	13	10	10	1	1	1	2	1	5	3	2		443

高基441

专任教师接受培训情况

单位：人

编号	合计	国内						国（境）外					
		计	一个月以内	一个月至三个月以内	三个月至半年以内	半年至一年以内	一年及以上	计	一个月以内	一个月至三个月以内	三个月至半年以内	半年至一年以内	一年及以上
甲	1	2	3	4	5	6	7	8	9	10	11	12	13
总计	126	105	88	17				21				1	20
其中:女	76	65	56	9				11					11
正高级	2	1	1					1					1
副高级	18	3	2	1				15				1	14
中级	53	48	34	14				5					5
初级	37	37	35	2									
未定职级	16	16	16										

高基451

研究生指导教师情况

单位：人

<table>
<tr><th rowspan="2">甲</th><th rowspan="2">编号
乙</th><th rowspan="2">合计</th><th>29岁及以下</th><th>30~34岁</th><th>35~39岁</th><th>40~44岁</th><th>45~49岁</th><th>50~54岁</th><th>55~59岁</th><th>60~64岁</th><th>65岁及以上</th></tr>
<tr><th>2</th><th>3</th><th>4</th><th>5</th><th>6</th><th>7</th><th>8</th><th>9</th><th>10</th></tr>
<tr><td>总计</td><td>1</td><td>658</td><td></td><td>25</td><td>101</td><td>118</td><td>142</td><td>119</td><td>92</td><td>28</td><td>33</td></tr>
<tr><td>其中：女</td><td>2</td><td>276</td><td></td><td>10</td><td>52</td><td>53</td><td>75</td><td>54</td><td>17</td><td>5</td><td>10</td></tr>
<tr><td>按专业技
术职务分　正高级</td><td>3</td><td>323</td><td></td><td></td><td>8</td><td>31</td><td>67</td><td>76</td><td>80</td><td>28</td><td>33</td></tr>
<tr><td>副高级</td><td>4</td><td>315</td><td></td><td>18</td><td>85</td><td>82</td><td>75</td><td>43</td><td>12</td><td></td><td></td></tr>
<tr><td>中级</td><td>5</td><td>20</td><td></td><td>7</td><td>8</td><td>5</td><td></td><td></td><td></td><td></td><td></td></tr>
<tr><td>按指导
关系分　博士导师</td><td>6</td><td>56</td><td></td><td></td><td></td><td></td><td>3</td><td>10</td><td>11</td><td>7</td><td>25</td></tr>
<tr><td>其中：女</td><td>7</td><td>8</td><td></td><td></td><td></td><td></td><td></td><td></td><td>1</td><td>1</td><td>6</td></tr>
<tr><td>硕士导师</td><td>8</td><td>465</td><td></td><td>25</td><td>101</td><td>104</td><td>118</td><td>70</td><td>31</td><td>13</td><td>3</td></tr>
<tr><td>其中：女</td><td>9</td><td>242</td><td></td><td>10</td><td>52</td><td>48</td><td>70</td><td>48</td><td>11</td><td>2</td><td>1</td></tr>
<tr><td>博士、硕士导师</td><td>10</td><td>137</td><td></td><td></td><td></td><td>14</td><td>21</td><td>39</td><td>50</td><td>8</td><td>5</td></tr>
<tr><td>其中：女</td><td>11</td><td>26</td><td></td><td></td><td></td><td>5</td><td>5</td><td>6</td><td>5</td><td>2</td><td>3</td></tr>
</table>

高基461

教职工中其他情况

单位：人

甲	编号 乙	共产党员 1	共青团员 2	民主党派 3	华侨 4	港澳台 5	少数民族 6
教职工	1	1100	12	79	3	5	110
其中：女	2	544	5	44			66
专任教师	3	652	1	64	4		53
其中：女	4	372		36			33

校舍情况

高基511　　　　　　　　　　　　　　　　　　　　　　　　　　　　　　　　　　单位：平方米

	编号	学校产权校舍建筑面积				正在施工校舍建筑面积	非学校产权校舍建筑面积		
		计	其中				合计	独立使用	共同使用
			危房	当年新增校舍	被外单位借用				
甲	乙	1	2	3	4	5	6	7	8
总计	1	469 512				81 361	5390		5390
一、教学科研及辅助用房	2	118 119				81 361			
教室	3	27 905							
图书馆	4	10 295							
实验室、实习场所	5	10 690							
专用科研用房	6	63 992							
体育馆	7	1968							
会堂	8	3269							
二、行政办公用房	9	14 065					5390		5390
三、生活用房	10	176 708					5390		5390
学生宿舍（公寓）	11	142 673							
学生食堂	12	8954							
教工宿舍（公寓）	13								
教工食堂	14	1463							
生活福利及附属用房	15	23 618							

续表

编号	学校产权校舍建筑面积				正在施工校舍建筑面积	非学校产权校舍建筑面积		
	计	其中				合计	独立使用	共同使用
		当年新增校舍	危房	被外单位借用				
四、教工住宅 16	132 218					*	*	*
五、其他用房 17	28 402							

资产情况

高基521

甲	编号 乙	占地面积（平方米）			图书（万册）		计算机数（台）			教室（间）		固定资产总值（万元）				
		计	其中：		计	其中：	计	其中：教学用计算机		计	其中：网络多媒体教室	计	其中：教学、科研仪器设备资产值		其中：信息化设备资产值	
			绿化用地面积	运动场地面积		当年新增		计	其中：平板电脑				计	其中：当年新增	计	其中：软件
		1	2	3	4	5	6	7	8	9	10	11	12	13	14	15
学校产权	1	402 594	208 876	46 277	212.8	8.4	6193	1636	2	253	253	115 841.9	13 965.57	1625.61	6730	829
非学校产权	2														*	*
1. 独立使用	3															
2. 共同使用	4														*	*

信息化建设情况

高基522

	网络信息点数（个）		上网课程数（门）	电子邮件系统用户数（个）	管理信息系统数据总量（GB）	数字资源量（GB）		信息化培训人次（人次）	信息化工作人员数（人）
	计	其中：无线接入				计	其中：电子图书		
编号									
甲	乙 1	2	3	4	5	6	7	8	9
总计	14 638	1812	13	4300	11 004	540 472.8	3206	120	17

专职辅导员分年龄、专业技术职务、学历情况

高基931

单位：人

		编号	合计	其中：女	本专科生专职辅导员						研究生专职辅导员					
					计	19岁及以下	20~29岁	30~39岁	40~49岁	50岁以上	计	19岁以下	20~29岁	30~39岁	40~49岁	50岁以上
甲		乙	1	2	3	4	5	6	7	8	9	10	11	12	13	14
总计		1	83	45	71		9	40	16	6	12		1	5	6	
其中：女		2	45	*	37		4	24	6	3	8			3	5	
按行政职务分	正处级	3	7	1	7			2	2	3						
	副处级	4	13	3	13			6	6	1						
	正科级	5	12	7	11		1	9	1		1			1		
	副科级及以下	6	51	34	40		8	23	7	2	11		1	4	6	

续表

		编号	合计	其中:女	计	本专科生专职辅导员					计	研究生专职辅导员				
						19岁及以下	20~29岁	30~39岁	40~49岁	50岁以上		19岁以下	20~29岁	30~39岁	40~49岁	50岁及以上
按专业技术职务分	正高级	7	3	1	3				2	1						
	副高级	8	12	3	11			2	6	3	1				1	
	中级	9	45	33	35		1	27	6	1	10			5	5	
	初级	10	7	1	6		2	4			1		1			
	未定职级	11	16	7	16		6	7	2	1						
按学历分	博士研究生	12	7	3	5			5			2				2	
	硕士研究生	13	57	36	47		7	31	9		10		1	5	4	
	本科	14	19	6	19		2	4	7	6						
	专科及以下	15														

心理咨询工作人员情况

高基932　　单位：人

	编号	合计	其中：女	其中：持有资格证书	按工作年限分			
					4年及以下	5~10年	11~20年	21年及以上
甲	乙	1	2	3	4	5	6	7
总计	1	3	2	3		2	1	
其中：女	2	2	＊	2		1	1	
按专业技术职务分　正高级	3							
副高级	4	2	1	2		1	1	
中级	5	1	1	1		1		
初级	6							
未定职级	7							
按学历分　博士研究生	8							
硕士研究生	9	3	2	3		2	1	
本科	10							
专科及以下	11							

第二十章　毕业生名册

一、中国政法大学2014届春季博士研究生毕业名单

(26人)

法学理论（2人）

危文高　　吴招男

法律史（1人）

关丹丹

宪法学与行政法学（2人）

陈维厚　　陈捷鹰

民商法学（2人）

陈俊元　　官朝永

诉讼法学（2人）

李海斌　　赖建国

经济法学（4人）

陈明珠　　赵　鹏　　王　亮　　赵树文

国际法学（6人）

王　莉　　张　毅　　王娇莺　　王明宇

KHADI JA M. Y. SOLYMAN　　AHMED ATTIYA

比较法学（3人）

陈　熹　　王如华　　曹雅晶

政治学理论（1人）

许铭桂

中外政治制度（2人）

裴桂华　　崔　峰

马克思主义中国化研究（1人）

杨俊丽

二、中国政法大学2014届春季硕士研究生毕业名单

(52人)

诉讼法学（2人）

尹佳丽　　陈　聪

经济法学（2人）

黄姗姗　邹愈锟

国际法学（4人）

连思清　刘美超　PARK HYUNG JUN
AMNAH R. B. ALRASHIDI

比较法学（8人）

林佳业　蒋毅　赵静　郑杨　赵进　郭司摇
MICHAIL DIGKAS　NADIA ZAYANI

法律硕士（非法学）（2人）

段莉丽　田琳

工商管理硕士（28人）

程静	李明梅	单建新	陈军	葛宁	张宇
胡晓平	王昕玥	杨怀清	张江涛	朱媛	樊子铭
王晓林	王永	郑国亮	石谧思	王勇	徐磊
杨晶晶	赵妍娜	朱相华	白砚	李介方	倪鑫
魏东	吴琪	张雪	朱记强		

工商管理硕士（6人）

刘畅　魏锁强　刘毅峰　贾振黛　杨晓青　韩正栋

三、中国政法大学2014届夏季博士研究生毕业名单

（166人）

法学理论（9人）

刘芳芳　罗礼平　黄一峰　陈辉　汪雄　赵晓晴
姚泽金　张宇飞　冯宇路

法律史（18人）

刘建波	王春子	杨静	王华丽	杨红	李强国
范辉	杨晓秋	李永宏	石璠	朱潇	陈思
郝洪斌	李德政	周晓	刘家楠	杨怡悦	张玮麟

宪法学与行政法学（23人）

陈良刚	喻煊	侯晓光	常云云	陈晓勤	罗娟
张鹏	陈美达	龙凤钊	冯望	李燕	胡宝岭
郭泰和	李向东	许燕	祖博媛	吴陶	陈立如
尹少成	曾文远	何磊	HWANG EUNJIN（黄垠珍）		
乌兰那日苏					

刑法学（14人）

| 张绍刚 | 林丽燕 | 王雯汀 | 张蔚伟 | 季晓军 | 刘笑岑 |
| 王胜华 | 于冲 | 王林林 | 李婧 | 韦冠凡 | 李小丹 |

孔德福　　李　静

民商法学（15 人）

丁绪瑞　　张雄庆　　高义展　　怀　宇　　耿娟娟　　刘利君
孔德峰　　唐　飞　　代　琴　　李　薇　　杨　巍　　俞　露
吕春娟　　李勇军　　刘　勇

诉讼法学（20 人）

涂金贤　　方正儒　　张丽丽　　吴岳翔　　李荣冰　　李宗礼
周颖佳　　马大壮　　苑宁宁　　兰卫东　　刘林呐　　边慧亮
王迎龙　　刘　哲　　金　飒　　郭斐飞　　安　婧　　张　璐
王颂勃　　刘　慧

经济法学（6 人）

张钦昱　　杨莉萍　　熊小勇　　马　莉　　张西峰　　申林平

环境与资源保护法学（4 人）

王婉琳　　李兴锋　　赵鑫鑫　　龚　岣

国际法学（19 人）

李　俊　　傅泽雄　　邝　楠　　李北凌　　曾　莉　　王　平
韦灵伟　　潘长河　　宫仁海　　田丹宇　　潘　灯　　严文君
谢　凯　　白倩倩　　VERONICA CIOLLI
ABDUL D. KNOWLES　　SORAYA ROSTAMI
BAHIR MIRDAN MADHKHOOR
NIELS NICOLAI NIELSEN

军事法学（2 人）

吴又幼　　王全达

比较法学（1 人）

毕经纬

法律与经济（2 人）

苏志强　　周　乾

人权法学（1 人）

罗　清

证据法学（6 人）

马江涛　　郑　飞　　李小恺　　刘鹏飞　　杜春鹏　　樊传明

知识产权法学（10 人）

周佳磊　　许铭燦　　谢琼林　　谢　蓉　　杨德桥　　高　艺
秦元明　　王　娜　　李世达　　WANG JAMES YUNN-JIA（王运嘉）

政治学理论（6 人）

王路遥　　王天楠　　卢炜旻　　张培豪　　肖俏波　　乔　静

中外政治制度（4 人）

刘 斌　　陈东方　　杨 乐　　谢 鹏

马克思主义中国化研究（3人）

房欣雪　　王 涛　　李紫娟

世界经济

彭 博　　邹力平　　郭莹莹

四、中国政法大学2014届夏季硕士研究生毕业名单

（1816人）

法学理论（44人）

周亚梅	王雅勤	闫 真	朱晶晶	纪文祺	吕萍萍
柴 鹏	李梦娜	赵战芳	付子醒	廖丽娟	陶 旭
王菲菲	林文静	展 智	柯月娜	滕全娟	郑琪婷
佟 彤	许黎黎	付丽文	苏 嘉	钟驰名	毕书勤
李永金	王 倩	吴 帅	张雯雯	于慧媛	孙子懿
王一伟	张祥宇	李 英	田桂花	田 野	孙 婧
张 丽	张耀泽	冯 菲	吴俊杰	王 烁	蒋 慧
周莫也	朱瑞清				

法律史（7人）

王家耀	牟兰花	朱 卿	时 代	齐伟玲	张凌博
朱洁琳					

宪法学与行政法学（76人）

赵冠男	王潇漩	陈雨露	钱 宇	胡红茎	张雅琼
何 湘	陶 慧	白静鹤	朱甜甜	王 冬	赵宝玺
于冠雄	盛泽宇	赵彩钰	陈炫佑	李 阳	董立新
林淡秋	王 勇	刘岚岚	蒋 飞	刘元美	薛 晖
商登煜	张子茹	冯黎明	宗婷婷	赵国权	谭达宗
覃 慧	于腾飞	刘载舟	王 红	赵明正	王晓改
郝 丹	伏雨怡	代 晓	陈 静	王娇娇	彭 华
张得杰	李湘宁	王 勇	张昌瑞	王瑞珠	刘 月
温学鹏	王晓璐	刘 琼	杨 丹	金 晶	赵云红
任彦辉	刘博宇	代文杰	杨先德	金 昭	龚佳丽
杨 琦	李 蓓	李 谦	张海霞	杨 莹	王 昇
史 跃	李亚茹	鞠 仁	唐 玉	付 振	李兴华
魏 超	孙妙迪	王 贺	李京仑		

刑法学（99人）

何 昊	张 飞	魏 巍	吕 雷	陈 明	唐一文
向 准	钱 程	付川宁	王 储	杨筱楠	陈 冰

郭林杰	朱光星	王天一	王思睿	孙祥建	李 晓
高小艳	冷 雪	吴雨阳	陈凌剑	曹震南	马 涛
宁 帅	邢飞龙	王海涛	谭凤凤	吴柳依	唐大利
马文星	李 鲲	隋 戎	桑罗婷	吴 静	陆 璐
宋 凯	臧珏杨	张鑫慧	徐 剑	黄 斌	韩文婷
李 莹	孙丽文	郭苗苗	董聪聪	胡占伟	刘云嘉
文小康	巫海庚	陈丽莎	李晓庆	刘 珊	胡润涵
刘 钰	李艳军	陈 琨	梁志癸	司明慧	杨 静
冯 瑶	高曼洁	张小延	王晓芳	刘 冰	王 月
张 袁	孙 逊	贾玉欣	鲍腾飞	黄妍妍	辛蟠泽
黄 彬	李 峰	沈文君	陈日辉	张雅娟	武亚非
罗 静	程 龙	关尔加	李源粒	叶 子	陈 维
徐润东	刘康辉	张 夏	杨 晨	张 龙	董 宇
韩 芃	杜 鹃	胡 冰	韩 玲	樊娜婷	王玻羚
方彩彤	胡 婵	朱 朋			

民商法学（106人）

曹 凌	胡 醇	王悦涵	郑思思	周世堤	黄露莎
陶江嫄	王海燕	崔蔓玥	朱 峰	杜晓梅	刘弘川
夏 清	陈范宏	武 超	孙梦婷	杨舒淇	宫 翙
惠术林	孙晓蓉	李 方	郭碧昊	游美玲	郜 晗
于丽红	秦 勇	张 颖	孙 傲	张 月	靳麟君
章 健	罗 寒	王萱子	史孟奇	贡嘉文	田 磊
胡 婧	邱 杨	王玲玲	劳玲玲	周 丽	姚盛中
梅骏峰	纪晓云	郭 健	杨永营	石 玥	彭倩倩
吴通俊	李 鼹	吴 婷	孙喜论	王俊涛	佟永京
杨 晓	张艺馨	沙鸿瀚	赵沐芙	张闻欣	徐 贝
陈冉冉	周 全	赵 淼	罗 瑶	刘茜倩	董洪辰
刘端端	梁 超	杨 洋	张敏杰	刘文湘	许晓悦
刘丽晶	王龙玉	张 静	胡继东	蔡晓仪	张慧聪
高建波	伍薇薇	乔 旭	杨 城	姜 川	陶金鹏
姜 源	张 龙	石华力	李 梦	黄曦曦	翁泽峰
王 超	万舒凝	苏田田	林浩锟	汪 旗	杨国栋
庞陈娟	刘 庆	高晗婷	张 蓉	吴 玥	王 晖
周乐怡	罗舒慧	曲秋明	陈 典		

诉讼法学（113人）

南美华	张春华	唐 谣	赵 聪	韩 武	喻子骞
苏 倩	谢夏影	张 琦	张之梅	李梦璇	李 璐

张　楠	阚道祥	谢颖霞	雷　蕾	胡婷婷	赵　艳
刘　敏	陈莉莉	王晓萍	宋乔松	黄维力	魏　越
付雯瑶	张　坤	杨储华	张红娇	张　宇	翟春雪
张紫檀	逄小溪	杨京梅	张宁宇	周　惠	李　贺
李　戈	刘辰之	顾东东	杜玉卓	李南璇	李　缓
叶云婕	宋珊珊	李　娜	贺园丁	郭卓君	王　莘
步洋洋	齐志杰	张静芳	杨　军	韩　康	路其会
丁　琪	唐　栋	王志慧	孙　振	韩　佳	梁素芳
董庆玉	谢青云	陈玲玲	陈建平	赵静静	刘淑娟
陈伊文	陆　璐	路浩天	陈婷婷	陈　雪	蓝漪露
张　欢	刘　植	雍　豪	刘　瑶	刘　蕊	刘欣悦
魏　琨	杜何阳	孙梓晏	张雨晨	许铭轩	王亚男
董文哲	蔡万勇	周　玥	周　影	李　璐	车怡轩
吴　超	王　力	王志伟	侯思倩	付奇艺	罗　尧
孔令佳	李　冬	李晓娴	文哲艳	谢　琳	曹成成
林　岚	杜如益	瞿文婷	王亚群	胡睿超	夏　彦
吴夏倩	张煜嫄	顾超群	魏　纬	李立婕	

经济法学（79人）

石祖成	杨　娜	高卿君	杨亚辉	孙当如	林　敏
杜飞鹏	李云翔	陶　琦	池　骋	张学君	周一帆
徐　雄	王晓一	程石婷	付奎奎	潘洁莹	郭　娜
潘　玥	王　丹	贺明贤	夏林香	鲍文玲	马薇薇
潘紫宸	姜沅伯	黄　橙	刘燕茹	侯丽雅	孟庆莹
杨莹瑜	丁婉丽	章　程	王　纯	严　华	杨　阳
赵一洋	甘　淳	胡　燕	林绿亭	李　易	陈孟媛
陈　焱	侯文婷	李　霖	周礼贤	董张雨	殷洪源
王　蓓	廖　丹	蔡　颖	欧阳晨	茅　田	蓝健玮
林敏睿	李蔚然	郑皓晖	郭传凯	李汉蒙	叶百晶
邵江禾	柯佳丽	马　颖	石家慧	万敏秀	朱沛敏
许永利	张　宇	寇佳丽	白　璐	李　冰	王腾宇
钱　倩	王　璐	刘冰玉	牛道仕	林英春	黄宇聪
柳卓利					

环境与资源保护法学（20人）

阳叶倩	金　田	朱婷婷	汪　庆	马　斌	王晨曦
黄蔚斌	黄厚秘	赵紫涵	景　璐	姚俊颖	石　铁
牛丽利	王　倩	冯婉璐	刘秋实	俞琳璐	马　莎
孟宪雯	罗钰香				

国际法学（91人）

董洪仁	韦雨忱	孙　芳	李政谦	王小倩	冯韫怡
许春妮	闫行冉	胡　鹏	刘　畅	姜　涵	胡志勇
姜东篱	王　莉	李晓丹	代　云	张会玉	韦家蓓
郝　珊	任侃健	李　蓓	梁晨晨	韩　怡	彭　倩
王天冕	孙兰溪	史雅丽	石　菲	雷　泽	邓志坚
高赫男	王　菲	刘　薇	李海晴	秦国臻	王　英
宓夏媛	陈　洁	鄢文静	徐立文	綦雅娟	张　素
吴晶晶	王亚茹	李玉婷	杨　阳	许　璐	杜　双
阳　露	丁　晶	黄敏慧	谢　芹	史新祥	任淑芳
栗媛媛	金爽爽	王伊晋	张婉露	彭彩霞	胡宇鹏
蒋　菁	刘　佳	张　璇	毕洪魁	尚　迪	牟昱城
施静文	田　苗	郝　倩	万嘉欣	赵孟希	刘瑜琳
屈多朵	张泽华				

DORJDEREM, BOLD（宝力德）
KIM JUN YEON（金俊渊）　　PARK HEUNG UK（朴炯昱）
GAO XIN（高欣）　　SHOKALAKOVA ASSEM
PAT TECHAPAITOON　　EGOROVA YULIA
NESREEN HASSAN QAWAS
FREDERICK MARK LECLERCQ
BUTORIN ANTON SERGEEVICH
MINLYANOVA KALIMA
ROBERT JAMES MARK SMITH
LETSIE MASENONO
HARUPERI RUDO MUMBENGEGWI
EMILY TERESE BRAIT
SHANNON MICHELLE DUNN

军事法学（6人）

| 贾光明 | 吴晓曦 | 张家祥 | 曹彩雲 | 金　涛 | 荣　倩 |

比较法学（67人）

梁冰洁	刘　芳	李时凯	张曦文	张　鑫	方　敏
盛媛媛	王玉治	邹　锋	胡　艺	付凤娟	贺　晗
周雪梅	刘　云	姜昊晨	刘晓辉	李浩然	朱　昱
王立栋	张千帆	王　璐	李　珑	金　婧	王兆年
刘　佳	谭晓晓	韦冠鹏	胡苗苗	汪　菁	黄　晗
卢凤帆	李　琳	徐凤霞	陈大创	麻靖雪	邹阿琴
杜亚宁	张振宇	朱鹏州	魏曦岚	赵姝琪	王森亮
刘旭萌	吉利剑	王军梅	李萌萌	李腾腾	杨超群

樊　飞	靳晓婷	赵亦丹	李超颖	韦梦旸	胡　湛
郑俏菁	尚月明	邹梦希	杨奕辰	唐妍琳	陈江南
李哆咪	毛文蝶	娄思思	杨君子	吴宜涵	陈俊宏

TOMASZ PAWEL LECYK

法律与经济（12人）

沙玉兰	郭　倩	刘俏婷	魏大伟	赵晓丹	岳　超
黄习文	滕　飞	王　琳	陈建伟	杨　芳	于　楠

人权法学（5人）

王　深	郭晓英	唐雄富	张瑞彪	闫姿含

证据法学（6人）

高同丽	吴　巧	贾丽文	陈光耀	梁权赠	张丽宏

知识产权法学（34人）

徐芷涵	刘嘉祺	乐　昌	王艳秋	王　梓	郭东妹
代桂娥	刘　鸥	覃　彦	秦　骅	王　进	韦稼霖
苏　熳	迟　瑞	高　媛	乔　磊	刘娟妮	刘成军
姚泓冰	朱瑞云	车玉龙	庞　振	倪　端	刘检玲
刘　迪	王　璇	杨美琳	肖凯昱	刘　晗	于溯源
邵　冲	李亚楠	王一璠	钟丽萍		

政治学理论（23人）

罗泽民	胡亚谦	罗轶轩	吾米提·卡米力	张春晓
刘　兵	余　璐	葛　伟	汤　欣	裴书静	史少秦
彭慧东	赵　强	王　琳	杜林轩	郭晓建	王　筱
向峻材	张君华	徐　旭	庄　易	郭佳丽	唐　峰

中外政治制度（6人）

黄　孚	张雪娇	陈　晨	杨　娜	毛程涛	路　云

科学社会主义与国际共产主义运动（2人）

张宪峰	马志强

中共党史（3人）

李一峰	赵利方	侯春钰

国际政治（7人）

匡其象	张　楠	段怡萍	任白丽	张雪雅
ALEJANDRA VELASCO SANCHEZ				金优镇

国际关系（10人）

王彩霞	陈　东	张舒阳	罗　媚	蔺　蕊	刘杨青
李晓乐	朱文清	尤　凤	AKHMETOVA ANARA		

外交学（2人）

张　伟	刘晓龙

社会学（8人）

周辉剑	梁瑜冰	董博	马雨辰	王仲凯	刘茂
王灵芝	桑迪				

马克思主义基本原理（3人）

刘静　李润虎　曹雅婷

马克思主义发展史（3人）

黄晨　文贤　朱法垚

马克思主义中国化研究（3人）

李思奇　刘澍　李真

国外马克思主义研究（3人）

毕丽华　梁浩　马艳霞

思想政治教育（7人）

于枞蕙	信滢	李笑	马莹莹	吴琼	梁凤美
徐守胜					

中国近现代史基本问题研究（3人）

杨艳红　高华英　朱丽丽

法律硕士（法学）（3人）

张尧　孙阅　安源

法律（法学）（242人）

黄静雅	王诗桐	刘丹妮	许蕾蕾	赖晓明	徐鹏宇
程浩	周志军	谢亦周	董丽	唐洁	张艺
王倩	李梅	尚飘	张渊	金策	池天慧
贺盼慧	梁淦生	魏来	杨秋菊	姜腾飞	陈家宏
魏哲哲	严洁	孙录娜	魏琳	孙沛沛	刘亭亭
许欣	张琦	姜懿真	彭奕翔	朱祺	张伟靖
魏佳	刘梦婷	刘瑞	谭雅琦	钱新波	张观澜
季驰尘	梁悦	张姣姣	陈辉	包伊汝	陶德毕力格
黄佳	贾艳鹏	高宇	陈波	王国庆	张霞
车兵兵	张香汝	史政	石皓文	赵珂	张凯
童晓文	孙素花	王俊虎	陈勇	赵萍	张智泉
魏付军	姚金丽	张敏	李莉	聂涛风	马靖
冯杰	石佳加	刘景波	祁晶晶	张秀娟	杨垒垒
张潇	邹华	郭智华	王玉珺	宋振兵	卢帅
王宇	黄洁	邰占权	张少匡	白二玲	曹礼明
王宣	刘岩	胡华	韩树学	李赫	白秀峰
武晓菲	庞雅魁	李安安	赵晓琳	陈珊珊	娜日萨
李晓艳	李刚	胡汝心	闫东云	孙三纯	张娜娜

徐 静	李志伟	徐成龙	张永超	郑园园	巴雅斯古楞
孙伟伟	敖登高娃	葛敬波	徐高杨	张 雪	马续恒
朱伟悦	郑利民	袁占良	张萌萌	韩 雪	孙亚楠
杨 帆	刘文英	李 莎	何 成	张 良	高 超
牛 帅	苗建涛	代亚楠	易肖玲子	郭雅欣	明 明
齐元江	王小婉	冯 源	金 璐	张沙沙	师景慧
侯 燕	张二磊	耿亭亭	叶彬彬	李 芸	马 燕
张翰明	李 峰	魏 伟	冷丹妮	王冬梅	后子艳
程方宁	陈丽娜	张玲玲	李丽珏	洪琴琴	乔凯强
王梓丞	石艳明	朱前卫	李 盼	刘一波	霍雨佳
吴官荜	李文科	秦雅维	黄莎莎	胡冬阳	殷 维
张晓东	王 强	任 丽	王 玥	成云静	洪海磊
阚立新	梁里思妮	汤文昊	申笑冬	易 娇	王家田
金 枝	曲春悦	翁晓庆	张文怡	欧阳万春	丁建中
张馨天	刘 敏	尹博文	郑莹莹	袁玉芳	周 昊
杨 岚	任彦昌	陶冰荣	郭锶渊	李程飞	吴佳玲
高 荣	陈静竺	汪进京	闫亭如	康 龙	左婧媛
甘秋爽	姜蕴修	张宏波	杨小英	邹 鹏	王鹏飞
戴虎哲	王永孜	谢金月	张英帆	程 超	陈雨薇
宁腾飞	刘慕瑾	刘博璇	向思雅	丁千里	陈 语
陈 慧	羽佳子	邴 川	张 琪	孙 婷	任赟宇
周子秋	王宇辉	林亚晶	杜芸逸	何 蕾	王 楠
孟凌超	罗 俏				

法律硕士（非法学）（303人）

李引波	邹嵚楠	肖 虹	吉双城	蔡君婷	高正杰
王伟建	付天娇	彭 潇	牛 犇	陈文文	洪瑾君
李 雷	李 安	王小梅	张 玉	刘萍萍	马存君
陈金金	曲厴囡	彭玉龙	涂睿祥	张晓丽	崔满长
韩炜炜	周笑蕾	郭红艳	乔 睿	崔 欢	李 渤
王 静	唐 龙	杜成群	黄 培	李 冰	李丽丽
杨颜竹	张瑞瑞	韩跃东	张 飒	李福来	韩 倩
陈 雷	商丽娜	张兆锋	王 烃	刘卫星	楼 微
田亚男	李 乐	祁甘露	赵 胜	朱大伟	吴 栋
张 寒	顾一莲	吕晓晓	许 璐	刘海波	王永芳
方慧娟	高 超	唐玉芹	轩鹏松	胡 忠	程若森
王云洲	杨春燕	胡德琳	何琴玲	谢 鑫	林 樱
林 玲	童 左	陈 俊	郭 灿	许仙杨	余 海

杨　柳	余　夏	姚俊超	孙夏苇	徐云凤	李弸清
李　秀	于　婷	赵　宸	陈庆锁	柳艾青	马恩菁
王德林	魏　婷	王佳霞	王艳红	袁昌振	苗　娜
张　震	李陵博	李　丹	宋如超	郑龙滨	赵立策
吕杨琼	刘　鑫	魏萌萌	侯秀春	邵长超	卢文婷
杜　冰	李元收	张　珂	姚广桂	刘志凯	林润宇
王树发	王　莹	李　玉	刘盼盼	惠　知	张文强
刘晓菡	方　冲	周晓莹	戚泽宇	丁晓燕	巩海燕
杨　婷	林荣琴	梅贵丽	王亭亭	谢菲菲	董春晓
宋娇娇	许晓雅	常秀金	项　玲	张鼎城	张晓雨
张　之	刘　敏	牛雪勤	柴宝玲	刘菲菲	李克朋
韩雨奇	商游丽	张　谦	赵晓楠	胡小阳	张　健
杨秀伟	邓兰兰	张　静	郑晓典	刘丽霞	李　青
李萌萌	侯丹丹	李　贺	汪　静	尹　璇	胡　盼
杨　希	桂　丹	朱　萍	杨　曦	李双双	柯玉菊
许　诺	文兰香	冯守辉	袁希彪	李维维	吴水兰
肖　佳	韩家凤	周贝司	胡西丹	潘贤鑫	周　跃
黄智硕	冯凯丽	佟　萌	赵春艳	陈　莹	杨强林
顾　玲	陈　晶	尹孟茜	张馨文	高龙起	马文红
孙学博	杨　阳	李　璐	乔沁钰	高君如	刘彦霞
马　冬	贾　薇	符　敏	陈　平	张　婷	贾东霞
殷　乐	蒙　卓	孟卫刚	钱　丽	孙　滢	张雪敏
傅　真	张　欢	刘析鹭	黄静纯	黄　迪	谈妍俊
蒙　茜	张江曼	林莹莹	刘玉丹	常慧青	毅茹罕
陈　静	刘晓琳	汪金丹	郭函楚	王　敏	杨　帆
王　潇	张雯雯	丁　青	叶文湘	赵汉卿	朱　峰
黄　聪	李长英	罗园月	柴绍轩	白　峰	楚新华
韦敏玲	叶　欣	赵　婷	高　锐	杨　昆	吴锦锋
安晓东	柴福敏	许　萌	石　惠	任美华	雷　蕾
杨尚岷	杜传龙	潘远彬	钱友缘	张　奇	邵　彪
修明贺	邱华锋	李红旭	桂　娟	洪　茜	金　岩
张　冲	侍艳荣	张　璇	姜红梅	闫　惠	牛晓东
曾　玲	罗　青	吴才彬	黄　旭	廖琴香	王正武
韩鑫海	高晓东	王　敏	刘佶意	师亚楠	文立冰
程其旭	何如意	燕星宇	仇珊珊	连文怡	龙　彪
郝晓林	王　凯	吴珊珊	宋士帝	胡益帆	温　苑
辛明明	何太红	袁　悠	曹　凌	李　宾	陆俊羽

潘辰唯　章　伟　张　虹

法律（非法学）（5人）
岳腾飞　罗明月　王　烨　秦雅楠　史媛媛

应用心理学（9人）
初鑫月　李　莹　黄　秀　何亭亭　王颖婷　李圆圆
常　谦　秦　芳　罗兵兵

英语语言文学（7人）
宫明玉　何　珊　黄　姗　何雯雯　于　飞　杜勃男
杨　梓

新闻学（32人）
包君成　吴　慧　营　政　雷　晶　吕晓燕　李一诺
任　珊　付香宇　房　鹏　袁莎莎　时　亮　胡　青
陶　虹　靳林林　赵亚婕　龚艳晨　毛星懿　陈雅静
戴晓玲　冀　冰　杨　昉　刘　畅　何　希　刘　艳
陈　婕　李　媛　叶　丹　张　敏　詹　婧　张立芳
王　瑞　孙　昊

传播学（2人）
程　弘　庄锦煌

中国近现代史（5人）
张锦标　项　玮　王丽春　向焕强　林伟清

会计学（6人）
王谢娜　刘　洋　万亚庆　邵甜甜　严双双　马　溥

企业管理（11人）
高　夏　董静雨　王　希　刘晓菲　徐　莹　杨　玲
金梦薇　白一荔　姜立冬　吴　祎　张　婷

行政管理（29人）
尹瑞虎　刘奕辰　胡　畔　胡彦玲　李　萍　杨万忠
柳　曦　兰　平　姜欣欣　桑　皓　卢肖伊　刘　玲
梁玉萍　杜飞扬　张雪婕　杨　磊　李玉芬　李　波
马伯达　孙　瑞　陈韵竹　党　玮　李　想　高　乐
张明忠　刘　晨　丁　芳　朱　倩　陈　娟

社会保障（1人）
王　峰

工商管理硕士（38人）
邓　俊　黎　睿　孟秀欣　沈维维　王　锋　张书恒
王培培　范美琴　方家喜　韩　隽　霍　珊　李宁宁
刘　佳　屠彦丽　万迎霞　王　青　王颖哲　甄　芳

闫家纲	袁晓春	杜尊勇	刘飞含	孙国瑜	王冠文
徐媛荣	张　辉	张剑华	张治立	汪萧萧	钱利平
赵海勇	刘载波	章　亮	赵　剑	曹　阳	张　洁
卓士化	高　昆				

工商管理（186人）

庞　奇	夏　熔	韩玲芳	卢　莎	胡　波	张中申
孔　玲	刘永青	夏　颖	万碧山	李　华	管士晶
孙长友	刘　青	肖舒哲	谷剑欣	李　俊	康贵明
陆海松	赵晓娟	郭清华	陈　瑶	杨晓强	沈　啸
乔立静	王　岩	吴　凡	黄琦琦	李文喆	余　扬
许芳菁	马开选	戴辛童	周家栋	蒋　虹	刘　越
次春波	李　辉	任志刚	王千思	张铭婧	王文建
杨端端	兰雄景	吴　颖	严世平	殷　俊	王富琨
张斌蕊	田　楠	郝　阳	张炳坤	王　伟	朱　斌
郑广山	崔蕴博	于文争	曹俊铵	谭志刚	罗特庆
邓彦超	王海峰	马协标	王一莹	许　志	张爱兰
游华辉	盛金龙	王子荣	周　博	李开菊	侯小丽
万晓燕	金俊锴	曹　锟	李喆锋	续晓琴	杜丰丞
张　利	李宗亮	董红娟	李旸照	高燕茹	黄艳霞
王晓珏	徐光华	肖明泓	孙大伟	张保国	李　茗
杨延智	杨　威	李春悦	张　蕙	刘　娜	苏金生
于全成	谷利锋	柳　磊	龚东晓	张　莉	黄水明
李乐儒	于　欣	吴　燕	袁志军	张春鹏	唐明忠
瞿文敏	林丽玲	王啸飞	张瀚文	沈国云	葆勒珥
祁　艳	徐海燕	王晓斌	刘　剑	苏保全	郝　斌
张　莉	肖　静	赵福芳	刘　菲	刘　帅	陈汉召
姜　鹏	王星星	于宝海	徐海珠	吴　森	周晓孟
马晓洁	王　冬	张丽文	宋　洋	鲍建龙	黄　英
徐淑菊	李洋洋	李怡萱	周　进	张兴伟	张婉婷
陈智新	段　斌	吴宣立	王红艳	段庆林	张余林
欧阳先智	王　虓	吴　莲	孔　雪	鞠明达	赵艳华
周建函	李洛安	展凤梅	朱立耀	黎建勇	葛珍卓
徐磊磊	武　婕	周珮萱	严　研	任　妍	成　浩
付　伟	王　栋	王振凯	阚　雷	张　拓	刘　芳
贾秋平	杨　巍	卢丽香	范文英	班允玲	孙立松
王明启	李莎莉	李　然	曹炜雄	张　臣	邹黎黎

公共管理硕士（37人）

杜丽娟	石城	李滢	李晓菲	刘涛	张文晋
孙华	杨曦	王静秀	于洁	严政	江睿
赵艳艳	闫昊	唐京川	任利斌	赵静	陈亮
汪天逸	宋秋艳	王莲莲	姚婷婷	聂森	贾婵
李燕	冯颖颖	朱莹	金子城	李抒扬	王松
苏萍	余洋	张伟	任亚楠	周聪	胡佳
刘威					

马克思主义哲学（6人）

王瑞雪	王为	闫一平	李超	王萌	殷欣欣

中国哲学（13人）

陈保洋	王博	武争争	王昌昊	王梦悦	林韵
刘然	魏玮	何大海	李松	李芙馥	张君
黄世军					

外国哲学（4人）

兰天	石梁	马洁瑶	梁粤翔

逻辑学（3人）

盛泽虎	熊尚聪	王谦

政治经济学（11人）

吕钰晶	田燕	郑宜棉	李丽	林尚佳	卢健
丁晓鑫	王琰琰	贾齐	邵雪松	赵雪	

经济史（5人）

周圆	顾霞	钟山	王鹏	范华萍

世界经济（6人）

范源	饶瑶	马丽	缪丹	马林	张岳

产业经济学（6人）

周易江	张红宇	满子会	李瑞珍	张斯文	包晨晨

五、2014届本科毕业生名单

法学院

那续馨	何洁静	唐祯蔚	韩志友	米瑞	兰欧
周华东	卢俊安	邓宇	闫春桥	张祖昌	王琦
廖锴	许丹	吴碧希	赵宗强	梁鑫	梁卓
王骁	海赛尔·吐拉		胡晗	谭雅文	刘屹
陈曦	华琳	徐亦啸	李嘉迦	彭玥	方尔埼
李贝贝	张洋洋	李雪莲	王妍	郑子彦	王利文
白吉佳	卓玛佳	孙倩倩	张曼	龚小桐	潘李岭子

吴　萍	李青悦	富　毓	金　萧	朱　婧	珂边巴拉姆
王诗维	高　雪	李殷宜	支敏言	李　瑶	达瓦平措
高　爽	王昱博	谭勉霖	刘熙城	程健坤	胡恩超
苗思雨	欧　超	陈　宇	马英博	李　振	赵泽圣
刘崇然	龙　立	吴学俊	汪余燕	高　欢	马赛知远
范晓殷	杨　梅	郭一方	聂晓昕	常　捷	孙小惠
姜　捷	彭　凡	毕寓凡	乔丽娟	李奕萱	唐　欣
帕提古丽·库尔班	王雯君	黄阅月	赖　霜	李　茜
石婧璇	万小思	户文迪	崔若男	赵亚杰	郑榛子
黄婷立	邓缘媛	赵珩如	李佳佳	杨　洋	潘　帅
赵洛奇	黄　鑫	杨承甫	陈峻阳	杨栋唐	徐伟宾
王建辉	刘　流	王　刚	张　德	叶盛杰	索朗扎西
叶尔夏提·吐尔汗	锁福远	张　颂	李　恒	王丹昫
张曼玉	刘佳艺	孙文清	王　瑞	杨　越	薄思远
林思怡	马　宁	陈志玲	刘丽娜	潘笑菲	邝技科
张基兰	李若鸿	李萍萍	龚芳菲	吕心悦	许金荣
王　丹	禹慧艳	徐隽颖	李　帆	冯雨丹	钟晓依云
荣爱萌	卢昱陈	美丽达·吾斯曼	陈玉婷	夏　梦
王璐瑶	王远俊	曾牧千	王鸿煦	石　岩	仝冰熹
钟劲声	白依山·千马日汗	马　力	何　飞	卢尚志
朱岱临	朱根民	王景平	胡士涛	李虹亮	格桑加措
彭炜程	董玮祺	李　瑶	郑　潇	刘思洋	杨　者
杨芷瑶	刘晓菲	杜欣芮	王秋湜	侯　旭	李　琦
马鸿雁	张炜辰	詹　雨	魏　霄	郑小琴	李　欣
汪　妮	贾冬雪	卢　颖	陈　曦	李欣尧	李珊珊
万梦阳	甄萧涵	马淑仪	王　涵	赵思媛	视意子珑
阿瓦古丽·司马义	王舒露	沈　芊	王　达	温小天
林　诚	聂宇飞	郭柳源	陈世杰	黄中原	旷涵潇
马思聪	袁丁荣依明江·买买提夏楠	张英男		
罗隆绪	王　珏	刀吾林·肯恩斯	章　琦	杨　艺
李浅浅	孙　逊	许文君	吴美辰	林佳佳	田　雨
李碧欣	姚　颉	刘凤牧	白　铷	孟笑芳	王惠诗涵
王梦菁	叶　炀	马秋爽	任雯钰	叶舒静	张晓楠
王丹阳	施迪文	传凌凌	刘琳靓	吴　丹	于　玥
刘怡春	叶　灿	杜佳虹	谢一清	李灿枝	顾霞飞
李闻迪	王博洋	李灿杰	张子豪	廖禾韬	刘　拓
冯　亮	王力一	林泽宇	顾　正	卓　健	张祥祥

姚 曈	潘兴琦	特列吾拜·哈太孜	林稼朋	沈晓倩	
闫 涵	张 婷	张 珺	李 珊	戴畅加央拉姆	
李 蓉	曾 凌	杜文艳	徐敬霞	王佳敏	罗 兰
贾 佳	孙 天	元世宇	于 音	陈 婷	唐 朝
赵思佳	曹晓丹	薛 莹	边 远	苏 地	叶·艾尼瓦
李 蓝	杨 杰	丁丽丽	王彦荣	马 雨	鲜佳雯
付瑞馨	芦嘉鹏	王会战	钟濠洋	金 鑫	张 啸
迟伟丰	任昱阳	郭遥远	申于安	程文凯	付金峰
钮鹏程	李小磊	马骏驰	申 申	姜棋柯	龙志宇
李 挺	田开强	荆晓宾	王佳佳	陈辛迪	刘远同
张吉凯	盛晓庐	谢敏茹	刘倩倩	龚 茜	胡丽丽
丁晓雯	王 叶	鲍婧心	潘依云	刘韬文	罗 彤
李玉雪	崔 丹	尹 君	任佳丽	顾斯琪	吴 卉
吴笑寒	常 悦	刘文姝	李雪迪	徐青子	李 丹
杨青青	王雪莹	李 婵			

民商经济法学院

贾 煜	李璐茜	关 越	张东海	束传江	张 正
马浩然	王 卓	张山石	钟文晖	王士硕	邱 涵
姜 涛	谢 峰	徐汇川	杨成关	雷逸舟	张恩博
刘力洋	乌拉尔汗·阔学汗	钱皓诚	王锦仪	张艺琼	
刘念琼	张含琪	曾丹杨丽	宋立群	格桑曲珍	
荆 妍	杨玉竹	刘 苏	古丽巴努·阿不都热西提		
吴文双	苏慧群	杜 婧	刘泊宁	余润涵	王 英
陈围帏	何可人	孙凯文	刘禹婷	廖怡婷	陈 婧
吕 婧	李慧慧	王 静	张 宁	雷明华	曹 莹
张 凯	宋 雯	马崇明	唐 超	杰克森·阿迪力汗	
丁 健	李增广	马双柱	殷炳南	王思源	林子博
钟久星	于春洋	朱绍纲	段明昊	郭佑宁	李史密特
卢雨晨	刘思琪	杨劼哈依那尔·夏依木拉提			
乔建霞	戴琪	崔楠	邓诗琦	陈 晨	吴同曦
李晓春	陈雪琪	盘秋丽	陈贝贝	金一侗	白丽红
高 硕	陈 璋	胡晶媚	李天元	秦丽华	付 竹
苏鸿靖	王 璐	冯 燕	李 敏	罗小梅	扎西娜姆
王童星	胡 笳	王 茜	阿衣夏木古丽·衣比热依木		
张 弛	李姗蔚	魏正刚	王雨南	蒋 赿	古星霖
王 俊	张晓行	张永辉	刘文丹	肖 根	罗凯翀
倪天一	杨英雷	李 晨	谢 延	郭子瑞	李和珉

王索	李漪	张锦锦	高宏英	顾佳婷	杨帆
肖凯玮	徐婧	杨柳	麦超莹	祖胡马尔·马哈木提	
莫菲	周易	徐子奥	马琰	佟一凡	王旭颖
莫漫漫	高源	吴一尘	栗嘉宝	李少萱	刘玮怡
谭冰玉	薛莹	魏正怡	吉侯古翎	李新新易奇	
范思雯	孙燕	王杰	宋梦宇吾尼切木·阿克素木		
俞振翰	张志波	阳振川	代海会	李松松	巴泓力
王瑞鹏	陈益青	姜洪浩	苗露强	王英涛	申凡
高东	杨茗皓	姚永超	汤晓莉	马宇擎	徐菲
翟羽佳	王楚悦	赵书	马爽爽	马思慧	陈莹蓝
韩笑	彭赟	孙翔祥	王琅	谢莹	张楠
佘庆潇	江昭熠	王群	柴芳墨	张燕	高梦
张悦	曲嘉琦	马晶雪	李良	海静	阿则秀英
管筱笛	塔吉古丽·艾则孜		杨永玲	李林楠	龙晓学
罗雨	王弈林	陈豪漆	崇浩	胡文鹏	毕吾辛
阿布力克木·阿布迪尼亚孜			林佩斯	李宗远	吴少卿
郭文超	牟文杰	拜北斗	刘晓蕤	李路	丁欢
何润生	郭一	梁艳	齐凯娜	苗雨薇	孟君颐
李颖颖	高璇	邓彧	高乐	戴碧琳	刘芮嘉
唐思苑	何杨梅	杨希	郑秋宇	邢若菲	向楚旭
滕小林	宋嘉琦	金柳	杨璐璇	王思敏	陈燕群
任艺丹	王珊	迟真真	马越	王妙寒	刘洋
陈洁	熊潜	于骁江	张泽彬	方浩圳	洛桑贡布
徐伟铭	关惠文	赵霖	王特辉	周文捷	李双琮
马昊	傅琦	何啸	阿不都热衣木·阿不拉		
章超	潘赛楠	刘琦	黄燕芝	刘丹清	张一婷
葛明秀	陈诗晗	赵浩涵	马晴鸽	刘小霞	格桑卓嘎
顾慕玄	林美薇	蒙向东	王英潇	赵梦梅	杨柳
熊倩文	李福慧	王曙曙	余荣梅	帕丽丹·艾赛提	
范辰辰	宋俐洁	张雪瑶	李莎	熊梳塬	裘雪燕
孙立	檀校龙	巴桑旺堆	薛汉荻古再努尔·麦合木提		
王剑群	彭钰栋	李世昌	张逸潇	钟志	成琦
丁楚轩	曲家路	许珑耀	瓦热思江	单泓斌	王圆
熊北辰	谢倩雯	柏玉珊	王妍	渠啸	杭天宇
曾娅平	董泺	吴夏帆	杨睿	潘艳珠	王妍
张琳	曾彦妮	张晓薇	龚海娟	王海凤	蔡雯霓
张晗	徐莹	王晓华	贾琪	杨晗	陈哲

苏 玮　　杨 依　　王靖雅　　张雯嘉　　王思琪　　陈 酉
仁增曲珍

国际法学院

王 曦　　王 楠　　李孔焰　　周 扬　　廖盛良　　刘 航
彭 飞　　白鹏昳　　黄 畅　　于海天　　刘志强　　葛润泽
孙世奇　　李永瑞　　张绪田　　陈嘉骏　　叶健峰　　聂婷婷
吴一沙　　陈笑吟　　张雪菲　　唐 蕾　　徐诗瑶　　万晓艺
方如意　　朱 青　　陈雅婷　　伏 洁　　陈子棋　　莫 萍
雷 英　　吕 梦　　王文雅　　王 欣　　高 鑫　　孔宇杰
田晓婵　　唐 路　　高 菲　　王琇珺　　朱若云　　沈卫玲
张含月　　袁雯婷　　张 彧　　黄乐怡　　郭维克　　李月萍
周文臻　　董 聪　　杨培健　　盖永刚　　朱建建　　寇 遥
崔根源　　李经朋　　余申奥　　李国林　　管 成　　乔 木
王 严　　焦 龙　　张 翔　　王 兵　　尹冠军　　邬成桂
叶乔伊　　王 信　　海 伦　　赵丛聪　　龙若熙　　郑韶羽
刘静怡　　张舒婷　　逯容如　　许楚云　　彭 莹　　白雨潇
张婉祎　　秦亭宜　　张 朔　　邱儒婷　　周 浏　　蒋健彤
周 洋　　孙玉红　　张云波　　朱泓昱　　孙 琪　　晁 群
马宸星　　曾瑞昀　　李 杰　　张 垚　　李 涛　　耿培培
姜 南　　王若堃　　于方日　　叶鹏飞　　钟耀君　　陈兵兵
高清鸣　　李鑫萌　　徐 霄　　王大鹏　　张 辉　　鲍 骞
杨政勋　　张 强　　程俊斌　　阿金铠　　胡志鹏　　黄博豪
何 瑾　　王程苑　　何兰剑　　庞筱雯　　吕艾凝　　张馨元
蒋欣邑　　徐牧来　　李钧娴　　赵 婷　　廖秀玲　　李燕君
李鹿野　　金 珊　　倪 虹　　刘一乔　　皮雪莹　　陈霞复丽
孙 悦　　卞 迪　　隋佳利　　孙丽婷　　孔繁谨　　韩晓洁
弋 谦　　臧潇茹　　王雅莉　　李羽佳　　吴焜霞　　张双双
谢南希　　孟 涛　　高 深　　俞 杰　　黄竞轩　　蔺国桢
蒋碧荣　　刘 坤　　鲁 杰　　周忱晨　　许爱祥　　张飞宇
王宏严　　潘 登　　李兴卓　　徐书林　　李靖东　　陈 浩
王莉雪　　刘苏雅　　谭嘉文　　葛田雯　　王晓晨　　郭 潇
芮 溪　　王玲洁　　王沛泠　　庄婉静　　任笑菡　　吴 珊
戚潇颖　　林 果　　张梦婷　　袁晓北　　吴 洁　　刘 瑾
徐 莲　　袁 赫　　闫 磊　　宋生琳　　魏超越　　龚惠兰子
赵 霏　　赵泽宇　　吴晓凤　　刘 颜　　陈姝含　　齐蓓蕾
杜雯雯　　钱子悦　　张文涛　　曾中麟　　冯嘉伟　　茹美远
王海龙　　曹越凡　　赵 杰　　张 程　　苏永胜　　周子扬

白　焱　　梁风培　　汪榆淼　　陈　熙　　孙蕾蕾　　张家怡
黄雅楠　　薛　昊　　管　婷　　金　英　　宋淑芳　　张　力
何丽君　　蔡　璐　　郭丽萍　　马欣卓　　李　玮　　王曦羚
尹艳婷　　韩佳静　　兰　岚　　姚兰兰　　马　宁　　赵　耀
李宇璐　　王　菲　　谭嘉臻　　李晓娟　　蔡金诏　　张照奕
姜静如　　罗　洋　　张蓓雯　　吕　宪　　楼　琴　　周思吟

刑事司法学院

董功宇　　宿秀荣　　郭建强　　李　强　　王　克　　余　毅
张恺恩　　肖　斐　　张喆祥　　周凯旋　　王　荻　　唐铭志
张添柱　　裴　植　　李康建　　巩志强　　陈　成　　苏锡锡
曹　栋　　张　晨　　周　扬　　杨鑫宇　　陈　栋　　李卓鹏
黄昌鹏　　李　帅　　朱亚磊　　潘　骁　　李思粤　　张军洪
李泽远　　王才华　　于　潞　　鲜　状　　李一帆　　王文辉
张海坚　　夏士明　　赵旭旭　　胡永强　　刘国成　　王　炜
彭　勇　　李高杰　　卢　毅　　马　骥　　刘万涛　　宋天一
柴伟民　　郭　鑫　　白大千　　胡一飞　　宋宵凤　　吕　杰
邢晋伟　　贺　炜　　于振鹏　　刘　忠　　祖月瀚　　宁　搏
赵中秀　　杜泽华　　李若松　　王　强　　吴　屏　　王　菲
陈　赟　　王　尧　　张泽宇　　刘丰畅　　周　晨　　岳　翰
李满祥　　党朋远　　谭　泳　　景思杰　　李胜功　　迟　政
阳可夫　　朴文峰　　李　珏　　邓力琦　　王小康　　周心童
陶红猛　　江佳道　　朱奇慧　　杨牧云　　罗永秀　　任　悦
龙林桦　　张旭涛　　李曼莉　　周二琴　　晁　杰　　刘延龄
杨利芳　　朱　慧　　李文杰　　薛晓波　　姜　岩　　张丽媛
聂灵卉　　张申珅　　李峥卉　　胡　爽　　方木李　　矫冰玉
王梦珂　　颜佳欣　　尹艳雯　　张辛羽　　王行健　　卞旻曦
黄　晨　　侯丛雪　　何彦澄　　张　霞　　周韶飞　　路　旸
焦　阳　　留少华　　林泽光　　陈永辽　　秦亚辉　　于　烨
付加林　　曹　栋　　陈桢伟　　申冠飞　　刘汉卿　　胡雨豪
安　林　　陆栋栋　　刘红君　　张安捷　　王法心　　吴登贤
许　诺　　柴昊君　　徐晓宇　　林心赟　　杨珍梅　　程文菀
刘维文　　王沐南　　庞亚琦　　李雅健　　薛光明　　王煜菲
王　婷　　李艳平　　李博文　　刘奕初　　宋非凡　　邓美琪
周慧湘　　王天怡　　罗旻慧　　宫　雪　　张治煊　　祁书昕
方宇菲　　刘　行　　李先潇　　李奕诺　　罗　丹　　周庠宇
陈志强　　李博林　　苑胜超　　孟德馨　　姜东成　　薛　峰
冯　鑫　　冯广研　　张　俊　　次晓宇　　王作荣　　赖禹全

李 阳	张旭晔	王 璋	冉晓雯	陈巧玲	赵 兰
王怡然	王 静	申慧英	高 媛	张旖潇	刘 宁
张宝丹	刘 通	刘 洁	庄玉杰	王 筝	李文琪
杨秋惠	赵康靖	冯韩美	皓钟旭	张燕楠	董凌楠
孙鑫英	傅哲明	王慧敏	陈佳玉	阳 琳	金慧祯
夏 菲	盛雨梦	郗浚颖	瞿迪希	雷 续	赵鹏飞
潘 兴	刘 其	刘长江	张仁兴	潘伟伟	张 晶
王琮琮	廖自斌	李 旭	万时霁	高维钊	庄 林
郝大耀	黄文柏	叶 林	胡 鹏	李伟宏	张 愚
曾 斌	潘凯翔	商显涛	何相佐	柳兴豹	周轩宇
唐沁园	刘铁洋	刘梦臣	丁 宁	庞占平	苏恺琦
刘 怡	强佳一	张来望	姚 蓬	李雨轩	胡 祎

政治与公共管理学院

郭 超	史林逯	钟 文	王楷然	宋孝天多吉江村	
赖 斌	杨泽鹏	席 旭	陈美尔	张田达瓦多杰	
陈小容	朱 萌	陈梦佳	崔 杨	宋雅颖	韩春燕
李明珠	李慧敏	朱嘉怡	王 静	张春磊	罗 珍
刘月莹	朱红玲	席 皓	陈传铿	周子睿	苟恒恒
肖春阳	王鸿铭	向 华	宁 宁	秦正阳	任刚强
王 枫	刘 枭	臧华多吉次仁库玩·巴克提			
章 甜	古丽米热·吐尔洪		王洪燕	叶秋伊	黄秀尧
边亚娟	何韵冰	杨 怡	沈旭婷	阮琛琛	侯佳瑞
魏欢欢	康君媛	古丽米热·艾海提		方 倩	欧佳艺
迪丽热巴古丽·阿地利江			陈红星	杨 晨	陈 胜
杨 硕	李跃华	李人杰	邱天宇	夏春鹏	黄国璋
阿力木江·吐尔洪		王 凡	王雨秋	李奇源	罗兴伟
杨 斌	李 浩	代启蒙	樊 梅	白娜·迪力夏提	
金 茜	董洁晗	陈新琦	张 慧	强贝贝	饶 娉
麦迪娜·吐逊江		林 池	翟轩琦	陈珊弘	陈家钰
蔡雅妮	陈瑞茜	查 娜	刘嘉钰	李兰崇	高 远
李 强	陈 潇	马 啸	魏冰冰	周子崴	张 政
徐健峰	杨 润	朱曼宁	张 茜	王暐昱巴合达尔	
郭柳君	田叶青	邬静静	魏宇佳	王 珍	魏思奇
文 静	马莉荣	王文君	李秀果	郭 伟	宋天愚
陈 雷	詹华东	张增鑫	赵建锐	李小光	王振兴
景昌霖	傅 杰	艾 晋	阿瓦古力·哈斯木		蔡梦婷
赵 荻	覃转兰	张一佼	马梦原	廖棠柳	曾 梅

魏晓飞	张佳慧	高　越	李　成	刘海文	黄　璐
袁莹莹	李裕民	李　瑞	吴韵喆	桂林翠	周楚瑶
王　淇	栾翼飞	朴文洙	兰　欣	何丙姿	郑泳薇
黄意涵	王雅婷	王　静	马　丹	林千意	马全平
臧　旭	陈　霖	王晨一	马　妮	朱妮亚	隋　霏
林　怡	张艳丽	谭　睿	范丽艳	宣　言	汪家锐
仇宗远	张　涛	吴源滨	丁　扬	陈　璐	唐天天
杨欣倩	关　俣	边惠玲	陈亦乔	卢　意	敖芳芳
廉　旭	王　冉	韩　静	于若颖	秦子君	徐独羿
王潇依	陈　静				

商学院

缪连元	程　鹏	姚泽鑫	李金津	赵晓朋	徐道智
强光龙	马金龙	沈兴邦	赵璟日	王彦翔	王　威
曹宇杰	金怡行	丁立肖	张苏楠	马佳莹	王钦昀
苑译文	黄颖婕	白文珊	刘　洋	王颖月	吴剑华
吴　燕	邓甜甜	姜璐希	焦　莹	范智伟	梁惠浜
陈国强	蔡　涛	钱一玮	李侃侃	朱应仓	贾文杰
王学良	郭昱鳞	刘　斌	姚　苑	滕　骁	戎嘉礼
王妙齐	孙　悦	张雪雯	李　竞	方晓梦	曹　宇
王晓薇	王　倩	陈晓坤	马　芷	赵　梅	马　鑫
江曼姝	孙　玥	陈先文	杨　涛	林伟强	陈锦祺
董振伟	林　欣	丁生杰	冯昰旻	刘　传	郝世峰
张孟卿	刘楚楚	潘　璇	黄静然	宋　丹	黎诗诗
陈钟贞	何立丹	袁聪慧	梁　超	张颖旎	张笑甜
金佳蓉	张　戈	刘　冰	彭丽君	李佩雨	聂鹿希
赵　芯	车　喆	刘浩然	肖华锋	王晏陶	李润根
孙恺瑞	朱炜彬	张　平	何诗洋	胡　婷	赵天杭
梁盈莹	鲍　健	郑派虹	杨蔚玲	张肃亚	谢沁园
彭文婷	刘　珊	陈　慧	李沅书	孙晨晨	张紫薇
杜　娟	张　勉	张可欣	王月苑	郑蕴秀	刘平舟
张浩澜	陈嘉林	潘沁圣	秦维成	安晨欢	宁博扬
沈东华	冯　勇	王争妍	陈心意	张丁劼	胡　菲
金　晶	唐思思	陈晓钰	梁晓红	蔡　宇	褚颜蕾
李　佩	张　莹	张　伟	吴苏杭	刘嘉新	胡宇菲
常梦恬	王雅琼	朱芯瑶	徐海歌	郝静晗	饶桉菱
宋　向	陶塞力	王　雷	王鹤年	周　京	李　森
朱亦周	李　兵	肖　宇	魏剑超	连惠婷	汪严琪泇

李雪雁	罗丽萍	王　雪	刘梦奇	王倩倩	谢伟菁
刘　琦	张　茜	张　韵	王巨阳	于心意	毛　玲
刘传奇	赵立伦	余晨霄	赵忠强	胡秋石	李维莎
姜楠楠	宋芳洲	范竹青	吕昕霞	李依依	刘　澍
邹宁尘	刘安琪	哈　木	张莉花	张　涵	赵　静
陶　然	张若蕾				

外国语学院

陈声桂	王　冰	曲文理	王雨涵	周　煊	王聿兮
舒党谊	刘阳璐	姜　楠	石　中	张梦婷	左诗瑶
张莹莹	陈冰俏	蒋　燕	宋鹏星	李梦恒	朱萧静
李玲玉	钟林燕	滕　茵	李　囡	孙凤佼	魏思琪
汪沸丝	张　扬	王力辉	张恒达	陈丽梅	梁远航
杨秋思	王　喆	徐秋玲	刘媛媛	李　玲	吴雨橦
暨雪吟	王　静	贾霁琦	王　姗	胡慧明	刘晨璐
张晓萌	于佳文	胡晨娇	高靖靖	黄子纯	

人文学院

袁　磊	叶　谖	杨泽浩	洪　骏	杨　洁	方　冉
叶素君	陈依虹	周楚桐	李文博	余继超	刘　静
吴毅恒	朱程斌	龚新叶	谭　鑫	王　帅	欧阳晓滨
康　元	陈军武	刘天蕙	陈　茜	陈碧君	苏玉虹
李千慧	丁晓涵	张文婧	刘如玥	许树妙	谢　馨
邢书燕	彭旖旎	蔡梅莹	张　晖	林彦辰	范苗苗
刘　畅	王晓琳	叶扬子	徐志霞		

社会学院

王　伟	宋舒帆	康蔚沛	张俊英	段转良	徐明杰
易梦扬	杨　毅	方元媛	罗　稀	薛丽娟	任剑润
万　露	刘　洋	徐　喆	刘麟娴	温　馨	黎建君
刘丹雪	徐文红	邓爱红	侯莉媛	王艺霏	塔娜尔
刘瞿芳	拉　珍	王丽娜	扎西央宗	李弘儒	李佳琪
张泽彦	张红兵	张家彬	赵　晟	肖　微	刘晓辰
曾　娟	凌　朦	徐　瑶	孙　鑫	李超萍	姜晨阳
张　驰	王　羽	黄子芮	刘晓晓	刘　曼	张　颀

马克思主义学院

林江宗	贾　坡	张弘毅	宋志超	恽寒靖	肖圣林
汪　滴	燕　文	吴诗尧	邓晨蕾	申芸静	唐西霞
塞迪古力·色来陈泽楠			王敬妍	曾　惠	孙　雯
孜木热提古丽·阿布力米提			张宇晶	陈思彤	刘慧芳

张雪雪　　　刘建敏

光明新闻与传播学院

钟伟毅	杨善银	康　炟	张群棵	姚　铄	刘家良
孟之翔	李佳卓	张晓红	贺　婧	许晓梅	郭　馨
李瑶萱	温一冰	谢小杭	杨海燕	魏　鑫	李　慧
陆秋伊	陶　婷	罗西南	于聪丽	刘　悦	袁　喆
唐子幸	柴　伟	杜娟娟	蔡茜茹	谢思宜	陶　娜
苏兆镛	刘世泉	贾高峰	李泽华	李晓宁	赵文浩
周子扬	杨任轩	何曦悦	周　颖	李秀秀	曾芳
闫莺珍	罗　观	胡　朦	苏梦雨	热依拉·艾合买提江	
欧韫瑜	韩　筱	朱　琳	盛　熠	王若云	胡箫川
马　媛	孙丽媛	王希亚	丁　璇		

双学士双学位

张雁冰	刘思斯	王梦秋	郑　楠	舒　曼	庞筱泳
赵蕙骐	覃　茜	高泽鑫	罗　彤	王唯一	唐溪明
希丽娜依·西尔买买提			马如古亚	刘　帅	黄　湘
谢　欣	董　曼	丁　珊	赵婧芸	卜凡琦	张佳威
陈　骁	闫　朗	杨　霄	伍颖仪	丁亚培	杨壹凯
刘　鑫	丁薇娇	余　晗	马　蕊	范　增	田　婧
周　岩	阎　冬	许素心	王　静	万　洁	蓝　怡
李婉星	张芸境	王基双	王　燕	杨　莹	张宸烨
何萍莲	李　柯	张笑坤	李雪峰	谢　佶	张　洪
郭晓贤	宋　岩	孙斯琪	刘　澜	李　婷	肖力元
蔡晓莹	杜　航	苏绮雯	王　恺	李佳玮	彭　瑜
徐婉君	纪　月	陈嗣尧	张采薇	盛欣然	李园园
李　浯	吴翠红	秦　禾	杨雪薇	朱云姗	郑　勇
楼　敏	陆　洁	王　婧	钟　昊	郑童赵	陈芊蕙
杨　洋	王雨婷	许诺涵	朱秋颖	张文豪	刘天骄
杨　振	冷宇虹	李知尧	郑伟栋	史雯超	马　霄
陈夏玲	詹晓燕	郝雪芹	李　萍	蒋　兰	吴晓波
孙　欣	廉　佳	朱陈玲	刘晓瞳	朱　麒	琚宇飞
刘文艳	张　歌	辛　颖	叶佳丽	刘一鹤	谢晓伟
高冰凝	赵　静	温凌翔	蒋晓磊	黄丽萍	吴　彤
廖梦佳	张鹏程	张泽旭	周柏桔	程　哲	吴　越
李苹苹	陈柳燕	王　浩	刘　星	刘牧潮	孔祥高
程梦醒	付姿祯	王玉霞	郭　蓓	尹佳树	朱　一
贺海波	韦盼盼	仇赏月	夏元嫒	邹迪凡	孙倩雯

闫　亮	孙希远	徐嘉赫	成歆帆	张庄子	刘　爽
刘沁茹	王静姝	田　源	胡尊嫔	池丽娟	于斯卓
刘　悦	刘婷婷	王一男	陈韵如	邱　荔	王思乐
胡姝颖	郝文英	李自可	谢　添	李顺成	秦雪松
勇翔宇	朱晓丹	廖思蕴	辛　静	肖　梅	周阳夏蕾
余梦嘉					

第二学士学位

董　赛	常和川	孔得安	陈祉浩	彭　虎	贾　昆
浦仕俊	俞锦雄	马根柱	马春晓	黄舒敏	冀慎增
江苏杭	王玉龙	王　圣	田　盖	于兆瀚	孙国权
张　骥	穆英哲	李朋霏	宋　帅	李建林	余巨宙
杨　鑫	崔子栋	胡　楠	廖牧之	林晓彬	田明骊
刘　益	张　玓	宋　宙	肖　潇	唐　琴	韦翀昱
许　萌	陶　竹	武景格	李　芳	张　璐	刘武斌
徐金虎	欧日诺	白玉龙	李　鹿	王广宇	陈　禹
张　馥	李汉铎	李俊娟	邢　曼	白　静	仝芳菲
史扬扬	范艳平	蒋逸群	燕海婷	郭晋先	许玮云
颜　莉	郝艳芳	郎艳丽	郭晓曦	吕　晶	孟影琦
张萌萌	李　娜	张　淼	刘　冰	王官巍	乌吉木吉
周萨仁	刘天琦	杨旭影	包伟艳	刘　利	英萨仁高娃
幺　默	刘晓敏	付国英	陈　佳	裴利超	格根萨如拉
赵晨晨	王　佳	韩娜仁	苏子华	贾　颖	乌云斯琴
车梦杨	月　茹	佟　萌	纪凤姝	刘　利	斯哈斯高娃
陈　响	王洪英	李　爽	李梦龙	胡升超	焦如磊
王生童	王红磊	李　静	田　晔	杨波航	于晓琳
李银灵	迪达尔·马力克		田　媛	郭亚婷	杨　滕
王慧康	胡越洋	尹航布日其其格			

港澳台侨生

余昕琦	陈祉桦	陆希彤	邵玮晴	麦洁欣	张剑雄
朱家焕	李茂楷	杨鹏磊	苏　丹	王志心	陈艳霞
杨琳琳	林冠岑	蔡佳君	戴雪莹	林　昽	韩冠华
焦俊豪	吴瀚韬	刘瑾萱	陈丹莉	游凯洋	朱伟忠
翁海菁	陈思芸	萧　南	王子纯	刘梓良	赵浩凌
李祖荫	郭恺露	洪剑伟	刘殷竹		

六、国际教育学院 2014 届毕业生名单

（一）留学生

1. 本科生

闵盛炫	金炅泰	黄性银	科萨列夫·尼古拉	金珉娥
朴珍我	金韩埴	朴太雄	金昌映	帕尔曼 森碧
慎孝宰	阿丽玛	徐尚煜	李 乔	赵炫局	崔源镐
申善浩	柳在雨	金升模	安光敏	李炳俊	义 德

2. 硕士研究生

HWANG EUNJIN　　　　　　　WANG JAMES YUNN – JIA
DORJDEREM，BOLD　　　　　KIM JUN YEON
PARK HEUNGUK　　　　　　　GAO XIN
SHOKALAKOVA ASSEM　　　　ALEJANDRA VELASCO SANCHEZ
AKHMETOVA ANARA　　　　　TOMASZ PAWEL LECYK
KIM WOO JIN　　　　　　　　PAT TECHAPAITOON
EGOROVA YULIA　　　　　　　NESREEN HASSAN QAWAS
FREDERICK MARK LECLERCQ　BUTORIN ANTON SERGEEVICH
MINLYANOVA KALIMA　　　　ROBERT JAMES MARK SMITH
LETSIE MASENONO　　　　　　HARUPERI RUDO MUMBENGEGWI
EMILY TERESE BRAIT　　　　　SHANNON MICHELLE DUNN
PARK HYUNG JUN　　　　　　AMNAH R. B. ALRASHIDI
MICHAIL DIGKAS　　　　　　　NADIA ZAYANI

3. 博士研究生

VERONICA CIOLLI　　　　　　BAHIR MIRDAN MADHKHOOR
ABDUL D. KNOWLES　　　　　SORAYA ROSTAMI
NIELS NICOLAI NIELSEN　　　　KHADI JA M. Y. SOLYMAN
AHMED ATTIYA

（二）港澳台侨学生

1. 本科生

郑晓红	赖盛杰	陈琴诗	黄 露	卫智滔	吴以枫
黄骏达	何淑宁	李美仪	郭诚涵	杨斯茹	罗 婷

林珊珊　　陈祝安　　林嘉仪　　邵柏馨　　吴筑瑄　　余思宽
袁林翰　　刘殷竹　　陈昱翰

2. 硕士研究生

徐芷涵　　茅　田　　蓝健玮　　林敏睿　　刘美超

3. 博士研究生

傅泽雄　　涂金贤　　方正儒　　高义展　　许铭燦　　谢琼林
李世达　　陈明珠　　陈俊元　　官朝永　　赖建国　　林丽燕
陈明珠　　陈俊元　　官朝永　　赖建国

七、2014届夜大学毕业生名单（590人）

张潇潇	郑　莹	李　萌	高绮霞	熊　威	顾　佳
王新宇	李淑佩	冯　硕	李红岩	孙兰娜	刘新竹
邹世颜	李　佳	王文娟	王大伟	王　昊	苏丹丹
王香琴	刘维汉	张　帆	朱贤义	刘金奎	刘春雨
吴禄瑶	池婷婷	张　震	崔秋月	朱友侠	王致君
王　雪	杨曦源	代春玉	王　洋	张奎娅	杨雅卓
仇和静	张　丽	陈　伟	齐　磊	冷　冷	李增爽
张　健	苏　舫	孙　晓	庞梦男	范钰婧	卓晨宇
王　岩	王　震	于亚男	高峻秀	左　阳	见军艳
肖晓萌	王　佳	李艳红	李　萌	尹　璐	邢　璇
李　瑶	杨松洁	王　倩	孟　蒙	张　菁	董丽萌
李　娜	刘　宇	马樱石	张　睿	张兆宇	芦　辛
刘　斌	杜　超	孙　莹	贺　勋	侯梦怡	李晓静
彭　超	张朋飞	任思远	杨一楠	赵静怡	谭　笑
朱冠领	王悦青	褚　乐	王晓蒙	谢　昆	李鑫博
尹　月	高　静	余　江	李　倩	李　杜	王　雷
纪　晗	张　棣	王　娟	罗　乐	郭　爽	范鹏涛
赵　磊	支　昊	黄有玉	苏晓曼	赵菁菁	李宏伟
孟　菲	王彦博	张颖洁	尤宏伟	刘免良	赵　丹
张　帅	阎　妍	吕廷飞	袁　硕	辛雨慈	黄　荣
王　瑜	张艳君	何　颖	常　荻	王林琳	李　英
郭　磊	宁　超	刘晓晴	魏　旋	张　伟	赵肖祎
孟宪祺	于芳芳	徐　朦	铁笑鸥	张丹丹	李晓婷
索　探	石　月	刘培鹏	杨春雪	韩思云	蔡立新
崔依婷	聂　晨	史　怡	赵丽丽	郝新荣	张秋双

第二十章 毕业生名册

张笔霆	赵　南	王　庚	张　震	高　龙	王婷婷
刘　学	孙红伟	卢尚昆	张绍翊	岳金雪	梁　佳
遇　娜	田　旭	彭立冬	张　婧	李燕飞	胡雅楠
黄骞仪	崔益宁	高晓萍	申　宁	李　喆	王　雪
郑　然	吕倩汶	吴　静	李　颖	李　杰	石珑飞
王雪纯	韩　迪	耿小帅	张建建	张　然	李小英
徐欣然	陈翠微	王　龙	史　郦	高　蕊	郭　爽
解钰琳	郭　雯	蔡诗伟	田　帆	祝　石	连　瑶
廉高明	廖晓婷	侯禺辰	吴定国	冯晶晶	胡志昊
马　健	南　松	董　姝	张　磊	杨　悦	魏振中
蒋　宇	袁晓琳	覃祚泽	陈　森	范钰桢	张　隽
常骛然	白　杨	李晓媛	赵　旭	雷　洋	路　越
佟清存	孟　蕊	刘增来	张　睛	刘　洋	张　野
李　倩	马　菲	陈菲菲	王　闯	苏为夏	孙笑颜
康立清	王　军	丰程程	程　丹	王文越	王科伟
唐立辉	蔡开拓	刘芳芳	赵　彤	马六一	张　敏
曲红莉	叶　亮	蔡文华	李　婷	张永强	张文君
刘梅玲	王丹妮	侯曙光	王妍娜	海　晨	蒋秀秀
魏志鹏	宋朝阳	胡雪艳	齐婧娅	杨　波	黄小凤
高　雅	刘艺龙	张　扬	林晓天	任　虹	王雪涛
谭　娜	张姣姣	迟　旭	许丹丹	庞洪崑	张玉娟
胡鹏飞	王　铮	马朵朵	彭风坡	李相锋	李　乐
景晶平	刘　婷	王　滢	赵　媛	王　妍	赵朝伟
罗　清	张　岩	邢悦超	甄　珍	刘　璐	赵明超
马文丽	王占艳	吴雪萍	周　媛	高井一	赵晶晶
侯雪婷	白　杨	周　杨	王雪宾	路　鹏	桂　鹏
李　唯	李思伟	马欣宇	李曼军	赵　阔	王　健
唐　杰	邵云拓	李婵媛	周留侠	朱翠红	刘　嫱
石　雪	王志苇	覃业林	李　攀	程　瑶	王　硕
张　然	张博文	张春艳	李秋月	高建权	刘杉杉
王妍琰	黄　炎	潘洋旭	康　凯	李　婵	刘朝辉
宋　珊	李　全	杨玉婷	谢盼盼	贾　越	谭　雪
张小清	王巧智	王佳蕊	宋　超	李梦媛	阙瑞年
蒋　威	张　冉	李　静	辛　鑫	李　柯	王艳春
白　玥	麻连松	韩华南	郭智鲲	徐聪利	杨海燕
柳　威	谢兴海	刘晓帆	史惠婷	朱明姣	任婷婷
刘　菲	王艳蕊	任艳超	赵　阳	张　啸	果满树

张明明	谢婷婷	杨小垒	杨立国	张 磊	周 洋
刘美荣	杨 茜	庞 璐	孙 夷	胡娟娟	常 慧
李 雪	张 娈	朱 伟	刘 燕	李欣珍	郄雅迪
杨海萌	王 竹	沈亚娜	王春艳	左 晨	刘 沄
张 娜	梁丽男	吕兰宇	孔玉林	王玥弘	冯 月
商翠华	郑 雪	吴 月	郭雪洁	刘杨梅	甘学熠
殷春新	马 然	张薇薇	周晓龙	徐 婷	王东爽
刘珈呈	赵全龙	刘晓晨	王楠阳	殷景盼	赵海晨
王国光	王 静	侯雅晖	卓 识	徐自强	何 佳
冯 涛	俞昕亭	李杨洋	杜 娟	贺 杨	周 娜
董 岩	高 攀	黄默子	李 佳	温胜婕	刘 颖
王 雨	刘云生	梁 钰	马 杰	李燕荣	杨 斌
马 恩	苗圣洁	崔 硕	黄 杉	王 曦	张 琪
池芸倩	吴 怡	贯 菲	孙 琪	陈晓芳	于雪静
戴 琪	武墨彬	薄新闻	张蓠芯	李姗姗	崔佳辰
段思铭	赵洪琳	舒 妍	吴 健	佟灵雪	张静云
王妍杰	刘咏超	王澳然	肖 蒙	高思维	高 欢
王秀更	常 鹤	崔虎宇	隋 毅	丁 晨	徐佳佳
苏 蒙	鲁 琦	刘 莹	孙彩丹	张 林	刘 柳
孟伟龙	西 玥	杜 森	焦 娜	董 瑶	郭 靖
李曼令	孙雅欢	刘 欢	张格格	梁雪艳	穆 静
王雅洁	夏 添	刘 洁	杜瑞峰	闻海鸥	王天龙
李 炜	马维山	刘 进	宋达萌	张 梦	杨洁冰
吴丽洋	杨 烁	刘婷婷	余 茜	沈 丹	周 琳
胡广文	朱 磊	郭 涛	裴 佳	李艳林	张鹤鹏
刘 佳	杨可欣	张宏云	卞祥艳	王扬苛	福明鑫
于 娟	赵云霞	全宗樱子	刘丹平	马艺菲	张 甜
景明月	朱 瑛	贾蒙霓	马 峥	王欣鑫	杜爱爱
沈 硕	赵竞扬	郑艳宾	于 璐	邢 玮	瓮飞雪
邓 雪	苗 青	宋 磊	杨春雨	金 烨	张玉娟
穆欣庆	吴昊轩	管利敏	李笑雪	张彤彤	谢新瑜
田 星	高至宗	张亚男	贾 平	王佳雯	周 蕊
范 岐	魏明玮	杜 莹	崔 璇	何 洋	贯志然
刘 莹	李 强	张德良	刘婷婷	韦敏霞	刘昕然
孙志伟	郑新颖	王 男	赵前开	雷 佳	邵永强
熊梓彰	郭 纯	孙兴月	高海波	韩佳盈	郑乐乐
徐 瑞	蔡艳颖				

八、2014 届函授毕业生名单（533 人）

韩晓岚	王 琨	郑永巧	王拴梅	徐如愿	石嘉伟
王 彬	黄 娟	刘 铭	胡丽娜	李 将	朱 明
刘紫薇	刘 泽	王灼龙	董立君	李 洋	胡宝琼
张六璐	陶 烨	张明先	赵胤德	李忠华	彭 波
杜树伟	王 丽	刘 丹	李 煜	马艳红	张晓旭
王亚宁	杨艳茹	欧阳如玉	申林林	李 瑞	钱丝雅
赵玲玲	薛露露	王 聪	黄宇琳	杨会琴	杨大艾
陈 婷	王珂琦	郭思思	马军秀	姜嫚嫚	马聪明
王 雪	谢泽国	李 鹏	吴 木	胡 悦	魏 然
穆兴花	张晓阳	黄雅男	曾 艳	代树艳	刘 淼
魏 冉	杨 静	崔瑞兵	胡 娟	武 林	王彦秋
王瑞建	柴丽娜	王平霞	孟根图雅	张 俊	朱晓龙
董建忠	高旭东	樊 军	谢永丰	刘 斌	张 璇
王玉海	李荣锋	杨秀恩	尹 奇	曲弓志	张立鑫
韦 涛	吴泽瑞	郭 勇	王 鑫	宋 琨	王 璨
梁 拯	吴 榕	高敏杰	韩志红	谭娟刚	郑 中
王建坤	娜 仁	杨 坤	王 蕾	姜雪冬	赵 玥
孙晓文	苏 蓉	苏雅拉格日乐		徐海陪	李世飞
刘宝良	云传超	高 淞	路建龙	郭 剑	杨杜军
李 卒	付 飞	任光耀	岳 行	卜海平	高晓辉
王婧婧	吕爱慧	王永强	岳建东	陈颖异	朱文佳
李志鹏	刘文静	杨 锋	莎日娜	王 晨	张秀梅
徐浩浩	苏 洋	闫圆圆	王 晓	朱 琳	张 峰
张 华	李志华	陈 飞	程 欢	陈前伟	皓 伦
张国栋	王 晨	卢文婷	杨维平	刘 昭	郑新华
陈 瑞	赵 刚	张 靳	买元虎	狐小飞	江文静
宋茂林	武巴力胜	常 凯	董文斌	刘国花	李 韬
王 莉	虎 刚	孙 瑞	张康乐	滕 飞	王慧娜
陶 磊	孙冠军	回美霖	苗 笛	慕晓军	王 婧
许馨文	韩飞虎	吴其皿	刘 涛	张海俊	解思雨
夏 然	王芳玲	张弘姝	任予婷	陈艳茹	左经纬
刘 杨	张 瑞	邓雁峰	杜 洁	周凌琳	孙志维
邬海东	谷 雪	黄兰玉	买少义	王飞飞	袁 娟
唐雷雷	代文慧	李靖娟	朱媛媛	金 龙	房文辉
张 越	屠 斌	代浩伟	高 原	徐娅婷	吴 丽

刘俊超	刁节普	蔡灵东	常　乐	马军平	吕培培
董　亮	徐特民	邱成元	于小鹏	高美萍	杨　璐
王　姗	张　蓉	杨智凯	周　卉	时　睿	都格日
谢　霞	宋轩来	马　晴	曾　翔	杜宜晨	杨　涛
韩建平	许　晶	吕文渊	赵　宏	张　强	赵　雪
张晓娟	张超钧	王　波	吕仕华	颜　彬	熊晶昕
刘晓琴	姚宇策	朱广德	姬　涛	李瀚远	田　中
胡乐乐	唐昱琛	赛　莉	魏小军	周　渊	吴熙盼
马立鑫	辛　昉	李虎成	刘丹阳	贺小磊	朱姣姣
夏　炎	郭树科	苏海洋	鲍丙升	禹建辉	张丽霞
韩　瑜	吴静静	鲁三龙	万　伟	吴正兵	云　超
邱　强	杨　魁	卞浩宇	马　梅	王　羿	张　恒
杨亚莉	柯荣鼎	宋小军	刘良媛	席慧丽	周姗姗
李丽晨	杨　宁	王志强	赵伟丽	胡亮亮	陈　吟
张顺福	陈　伟	张建伟	刘英华	赵英华	刘　伟
陈　伟	王　蕾	张　澜	韩丽娟	徐彩霞	李　森
苏　扬	赵嘉伟	张　玲	徐　超	李立军	张连波
宋　阳	潘雪峰	詹　杨	杜冠楠	郑树国	陈晓莉
王维义	薛继星	崔彦杰	张海莉	赵胤纲	陆飞龙
慕　森	石玉婷	夏云平	郭俊岭	吴　玥	张怀宇
周德龙	马　林	徐蔼彬	孙恩武	王丽媛	马元冬
张亦卉	许　兵	张　宁	李景峰	赵彦峥	李　敏
赵一闻	熊洪安	张梦蝶	杨　锴	于　洋	王　琳
李晓蒙	张亚光	程润霞	欧士军	刘　寅	孙欣宇
姚连秋	温永浩	徐思雨	黄艳芳	罗　浩	蒋秀芳
郭　琳	董浩然	孙延杰	马　鑫	石子龙	焦传波
张年媛	张东刚	高大林	郝建国	王　彬	巫统余
秦开香	杨　康	孙玉桐	李　帅	王红柳	黎海龙
甘礼明	王　佑	白　桦	郭宝泉	杨振坤	梁小帅
冶佳怡	毛亚源	李　静	于川卫	旭　仁	李一婷
苏永旺	张建宁	黄睿佳	崔媛媛	马　静	韩宝贵
孟秀凤	王宝瑜	杨　超	刘执静	秦　臻	苏　斌
王宇清	杨肇亮	宫文杰	李　琦	高福华	刘思萌
麻逸蕾	李文昊	杜利利	刘　岗	曹丽霞	廖琬婧
梅　虎	马金明	刘明龙	于　洋	马利娟	黄陈珺
邢桂祯	苏　洁	侯　勇	周永红	李志祥	赵　进
张燕春	张亚东	胡振玉	孙志霞	郭　杰	魏　巍

高　媛	檀智龙	姜福好	姜　博	吉　文	蒋　锐
张海涛	赵京锋	雷　霆	袁永泽	范树成	李为汉
孟　勇	刘　强	王晓蕾	胡晓燕	龚　涛	解　珂
丛　伟	刘振宇	志　宇	李　昊	刘艳荣	刘　真
苗新盛	宋长龙	伍昭靓	包兰峰	路海岭	葛亚鹏
张雪梅	韩卓越	于　鸽	诺　敏	白洪元	胡成龙
张贵宝	张新亮	武学峰	赵小朋	秦丽君	王　彪
何梦璇	张艺玲	付檬檬	吴敏泽	寇年华	杨崇杰
王　超	韩秀颖	冯健秋	董茗祎	高鹤文	曲　刚
马成龙	张　阳	郝建伟	郝　铮	王凤晖	吴　楠
雪　艳	徐常伟	赵国兴	乔海龙	仇成龙	吕雪松
李梦琪	吴志通	刘　畅	王东升	罗亚伟	郑洪亮
赵　月	丁　原	李　聪	马　鹰	薛慧涛	闫　旭
郭秦玮	李　靳	陈　雷	金　源	刘运龙	纪常明
陈　赓	刘　祎	孙文鹏	刘　博	季恒亮	周博恩
王乃艺	杨　卉	金潮洋	魏　胜	武　斌	王晓萌
其木格	王泽峰	朱　琳	赵　京	丁港朔	孙　炎

第二十一章 大事记

1月1日，商学院举办以"职业·创新与发展"为主题的新年论坛。

1月1日，由证据科学研究院申报的"证据科学创新引智基地"正式立项，为期5年，每年度支持经费180万元。

1月14日，召开2013年度统一战线工作交流座谈会。

1月18日，图书馆正式开通微信公众号、腾讯微博。

1月20日，我校成立实验教学中心。

1月20日，启动学校劳务费申报系统。

1月，我校刑事司法研究院于志刚教授入选2013、2014年度"长江学者奖励计划"。

2月20日，举行2014年第一期处级领导干部培训班暨学习贯彻习近平总书记系列讲话精神集中轮训工作开班仪式。

2月20日，学校党委部署2014年党风廉政建设工作。

2月21日，王万华教授获评第七届全国十大杰出青年法学家。

2月24日，中欧法学院联合管理委员会（JMC）批准了根据学院相关规定提名的新任欧方联席院长人选。欧方联席院长为 Armin Hatje 教授，欧方执行院长为 Clemens Richter 博士。

2月，科学技术教学部组织学生参加美国大学生数学建模竞赛，获得一等奖1项，二等奖4项。

3月5日，召开党的群众路线教育实践活动总结大会。

3月7日~8日，国际法学院主办2014第三届国际刑事法院审判竞赛（International Criminal Court Trial Competition）。

3月11日，召开第六届教代会暨第十二届工代会代表选举部署会。

3月12日，副教授栗峥获第十四届霍英东青年教师奖一等奖。

3月16日，举办首都红十字组织"献血捐髓"高校行启动仪式。

3月26日，召开2014年党风廉政建设工作大会。

3月29日，中国政法大学澳新校友会在新西兰成立，马怀德副校长率代表团出席澳新校友会成立大会。

3月，首批法大"智库"研究团队遴选工作完成。

4月5日~6日，第一届中法宪法论坛在北京召开，本次论坛的主题为"中央与地方关系的法治化"。

4月15日，刑事司法学院举办刑事法论坛第二十二期，论坛的主题是"全球化视野下中国反恐立法的过去与未来"。

4月16日，中国人民解放军原副总参谋长、上将张黎图书捐赠仪式在我校昌平校区举行。

4月20日~5月25日，开展"友爱于心 善行于微"大学生心理健康节。

4月23日，召开2014年毕业生就业工作推进会。

4月24日，举行2014年度教职工春季运动会。

4月26日，人权研究院举办的中国政法大学"人权建设与宪法秩序暨'人权入宪'10周年学术研讨会"在北京召开

4月29日，光明日报社与中国政法大学共建新闻传播学院签约仪式在学院路校区举行。

4月29日，在学院路校区举行光明日报社与我校共建"光明新闻传播学院"签约揭牌仪式。

4月，朱晓武指导，黄颖婕、彭粒一、庞欣三位同学组成的我校商学院Big Win团队获得2014年全国企业竞争模拟大赛暨第13届全国MBA培养院校企业竞争模拟大赛一等奖。

4月，图书馆引进了阅览座位管理系统，解决了读者占座问题。

4月~6月，国际教育学院举办2014年中国政法大学中外文化节。

5月4日，首次参演央视"五月的鲜花"2014全国大学生校园文艺活动。

5月5日，老年大学正式开班。

5月7日，举办第一届"论衡"辩论赛辩才赛决赛暨辩论文化节闭幕式。

5月10日，刑事司法学院举办第二届"京都杯"模拟法庭大赛决赛。由李伽宁、王佳悦、李婉秋、王若曦等人组成公诉方团队获得本次比赛的冠军。

5月10日~11日，我校高水平乒乓球队在2014年首都高校乒乓球锦标赛获得甲A组女子团体冠军，男子团体第四名。

5月10日~6月19日，校医院与昌平区结核病防治所在昌平校区首次开展了教职工和家属的结核病感染状况普查工作。

5月12日~14日，政治与公共管理学院举办"2014ICMA国际区域峰会暨绿色城镇化：机遇与挑战"国际论坛。

5月15日，人文学院举行沙驰传统文化系列活动之"大言诗声——首届法大诗歌赛"决赛。

5月16日晚，人文学院展演莎翁经典戏剧《罗密欧与朱丽叶》。

5月19日，发起"友思"（Youth）学习圈活动。

5月20日，举行首都高校"两岸情·中国梦"中国政法大学站——"新形势下的台湾政局和两岸关系"讲座。

5月23日，学校党委常委会审议批准，决定撤销中国政法大学高级政法管理干部进修中心独立建制，原有名称保留，职能及人员编制并入继续教育学院。

5月23日，经党委常委会批准，撤销中国政法大学高级政法管理干部进修中心独立建制，原有名称保留，职能及人员编制并入继续教育学院。撤销海外留学教育中心，在原

项目研发中心基础上，成立发展战略研究中心。

5月23日~24日，国际法学院主办的2014年"拉赫斯"国际空间法模拟法庭亚太地区赛。

5月24日，人文学院第二次学生代表大会选举产生人文学院第三届第一任学生会主席团。

5月24日，第二届陈光中诉讼法学优秀研究生学位论文颁奖仪式暨司法改革研讨会在重庆召开。

5月24日~25日，举行2014年度学生党员先锋工程学生党支部书记第一轮培训班。

5月25日，刑事司法学院召开学院第三次学生代表大会。

5月26日，召开深化党的群众路线教育实践活动整改工作推进会。

5月28日，第四届北京高校联合电影节闭幕式暨颁奖典礼在昌平校区礼堂举行。

5月28日，"青少年法制教育报告发布会"在中国政法大学研究生院科研楼召开。

5月29日，《中国诉讼法治发展报告（2012~2013）》首发式暨研讨会在北京召开。

5月30日至6月20日，我校国际教育学院与美国杜肯大学继续合作举办"中国法律暑期学校"，今年是第19年。

5月，按照《中国政法大学杰出校友评选办法》，并经5月14日校长办公会审议通过，评选出第一届杰出校友，共10人。

5月~6月，国际教育学院举办第五届北京市外国留学生汉语之星分赛区赛事。

5月~9月，完成数字迎新一站式服务平台建设，真正实现对人力和资源的有效利用。

6月8日，政治与公共管理学院召开"政治文化与政治文明建设"智库团队启动仪式。

6月8日，人文学院组织第三届北京市大学生书法大赛。

6月8日，召开第十五次学生代表大会。

6月9日，举行"圆核资本助学基金"2014年"自强之星"暨"感动法大人物"颁奖典礼。

6月10日，教授张晋藩独著《中国法律的传统与近代转型》（英文版）首发式在学院路校区举行。

6月12日，"依依法大"2014届毕业舞台剧《下一站，……》在昌平校区礼堂举行。

6月13日，举行"中伦杯"第十二届"学术十星"论文大赛颁奖典礼。

6月14日，民商经济法学院举行互联网金融风险法律防范闭门研讨会暨中国政法大学金融创新与互联网金融法制研究中心成立仪式。

6月14日，商学院举行"法商校友活动日"。

6月14日~15日，继续教育学院承办首届中国律师业战略发展论坛。

6月14日~15日，首届"中国律师业战略发展论坛"在北京举行。

6月17日，法学院举行合作共建签约仪式暨兼职教授和联合培养导师聘任仪式。

6月19日，与北京市人民检察院第一分院签订合作共建签协议。

6月25日，我校高水平排球队在北京市高校沙滩排球联赛获得第一组冠军、第二组季军。

6月25日，国际儒学院2014届研究生毕业典礼暨第六届"纳通奖学金"颁奖大会在学院路校区召开。

6月25日，学校部门工会主席现场观摩会暨光明新闻传播学院第六届青年教师教学基本功大赛在昌平校区举行。

6月25日，马克思主义学院分党委荣获"北京高校先进基层党组织"荣誉称号。

6月，学校教学指导委员会审议通过了英语专业改造方案，外国语学院最终确定设立"英语（法律英语方向）"和"翻译（法律翻译方向）"这两个特色专业。

6月，外国语学院院领导班子换届，同月进行了新一届的教研室（研究所）主任（所长）和副主任（副所长）换届工作。

7月1日，举行2014届本科生毕业典礼暨学士学位授予仪式。

7月6日~21日，法律硕士学院与意大利布雷西亚大学法学院联合举办的第二届暑期交流项目在学院路校区举行。

7月7日，教育部社科司将《教育部简报》（高校智库专刊）"政治法律编辑室"设在中国政法大学。

7月8日，召开党风廉政建设专题辅导报告会。

7月11日，首届"法院微博学院奖"颁奖典礼暨法院微博研讨会在学院路校区举行。

7月15日~8月31日，昌平校区老化、锈腐、破损的消防管网全部改造完毕。

7月，我校翻译硕士专业学位（MIT）正式获得国务院学位办批准，2015年正式招生。

7月，我校翻译硕士和社会工作硕士2个专业学位授权点通过国务院学位委员会的授权审核。

7月，科学技术教学部组织学生参加文科高等院校计算机设计大赛，在媒体设计类比赛中获总决赛一、二等奖。

7月，学校正式实施《中国政法大学周转房管理办法》。

8月7日，哈尔滨广播电视台《道德开讲》小主播走进中国政法大学专题活动在昌平校区举行。

8月20日~26日，我校高水平乒乓球队在2014年全国大学生乒乓球锦标赛获得女子团体冠军、混合双打冠军、男团亚军、女双季军、八项第五名。

8月23日~24日，中国行政法学研究会2014年年会在河南省郑州市召开。

8月31日，学校合唱团在央视《歌声与微笑—合唱先锋》总决赛中夺冠。

8月，出版社荣获由中国出版传媒商报、中国文化走出去协同创新中心、中国海外汉学研究中心和中国图书进出口（集团）总公司组织认证的"2013中国图书世界影响力出版100强"证书。

8月~9月，完成无线网络升级改造，基本实现校园无线网全覆盖。

9月6日，中欧法学院中方联席院长刘飞教授、欧方执行院长Clemens Richter博士、教务办公室副主任曾彬彬、项目助理潘辰唯以及14位2012级学生代表受邀赴钓鱼台国宾馆芳菲苑参加中欧高级别人文交流对话机制第二次会议。

9月6日，比较法学研究院中德法学研究所、法学院宪法学研究所、德国艾伯特基金会在北京京仪大酒店会议室联合主办了第五届中德宪法论坛——立法权限划分研讨会。

9月9日，我校首次获得国家级教学成果奖一等奖。

9月12日，举行2014级本科生开学典礼。

9月20日~21日，2014年国家司法考试在我校昌平校区首次开设考点。

9月20日，政治与公共管理学院召开第三届公共政策年会，主题为"治理·制度·公共政策"。

9月22日，学校签署《中国—中东欧国家高校联合会成立宣言》，成为首批加入"中国—中东欧国家高校联合会"的14所国内高校之一。

9月24日，"华沙–北京大学生论坛——隆安北京会议"在北京长富宫饭店举行。

9月23日和9月27日，继续教育学院分别与黑龙江省政法管理干部学院、海南政法职业学院签订战略合作框架协议。

9月26日~27日，法律硕士学院在学院路校区举办第五届"罗马法、中国法与民法法典化"国际研讨会。

9月26日~27日，比较法学研究院与我校罗马法与意大利法研究中心、中国法典化和法学人才培养研究中心、意大利罗马第一大学、意大利罗马第二大学于学院路校区共同主办第五届"罗马法、中国法与民法法典化国际研讨会"。

9月28日，《艾伦教授论证据法（上）》首发式于学院路校区举行。

9月29日，证据科学创新引智基地外国专家–美国著名学者、教授Ronald J. Allen（罗纳德·艾伦）获得2014年中国政府"友谊奖"。

9月29日，召开"弘扬敬老爱老传统，共享和谐幸福生活"重阳节表彰大会。

9月29日~10月31日，举办离退休社团应景九九重阳节"最重阳，爱生活"作品秀展览展示活动。

9月，通过对后勤服务质量管理体系再认证审核，经认证公司批准，学校继续持有和使用体系认证证书及标识。

9月，外国语学院举办系列活动庆祝学院成立20周年。

自9月份秋季学期始，国际教育学院开展全英文授课中国法法律硕士项目改革。

9月，科学技术教学部组织学生参加全国及北京市大学生数学建模竞赛，获得全国一等奖2项，二等奖2项；北京赛区一等奖4项，二等奖3项。

9月，国管局正式批复，同意学校办理人户分离房产证的注销。

9月，完成昌平文化艺术展厅、昌平法大创意空间、学院路文化艺术展厅验收工作。

10月9日，校长黄进会见巴巴多斯教育、科学、技术与创新部部长代表团，并与巴巴多斯西印度大学凯夫希尔分校副校长签署孔子学院执行协议。

10月10日，湖北警官学院副院长王丰年挂职就任我校校长助理欢迎会在昌平校区举行。

10月16日，举行第五届学生工作理论研讨会暨第二届辅导员职业技能大赛决赛。

10月17日，国际法学院主办的"WTO法与中国论坛"暨2014年中国法学会世界贸易组织法研究会年会。

10月21日，校长黄进应邀出席奥地利副总理来华代表团与教育部的会见，并与奥地利格拉茨大学校长签署两校合作协议。

10月21日，学校与德国弗莱堡大学、柏林洪堡大学、法兰克福大学、慕尼黑大学、汉堡大学、科隆大学、明斯特大学等7所高校共同签署《关于成立中国政法大学中德法学院/北京的协议》。

10月22日，获得"北京地区高校示范性创业中心建设校"称号。

10月23日，举办学习贯彻《中国共产党发展党员工作细则》培训班。

10月23日，2014年中欧学术研讨会在北邮科技大厦会议室召开。

10月24日，首届"法治中国论坛"在学院路校区举行。

10月24日，召开"建言依法治国献策法治中国"中国政法大学学习四中全会精神座谈会。

10月24日，召开"依法治国与青年使命"全国法学院校学生研讨会。

10月26日，首届"法治中国论坛"暨明政智库揭牌仪式在学院路校区举行。

10月27日，幼儿园通过了昌平区示范园评审。

10月29日，副校长朱勇出席了加拿大省长联盟第三次访华团的集体签约仪式，并与加拿大蒙特利尔大学副校长代表两校签署《律师暑期项目协议》。

10月31日国际教育学院举办万圣节活动，吸引了100余名内地、港澳台侨及外国学生参加。

10月31日，海淀区民族宗教侨务办公室主任田桂茹一行来我校实地调研

10月，北京市教育工作委员会《北京高校官方微博建设和运维机制研究》课题结项。

10月，根据《中国政法大学优秀人才引进办法》，以二类优秀人才引进发展潜力突出的青年教授施鹏鹏，为青年拔尖人才储备力量。

10月，我校作为核心协同单位之一参加申报的"国家领土主权与海洋权益协同创新中心"成功获得认定入选"2011计划"。

11月1日，民商经济法学院获得第三届全国大学生金融法知识竞赛决赛团体三等奖。

11月4日，司法文明协同创新中心海外合作研究机构"中国法律与比较司法制度研究所"挂牌仪式暨首届"中国法律论坛"在美国印第安纳大学摩尔法学院（布鲁明顿）举行。

11月4日，由教育部、中央教育实践活动办公室、中组部干教局组成专项督查组莅临我校检查领导干部参加社会化培训工作。

11月5日，召开"党风廉政建设"专题沙龙。

11月5日，由中国司法文明协同创新中心和美国马里兰州法医局联合建立的中美法庭证据科学研究中心在马里兰州法医局揭牌。

11月6日，召开群众路线教育实践活动整改推进工作会。

11月7日~11月29日，我校举办第六届北京市大学生模拟法庭竞赛。

11月14日,人文学院组织第五届中国政法大学人文知识竞赛暨北京市人文知识竞赛。

11月14日~15日,国际法学院主办的"国际公法与个人权利保护学术圆桌会议"在京举行。12月6日~7日,法学院举办第八届中国军事法治前沿论坛。

11月15日~16日,人文学院举办第十一届中国灾害史年会暨"灾害史的理论与方法"学术研讨会。

11月16日,《求是》刊登我校人文学院李德顺教授文章"怎样科学对待传统文化"。

11月16日,政治与公共管理学院举行第八届中国政治学会换届选举大会,我校副校长张桂林连任第八届中国政治学会副会长。我校政治学科张桂林、蔡拓、丛日云、杨阳、常保国、林存光、卢春龙、庞金友等8名教授当选为中国政治学会理事,张桂林、常保国当选为常务理事,杨阳当选为副秘书长。

11月17日,人文学院举办第四届中华文明月活动。

11月17日~24日,国际教育学院举办「拾·悟」纪念澳门回归15周年澳门画家作品高校巡回展。

11月18日,第三届"中国法治政府奖"在北京京仪大酒店举行。

11月,我校政治与公共管理学院续聘了湾著名学者吴琼恩教授继续担任我校特聘教授,聘期3年。

11月,政治与公共管理学院完成了基层教学单位换机工作,庞金友、翟校义、詹承豫、李群英分被聘为政治学研究所、行政管理研究所、公共事业管理研究所、国际政治研究所所长。

11月,政治与公共管理学院开展了2014年度职称评审工作,马建川、刘长敏被聘为三级教授,王明杰被聘为四级教授,严挺、李筠被聘为七级副教授。

11月,朱晓武指导,彭粒一、庞欣、田祥安、刘奕杉、吴逸宁5名同学组成的我校商学院"比格威"队获得2014年度国际企业管理挑战赛中国赛区全国比赛二等奖。

11月,我校藤球队在北京市高校藤球比赛获得团体冠军、女子甲组冠军、女子乙组冠军、男子甲组亚军、男子乙组亚军。

12月3日,"华泰杯"首都地区八校友谊辩论赛决赛在我校昌平校区举办,我校刑天辩论队获得本次比赛冠军。

12月4日,马克思主义学院在昌平校区召开思想政治理论课教学指导委员会会议。会议主要讨论《中国政法大学思想政治理论课程质量标准》的起草工作。

12月10日,昌平校区第一食堂一层基本伙通过北京市全民健康生活方式行动办公室专家组"健康食堂"的验收。

12月12日,商学院举行以"规范化服务,人性化管理,职业化精神,建设高水平的商学院"为主题的第五届行政工作理论研讨会。

12月12日,第五届法律硕士成长论坛开幕式暨"依法治国背景下法律硕士专业学位研究生的素质与能力培养"主题论坛在昌平校区举行。

12月13日,举行"法治梦·中国梦"第五届首都大学生记者基本功大赛暨高校传媒文化节。

12月13日~14日，国际法学院主办第三届中国"WTO模拟法庭竞赛"。

12月14日，人文学院举办全国首届"语言、证据与司法文明"高端论坛。

12月14日，《学报》与司法文明协同创新中心联合主办了首届"语言、证据与司法文明"高端论坛。

12月16日，共建中国政法大学附属学校签约仪式在昌平校区举行。

12月19日，举行2013~2014学年度"沙驰·榜样法大"暨奖学金评优颁奖典礼。

12月20日，在学院路校区举行"第五届张晋藩法律史学基金会征文大赛颁奖活动"。

12月20日，举行第五届钱端升法学研究成果奖颁奖大会暨第五届中国法治论坛。

12月21日，我校刑事司法学院王顺安教授在中国法学会律师法学研究会会议上当选中国法学会律师法学研究会副会长、常务理事。

12月22日~26日，集中为全校在编人员办理公务卡。

12月23日，举行第二届大学生职业教练计划结业式。

12月25日晚，第15届江平民商法奖学金颁奖典礼在我校昌平校区举行。

12月26日，完成北京市哲学社会科学教学科研骨干研修班5年计划组织工作。

12月28日晚19点，商学院举行"商院华章"——商学院2014年度颁奖典礼暨2015年新年晚会。

12月29日，由法学教育研究与评估中心承办的"首届国家预防灾害培训体验和法治保障（国际）高峰论坛"在京举行。

12月30日，举行2015年毕业生就业创业工作会。

12月31日，举办"福顺·欢乐法大"2015年元旦晚会和游园会。

12月，第四届北京高校港澳台侨学生摄影比赛中，国际教育学院2011级本科生张凯莉（香港）、2012级本科生宋国全（台湾）获得三等奖，我校获得优秀组织奖。

年内，完成了"法大图书馆记忆"系统的建设工作，该系统可提供毕业生在校期间出入图书馆的情况和借阅图书的详细数据。

年内，研究所所长蔡拓教授申报的《全球学导论》入选2014年度《国家哲学社会科学成果文库》。

年内，2008级首届卓越法律人才培养计划实验班实现全员就业，总计从事法律业务的同学所占比率为100%。

年内，法学院军事法治智库研究团队成员肖凤城、陈磊提交的智库建议《关于构建和推行军事法治指标体系的建议》入选教育部《高校智库专刊》。

年内，由我校民商经济法学院赵旭东教授任主持人的"现代市场体系与营商环境法制化研究"获批为首批智库团队，由刘少军教授任主持人的智库团队入选培育名单。

年内，我校民商经济法学院易军教授在《中国社会科学》2014年第4期发表文章"'法不禁止皆自由'的私法精义"。

年内，北京市教委高等教育处聘请我校继续教育学院刘守仁同志为北京高校继续教育（网络教育）专家，参加教育部高校继续教育专项工作。

年内，我校政治与公共管理学院庞金友教授发表于《政治学研究》2011年第5期的《近代西方国家观念的逻辑与谱系》获得第三届中国政法大学青年教师优秀科研成果奖二等奖。

年内，国际教育学院开设了外国语言文化开放课。

年内，国际儒学院邀请国内外知名学者在学院路校区举办《儒学讲坛》系列讲座8讲（第49讲~57讲）。

第二十二章 媒体索引

一、电视媒体

序号	标题	媒体	时间
1	"感动中国人物进法大"	中央电视台CCTV13频道《央视直播间》	2014年3月21日
2	中国政法大学校长黄进：珍惜你在法大的时光	中国教育网络电视台	2014年9月17日
3	援藏夫妇雪域情	CCTV《焦点访谈》	2014年9月18日
4	雪山连北京 援藏夫妇安家雪域高原	央视《新闻联播》	2014年9月25日
5	专访马怀德	CCTV《焦点访谈》	2014年10月19日
6	薛刚凌：依法治国的核心是依宪治国	中央电视台财经频道经济信息联	2014年10月23日
7	专访光明新闻传播学院院长陆小华教授	中央电视台《新闻联播》	2014年12月22日

二、网络媒体

序号	标题	媒体	时间
1	中国文化展亮相罗马尼亚议会宫	新华网	2014年2月14日
2	大学生志愿者云南晋宁支教见闻：愿孩子们播种梦想，走出大山	人民网	2014年2月20日
3	中国政法大学两千名学生签名为马航乘客祈福	人民网	2014年3月10日
4	政法大学的"茉莉花"俄罗斯法律研究"第一人"黄道秀	光明网	2014年3月17日
5	扩大高校办学自主权需进一步厘清权力边界	中国教育新闻网	2014年4月1日
6	灭一盏灯 寻一颗星——记中国政法大学学生委员会"自造蓝天、地球一小时"活动	中国青年网	2014年4月1日
7	马抗美：分类高考欲求实效还需上下游配套改革	光明网	2014年4月10日
8	中小城镇居民满意度调查 公众与公务员存在差异	新华网	2014年5月13日

续表

序号	标题	媒体	时间
9	2014年中韩行政法论坛顺利举行	法制网	2014年5月26日
10	首份《我国青少年法制教育调查报告》发布	中国网	2014年5月29日
11	中国"人权入宪"十年 专家：人权保障仍存观念误区	中国新闻网	2014年5月5日
12	中国法学高峰论坛在中政大举行	凤凰网	2014年6月4日
13	首家互联网金融法制研究中心成立 推动产学研结合	新浪财经	2014年6月17日
14	布加勒斯特孔院办讲座解周易	新华网	2014年6月21日
15	首届中国律师业战略发展论坛举办	新浪	2014年6月24日
16	国家治理与行政诉讼法修改研讨会召开	搜狐	2014年6月25日
17	中国民间首次向日追索文物 我校专家建议做长期准备	人民网	2014年8月11日
18	应松年、马怀德、李曙光、卞建林、王灿发教授应邀出席第九届中国法学家论坛并发表主题演讲	凤凰网	2014年9月4日
19	中国政法大学教授霍政欣：为文物返还创造法律条件	人民网	2014年9月18日
20	第五届"罗马法·中国法与民法法典化"国际研讨会在北京召开	新华网	2014年9月26日
21	2014年中欧学术研讨会在京召开	中国网	2014年10月23日
22	三所高校校长、书记谈"四中全会"的依法治国主题	人民网	2014年10月24日
23	"依法治国与青年使命"全国法学院校学生研讨会举行	中国新闻网	2014年10月24日
24	专题：法大教授建言献策"依法治国"	法制网	2014年10月24日
25	2014中欧学术研讨会在京举行	人民网	2014年10月25日
26	李曙光：以良法善治推进全面深化改革——四中全会公报系列评论解读之八	中国网	2014年11月2日
27	焦洪昌：从"法制体系"向"法治体系"迈进——四中全会公报系列评论解读之九	中国网	2014年11月3日
28	第三届证据理论与科学国际研讨会在京召开	光明网	2011年7月20日
29	中美法庭证据科学研究中心在美揭牌	新华网	2014年11月6日

续表

序号	标题	媒体	时间
30	巩宸宇：青年人应积极投身于建设"法治中国"的历史实践中来——学习党的十八届四中全会精神有感	求是网	2014年11月12日
31	"中国法治政府奖"：让第三方评价成为政府建设推力	新华网	2014年11月19日
32	中国古代法律文献整理研究研讨会举行	搜狐	2014年11月26日
33	专访焦洪昌：宪法日设立顺应国家民主法治发展趋势——增强宪法意识、树立宪法权威系列访谈	求是网	2014年12月3日
34	专访姚国建：司法体制改革是推进宪法实施的重要内容——增强宪法意识、树立宪法权威系列访谈	求是网	2014年12月3日
35	中国政法大学举行"榜样法大"颁奖典礼	凤凰网	2014年12月23日

三、平面媒体

序号	标题	媒体	时间
1	刑诉法：在强化理论和实证研究中前行	《检察日报》	2014年1月3日 第3版
2	中国政法大学教授李建伟：公司解散的司法权回归	《检察日报》	2014年1月7日 第3版
3	2013年度法学教育十大新闻	《法制日报》	2014年1月8日 第9版
4	许身健：倾斜的操纵杆	《检察日报》	2014年1月8日 第7版
5	陈光中诉讼法学优秀研究生学位论文揭晓	《法制日报》	2014年1月15日 第9版
6	樊崇义：合理界定诉讼监督范围与方式	《检察日报》	2014年1月23日 第3版
7	农村土地流转法律制度改革研讨会召开	《法制日报》	2014年2月12日 第9版
8	2010年度全国法学教育十大新闻	《法制日报》	2011年2月16日 第9版
9	中政大与诺丁汉特伦特大学签署合作协议	《法制日报》	2014年2月19日 第9版

续表

序号	标题	媒体	时间
10	第二届恶意诉讼的治理与防范研讨会举行	《法制日报》	2014年2月19日第9版
11	回归书法的文化状态	《光明日报》	2014年3月1日
12	学术权力不能有名无实——两位大学校长谈怎样落实《高校学术委员会规程》	《中国教育报》	2014年3月3日第9版
13	卞建林：敢于监督　善于监督	《检察日报》	2014年3月3日第3版
14	公司法资本制度改革的解读与思考——专访中国政法大学教授、中国商法学研究会常务副会长赵旭东	《法制日报》	2014年3月5日第11版
15	中国政法大学：为博士生设计在校"最后一堂课"	《光明日报》	2014年3月23日第4版
16	北京高校官方微博调查研究	《北京教育德育》	2014年3月
17	政府管大事　高校办特色——中央财经大学校长王广谦、中国政法大学党委书记石亚军谈扩大和落实高校办学自主权	《中国教育报》	2014年3月31日第9版
18	首届中法宪法论坛在京召开	《法制日报》	2014年4月9日第9版
19	中政大举办第七十五期法治政府论坛	《法制日报》	2014年4月9日第9版
20	黄进：坚持教授治学　充分发挥高校学术委员会的作用	《中国高等教育》	2014年4月8期下总521期
21	孙选中：规则中博弈，创新中发展	《参考消息》	2014年4月1日
22	吉安与中国政法大学校地合作	《法制日报》	2014年4月19日第2版
23	马怀德：法治政府建设要警惕形式主义	《人民日报》	2014年4月28日第5版
24	上海海事法院扣押日本商船于法有据	《法制日报》	2014年4月30日第12版
25	本报与中国政法大学共建"光明新闻传播学院"	《光明日报》	2014年4月30日第1版
26	中国政法大学为患病学生组织募捐	《北京晨报》	2014年5月15日第B11版

续表

序号	标题	媒体	时间
27	中国政法大学：法学教育殿堂 优质法学教育	《中国教育报》	2014年5月8日第14版
28	第三届公司法司法适用高端论坛召开	《法制日报》	2014年5月14日第12版
29	中国政法大学光明新闻传播学院：把课堂搬进央视演播室	《中国教育报》	2014年5月19日第14版
30	国际法：这个学科并不冷	《光明日报》	2014年5月20日第6版
31	中国政法大学"关系工作坊"实验班开课	《北京晨报》	2014年5月29日第B10版
32	污染加重 环保官员或被追责	《法制晚报》	2014年5月16日第A8版
33	中政大与北京市检一分院签约共建	《法制日报》	2014年7月2日第9版
34	孔庆江：共同发展共同繁荣	《人民日报》	2014年7月3日第7版
35	黄进：将法大的印记珍藏心底	《法制日报》	2014年7月2日第10版
36	建议强化基层司法改革顶层设计——"基层治理和法律服务"学术研讨会综述	《法制日报》	2014年7月16日第12版
37	王天铮：法院微博更应注重构建公共关系	《中国新闻周刊》	2014年7月31日第670期
38	姚泽金：媒体监督须基于公平公正	《民主与法制时报》	2014年7月31日
39	拉蒙麦格赛赛奖获得者王灿发：通过帮助污染受害者诉讼推进中国环境法治	《民生周刊》	2014年8月5日
40	张晋藩：奉法者强则国强	《光明日报》	2014年8月6日
41	心心相通 息息相关 代代相传——"法治中国与法治文化"研讨会综述	《山西法制报》	2014年8月8日第4版
42	中政大举办第二届大学生公益法国际研讨会	《法制日报》	2014年8月13日第9版
43	首届法院微博学院奖在京颁奖	《法制日报》	2014年8月13日第9版
44	未来反腐要治官员慢作为——专访中国政法大学副校长马怀德	《法制晚报》	2014年8月27日第A6版

续表

序号	标题	媒体	时间
45	中政大第六届人权暑期选修课结班	《法制日报》	2014年9月3日第9版
46	应松年：四中全会面临的法治政府难题	财新《新世纪》	2014年9月8日第35期
47	司法文明协创中心资政育人与管理创新团队年会召开	《法制日报》	2014年9月10日第9版
48	蔡吉祥教授建议：市值管理以无形资产为核心	《深圳商报》	2014年9月10日第B2版
49	好莱坞"艳照门"追责有点难	《北京日报》	2014年9月10日
50	江平：依法治国是一个长期任务	财新《新世纪》	2014年9月15日第36期
51	沈德咏会见2014年度中国政府"友谊奖"获得者罗纳德·艾伦教授	《人民法院报》	2014年10月1日第1版
52	王敬波：建立官民意见博弈平台	《法制晚报》	2014年10月19日第A7版
53	于志刚：历史与现实视野中的依法治国	《光明日报》	2014年10月22日
54	公证制度与市场经济国际研讨会举行	《法制日报》	2014年10月22日第12版
55	"WTO法与中国论坛"在京举行	民主与法制时报	2014年10月23日第1版
56	樊崇义：党委领导司法不是干预具体案件	《新京报》	2014年10月23日第A8版
57	光明日报社中国政法大学共建"明政智库"揭牌	《光明日报》	2014年10月27日第9版
58	"法治中国论坛"提出中国将从四中全会领取走向全面法治的钥匙	《光明日报》	2014年10月27日第1版
59	建言依法治国献策法治中国——中国政法大学学习四中全会精神座谈会综述	《法制日报》	2014年10月29日第9版
60	依法治国，冲锋号起——首届"法治中国论坛"观点精选	《民主与法制时报》	2014年10月30日第5版
61	以"依法治国"为全会主题意义非凡——"法大人的法治梦"专题论坛综述	《法制日报》	2014年11月5日
62	实践法律　追求公正	《经济日报》	2014年11月8日

续表

序号	标题	媒体	时间
63	中华骨髓库北京分库迎第200例造血干细胞捐献	《新京报》	2014年11月19日
64	黄进：全面推进依法治国与高等学治校	中国高等教育	2014年11月19日
65	"依宪治国"是未来中国法治建设的新命题——"法大人的法治梦"系列论坛综述	《法制日报》	2014年11月19日
66	黄进　用校训涵养精神气质	《人民日报》	2014年12月4日第18版
67	王人博：宪法·国之尊者	《光明日报》	2014年12月4日
68	访中国政法大学副校长李树忠教授：宪法四次修正进一步推动改革开放	《法制日报》	2014年12月4日
69	黄进：校训是大学精神的精华——法大校训解读	《法制日报》	2014年12月3日第10版
70	全球治理与国家治理研讨会落幕	《法制日报》	2014年12月3日第12版
71	海淀法院六名法官受聘法大兼职教授	《北京晚报》	2014年12月3日第10版
72	海淀法院六名法官受聘法大兼职教授	《北京晚报》	2014年12月3日第10版
73	中国法学会会长王乐泉到中政大调研	《法制日报》	2014年12月24日第9版
74	第五届钱端升法学研究成果奖在京颁奖	《法制日报》	2014年12月24日第9版